KB218583

기독교 신학

3

기독교 신학
3

– 하나님 나라의 메시아적 신학을 향해 –

성령론: 새로운 생명의 세계를 향한 새 창조자 성령

구원론: 새로운 생명의 세계를 세우는 하나님의 구원

김균진 지음

Holy
WavePlus

발행인의 글

존경하는 은사이신 김균진 교수님의 저작전집을 발행할 수 있는 책무를 맡겨주신 하나님께 감사와 영광을 돌립니다.

이 저작전집은 한국이 배출한 걸출한 조직신학자인 김균진 교수님의 50년간에 걸친 신학 연구의 열매들을 하나로 집대성하는 작업입니다.

김균진 교수님께서는 신학 교수 세계에 발을 들여놓은 이래 헤겔과 칼 바르트 연구에서 시작하여 몰트만과 본회퍼와 틸리히의 신학을 비롯한 세계의 다양한 현대신학 사조들을 적극적으로 이 땅에 소개하는 한편, 역사적 예수와 하나님 나라, 죽음의 신학, 생명의 신학, 과학과 신학과의 대화 분야에 있어서 자기만의 고유한 신학의 세계를 개척하셨고, 무엇보다 방대하기 이를 데 없는 조직신학 분야의 전 주제에 대해서 두 번에 걸친 조직신학 시리즈를 집필함으로써 대단한 학문적 성취를 이루셨다고 해도 과언이 아닙니다. 그러나 이러한 연구 결과물들이 아쉽게도 여기저기 흩어져 있었고, 일부 도서는 이미 절판되어 더 이상 구할 길이 없으며, 또 일부는 오래전의 개념과 표현으로 쓰인 까닭에 현대의 독자들에게 생소한 느낌을 주는 면이 없지 않아서, 이 모든 자료를 한데 모아 새로운 시대의 연구성과들을 추가하는 동시에 문장과 단어들을 현대적으로 개선하는 작업을 하기로 하였고 그러한 바탕 위에서 이 저작전집이 탄생하게 되었습니다.

특별히 『기독교 신학』 1-5권은 교수님의 일생의 신학적 작업들을 집대성하고 총정리하는 차원에서 근자에 새로이 집필하신 것이어서 그 의미가 남다르다 하겠습니다.

김균진 교수님의 제자이자 이 저작전집의 발행인으로서 제가 감히 교수님의 신학을 평가한다면 크게 다섯 가지로 요약을 하고 싶습니다.

첫째, 지난 100년간 서구 신학계를 관통했던 신학적 사조와 개념과의 부단한 대화와 함께 그것의 적용에 있어서 철저히 지금-여기서의 정황을 지향함으로써 한국적인 바탕 위에서 국제적인 신학적 토론에 참여하는 것의 가능성을 제시한 점. 둘째, 기존의 추상적이고 철학적인 조직신학적 진술이 아닌 성서내러티브적이고 메시아적 종말론에 입각한 독창적인 조직신학의 세계를 제시한 점. 셋째, 과학과의 대화, 신무신론과의 대화 등에 적극적으로 참여함으로써 조직신학의 과제와 외연을 지속적으로 확장한 점. 넷째, 급진적인 신학 이론의 소개뿐 아니라 칼뱅과 루터 등의 저작에서도 상당히 많은 부분들을 인용함으로써 소위 보수와 진보 신학 어느 한쪽에도 치우치지 않는 균형 감각을 견지하는 점. 다섯째, 특별히 인생의 후반기에 저술하신 책들의 경우 단순히 신학이론에 대한 비판적 소개나 분석에 머물지 않고 교회의 현실을 염두에 둔 목회적이고 경건주의적인 따스한 시선이 두드러지게 제시되는 점을 꼽을 수 있겠습니다.

다시 한 번 이 저작전집을 낼 수 있는 사명을 맡겨주신 삼위일체 하나님과 교수님께 감사를 드리며, 모쪼록 이 귀한 책들이 한국의 많은 목회자들과 신학도들의 서재에서 오랫동안 신학 연구와 설교 준비의 벗으로 자리매김할 수 있기를 소망합니다.

김요한 목사

머리말

이 책에서 다루어지는 성령론과 구원론은 오늘 우리 시대의 상황과 직결된 논제들이다. 따라서 이 책은 학문적 체계성과 상황성이 공존하는 책이어야 할 것이다. 그러나 필자가 이 두 마리 토끼를 함께 잡기에는 역부족이었음을 고백하지 않을 수 없다. 부족한 점들이 많지만 이 땅 위에 하나님의 새로운 생명의 세계를 세우는 데 조금이나마 도움이 되길 바랄 뿐이다.

그동안 필자는 많은 한국 신학자들의 연구문헌에서 탁월한 신학적 통찰들을 발견하였다. 그래서 필자는 이 책에 이 분들의 통찰들을 수용하면서 "이들과 함께" 쓴 "한국신학"의 책이 되기를 바라는 마음으로 이 책을 집필하였다. 이와 동시에 서구신학, 라틴 아메리카의 해방신학, 동방정교회의 신학적 통찰들을 수용하되 성서에 근거한 "하나님 나라의 메시아적 신학"의 관점에서 내용을 기술하려고 노력했다. 그럼에도 좀 더 많은 한국 신학자들의 연구를 반영하지 못한 것이 매우 아쉽고 죄송할 따름이다.

2009년 7월에 제2권이 출판된 지 약 5년 만에 이 책의 원고가 완성되었다. 그 사이에 (2012년) 『20세기 신학사상』 제2권이 출판되긴 했지만, 수정작업에만 약 1년 반이 걸렸다. 이 책을 출판해 주신 새물결플러스 대표 김요한 목사님과 책이 출판되기까지 수고해 주신 여러 선생님들과 김남국 박사님에게 깊은 감사의 말씀을 드린다. 요즘 많은 출판사들이 고전을 면치 못함에도 불구하고 우리 민족을 위한 출판사업의 문화사적 중요성을 통찰하고 필자의 부족한 문헌들을 전집으로 남기려는 김 목사님의 결단에 진심으로 감사드리면서 새물결플러스에 하나님의 축복과 도우심을 빈다. 또 부족한 제자를 길러주시고 올바른 학자의 길을 보여주신 몰트만 교수님과 여러 다른 스승님들, 이국생활의 어려움에도 불구하고 부족한 필자를 받쳐준 아내 김은혜(Kim-Grebe, Dorothee)에게도 이 자리를 빌어 진심으로 감사드린다.

김 균 진

2014년 4월, 경기도 일산에서

차례

발행인의 글 4
머리말 6

제8부
성령론: 새로운 생명의 세계를 향한 새 창조자 성령

1. 서방교회 신학의 성령론 소외 현상과 동방정교회의 성령론 17

2. 성령론의 중요성 27

3. 하나님의 영에 대한 구약성서의 이해 37
   A. "루아흐"로서 하나님의 영 37
   B. 출애굽의 영: 연약한 생명을 위한 자비와 해방과 새 창조의 영 41
   C. 사사, 왕, 예언자들의 영: 구원과 회개, 법과 정의의 영 45
   D. 바빌론 포로기 이후 하나님의 영: 창조의 영, 피조물의 생명의 힘 50
   E. 요약: 새로운 생명의 세계를 향한 메시아적 영 60

4. 하나님의 영에 대한 신약성서의 이해 67
   A. 공관복음서의 이해: 예수 안에 계신 하나님 나라의 새 창조자 68
   B. 사도행전의 이해: 세계 안에 하나님 나라의 공동체를 세우는 영 79
   C. 바울 서신의 이해: 칭의와 성화를 통한 새 창조의 영 89
   D. 요한 문헌의 이해: 사랑과 진리와 영원한 생명의 보혜사 105

5. 삼위일체 하나님의 신적 인격으로서의 성령 119
   A. 영원 전부터 성부와 성자와 함께 계신 성령 119
     - 불필요한 필리오케 논쟁
   B. 성령의 신적 인격성에 대한 성찰 124

C. 성령의 인격의 독특한 면모 133

6. 세계 속에 있는 성령의 보편적 사역 145
   A. 성령의 보편적 사역의 성서적·신학적 근거 145
   B. 창조와 유지, 구원의 공동사역 150
   C. 하나님의 보편적 현존과 피조물 세계의 영성 152
   D. 피조물들의 생명의 힘과 사랑의 본성 158
   E. 유기체로서의 세계, 그 형태들, 질서와 아름다움 163
   F. 인간의 정신적 능력들, 정의로운 세계에 대한 동경 169
   G. 진화와 해방, 신정의 역사로서의 세계사 174
   H. 타종교 안에 숨어 있는 성령의 작용 181

7. 그리스도인들 안에 있는 성령의 명시적 특별사역 185
   A. 그리스도의 현재적 구원과 그리스도의 친교 185
   B. 하나님 인식과 자기인식 그리고 세계인식 189
   C. "구원의 질서"를 통한 인간의 새 창조 192
   D. 약속된 하나님 나라 현실로서의 교회 199
   E. "새 하늘과 새 땅"을 향한 꿈과 기다림 204
   F. 새로운 생명의 세계를 향한 새 창조의 역사 207

8. 새 창조의 역사에 봉사하는 성령의 은사 211
   A. 그리스도인의 공동체를 위한 특별은사 212
   B. 그리스도인들의 일상적 은사 221
   C. 피조물 속에 있는 보편적 자연은사 224
   D. 장애인과 사회적 약자들의 은사 228
   E. 참 은사의 규범들 234

9. 그리스도인의 영성과 영분별의 지표 239
   A. 영성과 영분별 기준의 관계 239
   B. 무한한 사랑의 영성, 생명의 영성 242
   C. 성숙한 인격과 합리성 246

  D. 하나님의 나라를 향한 새 창조의 영성 253

  E. 예수 그리스도의 뒤를 따라 257

10. 성령의 활동과 인간의 노력 263

  * 창조자 성령이여 오시옵소서! - 성령론을 끝내며 268

제9부
구원론: 새로운 생명의 세계를 세우는 하나님의 구원

1. 구원론의 역사 개관 279

2. 구원에 관한 성서의 기본개념들과 특징 297
  A. 구약성서의 기본개념들과 주요 특징 298
  B. 신약성서의 기본개념들과 주요 특징 307

3. 새로운 생명의 세계를 향한 하나님의 구원 325
  - 구원에 대한 종합적 성찰
  A. 삶의 고통과 생존의 위험에서의 해방 326
  B. 죄의 용서와 죽음의 세력에서의 해방 333
  C. 불의한 죄인의 칭의와 하나님의 화해 336
  D. 영원한 생명으로 다시 태어남과 신성화 345
  E. 하나님의 나라, 새 하늘과 새 땅의 오심 358
  F. 만물의 회복과 하나님의 안식 373

4. 구원이 시작되는 길 385
  - 죄의 고백과 용서, 회개와 다시 태어남

5. 구원의 종말론적 현실로서의 믿음 395
  A. 믿음에 대한 성서의 기본이해 395

B. 하나님을 향한 신뢰와 복종으로서의 믿음 408

C. 하나님 나라의 종말론적 현실로서의 믿음 415

D. 조화되어야 할 믿음과 인식, 감성과 이성 421

6. 희망과 사랑 안에서 구체화되는 구원의 현실 433

A. 기다림과 희망 속에 있는 구원의 현실 433

  - 히브리서의 믿음 개념

B. "산을 옮길만한 믿음이 있어도 사랑이 없으면" 448

7. 성화의 과정 속에서 완성되는 하나님의 구원 461

A. 분리될 수 없는 하나님의 구원과 성화 462

B. "거룩하신 그분"을 향한 성화의 길 468

C. 성화의 몸적·총체적 이해 478

8. 정의와 평화를 통해 확장되는 하나님의 구원 487

A. 세계의 미래에 대한 좌절과 절망, 그 요인들 488

B. 정의가 있을 때 가능한 평화 493

C. 온 세계에 세워져야 할 정의와 평화 496

9. 구원받은 그리스도인의 삶과 구약의 율법 505

A. 죄의 인식이 율법의 본래 목적인가? 505

B. 율법에 대한 예수와 바울의 입장 508

C. 복음 안에 수용된 율법의 본래 목적 517

D. 십계명 해석과 율법의 본래 목적 520

E. 율법의 목적을 성취하는 그리스도의 사랑 530

F. 십일조와 소유에 관한 계명 536

10. 구원론의 실제적 문제들 549

  - 신적 인격으로서의 성령

A. 개인구원, 사회구원, 자연구원의 통합성 549

B. "물질적 축복"이 하나님의 구원인가? 554

C. 그리스도의 사랑 안에 있는 "하나님의 동역자" 559
 − 단독행위설과 공동행위설의 문제

참고문헌 565
개념 색인 582
인명 색인 592

제8부

새로운 생명의 세계를 향한
새 창조자 성령

- 성 령 론 -

1

서방교회 신학의 성령론 소외 현상과
동방정교회의 성령론

1) 성령론 소외의 신학적 동기: 서구신학의 역사에서 우리는 성령론이 소외된 현상들을 쉽게 찾아볼 수 있다. 토마스 아퀴나스(Thomas Aquinas), 칼뱅, 슐라이어마허(F. Schleiermacher) 등 과거의 신학자들은 물론 판넨베르크(W. Pannenberg)를 위시한 수많은 현대신학자들의 교의학(조직신학)에서, 성령론은 독립적으로 다루어지지 않고 삼위일체론, 은혜론, 구원론, 교회론, 종말론 등에 연계된 한 부분으로만 취급되어 왔다. 심지어 전혀 다루어지지 않은 경우도 있었다. 이범배는 이와 같은 경향을 다음과 같이 지적한다. "금일에 있어서 대부분의 조직신학의 저자들은 성령론을 조직신학의 분류에서 제외하고, 교회론이나 또 구원론에서 성령의 역사와 성령의 은사에 관해서만 다루는 경향이 있다"(이범배 2001, 501).

우리는 성령론의 소외현상을 기독교 최초의 신앙고백서인 니케아 신앙고백에서 발견한다. 주후 325년 제1차 니케아 공의회의 신앙고백은 성부와 성자에 대해 길게 서술하지만, 성령에 대해서는 "성령을 믿습니다"라는 단 한 마디 진술밖에 없다. 381년 제2차 콘스탄티노플 공의회의 신앙고백은 제1원인자이신 성부에게서 성자가 태어나고, 그 다음에 성령이 "성부로부터 나온다"(procedit ex Patre)고 말한다. 이 고백은 후에 콘스탄티노플을 거점으로 하는 동방정교회의 입장이 된다. 이에 반해 로마를 거점으로 하는 서방교회는 성령이 "성부와 성자로부터"(ex Patre Filioque) 나온다고 주장한다. 성령이 성부에게서 나오든, 성부와 성자에게서 나오든, 성부와 성자 다음에 오는 제3의 존재로 격하되는 듯한 인상을 준다.

서방교회가 주장한 필리오케(Filioque)는 "'신론을 강조하는 신학체계'와 '그리스도론을 강조하는 신학체계'에 덧붙여 '성령론을 강조하는 신학체계'를 전개할 수 있는 가능성을" 열어 놓았다(강응섭 2008, 115). 그러나 만일 성령이 성부와 성자에게서 나오는 제3의 종속적 존재라면, 성령론은 약화될 수밖에 없었을 것이다. 동방정교회와 서방 로마 가톨릭교회의 "분열을 가져온 '필리오케' 논쟁에서도 방점은 '성령의 부여자가 아버지냐 아들이냐'였지 성령의 본성과 활동에 대한 본격적인 논의는 아니었다"(백소영 2012, 78). 이리하여 서구신학의 역사에서 성령론은 "의붓자식"처럼 다루어지게 된 것이다(Brunner 1951, 55).

또한 초대교회는 예수의 신성과 인성의 문제, 이와 연관된 삼위일체론의 문제에 집중하였다. 특히 예수의 신성과 인성의 문제는 초대교회의 사활이 걸린 문제였다. 이 문제로 인해 주후 483년 지금의 이란 지역에 위치했던 네스토리우스 교회가, 536년 이집트 지역의 콥트 교회가 정교회에서 분리될 정도였다. 이런 까닭에 초대교회는 "성령의 교리에 대해 상대적으로 소홀히 할 수밖에" 없었다(오주철 2013, 261).

또한 2천 년 기독교 역사에서 일어났던 성령운동들이 신도들을 열광주의와 광신주의, 윤리적 타락과 이단적 교설에 빠지게 함으로써 교회를 분열시키는 일이 빈번했다. 한국의 신앙촌운동, 종말론운동, 신천지운동, 신사도운동도 이와 같은 범주에 속한다. 이로 인해 성령운동과 성령론은 제도교회의 신학에서 푸대접을 받게 되었던 것이다.

그 대표적인 예를 우리는 몰몬교에서도 발견할 수 있다. 성령의 뜨거운 감화감동 속에서 미국의 조셉 스미스 2세(Joseph Smith II)는 1827년 예언자 모로나이(Moronai)로부터 황금 원판이 묻힌 곳을 계시로 통고받고, 자기가 살고 있는 뉴욕 부근의 구모라(Cumorah) 언덕에서 이 원판을 발견한다. 그는 원판에 쓰인 글을 번역하여 1830년 "몰몬경"을 출판하고, 동년 4월 6일 뉴욕 팔마라 근방에서 몇 친구들과 함께 몰몬교를 세운다. 그의 주장에 의하면 부활하신 그리스도는 아메리카에서도 현현하였고 12사도를 선택하였다. 그는 몰몬경만이 참 계시요 복음이기 때문에 기독교의 성경은 더 이상 읽을 가치가 없다고까지 했다. 몰몬교는 1843년에 성령의 계시라는 미명하에 일부다처제를 도입한다. 그러나 이것은 단지 몰몬교 신자 수를 증가시키기 위한 조치였다. 그러다가 1890년에 성령의 새로운 계시를 받았다는 이유로 일부다처제는 취소된다. 그러나 몰몬교가 요구하는 금욕생활은 술과 담배를 금지하는 타당성을 갖는 동시에 차와 커피와 육고기마저 금지하는 과격성을 보인다.

2) 성령론 소외의 교회정치적 동기: 성령론이 소외된 또 한 가지 이유는 유럽 세계의 국가교회, 곧 국가의 법적 제도로서의 교회(Kirche als Institution)의 정치적 의도에 있다. 역사적으로 일어난 중요한 성령운동은 제도교회의 권위를 위험에 처하게 만들곤 했다. 그것은 제도교회의 형식화와 성직자들의 타락을 비판하면서, 성직자들의 청빈과 도덕적 순결, 교회의 개혁을 요구하였다. 하나님의 구원은 형식화되고 타락한 제도교회의 소유물이 될 수 없었다. 그것은 타락한 성직자들을 통해 중재되는 객관적 "물건"과 같은 것이 아니라, 오직 성령의 내적 체험 속에서 경험될 수 있는 것이다. 이런 입장은 제도교회의 교권에 대한 정면 도전이었다. 그러므로 제도교회는 "교권과 감독권을 강화하기 위하여 성령의 역사가 개입할 여지를 차단"할 수밖에 없었다(허호익 2003, 187).

이에 대한 첫 번째 예를 우리는 2세기 중엽 소아시아(현재 터키 영토)에서 일어난 몬타누스(Montanus) 운동에서 찾아볼 수 있다. 이 운동의 창시자인 몬타누스는 예수가 약속한 성령의 체현자로 자처하였다. 그는 제도화·형식화된 교회의 개혁을 주장하면서, 신앙의 순수성과 도덕적 순결을 요구하였다. 특히 성직자들의 도덕성을 요구하면서, 죄를 지은 성직자가 집례하는 성례전은 구원의 효력이 없다고 주장하였다. 그를 추종한 많은 남녀 예언자들은 임박한 세계의 종말과 함께 새 예루살렘이 하늘에서 내려올 것이라 선포하며, 단식과 엄격한 금욕생활, 결혼의 성적 순결을 철저히 지킬 것을 요구하였다. 그리고 박해시기에 도피하는 것을 엄격히 금하였다. 몬타누스 운동은 본래 법학자였던 테르툴리아누스(Tertullianus, 약 150-225)가 이에 가담할 정도로 이탈리아, 갈리아(지금의 프랑스), 북아프리카까지 빠른 속도로 퍼져나갔다. 교회는 결국 몬타누스 운동을 이단으로 규정하게 된다.

12세기 프랑스에서 일어난 왈도파(Waldenser) 운동은 교회 비판적 성령운동의 또 하나의 대표적 사례이다. 리옹의 부호였던 왈도(Valdes, Valdesius라 불리기도 함)는 성령의 깊은 감화감동을 받고, 가난한 사람들에게서 받은 이자를 되돌려주고 자기의 소유를 나누어준다. 자기의 딸들을 수녀원에 보내고, 자신은 거지처럼 생활하면서 하나님의 말씀을 전파한다.

이렇게 시작된 왈도파 운동 역시 형식화된 제도교회를 비판한다. 죄를 지은 사제들이 집행하는 미사, 성례전, 죄용서 등의 공적 행위는 구원의 효력을 갖지 못하며, 연옥의 죽은 자들을 위한 기도는 무의미하다. 왈도파 운동은 많은 지지자들을 얻어 크게 확산된다. 그러나 이 운동은 1184년에 교황 루키우스 3세(Lucius III, 1181-1185)에 의해 금지되고 그 지지자들과 신도들은 추방된다.

12세기 피오레의 요아힘(Joachim von Fiore, 1135-1202)의 주장은 당시 제도교회에 큰 충격을 주었다. 그는 구약성서 시대에 해당하는 성부의 시대가 끝나고, 신약성서 시대에 해당하는 성령의 시대가 임박했다고 선언한다. 이제 교회는 세속의 부와 권력을 버리고 철저히 가난한 교회, 성직자의 중재가 없는 "영적 교회"로 개혁되어야 한다. 아시시의 성 프란체스코를 본받아 무소유의 철저한 청빈생활을 했던 프란체스코파의 영성주의자들은 요아힘에게서 깊은 영감을 받는다. 이들은 제도교회의 형식화·세속화를 비판하고 성직자들의 청빈을 요구하였다(김균진 1999, 94).

중세 신비주의는 성부와 성자, 하나님과 인간, 창조자와 피조물, 몸과 영혼을 하나로 결합시키는 성령의 신적 사랑에 대한 경험을 강조한다. 성령은 신성의 넘치는 사랑과 새로운 인식과 영혼의 열락(悅樂)으로 충만케 하며, 사회적 약자들을 위한 사랑의 봉사로 인도한다. 신비주의 운동은 대개 제도교회 바깥에서 일어난다. 중세 신비주의를 대표하는 사람들로서, 힐데가르트 폰 빙엔(Hildegard von Bingen, 1179년 사망), 메히틸트 폰 막데부르크(Mechthild von Magdeburg, 1282년경 사망), 카타리나 폰 지에나(Katharina von Siena, 1380년 사망), 마이스터 에크하르트(Meister Eckhart, 1260-1328)는 수도원을 기반으로 활동한다. 마이스터 에크하르트는 이단적 교설을 가르쳤다는 죄명으로, 1326년에 쾰른(Köln)의 대주교 하인리히 2세(Heinrich II)의 고발을 받고 화형을 당한다. 제도교회의 성직자들은 제도교회의 중재를 필요로 하지 않는 하나님과 개인의 직접적 연합과 교통, 제도교회의 가르침에서 자유로운 "새로운 인식", 신비주의자들의 깊은 경건과 무소유의 청빈생활, 사회적 약자들을 위한 무아적 봉사활동을 받아들일 수 없었다.

스위스의 종교개혁자 토마스 뮌처(Thomas Müntzer, 1468-1525)는 피오레의 요아힘의 문헌을 깊이 연구하고, 중세 신비주의의 영향 속에서 성령의 교제와 영적 믿음을 강조하였다. 성서를 중요시하는 루터에 반해 뮌처는 성령의 내적 계몽을 더 중요시하며, "성령의 직접적 계시가 성서의 문자보다 우월"하다고 주장한다. 독일의 농민전쟁(1524-1525)을 계기로 뮌처는 혁명적 사회개혁가로 활동하게 된다. 그는 "검의 힘으로 이루어지는 사회개혁"은 "개인영혼의 구원에 불가피한 프로그램"이라는 확신 속에서 "독재자들과 포동포동한 뺨을 가진 자들이 교살당할" 새로운 하나님의 국가를 세우고자 투쟁한다(서남동 1983, 60-61).

하지만 농민전쟁은 10만 명에 달하는 농민들의 죽음과 패배로 끝나고, 뮌처는 1525년 5월 27일 참수된다. 이에 반해 봉건 영주의 도움으로 종교개혁을 이룬 루터는 "오직 성서만으로"(sola scriptura)의 원리를 내세우며 말씀과 성례전의 객관성을 강조한다. 그리고 "강도와 살인자 같은 농민 폭도들에 반대하여"(Wider die räuberischen und mörderischen Rotten der Bauern)란 제목의 글을 통해 농민전쟁을 반대하고 무자비한 진압을 종용한다. "루터가 봉건 영주의 비호 하에 종교개혁을 이끌어가고 교회와 국가의 결합을 추구해 갔던 반면에, 뮌처는 사회, 경제 전반에 걸친 개혁과 아울러 기존 체제를 비판하며 새로운 신앙을 결단하는 공동체를 추구했다"(정미현 2007, 209).

농민전쟁 후, 스위스, 오스트리아 북서부, 독일 중남부에 재세례파 운동이 크게 일어난다. 이 운동 역시 성령의 내적 체험을 중요시하며, 제도교회의 유아세례의 무효성과 재세례를 주장한다. 교회와 국가의 결탁을 비판하고 양자의 분리를 주장한다. 또 제도교회의 계급 질서를 반대하고, 사도행전이 보도하는 형제자매의 공동체를 실천한다. 결국 재세례파 운동은 "사회, 정치적 질서를 어지럽히는 것으로 간주되었고, 1525년부터 스위스에서 이들은 사형에 처해졌다. 독일에서도 1528년 이후 이들은 종교적·정치적 이유로 처벌 대상이 되었다"(정미현 2007, 210-211).

정통주의 신학은 교회의 교리에 대한 지적 승인(assensus)을 중요시하고, 지적 승인을 믿음과 동일시한다. 그 결과 그리스도인들의 영성과 경건은 약화되고, 교회는 교리주의, 형식주의에 빠져든다. 정통주의 신학은 주관적 감정과 혼동될 수 있고 열광주의에 빠질 수 있는 성령운동의 위험성을 극복하기 위해 성령을 말씀과 결합시킨다. 성령 그 자체는 객관적 내용을 갖지 않으며, 객관적 내용은 오직 성서에 기록된 말씀에 있다. 이리하여 성서는 가톨릭교회의 교황을 대체하는 "종이교황"이 된다. 성서의 축자영감설은 성서의 권위를 더욱 강화하기에 이른다. 성서는 그 자신의 해석자(sui ipsius interpres)이다. 이제 성령의 작용은 성서의 말씀에 대한 깨달음에 있어 배제된다.

이에 기초하여 개신교회는 "믿음은 말씀을 들음에서 생긴다"(롬 10:17)는 바울의 말씀을 강조한다. 하나님의 창조 역시 "말씀에 의한 창조"로 강조된 반면, 창조에 있어 성령의 공동사역은 간과된다. 게다가 설교 말씀은 개신교회 예배의 중심을 차지한다. 이로 인해 성령 부재 현상이 심화된다. 신자들은 말씀을 들음으로 지식을 얻더라도, 성령의 내적 체험과 감화감 동이 없기 때문에 경건과 성화가 약화된다. 교회는 결국 교리주의와 형식 주의에 빠지게 된다.

17, 18세기에 슈페너(Ph. J. Spener, 1635-1705)와 친첸도르프 백작(N. L. Graf von Zinzendorf, 1700-1760)을 중심으로 일어난 경건주의 운동은, 아른 트(J. Arndt, 1555-1621)와 뵈메(J. Böhme, 1575-1624)의 신비주의의 영향 속 에서 일어난다. 이 운동은 정통주의 신학의 교리주의와 교회의 제도화·신 앙의 지식화 및 형식화를 거부하고, 성령의 내적 체험과 깨우침, 살아 있 는 믿음과 이웃사랑의 봉사를 중요시한다. 슈페너에 의하면 교회의 원형 은 제도교회가 아니라 성령으로 충만하고 성령에 의해 인도되는 사도행 전의 첫 교회에 있다.

경건주의는 축자영감설을 반대한다. 축자영감설은 성서가 기록될 때 성서의 점 하나까지 불러준 성령의 과거 활동에 집착하기 때문이다. 중요 한 것은 성서의 글자가 기록될 때 일어난 성령의 과거 활동이 아니라, 오 늘 여기에서 각 신자에게 일어나는 성령의 현재적 활동과 살아 있는 믿음 과 성화가 중요하다. 경건주의는 "교리논쟁에서 벗어나 삶과 실천으로 방 향을 전환한 운동"이요, "신앙적 사고를 순수한 교리로부터 경건한 삶으로 옮긴 방향전환이었다"(정재현 2006).

경건주의는 근대 유럽의 기독교에 큰 영향을 준다. 모든 사람 안에 있 는 "내적인 빛"(inward light)과 순수한 윤리를 중요시하고 흑인 노예제도를 반대하며 비폭력을 주장한 영국인 폭스(George Fox, 1624-1691)의 퀘이커 운동, 자기헌신과 포기를 이상으로 가진 프랑스의 정적주의(Quietismus), 영국의 청교도운동(Puritanism), 웨슬리의 경건운동과 사회봉사활동은 경 건주의의 영향 속에서 일어난다. 블룸하르트(Blumhardt) 부자는 경건주의 의 영향 속에서 하나님 나라 운동을 시작한다. 그러나 그들은 나중에 나타난 경건주의 운동의 개인주의적 내면지향성과 현실도피성을 반대한다.

지금까지 살펴본 다양한 성령운동의 특징은 성령의 내적 체험과 살아 있는 신앙을 강조하고, 제도교회의 형식주의와 권위주의와 경직성 그리고 성직자들의 부패와 타락을 비판하며, 교회의 개혁, 성직자들의 도덕적 순결과 청빈을 요구하는 데 있다. 또 국가교회 제도를 반대하고 교회와 국가의 분리를 주장하며, 절제와 금욕 속에서 모든 재산을 공유하며 함께 살아가는 공동체운동으로 발전하기도 한다.

성령운동은 제도교회에 언제나 위험한 것으로 간주될 수밖에 없었다. 이 때문에 성령운동을 일으킨 많은 지도자들이 제도교회에서 추방을 당하거나 사형을 당하기도 하였다. 종교개혁 당시 스위스 취리히(Zürich)의 재세례파는 물속에 집어넣어져서 죽임을 당하고, 뮌스터(Münster)에 새로운 신정도시를 이루고자 했던 급진적 재세례파 역시 잔인한 처형을 당하였다. 평화주의를 외친 온건한 재세례파도 국가수호의 신성한 의무를 거부했다는 반역죄로 아메리카 대륙과 러시아 등지로 추방되었다. 영국의 청교도들은 신앙의 자유를 얻기 위해 1620년대부터 미국으로 이주하였다. 이와 같은 방법으로 성령의 "제도화", 성령 "길들이기"가 일어났다(Institutionalisierung, Domestizierung, Hilberath 1992, 446). 신자들의 독자적 성령체험과 신앙의 생동성은 억제되고, 제도교회의 틀 안에서의 영적 경험들이 장려되었다. 이를 가리켜 가톨릭교회의 제2차 바티칸 공의회(1962-1965)는 "성령망각", "성령부재"라 요약한다.

3) 동방정교회의 성령론과 20세기 신학에 대한 영향: 아우구스티누스(Augustinus)와 주후 4세기 카파도키아 신학자들(현재 터키 소아시아 지역의 Basilius von Cäsarea, Gregor von Nazianz, Gregor von Nyssa)의 "부정의 신학"(*theologia negativa*)은 신앙의 인식에 있어 인간 이성의 제한성을 주장한다. 하나님은 이성을 통해 완전히 파악될 수 없기 때문이다. 이에 반해 가톨릭교회의 초기 스콜라 신학은 이성에 지배적 위치를 부여한다.

중세 동방정교회 신학은 "부정의 신학"에 근거하여 성령의 경험과 경건을 강조한다. 이 입장에 따르면 하나님의 본질은 인간의 이성에 의해 파악될 수 없는 하나의 신비다. 우리는 기도와 찬양과 명상을 통해, 혹은 말씀을 읽음으로써 하나님을 영적으로 체험할 수 있다. 성령의 내적 체험 속에서, 우리는 신성화될 수 있지만 하나님을 소유하거나 지배할 수는 없다(Grigorios Palamas, 그리스의 데살로니가 주교, 1358년 사망). 교리에 관한 이성의 논구와 인식보다 성령의 경험과 경건의 영성이 더 중요하게 취급된다(이에 관해 Beinert 1995, 113 이하).

이리하여 동방정교회 예배의식에서 성령의 내적 체험이 중요한 자리를 차지한다. 정교회의 예배는 성령의 오심을 간구하는 "성령의 부름"과 함께 시작한다. "하늘의 왕이시요 위로자시며, 어디에나 계시며 모든 것을 채우시는 진리의 영이시요 선의 보고(寶庫)시며 생명의 시여자이신 성령이여 오소서! 우리 안에 거하시며 우리를 모든 허물에서 씻어주소서. 선하신 이여, 우리의 영혼을 구원하소서!"(Felmy 1990, 106) 이렇게 시작된 예배는 성서 말씀의 낭독과 삼위일체 하나님의 찬양과 공동의 기도로 이어진다. 찬양과 찬미, 성령의 내적·신비적 체험이 교리에 관한 신학적 가르침과 신학적 논쟁을 대신한다. 경건의 영성 속에서 그리스도인들은 그리스도의 몸에 연합된다.

정교회의 성령론은 성서의 말씀을 이야기하는 형태를 가진다. 성서의 말씀을 거듭 이야기함으로써 성령의 내적 체험과 영성을 얻게 하는 데 주목한다. 이를 통해 서방교회의 "그리스도 중심주의", "그리스도 일원론"을 극복하고 창조론의 더 넓은 지평에서 성령을 이해한다. 성령은 그리스도의 사역의 연장에 불과한 것이 아니라 하나님이 지으신 모든 피조물 안에 현존하며 피조물의 생명을 유지하는 생명의 원천으로 이해된다. 우리는 이것을 도스토예프스키의 작품 『카라마조프가의 형제들』에서 읽을 수 있다. "우리 주위에 있는 하나님의 선물을 보십시오. 맑은 하늘, 깨끗한 공기, 부드러운 풀, 작은 새들, 자연은 아름답고 순결합니다. 그런데⋯우리 인간만은 어리석게도 하나님을 모르고 인생이 낙원이라는 사실을 모르고 있습니다"(Dostoevskii, 2001, 431).

동방정교회의 성령론에 따르면, 오순절에 일어난 성령의 파송은 "그리스도의 사역에 비해 '더 많은 것', 새로운 것을 일으킨다"(Felmy 1990, 108). 말씀과 더불어 성령을 통해 교회가 이루어진다. 교회는 "그리스도의 몸"인 동시에 "성령의 전"이다. 교회의 성직과 성례전의 기능은 그리스도론에 근거하지 않고 성령론에 근거한다. 하나님의 구원은 성령을 통해 일어나는 인간의 "신성화"(theosis), 곧 "하나님과의 연합", "하나님의 성품에 참여", "삼위일체 하나님의 사랑과 생명에 참여하는 것"으로 이해된다(이문균 2012a, 119, 122).

동방정교회의 성령론은 1960년대 이후 세계교회에 "성령론의 부흥"을 일으키는 데 크게 기여하였다. 그 가운데 정교회 신학자 지지울라스(J. D. Zizioulas)의 신학이 큰 영향을 미쳤다. 정교회가 "세계교회협의회(WCC)로 들어옴으로써 동방신학의 풍부한 성령론과 영성적 전통이 서방교회 내로 유입된 계기"가 되었다(김옥주 2013, 81). 가톨릭교회의 제2차 바티칸 공의회 또한 "성령의 부재" 현상을 지적하고 새로운 성령운동을 기대하게 했다.

1968년에 웁살라(Uppsala)에서 개최된 WCC 총회는 그리스도에 대한 기본고백을 삼위일체론적으로 확대하면서 성령을 강조한다. 1991년 제7차 캔버라(Canberra) 총회는 "오소서, 성령이여, 온 창조를 새롭게 하소서!"라는 성령론에 관한 주제를 채택한다. 떼제(Taize) 공동체의 영성운동, 세계 곳곳에서 일어난 오순절 성령운동과 교회부흥, 정의와 자유와 평화를 위한 해방운동과 기초공동체 운동은 성령에 대한 관심을 새롭게 불러일으킨다. 특히 설교 중심의 예배를 지양하고, 말씀의 낭송과 삼위일체 하나님께 대한 찬양과 공동의 기도를 통해 성령의 내적 체험을 장려하는 예배 의식의 개혁이 일어난다. 아울러 정교회의 경건과 금욕에 대한 관심이 새롭게 부각된다.

2
성령론의 중요성

그리스도인의 신앙생활에서 성령은 예수 그리스도와 아버지 하나님에 비해 그다지 중요하지 않은 것으로 생각되는 경향이 있다. 성령은 아버지 하나님의 뜻을 전하는 "비둘기"와 같은 존재로밖에 보이지 않는다. 신학이론에서도 마찬가지다. 앞서 기술한 필리오케 논쟁에서도 성령은 성부와 성자 다음에 오는 제3의 존재로 격하된다. 그러나 성령은 기독교 신앙의 실천과 이론에 있어 중요한 위치를 차지한다.

1) 신학체계와 그리스도인들의 신앙의 측면에서

a. 성령은 하나님의 삼위일체를 이루는 구성요소이다. 성령을 통해 성부와 성자가 서로 구별되는 동시에 한 몸을 이루기 때문이다. 아우구스티누스에 의하면 성령은 성부와 성자의 상호구별과 결합을 가능케 하는 "사랑의 끈"(*vinculum amoris*)이다. 다마스쿠스의 요한(Johannes von Damaskus, 675-749)이 말한 성부·성자·성령 상호간의 "상호침투"(*perichoresis*)는 성령을 통해 가능하다. 따라서 성부·성자·성령의 삼위일체는 성령을 통해 이루어진다. 한 마디로 "성부/성자의 교제의 매체"인 성령을 통해 삼위일체가 성립되는 것이다(유해무 1997, 373). 삼위일체가 허물어질 때 기독교는 존

립 근거를 상실하고 유대교로 환원되고 말 것이다. 그렇다면 성령이야말로 기독교를 존립시켜 주는 토대라고 할 수 있다.

b. 우리와 동일한 "참 사람"이신 예수는 성령을 통해 "참 하나님"과 하나로 결합된다. 그의 신성과 인성은 성령을 통해 하나로 연합된다. "성령은…예수의 인성과 로고스의 신성의 결합과 하나됨을 근거시킨다"(Müller 2005, 393). 성령을 통해, 성령 안에서 예수가 아버지 하나님 안에, 아버지 하나님이 예수 안에 계시며 한 몸을 이룬다(요 14:10). 이리하여 아버지 하나님이 예수 안에 계시된다. 마리아 수태에서 시작하여 십자가의 죽음과 부활에 이르기까지 예수의 삶 전체가 성령 안에서, 성령과 함께, 성령을 통하여 이루어진다. "영 그리스도론"이 말하는 바가 바로 이것이다.

c. 일반적으로 예수의 고난은 예수 혼자 당한 것으로 생각된다. 그러나 예수의 수태와 탄생 때부터 성령이 그와 함께 계셨다면, 예수의 고난은 성령을 통하여 아버지 하나님이 함께 당하신 삼위일체적 고난이라 할 수 있다. 그의 죽음은 삼위일체 하나님의 사건이다. 그러나 이것은 결코 "아버지 하나님의 죽음"을 뜻하지 않는다. 아버지 하나님은 성령을 통해 예수와 결합되는 동시에 구별되기 때문이다.

d. 필리오케 논쟁이 보여주는 것처럼, 일반적으로 성령은 성부, 성자 아래에 있는 제3의 종속적 존재로 생각된다. 그러나 하나님의 구원의 역사에서 성령은 현실적으로 성부, 성자보다 더 큰 중요성을 가진다. 바로 성령이 예수 그리스도 안에서 일어난 하나님의 구원을 역사의 과정 속에서 실현되게 하고 새 창조를 수행하기 때문이다. 만일 성령이 없다면 구원의 역사와 새 창조는 불가능할 것이다. 달리 말해, "성부의 사랑과 성자의 은혜가 있어도 성령의 교통이 없으면 구원은 실현되지 않는다"(최태영 2013, 126).

성령은 삼위일체 하나님의 현존양식이요 현재적 활동양식이다. 성령은 성부와 성자의 의지의 현재적 집행자다. 곧 성부와 성자의 의지가 성령을 통해 집행된다. 성령이 "아버지 하나님의 영"이요 그의 아들 "그리스도의 영"이란 말은, 성령이 성부와 성자보다 못한 제3의 존재라는 뜻이 아니라 성부와 성자와 한 몸을 이루며, 그들의 공동의지를 현실적으로 집행하는 자임을 의미한다.

우리는 영원 전부터 계신 창조자 아버지 하나님과 2천 년 전 이 세상에 오신 구원자 예수 그리스도를 성령을 통해 오늘 현재적으로 만나게 되고 친교를 갖게 된다. 우리는 성령을 통해 창조자 하나님을 오늘 나의 창조자 하나님, 아버지 하나님으로 만나게 되고, 2천 년 전에 오신 그리스도를 오늘 나의 구원자 하나님으로 만나게 된다. 과거에 오셨고 장차 오실 그리스도는 성령을 통해 오늘 우리의 "주님"이 되시고, 우리가 그리스도 안에, 그리스도께서 우리 안에 계시게 된다.

한 마디로 우리는 성령을 통해 그리스도와의 인격적 만남, 그리스도와의 친교를 갖게 된다. 이런 의미에서 성령은 "성도와 그리스도를 연결하는 고리이다(고후 13:13)"(유해무 1997, 373). 바르트에 의하면 성령은 과거에 일어난 그리스도의 행위를 "오늘 일어나는 행위로 현재화시키는" 그리스도의 "행위의 형태"이다. 성령은 "이 행위의 주체이신 그의 삶의 나타냄이요 증명이다." 그는 "예수 그리스도께서 그 안에서 자기 자신을 증언하는 힘"이다(Barth 1960, 724). 성령 안에서 이루어지는 그리스도의 친교를 통해, 우리는 삼위일체 하나님의 친교와 구원의 역사에 참여하게 된다.

e. 그리스도인의 신앙생활에서 성령은 성부와 성자보다 현실적으로 더 중요하다고 말할 정도로 중요한 역할을 가진다. 성령이 우리의 마음속에 살아 움직일 때, 우리는 그리스도의 십자가 앞에서 우리의 죄를 깨닫고 참회하며 회개할 수 있다. 성령은 우리를 "죄와 죽음의 법"에서 해방하여 죽음에 속한 생명을 버리고 하나님께 속한 새로운 생명으로 다시 태어나게 하시며, "몸의 행실을 죽이고" "하나님의 영의 인도함을 받는" "하나님의 자녀", "성령을 따라 사는 사람"이 되게 한다. 그는 "성령에 속한 생각"과 "성령 안에" 있는 생활을 통해 "생명과 평화"를 주시며, 우리를 "하나님이 정하신 상속자", "그리스도의 공동 상속자"로 삼는다(롬 8:1-17).

성령은 하나님의 깊은 지혜, 곧 "하나님의 생각"을 깨닫게 하며, "눈으로 보지 못하고 귀로 듣지 못한 것들, 사람의 마음에 떠오르지 않는 것들을" 계시해 주신다(고전 2:8-11). 성령은 우리를 "진리 가운데로 인도하시며", 아버지 하나님과 아들 그리스도의 모든 것을 "알려 주신다"(요 16:13-14). 하나님은 "성령을 통하여 그의 사랑을 우리 마음속에 부어주시고", 모든 환난을 이기고 인내력과 단련된 인격과 희망을 주셔서 모든 실망과 좌절을 이기게 한다(롬 5:3-5). 성령은 하나님의 은혜로 우리를 의롭게 하시고 우리를 하나님의 거룩한 피조물로 새롭게 성화시키며, "영원한 생명의 희망을 따라 상속자가" 되게 한다(딛 3:5-7). 성령이 우리 안에 계심으로 우리는 거룩하신 "하나님의 성전", 곧 하나님 나라의 현실이 된다(고전 3:16). 성령은 우리 각자에게 은사를 주셔서 하나님 나라의 역사를 위해 봉사하게 하며, "유대 사람이든지 그리스 사람이든지, 종이든지 자유인이든지, 모두 한 성령으로 세례를 받아서 한 몸이" 되게 하신다(고전 12:4-13). 성령은 우리를 하나님의 사랑 안에서 그 사랑을 행하는 사람이 되게 하며(요일 4:13-16), 우리를 권고하시며(계 2:7), 또 우리에게 정의감을 주시고 우리의 범죄를 꾸짖기도 하신다(미 3:8).

또 우리의 믿음은 고난과 시련과 박해가 없을 때 타성과 나태함에 빠지기 쉽다. 신앙생활은 하나의 종교적 관습이 되어버리고 경건과 영성을 잃어버리게 된다. 구원의 진리는 머리 속에만 있는 죽은 지식으로 변해버린다. 이리하여 믿음과 인격이 분리되고, 그 결과 믿음과 생활이 분리된다. 이것을 극복할 수 있는 길은 성령과 함께 하는 생활에 있다. 우리가 항상 성령 안에서, 성령의 음성을 들으며 생활할 때, 우리의 믿음은 타성과 나태를 극복하고 생동성을 가지며 참 경건과 영성을 겸비할 수 있게 된다. 구원의 진리는 머리 속에 있는 지식에 머물지 않고 우리 안에서 생동성을 갖게 된다. 역경과 고난 속에서도 우리는 기뻐하고 감사하며, 어떤 어려움 속에서도 좌절과 체념에 빠지지 않고 하나님의 약속을 믿으며 살아갈 수 있는 힘을 얻을 수 있다. 우리는 교리주의와 율법주의 그리고 왜소하고 경직된 인격성에 빠지지 않고, 자기를 비우는 겸허함과 유연성과 포용성 있는 믿음과 인격에 이를 수 있다. 어려운 이웃의 짐을 함께 짊어지고자 하는 사랑과 친교와 우정, 교회와 세상을 위한 자발적 봉사와 헌신의 영성이 살아나게 된다. 이를 위해 올바른 성령론이 요청된다.

올바른 성령론은 교회의 올바른 발전을 위해서도 반드시 필요하다. 참 하나님의 영이 교회 안에 있을 때, 교회는 종교적 제도주의와 형식주의, 그리고 위계질서와 권위주의를 극복할 수 있다. 또한 인간적 욕심들을 버리고 자신을 희생하며 서로 봉사하는 카리스마적 사랑의 공동체로, 하나님 나라의 공동체로 발전할 수 있다. 교회는 "전통을 지킨다"는 이름으로 새로운 시대의 변화에 뒤쳐질 뿐 아니라 "가장 수구적인 집단"으로 경직돼서는 안 되며, 도리어 시대의 앞을 내다보고 새로운 생명의 세계를 추구하는 예언자적이며 진취적인 공동체로 발전해 가야 한다.

f. 신약성서에 의하면 예수 그리스도는 "너희에게 다시 오겠다"고 제자들에게 약속한다(요 14:18: 21:23). 이 약속에 따라 초기 기독교 공동체는 "마라나타, 우리 주님, 오십시오"라고 간구한다(고전 16:22). "'그렇다. 내가 곧 가겠다.' 아멘. 오십시오, 주 예수님!"(계 22:20) 여기서 과거에 오신 그리스도는 그리스도인들 가운데 현존하는 동시에 "장차 오실 분"으로 나타난다.

그리스도의 종말론적 오심을 가능케 하는 것은 성령이다. 시간과 공간의 제약을 넘어서는 성령을 통해 과거에 오신 그리스도는 장차 오실 분으로서 우리 앞에 계신다. 그는 그리스도인들의 공동체 안에 현존하는 동시에 약속된 미래로부터 언제나 새롭게 오신다. 성탄절 직전의 대림절(혹은 강림절)은 미래로부터 새롭게 오시는 그리스도를 보여준다. 오시는 그리스도와 함께 하나님의 나라가 앞당겨 오는 것이다. 성령은 삼위일체 하나님의 현재적 오심과 현존을 가능하게 하며, 장차 성취될 하나님 나라의 미래를 앞당겨 오는 종말론적 힘이다. 그리스도인들의 삶은 장차 성취될 하나님 나라의 미래를 기다리는 동시에 그것을 앞당겨 사는 종말론적 삶이다. 그리스도인들의 이런 종말론적 삶을 가능하게 하고 이를 유지하는 것이 바로 성령이다.

g. 동방정교회의 영향을 받아 오늘날의 신학은 성령론의 창조론적 차원을 중요시한다. 종교개혁자들도 성령론의 창조론적 차원을 간과하지 않았다. 루터는 성서에서 성령의 창조론적 차원과 구원론적 차원을 발견하고, 하나님이 인간에게 주시는 "이중의 영, 곧 살리는 영과 성화시키는 영(*duplex spiritus: animans et sanctificans*)을 구별하였다. 창세기 1장 해석에서 그는 "창조자 영"을 거듭 거론하면서, "모든 카오스의 세력에 대한 우주의 은혜로운 유지"를 성령의 중요한 사역으로 보았다(Beintker 1986, 19).

칼뱅은 성령을 피조물의 "생명의 원천"(*fons vitae*)으로 파악하였고, 그리스도의 "구원"의 사역 외에 성령을 통해 실현되는 아버지 하나님의 "창조"의 사역을 지적한다. 창조의 질서와 합목적성, 신자들이 받은 은사들, 특히 정치적 은사들을 그는 성령의 작용으로 말미암아 주어지는 것으로 본다. 하지만 개신교 정통주의 신학은 예정론, 성서의 축자영감설과 무오설 그리고 "구원의 순서"(*ordo salutis*)에 집중하면서 성령의 창조론적 차원을 약화시키고 말았다.

따라서 오늘의 신학은 주로 인간의 죄와 구원 문제에 집중하는 서방교회 신학의 인간중심주의적 · 주관주의적 왜소성과 그리스도 중심주의의 일면성을 극복하고, 성령의 창조론적 차원을 회복하려고 한다. 이를 통해 성령의 구원론적 사역과 창조론적 사역의 균형을 세우고자 하는 것이다. 구원과 창조는 결코 분리될 수 없다. 하나님의 구원은 인간과 세계의 새 창조를 뜻하며, 새 창조는 곧 하나님의 구원을 뜻한다. 성령은 "모든 것을 새롭게 변화시키고자 하는"(계 21:5) 하나님의 새 창조를 향해 모든 사람을 초대한다.

h. 성령의 창조론적 차원은 오늘의 생태신학에 큰 영향을 주었다. 많은 생태신학자들이 강조하는 만유재신론(Panentheismus)과 유기체적 세계관은 성령론 위에 근거한다. 하나님은 "생명의 힘"이신 성령을 통해 피조물들 안에 계시고, 피조물과 함께 신음하는 성령 안에서(롬 8:26) 피조물의 고

난을 그 자신의 고난으로 느끼신다. 한편, 피조물은 하나님의 사랑의 영을 통해 자연과 유기체적 관계성 안에 놓인다. 따라서 성령론은 인간의 탐욕과 무분별로 인한 자연의 오염과 파괴, 생물들의 남획과 멸종을 거부하고 하나님이 지으신 피조물 세계의 보호를 요구하며, 모든 피조물이 평화롭게 공존하는 새로운 생명의 세계를 요구한다.

i. 20세기 후반기에 등장한 정치신학, 민중신학, 해방신학은 불의한 세계를 하나님의 정의로운 세계로 해방시키고자 하는 해방과 자유의 영, 새 창조의 영이신 성령에 대한 인식에 기초한다. 해방신학자 보프(Boff) 형제에 따르면, 성령은 "종교 및 사회를 변형시키고 경직된 제도들을 무너뜨리고 새로운 것들을 창조하기 위하여 종교적 체험들을 인도하시고 민중들로 하여금 영원의 시각을 놓치지 않도록 하시며, 육(사르스)의 유혹에 굴복하지 않도록 하신다"(L. Boff/C. Boff, 1989, 82). "하나님을 성령으로 아는 것"은 "현대 사회와 교회 안에 있는 비인격화와 관료 체제화", "생명력에 대한 형식의 우위, 목적에 대한 조직의 우위, 자유로운 동의에 대한 외적 권위의 우위"를 거부하고 정의로운 세계를 향해 "자유롭게 하는 권능으로서 경험하는 것이다"(Migliore 2012, 376).

j. 성령론은 오늘의 여성신학에서도 중요한 의미를 가진다. 하나님의 "영"을 가리키는 히브리어 루아흐(ruach)는 남성형이 아니라 여성형이다. 따라서 성서에는 기다리고, 용서하고, 품어주고, 위로하고, 새로운 힘을 주시는 하나님의 여성적 측면들이 끊임없이 나타난다. 생명에 대한 여성의 깊은 사랑과 자기희생은 "생명의 힘", "생명의 원천"이신 성령에 상응한다. 여성형으로서의 성령은 여성에 대한 남성의 폭력과 지배를 거부하고, 여성과 남성의 평등하고 정의로운 관계를 요구한다.

2) 한국 개신교회의 현실과 성령론의 중요성: 한동안 한국 개신교회 특히 예수교 장로회는 기존의 전통과 형식을 고수하려는 전통주의를 중시함으로 인해 "성령결핍증" 현상을 보여주었다. 그 결과 교회의 예배는 경직되고 형식화되며, 그 안에 영성의 결핍과 율법주의가 등장하기도 했다.

그런데 이와 반대로 오늘날 한국의 개신교회는 "성령과다증"으로 인해 열광주의, 맹목주의, 반지성주의 등의 어려움을 겪고 있다. "방언과 기도원운동, 신유 등은 이제 생소한 성령체험"이 아니라 보편적 현상이 되었다 (임걸 2008, 91). 성령충만의 이름으로 광란과 사기극이 일어나기도 한다.

> "…대부분의 부흥회는 매우 열광적으로 진행된다.…통성기도를 시키면 마구 울부짖고, 땅바닥을 치고, 가슴을 쥐어뜯고, 방언을 쏟아내고, 뒤로 쓰러져서 입신을 하는 등 완전히 광란의 상태가 된다.
>
> …부흥사들은 자기가 마치 예수인 양…성령을 자기가 나누어주는 것처럼 도취해서 '성령 받아라', '불 받아라' 하며 교인들을 현혹시킨다. 그러면 교인들은 점점 더 흥분하여 광적인 흥분 상태에 빠져든다. 그런 상태는 처참하리만치 아수라장과 같은 분위기다. 그들은 무질서한 그러한 현상이 성령의 역사이며, 뜨거운 성령 충만이라고 주장한다."
>
> "최근에는 그런 정도가 지나치다 못해, 부흥사들이 아예 집단 최면술과 접신술을 이용해서 사람들을 광란의 도가니로 빠뜨리고 있다는 경고까지 나오고 있는 실정이다. 사람들을 집단적인 최면상태에 빠뜨리고, 접신술을 이용해서 마치 성령의 역사가 불같이 일어나는 것처럼 조작한다는 것이다"(이오갑 2002, 293 이하).

여기서 우리는 틸리히가 말한 "형식과 감정"(Form und Emotion), "역동성과 형식"(Dynamik und Form)의 딜레마를 발견한다(Tillich 1956, 108, 210). 틸리히의 주장에 따르면, 형식과 질서를 지키기 위해 성령을 억제할 때 신앙의 역동성은 약화되고 제도주의와 형식주의에 빠지게 된다. 반면에 성령운동을 통해 감정과 역동성이 과다해질 때 혼란과 무질서, 열광주의와 광신주의, 반지성주의와 맹목주의 등의 문제가 발생하게 된다.

오늘날 한국의 개신교회는 후자의 현상으로 인해 큰 어려움을 겪고 있다. 신앙은 뜨거운데 인격적 성숙이 이루어지지 않고, 인간의 지성과 합리적 사고력이 약화되는 문제가 발생한다. 성령운동으로 유명한 목회자가 비윤리적 행위로 인해 법정에 서기도 하고, 성령의 능력으로 암환자를 고친다고 손톱으로 환자의 피부와 근육을 뜯어내고, 정신질환자를 고친다고 몽둥이로 때려죽이는 일도 일어난다. 이 때문에 우리는 올바른 성령론의 필요성을 체득하는 동시에 역사적으로 제도교회가 교회 바깥의 성령운동과 성령론을 경원시 해왔던 이유를 이해하게 된다.

3) 이 저서가 지향하는 "하나님 나라의 메시아적 신학"에서 성령론은 결정적인 중요성을 가진다. 성령은 삼위일체 하나님의 "거룩한 영"이다. 거룩한 것은 거룩하지 못한 것에 대립한다. 성령은 거룩하지 못한 것, 곧 죄와 "죽음과 슬픔과 울부짖음과 고통"이 가득한 이 세계의 모든 부정적인 것을 부정하고, 하나님 나라의 새로운 생명의 세계를 앞당겨오고자 하는 새 창조의 영이다. 그는 부정적인 것에 대한 부정의 영이요, 부정을 통하여 긍정적인 것을 이끌어오는 긍정의 영이다.

오늘 우리의 세계는 역사상 유례를 발견할 수 없는 위기에 처해 있다. 과학기술의 발전과 함께 물질적 풍요가 이루어지는 것에 비례하여 더 많은 범죄와 문제들이 일어난다. 이 모든 문제를 단순히 인간의 힘으로 해결하고 이 세계를 구원한다는 것은 불가능한 것으로 보인다.

여기서 우리는 근대 계몽주의의 공헌과 문제점을 엿볼 수 있다. 계몽주의는 중세 기독교의 모든 미신과 성직자들의 권위주의적 전횡을 타파하고, 교육을 통해 인간의 이성과 도덕성을 계발하며, 개인의 존엄성을 회복하고 합리적 세계를 이루고자 했던 점에서 크게 기여하였다. 계몽주의의 영향 속에서 근대 프랑스 혁명과 인권운동이 일어나기도 했다. 그러므로 우리는 일부 개신교회 성직자들처럼 계몽주의를 간단히 "이단" 혹은 무신론적 "인본주의"라고 매도해서는 안 될 것이다.

그러나 교육을 통해 인간의 이성과 도덕성을 계발함으로써 이상적 세계를 이룰 수 있다고 확신했던 태도에 계몽주의의 문제점이 있다. 아무리 좋은 교육을 받더라도 인간의 이기적인 죄성은 극복되지 않으며, 이성이 발전할수록 인간은 더욱 영악해진다. 과학기술과 경제가 발전할수록 우울증과 자살, 방범용 무인카메라의 수가 증가하고, 사회는 점점 더 비인간적이고 비도덕적인 사회로 변모해 간다. 이를 극복하기 위해 다양한 대책이 요구되지만, 우리는 마지막 해결의 길을 하나님의 새 창조의 영에서 찾지 않을 수 없다. 바로 여기에 성령론의 시대적 중요성이 있다고 하겠다.

3
하나님의 영에 대한
구약성서의 이해

성령에 관한 성서의 증언들은 너무도 다양하여 그것을 체계적으로 기술한다는 것이 거의 불가능할 정도이다. 신학자들이 기술하는 성령론의 방법과 구조, 내용과 강조점도 신학자 자신과 소속 교단의 관심에 따라 달라진다. 여기서 우리는 어느 특정한 신학자나 교단의 입장에 빠지지 않고, 성서의 관심에 충실한 성령론에 접근하고자 한다. 이를 위해 먼저 성령에 대한 성서의 이해를 살펴보려 한다.

A. "루아흐"로서 하나님의 영

1) 성령(혹은 성신)의 개념은 구약성서에 기록된 하나님의 "영", 곧 *"ruach"* (루아흐, 여성)에서 유래한다. 루아흐는 그리스어 *"pneuma"*(프뉴마, 중성)로, 라틴어 *"spiritus"*(스피리투스, 남성)로 표기된다(박경미 2005, 228). 구약성서에서 루아흐는 총 378회 나오는데, 그 가운데 "루아흐 야웨"(*ruach Jahwe*)가 27번 나온다. "성령", 곧 "거룩한 영"이란 개념은 딱 두 번 사용된다(시

51:13; 사 63:10). "개역 역대상 12:18, 19에 '성신'이 나오고, 에스겔 43:5에
도 '성신'이라는 번역이 나오지만, 원문은 그냥 루아흐"이다. 한글 개역
에서 루아흐는 "귀신, 영, 콧김(욥 4:9; 출 15:8), 바람(출 15:10; 사 11:15), 호흡
(사 30:33), 기운(사 40:7; 욥 37:10; 34:14), 생기(창 2:7) 등으로 번역된다"(유해무
1997, 377).

하나님의 영은 일반적으로 육(肉)과 물질에 대립하는 비물질적·비육적
인 것으로 이해된다. 그러나 루아흐는 영과 육, 영과 물질의 이원론을 넘어
선다. 그것은 매우 강한 공기의 운동, 폭풍처럼 강한 바람, 생명에 필요한
숨 내지 바람(신선하게 하는 바람, 서늘하게 하는 바람, 유익한 비를 가져오는 바람 등)
을 뜻한다. 또 죽은 것을 살릴 수 있는 살아 움직이는 힘, 경직된 것을 유
연하게 만들 수 있는 역동적인 힘을 말한다. 그것은 또한 피조물의 생명에
필요한 "공기의 영역", "삶의 공간"을 의미하기도 한다(Chevallier 1988, 341).

달리 말해, 루아흐는 "바람 또는 호흡에서 보듯이 소위 '영적'이지 않
다"(유해무 1997, 377). 그것은 육을 가진 생명체의 생명을 유지하는 공기, 숨,
바람 등의 의미를 가진다. 루아흐는 영의 영역에서는 물론 육과 물질의 영
역에서도 작용할 수 있다. 그것은 시들어가는 영과 마른 뼈들을 다시 살릴
수 있고, 땅의 표면을 변화시킬 수도 있다(겔 37장; 시 104:30). 그것은 "영과
육, 영과 물질, 생명체와 비생명체의 영역을 모두 포함하는…포괄적 활동"
을 가리킨다(김진희 2002, 149).

또 루아흐는 자연을 다스리는 힘이요, 하나님의 의지를 수행하는 구원
과 새 창조의 힘을 가리킨다. 홍수가 그친 후 물을 마르게 하는 "바람"(창
8:1), 얼음이 얼고 물의 넓이가 줄어들게 하며 들의 꽃과 풀을 시들게 하
는 하나님의 "기운"(욥 37:10; 사 40:7), 홍해의 물을 두 쪽으로 나누어 이스라
엘 백성의 출애굽을 가능케 한 강한 "동풍" 혹은 "주의 콧김"으로 묘사된
다. "주께서 큰 동풍으로 밤새도록 바닷물을 물러가게 하시니…"(출 14:21;
15:8). "하나님의 콧김(루아흐)으로 인해 물 밑이 드러나고 땅의 기초가 나타
난다"(삼하 22:16; 시 18:15).

한스 큉(Hans Küng)의 주장에 따르면, 루아흐는 "붙들 수도 있지만 붙들 수 없으며, 눈으로 볼 수 없지만 힘이 있고, 에너지를 담고 있는 공기, 바람, 폭풍처럼 현실적이고, 우리가 호흡하는 공기처럼 생명에 중요한 것"을 가리킨다. 그것은 "관념론적 인식의 능력이나 심리학적 힘"이나, "비물질적이며 지적인 원리나 윤리적 원리"가 아니다. "현대적 의미에서 감성적인 것, 육체적인 것, 자연에 대립하는 정신적인 것"도 아니다. 그것은 "창조적이기도 하고 파괴적이며, 생명을 줄 수도 있고 심판을 내릴 수 있으며, 창조와 역사, 이스라엘과 교회 안에 작용하는 하나님의 힘과 하나님의 세력"을 뜻한다. 루아흐는 "때로 조용히, 때로 강하게 사람들에게 오며, 개인이나 집단을 황홀경(Ekstase)에 빠지게 하며, 특별한 현상들 속에서 활동하며, 이스라엘의 위대한 남자들과 여자들, 모세와 '사사들' 안에서, 군사들과 노래하는 사람들, 왕들, 남자 예언자들과 여자 예언자들 안에서" 활동한다(Küng 1976, 460).

2) 고대 근동의 우주적 세계관과 문화적 영향을 받은 구약성서는 곳곳에서 선한 루아흐와 악한 루아흐가 있음을 이야기한다. 하나님은 "아비멜렉과 세겜 사람들 사이에 악한 루아흐를" 보낸다(삿 9:23). "악한 루아흐"를 보내어 사울을 번뇌에 빠지게 하며(삼상 16:14-15), "거짓말 하는 루아흐"를 예언자들의 입에 넣어 아합 왕에게 잘못된 조언을 하게 한다(왕상 22:22; 대하 18:21). 또 루아흐는 심적 혼란의 영(왕하 19:7), 의심의 영(민 5:14, 30), 죄악을 기뻐하는 영(시 5:4), 지혜의 영(출 28:3; 신 34:9), 정직한 영(시 51:10), 하나님을 경외하는 영(사 11:2)과 같이 인간의 심리상태를 가리키기도 한다. 하나님이 보내시는 악한 영은 "하나님의 벌의 도구 혹은 심판의 도구"를 뜻한다(Härle 2007, 366, 각주 16).

하나님의 루아흐는 "인간이 알 수 없고 이해할 수 없는 방식으로" 돌입해 들어와서 인간의 기대와는 전혀 다르게 활동한다(강웅섭 2008, 121). 그것은 인간의 이성으로 이해할 수 없고 통제할 수 없는 것, 너무도 예상 밖의 것이어서 선한 영인지 악한 영인지, 하나님에게서 오는 것인지 사탄에게 오는 것인지 분간하기 어려운 때도 있다. 축복의 예언을 해달라고 부탁한 모압 왕 발락의 기대에 반해, 브올의 아들 발람은 하나님의 영에 사로잡혀 이스라엘을 축복하는 예언을 한다(민 24장).

하나님의 영에 사로잡혀 춤을 추고 소리 지르며 예언을 하는 한 무리의 예언자들을 만날 때, 사울과 사울의 부하들은 예기치 못한 하나님의 영에 사로잡혀 "그들과 함께 춤추며 소리를 지르면서 예언을" 한다(삼상 10:10; 19:24). 이같이 하나님의 루아흐는 예측할 수 없이 갑자기 돌입하여 인간이 예기할 수 없었던 일을 일으킨다.

또한 구약성서는 인간 안에 있는 인간의 루아흐와 하나님의 루아흐를 구별한다. "전능자의 화살이 내 몸에 박히매, 나의 영(루아흐)이 그 독을 마셨나니"(욥 6:4), "나의 영을 주의 손에 부탁하나이다"(시 31:5). 인간의 루아흐는 선한 것일 수도 있고 악한 것일 수도 있다(참조. 시 51:10).

3) 이와 같이 루아흐가 다양한 의미를 갖게 된 것은, 구약성서의 문헌 자료들이 수천 년의 역사 과정과 다양한 삶의 자리에서 생성되었기 때문이다. 우리는 루아흐의 다양한 의미를 아래와 같이 정리할 수 있다.

① 자연현상으로서의 루아흐: 강한 바람, 공기의 흐름, 폭풍.

② 자연의 생명의 힘으로서의 루아흐: 숨, 호흡, 신선한 바람, 생명에 필요한 공기의 영역, 삶의 공간.

③ 인간학적 개념으로서의 루아흐: 인간의 숨, 호흡, 영과 마음, 심리상태, 자아, 생명의 힘.

④ 종교학적 개념으로서의 루아흐: 악한 영, 천사.

⑤ 신학적 개념으로서의 루아흐: 하나님의 의지를 수행하는 도구, 생명을 살리거나 죽일 수 있는 하나님의 힘, 하나님의 창조와 구원의 동역자, 하나님의 활동적 현존, 하나님에게 대칭하는 초월적 존재.

⑥ 예언자적 개념으로서의 루아흐: 예언자들의 탈아적 경지(Ekstase), 영감과 환상의 힘, 죽음의 위험을 무릅쓰고 하나님의 말씀을 선포케 하는 힘.

⑦ 종말론적 개념으로서의 루아흐: 하나님의 약속된 메시아적 미래를

앞당겨 오는 새 창조의 힘, 새로운 생명의 세계를 향한 해방과 변혁과 자유의 힘.

이와 같이 다양한 의미를 가진 루아흐의 개념이 역사적으로 발전된 과정을 우리는 아래와 같이 개관할 수 있다.

B. 출애굽의 영: 연약한 생명을 위한 자비와 해방과 새 창조의 영

1) 출애굽 사건과 하나님의 영: 많은 신학자들의 성령론은 출애굽 사건에 대해 침묵한다. 그러나 필자의 견해에 의하면 출애굽 사건은 하나님의 영에 대한 구약성서의 이해에 있어 결정적 위치에 있다.

이스라엘 백성은 본래 하나의 통일된 민족이 아니라 12지파들의 연합체(Amphyktionie)였다. 이들을 하나의 백성으로 결합시킨 것은 출애굽의 하나님에 대한 신앙이었다(신 26장의 "구원사적 신앙고백" 참조). 이들의 하나님은 본질적으로 "너를 이집트 땅에서 인도하여 낸 주님"이었다(시 81:10). 그러므로 구약성서는 끊임없이 출애굽의 하나님을 이야기한다(참조. 대상 17:21; 대하 6:5; 느 9:9 이하; 시 78편; 렘 2:6 이하; 겔 20:5 이하; 호 13:5; 암 2:10; 미 6:4 이하 등). 따라서 출애굽 사건은 하나님과 하나님의 구원에 대해서는 물론 하나님의 영에 대한 이스라엘 백성의 가장 기본적 인식을 담지하고 있다.

출애굽 사건의 주인공이었던 모세는 당시 투트모세 1세(Thutmose I)의 딸이요 이집트 황실의 실세였던 하트셉수트(Hatshepsut) 공주의 법적인 양자였다. 모세는 황제 후계자의 교육을 받았고, 문(文)과 무(武)를 겸비한 인물이었다. "모세"라는 이름이 당시 황제를 가리키는 칭호였다는 역사적 사실, 파라오를 만나 담판할 수 있었던 모세의 능력, "장정만 60만 명가량" 되는(출 12:37; 남녀노소와 이방인들까지 포함할 때, 최소한 100만 명으로 추산됨) 오합지졸들을 조직하여 이집트에서 해방시킨 모세의 능력 등이 이를 증명한다. 구약의 "모세율법"은 법에 관한 모세의 깊은 학식을 보여준다.

이와 동시에 모세는 하나님의 루아흐로 충만한 사람이었다고 구약성서는 보도한다. 모세는 "그에게 임한 루아흐"를 70명의 장로에게 임하게 하였다(민 11:25). 하나님은 모세에게 그의 "거룩한 영"(=성령)을 넣어 주셔서 출애굽을 가능하게 했다(사 63:11-12). 궁극적으로 출애굽을 가능하게 한 것은 하나님의 영이었다고 구약성서는 증언한다. 출애굽할 때, 하나님의 "신", 곧 루아흐가 머물러 있었다(학 2:5). 하나님은 "큰 동풍"(루아흐)으로 홍해의 물을 나누시고 길을 내셨다(출 14:21; 사 63:13-14). "동풍으로 하늘에서 일게 하시며 그 권능으로 남풍을 인도하시고 고기를 티끌같이 내리사" 이스라엘 백성을 먹이시고(시 78:26-27; 참조. 105:40; 출 16:13; 민 11:31), 시내산의 반석을 쳐서 물을 마시게 하였다(출 17:6; 느 9:15; 시 78:15; 105:41; 사 48:16 이하). 홍해를 건너 출애굽을 가능하게 한 "주의 오른손", "주의 콧김", "주의 힘", 혹은 "주의 능력"은(출 15:6, 8, 13; 시 74:12) 하나님의 루아흐를 가리킨다. 출애굽을 가능하게 한 하나님의 영의 면모를 우리는 다음과 같이 정리할 수 있다.

a. 하나님의 영은 출애굽의 새로운 역사를 일으키는 하나님의 힘이다. 그것은 하나님의 의지를 수행하는 하나님의 대리자로서 활동한다.

b. 하나님의 영은 그의 백성 가운데 계시는 하나님의 현존이다. 하늘에 계신 하나님은 자기를 "스스로 낮추시고"(시 113:5), 그의 영을 통해 이 땅 위에 내려와 그의 백성 가운데 현존한다. 그것은 "타자 안에 있음"의 길이요, "야웨의 현존 그리고 함께 있음의 특별한 방식"이다(Kraus 1983, 449). 한 마디로 루아흐는 "하나님의 현존을 대신한다. 이사야 63:10~11에서도 야웨의 성신은 야웨의 임재를 나타낸다(슥 7:12; 사 30:2)"(유해무 1997, 379). 루아흐의 현존을 통해 하나님과 인간의 교통이 이루어지며, 하나님과 피조물의 세계가 연결된다.

c. 하나님은 당신의 영을 통해 이스라엘 백성의 고난과 고통을 자신의 고난과 고통으로 함께 느낀다. "내가 이집트에 있는 내 백성의 고통을 정녕히 보고, 그들이 그 간역자로 인하여 부르짖음을 듣고 그 우고를 알

고…"(출 3:7). 여기서 하나님의 영은 연약한 생명들의 고통을 함께 느끼는 연민의 영(*spiritus sympatheticus*), 자비와 사랑의 영으로 나타난다.

d. 그러나 하나님의 영은 피조물의 고난을 함께 느끼는 데 그치지 않고, 그들을 고난에서 해방하는 해방과 자유의 영이요 새 역사의 영이다. 그는 피조물의 세계 속에 하나님의 정의를 세우고자 하는 정의의 영이요, 새로운 생명의 세계를 세우기 위해 출애굽의 변혁을 일으키는 새로운 변혁의 영, 즉 새 창조의 메시아적 영이다.

e. 출애굽 과정에서 하나님은 이집트의 노예였던 히브리인들을 그의 백성으로 택하시고 그들과 계약(언약)을 맺는다(출 24:8). 이로써 하나님은 세상의 낮은 자들, 가난하고 굴욕을 당하며 사는 자들을 그의 소유가 된 "제사장 나라"와 "거룩한 백성"으로 높이신다(출 19:5-6). 이 하나님의 영은 먼저 세상의 낮은 사람들, 굴욕을 당하며 사는 사람들의 생명을 구하고자 한다. 하나님은 "낮은 자를 높이 드시고…"(욥 5:10), 그는 "고아의 아버지시며 과부의 재판장이다"(시 68:5). 그는 "높이 계셔도 낮은 자를 하감하시며 멀리서도 교만한 자를 아신다"(138:6). 하나님의 영은 먼저 세상의 낮고 천한 자를 불쌍히 여기는 사랑의 영이요, 낮은 자를 높이시고 교만한 자를 낮추시는 정의의 영이다.

종합적으로 출애굽의 영은 신음하는 생명들을 살리고자 하는 생명의 영, 사랑과 정의의 영, 해방과 자유와 진리의 영이다. 그것은 하나님의 자비와 정의가 모든 것을 결정하는 새로운 메시아적 생명의 세계를 창조하고자 하는 새 창조의 메시아적 영이다. 구약 메시아니즘의 뿌리가 여기에 있다.

2) 구약의 율법과 하나님의 영: 성령론에 관한 거의 모든 신학자들의 문헌들은 출애굽 사건은 물론 구약의 율법에 대해서도 침묵한다. 하나님의 영에 대한 이해에 있어, 율법은 별다른 의미가 없는 것처럼 보인다. 그러나 필자의 생각에 의하면, 출애굽 사건과 마찬가지로 구약의 율법도 하나님의 영에 대한 이해에 중요한 단서를 제공한다.

출애굽 도중에 이스라엘 백성은 하나님과 계약(언약)을 맺는다. 이 계약의 핵심 내용은 하나님은 이스라엘의 하나님이 되고, 이스라엘은 하나님의 백성이 된다는 것이다. 계약의 표지로서 이스라엘 백성은 하나님에게서 율법을 받는다. 하나님과 이스라엘 백성의 계약은 이스라엘 백성이 율법을 지킬 때 유지될 수 있다. 율법의 목적은 하나님을 경외하며, 이웃에게 자비와 정의를 행하고, 하나님의 의지가 다스리는 거룩한 공동체를 이루는 데 있다. 이와 같은 목적을 가진 율법은 성령에 대한 이해의 단서를 분명히 제공한다. 출애굽이 역사적 "사건"을 통해 하나님의 영을 계시한다면, 율법은 "글자"를 통해 계시한다.

하나님의 영은 먼저 이스라엘이 하나님의 율법을 지키는 거룩한 백성이 되기를 원한다. "너희는 내게 거룩한 사람이 되어야 한다"(출 22:31). "내가 거룩하니 너희도 거룩하게 되어야 한다"(레 11:45). 이스라엘 백성이 거룩하게 되는 길은 하나님을 경외하고, 죄를 짓지 않고 자신의 몸과 마음을 정결케 하며, 연약한 생명들을 보호하며, 그들의 공동체 안에 정의를 세우며, 이를 통해 모든 생명이 하나님의 샬롬 속에서 상부상조하는 공동체, 하나님이 기뻐하는 새로운 삶의 세계를 이루는 데 있다.

이를 위해 하나님의 영은 연약한 생명들의 해방과 자유의 실현을 요구한다(출 21:2). 하나님이 모세에게 명령하신 대로 50년째 희년이 돌아오면 전국의 모든 사람에게 자유를 공포해야 한다(레 25:10). 땅을 본래의 주인에게 돌려주고, 가난한 사람들을 빚과 절대 빈곤에서 해방해야 한다. 소수에게 독점된 부를 사회에 환원해야 한다.

해방과 자유는 사회적·경제적 차원에서는 물론 생태학적 차원에서도 주어져야 한다. 안식년이 이르게 되면 땅은 인간의 지속적인 착취에서 해방되어 안식을 취해야 한다. 남종과 여종과 품군과 나그네는 물론 육축과 들짐승들도 굶주림에서 해방되어야 한다(레 25:6-7). 이로써 하나님의 자비와 정의가 다스리는 공동체, 모든 피조물이 더불어 사는 생명공동체를 이루어야 한다. "주의 영이 계신 곳에는 자유가 있다"(고후 3:17)는 바울의 말씀은 바로 하나님의 영에 대한 구약성서의 이해에 기초하고 있다.

하나님의 영은 하나님의 법을 지키지 않는 자를 심판하는 기능을 갖기도 한다. 하나님은 그 "입술의 기운(루아흐)"으로 악인을 죽일 것이다(사 11:4). "그러므로 나 주 여호와가 말하노라. 내가 분노하여 폭풍으로 열파하고…"(겔 13:13; 참조. 36:26 이하). 그러나 심판과 파괴의 목적은 벌을 주는 데 있는 것이 아니라 하나님의 정의를 세우고 하나님이 기뻐하는 세계를 이루는 데 있다. 하나님의 분노와 심판과 파괴는 죄와 악을 물리치고 자비와 정의를 세우며, 하나님이 기뻐하는 새로운 생명의 세계를 세우기 위한 소극적 기능일 뿐이다.

C. 사사, 왕, 예언자들의 영: 구원과 회개, 법과 정의의 영

1) 사사들과 하나님의 영: 출애굽하여 가나안 땅을 점령한 후, 왕을 세우기까지 150년 동안 사사들이 이스라엘 12지파를 다스린다. 사사들을 통해 하나님의 영은 곤경에 처한 하나님의 백성을 해방시키고 그들의 생명을 지키는 구원의 영으로 활동한다.

하나님의 영은 전혀 예기치 못한 시간에, 예기치 못한 방법으로 사사들에게 와서 그들을 백성의 구원자로 세운다. 그는 인간의 눈으로 볼 때 "기적"이라 말할 수밖에 없는 구원의 역사를 일으킨다. 사사들은 하나님의 영에 사로잡혀 자신의 생명을 모험한다. "야웨의 신(루아흐)"은 예기치 않게 갑자기 옷니엘과 기드온과 입다에게 임하여 이스라엘 백성을 구원할 수 있는 힘을 부여한다(삿 3:10; 6:34; 11:29). 야웨의 루아흐가 삼손을 감동시킨다(13:25). 삼손은 엄청난 힘을 얻어 맨손으로 사자를 찢어죽이고 아스글론 사람 삼십 명을 죽인다(14:6, 19). 그는 루아흐의 힘으로 블레셋 사람들의 신전을 무너뜨리고 자기의 생명을 희생한다(16:30).

출애굽의 루아흐처럼 사사들의 루아흐도 해방과 자유의 루아흐로서,

억압과 고통에서 생명을 구원하고 보호하는 구원의 힘과 생명의 힘으로 나타난다. 루아흐는 "야웨가 그의 백성의 구원을 수행하는 방식이다. 영에 사로잡힌 자들은 하나님을 대신하여 행동하며 억압당하는 백성을 해방한다"(Kraus 1983, 449).

2) 이스라엘의 왕들과 하나님의 영: 사울은 마지막 사사 사무엘에게 기름부음을 받음으로써 왕이 된다. 이로써 왕정제도가 시작되는데, 하나님의 영이 "기름부음"을 통해 사울 안에 거하게 된다. "보라, 내가 나의 신(루아흐)을 그에게 주었은즉…"(사 42:1). 사울의 왕권은 기름부음을 받음으로 얻게 되는 하나님의 영을 통해 정당화된다.

이로써 하나님의 영에 대한 이스라엘의 경험은 하나의 새로운 전환을 맞이하게 된다. 이제 하나님의 영은 하나님의 기름부음을 받은 왕 안에 거하는 하나님의 은사가 된다. 왕은 기름부음을 통해 하나님의 영을 받음으로써 하나님과 아버지-아들의 관계에 놓이게 된다. 곧 하나님은 왕의 아버지가 되고, 왕은 하나님의 아들이 된다(삼하 7:14; 참조. 시 2:7).

그런데 고대의 타종교들과는 달리, 구약성서는 왕을 포함한 이스라엘 백성 전체가 하나님과 아버지-아들의 관계에 있다고 말한다. 백성 전체가 하나님의 영을 받은 하나님의 백성이기 때문이다. "이스라엘은 내 아들, 내 장자다"(출 4:22). 그들은 "신들이며 모두 지존자의 아들들"이다(시 82:6). 하나님과 왕 사이의 아버지-아들 관계는 하나님과 이스라엘 백성 간의 아버지-아들 관계를 대표한다. 그것은 "전체를 대신하는 부분"(*pars pro toto*)이다.

왕이 가진 하나님의 아들 신분은 왕의 통치권을 정당화시키는 동시에 그것을 규정한다. 왕의 통치권은 왕의 것이 아니라 하나님이 주신 것이다. 그러므로 왕은 하나님의 아들답게 나라를 통치해야 한다. 그는 하나님의 영의 도구가 되어 하나님의 자비와 공의가 충만한 나라를 세워야 한다. "왕의 능력은 공의를 사랑하는 것이다"(시 99:4).

그러나 하나님의 영은 왕의 소유물이 아니다. 왕이 하나님의 뜻을 따르지 않을 때 하나님의 영은 왕을 떠날 수 있다. 하나님의 영이 떠날 때 하나님과 왕의 아버지-아들 관계는 파기되며, 왕권은 정당성을 상실한다. 그러므로 왕에게 주어진 하나님의 영은 왕권을 절대화시키지 않고 오히려 상대화시킨다. 하나님의 법을 따르지 않는 왕권은 더 이상 존속할 수 없다.

이에 대한 대표적 예가 사울의 경우이다. 사울이 하나님의 뜻에 복종하지 않을 때 하나님의 영은 사울을 떠나 다윗에게 옮겨진다. 하나님의 영이 떠나자 사울은 악신에 시달리게 된다(10:13 이하). 안타깝게도 사울 이후 이스라엘의 거의 모든 왕들이 사울의 전철을 밟는다(북이스라엘의 아합 왕: 참조. 왕상 16:28 이하). 이스라엘은 왕들에 대해 계속 실망하는 가운데, 장차 오실 메시아를 기다리게 된다.

3) 예언자들과 하나님의 영: 왕 안에 임재하는 하나님의 영은 예언자들에게도 내려진다. 하나님의 영을 통해 예언자들은 탈아의 경지(곧 자기 자신을 벗어난 상태: Ek-stase) 내지 강한 영감(inspiration) 속에서 새 사람으로 변화된다. 그들 안에 거하는 하나님의 영은 죽음의 위험을 무릅쓰고 하나님의 말씀을 선포하게 하는 힘으로 작용한다. 그것은 인간이 마음대로 결정하거나 지배할 수 없는 하나님의 자유로운 초월적 힘이다. 따라서 하나님의 영은 예언자들의 의지에 반하여 오기도 한다.

다음과 같은 사울의 이야기는 하나님의 영과 예언의 밀접한 관계를 보여준다. "주의 신(루아흐)이 너에게 크게 임하리니, 너도 그들(예언자들)과 함께 예언을 하고"(삼상 10:6). 이스라엘의 역사 초기에 속한 이 이야기에서 예언자들의 예언은 그들에게 내린 하나님의 영을 통해 정당성을 얻는다. 그러므로 예언자들은 "영의 사람"이라 불린다(호 9:7). 엘리야와 엘리사가 보여 주는 것처럼, 예언자들은 그들에게 내린 "하나님의 영을 통해서만 그 직무에 합당한 능력을 받게 된다(대하 2:9-15)"(유해무 1997, 384).

초기 예언자들에게 하나님의 영은 개인에게 오기도 하고 집단에게 임하기도 한다(삼상 10:5-13; 19:20-24). 초기 예언자들은 하나님의 영에 사로잡혀 여러 곳을 순례하며 하나님의 말씀을 선포하는 순례 예언자였던 것으로 보인다. 그들은 "선견자"라 불리었지만(삼상 9:9), 이스라엘 주변 종교들의 무당들과는 달리 하나님이 요구하는 바를 선포한다. 그들은 하나님의 영에 충만하여 왕을 위시한 통치자들의 불의와 타락을 비판하고 이스라엘 백성 전체의 회개를 요구한다. 특히 에스겔 이후의 예언자들은 하나님의 영으로 충만하며(겔 2:2), 모든 예언의 말씀이 하나님의 루아흐로 말미암은 것임을 확신한다(느 9:30; 슥 7:12; 이에 관해 Chevallier 1988, 342).

그러므로 이스라엘의 랍비들은 하나님의 영을 "예언자적 영" 혹은 "예언의 영"이라 불렀다. 요셉의 놀라운 지혜와 판단력(창 41:38 이하), 초기 예언자들의 탈아적 경지(삼상 10:6; 19:20)와 말씀의 선포는 하나님의 영으로 말미암은 것이다. 이런 맥락에서 주후 381년 제2차 콘스탄티노플 공의회는 성령을 "예언자들을 통해 말씀하신 영"이라 고백한다.

초기 예언자들의 예언자직은 하나님의 영의 오심과 감동을 통해 정당성을 갖는 반면, 아모스, 호세아, 미가, 이사야, 예레미아 등과 같은 후기 고전적 문서 예언자들의 예언자직은 하나님의 말씀(dabar Jahwe)을 통해 정당성을 갖는다. 달리 말해 "예언자들은 초기에 야웨의 루아흐를 통하여 부르심을 받는 반면, 후기에는 야웨의 말씀으로 부르심을 받는다"(김영한 2007, 248). 그래서 후기 문서 예언자들은 하나님의 말씀에 근거하여 자신의 정당성을 주장한다. "야웨께서 나를 데려다가 내게 말씀하시기를, 가서 내 백성 이스라엘에게 예언하라 하셨나니…"(암 7:14-16). "주 야웨께서 말씀하신즉, 누가 예언하지 아니 하겠느냐?"(3:8).

하나님의 영과 말씀은 일찍부터 이스라엘의 민속신앙 속에 결합되어 있었던 것으로 추측된다. 아래 구절들이 이를 시사한다. "주님의 영이 내 안에서 말씀하시며, 그의 말씀이 나의 혀에 담겼다"(삼하 23:2; 참조. 시 147:18; 참조. 사 59:21). 하나님의 말씀이 있는 곳에 하나님의 영이 함께 있다. 하나님이 "말씀하실 때, 그 신(루아흐)이 내게 임하사…"(겔 2:1-2). 하나님의 영과 말씀은 천지창조 때부터 결합되어 있었다. 하나님의 "말씀"으로 하늘이 창조되었고(bara), 그의 "입기운"(ruach)을 통해 만상이 지음을 받았다 (시 33:6).

욥에 의하면 자연 안에서 일어나는 놀라운 일들은 하나님의 콧김(루아흐)의 작용으로 인해 일어난다. "그분의 콧김에 하늘이 맑게 개며." 하지만 이것은 하나님이 하시는 일들의 시작에 불과하다. 중요한 것은 자연의 모든 놀라운 일들 속에서 하나님의 "세미한 말씀"을 듣는 데 있다(욥 26:13-14).

하나님의 영과 말씀이 결합되는 이유는 무엇인가? 그 이유는 영이 말씀을 통해 지혜와 지식을 얻게 되고, 말씀은 영을 통해 힘과 역동성을 갖게 되기 때문이다. 말씀이 없는 영은 무지와 맹목에 빠지기 쉬우며, 영이 없는 말씀은 무기력한 지식에 그치기 쉽다. 하나님은 그의 백성이 힘과 능력을 가진 동시에, 하나님을 아는 지식과 지혜를 가진 사람이 되기를 원한다(참조. 민 11:29). 말씀이 없을 경우, 하나님의 영을 받은 사람은 지식이 없고 올바른 사고력과 판단력을 갖지 못한 사람이 된다. 그가 말하는 예언은 거짓이 될 수 있다. 그의 말은 "허풍"(혹은 영)에 불과하며, "주님의 말씀"은 그들 안에 존재하지 않는다(렘 5:13).

하나님의 영은 무지의 영이 아니라 "지혜로운 영" 혹은 "지혜의 영"이다(출 28:3; 신 34:9). 그러므로 참 하나님의 영을 받은 사람은 지혜와 명철을 가진 사람으로 변화된다. 하나님의 영을 받은 모세는 출애굽의 대 역사를 일으킬 수 있는 지혜를 가진 사람이었다(민 11:17, 25; 사 63:11). 그의 "비범한 지도력과 겸손은 하나님의 영의 선물이며, 그 영의 활동의 결과이다"(오영석 1999, 486). 유다 지파의 브살렐은 하나님의 영을 받아 "지혜와 총명과 지식과 온갖 기술을" 갖추어 성막에 필요한 기물들을 지혜롭게 제작한다(출 31:1-5).

모세의 안수를 통해 하나님의 영을 넘겨받은 여호수아는 모세의 뒤를 이어 이스라엘 백성을 인도할 수 있는 "지혜의 영"을 갖게 된다(신 34:9). "하나님의 영이 함께 하는" 요셉은 나라를 잘 통치할 수 있는 지혜를 가진 사람이었다(창 41:38). 하나님의 거룩한 영을 받은 다니엘은 "지혜를 가진 사람"이요, "탁월한 정신과 지식과 꿈을 해몽하는 총명"이 있는 사람이었다(단 5:11-12). 하나님의 영은 정치적 문제에 대한 올바른 통찰을 주시며(사 30:1), 공평한 재판을 내릴 수 있는 "공평의 영"과 적을 막을 수 있는 용기와 지략을 주신다(사 28:6). 이 모든 지혜는 말씀을 통해 주어지는 것이므로, 우리는 하나님의 영이 말씀과 긴밀한 관계에 있음을 알 수 있다.

예언자들 안에 있는 하나님의 영은 죽은 아이를 살리며(왕상 17:22), 불이 떨어지게 하며(18:38), 메마른 땅에 큰 비를 내리며(18:45), 탁한 물을 맑게 하며(왕하 2:21), 과부의 기름병을 채우는(4:6) 기적을 일으키기도 한다. 그러나 본질적으로 하나님의 영은 하나님의 의지를 전달하는 말씀의 힘으로 작용한다. 예언자들은 하나님의 영에 사로잡혀, 이방 민족의 신들을 섬기며 악을 행하는 이스라엘의 통치자들과 백성에게 불의를 버리고 하나님의 법과 정의를 세울 것을 요구한다. "너희는 악을 미워하고 선을 사랑하며 성문에서 공의를 세울지어다"(암 5:12-15). 여기서 하나님의 영은 하나님의 법과 정의와 평화가 충만한 새로운 삶의 세계를 세우고자 하는 새 창조의 메시아적 영으로 나타난다. 하나님의 영에 사로잡힌 예언자들은 "하늘의 목소리가 되어 어두운 세상을 빛과 정의의 새 세계로 이끌어 간다"(오영석 1999, 487).

D. 바빌론 포로기 이후 하나님의 영: 창조의 영, 피조물의 생명의 힘

주전 587년에 이스라엘은 앗시리아 제국을 정복하고 중동 일대를 장악한 바빌론 제국에게 멸망당한다. 바빌론 군대는 유다의 마지막 왕 시드기야의 눈 앞에서 그의 아들들을 처형하고 "시드기야의 두 눈을 뺀 다음에 쇠사슬로 묶어서 바빌론으로 끌고 갔다"(왕하 25:7). 그때 많은 백성들과 지도층 인물들이 바빌론으로 끌려가 포로생활을 하게 된다. 이스라엘은 바빌론 제국의 식민지가 된다. 이와 같은 절망적 상황 속에서 이스라엘은 나라를 잃게 된 원인을 성찰하고 하나님의 새로운 구원을 바라게 된다. 이와 더불어 이스라엘은 고대 중동 세계의 넓은 우주론적 지평을 접하게 된다.

페르시아가 바빌론을 정복하자, 이스라엘은 주전 538년 이후부터 페르시아의 지배를 받게 된다. 그러다가 주전 333년에 그리스의 알렉산더 대왕이 동방 원정에서 페르시아의 다리우스(Darius) 3세를 이기면서 이스라엘은 그리스 왕가의 지배를 받게 되고, 주전 63년 이후에는 로마의 속국이 된다. 이와 같은 고난의 역사 속에서 이스라엘은 다양한 문화와 종교사상을 만나게 된다. 이를 통해 자신의 신앙을 성찰하고 그 내용을 심화시키기도 하며, 타문화권의 자극과 영향 속에서 자신의 신앙 속에 숨겨져 있던 유산을 새롭게 발견하기도 한다.

이런 과정을 통해 이스라엘의 신앙은 민속신앙의 차원을 벗어나 보다 더 높은 체계성과 풍요로움을 갖추게 된다. 그 결과 출애굽의 하나님은 온 세계의 창조자 하나님으로, 이스라엘 백성의 하나님은 세계사를 다스리는 우주적 하나님으로, 이스라엘이 경험한 하나님의 구원은 온 세계의 보편적·우주적 지평 속에 있는 것으로 이해되기 시작한다. 이것은 본래 이스라엘 신앙 속에 감춰져 있던 것이 새롭게 발견된 것이라 추측된다. 예를 들어 창세기 1장 P 문서의 창조기사는 고대 이스라엘의 신앙 속에 내재해 있던 민속적 창조신앙(창 2:4 하반절 이하, 야위스트의 창조 이야기 참조)을 바빌론 포로기의 새로운 언어로 신학화·체계화한 것으로 보인다. 이런 작업 속에서 하나님의 영에 대한 이해도 더 심화되고 풍요롭게 되었을 것이다.

1) 태초에 창조의 힘으로서의 영: 바빌론 포로생활 속에서 이스라엘 백성은 타종교의 창조신화(예를 들어 바빌론의 에누마 엘리쉬 창조신화)를 접하게 되면서 자신의 창조신앙에 눈을 뜨게 되고 이를 보다 더 승화된 형태로 고백한다. 출애굽의 하나님, 구원의 하나님은 온 세계를 지으시고 섭리하는 보편적인 창조자 하나님으로, 출애굽의 구원신앙은 세계사적 지평을 가진 창조신앙으로 확대되기에 이른다. 이 과정에서 출애굽의 루아흐는 온 세계를 지으신 하나님의 창조의 공동사역자로 인식된다. 하나님의 "입

기운"(루아흐)으로 만물이 이루어졌고(시 33:6), "주의 영(ruach)을 보내어 저
희를 창조하사(bara)…"(시 104:29-30).

창세기 1장의 P 문서 창조 이야기는 바빌론 포로기 이후 신약과 구약
중간시대에 기록된 것으로 추정된다. "하나님의 루아흐(ruach elohim)가 물
위에 움직이고 있었다"는 2절의 말씀은 "강한 바람이 물 위에 떠돌고 있었
다"로 번역될 수 있다. 이 말씀은 하나님의 창조에 있어 하나님의 영이 공
동으로 사역한 것을 시사한다. 하나님의 창조는 하나님의 영 혹은 하나님
의 강한 바람을 통해 이루어졌다. 따라서 하나님의 영, 곧 "하나님의 '숨'은
우주의 존재와 그 창조적 전개의 근원"이라 할 수 있다. "만유는 하나님의
한 숨에서부터 무수히 피어난 꽃들과 같은 존재들이다"(송성진, 2009, 198).

하나님의 영은 P 기자가 강조하는 빛과 어둠, 낮과 밤, 마른 땅과 바다
를 구별하는 힘으로 작용한다. 이 구별을 통해 피조물의 생명이 유지된다.
하나님의 영을 통해 구별된 것의 한계를 지키지 않을 때, 곧 빛을 어둠으
로 만들고 어둠을 빛처럼 되게 하며, 낮이 밤처럼 되고 밤이 낮처럼 될 때,
피조물의 세계는 혼란에 빠지고 건강을 유지할 수 없게 된다.

하나님의 창조는 여성형 루아흐와 남성형 말씀(dabar)의 상호보충 속
에서 일어난다. 따라서 창조된 모든 것은 여성성과 남성성을 함께 필요로
한다. 남성과 여성이 만나 생육하고 번성하는 것이 창조질서이다. 루아흐
는 하나님의 여성적 면모를 시사한다. "루아흐로서의 하나님은 특별한 방
법으로 생명의 창조와 유지와 보호의 모성적 역할 속에서 자기를 계시한
다.…성서가 말하는 '루아흐' 하나님은 항상 생명과 관계하며, 어머니처럼
생명을 생성케 하는 하나님이다"(Raurell 1989, 58).

2) 새 창조의 영: 이스라엘은 포로기의 절망적 상황에서의 구원을 하
나님의 새 창조로 이해한다. "보라, 내가 새 일을 행하리니 이제 나타낼 것
이라…"(사 43:19). 하나님의 새 창조는 먼저 이스라엘 백성의 새로운 창조
로 구체화된다. 하나님은 이스라엘과 "새 계약"을 세울 것이며, 그의 "법
을 그들의…마음속에 기록하여 나는 그들의 하나님이 되고 그들은 내 백

성이 될 것이다"(렘 31:31-33). 하나님이 부어주시는 신(루아흐)으로 말미암아 인간은 그의 율례를 행하는 새로운 생명으로 창조된다(겔 36:26-27). 여기서 하나님의 영은 생명의 세계를 새롭게 창조하는 새 창조자로 나타난다(창 8:1; 출 10:13, 19; 14:21; 민 11:31). 하나님의 영에 의한 새 창조는 새로운 출애굽으로 이해된다(사 43:3; 시 80:8; 106:7 이하).

에스겔서에 나오는 "마른 뼈 환상"은 하나님의 영에 의한 새 창조를 감각적으로 보여준다. "루아흐"(신 혹은 생기) 개념은 이 환상에서 하나님의 예언자적 말씀과 결합되어 9번 등장한다. 파멸의 상태에 처한 이스라엘은 하나님의 예언자적 말씀과 영을 통해 새로운 생명으로 다시 살아날 것이며(겔 37:11), 잃어버린 고국으로 귀향할 것이다(37:14). 하나님의 "영원한 계약" 속에서 이스라엘은 하나님의 규례를 준행하고 그의 율례를 지키는 새로운 "하나님의 백성"으로 다시 태어날 것이다. 하나님의 "처소"는 그들 가운데 있게 될 것이다. "나는 그들의 하나님이 되고 그들은 내 백성이 될 것이다"라는 하나님과 이스라엘의 계약이 성취될 것이다(37:24-27).

에스겔의 "마른 뼈 환상"이 신학적으로 중요한 이유는 하나님의 영이 생명의 세계와 죽음의 세계의 한계를 넘어선다는 점에 있다. 이제 죽음의 영역도 하나님의 지배 아래 있게 된다. 그래서 하나님의 영을 통한 하나님의 새 창조는 죽음의 무덤이 열리고 죽은 자들이 무덤에서 나오는 것으로 묘사된다(37:12).

하나님의 영을 통한 이스라엘의 새 창조는 각 사람이 하나님의 용서를 받고 하나님의 율법을 지키는 새로운 피조물로 변화되는 인격적 측면을 중요시한다. 이것은 하나님의 영의 특별한 사역으로 생각된다. "이는 주께서 그 심판하는 영과 소멸하는 영으로 시온의 딸들의 더러움을 씻으시며 예루살렘의 피를 그 중에서 청결케 하실 때가 됨이라"(사 4:4). 하나님의 영은 인간의 "마음"(히브리어 leb)과 결합되어 마음의 변화를 일으킬 것이다. 하나님의 영은 각 사람에게 "굳은 마음을 제하고 부드러운 마음을 줄 것이며, 또 내 신(루아흐)을 너희 속에 두어" 하나님의 법을 지켜 행하는 새로운 사람으로 창조할 것이다(겔 36:25-28; 동일한 내용에 관해 겔 11:19-20; 18:31; 21:12; 36:26을 참고할 것).

시편 기자는 이것에 대해 다음과 같이 말한다. "하나님이여 내 속에 정한 마음을 창조하시고, 내 안에 정직한 영을 새롭게 하소서.…주의 성신(루아흐)을 내게서 거두지 마소서"(시 51:10-11; 참조. 143:10). 하나님의 영은 각 사람의 죄를 씻고 깨끗한 마음을 주시며, 깨끗한 마음으로 새롭게 창조된 사람들을 통해 이스라엘을 새로운 생명공동체로 회복할 것이다. 하나님의 영을 받은 사람들은 "하나님이 원하시는 정의의 세계, 곧 긍휼에 의해 각인된 의의 세계를" 건설할 것이다(김명용 1997, 42).

제2이사야에 의하면 하나님의 영은 인간의 사회는 물론 자연의 세계를 변화시키는 새 창조의 힘이다. 하나님의 영에 의한 새로운 구원은 자연의 새 창조를 포괄한다. "필경은 위에서부터 성신을 우리에게 부어주시리니 광야가 아름다운 밭이 되며 아름다운 밭은 산림으로" 변화될 것이다(사 32:15-16; 참조. 43:19-20). 포로기 이후에 기록된 것으로 보이는 "창조의 시편" 104편은 루아흐의 총체적인 새 창조를 다음과 같이 고백한다. "주의 영을 보내어 저희를 창조하사 지면을 새롭게 하시나이다"(시 104:29-30). "성령강림", 곧 하나님의 영의 오심을 통해 "공평과 정의가 땅위에 충만케" 될 때 모든 피조물의 참 평화가 있을 것이다(김명용 1997, 42).

3) 생명의 힘으로서의 영: 구약성서에서 동물들의 생명은 피에 있다고 생각되기도 하고 숨 혹은 호흡에 있다고 여겨지기도 한다. 땅 위의 모든 생명이 피의 순환과 신선한 공기의 호흡을 통해 유지되기 때문이다. 하나님의 루아흐는 모든 피조물의 생명을 가능하게 하는 "생명의 숨과 생명의 힘"이다(김영한 2007, 246). 그것은 새 창조의 힘인 동시에 생명의 힘으로서 모든 피조물 안에 현존한다. 그것은 곧 "생명의 원천"(fons vitae, Calvin)이다.

하나님의 영에 대한 이런 생각은 지혜문학에 자주 나타난다. 욥기에 의하면 루아흐는 부패를 방지하고 죽어가는 것을 살리며 탁한 공기를 맑게 함으로써 생명의 세계를 생동케 하는 힘이다. 살아 움직이는 모든 피조물은 하나님의 창조적 루아흐에 의존한다. 하나님이 숨을 내쉬면 그 숨은 생명의 힘으로서 피조물 안에 들어가 그들을 살아 움직이게 한다. 그러나 하나님이 "그의 영(루아흐)"과 "생명의 숨"을 거두시면 살아 있는 모든 것은 사멸하고 사람은 먼지로 돌아간다(욥 34:14-15; 참조. 사 40:6-7).

사사들과 왕들과 예언자들에게 오시고 그들 안에 "개별적으로" 현존하는 하나님의 영은 모든 생명 안에 "보편적으로" 현존한다. 그의 현존은 개별적 현존인 동시에 "세계 안에 있는…보편적 현존"이다(Beinert 1995, 18). 세계를 창조하신 하나님의 보편성은 그의 영의 보편성을 필연적 귀결로 한다. 하나님의 영은 생명의 힘으로서 우주의 모든 피조물들 안에 현존하며 새로운 생명의 세계를 지향한다.

인간학적 개념으로서 루아흐는 인간의 생명을 유지하고 생동케 하는 생명의 숨 혹은 생명의 힘이다. "하나님의 신(루아흐)이 나를 지으셨고 전능자의 기운이 나를 살리시느니라"(욥 33:4). 창세기 2:7에 의하면, 하나님이 "생명의 숨", 곧 "니슈마트 하임"(nishmat hayyim)을 사람의 코 안에 불어넣으시니 흙으로 빚은 인간은 살아 움직이는 존재(nephesh hayya)가 된다(창 2:7). 후대문헌에서 "루아흐"는 "네샤마"(נְשָׁמָה: 생기, 입김, 생명력)와 병행하여 표기된다(김이곤 2005, 5). 창세기 6:3은 하나님의 "영"이, 6:17은 "생명의 영"이 인간 안에 있음을 전제한다. 7:22은 이 둘을 결합시켜 "생명의 영의 숨"이라 말한다. 루아흐, 곧 하나님의 영은 인간의 생명을 가능하게 하는 "생명의 숨" 혹은 "생명의 힘"으로서 인간의 "몸 안에 거처를 가지고 계신다"(김영한 2003, 239). 그것은 짐승들 안에도 존재한다(창 1:30; 6:17; 7:15).

인간의 생물학적 생명의 힘은 창조자 하나님의 영에서 비롯된 것이다. 하늘을 펴시고 땅의 기초를 놓으신 하나님이 "사람 안에 영을 만들어"(슥 12:1) 주셨기 때문이다. 따라서 인간의 생명이 유지되는 것은 "하나님의 기운(루아흐)이…내 코에" 있기 때문이다(욥 27:3). 하나님의 영은 정신적 힘 내지 창조적 생동성(Vitalität), 감정과 의지, 행동의 원동력으로 작용하며(렘 5:11), 지혜와 명철을 부여한다. 하나님의 영을 통해 "하나님과 인간은 역동적 관계 속에" 있다(Wolff 1974, 67). 하나님의 영은 "인간 존재의 깊은 데 까지 카리스마적 자질과 능력을 갖게 하는 하나님의 현존(*praesentia Dei*) 이다"(Kraus 1983, 449).

하나님이 그의 영을 거두시면 인간의 생명은 사멸한다(욥 10:18; 34:14-15; 시 104:29-30; 146:4). 야곱은 그의 "기운"(루아흐)이 다하여 열조에게로 돌아갔다(창 49:33; 참조 25:8; 35:29). 하나님의 영은 하나님에게서 나와 하나님에게 돌아간다(전 12:7). 그러므로 인간의 생명은 태어나서 죽음에 이르기까지 "하나님의 영으로부터 나오는 생명의 숨의…작용에 의존한다" (Pannenberg 1991, 214).

4) 사랑과 정의의 원천으로서의 영: 모든 생명 안에 생명의 힘으로 현존하는 루아흐는 또한 사랑의 원천으로 작용한다. 궁핍한 사람에게 은혜를 베풀고(잠 14:31), 마른 빵 한 조각을 먹으며 화목하게 지내고(17:1), 친구 사이에 사랑이 끊어지지 않으며(17:17), 부모를 공경하고 기쁘게 하는 (23:25) 이 모든 일들은 인간 안에 있는 하나님의 "선한 영"(느 9:20)으로 말미암아 일어난다. 선하고 자비로운 하나님의 영과 그 질서 속에서 피조물은 서로에게 생명의 기회를 제공하며 더불어 살아간다(참조 시 104편; 겔 31:4-9).

또한 하나님의 영은 악하고 불의한 자를 제거함으로써 하나님의 공의를 세우는 초월적 힘으로 작용한다. "악을 밭갈고 독을 뿌리는 자는 그대로 거두나니 다 하나님의 입기운(루아흐)에 멸망하고 그 콧김에 사라진다" (욥 4:9). 하나님의 루아흐는 "심판하는 영과 소멸하는 영"이다. 그는 악인을 제거함으로써 하나님의 의로우심을 증명하며, 인간의 더러움을 씻고 깨끗하게 한다(사 4:4). 장차 올 메시아적 구원자는 "입술의 기운"(루아흐)으로 악인을 죽일 것이다(사 11:4). 악인은 결국 "하나님의 입김(루아흐)에" 세상을 떠날 것이다(욥 15:30). 악한 자의 눈이 어두워져 도망할 곳을 찾지 못함은 그의 마지막 "기운"이 끊어지기 때문이다(11:20).

5) 하나님의 영의 내재성과 초월성: 하나님의 영은 피조물의 생명을

유지하고 새로운 창조를 일으키는 힘으로 내재하는 동시에, 피조물의 세계에 속하지 않은 초월적인 것이다. 그것은 인간의 영이 아니라 하나님에게서 오는 "하나님의" 영이다. 그것은 "위에서부터" 우리에게 부어진다(사 32:15). "루아흐는 야웨의 루아흐로서 초월적 근원에 속한 동시에 모든 살아 있는 것의 생명의 힘으로서 내재적으로 작용한다. 창조자 하나님의 힘은 루아흐의 초월적인 측면이고 살아 있는 것의 생명의 힘은 루아흐의 내재적 측면이다"(Moltmann 1991, 55).

여기서 우리는 하나님의 영의 초월과 내재의 양면성을 발견한다. 하나님의 영은 초월적 존재로서 내재하고 내재하면서 초월한다. 그의 초월성은 내재적 초월성이요, 그의 내재성은 초월적 내재성이다. 그러므로 피조물 안에 내재하는 하나님의 영은 결코 피조물의 영으로 환원되지 않는다. 그는 피조물의 생명의 힘의 초월적 원천으로서 피조물에게서 구별된다. 따라서 "루아흐는 인간을 하나님과 결속시키고 그에게 종속시키지만 인간과 하나님의 단일성을 의미하지는 않는다. 인간은 하나님의 루아흐에 종속되나 결코 하나님의 루아흐를 장악할 수 없다"(유해무 1997, 382).

과정신학에 따르면 하나님의 영의 주요 활동은 피조물 안에 내재하면서 피조물의 고난을 함께 당하는 데 있다. 과정신학의 영향을 받은 오늘의 많은 신학자들은 하나님의 영을 피조물과 함께 신음하며 고난당하는 사랑과 연민의 영으로 이해한다(참조. 롬 8장).

물론 하나님의 영은 피조물의 고난을 함께 당하며 함께 신음한다(출 3:7; 롬 8:25). 그러나 우리는 이것이 하나님의 영의 활동의 전부가 아님을 유의할 필요가 있다. 하나님의 영은 함께 고난당하는 사랑의 영인 동시에 피조물의 세계를 새롭게 변화시키고자 하는 새 창조의 메시아적 힘이다. 그는 연민의 영인 동시에 출애굽의 영이요 자유와 해방의 영이다. 그는 불의한 세상의 부정적인 것을 부정하면서 하나님의 정의로운 세계를 세우고자 하는 종말론적 힘이다. 이 종말론적 힘은 메시아적 존재로 인격화된다.

6) 하나님의 영과 지혜의 결합: 포로기 이전의 예언자들에게서 하나님

의 영이 예언적 말씀과 결합된 것처럼, 포로기 이후 하나님의 영은 하나님의 창조적 말씀과 결합된다. 이 결합은 하나님의 영과 지혜(hokma)의 결합으로 확대된다. 지혜문학에서 말씀과 영과 지혜는 그들의 창조적 기능에 있어 동의어로 사용된다(Hilberath 1992, 458).

하나님의 영과 지혜의 결합은 고대 동방의 지혜철학과의 만남을 통해 처음 생성된 것이 아니라 이스라엘의 신앙 전통 속에 일찍부터 있었던 것으로 보인다. 한 예로, 이사야 11:2은 "야웨의 영"을 "지혜와 총명의 영"이라 부른다. 이 결합은 알렉산더 대왕의 팔레스타인 정복 이후, 헬레니즘과의 만남 속에서 강화된 것으로 보인다. 자발적이든 강제적이든, 지중해 일대로 이주한 "디아스포라" 유대인들은 고대 그리스 문화, 곧 헬레니즘과의 만남 속에서 자신의 신앙 전통을 그리스적 사고방식으로 표현하려고 노력했다. 그 대표적 인물이 북아프리카 알렉산드리아에 살고 있던 유대인 철학자 필론(Philo)이었다.

이런 노력 속에서 하나님의 거룩한 영(hagion pneuma)은 지혜, 곧 여성형 sophia와 동의어로 사용된다. "하나님의 신(루아흐)이 나를 지으셨다"(욥 33:4), 만물이 하나님의 "입기운"(루아흐)으로 창조되었다(시 33:6), 하나님은 지혜로 모든 피조물을 지으셨다(104:24), 그는 지혜로 하늘을 지으셨고 지혜로 땅을 세우셨다(136:5; 잠 3:19), 지혜는 천지창조 이전부터 있었고, 창조자로서 하나님의 창조에 참여하였다(8:22-30). 하나님은 지혜로 세계를 세우셨다(렘 10:12; 51:15). 그래서 이사야 11:2 하나님의 영을 "지혜의 영"이라 부른다.

구약 외경에 속한 "솔로몬의 지혜서"도 영과 지혜를 동의어로 사용한다. 하나님의 지혜가 세계를 품고 질서를 세우며(9:1-19), 사람을 지혜롭게 하여 창조자를 닮은 사람이 되게 한다(7:22-27). "주님의 영"이 온 땅을 채운다(1:7). 하나님의 영존하는 영은 "모든 사물들 안에 있다"(12:1). "모든 기교의 장인이신 지혜가 나를 가르치며, 총명케 하는 영이 그 안에 있다…"(7:22). 영과 지혜의 결합을 통해 하나님의 영이 지닌 우주론적·창조신학적 차원이 보다 더 분명해진다. "구름으로 자기 수레를 삼으시고, 바람 (ruach)의 날개로 다니시며, 바람들(복수형 ruhot)을 자기의 사자로 삼으시며…땅의 기초를 두사 영원히 요동치 않게 하셨나이다"(시 104:3-5).

7) 하나님의 영의 인격화: 이스라엘의 신앙은 철저한 유일신 신앙이었다. 하나님은 오직 야웨 단 한 분이라 생각되었다. 이 때문에 하나님의 영, 곧 루아흐를 야웨 하나님과 동격에 있는, 또 하나의 신적 인격으로 인정하기 어려웠다.

그러나 오랜 역사의 과정을 거치면서 하나님의 영은 하나의 신적·인격적 존재로 이해되기 시작한다. 그 결과 "영" 대신에 "성신"(성령)이란 개념이 등장하게 된다. 본래 구약성서는 "루아흐 야웨", "루아흐 엘로힘"이란 개념을 사용하지만, "성신"이란 개념을 거의 사용하지 않았다. 이 개념은 단지 포로기 이후에 기록된 것으로 추정되는 시편 51:13, 이사야 63:10, 그리고 지혜서 1:4-6에서만 사용되고 있다. 이처럼 "성신" 개념은 하나님의 영의 인격화가 바빌론 포로기 이후에 형성되었음을 보여준다.

그럼에도 하나님의 영의 인격화는 이스라엘의 신앙 속에 애초부터 숨어 있었던 것으로 보인다. 이스라엘 역사 초기부터 하나님의 영은 하나님에게 대응하며, 하나님과 이야기하는 인격적 존재로 나타난다. "한 영이 나아와 주님 앞에 서서 말하기를"(왕상 22:21; 대하 18:20), "한 영이 나아와 하나님 앞에 서서 말하기를"(대하 1:20), "그 때에 영이 내 앞으로 지나가매"(욥 4:15). 여기서 하나님의 영은 단지 하나님의 도구가 아니라 하나님과 구별되는 구원의 행위의 주체로 나타난다.

이와 같이 이스라엘의 신앙 전통 속에 일찍부터 숨어 있었던 하나님의 영의 신적 인격화 혹은 독립적 실체화가 포로기 내지 포로기 후기에 출현한 것이다. 후기 유대교의 랍비문학은 성령의 독립된 인격성을 이야기한다. 이리하여 "말하다", "권면하다", "기뻐하다", "위로하다" 등의 인격적 특성들이 하나님의 영에 부여된다. 이것은 결과적으로 초기 기독교가 하나님의 영을 신적 인격으로 이해할 수 있는 길을 예비한다.

E. 요약: 새로운 생명의 세계를 향한 메시아적 영

하나님의 영에 대한 구약성서의 이해의 독특성은 메시아성에 있다. 구약성서에서 하나님의 영은 본질적으로 하나님의 새로운 생명의 세계를 세우고자 하는 새 창조의 메시아적 영이다. 우리는 이에 대한 명시적 근거를 출애굽 사건과 메시아적 약속에서 찾아볼 수 있다.

일련의 구약학자들은, 메시아의 오심에 대한 이스라엘의 희망과 기다림은 주전 587년 바빌론 제국에 의한 예루살렘 성과 성전의 파괴, 국가 멸망의 대재난, 바빌론 포로기의 고난 속에서 생성되었다고 말한다. 따라서 이스라엘의 메시아 희망은 재난 속에서 생성된 "재난의 이론"이라고 한다 (Scholem 1963, 227). 그렇다면 하나님의 영에 대한 메시아적 이해는 바빌론 포로기 전후에 비로소 생성된 것인가?

필자의 생각에 의하면 하나님의 영에 대한 메시아적 이해의 뿌리는 이스라엘 백성의 재난에 있는 것이 아니라 출애굽 사건에서 경험된, 이스라엘의 하나님에 대한 신앙 자체에 숨어 있다. 출애굽의 하나님은 사랑과 정의를 그의 기본 본성으로 가지고 있다. 그는 신음하는 생명들을 살리며, 이들을 위해 정의로운 세계를 이루고자 하는 생명의 하나님, 메시아적 새 창조의 하나님이다. 따라서 이 하나님의 영은 메시아적 새 창조의 영일 수밖에 없다.

구약성서의 본문들은 메시아적 구원자를 다양하게 묘사한다. ① 이스라엘 민족을 구원할 이상적인 왕으로, ② 피조물의 세계를 구원할 보편적, 신적 존재로, ③ 힘과 능력이 있는 영광스러운 존재로, ④ 힘없이 고난받는 야웨의 종으로, ⑤ 역사의 과정 속에서 오실 존재로, ⑥ 역사의 마지막에 오실 종말적 존재로 묘사한다(특히 묵시사상에서).

이와 같은 면모를 가진 "메시아"는 "하나님의 기름부음을 받은 자"를 뜻하며, 먼저 이스라엘의 왕을 가리킨다. 기름부음(meschicha)을 통해 하나님의 영이 그 안에 거하는 이스라엘의 왕은 "하나님의 아들"로서 그의 백성을 공의로 통치해야 한다. 그러나 이스라엘의 왕들은 거의 모두 실패하고 만다. 결국 나라가 둘로 나누어져 북이스라엘은 아시리아에게(주전 721/2년), 남유다는 바빌론에게 식민지가 된다(주전 587년).

이때 시편 기자는 이스라엘 백성이 당한 치욕과 고통을 다음과 같이 전한다. "하나님이여, 열방이 주의 기업에 들어와서 주의 성전을 더럽히고 예루살렘으로 돌무더기가 되게 하였나이다. 저희가 주의 종들의 시체를 공중의 새에게 밥으로 주며, 주의 성도들의 육체를 땅 짐승에게 주며, 그들의 피를 예루살렘 사면에 물 같이 흘렸으며 그들을 매장하는 자가 없었나이다"(시 79:1-3). 이와 같은 고난의 역사 속에서 이스라엘은 "다윗의 위(位)에 앉아서 그 나라를 굳게 세우고 지금 이후 영원토록 공평과 정의로 그것을 보존하실"(사 9:7) 메시아적 왕을 기다리게 된다.

메시아적 왕에 대한 이스라엘의 기다림은 신적이고 초월적인 존재, 피조 세계의 보편적인 구원자에 대한 기다림으로 확대된다. 이 확대는 바빌론 포로기, 특히 포로기 후기에 일어난 것으로 추정된다. 고대 중동의 우주론적 지평에 자극을 받은 메시아적 왕은 단지 이스라엘 백성의 이상적 왕에 머물지 않고 온 세계를 위한 보편적 구원자라는 사실을 인지하게 된다. 메시아는 후기 유대교의 묵시사상에서 세상의 끝에 올 구원자로 간주된다(참조. 단 7:13). 당시 이스라엘은 나라의 주권을 상실하고 강대국의 식민지가 되어 고난과 치욕을 당하는 상황이었다. 이런 상황에서 다윗의 어떤 후손이나 어떤 인간도 메시아적 구원자가 될 수 없다는 절망이 이스라엘로 하여금 보편적이고 신적인 메시아를 기다리게 만든 내적 동기가 되었을 것이다.

온 세계의 신적이고 보편적인 구원자에 대한 기다림 역시 바빌론 포로기에 갑자기 출현한 것이 아니라 이스라엘의 신앙 속에 내재해 있었다. 이스라엘의 하나님은 단지 한 민족의 하나님이 아니라 온 세계를 지으신 창조자 하나님이다. 세계의 모든 것은 하나님의 소유다(시 24:1). 하늘은 그의 보좌요, 땅은 그의 발등상이다(사 66:1). 이 하나님의 보편성으로 인해 이스라엘이 기다리는 메시아도 온 세계의 보편적 구원자로 확대될 수밖에 없었다.

보편적 구원자 메시아는 "하나님의 영(루아흐)"으로 충만한 자로 묘사된다(사 11:1-2). 기름부음을 받은 자를 뜻하는 메시아는 하나님의 영으로 충만한 자, 곧 하나님의 메시아적 영의 인격체이다. 제2이사야(Deuterojesaja)에 의하면 하나님의 영은 메시아 안에 거한다. 따라서 메시아는 하나님의 영으로 충만한, 하나님의 영의 담지자다. 제3이사야(Tritojesaja)도 장차 올 메시아를 하나님의 영의 담지자로 이해한다. "주의 신이 내게 임하셨으니, 이는 주께서 내게 기름을 부으사…"(사 61:1). 제2이사야는 "고난받는 하나님의 종"에 관한 노래에서 하나님의 영을 정의와 결합한다. "내가 나의 신(루아흐)을 그에게 주었은즉, 그가 이방에 정의를 베풀리라"(사 42:1).

여기서 하나님의 영은 "메시아적 영"으로 이해된다. 하나님의 영은 이 땅 위에 하나님의 자비와 정의와 평화가 충만한 메시아적 나라를 세우고자 한다. 그러므로 제3이사야는 메시아적 영을 하나님의 자비의 법과 "주의 은혜의 해"와 결합시킨다(61:2). 메시아적 영은 하나님의 샬롬이 충만한 새로운 세계를 이루고자 하는 메시아적 새 창조의 영이다. 우리는 이 영의 활동을 아래 세 가지 차원으로 구별할 수 있다.

1) 인격적 차원: 하나님의 메시아적 영은 인간의 죄를 씻고 하나님을 경외하고 이웃을 사랑하는 하나님의 거룩한 백성으로 인간을 회복하려 한다(사 4:4; 슥 13:1). 또 모든 사람이 건강하고 행복하며 장수하도록 활동한다(사 65:18-20).

2) 사회적 차원: 하나님의 메시아적 영은 하나님의 자비와 정의와 평화, 그리고 하나님을 아는 지식으로 충만한 사회를 이루기 위해 활동한다. 그는 "마음이 상한 자를 고치며 포로 된 자에게 자유를, 갇힌 자에게 놓임을 전파하며, 주의 은혜의 해와 우리 하나님의 신원의 날을 전파하여, 모든 슬픈 자를 위로하되…"(사 61:1-2).

3) 생태학적·세계사적 차원: 하나님의 메시아적 영은 개인과 사회는 물론 자연의 세계와 세계의 역사를 새롭게 창조하려 한다. 자연의 모든 생물들이 하나님의 평화 안에서 공생하는 세계, 해함과 상함이 없고 굶주림과 울부짖음이 없는 세계, 곧 "새 하늘과 새 땅"을 이루기 위해 활동한다(사 11:6 이하; 65:17 이하; 66:22).

메시아적 영의 사회적 차원과 생태학적·세계사적 차원은 분리될 수 없다. 메시아적 영을 통한 자연 세계의 새 창조는 하나님의 법과 정의가 온 땅에 세워질 때 가능하다. "필경에 위에서부터 영을 우리에게 부어주시리니, 광야가 아름다운 밭이 되며, 아름다운 밭을 삼림지역으로 여기게 될 것이다. 그 때에 법이 광야에 거하며, 정의가 아름다운 밭에 있을 것이다" (사 32:15-16). 하나님의 메시아적 영은 사회적 법과 정의는 물론 생태학적 법과 정의를 세우고자 한다. 그는 "땅의 안식"과 "땅의 평화"(레 26:6, 34)를 이룰 것이며, 온 세계 속에 하나님의 샬롬을 이룰 것이다.

여기서 출애굽의 루아흐는 인간을 새 사람으로 변화시키고 온 세계 속에 하나님의 법과 정의를 세우며, 세계사를 이끌어가는 새 창조자로 밝혀진다. 첫 출애굽은 악의 세력과 자연을 다스리는 주님을 증명하였다면, 둘째 출애굽, 곧 바빌론 포로생활에서의 해방과 귀향은 자연의 새 창조를 가져올 것으로 기대된다. "산들과 작은 산들이 너희 앞에서 노래를 발하고, 들의 모든 나무가 손바닥을 칠 것이며…"(사 55:12).

메시아적 비전에 의하면, 메시아적 새 창조와 구원은 모든 사람에게 하나님의 영이 부어지고 모든 사람이 하나님의 영의 담지자가 되는 것을 전제한다. 먼저는 모든 이스라엘 백성에게 하나님의 영이 주어진다. 하나님은 모세, 사사, 왕, 예언자 등 이스라엘 백성의 대표자들은 물론 그의 모든 백성들 가운데 그의 "성신", 곧 루아흐를 두셨다(사 63:11). 이스라엘 백성 가운데 모든 사람이 하나님의 영을 받아 "새 영"과 "새 마음"을 갖게 될 것이며, 하나님의 율법을 지키는 "하나님의 제사장", "하나님의 봉사자"가 (사 61:6) 될 것이다. 그러므로 예레미야, 에스겔, 요엘 등 포로기 예언자들은 메시아의 오심을 강조하기보다 하나님의 영을 통해 이스라엘 민족 전체가 새롭게 태어날 미래의 집단적 희망을 강조한다.

에스겔의 "마른 뼈 환상"은 하나님의 메시아적 영을 통한 새 창조를 감각적으로 묘사한다. 골짜기에 가득한 마른 뼈들 속에 하나님이 그의 "생기"(루아흐)를 들어가게 하자, 마른 뼈들이 다시 살아나 큰 무리를 이룬다. 이스라엘 백성 전체가 되살아난다. 모든 백성은 하나님이 그들의 주이심을 알고 그의 율법을 지킬 것이다. 하나님은 그들의 하나님이 되고, 그들은 하나님의 백성이 될 것이다. 이스라엘 백성 전체가 하나님의 영이 그 안에 거하는 성전이 될 것이며, 그의 현존이 될 것이다(겔 37장).

예레미야는 "새 계약"을 선포한다. 때가 이르면 하나님은 온 이스라엘 백성과 "새 계약"을 세울 것이다. 하나님은 그의 "법을 그들 속에 두며 그 마음에 기록하여, 나는 그들의 하나님이 되고, 그들은 내 백성이 될 것이다." 아무도 다른 사람을 가르치지 아니할 것이며, "너는 주님을 알라"고 말하지 않을 것이다. "작은 사람으로부터 큰 사람까지" 모든 사람이 어떤 중개자나 지도자를 통하지 않고 직접 하나님을 알 것이며, 하나님의 영의 담지자가 될 것이다. 하나님의 영은 모든 사람들 가운데 있을 것이며, 모든 사람이 하나님의 영의 현실이 될 것이다(렘 31:31-34).

포로기의 묵시사상적 예언자 요엘에 의하면, 종말에 하나님의 영은 "모든 육" 위에 부어질 것이다. "그 후에 내가 내 영을 모든 육 위에 부어 주리니, 너희의 아들들과 딸들이 예언을 할 것이며, 너희 늙은이들은 꿈을 꾸며, 너희 젊은이들은 이상을 볼 것이며, 그 때에 내가 또 내 영을 남종과 여종에게 부어줄 것이며…"(욜 2:28-29). 이리하여 남자와 여자, 늙은이와 젊은이, 남종과 여종, 지배자와 피지배자의 차별이 더는 존재하지 않는 세계가 이루어질 것이다. 모든 "육" 안에 있는 하나님의 영은 모든 사람을 하나님의 예언자적 백성으로 만들 것이며(민 11:29), 땅 위에 있는 생명들을 회복하고 하나님의 새로운 창조공동체를 이룰 것이다. 온 세계가 "에덴동산" 혹은 "주의 동산"(겔 36:35; 사 51:3)처럼 될 것이다. 온 세계가 하나님의 영광을 나타낼 것이다(합 2:14).

구약성서의 메시아 비전에 의하면, 하나님의 영광은 모든 사람이 하나님을 알고 그를 경외하며 사회 정의와 자연 생태계의 정의가 세워질 때 나타날 것이다. "주는 모든 나라 위에 높으시며 그 영광은 하늘 위에 높으시도다.…높은 위에 앉으셨으나 스스로 낮추사 천지를 살피시고 가난한 자를 진토에서 일으키시며 궁핍한 자를 거름 무더기에서 드셔서…"(시 113:4). 이때 온 세계가 하나님의 계시가 될 것이다. "하늘이 하나님의 영광을 선포하고…날은 날에게 말하고 밤은 밤에게 지식을 전하니…"(시 19:1 이하).

이와 같은 메시아적 비전에 따르면, 하나님의 메시아적 영은 하나님의 자비와 정의와 평화가 충만한 새로운 생명의 세계를 세우는 하나님의 생명의 힘, 즉 새 창조의 힘이다. 그는 하나님의 구원받은 세계를 향한 세계사의 내적 동력이다.

4
하나님의 영에 대한
신약성서의 이해

신약성서는 루아흐를 "프뉴마"(*pneuma*)로 번역한다. 그리스어 *pneuma*는 바람이 "불다"(*pnein*)에서 유래한다. 그것은 강한 바람, 움직이는 공기, 숨결을 뜻한다. 공기가 없으면 생명이 끊어진다. 따라서 공기, 곧 *pneuma*는 생명을 가능하게 하는 생명의 힘이다. 이런 점에서 프뉴마는 구약의 루아흐와 연속성을 가진다. "신약에서의 '영'은 구약에서 쓴 '루아흐'라는 개념과 같다"(안병무 1999, 189).

그러나 신약의 성령 이해는 구약과 차이를 보이기도 한다. 나사렛 예수가 하나님의 영으로 충만한 하나님의 아들, 이스라엘의 메시아(=그리스도)로 경험되면서 "하나님의 영"은 "그리스도의 영"으로 언급된다. 또 그것은 아버지 하나님과 아들 예수와 동등한 신성을 가진 삼위일체적 인격으로 이해된다. 이 영을 가리켜 신약성서는 단지 하나님의 영(*pneuma*)이라 부르지 않고 "성령"(*pneuma hagion*: 거룩한 영)이라 부른다.

A. 공관복음서의 이해: 예수 안에 계신 하나님 나라의 새 창조자

1) 예수와 성령의 관계: 공관복음서 기자들은 성령에 대해 직접적으로 언급하지 않는다. 그러나 예수의 삶에 대해 진술할 때 그들은 언제나 성령의 존재를 전제한다. "그의 모든 생애는 성령과 더불어서 그리고 성령의 능력으로 활동하는 것으로 묘사한다"(최인식 2012b, 55). 물론 성령에 관한 공관복음서의 이야기는 약간의 차이를 보인다. 마태와 마가가 깊이 있는 신학적 성찰 없이 예수의 활동을 하나님의 영 안에서 일어난 것으로 보도한 반면, 누가는 하나님의 영에 대한 상당히 깊은 신학적 성찰 속에서 예수의 주권적 능력을 기술한다. 누가에게 있어, 예수는 성령의 지배를 당하는 "열광적 성령주의자(Pneumatiker)가 아니라 성령의 주(Herr des Pneuma)"로서 활동한다(Schweizer 1959, 402).

또한 누가는 구약의 메시아적 약속의 전통과 예수의 연속성에 큰 관심을 가진다(눅 24:44 참조). 그는 하나님의 영으로 충만한 예수를 통해 메시아적 약속이 성취되는 것을 세련된 이야기 형태로 묘사한다(특히 예수의 탄생에 관한 보도: 눅 4:14-21). 마가복음에는 이런 관심이 나타나지 않는다.

마태와 마가에게서 예수 안에 현존하는 성령의 활동은 이스라엘 백성, 곧 "자기 백성"(마 1:21)을 주요 대상으로 하는 반면, 누가에게서 성령의 활동은 구약의 메시아적 전통에 따라 이방인을 포함한 땅 위의 "모든 백성"(눅 2:10; 2:31-32)을 그 대상으로 한다. 그러므로 마태는 예수가 다윗의 후손으로 출생하였음을 강조하는 반면(마 1:1-17), 누가는 예수가 로마제국의 세계사적 맥락 속에서 출생했다는 것을 강조한다. "그 때에 (로마제국의) 아우구스투스(Augustus) 황제가 칙령을 내려 온 세계가 호적등록을 하게 되었는데…"(눅 2:1).

이런 차이점에도 불구하고 마태, 마가, 누가는 다음과 같은 공통점을 가진다. 즉 아우구스투스 황제 때 로마제국의 한 속주였던 유대 땅에서 유대인으로 태어났고, 티베리우스(Tiberius) 황제 때 유대의 로마 총독이었던 본디오 빌라도(Pontius Pilatus)에 의해 십자가의 죽음을 당했으나, 부활하여 하나님의 오른 편으로 올라간 예수를 하나님의 기름부음(meschicha, 그리스어 chrisma)을 받은 이스라엘의 메시아요 하나님의 아들이라 믿었다는 점이다. 태어날 때부터 "메시아적 영의 담지자"였던 예수의 삶의 길은 하나님의 영, 곧 성령을 통해, 성령 안에서 일어났다고 전제하는 점에서도 이들은 공통점을 가진다. 세 복음서에 나타나는 성령의 중요한 면모를 살펴본다면,

a. 예수의 삶은 성령을 통하여, 성령과 함께 시작한다. 성령은 예수의 삶의 전제이다. 누가복음은 예수에 관해 증언하기 전에, 먼저 성령의 충만함 속에서 태어난 세례자 요한에 관해 증언함으로써 예수의 생애가 이스라엘의 메시아적 루아흐의 전통 속에서 시작하였음을 전제한다. 세례자 요한은 모태에서부터 "성령의 충만함"을 입었다. 그의 부친 사가랴는 "성령의 충만함을 입어" 그에 관해 예언한다. 세례자 요한은 "영이 강한" 사람으로 성장하였다(1:15, 67, 80).

마태와 누가는 예수의 지상의 삶이 "성령으로 말미암은"(ek pneumatos hagiou) 것이었음을 동정녀 마리아 수태를 통해 시사한다(마 1:18-25; 눅 1:26-38). 고대세계에서 동정녀 수태는 생소한 것이 아니었다. 플라톤, 알렉산더 대왕과 같은 위대한 인물들은 남자를 알지 못하는 동정녀에 의해 수태되었다고 전해졌다. 고대 이집트인들도 신의 영이 여자에게 접근하여 아이를 생산하게 할 수 있다고 믿었다. 헤라클레스(Herakles)도 이와 같은 방법으로 태어났다고 전해졌다.

따라서 복음서 기자들에게 중요한 것은 동정녀 수태가 아니라 하나님의 구원의 역사가 성령을 통한 하나님의 단독적 행위로 일어나기 시작했다는 점이었다. 하나님의 구원의 역사는 남녀의 성적 결합을 통해 일어날 수도 있고 성적 결합 없이도 일어날 수 있다. 그러므로 바울은 예수가 "여자에게서 태어났다"고 말한다(갈 4:4). 여하튼 동정녀 수태에 관한 이야기의 목적은 예수의 탄생에 대한 생물학적 정보를 제공하는 것이 아니라

"예수의 삶은 처음부터 성령의 삶이었다는 것"과 "예수는 처음부터 그의 모든 현존에 있어서 하나님의 메시아적 아기였다"는 것을 증언하는 데 있다(정지련 2012b, 301, 302).

어떤 인간에게서도 일어나지 않은 하나님의 새로운 구원의 역사, 즉 새 창조의 역사가 성령을 통해 예수에게서 일어나기 시작하였다. "모든 육 위에"(욜 2:28) 올 것이라고 약속된 하나님의 메시아적 루아흐, 곧 성령은 예수가 수태될 때부터 그와 함께 있었다. 그의 삶의 길은 하나님의 메시아 적 영과 함께, 메시아적 영을 통하여 시작되었다. "예수의 역사는 곧 성령 의 역사였다"(Moltmann 1991, 77). 그는 오직 "하나님의 주권적 행위로 말미 암아" 세상에 태어난 하나님의 아들이요, 하나님의 "*chrisma*"(기름부음)를 받은 이스라엘의 메시아, 곧 "*Christos*"이다(눅 4:18; 참조. 사 61:1). 동정녀 수 태 이야기의 목적은 이와 같은 내용을 시사하는 데 있다.

새 창조의 메시아적 영이 예수와 함께 세상에 들어왔다면, 하나님의 약속된 메시아적 세계가 발흥하기 시작한 것이다. 메시아적 아기 예수와 함께 세상에 들어온 성령은 하나님 나라의 약속을 성취하는 하나님의 능 력(힘, *dynamis*)이다. 그러므로 누가는 "능력"을 "성령"과 동의어로 사용한 다. "성령이 그대에게 임하시고, 지극히 높으신 이의 능력이 그대를 감싸 주리니…"(눅 1:35). 여기서 누가가 말하는 "*dynamis*"는 구약의 *ruach*를 상기시킨다.

b. 공관복음서에 의하면 예수는 요단강에서 세례자 요한의 세례를 받 을 때 하나님의 영의 특별한 경험 속에서 아버지 하나님의 부르심과 파송 을 받는다. "성령이 비둘기 같이 자기에게 내려오심을 보시더니, 하늘로서 소리가 나기를, 너는 내 사랑하는 아들이라"(막 1:11). 여기서 예수는 하나 님의 영을 받음으로써 하나님의 아들로 확인된다. 자기를 "내 사랑하는 아 들"이라 부르는 하나님에게, 예수는 겟세마네 동산의 기도에서 "아바 아버 지"(*Abba ho pater*)라 응답한다(막 14:36).

예수가 하나님의 영을 받은 하나님의 아들이 되심은 하나님의 메시아적 약속이 예수 안에서 성취되었음을 나타낸다. "내 마음에 기뻐하는 나의 택한 사람을 보라! 나의 영을 그에게 주었은즉 그가 이방에 공의를 베풀리라"(사 42:1). 이것은 이스라엘의 왕이 기름부음을 통해 하나님의 영을 받고 하나님의 아들로 등극하는 구약의 전통으로 소급된다. "내가 나의 왕을 내 거룩한 산 시온에 세웠다.···내가 영을 전하노라.···너는 내 아들이라"(시 2:7).

예수의 세례는 다음의 사실을 시사한다. 하나님의 영이 예수에게 내려와 예수 안에 거한다. 예수는 하나님이 약속하신 메시아, 하나님의 사랑하는 아들이시며, 이스라엘의 하나님은 예수의 사랑하는 아버지이시다. 하나님과 예수의 아버지-아들의 특별한 관계를 가능하게 하는 것은 하나님의 영, 곧 성령이다. 성령은 아버지-아들의 관계를 이루고 이를 유지하는 "사랑의 끈"으로서 그 자신의 주체적 현실을 가진다.

누가복음은 성령의 주체적 현실을 다음과 같이 강조한다. 성령이 "몸의 형태로"(somatikoi eidei) 예수에게 내려왔다(눅 4:22). 하늘에 계신 하나님의 영은 예수에게 자기를 낮추시고 예수 안에 거한다. 그는 예수를 하나님의 새 창조와 고난의 역사로 인도한다. 이것은 하나님의 영이 이스라엘 백성의 고난의 역사와 함께 한다는 유대교 랍비들의 생각과 유사하다.

예수의 마귀유혹에 관한 보도는 예수의 공적 활동 역시 성령과 함께 시작하였음을 시사한다. 요한의 세례를 통해 "성령의 충만함을 입은" 예수는 "성령에 이끌리어"(눅 4:1; 마 4:1; 막 1:12는 "성령이 예수를 광야로 몰아내었다"고 보도함) 광야로 나가 마귀의 시험을 받는다. 시험을 받은 후 예수는 "영의 힘(능력) 속에서"(en te dynamei tou pneumatos, 눅 4:14) 갈릴리로 돌아온다.

후기 유대교 묵시사상가들은 세계의 종말에 메시아가 오시고 모든 죽은 자들의 부활과 최후의 심판을 거쳐 하나님의 나라가 이 땅 위에 세워질 것이라 믿었다. 이에 반해 공관복음서의 보도에 의하면, 예수가 요한의 세례를 받을 때 예수 위에서 하늘이 열리고 하나님의 영이 그에게 내려왔다. 이것은 "종말적 시간의 표징들"로서 종말에 오리라 기다리던 하나님의 나라가 예수 안에서 성령을 통해 앞당겨 오기 시작했음을 시사한다

(Schweizer 1975, 14).

c. 마가의 보도에 의하면, 나사렛 예수는 세례자 요한의 제자로서 요한의 회개운동에 참여했던 것으로 보인다. 예수는 세례자 요한이 동생의 아내를 취한 분봉왕 헤롯의 패륜과 악한 일들을 비판함으로 인해 "체포된 후"에 비로소 공적 활동을 시작한다. 이것은 예수가 세례자 요한의 메시아적 영의 전통을 따른다는 사실을 시사한다(눅 3:19; 막 1:14). 그런 까닭에 "회개하라. 하늘나라가 가까이 왔다"(마 3:2; 4:17)는 세례자 요한의 선포와 "때가 찼다. 하나님의 나라가 가까이 왔다. 회개하여라"(막 1:15)는 예수의 선포가 거의 동일한 것이다.

누가의 보도에 의하면 예수는 그의 첫 설교에서 "주님의 영이 내게 내리셨다"고 말한다(눅 4:18). 그는 "성령으로 기쁨에 차서"(4:21) 하나님을 찬양한다. 이 말씀은 예수가 성령 안에, 성령이 예수 안에 계시고, 성령과 예수가 함께 활동하였음을 가리킨다. 예수 안에 있는 성령을 통해 하나님의 새 창조가 시작된다. "예수 그리스도가 존재하고 일하며 역사하는 곳에 하나님의 영이 역동적으로 활동한다. 거기에 병이 치유되고 구원의 역사가 일어난다"(오영석 1999, 488). 메시아적 영으로 충만한 예수는 아버지 하나님과의 "직접성"(Unmittelbarkeit, E. Käsemann) 속에서 "인격화된 하나님의 나라"이다. 즉 그는 "하나님 나라 자체"(autobasileia, Origenes)이다.

2) 하나님의 나라를 세우는 새 창조자: 예수 안에서, 예수를 통한 성령의 새 창조는 다음과 같은 형태로 일어난다.

a. 희년의 선포를 통한 새 창조: 누가에 의하면 마귀의 유혹을 이겨낸 이후에, 갈릴로 돌아온 예수의 첫 사역은 유대교 회당에서 구약의 말씀을 가르치는 일이었다(눅 4:15). 그 가운데 핵심적인 것이 이사야 61:1의 말씀에 따라 "주의 은혜의 해"를 선포하는 데 있었다. "주의 영이 내게 내리셨다.···포로 된 사람들에게 해방을 선포하고···억눌린 사람들을 풀어 주고, 주님의 은혜의 해를 선포하게 하셨다"(4:18-19). 구약에서 "주의 은혜의 해"는 희년을 가리킨다(레 25:10).

예수가 회당에서 선포한 "주의 은혜의 해"는 "하나님 나라"의 구체적 형태라 할 수 있다. 그것은 하나님의 메시아적 시간의 새로운 시작이다. 예수 안에 계신 성령은 희년의 선포를 통해 하나님의 자비와 정의와 평화가 있는 새로운 삶의 세계를 창조하고자 한다. 다시 말해 "주의 은혜의 해"는 성령의 새 창조의 시작을 가리킨다.

b. 성령의 새 창조는 귀신추방과 질병 및 장애의 치유 등의 형태로 나타난다. 성령의 활동은 인간의 영적 영역에만 제한되지 않는다. 성령은 인간의 육체에도 작용하여 인간을 질병과 장애의 고통에서 해방시키고 몸의 건강과 생명의 존엄성을 회복시켜준다. 병은 "죽음의 세력의 도구들이다. 이 죽음의 세력이 파괴되는 곳에서부터 하나님의 나라는 시작된다"(김명용 1997, 52). 누가는 병을 고치는 하나님의 영의 힘이 예수를 통해 나온 것(*dynamis par autou*, 눅 6:19)이라 보도한다.

고대 이스라엘 사회에서 귀신들린 사람들, 병자들과 장애인들은 죄 때문에 그렇게 되었다 생각되어 그 사회에서 소외되었다. 그래서 이들은 가난과 질병, 사회적 소외와 차별 속에서 살아가는 "잉여인간"으로 취급되었다. 귀신들린 사람들이 "무덤 사이에서" 살고 있었다는 마태의 보도는 이들의 비참한 상황을 보여준다(마 8:28).

따라서 성령을 통한 예수의 치유의 기적들은 개인의 치유를 뜻하는 동시에, 사회적 소외와 차별에서 인간을 해방하고 공동체의 통합을 이루는 사회적 기능을 가지고 있었다. 이 기적들은 "장차 올 그의 나라의 역사 속에서 일어난, 해방하는 하나님의 종말론적 행위들"이었다(Kraus 1983, 379). 그것은 하나님 나라의 구체적 형태들이었다.

그러므로 예수는 "거기에 있는 병자들을 고쳐주며 '하나님의 나라가 너희에게 가까이 왔다'"고 말한다. "내가 만일 하나님의 손을 힘입어 귀신을 쫓아내는 것이면, 하나님의 나라가 이미 너희에게 임하였느니라"(눅 10:9; 11:20). 마태는 누가가 말하는 "하나님의 손"을 "하나님의 성령"으로 표현한다(마 12:28). 이를 통해 마태는 예수의 귀신추방과 하나님의 나라의 오심이 성령을 통해 일어났다는 점을 강조한다. 치유의 기적들을 통해 성령은 예수가 하나님 아들이시요 메시아이심을 나타낸다. "또 귀신들도 많은 사람에게서 떠나가며 소리를 질렀다. '당신은 하나님의 아들입니다.'… 그들이 그가 그리스도(=메시아)임을 알았기 때문이다"(눅 4:40-41; 참조. 막 1:24, 34).

c. 예수 안에 있는 성령의 새 창조는 죽은 생명을 다시 살리는 형태로 일어난다. 나인성 과부의 외아들(눅 7:11 이하)과 유대교 회당장 야이로의 외동딸(5:35; 눅 8:41)을 다시 살린 일이 대표적이다. 예수는 죽은 자가 다시 살아나는 것을 그가 행한 사역의 한 항목으로 제시한다(눅 11:5). 누가는 바울도 죽은 자를 살렸다고 보도한다(행 20:9-12).

많은 신학자들의 성령론은 죽은 자를 다시 살린 예수의 기적에 대해 침묵한다. 그러나 예수의 이 기적에는 중요한 성령론적 의미가 있다. 그것은 죽은 생명들을 살림으로써 새로운 생명의 세계를 이루는 성령의 새 창조를 나타낸다. 성령은 죽음의 한계를 넘어설 수 있다. 인간의 눈으로 볼 때 더 이상 희망이 없어 보이는 바로 거기에서 성령은 새 창조를 일으킬 수 있다. 성령의 이와 같은 능력은 구약의 하나님 신앙에서 유래한다. 천지를 창조하고 이스라엘의 출애굽을 이루신 하나님께 "능치 못한 일이 있겠느냐?"(창 18:14; 참조. 렘 32:17; 출 13:9). 이것은 에스겔의 "마른 뼈 환상"을 상기시킨다.

d. 예수 안에 있는 성령의 새 창조는 굶주린 사람들을 먹이며, 소유욕에서 해방된 인간의 새 창조의 형태로 일어난다. 광야에서 노약자들과 여자들과 아이들 외에 오천 명의 남자에게 예수께서 먹을 것을 마련해 주었다는 공관복음서의 보도는(마 14:13-21; 막 6:30-44; 눅 9:10-17; 요 6:1-14), 굶주림이 없는 세계를 이루고자 하는 성령의 의지를 보여준다. 하나님의 나라에는 굶주림이 없다. 한 편에서는 식도락을 즐기고, 다른 한 편에서는 굶주림과 질병으로 죽어가는 일이 없어야 한다.

이를 위해 필요한 것은 인간을 무한한 소유욕에서 해방시키는 일이다.

무한한 소유욕은 가난한 사람들을 비인간화시키는 동시에, 욕망에 사로잡힌 사람 자신을 비인간화시키는 양면성이 있다. 그는 이웃 사람들과 자연의 생명을 파괴할 뿐 아니라 단 한 번밖에 없는 자신의 생명을 무가치한 것으로 만들어버린다.

예수 안에 있는 하나님의 영은 무한한 소유욕에서 인간을 해방하고자 한다. "가서 네 있는 것을 다 팔아 가난한 자들에게 주어라. 그리하면 보화가 네게 있으리라"(막 10:21; 마 19:21; 눅 18:22). 모든 문제의 뿌리는 "보물을 땅에 쌓아 두려는" 무한한 소유욕에 있다. 예수 안에 있는 하나님의 영은 "보물을 하늘에 쌓는" 삶으로의 전향을 요구한다(마 6:19-20, 33; 7:12). 모든 것을 자기의 힘으로 얻고, "내가 얻은 것을 내 마음대로 쓰는데, 네가 무슨 상관이냐?"는 교만한 삶의 태도를 버리고, 하나님께서 매일 주시는 "일용할 양식"을 감사한 마음으로 받고 하나님과 이웃과의 교통 속에서 사는 참다운 삶으로의 전향, 곧 "회개"를 요구한다(막 1:15).

예수 안에 있는 성령은 인간의 회개를 일으킨다. 하나님과 이웃에게서 자기를 분리시킨 인간이 이들과 다시 결합된다. "하나님과 인간을 결합시키는 현실"(Härle 2007, 362)인 성령은 인간들이 사는 인간다운 세계를 이룬다. 삭개오의 회개가 이를 예시한다. "주여 보시옵소서. 내 소유의 절반을 가난한 자들에게 주겠사오며, 만일 뉘 것을 토색한 일이 있으면 네 배나 갚겠나이다"(눅 19:8). 여기서 우리는 성령에 의한 인간의 새 창조를 발견한다. 한 인간이 자기중심의 삶에서 하나님과 이웃 중심의 삶으로 변화되는 바로 거기에 성령의 새 창조가 일어난다. 바로 거기에 하나님의 나라가 있다.

e. 예수 안에 있는 성령의 새 창조는 종교의 거짓과 부패를 제거하는 형태로 일어난다. "세리와 창녀들이 너희(대제사장들과 백성의 지도자들)보다 먼저 하나님의 나라에 들어간다"(마 21:31)는 예수의 말씀은 당시 유대교가 얼마나 심각한 거짓과 부패에 빠져 있었는가를 보여준다. 이와 같은 상황 속에서 예수 안에 있는 성령은 종교 지도자들을 종교적 위선과 거짓 경건에서 해방시키고 종교를 개혁함으로써 하나님의 나라를 세우는 새 창조

의 힘으로 활동한다. 구체적으로 서기관들과 바리새인들에 대한 예수의 비판(막 23장), 레위인들과 제사장들에게 뇌물을 바치는 대가로 성전에서 영업행위를 하며 하나님의 성전을 "강도의 굴혈"로 만든 자들을 내쫓은 예수의 성전정화 사건등이 이를 예시한다(마 21:12 이하).

f. 예수 안에 있는 성령의 새 창조는 죄에 대한 용서를 가져오기도 한다. 공관복음서는 죄용서에 대해 별로 언급하지 않는다. 하지만 하나님의 나라를 세우는 예수의 활동은 죄용서를 전제한다. 중풍환자를 고치기 전에 예수는 먼저 그의 믿음을 보시고 죄용서를 선포한다(마 9:2). 예수는 향유를 예수의 발에 부은 "죄인인 한 여자"에게도 죄용서를 선포한다. "네 죄사함을 얻었느니라"(눅 7:48). 따라서 죄용서는 예수가 선포한 "하나님 나라의 본래적 말씀"이었음이 분명해진다(Kraus 1983, 374).

구약성서는 인간의 죄와 죄용서를 중요한 문제로 다룬다. 죄는 타인의 생명은 물론 죄짓는 사람 자신의 생명을 파괴하고, 하나님이 창조한 세계를 파괴하기 때문이다. 그런 까닭에 하나님은 죄를 미워한다(시 45:7). 그는 율법과 예언자들을 통해 죄를 엄중히 경고한다. 그러나 타락한 인간은 죄를 짓지 않을 수 없다(롬 7:19-25). 그는 "죄 가운데" 잉태되고(시 51:5) 어릴 때부터 죄를 짓는다(욥 13:26). 그는 결국 "죄 중에서 죽는다"(겔 3:20).

구약성서에서 하나님은 인간의 모든 죄를 일일이 벌하지 않고 용서하는 분으로 나타난다. "주께서 죄악을 감찰하신다면, 주여 누가 서리이까. 그러나 사유하심이 주께 있음은 주를 경외케 하심이니이다"(시 130:4). 하나님은 "은혜로우시며 긍휼히 여기시며 더디 노하시며 인자가 풍부하다"(느 9:17). 그러므로 이스라엘 백성은 개인의 죄는 물론 백성 전체의 죄에 대한 하나님의 용서를 끊임없이 간구한다. "주의 이름의 영광을 위하여… 우리 죄를 사하소서"(시 79:9; 25:11; 25:18; 대하 6:27). 이스라엘의 메시아는 우리의 허물과 죄를 짊어지고 "고난당하는 종"으로 묘사된다(사 53장). 구약의 희생제의는 죄를 용서하기 위한 하나의 공적 장치였다.

예수는 구약의 이와 같은 전통에 따라 진정으로 참회하는 사람들에게 죄를 용서한다. "너의 죄가 용서받았다"(마 9:2, 5; 막 2:5; 눅 5:20; 7:48).[1] "땅에서 죄를 용서하는 권한"이 예수에게 있었다(마 9:5). 성령은 예수 안에서 인간의 죄를 용서하는 사랑의 영으로 활동한다. 성령은 정죄의 영이 아니라 용서의 영이다. 성령은 죄를 용서함으로써 인간을 죄의 세력에서 해방시키고 인간 생명의 존엄성과 공동체성을 회복한다(눅 7:36-50의 "죄인인 한 여자"의 이야기 참조).

공관복음서가 이야기하는 "성령모독" 혹은 "훼방"은 "성령을 거슬러 말하는 것"으로 추정된다(마 12:31; 막 3:29; 눅 12:10). "성령을 거슬러 말하는 것"은 무엇을 말하는가? 추측컨대, 그것은 성부와 성자와 동등한 성령의 신성을 부인하고 성령을 신적인 "힘"(능력) 혹은 하나님이 지으신 "피조물"로 보는 아리우스 계열의 잘못된 교설을 가리킨다. 이 교설은 하나님의 삼위일체를 반대한다. 따라서 공관복음서는 "성령을 모독하는 것은 용서를 받지 못할 것이다"라고 경고한다.

g. 예수 안에 있는 성령의 새 창조는 예수의 십자가의 죽음으로 이어진다. 공관복음서에 의하면 예수의 삶은 십자가의 죽음을 향한 삶이었다. 예수는 모세와 율법을 최고의 가치로 생각하는 사회에서 이를 상대화시키고, 모세와 율법의 권위보다 자기의 권위를 더 높이 세운다. 또한 하나님 대신에 죄를 용서하고 로마제국의 통치권력과 결탁한 종교 지도자들의 거짓과 위선을 폭로한다. 예수의 이와 같은 행위는 십자가의 죽음을 일찍 예견하게 했다.

---

1) 복음서에서 역사와 예수의 죄용서의 문제는 매우 미묘한 문제로 나타난다. 예를 들어 로마제국의 통치권력과 결탁한 권력층과 부유층의 탐욕, 종교 지도자들의 위선의 죄를 예수가 용서했다는 기록은 복음서에서 발견되지 않는다. 만일 기독교가 이러한 자들의 죄를 무조건 용서한다면, 그 죄용서는 "싸구려 상품"(Schleuderware, Bonhoeffer)과 같게 될 것이다. 죄용서와 구원을 얻기 전에 삭개오는 "자신이 잘못한 것들에 대한 보상 이상의 것을" 갚겠다고 말한다. 이것은 당시 유대교 사회에서 상식적으로 납득하기 어려운 것이었다. "율법에서는 도둑질과 관련해서는 통상적으로 5분의 1을 더하여 배상할 것을" (레 6:2-5) 요구했기 때문이다(정경호 2014, 75).

예수는 성령과 연합되어 있었다. 따라서 그의 활동은 곧 성령의 활동이었다. 성령은 십자가의 죽음을 향한 예수의 삶의 길에 동반한다. 그는 예수의 십자가의 죽음 속에 함께 있었고 그의 고난을 함께 당한다. 골고다의 십자가에서 성령은 예수의 죽음의 고통을 함께 경험한다. 예수의 삶은 물론 그의 "십자가 사건도 성령에 의해 내몰리신 것"이었다. 그것은 "'성령'으로부터 오는 능력을 힘입지 않고서 할 수 없었던 일"이었다(최유진 2012, 217). 예수는 "영원하신 성령으로 말미암아 흠 없는 자기를 하나님께 희생하였다"(히 9:14). 성령은 힘없이 십자가의 죽음을 당하는 예수 안에서 함께 고통을 당하면서 죄와 죽음의 세력을 이기고 새로운 생명의 세계를 창조한다.

h. 공관복음서는 예수의 부활이 어떻게 일어났는지, 그 방법과 과정에 대해 아무것도 말해주지 않는다. 그의 부활에 대한 천사의 소식을 들었다는 여자들의 보도와 갈릴리에서 부활하신 예수를 보았다는 제자들의 확신만 있을 뿐이다. 그의 부활에 대한 복음서 기자들의 보도 역시 일치하지 않는다. 그러나 예수가 죽음 속에 머물지 않고 새로운 생명으로 다시 살아났다는 증언에 관한 복음서 기자들의 보도는 일치한다.

그런데 사도행전에서 누가는 하나님이 예수를 살리셨다고 증언한다 (행 2:24, 32; 3:15; 4:10; 5:30; 13:30, 37; 17:31). 바울과 베드로도 이같이 말한다 (롬 4:17, 24; 6:4, 9; 8:11; 10:9; 벧전 1:21). 그런데 바울은 하나님이 그의 "힘으로"(능력으로: *ek dynameos theou*) 예수를 다시 살리셨다고 말한다(고후 13:4). 여기서 하나님의 힘은 마른 뼈를 다시 살릴 수 있는 구약의 루아흐를 가리킨다. 따라서 하나님의 영, 곧 성령이 예수를 다시 살렸다고 말할 수 있다. 따라서 바울은 예수가 "성령으로 죽은 사람들 가운데서 부활하였다"고 말한다(롬 1:4).

성령은 죽은 예수를 다시 살리심으로써 이 세계를 지배하는 죄와 죽음의 세력을 깨뜨리고 하나님 나라의 새 창조를 다시 일으킨다. 성령을 통한 예수의 부활과 함께 인간의 새로운 역사와 새로운 형태의 세계가 시작된다(Pannenberg 1969, 62 이하).

B. 사도행전의 이해: 세계 안에 하나님 나라의 공동체를 세우는 영

사도행전의 저자인 누가는 하나님 나라의 기쁜 소식(복음)이 이스라엘 민족의 영역을 넘어 로마제국 전체로 향한다는 선교의 역사를 기술한다. 그런데 놀라운 점은, 누가는 "만물의 회복"(행 3:21)이라는 보편적 전망 속에서 이 역사를 기술한다는 사실이다. 누가의 견해에 따르면, 제자들의 선교는 "만물의 회복"의 시작이라 말할 수 있다.

사도행전에서 누가는 하나님의 "영"(*pneuma*)이란 단어를 모두 68번 사용하는데, 1장부터 12장까지에서 37번 사용한다. 이것은 성령이 하나님 나라 선교의 주체였음을 보여준다. 우리는 사도행전이 보도하는 성령의 활동 과정을 아래와 같이 기술할 수 있다.

1) 부활하신 예수께서 승천하신 후에 사도들과 남녀 제자들 120명이 예루살렘에 모여 있었다(1:15). 승천 후 50일(오순)째에 성령이 강림하여 그들을 충만하게 한다. 누가는 성령을 "갑자기 하늘로부터" 내려오는 "급하고 강한 바람 같은 소리"로 묘사한다(2:2). 이것은 출애굽 사건 때 홍해의 물을 양편으로 갈라지게 한 하나님의 루아흐를 연상케 한다. 또 누가는 성령을 "혓바닥처럼 갈라지는 것 같은" "불길"로 묘사한다. "불길"은 성령의 자유와 강한 창조적 힘을 가리킨다. 여기서 누가는 구약의 루아흐 전통을 수용한다.

2) 오순절 성령강림과 함께 하나님 나라의 선교가 시작된다. 그 당시 이스라엘은 로마제국의 속주였기 때문에 로마제국의 여러 나라(이집트, 리비아, 소아시아, 메소포타미아 등)에 흩어져 살던 디아스포라 유대인, 로마인, 크레타인, 아라비아인 등 여러 이방인들이 예루살렘에 체류하고 있었다(2:5-11). 그런데 예루살렘에 모여 있던 약 120명의 남녀 신자들이 성령으로 충

만하여 각 민족의 다양한 언어로 하나님 나라의 복음을 증언한다. 배운 것이 미천한 "갈릴리 사람들"이 각 민족의 언어로 말하는 것을 들은 이방인들은 크게 놀란다. 어떤 외국인은 "그들이 새 술에 취하였다"고 조롱하기도 한다(2:5-13).

누가는 이 사건을 구약 예언자 요엘이 했던 예언의 성취로 본다. "그날에 나는 내 영을 내 남종들과 내 여종들에게도 부어 주겠으니, 그들도 예언을 할 것이다"(2:18; 참조. 욜 2:28-29). 베드로가 오순절 설교에서 인용한 이 말씀은 민족과 국가의 경계를 넘어서는 성령의 보편적 활동과 모든 민족이 하나님의 영 안에서 소통하는 새로운 삶의 세계가 시작되었음을 시사한다. 성령은 남자는 물론 여자와 장애인에게도 내린다. 오순절 성령강림은 "사회적 약자에게도 똑같이 부어지는 성령의 평등한 부으심에 대한 예언으로서 특정계급이나 집단의 지배를 근본적으로 거부하는 성령의 활동을 보여주고 있다. 성령은 특정계급이나 집단의 지배를 타파하고 모든 인간에게 독자적인 존엄성과 자유를 돌려준다. 이런 의미에서 성령은 모든 억압적인 구조에서부터 인간을 건져내는 해방과 자유의 신이라고 규정할 수" 있다(김명용 1997, 44 이하).

3) 그 당시 유대교는 이스라엘의 국가종교였다. 구약의 율법이 백성들의 삶을 규정하였다. 산헤드린(국가 최고통치 기구)의 의장은 대제사장이었고, 구성원 전부가 유대교 지도자들이었다(제사장 계열의 사두개파가 다수였음). 이런 환경에서 예수의 복음을 증언하는 것은 매우 위험스러운 일이었다. 그리하여 제자들과 유대인들 사이에 끊임없이 충돌이 일어나고, 제자들은 박해를 당한다. 유대교 지도자들에 의한 제자들의 체포와 심문(4:1-22; 5:17-42), 스데반의 순교(7:54-60), 예루살렘 공동체의 "큰 박해"와 그리스도인들의 도피(8:1) 등이 이를 보여준다. 이런 위험에도 불구하고 제자들은 복음을 담대히 증언한다. 베드로의 증언 첫 날에 3천명의 사람들이 회심하고 세례를 받으며, 공동체를 이루고 함께 생활한다(2:41-47). 하루에 5천명의 유대인이 세례를 받고 개종하기도 한다(4:4). 이리하여 신도를 빼앗

기게 된 유대교 지도자들과 사도들 사이에 끊임없이 갈등이 일어난다(4:1-22; 5:17-42). 나중에 자기 이름을 로마식 이름인 바울로 고친 사울은 그리스도인들의 공동체를 없애려고 진력한다.

이 과정 속에서 본래 그리스 사람이었던 스데반은 복음을 전하다가 돌에 맞아 순교의 죽음을 당한다(7:59-60). 그가 순교당하던 날, 예루살렘 공동체에 큰 박해가 일어난다. 많은 그리스도인들이 "유대 지방과 사마리아 지방으로" 흩어져 "하나님 나라와 예수 그리스도에 관한 기쁜 소식"을 전한다. 사마리아에서 "빌립이 하나님 나라와 예수 그리스도의 이름에 관한 기쁜 소식을 전하니, 남자나 여자나 다 그의 말을 믿고서 세례를 받았다"(8:12). 이들은 사도들이 머리에 안수함으로써 성령을 받기도 하고(8:15, 17; 9:17 이하; 19:3-6), 설교의 말씀을 통해 받기도 한다(10:44 이하). 이리하여 그리스도인의 공동체는 "유대와 갈릴리와 사마리아 온 지역에 걸쳐서…튼튼히 서 갔고…그 수가 점점 늘어갔다"(9:31).

누가는, 박해와 죽음의 위험에도 불구하고 복음의 선교가 빠르게 이루어질 수 있었던 원동력은 성령에 있다고 보도한다(1:8; 8:29; 10:19 등). 성령을 받는 일과 복음을 증언하는 일은 하나로 결합된다. "오직 성령이 너희에게 임하시면, 너희가 권능을 받고…내 증인이 되리라"는 주님의 말씀이 성취된 것이다(1:8; 참조 2:38; 8:17 등).

4) 유대교가 지배종교로 군림하는 사회에서 그리스도인이 된다는 것은 매우 위험한 일이었다. 당시 로마제국에서 십자가의 형벌은 국가반란자들이 당하는 가장 무서운 형벌이었다(Spartacus의 노예혁명 참조). 이 때문에 십자가 처형을 받은 예수를 구원자로 믿는 그리스도인, 곧 "그리스도에게 속한 사람"은 로마제국의 통치자에게 위험인물로 보일 수밖에 없었다. 친척과 이웃으로부터의 단절, 사회적 소외와 추방, 생활 근거의 상실, 박해와 고난과 죽음의 위험을 각오해야 했다. 분봉왕 헤롯이 요한의 형제 야고보를 칼로 죽인 일(12:1-2)이 이를 예시한다. 만일 바울이 로마 시민권을 갖지 않았다면 그도 스데반처럼 유대인들에게 돌에 맞아 죽었을 것이다.

이와 같은 위험에도 불구하고 유대인들과 이방인들이 "그리스도의 사람"으로 회심하고 그리스도인들의 공동체를 이룰 수 있었던 것은 오직 성령을 통해서였다.

사도행전에 의하면 "그리스도의 사람"이 되는 것과 성령을 받는 일은 하나로 결합된다(8:18). 성령으로 말미암아 예수를 그리스도(메시아)라 고백하는 사람들의 공동체가 형성된다(2:42-47). 성령은 이들을 그리스도의 사랑으로 결속하고 그분의 다시 오심에 대한 기다림 속에서 기도하고 찬양하며 소유와 삶을 함께 나누는 공동체의 내적 힘으로 작용한다. 성령의 활동 속에서 공동체가 확장되고 유지된다(9:31; 20:28). 성령은 공동체와 양들을 보살피는 감독에게도 주어진다(20:28). 성령으로 충만한 그리스도인들의 공동체를 통해 하나님 나라의 현실이 로마제국 곳곳에 세워진다.

이 하나님의 나라는 "나눔의 공동체"의 형태로 나타난다. "만유의 회복"을 지향하는 성령은 나눔의 공동체를 세운다. 회개와 세례와 죄용서와 함께 성령을 받을 때, 그리스도인들은 하나님의 사랑으로 충만하게 된다. 그들은 모두 "한 마음과 한 뜻이 되어서, 아무도 자기 소유를 자기 것이라고 하지 않고 모든 것을 공동으로 사용하였다"(행 4:32). 거기에는 "가난한 사람이 한 사람도 없었다"(4:34). 이와 같은 공동체의 모습은 "모든 사람에게서 호감을 샀다." 이것은 하나님 나라의 복음이 더욱 빠르게 전파되는 원인이 되었다(2:47).

5) 사도행전의 저자인 누가는 에게해 연안지역에서 성장한 디아스포라 유대인으로 보인다. 그러므로 그가 쓴 사도행전은 "에게해 연안 지역에 밝은 대신 팔레스타인의 지리에 능숙하지 못했다"(유상현 1996, 26). 그 반면 누가는 로마제국의 세계적 판도에 대한 넓은 안목을 가지고 있었던 것으로 보인다. 따라서 그는 로마 황제 아우구스투스 황제가 다스릴 때 예수가 태어났다고 보도하며, 사도행전 서두에서 로마제국을 향한 선교를 강조한다. "성령이 너희에게 내리시면, 너희는…마침내 땅 끝까지 이르러 내 증인이 될 것이다"(1:8).

하나님의 구원은 먼저 유대인에게 이루어진다. 그 궁극적 목적은 "만유의 회복"에 있다(3:21). 그러므로 그리스도인들은 "페니키아와 키프로스와 안디옥까지 가서" 이방인에게도 복음을 전한다(11:19-21). 베뢰아에서 "지체가 높은 그리스 여자들과 남자들 가운데서도 믿게 된 사람이 적지 않았다"고 누가는 보도한다(17:12).

그 당시 유대인들은 "이방 사람과 사귀거나 가까이하는 일이 불법이라고" 생각했다(10:28). 그러나 성령은 유대인과 이방인의 분리의 장벽을 깨뜨린다. "주님의 영"에 이끌린 빌립은 에티오피아의 내시에게 복음을 전하고 세례를 준다(8:26-40). 베드로는 성령이 지시하는 대로(10:19) 로마 군단의 백인대장 고넬료(코르넬리우스: Kornelius)의 집을 방문하고 복음을 전한다. 그러자 그 집의 "모든 사람들", 곧 이방인들에게도 성령이 내린다(10:44).

낭시 할례를 받은 유내인 그리스도인들은 이빙인들에게 성령이 부어졌다는 것을 수용하기 어려워했다. "할례 받은 신자들(유대인 그리스도인들)이 이방인들에게도 성령을 선물로 부어 주신 사실에 놀랐다"(10:44). 이에 "할례를 받은" 유대인 그리스도인들은 베드로가 할례받지 않은 이방인들과 교제한 것을 비난한다(11:3). 이들은 이방인 그리스도인들도 할례를 받아야 구원을 얻을 수 있고(15:1), "모세의 율법(특히 음식물 계명)을 지키도록 명해야 한다"고 주장한다(15:5). 여기서 우리는 온 세계를 향한 성령의 보편적 역사가 유대인들의 율법주의와 배타주의로 인해 생겨난, 초기 기독교 공동체의 상황이었음을 알 수 있다.

베드로는 유대인들의 율법주의와 배타주의를 깨뜨린다. 성령은 이방인에게도 내리셨고, 하나님께서 "이방 사람들에게도 회개하여 생명에 이르는 길을 열어 주셨다"(11:15-18). 음식물에 관한 율법의 계명들은 타당성을 상실했다. "하나님께서 깨끗하게 하신 것을 속되다고 하지 말아라"(10:15; 11:9). 우리 조상들과 우리 자신이 감당하지 못하는 율법의 멍에, 특히 할례의 계명을 이방인들에게 강요해서는 안 된다. 하나님은 "그들에게도 성령을 주셔서 그들을 인정해 주셨다. 하나님께서는 그들의 믿음을 보셔서 그들의 마음을 깨끗하게 하시고, 우리와 그들 사이에 아무런 차별을 두지 않으셨기" 때문이다(15:8-10).

예루살렘 공동체는 베드로의 입장을 수용한 것으로 보인다. 이것은 이방인 선교의 문이 열리게 되었음을 말한다. 이리하여 최초의 기독교 공동체는 유대인들의 율법주의와 배타주의를 극복하고 모든 민족과 인종과 남녀와 사회계층을 아우르는 범세계적 공동체 내지 에큐메니컬 공동체로 발전하게 된다. 요엘의 예언대로 성령은 모든 사람들에게 부어진다(5:32). 이로써 성령은 모든 세상적·인간적 차이를 초월하는 하나님의 나라를 확장한다. 누가는 그의 복음서 시작 부분과 마지막 부분에서 모든 사람을 포괄하는 성령의 역사의 보편성을 다음과 같이 말한다. "보라, 내가 온 백성에게 미칠 큰 기쁨의 좋은 소식을 너희에게 전하노라"(눅 2:10), "죄 사함을 얻게 하는 회개가 예루살렘으로부터 시작하여 모든 민족에게 전파될 것이 기록되었으니…"(24:47).

세상적·인간적 차이와 분리를 극복하는 성령은 민족들 사이의 자유로운 의사소통과 친교를 이루며, 그들을 한 "하나님의 자녀"로 연합시킨다. 모든 인류는 본래 "한 혈통으로" 창조되었다(신 17:26). 따라서 성령은 언어의 장벽과 민족적·문화적 차이를 넘어 땅 위의 모든 민족들을 한 하나님의 공동체로 연합시킨다. 창세기 11장의 바벨탑 사건으로 인한 인류의 분열과 언어 소통의 단절이 극복되기 시작한다.

6) 이방인 선교의 주인공은 바울이었다. 본래 그는 유대교의 랍비로서 장래가 보장된 인물이었다. 그는 "이 '도'를 따르는 사람들을 박해하여 죽이기까지 하였고 남자든 여자든 가리지 않고 묶어서 감옥에 넣었다"(22:4). 스데반의 죽음도 그의 지휘 하에 일어난 것으로 보인다(7:58-60). 그러나 바울은 다메섹으로 가는 도중에 부활한 예수를 만난다. 그는 성령에 감동되어 유대교 지도자의 특권을 포기하고 예수의 제자가 된다. 그는 "크다" 혹은 "희망"이란 뜻을 지닌 "사울"이란 이름을 버리고, "작다"란 뜻을 지닌 바울로 바꾼다(정경호 2014, 72). 바울은 거의 죽을 정도로 돌을 맞고 성 밖

으로 내던져지며(14:19), 태형을 당하고 옥에 갇히기도 한다. 그는 로마 황제의 재판을 받기 위해 지중해를 건너 로마로 항해하던 중에 배가 파손되어 죽음의 위험을 당한다. 심지어 그는 원형경기장에서 사자에게 찢겨 죽을 위험을 당하기도 했던 것으로 보인다(딤후 4:17).

그러나 바울은 끝까지 자기의 사명을 버리지 않는다. 그는 성령에 사로잡혀 로마제국의 이방 민족들에게 복음을 전한다(21:13). 바울의 자기희생적 선교활동을 통해 키프로스, 안디옥, 에베소, 데살로니가, 마케도니아, 고린도, 아테네 등 지중해 일대의 디아스포라 유대인들과 그리스, 소아시아 지역의 많은 이방인들이 그리스도의 복음을 믿게 된다(14:1; 참조. 17:12; 20:2). 누가는 바울의 이방인 선교를 매우 중요하게 여긴다. 그러므로 13장에서 마지막 28장까지 열여섯 장에 걸쳐 바울의 선교활동을 보도한다.

로마로 압송된 바울은 거기서도 "담대하게 하나님의 나라를 전하고, 주 예수 그리스도에 관한 일들을 가르쳤다"(28:31). 이리하여 복음이 로마제국 전역으로 퍼지게 된다. 상대방을 죽여야만 내가 살아남을 수 있는 검투사들의 처절한 싸움과 죽음, 스파르타쿠스의 노예혁명에 가담했다가 십자가에 달려 죽음을 당하는 노예들, 원형경기장에서 인간의 생명이 맹수에게 찢겨 죽임을 당하는 것을 보며 열광하던 로마제국의 시민들에게 예수 그리스도의 복음은 놀랍고 신선한 것이었다. 하나님의 아들 예수의 자기희생과 죄용서, 연약한 생명들에 대한 자비와 정의, 그리고 주인과 노예, 그리스인과 야만인, 남자와 여자 사이의 인간차별이 더 이상 존재하지 않는 하나님의 나라에 관한 말씀은 새로운 생명의 세계에 대한 눈을 열어주었던 것으로 보인다. 그래서 로마제국의 관리들은 바울에게 호의적 태도를 보이기도 한다. 로마 군단의 백인대장 "율리우스(Julius)는 바울에게 친절을 베풀어, 친구들에게로 가서 보살핌을 받는 것을 허락하였다"(27:3; 참조. 16:35; 17:9; 18:12-17; 19:28-41; 23:23; 24:23; 26:31). 키프로스의 총독 세르기우스 파울루스(Sergius Paulus, 신약성서의 "서기오 바울")는 "주님을 믿게 되었고, 주님의 교훈에 깊은 감명을 받았다"고 누가는 전한다(13:12).

누가는 예수의 복음을 구약의 역사와 연결시킨다(2:16-35; 3:22-26; 7:2-50; 8:32-33; 12:33-47; 13:16-41; 28:26-27 등). 로마에서 바울은 "모세의 율법과 예언자의 말씀을 가지고" 예수에 관해 증언한다(28:23). 이와 같은 보도를 통해 누가는 사도들의 선교활동이 구약의 예언과 연속성을 가지며, 구약의 예언을 성취한다는 것을 시사한다. "예언자들의 말도 이것과 일치합니다. 예언서에 이렇게 기록되어 있습니다.…'모든 이방인들이 나 주를 찾게 하겠다'"(15:15-18). 누가의 "사도행전은 구약이 성취되었음을 이해시키고 있을 뿐 아니라", 구약성서의 약속의 빛에서 볼 때 이방인에 대한 제자들의 선교활동이 "예수 그리스도의 구원 작업의 필연적인 연장"임을 보이고자 한다(유상현 1996, 181). 여기서 누가는 구약 성령론의 두 가지 큰 전통, 곧 종말적이며 보편적인 하나님의 영의 오심에 대한 기다림과 메시아적 구원의 약속이 성취되기 시작했음을 말하고자 한다.

7) 누가는 사도들의 선교활동이 성령의 도우심을 통해 가능하였다고 거듭 강조한다. 이방 세계를 향한 선교는 "성령의 역사"라 말할 수 있을 정도로, 누가는 이방인 선교를 성령과 결합시킨다. 이방인을 향한 사도들의 첫 선교활동은 오순절의 성령강림을 통해 시작되었다(2:14). 모든 사도들과 신도들이 "성령으로 충만하여" 복음의 말씀을 증언한다(2:4; 4:8, 31; 7:55; 13:9). 그들은 성령이 말씀하시고 명령하는 대로 말씀을 전한다(11:12; 21:11). 감옥에 투옥되고, 환난과 추방과 태형을 당하고, 유죄판결도 없이 매질을 당하고(22:25), 순교의 죽음을 당하기까지 모든 고통과 역경을 이길 수 있었던 것은 "제자들이 기쁨과 성령으로 가득 차 있었기" 때문이다(13:52).

성령은 복음의 증언자들의 삶 전체에 동행하며, 그들에게 힘과 도우심과 은사를 주신다. 성령은 그들이 박해를 받을 때 그들의 조력자가 된다. 성령은 바울과 실라가 갇힌 감옥의 문을 열어 두 사람을 풀어준다(16:25-40). 제자들이 "말해야 할 것을 바로 그 시각에 성령께서 가르쳐 주실 것이다." 그러므로 유대교 회당과 통치자 앞에 끌려갈 때 "무엇을 대답할까, 또 무슨 말을 할까?" 염려할 필요가 없다(눅 12:11-12). 성령은 예수에 관한 "이 모든 일의 증인"이다(5:32).

성령은 바울과 바나바가 어디로 가야하고 어디로 가지 말아야 하는 지, 또 어떻게 처신해야 할 것인지를 가르쳐 주신다(13:4; 16:6; 18:9). 성령의 힘을 통해 바울은 마술사의 거짓을 꿰뚫어보고 그의 눈을 멀게 하며(13:9-11), 자신의 선교여행 길에 투옥과 박해가 일어날 것을 예견한다(20:23; 참조. 21:4). 특별한 일이 있을 때 하나님은 성령을 새롭게 주신다. 예를 들어 유대교 지도자들의 심문을 받는 베드로에게(4:8), 베드로와 요한이 석방된 후 그리스도인들의 공동체 전체에게(4:31), 마술사의 방해를 받는 바울에게(13:9), 또는 유대교 회당에 소속된 사람들과 논쟁하는 스데반에게(6:10) 성령은 특별한 변론의 은사를 주신다. 성령은 사람의 마음속에 숨어 있는 생각을 간파하고 적대자들의 공격을 벗어나게 하며(5:1-10), 에인자들에게 장래의 일을 내다볼 수 있는 능력을 부여한다(11:28; 21:10-11). 바울은 성령을 받기 위해 기도가 필요함을 강조한다(8:15; 9:11; 4:31; 13:1-3). 한 마디로 사도행전에서 성령은 "예수를 통해 교회 안에서 일어나는 하나님의 궁극적 작용"이라 말할 수 있다(Kamlah 1970, 485).

8) 성령은 병자들, 장애인들, 귀신들린 자들을 신체적 고통과 사회적 소외에서 해방시키고(3:6; 5:16; 8:7; 14:10; 16:18; 28:9), 죽은 자를 살리는(20:9) 하나님의 종말론적 능력으로 작용한다. 바울은 성령을 통해 그의 시력을 회복한다(9:17). 심지어 바울의 손수건이나 앞치마를 얹기만 해도 병이 물러가고 악한 귀신이 쫓겨난다(19:12). 이와 같은 "표징과 큰 기적"을(8:13) 통해 하나님의 나라가 세워진다.

그런데 기적이 일어날 때 사도행전의 저자 누가는 하나님의 영 혹은 성령에 대해 말하지 않는다. 오히려 하나님의 "힘"이나 "능력"에 대해 말한다(행 4:30). 마태와 마가는 귀신추방의 기적이 "하나님의 영"을 통해 일어나는 것으로 보도하는 반면, 누가는 "하나님의 손"을 통해 일어나는 것으로 보도한다(눅 11:20). 바울이 기적을 행할 때에도 하나님의 영을 통해서가 아니라 "바울의 손을 빌어서" 기적이 일어났다고 말한다(19:11). 그러나 누가는 기적이 일어날 때 "예수 그리스도의 이름"이 일컬어지는 것을 중요하게 여긴다(4:30; 9:34; 16:18; 19:13).

여기서 누가는 기적의 사건들과 하나님의 영을 긴밀하게 결합시키는 것을 원하지 않는 것처럼 보인다. 심지어 그는 모든 기적이 반드시 하나님의 영을 통해 일어나는 것이 아니라 다른 영이나 마술을 통해 일어나기도 한다고 말한다(8:9-11; 19:13; 16:16). 중요한 것은 기적 자체가 아니라 하나님 없이 살던 사람들이 하나님의 자녀로 새롭게 태어나는 데 있다.

참 기적은 예수 그리스도의 이름으로 한 인간이 하나님의 자녀로 다시 태어나며, 이를 통해 하나님의 나라가 그의 인격과 삶 속에 세워지는 데 있다. 누가는 이것을 열 사람의 나병환자의 기적을 통해 이야기한다. 열 사람 모두 깨끗해졌지만, "큰 소리로 하나님께 영광을 돌리며 되돌아 와서 예수의 발 앞에 엎드려 감사를 드린" 단 한 사람에게 예수는 구원을 선포한다. "네 믿음이 너를 구원하였다"(눅 17:19).

9) 누가복음은 물론 사도행전에서도 누가는 성부·성자·성령의 삼위일체에 대해 언급하지 않는다. 그러나 누가는 성령과 예수와 아버지 하나님이 하나로 결합되어 있음을 다음과 같이 시사한다. 바울의 선교여행에 대해 "성령"이 말하기도 하고 "예수의 영"이 말하기도 한다(16:6, 7). "하나님"(16:10)이 혹은 "주님"(예수)이 말하기도 한다. 그 누가 말하든지 마찬가지다. 하나님은 예수 안에서 그의 "마음"과 "얼굴"을 보이시며, 성령 안에서, 성령을 통해 그리스도인들에게 오시고 박해와 순교의 현장에 그들과 함께 계신다.

사도행전에서 성령은 독립적으로 행동하는 주체로 나타나기도 한다. 성령이 주격이 된 구절들이 이를 증명한다. 성령이 명령하신다(11:12), 말씀하신다(8:29; 13:2; 21:11), 내려오신다(10:44), 보내신다(13:4). 성령의 이와 같은 주체적 행동은 성부, 성자와 동등한 성령의 삼위일체적 신성을 시사한다.

C. 바울 서신의 이해: 칭의와 성화를 통한 새 창조의 영

바울은 길리기아 지방의 수도인 타르수스(Tarsus, 신약성서의 "다소"[행 9:11; 22:3], 지금의 터키 영토)에서 태어난 디아스포라 유대인이었다. 그는 당대의 존경받는 율법학자 가말리엘의 문하에서 "율법의 엄격한 방식을 따라 교육을 받았다"(행 5:33; 22:3 참조). 그는 "팔일 만에 할례를 받았고, 이스라엘 족속이며, 베냐민의 지파이고, 히브리인 중의 히브리인이며, 율법으로는 바리새인이며, 율법의 의로는 흠이 없는 자"였다(빌 3:5-6).

그런데 바울이 태어난 타르수스는 헬레니즘의 교육도시로 유명했다. 이 도시의 디아스포라 유대인들은 개방적이고 진보적 신학을 가진 "헬레니즘적 유대교"를 믿고 있었다(김연태 1994, 27). 바울은 그 영향에서 자유로울 수 없었다. 그리하여 그는 이방민족에 대해 폐쇄적이고 배타적인 유대교를 떠나 기독교로 개종하게 된다.

또한 바울은 태어나면서부터 로마 시민권 소지자로서(행 22:28)[2] 거대한 로마제국에 대한 국제적 안목과 이방인에 대한 개방성을 가지고 있었다. 그러므로 바울은 개종 후 이방인의 구원에 대해 개방적 태도를 취한다. 하나님은 유대인의 하나님인 동시에 이방인의 하나님이기도 하다. 그는 "할례를 받은 사람도 믿음을 보시고 의롭다고 하시고, 할례를 받지 않은 사람(곧 이방인)도 믿음을 보시고 의롭다고 하신다"(롬 3:29-30). 그리스도는 "모든 사람에게 똑같이 주님이 되시고, 그를 부르는 모든 사람에게 풍성한 은혜를 내려주신다. '주님의 이름을 부르는 사람은 누구든지 구원을 얻을 것이다'"(롬 10:12-13). 이방인에 대한 바울의 개방성은 예루살렘의 그리스도인 공동체가 로마제국의 보편종교로 발전하는 데 결정적으로 기여

---

2) 바울은 "나면서부터…로마 시민이라는 그의 말로 미루어보아, 그의 아버지가 로마 시민이었음을 알 수 있다.…로마 시민은 십자가나 채찍질 같은 모욕적인 형벌을 받지 않을 권리가 있었다." 로마 시민권의 획득과 권리 그리고 의무에 관한 자세한 내용에 대해 유상현의 책(『사도행전 연구』, 286 이하)을 보라.

한다.

바울의 회심 동기: 회심 이전에 바울은 열심 있는 유대교 지도자요 로마 시민권의 소유자였다. 그러므로 자기의 몸이 위태롭게 되었을 때 바울은 로마 황제에게 상소할 수 있었다(22:28; 25:11). 바울이 유대교 지도자로서의 특권을 버리고 예수의 제자로 회심하게 된 동기는 무엇일까? 일반적으로 그 동기는 다메섹 도상에서 일어난 부활하신 예수와의 영적 만남에 있다고 말한다(행 9:1-19). 물론 이 만남이 결정적 동기가 되었음은 분명하다. 그러나 모든 역사적 사건 이면에는 그것이 일어날 수밖에 없는 내적 동기가 숨어 있다. 바울의 회심도 마찬가지다. 우리는 바울의 회심의 내적 동기를 그의 서신들에 근거하여 다음과 같이 추정할 수 있다.

회심 이전에 바울은 "히브리 사람 가운데서도 히브리 사람이요", "율법의 의로는 흠 잡힐 데가 없는 사람"이었다(빌 3:6). 그는 유대교를 지키기 위해 그리스도인들을 박해하는 일에 열심을 다하였다(행 7:58; 8:3; 9:1). 그러나 지식인이었던 바울은 로마제국의 통치권과 결탁한 지배계층의 자기 유지의 수단이 되어버린 유대교의 거짓된 현실을 분명히 보았을 것이다. 힘있는 자들은 세속의 부와 권력을 누리는 반면, 가난하고 힘없는 민중들은 노예로 팔리고 광야로 도주하여 반로마 게릴라가 되기도 하고 율법의 이름으로 돌에 맞아 죽임을 당하는 것이 당시 유대 사회의 비참한 현실이었다. 이와 더불어, "도적의 소굴"이 되어버린 예루살렘 성전, 겉으로는 율법을 잘 지킨다고 하지만 "이기심에 사로잡혀서 진리를 거스르고 불의를 따르는" 인간의 깊은 죄성(롬 2:8), 하나님의 선민이라 하지만 이방인들보다 나을 것이 전혀 없는 유대인의 모습을 보며 바울은 깊은 번민과 갈등에 빠졌던 것으로 보인다(3:9; 참조. 2:21-23; 3:10-18).

바울은 그 자신이 율법에 흠 잡힐 데가 없었지만, 본래의 목적을 상실하고 힘없는 민중들의 삶을 더욱 고달프게 만드는 율법의 역기능을 잘 알고 있었던 것으로 보인다. 또 율법의 많은 계명들은 문명화된 로마제국의 새로운 상황 속에서 도저히 지킬 수 없는 것들이었다. 바울은 남의 이를 뺀 자에게는 이를 빼고, 다른 신에게 희생제물을 바치는 자를 죽여야 하고 (출 22:20), 성전에서 짐승을 죽여 희생제물을 바쳐야 하고, 유대교로 개종하고자 하는 남자에게 할례를 행해야 하는 등의 계명은 더 이상 실효성이 없다는 사실을 보았다. 그는 용서를 알지 못하는 율법주의의 비인간성과 허구성, 그리고 타민족에 대한 배타주의에 사로잡힌 유대교에 더 이상 구원의 희망이 없다는 것을 차츰 깨닫게 된 것으로 보인다.

이에 반해 예수 그리스도의 십자가의 죽음을 통한 하나님의 죄의 용서, 민족과 인종의 구별을 초월하는 그리스도의 사랑 안에서 소유를 함께 나누는 그리스도인들의 새로운 삶의 방식, 무저항의 순교의 죽음, 예수 그리스도 안에 계시된 하나님의 사랑과 구원에 관한 그리스도인들의 증언이 그의 마음을 크게 움직인 것으로 추측된다. 바울은 이로 인한 마음의 갈등 속에서 다메섹으로 가던 중에 성령의 역사로 회심하게 된다. 그는 유대교의 율법주의와 민족주의적 배타성을 거부하고, 민족과 인종, 주인과 노예, 남자와 여자의 차별이 없는 하나님 나라의 새로운 생명공동체를 세우는 일에 헌신한다.

그러나 바울은 자기 민족에 대한 사랑과 희망을 버리지 않는다. "내가 이렇게 쇠사슬에 매여 있는 것은 이스라엘의 희망 때문입니다"(행 28:20). 이스라엘에 대한 하나님의 신실함은 변하지 않을 것이다(롬 11:2). 이스라엘 민족도 결국 구원을 받게 될 것이다(11:26). 그 결과 하나님은 계약을 이룰 것이다(11:27). "지금은 순종하지 않고 있는 이스라엘 사람들도, 여러분이 받은 그 자비를 보고 회개하여 마침내는 자비하심을 입게 될 것이다" (11:31).

바울은 지상의 예수를 만난 적이 없었다. 그러므로 그의 믿음은 지상의 예수에 대한 인격적 체험에 기초하지 않고 다메섹 도상에서 성령을 통해 일어난 그리스도와의 영적 만남에 기초한다. 따라서 바울은 공관복음서의 "성령론적 그리스도론"이 아닌, "그리스도론적 성령론"을 전개한다.

1) 바울 서신에서 영(*pneuma*, 우리말의 개역성서 번역과 새번역은 "성령"이라 번

역함)은 100번 이상 "하나님의 영"으로 표기된다(Hilberath 1992, 473). 하나님의 영, 곧 성령은 먼저 예수 그리스도를 죽은 사람들 가운데서 살리신 부활의 영으로 생각된다. 이것은 바울의 첫 서신인 로마서 서두에 나타난다. "이 아들은…성결의 영으로 죽은 가운데서 부활하심으로…"(롬 1:4; 또한 8:11).

성령은 본질적으로 생명의 영, 새 창조의 영이다. 그는 무에서 만유를 창조하며, 죽은 예수를 다시 살리며, 죽어가는 생명을 "새로운 피조물"(고후 5:17)로 "살리는 영"이다(고후 3:6). 그는 죄악된 것을 "새롭게 하는"(딛 3:5) 영이요, 죄와 불의가 있는 곳에 자유를 가져오는 자유의 영이다(고후 3:17). "성령은 옛 것을 새 것으로 변혁하고, 죄와 사망의 세력에 매인 것을 하나님과 이웃과 교제하며 살아가는 새로운 삶으로 변혁하는 권능이다"(Migliore 2012, 381).

성령의 새 창조는 하나님의 지혜에 대한 깨달음과 함께 시작된다. 십자가에 달린 그리스도가 "하나님의 능력이요 하나님의 지혜"이다(고전 1:24). 이 지혜는 세상 사람들에게 어리석은 것으로 보인다. 그러나 "하나님의 어리석음이 사람의 지혜보다 더 지혜롭고, 하나님의 약함이 사람의 강함보다 더 강하다"(1:25). 세계를 구원할 수 있는 길은 로마 군단이나 그리스 철학자들의 철학적 지식에 있는 것이 아니라 아무 힘없이 "십자가에 달린 그리스도(메시아)" 안에 있다. 바로 여기에 하나님의 지혜가 있다.

바울은 이 지혜를 따른다. 그는 세상의 특권과 영광을 "배설물처럼 여기고"(빌 3:8), 하나님의 지혜, 곧 "십자가에 달린 그분 밖에는 아무것도 알지 않기로" 결심한다(2:2). 그는 "만물의 찌꺼기"와 같은 존재가 된다(고전 4:13). 그리스도의 복음을 위해 그는 "환난과 궁핍과 곤경과 매 맞음과 옥에 갇힘과 난동과 수고와 잠을 자지 못함과 굶주림을" 당한다(고후 6:4-5). 에베소에서 그는 맹수와 싸워야만 했다(고전 15:32). 그는 세상의 권력과 영광을 버리고 "그리스도를 얻는다." 그는 "그리스도의 고난에 동참하여 그분의 죽으심을 본받고자" 한다. 이를 통해 그는 부활의 참 생명을 얻고자 한다(빌 3:8-11).

바울의 연약함 속에서 성령의 새 창조가 일어난다. "유대 사람이든지 그리스 사람이든지, 종이든지 자유인이든지, 모두 한 성령으로 세례를 받아서 한 몸이 되었고 또 모두 한 성령을 마시게 되었다"(고전 12:13). 자신의 연약함 속에서 하나님의 강함이 역사한다. "내가 약할 그 때에 오히려 내가 강하다"(고후 12:10). 이리하여 세상의 지혜롭고 강한 자들이 약하고 어리석은 자들을 통해 부끄러움을 당하게 된다(고전 1:27).

하나님의 지혜는 세상 사람들에게 감추어져 있다(고전 2:7). 그들은 그것을 보아도 보지 못하며, 들어도 듣지 못한다(2:9). 이 하나님의 지혜를 깨닫게 하는 것은 성령이다. 하나님은 "성령을 통하여" 지혜를 계시한다(2:10). 하나님의 영이 아니고서는 아무도 하나님의 지혜를 깨닫지 못한다(2:11). 성령을 받지 못한 사람에게 그것은 "어리석은 것", "말도 되지 않는 것"으로 보일 뿐이다(1:18). "성령은 인간의 눈으로 본 적이 없고 볼 수도 없고 사람의 귀로 들은 적이 없으며, 사람이 생각할 수도 없는 하나님의 신비와 그의 뜻을 이해하고 경험하게 한다"(오영석 1999, 490).

2) 바울에 의하면 하나님은 창조 때부터 그의 영원하신 능력과 신성을 피조물 속에 계시한다. 이를 통해 모든 사람이 하나님의 본성과 의지에 대해 알고 있다(롬 1:20). 그러나 인간은 정욕과 탐욕으로 인해 "죄의 세력"에 묶인 "죄의 노예"가 된다(6:6-7). 그는 "죄의 법"의 포로가 된 상태에 있다. 죄와 죽음의 세력이 그를 지배하고 있다(6:9). 그는 선이 무엇인지 알지만 "원하는 선한 일은 하지 않고, 도리어 원하지 않는 악한 일을 한다"(7:19).

이런 인간이 구원을 얻을 수 있는 길은 하나님의 은혜로 말미암은 하나님의 의롭다 하심(칭의)에 있다. 예수 그리스도의 죄의 용서를 통해 하나님의 값없는 칭의를 얻어 새로운 피조물로 다시 태어나는 데 있다. 바로 여기에 성령의 새 창조가 있다. "여러분은 주 예수 그리스도의 이름과 우리 하나님의 성령으로⋯의롭게 되었다"(고전 6:11). "아담 한 사람의 범죄 때문에⋯죽음이 왕노릇 하게 되었다면", 이제는 예수 그리스도 "한 사람의 의로운 행위 때문에 모든 사람이 의롭다는 인정을 받아서 생명을 얻게 되었다"(롬 5:17-18).

2천 년 전 예수 그리스도 안에서 결정적으로 일어난 하나님의 칭의를 오늘날 각 사람에게 현재화시키는 분은 성령이다. 과거에 일어난 칭의의 객관적 사건이 성령을 통하여 오늘 각 사람에게 현재의 주관적 사건이 되는 것이다. "하나님은 이 성령을…우리에게 풍성하게 부어주셨다. 그래서 우리는 그분의 은혜로 의롭다 하심을 얻어서 영원한 생명의 희망을 따라 상속자가 되었다"(딛 3:6-7; 참조. 고전 6:11).

3) 바울은 성령에 의한 인간의 새 창조를 다양하게 표현한다. 적대관계에 있던 자들이 "하나님과 화해하게 되었다"(롬 5:10). "어둠"이었던 자들이 "빛의 자녀"가 되었다(엡 5:8). "죄의 종"이 "정의의 종", "하나님의 종"이 되었다(6:17-22). 죄의 세력에 묶여 있던 "옛 사람"은 그리스도와 함께 십자가에 달려 죽고 부활하신 그리스도와 함께 새 사람으로 다시 태어났다(6:6-9). 그는 "영원한 생명", "하나님의 생명"(5:21, 10)을 얻었다. 죄의 지배를 받던 죄의 자녀들이 하나님을 "아바 아버지"라 부르는 "하나님의 자녀들"이 되었다. "육신에 속한 생각"을 버리고 "성령에 속한 것을 생각하는" 사람이 되었다(8:5). 그들은 죄와 죽음의 세력이 다스리는 세계를 벗어나 "그리스도 안에서 누리는 영원한 생명"으로, 하나님이 다스리는 "새로운 생명"의 세계로 옮겨졌다(5:18; 6:4, 23).

성령은 죄와 죽음의 세계 속에서 "새로운 생명"(6:4)으로 인도하는 "생명의 영"이다. 그는 죄의 세력에 묶인 옛날의 생명을 단절시키고 하나님의 계명 안에서 율법을 완성하는 "새로 지으심을 받은 자"(갈 6:15), 혹은 "거룩함으로 지으심을 받은 새 사람"(엡 4:24)으로 다시 창조한다. 옛 것은 지나가고 "새 것이 되었다"(고후 5:17).

바울은 성령의 새 창조를 해방과 자유로 묘사하기도 한다. 성령은 "생명의 성령의 법이 죄와 죽음의 법에서" 죄인을 해방한다(롬 8:2). "육정(혹은 육신)에 매인 존재", "죄 아래 팔린 몸", "죄의 법"에 포로가 된 "죄의 노예"

(7:14, 23)를 "성령을 따라 사는 사람"(8:5)으로, 하나님의 "새로운 피조물"(고후 5:17)로, "새로운 생명"(롬 6:4)으로 해방한다. 이제 그리스도인들은 "죄에서 해방을 받고 하나님의 종이 되어서 거룩함에 이르는 삶의 열매를 맺고 있다. 그 마지막은 영원한 생명이다"(6:22). 그들은 "썩어짐의 종살이에서 해방되어서 하나님의 자녀가 누릴 영광된 자유"를 얻었다(8:21). "그리스도께서 우리를 해방시켜 주셔서 자유를 누리게 하셨다"(갈 5:1). 그리스도인들은 "자유를 향하여 부르심을 받았다"(5:13). 이 모든 것을 이루는 것이 바로 성령이다. "주님의 영이 계신 곳에는 자유가 있다"(고전 3:17).

4) 세례를 통하여 그리스도와 함께 죽고 그와 함께 다시 살아날 때 그리스도인들은 성령을 받는다. 그들은 자신의 공적으로 인해 성령을 받는 것이 아니라 그리스도에 대한 "믿음으로 말미암아 성령을 받는다. "그것은···우리로 하여금 믿음으로 말미암아 약속하신 성령을 받게 하시려는 것이다"(갈 3:14; 참조 딛 3:6). 성령은 하나님이 그의 자비로우심으로 말미암아 우리에게 주시는 은혜의 선물이요 종말론적 은사다. 이 은사를 우리는 거저 받을 수 있을 뿐이다. 그러므로 바울은, 사도행전의 저자인 누가처럼, "받는다"(*lambanein*, 갈 3:2, 14; 고전 2:12; 고후 11:4; 롬 8:15), "준다"(*didomi*, 살전 4:8; 고전 12:7 이하; 고후 1:22; 5:5; 12:6)는 개념을 전문용어로 사용한다.

이제 그리스도인들 안에는 그리스도의 영, 곧 성령이 거한다(롬 8:9). 악한 영들이 물러나고 성령이 그들의 마음과 생활 속에 자리를 잡는다. 성령이 그들 안에 있고, 그들이 성령 안에 있다. "성령이 인간에 내재하는 것처럼(고전 6:19) 인간이 성령에 속한다(고전 12:27)"(김연태 1994, 132). 성령은 "하나님을 '아바, 아버지'라고 부를 수 있게 하시며"(갈 4:6; 참조. 롬 8:15), "예수는 주님이시다"라고 고백하게 한다(12:3). 성령은 육신에 속한 모든 악한 생각들을 몰아내고 "성령에 속한 생각들"(롬 8:6)을 주시며, "성령의 열매"를 맺게 하신다(갈 5장). 그 결과 그들은 "성령 안에서" 거룩하게 된다(고전 6:11).

5) 예수를 주님으로 고백하는 그리스도인들은 성령을 통하여 그리

스도와 연합된다. 그들은 "주님의 영"을 받고 "주님과 한 영"이 된다(고전 6:17). 성령을 통하여 그리스도께서 그들 안에 계시고, 그들이 그리스도 안에 있게 된다. "그리스도께서 여러분 안에 살아계시면"(롬 8:10), "누구든지 그리스도 안에 있으면"(고후 5:17). 이제 그리스도인들은 "그리스도 안에 있는 존재"이다(5:21: 롬 14:12). 그들은 그리스도와 함께 "죄에 대해서는 죽은 사람이요, 하나님에 대해서는 그리스도 예수 안에서 사는 사람"이다(6:6-11). "그리스도 안에"(8:1, 2) 있음은 "성령 안에"(8:9) 있음과 같은 말이다.

그러므로 그리스도인들은 예수 그리스도를 "주님"(Kyrios)이라 고백하는데, 이것을 가능하게 하는 분도 성령이다. "성령으로 아니 하고는 누구든지 예수를 주시라 말할 수 없다"(고전 12:3). "성령이 친히 우리 영으로 더불어 우리가 하나님의 자녀인 것을 증언한다"(롬 8:16). 이제 그리스도인들은 그리스도에게 속한 "그리스도의 사람" 혹은 "그리스도의 것"이요(8:9; 고전 3:23; 고후 10:7), "살든지 죽든지 주님의 것"이다(롬 14:8). 그리스도께서 자신의 생명을 "속전"으로 주시고, 그들을 죄와 죽음의 세력과 "율법의 저주에서" 속량했기 때문이다(딤전 2:6; 갈 3:13). 그들은 악의 세력에 사로잡힌 마귀의 자식들이 아니라 "성령의 약속"을 따라 "약속하신 자손"이요, "하나님의 동역자", "하나님의 밭", "하나님의 집"이 되었다(3:15, 19; 고전 3:9).

이제 그리스도인들 안에 사는 것은 그들 자신이 아니라 그들 안에 계신 그리스도이다. "이제 살고 있는 것은 내가 아닙니다. 그리스도께서 내 안에서 살고 계십니다"(갈 2:20). 그리스도를 통해 그들은 "하나님의 것"이 된다. 그리스도께서 "하나님의 것"이기 때문이다(고전 3:23). 이 모든 일들이 성령을 통해 일어난다.

6) 성령은 그리스도인들을 한 몸으로 연합시킨다. 십자가에 달려 죽었고 부활하신 주님은 "하나님의 마지막 시간의 은사인 성령을 통해 그의 형제들과 자매들을 그 자신과 함께 결합시키며 그들 서로를 결합시킨다" (Hilberath 1992, 474). 무한한 사랑의 영이신 성령으로 말미암아 그들은 그리스도의 지체로서 한 몸으로 연합된다. 그들은 한 성령 안에서 한 주님을

모신 "하나님의 가족"(*familia Dei*, 엡 2:19)이요, 한 "하나님의 자녀들"이다. 그들은 "한 성령으로 세례를 받아서 한 몸이 되었고 또 모두 한 성령을 마신다"(고전 12:13).

여기에는 남자나 여자나, 종이나 자유인이나, 유대 사람이나 그리스 사람이나 아무 차별이 없다(갈 3:28; 참조. 3:11). 소유, 직업, 사회적 지위, 인종, 피부색에 따른 인간차별이나 인종차별이 없다. "유대 사람과 이방 사람 사이를 가르는 담을 (그리스도께서) 자기의 몸으로" 허무시며, "원수 된 것을 십자가로 소멸하시고 이 둘을 한 몸으로 만드셔서 하나님과 화해시키셨기" 때문이다(엡 2:14-16).

이로써 "내가 모든 사람에게 나의 영을 부어 주겠다"(욜 2:28)는 예언자 요엘의 예언이 성취된다. 모든 사람에게 부어진 성령으로 말미암아 모든 사람이 동등한 가치와 존엄성을 인정받는 새로운 삶의 공동체가 세워진다. 이 공동체의 모든 사람은 자유롭다. 성령이 있는 곳에는 자유가 있기 때문이다(고후 3:17). 그러므로 바울은 오네시모를 "이제부터는 종으로서가 아니라 종 이상으로, 곧 사랑 받는 형제로" 데리고 있으라고 빌레몬에게 간청한다(몬 1:16). 한 마디로, 성령은 세상적·인간적 차이를 초월한 형제자매들의 새로운 생명공동체를 세운다.

7) 바울은 그리스도인들의 공동체를 땅 위에 있는 "그리스도의 몸"이라 부른다(엡 1:23; 참조. 골 1:18, 24). 그리스도인들은 땅 위에 있는 "그리스도의 몸"에 속한 "지체들이다." "여러분의 몸이 그리스도의 지체라는 것을 알지 못합니까?"(고전 6:15; 참조. 12:14; 12:27; 엡 3:6; 4:25; 5:30) "우리 많은 사람이 그리스도 안에서 한 몸이 되어 서로 지체가 되었다"(롬 12:5) 게다가 그리스도의 몸은 유기체적 성격을 가진다. "한 지체가 고통을 당하면, 모든 지체가 함께 고통을 당한다. 한 지체가 영광을 받으면, 모든 지체가 함께 기뻐한다"(고전 12:26). 분열된 세계 속에서 성령은 그리스도의 유기체적 몸을 이루는 종말론적 힘이다.

이에 근거하여 "전통적 교회론"은 교회를 "그리스도의 몸"으로 이해한다(김성원 2012a, 55). 유대인이든지 그리스인이든지, 종이든지 자유인이든지, "모두 한 성령으로 세례를 받아서 한 몸이 되었다"(고전 12:13). 각 지체는 다르지만 성령을 통해 모두 하나로 결합되어 있고, 각자가 성령으로부터 받은 은사(카리스마)에 따라 봉사한다. 성령은 각 그리스도인들에게 은사를 주시고 이 은사를 통해 교회를 유지하고 인도한다(바울의 은사론에 관하여 아래 제8장 참조).

그리스도의 몸의 지체들은 그리스도의 형태를 나타낸다. 그들은 그리스도께서 "하나님의 영으로" 쓰신 "그리스도의 편지"다(고후 3:3). 이 편지는 돌판에 새겨져 있지 않고 가슴판에 새겨져 있다. 지상의 예수가 "하나님 나라 자체"(*Autobasileia*, Origenes)인 것처럼, 한 성령을 마시는 그리스도인들과 그들의 공동체는 땅 위에 있는 하나님 나라의 형태이다. 그들은 이 세상에 하나님 나라의 현실을 나타낸다.

앞서 언급한 바와 같이, 바울은 성령을 받은 그리스도인들의 몸을 성령이 그 안에 거하는 "성령의 전"이라 부른다. "여러분의 몸은 여러분 안에 계신 성령의 전이라는 것을 알지 못합니까? 여러분은 성령을 하나님으로부터 받아서 모시고 있습니다"(고전 6:19). 성령과 함께 성부와 성자가 함께 계신다. 따라서 그리스도인들의 공동체는 삼위일체 "하나님의 성전" 혹은 "하나님의 집"이다(고전 3:9, 16; 고후 6:16; 살후 2:4; 딤전 3:15; 히 3:2).

8) 칭의를 통해 그리스도인들은 "거룩하게 되고 의롭게 되었다"(고전 6:11). "하나님은…그리스도 안에서 우리를 택하시고…하나님 앞에서 거룩하고 흠이 없는 사람이 되게 하셨다"(엡 1:4). 이제 그들은 하나님의 "새로운 피조물"로서 "그리스도의 친교" 안에 있다. 그러나 그리스도인들은 여전히 육신을 가지고 있고 "육신에 속한 생각"의 유혹을 받는다(8:8). 성령의 새 창조는 완성된 것이 아니라 미래의 완성을 향한 시작일 따름이다. 그들이 받은 성령의 은사는 "보증금"(고후 1:22; 5:5)이요, "처음 열매"(롬 8:23)일 따름이다.

새 창조의 완성은 그리스도인들의 성화를 통해 이루어진다. 그리스도인들 안에 있는 성령은 거룩하게 하는 영(살후 2:13)이므로 그들을 성화시키려고 한다. 성령이 그들에게 부어진 목적은 성화에 있다. "하나님께서는 여러분을 성령으로 거룩하게 하시고, 진리를 믿게 하여 구원에 이르게 하시려고…"(살후 2:13; 참조. 살전 4:7-8).

여기서 "거룩한 사람이 되었다"는 성화의 "서술형"(Indikativ)은 "그러므로 이제 거룩한 사람으로 변화되어야 한다"는 성화의 "명령형"(Imperativ)을 의미한다. "이제는 여러분의 지체를 의의 종으로 바쳐서 거룩함에 이르도록 하십시오"(롬 6:19). 이전에 우리는 "어둠이었으나, 지금은 주님 안에서 빛이다." 그러므로 "빛의 자녀답게 살아야 한다"(엡 5:8). "옛 사람을 벗어버리고…하나님의 형상을 따라 참 의로움과 참 거룩함으로 지으심을 받은 새 사람을 입어야" 한다(4:22-24).

거룩한 사람이 되는 길은 성령을 따라 사는 데 있다. "여러분은 성령께서 인도하여 주시는 대로 살아가십시오"(갈 5:16). 우리는 "성령으로 삶을 얻었으니 성령이 인도해 주심을 따라(pneumati) 살아야 한다"(5:25). 이것은 곧 "성령을 따라"(롬 8:5; 갈 5:16) 혹은 "성령의 인도하심을 따라"(5:18; 롬 8:14) 생각하고 말하고 행동해야 함을 의미한다.

성화는 성령의 인도하심에 따라 "성령의 열매"를 맺음으로써 일어난다(갈 5:16-25). 성화의 열매 가운데 가장 중요한 열매는 사랑이다. 사랑이 없으면 믿음도, 희망도 쓸모가 없다. 사랑 안에 율법의 모든 것이 요약되어 있다(5:14). 사랑은 율법의 완성이다(롬 13:10). "우리는 사랑으로 진리를 말하고 살면서 모든 면에서 자라나서 머리가 되시는 그리스도에게까지 다다라야 한다"(엡 4:15).

그러나 성화는 단지 우리 인간의 노력만으로 이루어지는 것이 아니라 "성령 안에서"(고전 6:11), "성령으로" 이루어진다(롬 15:16; 참조. 살후 2:13, "성령의 거룩하게 하심과"; 벧전 1:2, "성령이 거룩하게 하심으로…"). 그래서 바울은 성령을 성화의 주체로 표현하기도 한다. 우리를 "주님과 같은 모습으로" 변화시켜 "점점 더 큰 영광에 이르게" 하는 것은 "영이신 주님"이다(고후 3:18).

"성령은 하나님의 소유인 우리가 완전히 구원받을 때까지 우리의 상속의 담보이시며, 우리로 하여금 하나님의 영광을 찬미하게 한다"(엡 1:14).

9) 바울은 고대 헬레니즘의 "영과 육"의 이원론적 구도를 사용한다. "육체의 욕망은 성령을 거스르고 성령이 바라시는 것은 육체를 거스른다. 이 둘은 서로 적대관계에 있다"(갈 5:17)는 바울의 말씀은 영과 육의 이원론적 구도를 잘 보여준다.

그러나 여기서 바울이 말하는 영과 육은 인간 안에 있는 두 가지 대립되는 부분들을 가리키는 것이 아니라 인간의 두 가지 측면을 가리킨다. 영(pneuma)이 하나님을 신뢰하고 하나님의 계명 안에서 살고자 하는 "생명의 측면"을 가리킨다면, 육(sarx)은 하나님 없이 자기 자신과 이 세상에 속한 것을 신뢰하고 자기중심적으로 사는 "죄와 죽음의 측면"을 가리킨다. "육신의 생각은 죽음이요, 영의 생각은 생명과 평화이다"(롬 8:6). "너희가 육신을 따라 살면 반드시 죽을 것이로되 영으로써 몸의 행실을 죽이면 살 것이다"(8:13).

그런데 바울은 영과 육을 포함하는 "몸"(soma)의 개념을 사용하기도 한다. 이에 따르면 성령은 영과 육을 포함한 인간 전체, 곧 몸에 작용한다. 성령은 그리스도인들의 "죽을 몸(somata)도 살릴" 것이다(롬 8:11). 성령은 우리의 영은 물론 우리의 "몸을 위하신다"(고전 6:13). 성령의 첫 열매를 받은 그리스도인들은 영과 육의 통일체인 "몸의 구원"을 기다린다(롬 8:23). 영과 육을 포함한 인간 전체, 곧 "몸"이 "성령의 전"이요 "그리스도의 지체"이며 "그리스도의 것"이다(고전 6:15, 19; 골 2:17).

그러므로 성령은 우리의 육도 깨끗하고 건강하게 유지되기를 원한다. 주께서 다시 오실 때 우리의 "온 영(pneuma)과 혼(psyche)과 몸(soma)이… 흠없게" 보존되어야 한다(살전 5:23). 성령은 "우리의 낮은 몸을 자기 영광의 몸의 형체와 같이 변하게 하실" 것이다(빌 3:21). 성령에 의한 인간의 새 창조는 병들고, 상품화되고, 학대와 착취를 당하는 인간의 육체가 건강과 존엄성을 회복하는 것을 포함한다.

10) 바울에 의하면 그리스도인들은 칭의를 통해 죄와 죽음의 세력에서 자유를 얻었다. 하나님이 만유의 "통치자"(딤전 6:15)로서 만유를 다스리는 새로운 생명의 세계가 그들 안에 현존한다. 그러나 피조물들은 아직도 죄와 죽음의 세력의 포로가 되어 "썩어짐의 종살이"를 하고 있다. 그들은 "하나님의 자녀가 누릴 영광된 자유를" 기다리며 신음하고 있다. 그들은 하나님의 구원을 향한 "해산의 고통을 겪고 있다"(롬 8:21-22).

그러므로 지금 그리스도인들과 그들의 공동체 안에서 일어나는 성령의 새 창조는 장차 올 영광의 나라의 "시작"(aparche)이요, "성령의 첫 열매" 혹은 착수금(arrabon)일 따름이다(롬 8:23; 약 1:18). 지금 그들이 경험하는 자유는 장차 이루어질 모든 피조물의 자유의 시작이며, 현재 경험하는 성령의 카리스마적 능력들은 "미래의 세계의 능력들"이다(히 6:5). 지금 그들에게 일어나는 성화는 피조물의 세계 전체가 하나님의 거룩한 집으로 변화될 미래의 시작이다. 지금 그들이 경험하는 영원한 생명은 장차 완성될 모든 피조물의 영원한 생명 세계의 앞당겨 일어남(선취: Antizipation)일 뿐이다.

만물은 주님이 지으신 주님의 것이다(롬 11:36; 고전 8:6). 그러므로 성령의 새 창조는 칭의와 성화를 통한 그리스도인들의 새 창조를 넘어 하나님의 의지가 모든 것을 결정하는 세계로 확장될 수밖에 없다. 그것은 모든 피조물이 죄와 죽음의 세력에서 자유를 얻고 "성령으로 거룩하게"(롬 15:16) 되며, 만물이 "그리스도 안에서 그분을 머리로 하여" 하나로 통일되며(엡 1:10), 하나님과 화해되어(골 1:20) 하나님이 "만유의 주님"으로서 "만유 가운데" 계시는(고전 15:28; 엡 4:6) 세계를 지향한다. "성령은 인간과 인간의 역사를 구원하는 것과 더불어 전체 피조세계를 구원해서 하나님의 평화의 세계"로 만들고자 한다(김명용 1997, 49 이하).

11) 새 창조자 성령은 "약속의 성령"이다(엡 1:13). 그는 하나님의 구원이 완성된 새로운 생명의 세계를 약속한다. 그리스도인들은 "생명의 약속"을 받았다(딤후 1:1). 그들은 "약속하신 성령의 날인을 받았다"(엡 1:13). 성령은 약속된 생명의 세계에 대한 "담보"이다(1:14).

그리스도인들은 성령께서 약속하신 새로운 생명의 세계를 위해 부르심을 받은 "하나님의 동역자들"(고전 3:9)이요, 하나님 나라의 유업을 받은 "하나님의 상속자들"(롬 8:17; 참조. 고전 6:9)이다. 그들은 하나님과 세상의 화해를 이루어야 할 "화해의 직분"(고후 5:18-20)을 받았다. 그들은 만물을 회복하실 성령의 보편적 새 창조에 대한 "한 소망(희망) 안에서 부르심을 받았다"(엡 4:5). 그들은 "눈에 보이지 않는 것", 곧 하나님의 구원받은 새로운 생명의 세계에 대한 희망 속에서 성령의 새 창조에 참여한다(롬 8:24).

　　새로운 생명의 세계에 대한 기다림과 희망 속에서 그리스도인들은 "하나님의 선한 말씀과 미래의 세계의 능력들"(히 6:4-5)을 미리 맛본다. 미래에 완성될 새로운 생명의 세계는 그들의 믿음과 성화 속에서 현재화한다. 하지만 그것은 현재화하는 동시에 아직 완성되지 않은 미래로 머물러 있다. 그러므로 성령을 받은 그리스도인들은 주어진 현재에 안주하지 않는다. 오히려 그들은 "생명이신 그리스도께서 나타나실 때", 그들 자신도 "그분과 함께 영광에 싸여 나타날"(골 3:4) 미래의 세계를 추구한다. 그들에게 주어진 성령은 "하나님이 약속하신 미래의 권능으로서…하나님의 구원사역의 완성에 대해, 창조세계에서의 정의와 평화의 확립에 대해 소망과 갈망 및 부단한 운동을 일으킨다.…성령은 소망이 생생한 것이 되도록 하나님의 새로운 세계에 대한 신선한 비전을 불러일으킨다"(Migliore 2012, 383 이하).

　　바울 서신의 이와 같은 통찰들은 하나의 아름다운 목가처럼 들릴 수 있다. 그러나 "이 어두운 세계의 지배자들"(엡 6:12), 곧 로마제국의 통치자들에게 박해를 당하고 원형경기장에서 맹수에게 찢겨 죽임을 당했던(고전 15:32) 초기 기독교 신자들에게, 바울 서신의 말씀들은 생명의 힘이 되었다. 그들은 성령의 약속에 대한 믿음과 확신 속에서 "그 나라를 위한" 모든 고난을(살후 1:5) 견딜 수 있었다. 우리는 초기 그리스도인들의 역사적 상황을 고려하면서 바울 서신의 말씀을 아래와 같이 재구성할 수 있다.

　　힘없는 생명들을 십자가에 매달아 죽이고 원형경기장에서 강요당한 싸움을 하다가 죽음을 당하는 검투사들과 야생동물들의 피를 보며 열광하는 로마제국은 한 마디로 무덤과 같은 세계이다. 우리가 거할 영원한 장막은 무덤과 같은 "이 장막"이 아니다. 그것은 하늘에 있는 "더 크고 더 완전한 장막"(히 9:11)이다. 곧 성령께서 약속하는 새로운 생명의 세계이다.

그러므로 "성령 안에서 구속의 날을 위하여 인치심을 받은"(엡 4:3) 우리는 "진리의 허리띠로 허리를 동이고, 정의의 가슴막이로 가슴을 가리고 버티어 서야" 한다. "이 시대의 풍조"를 거부하고 "하나님의 선하시고 기뻐하시고 완전하신 뜻"(롬 12:2)을 이루어야 하며, "믿음의 방패를 손에 들고" "악한 자가 쏘는 모든 불화살을 막아 꺼버려야" 한다(6:14, 15; 참조. 살전 5:8). 이제 우리는 "어둠의 자녀"가 아니라 "빛의 자녀요 낮의 자녀다"(살전 5:5). 로마 군단(Legion)의 군사가 아니라 "그리스도 예수의 군사"이다(딤후 2:3). 개선행진 때 로마 황제가 머리에 쓰던 "면류관"이 우리를 기다리고 있다(2:5; 4:8; 살전 2:19).

이와 같은 확신 속에서 로마제국의 초기 기독교 신자들은 "살아도 주님을 위하여 살고, 죽어도 주님을 위하여 죽고자"(14:8) 결심한다. 끊임없는 박해와 고난으로 인해 "믿음을 배신하는 일이" 생기고, "불법자, 곧 멸망의 자식"이 나타나기도 한다(살후 2:3). 이로 인해 낙담할 때 성령은 함께 "탄식하면서" 신자들의 "약함을 도와주시고", 그들을 위해 "간구하여 주신다"(롬 8:20-27). 성령의 도우심으로 그들은 "복음의 희망"(골 1:23)을 유지한다.

그러므로 신자들은 "성령을 소멸하지 않아야" 한다(살전 5:19). 성령의 약속을 바라보고 박해와 고난 속에서도 항상 기뻐하고 쉬지 않고 기도하며 모든 일에 감사해야 한다(살전 5:16). 그들의 믿음과 희망과 사랑 속에서 성령은 "앞을 가리키는 약속으로서(갈 3:14), 하나님의 미래에 비로소 성취될 의로움에 대한 희망으로서(5:5) 언제나 새롭게 우리에게 오신다"(Schweizer 1978, 122). 성령이 오실 때, 주님이 함께 오신다. 초기 그리스도인들은 이런 기대와 믿음을 갖고 "마라나타, 우리 주님, 오십시오"(고전 16:22)라고 기도한다.

12) 바울 서신에서 성령은 "그리스도의 영", "예수 그리스도의 영", "그의 아들의 영", "주의 영"으로 표기되기도 하고(롬 8:9; 빌 1:19; 갈 4:6; 고후 3:17), "하나님의 영"으로 표기되기도 한다(롬 8:9, 14; 고전 2:11). 여기서 소유격은 소유를 말하는 것이 아니라 성부·성자·성령의 삼위일체적 친교와 하나됨을 나타낸다. 그러므로 아버지 하나님과 하나인 예수가 "영"과 동일시되기도 한다(고후 3:17).

바울 서신은 삼위일체적 친교 속에 있는 성령을 인격성을 가진 주체로 이해한다. 성령은 칭의와 해방(고후 3:17; 롬 8:2; 갈 4:5-7)과 성화의 주체(고전 6:11; 롬 15:16)요, 생명을 살리는 주체(고후 3:6; 롬 8:10)이다. 그는 그리스도인들에게 다양한 은사를 주신다(고전 12장). 때로는 증언자(롬 8:16)로, 피조물의 대변자(롬 8:26-27)로, 지혜의 계시자(고전 2:10-14)로, 복음 전도자들을 감동시키고 확신케 하는 자(살전 1:1, 5)로, 새 계약을 이루는 자(고후 3:6)로, 육의 행실을 죽이고 그리스도인을 인도하는 자(롬 8:13-14)로 일한다. 성령 안에서 "하나님 우리 아버지와 주 예수 그리스도께서 내려주시는 은혜와 평화"(고전 1:3)가 그리스도인들 가운데 있다.

물론 바울 서신은 삼위일체 하나님 신앙을 명백히 고백하지 않는다. 그러나 작별인사를 할 때 바울은 삼위일체 공식을 사용한다. "주 예수 그리스도의 은혜와 하나님의 사랑과 성령의 사귐이 여러분 모두와 함께 하기를 빕니다"(고후 13:13; 한국개신교회의 축도는 이 공식에서 유래함). 이 삼위일체론적 공식은 "우리 주 예수 그리스도의 은혜가 여러분과 함께 하기를 빕니다"(살전 5:28; 고전 16:23; 갈 6:18; 빌 4:23; 몬 1:25)라는 그리스도론적 인사말의 확장인 것으로 보인다. 고린도전서 12:4-6과 갈라디아서 4:4-6에서도 발견되는, 삼위일체 공식은 성부와 성자와 동등한 성령의 신적 인격성을 시사한다.

D. 요한 문헌의 이해: 사랑과 진리와 영원한 생명의 보혜사

요한 문헌의 역사적 배경과 특색: 사도행전이 주로 소아시아와 그리스 지역에 대한 바울의 선교활동을 보여준다면, 바울 서신은 이 지역에 세워진 기독교 공동체에 보낸 서신들로서 이들 공동체의 상황을 간접적으로 보여준다. 이에 비해 요한복음은 그리스도의 복음이 소아시아와 그리스 지역을 넘어 로마제국 전역에 전파되었던 주후 1-3세기의 역사적 배경을 보여준다.

따라서 요한 문헌은 공관복음과 상당한 차이를 보인다. 공관복음이 예수의 삶을 "지상의 존재"의 관점에서 묘사하는 반면, 요한복음은 지상의 모든 역사를 완성한 후에 "하늘에 계신 분", "영광의 주"의 관점에서 기술한다. 특히 마태와 누가의 족보 이야기(마 1:1-17; 눅 3:23-38)가 예수가 유대인이었음을 강조하는 반면, 요한복음에서의 예수는 우주를 다스리는 보편적 "로고스"(말씀, 이성, 질서)가 성육신된 존재로 묘사된다(요 1:14, *ho logos sarx egeneto*).[3] 로고스 개념은 요한 문헌이 헬레니즘의 역사적 배경 속에서 기록되었음을 보여준다.

또한 공관복음이 구원자 예수의 정체성을 매우 조심스럽게 암시하는 반면, 요한복음은 그것을 명백히 고백한다. 그래서 "'나는…이다'(*ego eimi*)라는 선언형식을 자주 사용한다"(서중석 1992, 264). 곧 "나는 세상의 빛이다", "나는 생명의 떡이다", "나는 길이요 진리요 생명이다"라는 직접적 진술을 통해 구원자 예수의 정체성을 명백하게 밝힌다. 공관복음은 예수와 아버지 하나님의 관계에 대해 조심스러운 태도를 취하는 반면, 요한복음은 "독생하신 하나님"(1:18), 아버지 하나님과 "하나이신" 분(10:29), 아버지 하나님의 유일한 계시자로서의 예수(12:45)와 그의 아버지 하나님과의 관

---

3) 아래 본문에서 서책의 표시가 생략된 괄호 안의 장, 절 숫자는 요한복음의 본문을 가리킴.

계를 명백히 드러낸다.

십자가의 고난과 죽음에 대해서도 두 문헌은 차이를 보인다. 공관복음에서 예수는 눈앞에 다가온 고난과 죽음 앞에서 고뇌하는 모습을 보인다. "내 마음이 심히 고민하여 죽게 되었다"(막 14:34). 이에 반해 요한복음에서는 아버지 하나님의 계획을 미리 알고, 그 계획에 따라 자기의 죽음을 태연하게 받아들이는 모습을 보인다. "아버지께서 내게 주신 이 잔을 내가 어찌 마시지 않겠느냐?"(18:11) 전자에서 십자가에 달린 예수는 "나의 하나님, 어찌하여 나를 버리셨나이까"라고 부르짖는 반면, 후자에서 그는 하나님의 계획에 따라 "모든 것을 다 이루시고"(19:30) 소크라테스처럼 태연하게 죽음을 당한다. 그러므로 요한복음의 수난사에는 "고통이나 슬픔이 없다"(Stanton 1996, 133).

이에 상응하여 요한복음의 성령론은 공관복음서와 바울 서신보다 훨씬 더 깊은 신학적·철학적 사색과 정확한 논리 전개를 보여준다. 공관복음에서 성령이 예수 안에서 병자를 고치고 마귀를 내쫓으며 죽은 자를 살리고 하나님의 나라를 앞당겨 세우는 역동적 힘으로 부각되는 반면, 요한복음에서 성령은 진리를 깨닫게 하는 "진리의 영"으로, 예수의 구원의 역사를 완성하는 "보혜사"로 나타난다. 전자에서 성령은 구약의 루아흐의 면모를 강하게 갖는 반면, 후자에서 성령은 예수의 지상의 역사를 완성하는 신적 인격으로 묘사된다(Berger 1984, 193).

요한 문헌은 로마제국의 박해 속에서 생성되었음을 보여준다. "세상이 너희를 미워하거든, 세상이 너희보다 먼저 나를 미워하였다는 것을 알아라.…사람들이 나를 박해했으면 너희도 박해할 것이다"(15:20; 참조. 17:13-19). "너희는 세상에서 환난을 당할 것이다. 그러나 용기를 내어라. 내가 세상을 이겼다"(16:33). "너희는 마음에 근심하지 말고, 두려워하지도 말아라"(14:27). "온 세상은 악마의 세력 아래 놓여 있다"(요일 5:19). 이와 같은 구절들은 로마제국에 의한 박해의 상황을 암시한다. 요한 문헌뿐 아니라 대부분의 신약성서 후기 문헌들은 로마제국에 의한 박해의 상황을 암시한다.

"여러분은…때로는 모욕과 환난을 당하여 구경거리가 되기도 하고…감옥에 갇힌 사람들과 고통을 함께 나누었고, 또한 자기 소유를 빼앗기는 일이 있어도…"(히 10:32-34; 참조. 11:36-38; 13:13-14; 약 5:7-11; 벧전 4:12-19; 요일 2:18; 3:13; 5:4-7; 계 2-3장; 6:9; 13:5-10 등).

또 요한 문헌은 초기 기독교 공동체가 유다 지역을 넘어 로마제국으로 확장되는 과정에서 만나게 된 고대의 다양한 사상들과 이단적 교설을 보여준다. 그 대표적인 것은 a. "빛의 자식들과 어둠의 자식들의 싸움"을 이야기하는 쿰란공동체의 묵시사상적 세계관, b. 신의 존재를 만물의 제1원인자로 보며, 신적 로고스(*Logos*: 이성, 질서)가 우주를 다스린다고 보는 헬레니즘의 철학적 종교사상, c. 영과 육, 빛과 어두움, 거짓과 진리, 이 세계와 저 세계의 이원론적 구도 속에서 "물질세계에 갇혀 있는 신실한 자들을 해방시키기 위해 하늘로부터 내려오는 신싱한 구세주"를 이야기하는 영지주의, d. 예수의 육체적 인간성을 부인하는 가현설과, 예수가 그리스도이심을 부인하는 이단설 등이다(요일 3:22; 4:2; 요이 1:7; 참조. 유 1:4).

이들 가운데 요한 문헌에 가장 큰 영향을 준 것은 헬레니즘의 근원자(*arche*) 사상과 영지주의적 이원론이다. 이리하여 요한 문헌은 성부를 성자와 성령의 근원자로, 예수를 육신이 된 신적 "로고스"로 묘사한다. 빛과 어두움, 영과 육, 진리와 거짓, 하늘에 속한 것과 땅에 속한 것 등의 영지주의적 이원론의 개념들을 수용하면서 영원한 생명을 주시는 하나님 아들의 복음을 증언한다.

그렇다고 해서 요한 문헌이 후기 유대교의 묵시사상과 구약 메시아니즘의 전통을 결코 포기하는 것은 아니다. "마지막 날"에 일어날 "죽은 자들의 부활"에 대한 마르다의 고백(11:24), 나사렛 예수가 "그리스도", 곧 "메시아"시오 "이스라엘의 왕"이라는 고백들(1:41; 4:25; 11:27; 2:49), 모세와 예언자들의 전통 속에서 태어난 아기 예수가 메시아이심을 암시하는 세례자 요한의 증언은 묵시사상과 메시아니즘의 전통을 나타낸다(1:15 이하). 성육신된 영원한 로고스 예수는 예언자들을 통해 약속되었고, 묵시사상이 기다리던 종말의 메시아와 동일시된다.

전체적으로 요한 문헌은 영원한 생명과 하나님의 사랑과 평화를 이야기하는 아름답고 평화스러운 문서로 보인다. 제자들에 대한 예수의 "고별담화"는 예수와 요한 공동체의 "하나됨과 완전한 사랑에 대한 아름다운 말들로 가득 차 있다"(박경미 2005, 225). 빛과 어두움, 진리와 거짓, 생명과 죽음 등의 개념들은 요한 문헌이 헬레니즘의 이원론에 의해 지배당하는 것 같은 인상마저 준다. 그러나 요한 문헌은 헬레니즘의 이원론적 구도를 구약의 메시아 전통을 관철하는 도구로 사용한다.

1) 이와 같은 역사적 배경 속에서 기록된 요한 문헌의 성령론은 "보혜사 성령론"이라 부를 정도로 "보혜사"를 중심개념으로 삼는다. 보혜사(parakletos)는 "법정적 기원"을 가진 단어로서 "불리움을 받은 자", 곧 "피고측 변호자"를 뜻한다(박경미 2005, 224). "법적 변호인"을 뜻하는 라틴어 "advocatus"의 어근 ad-vocare(...로 부르다)는 보혜사 개념의 법정적 기원을 나타낸다. 일상생활에서 parakletos는 증언자, 조력자, 위로자, 충고자, 중재자를 뜻한다. 이 개념은 초대 기독교 공동체가 세상의 미움을 받고(15:18), "이 세상의 통치자"(14:30), 곧 로마제국의 통치자들의 박해와 고난을 당하는 역사적 상황을 암시한다.

요한 문헌에 나타난 "보혜사 성령론"의 중요한 특징은 성부·성자·성령의 삼위일체적 관계 속에 있는 성령의 신적 인격성을 전제한다는 점에 있다. 공관복음서가 하나님의 삼위일체를 간접적으로 암시하는 반면, 요한복음은 거의 완성된 형태의 삼위일체를 보여준다. 이것은 먼저 성부 하나님과 성자 예수 그리스도의 하나됨에 관한 증언에 나타난다. 예수와 그의 아버지 하나님은 깊은 사랑의 영 안에서 "하나이다"(10:30). 예수가 그의 아버지 하나님 안에 있고, 아버지 하나님이 그의 아들 예수 안에 있다. 따라서 예수가 행하는 일은 그 안에 계신 아버지 하나님이 행하는 것이요, 예수를 보는 사람은 아버지 하나님을 보는 것이며, 예수를 믿는 것은 그의 아버지 하나님을 믿는 것이다(14:9-11). 한 걸음 더 나아가 요한복음은 예수의 완전한 신성을 명백하게 고백한다. 예수는 "독생하신 하나님"이다 (1:18). 예수는 "자기를 하나님과 동등으로 삼았다"(5:18). 도마는 부활하신 예수를 "나의 주시며 나의 하나님"이라 부른다(20:28).

또한 요한복음은 성령의 신적 출처를 통해 성령의 신적 인격성을 시사한다. 성령은 성자 예수의 간구하심으로 말미암아, 성부로부터 예수의 이름으로 세계 속에 파송된다(3:34; 14:16, 26). 이와 동시에 성령은 성자에 의해 파송된다(20:22). 부활하여 하나님의 영광을 받은 성자가 성령을 파송할 계획이다(16:7). 이로써 하나님의 삼위일체가 성립된다. 성령은 성부와 성자에게서 나오는 신적 존재인 것이다. 여기서 성령은 성부와 성령의 두 가지 출처를 가진 것으로 묘사된다. 성령의 이 두 가지 출처는 로마를 중심지로 한 서방교회가 필리오케(filioque)를 주장하게 된 근거가 된다.

그런데 요한 문헌에는 성부와 성자와 동등한 성령의 신적 존재(신성)를 시사하는 본문들이 많이 발견된다. 예를 들어 요한 문헌은 예수를 "보혜사"라 부르며, 성령을 "다른 보혜사"라 부른다(요일 2:1; 요 14:16). 여기서 성자와 성령은 "보혜사"라는 점에서 공통성을 가진다. "다른 보혜사" 성령은 예수를 통해 파송되는 동시에, 예수가 태어나기 이전부터 계셨던 것으로 전제된다. 그가 세례를 받을 때 "성령이 비둘기같이 하늘로부터 내려와서 그의 위에 머물렀다"(1:32), "하나님께서 그에게 성령을 한량없이(ou gar ek metrou) 주신다"(3:34). 여기서 성령은 성부, 성자 다음에 오는, 그들 아래에 있는 종속적 존재가 아니라 성자의 성육신 이전부터 있었던 영원한 신적 인격으로 등장한다.

또한 "진리", "생명" 등 요한 문헌의 독특한 개념들도 성부와 성자와 동등한 성령의 신적 인격성을 시사한다. 예수와 성령은 함께 "진리"라 불린다(14:6; 요일 5:6). 구약의 전통에 의하면 하나님 역시 "진리의 하나님"이시다(시 31:5; 사 65:16). 성부·성자·성령 모두가 "진리"를 공통분모로 가진다.

또 요한은 예수를 영원한 생명을 주는 "생명의 물", "생명의 떡"으로 파악하는 동시에, 성령도 영원한 생명을 주는 "생수의 강"(7:38-39)으로 파악한다. 구약의 전통에 의하면 하나님은 "생명의 능력"이요 "생명의 원천"이 며 모든 생명을 살리고자 하는 "생명의 하나님"이다(시 27:1; 36:9; 42:8). 성 부·성자·성령 모두 "생명을 주시는 생명의 원천"이란 공통점이 있다. "하 나님은 영이시니"(4:24)라는 구절도 성부와 성자와 동등한 성령의 신적 인 격성을 전제한다. 여기서 우리는 성부·성자·성령의 삼위일체 교리가 거 의 완성되어 있음을 볼 수 있다.

2) 보혜사 성령은 성부와 성자를 알게 하며, 그들의 사역을 현재적으 로 수행하는 역할을 한다. 보혜사 성령은 제자들에게 성부와 성자에 관한 모든 것을 가르쳐주고 예수의 말씀을 회상케 한다. 보혜사 성령으로 말미 암아 우리는 주께서 "우리 안에 계신다"는 것을 알게 된다(요일 3:24). "보혜 사 곧 아버지께서 내 이름으로 보내실 성령께서 너희에게 모든 것을 가르 쳐 주실 것이며, 또 내가 너희에게 말한 모든 것을 생각나게 하실 것이다" (14:26). 그는 예수와 그의 아버지 하나님의 하나됨, 곧 "내가 아버지 안에" 있음을 알게 한다(14:20). 그는 성부와 성자가 공유한 것을 자신의 것으로 받고, 이를 선포하도록 제자들에게 알려 준다. "아버지 하나님은 자기의 것을 그리스도에게 주시고, 성령은 그리스도의 것을 받아서 너희에게 알 려 주실 것이다"(16:15).

"다른 보혜사" 성령은 "보혜사" 예수께서 아버지 하나님께로 돌아가신 후, 그가 지상에서 행했던 사역을 계속 수행한다. 그는 예수의 뒤를 이어 제자들을 진리로 인도한다. "그분 곧 진리의 영이 오시면, 그가 너희를 모 든 진리 가운데로 인도하실 것이다"(16:13). 그는 우리를 다시 태어나게 하 여 하나님의 나라에 들어가도록 한다(3:5).

제자들이 로마제국의 박해와 재판을 당할 때, 보혜사 성령은 예수에 관해 증언한다(15:26; 16:13). 그는 예수를 성육신된 로고스로, 아버지 하나 님의 완전한 계시자로 증언한다(1:32; 3:34; 참조. 요일 4:2; 고전 12:3). 또 성령 은 다음과 같이 증언한다. "그 증언은 이것이니, 곧 하나님이 우리에게 영 원한 생명을 주셨다는 것과 바로 이 생명은 그 아들 안에 있다는 것이다"

(요일 5:11; 참조. 16:13). 이 증언을 통해 보혜사 성령은 아들을 영광되게 한다(16:14).

3) 보혜사 성령은 연합을 주요 사역으로 한다.

a. 먼저 보혜사 성령은 성부와 성자를 하나로 연합한다. 성령의 연합을 통해 아버지와 아들은 하나이다(17:11). 연합하는 성령을 통해 예수가 아버지 안에 있고, 아버지가 예수 안에 있다(14:10; 17:23). 성령을 통한 아들과의 연합 속에서 아버지 하나님은 그의 아들 그리스도에게 "성령을 한량 없이 주시고", "모든 것을 아들의 손에 맡기셨다"(3:34-35). 따라서 아들의 것은 아버지의 것이 되고, 아버지의 것은 아들의 것이 된다(17:10). 그들은 모든 것을 공유한다. 아들은 아버지께서 하시는 일을 그대로 한다(5:19). 아들의 말씀과 행하는 일들은 아들 안에 있는 아버지 하나님이 하시는 말씀과 일들이다(14:10). 아버지처럼 아들도 사람들을 살린다(5:21). 그러므로 예수를 보는 사람은 바로 아버지 하나님을 본다(14:9).

b. 보혜사 성령은 제자들을 아버지 하나님과 그의 아들 예수와 연합시킨다. 예수를 하나님의 아들로 시인하고 세례와 함께 받은 성령을 통해 "우리가 하나님 안에 있고, 또 하나님이 우리 안에 계신다"(요일 4:13-15). 그리고 우리가 주 안에 있고, 주께서 우리 안에 계시다는 것을 "성령으로 말미암아" 알게 된다(요일 3:24).

세상을 떠나간 예수는 이제 성령을 통해 제자들 가운데 현존한다. 보혜사 성령, 곧 파라클레토스는 "그리스도와 하나 되고 그리스도를 살게 하는 일치의 영, 하나됨의 영이었다." "παρακλητος는 십자가에서 영광 받은 후 영의 형태로 현존하는 그리스도, 즉 영/그리스도"였다. 박해의 상황 속에서 제자들은 파라클레토스 안에서 예수와 "완전한 하나됨, 완전한 사랑을 경험한다." "포도나무와 가지처럼 그리스도와 공동체는 하나이고, 요한의 목자와 양은 서로를 완전하게 안다. 이러한 일치의 경험이 요한적인 사랑의 토대이다." 예수는 없지만, 파라클레토스를 통해 "예수와 함께" 사는 일이 가능해졌다(박경미 2005, 225-227).

그러므로 박해와 고난 속에서도 제자들은 이 세상 안에 고아처럼 홀로 있지 않고 아버지 하나님과 그의 아들 예수와 함께 있다. "아버지께서 다른 보혜사를 너희에게 보내셔서…그가 너희와 함께 계시고, 또 너희 안에 계실" 것이다(14:16-17; 참조. 15:26; 16:7). 보혜사 성령을 통해 아버지 하나님과 아들 그리스도께서 제자들 안에 계시며, 제자들은 아버지 하나님과 아들 그리스도 안에 있다(14:20). 그러므로 제자들은 박해와 고난을 견디며, 하나님의 사랑 안에서 어둠의 "세상을 이길" 수 있는 힘을 얻는다(15:18; 참조. 요일 5:4; 3:13).

c. 성령은 박해와 고난 속에 있는 제자들을 하나로 연합시킨다. 곧 "나와 다른 성도들을 연결하신다"(유해무 1995, 394). 성부와 성자와 성령이 하나인 것처럼 제자들도 하나가 되어야 한다. "우리가 하나인 것 같이, 그들도 하나가 되게 하여 주십시오"(17:11), "내가 그들 안에 있고, 아버지께서 내 안에 계신 것은, 그들이 완전히 하나가 되게 하려는 것입니다"(17:23). 성령 안에서, 성령을 통해 그들은 한 포도나무에 속한 가지들, 곧 "그리스도의 몸에 붙은 지체가 된다." 그들은 "고립된 자아로 살지 않고 그리스도의 몸된 교회의 유기체가 된다"(오영석 1999, 491, 492).

4) 보혜사 성령은 그리스도 안에 있는 영원한 생명으로 인도하며, 생명을 살리는 생명의 힘으로 작용한다. 예수 그리스도는 하나님의 영원한 생명을 주시는 "생명의 떡"(6:35)이다. 그는 "영원한 생명에 이르게 하는 샘물"이다(4:14). 그 안에 영원한 생명이 있다(요일 5:11). 그는 "생명" 혹은 "영원한 생명" 자체이다(14:6; 요일 5:20). 예수 그리스도를 구원자로 믿고 성령을 받은 사람은 하나님의 심판을 받지 않고 영원한 생명을 얻는다(3:17, 36). 그는 "이미 죽음에서 생명으로 옮겨갔다"(요일 3:14). 영원한 생명의 완전한 중재는 부활하시고 승천하신 예수가 충만한 신성 가운데 나타나실 때 이루어질 것이다(7:39).

영원한 생명을 얻기 위해서는 인간의 응답이 필요하다. 무엇보다 먼저 필요한 것은 "유일하신 참 하나님과 그의 보내신 자 예수 그리스도를 아는" 것이다(17:3). 세상 죄를 짊어지신 하나님의 "어린 양" 예수가 "영원한 생명의 말씀"(6:68)이라는 사실을 알아야 한다. 여기서 "안다"는 것은 단순한 지적 행위가 아니라 그리스도를 아버지 하나님의 아들로, 세상의 구원자로 믿고 "하나님의 뜻을 행하는" 것(요일 2:3.17), 곧 아들과 아들을 보내신 아버지 하나님을 믿으며 죄를 짓지 않고 그의 계명에 순종하는 것을 말한다. "사람이 내 말을 지키면 죽음을 영원히 보지 아니하리라"(8:52), 믿고 순종하는 사람은 "죽음에서 생명으로 옮겨갔다"(3:16, 36; 5:24; 요일 3:23). 계명을 지키지 않고 죄를 짓는 자는 생명의 하나님께 속하지 않고 "마귀에게 속한다"(요일 3:8).

하나님의 계명의 핵심은 사랑에 있다. "하나님의 계명은 이것이니, 곧 그 아들 예수 그리스도의 이름을 믿고 그리스도께서 우리에게 명하신 대로 서로 사랑하는 것이다"(요일 3:23; 요이 1:6). 영원한 생명은 사랑을 행하는 데 있다. 형제를 사랑할 때 우리는 "죽음에서 옮겨 생명으로 들어간다." "사랑하지 않는 사람은 죽음에 머물러 있다.…살인하는 사람은…그 속에 영원한 생명이 머물러 있지 않다"(요일 3:14-15). 성령 안에 있는 사람은 사랑을 행하지 않을 수 없다. 그는 "그리스도께서 우리를 위하여 자기 목숨을 버리신" 사실을 보고 사랑을 알게 되었기 때문이다(요일 3:16).

참 사랑은 말이나 혀로 하지 않고 행동과 진실함으로 나타난다. "누구든지 세상 재물을 가지고 있으면서 자기 형제자매의 궁핍함을 보고도 마음 문을 닫고 도와주지 않으면, 어떻게 하나님의 사랑이 그 사람 속에 머물겠습니까?"(요일 3:17) 사랑은 이웃을 미워하지 않고 "형제자매의 궁핍함"을 도와주며(요일 2:11; 3:17), 간음하다 붙들린 여인을 용서하고 죄책과 사회적 소외에서 해방하는 동시에 죄 없다고 자만하는 사람들의 죄를 드러낸다(8:1-11). 가장 완전한 사랑은 예수의 뒤를 따라 형제자매를 위해 자기의 목숨을 버리는 데 있다(요일 3:16). "사람이 자기 친구를 위하여 자기 목숨을 내놓는 것보다 더 큰 사랑은 없다"(15:13). 바로 여기에 영원한 생명이 있다.

"하나님은 사랑이다"(요일 4:8, 16). 따라서 성령은 사랑의 영이다. 성령, 곧 사랑의 영은 예수가 계시하는 하나님의 사랑에 눈을 뜨게 하며, 예수 안에 있는 영원한 생명으로 인도한다. 그는 죽은 나사로를 살릴 수 있는 생명의 힘이다(11:38-44). 그는 죽은 것과 같은 생명을 "살리는 영"(to pneuma to zoopoioun, 6:63; 고전 15:45) 혹은 "살리는 물"이요(hydatos zontos), 하나님의 새로운 생명의 세계를 이루는 "생수의 강"(7:38), "영생하도록 솟아나는 샘물"이다(4:14).

요한계시록에서 "살리는 물"(생명수), 곧 성령은 하나님이 지으신 세계 전체를 살리는 생태학적 차원을 보여준다. "새 예루살렘"의 넓은 거리 한 가운데를 흐르는 "생명수의 강"은 그 양쪽에 "열두 종류의 열매를 맺는 생명나무"를 자라게 한다. 이 나무는 "달마다 열매를 내고, 그 나뭇잎은 민족들을 치료하는 데 쓰인다"(계 22:1-2). 그리스도인들이 성령을 통해 받은 영원한 생명은 피조물의 세계 전체가 얻게 될 영원한 생명에 대한 "약속"이요 시작일 따름이다(요일 2:25).

5) 바울 서신처럼 요한 문헌도 헬레니즘의 이원론적 개념들을 사용한다. 그래서 살리는 영과 무익한 육(6:63), 빛과 어둠, 생명과 죽음, 영원한 하늘의 세계와 허무한 땅의 세계, "하늘의 일"과 "땅의 일"(3:6), 썩어져버릴 이 땅의 양식과 영원한 생명을 주는 하늘의 양식 내지 "하늘에서 내린 떡" 혹은 "생명의 떡"을 구별한다(6:27, 32, 41, 48). 후기 유대교의 지혜서에 의하면, 인간은 "한 남자의 씨와 잠자리의 쾌락을 통하여"(지혜서 7:2) 태어난 "육"이요, "지혜의 영"은 기도를 통해 하나님에게서 추가적으로 얻는 것이다(7:7). 지혜, 곧 "사람을 사랑하는 영"과(1:6) 인간의 육은 대립한다.

이와 같은 이원론적 개념의 틀에서 성령은 세계와 관계없는, 단지 인간의 영과 관계된 것으로 생각되기 쉽다. 그러나 요한 문헌은 이원론적 개념의 틀을 깨뜨리고 인간학적 차원을 넘어서는 성령의 세계적·창조론적 차원을 드러낸다. 성령은 인간은 물론 하나님이 지으신 온 세계를 참 생명으로 인도하고자 한다. 그는 죽음의 세계를 생명의 세계로, 거짓과 어둠의 세계를 진리와 빛의 세계로 변화시키고자 하는 하나님의 종말론적 생명의 힘이다. 이를 위해 보혜사 성령은 제자들을 세상에서 "데려가지 않고" 오히려 "세상으로 보낸다"(17:15, 18). "생명의 영인 성령은…오늘도 세계 속에서 평화와 생명의 세계를 만들고 계신다"(김명용 1997, 45). 우리는 성령의 세계적·창조론적 차원을 아래 "진리의 영"의 개념에서 보다 더 분명히 볼 수 있다.

6) 요한 문헌은 성령을 "진리의 영", "진리의 성령"이라 부른다(14:17; 15:26; 16:13; 요일 4:6). 성령을 진리와 동일시하기도 한다. "성령은 진리이다"(요일 5:7). "진리의 영"으로서 성령의 기능은 먼저 진리를 깨닫게 하는 데 있다. 여기서 진리는 먼저 "예수 그리스도께서 육신을 입고 오셨음을 시인하는" 데 있다. 이것을 "시인하는 영은 모두 하나님에게서 난 영이다." 이것을 부인하는 영은 "적그리스도의 영"이요, "진리의 영"이 아니라 "미혹의 영"이다(요일 4:2-3, 6). 그는 "적그리스도"이다(요일 2:22). 여기서 요한은 예수의 육체적 인간성을 부인하는 영지주의적 가현설을 거부한다. "예수 그리스도께서 육신을 입고 오셨음을 고백하지 않는" 자는 "속이는 자요 그리스도의 적대자다"(요이 1:7).

진리는 영지주의가 말하는 신비한 "영지"(gnosis)에 있는 것이 아니라 인간의 육을 취하시고 세상에 오신 예수 그리스도를 아는 데 있다. "세상 죄를 지고 가는 하나님의 어린 양"으로 자기를 희생하신 하나님 아들의 무한한 사랑 안에 참 진리가 있다. 그가 곧 "길이요 진리요 생명이다"(14:6).

요한 문헌에 의하면 진리에 대한 인식은 하나님의 사랑을 행하는 윤리적 실천과 분리될 수 없다. 말이나 혀로 하지 않고 행동과 진실함으로 사랑하는 윤리적 삶을 통해, 그리스도인들은 "우리가 진리에서 났음을" 보일 수 있다(요일 3:18-19). "하나님을 알고 있다고 하면서 하나님의 계명을 지키지 아니하는 사람은 거짓말쟁이요, 그 사람 속에는 진리가 없다"(요일 2:4).

요한1서의 "사랑의 찬가"는 매우 목가적이고 평화롭게 들린다. "사랑하는 여러분, 서로 사랑합시다. 사랑은 하나님에게서 난 것입니다"(요일 4:7).
여기서 성령의 사역은 서로 사랑하고 은혜와 평화와 기쁨을 얻는 것에 불
과한 것처럼 보인다(1:17; 20:19; 15:11). 이스라엘 백성을 출애굽시키고 마
른 뼈들을 살려 새로운 생명의 세계를 세우는 "창조와 역사의 주인"(유해무
1997, 388)이신 성령의 메시아적 새 창조의 사역은 요한 문헌에서 사라진
것처럼 보인다.

7) 그러나 요한 문헌 속에는 악한 인간과 이 세계를 동요시키는 현실
변혁적·메시아적 요소들이 숨어 있다. 요한 문헌이 사용하는 "빛", "길",
"진리", "생명", "영원한 생명", "생명의 물", "생명의 떡" 등의 개념들은 세계
현실과 무관한 이원론적 개념들로 보이지만, 실제로는 인간과 세계의 거짓
된 현실을 부정하고 새로운 생명의 세계를 세우고자 하는 현실 변혁적·메
시아적 개념들이다. 이들은 이원론적 옷을 입은 메시아적 개념들이다.

따라서 우리는 요한의 "보혜사 성령론" 속에도 현실 변혁적·메시아적
요소가 숨어 있음을 간과해서는 안 될 것이다. 앞서 언급한 바와 같이, 요
한 문헌은 보혜사 성령을 "진리의 영", "진리의 성령"이라 부른다. 심지어
성령을 진리와 동일시한다(요일 5:7). 이것은 요한 문헌에만 나타나는 독특
한 성령론적 개념이다.

진리란 무엇인가? 요한 문헌에 의하면 로고스가 인간의 육신이 된 예
수 안에 하나님의 "은혜와 진리가 충만하다"(1:14). 인간의 육신으로 오신
예수가 곧 진리이다(14:6). 그럼 어떤 의미에서 육신으로 오신 예수가 진리
인가? 예수는 자기를 인간의 육으로 낮추신 하나님의 사랑의 인격화, 곧
"하나님 나라 자체"라는 뜻에서 진리이다. 하나님의 인격화된 사랑이신 예
수 안에 있는 "하나님 나라 자체"가 바로 하나님의 은혜요 진리이다. 빛이
어둠에 대립하듯이(1:5; 3:20), 하나님의 진리는 죄와 거짓과 불의의 세력에
대립한다. 성령은 바로 이 "진리의 영"이다. 그러므로 성령은 죄와 거짓과
불의의 세력을 극복하고 진리의 세계를 세우고자 한다. 성령은 죄악된 인
간과 세계의 부정적인 것을 부정하고 하나님의 진리의 세계, 빛과 생명의

세계를 세우려는 메시아적 동인이다. 그는 부정적인 것을 부정함으로써 긍정적인 것을 세우고자 한다. 그는 사랑의 영이기 때문이다.

그러므로 죄와 거짓과 불의의 세력에게 있어 보혜사 성령의 오심은 위기가 된다. 보혜사 성령의 오심으로 말미암아 하나님 없는 인간과 세계의 죄와 거짓과 불의가 드러나고, 이 세상의 지배자들이 하나님의 심판 아래 있다는 사실이 폭로된다(16:8-11). 죽음의 세력에 대한 예수 그리스도의 부활의 승리를 통해 보혜사 성령은 세계를 지배하는 모든 거짓된 세력들의 "세력상실"을 가져온다(Ent-machtung, Beinert 1995, 58).

이와 동일한 맥락에서 요한 문헌은 성령을 "진리의 영" 혹은 "진리" 자체라 부른다. 진리는 진리가 아닌 것, 곧 거짓에 대립한다. 거짓은 하나님의 뜻에 대한 모순이다. 그러므로 진리의 영은 거짓의 세력을 부정하고 거짓의 세력에 붙들린 어둠의 세계를 빛과 진리의 세계로, 참 생명의 세계로 변화시키려는 "생수의 강"으로 작용한다(7:38). 그는 "귀신들려 미친"(10:20) 인간들과 세계를 "더러운 귀신"으로부터 해방하는 "자유의 영"이다. "진리가 너희를 자유케 하리라"(8:32).

진리는 부분적인 것이 아니라 전체적인 것이다(Hegel의 『정신현상학』 서문에서). 따라서 "진리의 영", 곧 성령은 인간은 물론 세계 전체를 참 자유가 있는 세계로 변화시키고자 한다. 어둠과 거짓 속에 있는 인간과 세계를 하나님의 빛과 진리의 세계로 재창조하려고 하는 메시아적 "루아흐"가 그 속에 살아 숨쉬고 있다. 성령은 "생명을 주며 질서를 세우는 창조와 역사의 주인"이시요, "역사의 초두부터" 하나님의 목적을 향해 만물을 새롭게 변화시키는 "재창조의 능력"이요, "해방하고 생기를 주는 힘"이다(유해무 1997, 388, 381).

성령의 메시아적 새 창조는 아버지 하나님과 그 아들을 믿는 그리스도인들 안에서 명시화된다. 죄와 거짓 속에서 살아가는 "어둠의 자식들"이 아니라, 하나님의 진리와 "생명의 빛" 가운데서 서로 사랑하며 살아가는 "빛의 자녀들"을 통해 성령의 새 창조가 일어난다(8:12; 12:36; 참조. 엡 5:8; 살전 5:5).

5
삼위일체 하나님의
신적 인격으로서의 성령

A. 영원 전부터 성부와 성자와 함께 계신 성령
– 불필요한 필리오케 논쟁

1) 복음서는 성령을 아버지 하나님과 아들 예수를 연결하는 "비둘기"로 묘사한다(마 3:16; 눅 3:22; 요 1:32). 사도행전은 성령을 "강한 바람"으로, 혹은 솟아오르는 "불길"로 묘사한다(행 2:2-3). "비둘기"나 "강한 바람"이나 "불길"이 성령의 면모를 분명히 드러내주는 것은 사실이지만, 오히려 이 지칭들로 인해 성령을 성부와 성자와 동등한 신적 인격으로 생각하기 어렵게 만든다. 그 결과 성령은 "경배의 대상으로서의 한 인격이 아니라 하나의 능력 또는 에너지와 같은 것으로"(최태영 2013, 290), 성부와 성자의 사역을 대행하는 "세력"이나 "영향력"으로(오주철 2013, 272), 또는 "온전한 주체성이나 실제성을 갖지 못하고 종속적인 존재로"(김성원 2010, 183) 간주되는 경향이 있다.

　요한복음에 의하면 성령은 성부 하나님이 보내시는 것으로 묘사된다. "이는 하나님이 성령을 한량없이 주심이니라"(요 3:34), "보혜사 곧 아버지께서 내 이름으로 보내실 성령 그가…"(14:26). 이에 근거하여 니케아 공의회는 성령이 "아버지로부터 나온다"(procedit ex Patre)고 고백한다. 이 고백은 콘스탄티노플(오늘의 이스탄불)에 거점을 둔 동방정교회의 교리가 된다.

그런데 요한복음은 예수께서 성령을 보낼 것이라 말한다. "내가 아버지께로부터 너희에게 보낼 보혜사…"(15:26). "저희를 향하사 숨을 내쉬며 말씀하시기를 성령을 받으라"(20:22). 이에 근거하여 로마를 중심으로 하는 서방교회(오늘의 로마 가톨릭교회)는 성령이 "아버지와 아들로부터 나온다"(procedit ex Patre Filioque)고 생각하여 "Filioque"를 삽입한다. 이 문제로 인해 1054년 동방정교회와 서방의 로마 가톨릭교회가 분리된다.

2) 성령의 출처에 대한 두 교회의 입장은 차이점이 있지만 공통점도 있다. 우선 양자의 차이점은 성령이 "성부로부터"(ex Patre) 나오느냐, 아니면 "성부와 성자로부터"(ex Patre Filioque) 나오느냐에 있다. 그리고 공통점은 성부·성자·성령을 종속적 위계질서의 관계에 있는 것으로 보는 데 있다. 성부가 먼저 있고, 그 다음에 성부로부터 성자가 "태어난다"(히 1:5; 5:5; 참조. 시 2:7). 그 다음에 "성부로부터"(정교회) 혹은 "성부와 성자로부터"(로마 가톨릭교회) 성령이 나온다.

이와 같은 종속적 위계질서의 뿌리는 고대 그리스 철학에 등장하는 만물의 "근원자"(arche) 개념에 있다. 고대 그리스 철학에 익숙하였던 아우구스티누스에 의하면, 성부는 "원인이 없는 원인"(principium non de principio)이다. 이 성부로부터 성자가 태어나고, 성부로부터 혹은 성부와 성자로부터 성령이 나온다. 이리하여 성부·성자·성령은 제1, 제2, 제3의 위계질서 내지 종속적 관계에 있는 것으로 간주되고, 성령은 "성부로부터" 나오느냐 아니면 "성부와 성자로부터" 나오느냐의 논쟁이 발생하게 된다. 그러나 두 교회가 공동으로 전제하는 삼위의 위계질서 내지 종속적 관계는 다음과 같은 문제점을 노출시킨다.

a. 성부와 성자와 동등한 성령의 주체성과 인격성을 인정하기 어려운 문제점이 있다. 성부와 성자가 성령을 내보내는 적극적 위치에 있는 반

면, 성령은 그들로부터 보내심을 받는 수동적 위치에 있게 된다. 곧 "성령에 대한 성부와 성자의 관계는 적극적 숨을 내쉼(aktive Hauchung)"으로 규정되는 반면, 성령은 "수동적 내쉬어짐"(das passive Gehauchtsein)에 불과한 것으로 생각된다(Mühlen 1966, X). 이리하여 성령의 완전한 신적 인격성을 부인하고 성령을 하나님의 능력(*dynamis*) 내지 피조물(*ktisis*)에 불과한 것으로 보는 "성령 반대론자들"(Pneumatomachen, 그 대표자인 콘스탄티노플의 Macedonius의 이름에 따라 마케도니우스주의자라 불리기도 함)과, 성령을 성부와 성자에게 종속된 존재로 보는 "종속론"(Subordinationismus)이 등장하게 된다. 이리하여 성령은 성부와 성자보다 열등하다, "신적인 본질과 영광에 있어 두 위격과 다르다", 성령은 "섬기는 영들" 가운데 하나이며(히 1:14), "성부와 성자와는 실체에서 다른 존재"라고 주장하게 된다(김옥주 2013, 83).

b. 성자, 성부, 성령의 위계질서는 엄밀한 의미에서 삼위일체적 교통을 불가능하게 만드는 문제점이 있다. "아버지는 항상 보내기만 하는 분이다.…아들은 오직 아버지에 의해 보냄을 받을 수 있고 또한 성령만을 보낼 수 있다. 끝으로 성령은 결코 보낼 수 없고 아버지와 아들에 의해 보냄을 받을 수 있을 뿐이다"(Pohle/Gummersbach 1952, 464). 이것은 서로의 존재에 참여하여 모든 것을 함께 나누는 엄밀한 의미의 삼위일체적 사랑의 관계가 아니라, 위에서 아래로 내려가기만 하고 아래에서 위로 올라갈 수 없는 종속적 위계질서이다.

c. 성부·성자·성령의 위계질서는 정치적 위계질서를 정당화시키고 이를 강화시키는 문제점이 있다. 수많은 민족들을 정복하여 이들을 속주로 거느린 로마제국에게 그 무엇보다 먼저 필요한 것은 제국의 통일성과 평화를 세울 수 있는 위계질서 내지 상하의 종속적 관계였다. 성부·성자·성령의 위계질서는 로마제국이 필요로 하는 정치적 위계질서에 대한 종교적 근거가 되었다.

또 그것은 근대 군주제(*monarchia*)와 가부장제의 근거가 되기도 하였다. 황제 혹은 왕(Monarch)은 단 하나의(*monas*) 근원자(*arche*)인 신의 대변자요, 아버지는 가정의 대변자로 정당성을 갖게 된다. 이리하여 삼위의 종속적 질서는 "가부장적이며 위계적 질서를 정당화시킨 원형"이 되었다(김옥주 2012b, 30).

3) 이와 같은 문제점을 극복하기 위해 우리는 먼저 성부 하나님을 제1원인자 내지 근원자로 보는 생각을 포기해야 한다. 그리고 카파도키아(지금의 터키 지역) 신학자들이 주장한 것처럼, 성부와 성자와 성령은 "영원 전부터", 곧 애초부터 삼위일체적 친교와 사랑 안에서 함께 있다고 생각해야 한다. 성부와 성자 없는 성령이 생각될 수 없듯이 성령 없는 성부와 성자가 생각될 수 없다. 삼위의 "페리코레시스적 삶 가운데 성부는 '더 이상 첫 번째'가 아니라, 인격들 중의 '한 인격'"으로 생각되어야 한다(김옥주 2012b, 30, 24). 사랑 안에는 제1, 제2, 제3의 위계질서 내지 군주제(monarchia), 명령과 복종의 종속관계가 있을 수 없다.

하나님은 영원 전부터 성부·성자·성령으로 이루어진 삼위일체 하나님이다. 달리 말해 그는 사랑이다. 따라서 성령은 어느 특정한 시점에 "성부로부터" 혹은 "성부와 성자로부터 나오는" 것이 아니라 성부와 성자와 함께 "처음부터 있었다"(최유진 2013, 298). 그는 성부와 성자에게서 "추가적으로" 나오는 제3의 존재가 아니라 처음부터 성부와 성자와 함께 있는 삼위일체의 한 신적 인격이다. 가톨릭 여성신학자 라쿠나에 의하면, "인격들 사이의 평등성과 상호성과 호혜성"은 하나님의 삼위일체에 있어 "본질적인 것"이다(이세형 2009, 86). 이 평등성과 상호성과 호혜성은 성령의 신적 근원성에도 해당한다.

4) 성부·성자·성령이 "처음부터", 곧 영원 전부터 삼위일체의 관계에 있다면, 필리오케 논쟁은 불필요하다. 성령이 성부로부터 나오느냐, 아니면 성부와 성자로부터 나오느냐의 문제가 아예 제기될 수 없기 때문이다. 따라서 이 문제로 인한 동방정교회와 로마 가톨릭교회의 분열은 신학적 근거를 상실하고 만다. 몰트만과 보프(Leonard Boff)도 주장하듯이, 성부·성자·성령은 영원 전부터 함께, 동시적으로 존재한다. "그들은 영원히 분

리될 수 없는 내적 결합 속에 존재한다. 성령 없는 성자가 생각될 수 없듯이, 성자 없는 성령도 생각될 수 없다." 결과적으로 필리오케 논쟁은 "교회의 분열을 야기시킨 쓸 데 없는 것"이었다(überflüssig, Moltmann 1991, 322).

물론 신약성서는 성부·성자·성령이 마치 위계질서 내지 종속관계에 있는 것처럼 묘사한다. 성부 하나님이 아들 예수를 "낳았다"(히 1:5; 5:5). 성부는 명령하고 성자는 복종한다(요 12:49). 또 성령은 "아버지께로부터 나온다"(15:26). 성자 예수는 성령을 "내쉰다"(20:22). 그러나 하나님 "아버지"란 개념이 객관적 사실이 아니라 신인동형론적 은유이듯이, 성부가 성자를 "낳는다"(generatio), 성자가 성령을 "내쉰다"(spiratio) 등의 표현들 역시 신인동형론적 은유일 뿐이다. 어머니가 아닌 아버지가 아들을 "낳는다"는 말은 사실상 생물학적으로 불가능하다.

지금도 서방의 많은 신학자들이 서방교회가 주장한 *Filioque*가 타당하다고 인정하지만 이런 주장은 설득력이 없다. 성령은 예수가 태어나기 이전, 곧 영원 전부터 계셨기 때문이다. 하나님이 천지를 창조하실 때 "물 위에 움직이고" 계셨던 "하나님의 영"(창 1:2), 그의 "입기운"을 통한 만물의 창조(시 33:6), "우리의 형상을 따라 우리의 모양대로 우리가 사람을 만들고"라고 할 때 "우리"(창 1:26)등의 표현은 영원 전부터 성부, 성자와 함께 계신 성령의 존재를 암시한다(곽혜원 2009, 46-49). 따라서 필리오케 논쟁은 성경적으로 그 근거를 찾아보기 어렵다.

신약성서는 성령을 "하나님의 영"(롬 8:9, 14; 고전 2:11; 7:40; 12:3; 고후 3:3; 요일 4:2) 혹은 "그리스도의 영"(롬 8:9; 벧전 1:11)이라 부른다. 이 표현들은 성부와 성자에 대한 성령의 종속적 위치를 가리키는 것이 아니라 생명을 죽이는 악한 영(삿 9:23), 더러운 영(계 16:13; 18:2)과 구별되는 하나님의 거룩한 영, 곧 성령(pneuma hagion)을 나타내는 동시에, 성부·성자·성령의 분리될 수 없는 삼위일체적 결합성을 시사한다. "하나님은 영이시다"(요 4:24), "주님은 영이시다"(고후 3:17)라는 구절도 성부와 성자의 영적 존재를 나타내는 동시에 영원 전부터 공존하는 삼위의 하나됨을 암시한다.

B. 성령의 신적 인격성에 대한 성찰

성부·성자·성령이 영원 전부터 함께 존재한다면 성령은 성부와 성자와 동등한 신적 인격이다. 그는 "창조 안에서, 구원의 역사 안에서, 예수 그리스도를 통한 구원 안에서, 죽은 자들로부터의 부활을 통한 인간의 완성 안에서 작용하며, 하나님의 생명을 중재하는" "하나님 자신"이다(Müller 2005, 390).

기독교는 초기부터 성부와 성자와 동등한 성령의 신적 인격성을 주장하였다. 이를 부인하고 성령을 아버지 하나님의 피조물로 보는 아리우스 계열과 성령 반대론자들(Pneumatomachen)에 반해, 아타나시우스 계열은 성부와 성자와 동등한 성령의 신적 인격성과 주체성을 주장하였다. 주후 381년 제2차 콘스탄티노플 공의회는 "주님", "살리는 분" 등 성부와 성자에게 부여한 신적 술어들을 성령에게도 부여함으로써(pisteuomen...kai eis to pneuma to hagion, to kyrion kai zoopoion) 성부와 성자와 동등한 성령의 신적 인격성을 확정하였다.

초대교회의 이와 같은 결정은 하나님의 영을 하나의 대칭적·실체적 존재로 보기 시작한 구약성서에 뿌리를 가지며, 초기 그리스도인들의 "삶의 자리"(Sitz im Leben)와 연관되어 있다. 주후 313년에 콘스탄티누스 황제의 공인을 받기까지 기독교는 무서운 박해를 당하였다. 십자가에 매달려 화형을 당하기도 하고, 원형경기장에서 맹수에게 찢겨 죽기도 하였다.

이와 같은 고난의 현장에서, 그리스도인들은 그들 안에 계신 성령을 하나님 자신으로 경험한다. 지금 우리 안에, 우리와 함께 계신 성령은 바로 하나님 자신이다(롬 5:5). 성령께서 주시는 구원과 위로와 모든 은사는 하나님 자신이 우리에게 주시는 것이다. 아리우스파가 주장하듯이 만일 성령이 하나님의 능력(힘, dynamis)이나 피조물(ktisis)이라면, 하나님과 우리 사이에 하나님 자신이 아닌 그 무엇이 서 있게 된다. 그렇다면 하나님과 우리의 교통은 완전하지 못할 것이며, 하나님과 우리 사이의 직접적이고 인격적인 관계가 불가능해질 것이다. 우리 안에 계신 성령이 하나님 자신이기 때문에 우리는 하나님의 영원한 생명에 참여할 수 있고, 하나님을 얼굴과 얼굴로 볼 수 있다. 초기 그리스도인들은 이와 같은 믿음 속에서 로마제국의 모든 박해와 순교의 죽음을 감내할 수 있었다.

그러므로 아타나시우스는 성부와 성자와 동등한 성령의 신성과 "인격적 독자성"을(Mühlen 1966, 2) 이렇게 주장한다. "피조물과 로고스를 결합시키는 것은 피조물들에게 속할 수 없다.…다시 말해 성령은 피조물들에게 속하지 않고, 성부의 신성에 속한다." 만일 그렇지 않다면 하나님의 삼위일체가 성립될 수 없을 것이고, 우리는 "다시 태어남과 세례와 신성화의 은혜를 얻지 못할 것이다"(Müller 2005, 407, 406). 많은 신학자들은 성부·성자·성령의 삼위일체적 관계성(마 28:19; 고후 13:13; 고전 12:4-6)과 성령의 신적 인격성에 대한 증거를 성시에서 발견한다.

1) 요한복음 14장 16절에 의하면 성령은 아버지 하나님께로 가야 할 예수를 대신하여 이 세상에 보내질 "또 다른 보혜사"이다. 여기서 "또 다른"이란 개념에 대해 "종류나 질이 전혀 다른 것을 의미하는 '헤테론'(*beteron*)"이 아니라, "동일한 종류의 또 다른 하나를 의미하는 '알론'(*allon*)"의 개념이 사용된다. "보혜사 되신 예수께서 하늘로 올라가신 후… 예수의 제자들과 영원히 함께하시고 예수가 행하던 직무를 계승하여 수행하실" 성령은 예수와 동일한 "또 다른 보혜사"이다. 그러므로 예수는 "너희는 가서 모든 민족을 제자로 삼아 아버지(성부)와 아들(성자)과 성령의 이름으로 세례를" 베풀라고 명한다(마 28:19; 곽혜원 2009, 55-57).

여기서 세 인격은 "복수의 이름이 아닌 단수의 이름(*to onoma*)으로" 일컬어지는데, 이는 성부와 성자와 동등한 성령의 인격성을 시사한다. 이에 상응하여 바울은 성부와 성자와 성령을 함께 부른다(고후 13:13). 간단히 말해 성령은 성부와 성자와 하나로 결합되어 있지만 성부와 성자와 "동일한 종류의 또 다른 하나"를 가리킨다. 그러므로 "바울에게서는 물론(롬 8:27, 34) 요한에게서도(요 14:16; 요일 2:1), 예수와 성령은 동일한 종류의 기능을 가진다"(Berger 1984, 188).

2) "성경에서 성령을 표현할 때 남성 대명사가" 사용된다. "요한복음 16장 7-8절과 13-15절에는 열두 번에 걸쳐 성령을 남성대명사인 '그(He)'로 지칭하고 있다." 13절은 성령에 대해 "남성대명사 에케이노스"(ekeinos)를 사용하는데, "이것은 예수님께서 비인격적인 물체를 언급하시는 것이 아니라 인격자를 언급하고" 있음을 가리킨다(오주철 2913, 272-283).

3) 성서는 성부·성자·성령의 이름을 함께 부름으로써 성부와 성자와 동일한 성령의 신적 인격을 시사한다. "아버지와 아들과 성령의 이름으로 세례를 베풀고"(마 28:19), "주 예수 그리스도의 은혜와 하나님의 사랑과 성령의 교통하심이…"(고후 13:13; 또한 유 20:21). 이 본문들은 "성령이 성부와 성자와 같이 인격적인 존재임을" 시사한다(오주철 2013, 273).

하지만 보다 중요한 증거는 성령을 하나님 자신과 동일시하는 성서의 증언에 있다. "하나님은 영이시다"(pneuma ho theos, 요 4:24)라는 말씀에서, 성령은 하나님 자신과 동일시된다. "아버지의 성령"(마 10:20; 고전 3:16; 6:11; 빌 3:3), "그리스도의 성령"(빌 1:19), "하나님의 영"(창 1:2; 41:38; 롬 8:9, 14; 고전 2:11), "그리스도의 영"(롬 8:9; 벧전 1:11), "주의 영"(느 9:30; 시 104:30; 행 5:9; 8:39; 고후 3:17), "아들의 영"(갈 4:6) 등의 개념들은 성부·성자·성령의 삼위일체적 결합과 친교를 시사하는 동시에 성부와 성자와 동등한 성령의 인격성을 나타낸다.

4) 우리는 성령의 신적 인격성에 대한 또 하나의 증거를 성령의 속성에 대한 성서의 증언에서 발견한다. 성령의 가장 본질적인 속성은 "거룩"이다. 그런 까닭에 성령은 "거룩한 영"(pneuma hagion)이라 불린다. 거룩은 하나님의 가장 본질적인 속성이다. 또 성령은 "지혜의 영"(사 11:2; 신 34:9), "진리의 영"(요 14:17; 요일 4:6), "선한 영"이라(느 9:20) 불린다. 성령은 공의와 정의의 영이요 사랑의 영이다. 그는 죽은 자를 "살리는 영", 곧 "생명의 영"이다(겔 37:14; 요 6:63; 롬 8:11; 고전 15:45). 본래 하나님에게 속한 지혜, 진리, 공의, 사랑, 선, 생명 등의 신적 속성들을 성령이 공유한다는 사실은 성령

의 신적 인격성을 나타낸다.

5) 성령은 하나의 인격체만이 가질 수 있는 지성(고전 2:10)과 감성(엡 4:30; 롬 8:26)과 의지(고전 12:11; 행 15:6-7)를 가진다는 점도 성령의 신적 인격성을 시사한다. "성경은…성령을 지성, 감성, 그리고 의지를 가지신 분으로 증언하고 있는데, 이 셋은 인격의 대표적인 속성들이다"(최태영 2013, 290).

또 성령의 인격성은 인격적 존재가 할 수 있는 일을 행한다는 점에서 드러난다. 성령은 주님에 관하여 증거한다(요 15:26), 말씀하시고 명령한다(행 10:9; 11:12; 13:2; 딤전 4:1; 히 3:7; 계 2:7; 14:13), 가르친다(요 14:26; 고전 2:13), 인도하고 지도한다(요 16:13; 행 16:6-17), 은사를 나누어 준다(고전 12:11), 주님의 사업을 위한 지도자와 일군을 선택한다(행 13:2; 20:28), 신자들을 계몽한다(살전 5:19; 마 22:43), 계시한다(엡 3:5), 우리 안에서 "아바"라 부른다(갈 4:6; 롬 8:15), 우리의 연약함을 도우신다(롬 8:26; 빌 1:19), 우리를 위하여 간구한다(롬 8:26, 27), 우리를 위로한다(행 9:31), 하나님의 깊은 것을 통달한다(고전 2:10), 근심하고 탄식한다(롬 8:26; 엡 4:30), 기뻐한다(살전 1:6), 거짓된 가르침을 경고한다(딤전 4:1).

성령은 "지성과 감성 및 의지를 가지신 완전한 인격"이기 때문에(최태영 2013, 291) 구원의 주체로 행동한다. 모세는 하나님의 영에 붙들려 출애굽의 역사를 일으킨다(민 11:17). 하나님의 영(강한 동풍 혹은 바람)은 홍해의 물을 갈라 이스라엘 백성을 구원한다(출 14:21; 15:8, 10). 사사들과 예언자들에게 임하여 이스라엘을 구원하고(민 11:17) 하나님의 말씀을 선포하게 한다. 예수 안에서 성령은 하나님의 나라를 앞당겨 온다(눅 11:20). 성령은 죽은 예수를 살리며(롬 8:11), 인간의 생명을 다시 살려 하나님의 새로운 생명의 세계를 이룬다(8:11; 고후 3:6).

6) 위에서 우리는 성령의 인격성에 대한 성서적 근거를 찾아보았다. 이제 우리는 보다 더 깊은 신학적 차원에서 성령의 인격성을 말할 수 있다. 하나님은 사랑이다. 사랑 안에는 생명을 살리는 생명의 힘이 있다. 사

랑은 생명을 살릴 수 있는 생명의 힘 자체이다. 여성의 이루 말할 수 없이 강인한 사랑의 힘이 어린 생명을 살린다. 여성의 모유는 병균을 죽이는 힘을 가지고 있다. 어린이에게는 모유가 가장 좋은 약이다. 그래서 어린이의 상처에 모유를 발라주면 그 상처가 치료된다. 모유 속에는 여성의 생명의 힘, 곧 사랑의 힘이 들어있기 때문일 것이다. 하나님의 영, 곧 성령은 사랑의 영이다. 그것은 생명의 힘이요 "생명의 원천"(*fons vitae*, Calvin)이다. 따라서 성령은 성부와 성자를 연결하는 비둘기와 같은 존재에 불과한 것이 아니라 그 자체 안에 생명을 가진 인격체라 할 수 있다.

인격적 존재는 대상성을 가진 대상적 존재다. 그것은 대상성을 가진다. 구약성서는 성령의 인격적 대상성을 감각적 방법으로 묘사한다. 욥기 4장 15-21절에 의하면, 하나님의 영은 인격적 대상으로서 인간에게 나타나 말씀하신다. "어떤 영이 내 앞을 지나가니, 온몸의 털이 곤두섰다. 영이 멈추어 서기는 했으나 그 모습은 알아볼 수 없고." 성령은 단지 하나님의 힘이나 능력이 아니라 인격적 대상으로서 활동한다. "그 때에 주님의 영이 나를 들어 올려, 안뜰로 데리고 갔는데"(겔 43:5).

7) 초대교회가 고백한 삼위일체론은 성부와 성자와 동일한 성령의 인격성을 전제한다. 그렇지 않으면 엄밀한 의미의 삼위일체가 성립되지 않는다. "삼위", 곧 세 신적 인격의 하나됨은 성부와 성자와 동일한 성령이 자신의 신적 주체성을 가진 "삼위일체 가운데의 한 인격"으로 전제될 때 가능하다(김옥주 2012b, 25). 그러므로 성령의 신적 인격성은 있어도 좋고 없어도 좋은 것이 아니라 하나님의 삼위일체를 가능하게 하는 구성요소이다.

성부와 성자와 동일한 신적 인격이기 때문에, 성령은 성부와 성자의 현존을 완전히 그리고 직접적으로 나타낼 수 있다. 초대교회가 주장한 바와 같이, 성부, 성자와 인간 사이에 어떤 피조된 힘이 서 있지 않고 하나님 자신으로서의 성령이 서 계시기 때문에 성령이 계신 곳에 성부와 성자가 함께 계시며, 모든 일을 함께 이루실 수 있다. 성령은 "하나님과 그리스도의 현존"이다(Berkhof 1982, 44). 곧 삼위일체 하나님의 현존이요, 예수 안에 계시된 삼위일체 "하나님 자신이다"(Barth 1960/a, 217).

일련의 신학자들은 초대교회의 삼위일체론이 기독교의 "그리스화"의 산물이요(A. von Harnack), 고대 그리스 철학에 근거한 이론적 사변의 산물이라고 주장한다. 그러나 필자의 견해에 의하면 초대교회의 삼위일체론은 박해와 고난과 순교의 죽음을 당하던 초기 기독교 공동체의 "삶의 자리"에서 나온 것으로, 공동체가 경험한 예수의 구원의 사건에 담지된 진리를 요약한 것이라 생각된다.

하나님의 삼위일체는 철학적 사변의 산물이 아니라 예수 안에 계시된 하나님의 사랑과 하나님의 나라를 "삼위일체"라는 교의학적 개념으로 나타낸 것이다. 각자의 개체성이 인정되는 동시에 한 몸의 관계 속에서 모든 것을 함께 나누는 거기에 하나님의 나라가 있다. 바로 거기에 하나님의 사랑이 있다. "사랑의 영"이 있는 곳에 하나님의 나라가 있다. 삼위일체 신앙은 성부와 성자와 완전히 동등한 성령의 신적 인격성을 전제한다. 성부와 성자를 대리하여 죽은 자들을 살리고 하나님 나라의 새로운 생명의 세계를 세우는 생명의 영은 성부와 성자와 동등한 인격성을 가질 수밖에 없다.

8) 일반적으로 성령은 성부와 성자에게 종속된 존재, 의존적 존재로 생각된다. 그러나 한 쪽은 독립적이고 다른 한 쪽은 의존적이기만 하다면, 참 사랑이라 말할 수 없다. 의존도를 따질 경우, 성부와 성자에 대한 성령의 의존도보다 성령에 대한 성부와 성자의 의존도가 훨씬 더 크다. 성부와 성자를 깊은 사랑 안에서 하나로 결합시켜 삼위일체를 이루게 하는 것도 성령이다. 성부와 성자의 구원의 계획을 수행하며, 피조물 안에 계신 성부와 성자의 현존과 신자들과의 인격적 교통을 가능하게 하는 것도 성령이다. 성부는 성령을 통해 세계를 창조하며 피조물 가운데 임재한다. 예수의 출생과 모든 행위의 주체는 예수 자신이 아니라 예수 안에 있는 성령이라는 인상을 받을 정도로 예수의 모든 사역들은 성령을 통해 일어난다. 예수는 성령을 주시는 자인 동시에 성령을 받는 자이기도 하다.

2천 년 전에 일어난, 그러나 장차 완성될 예수의 구원을 오늘 우리의 구원으로 현재화시키고 그것을 완성하는 것도 성령이다. "죽음의 세력"을 이기고 이 땅 위에 하나님의 생명의 세계를 이룰 수 있는 길은 "생명의 힘"이요 "생명의 원천"이신 성령에 있다. 죽은 예수를 살리고 죽은 생명들을 살리는 것도 성령이다. "살리는 것은 영이시니"(요 6:63). 이 땅 위에서 성부와 성자가 영광을 받는 길도 성령의 활동에 있다. 성령을 통해 하나님의 과거는 현재적 과거가 되며, 그의 미래는 현재적 미래가 된다. 이리하여 그리스도인들에게 과거, 현재, 미래는 통시적으로 경험된다. 창조와 역사 안에서 구원의 사역을 수행하는 성령은 "세계와 인간과 자유롭고 주권적으로 관계한다. 이런 점에서 하나님의 영은 그의 인격-현실(Person-Wirklichkeit) 속에 계신 하나님 자신이다"(Müller 2005, 398). 신약성서는 성부와 성자와 동등한 성령의 신성을 다음과 같은 삼위일체적 공식을 통해 나타낸다.

"은사는 여러 가지지만, 그것을 주시는 분은 한 성령(*to de auto pneuma*)이십니다. 섬기는 일은 여러 가지지만, 섬김을 받으시는 분은 한 주님(*ho autos kyrios*)이십니다. 일의 성과는 여러 가지지만, 모든 사람에게서 모든 일을 하시는 분은 한 하나님(*ho autos theos*)이십니다"(고전 12:4-6).

"주 예수 그리스도의 은혜와 하나님의 사랑과 성령의 사귐이 여러분 모두와 함께 하기를 빕니다"(고후 13:13).

"너희는 가서 모든 민족을 제자로 삼아서 아버지와 아들과 성령의 이름으로 세례를 주고, 내가 너희에게 명령한 모든 것을 그들에게 가르쳐 지키게 하여라. 보아라, 내가 세상 끝 날까지 항상 너희와 함께 있을 것이다"(마 28:19-20).

그러면 성부와 성자와 동등한 성령의 신적 인격성은 어떤 신학적 귀결을 가지는가?

첫째, 성령은 성부와 성자와 동등한 신적 인격이기 때문에 이들의 모든 사역은 삼위일체의 공동사역이 된다. 성부의 창조(creatio), 성자의 구원(redemptio), 성령의 성화와 새 창조(sanctificatio, nova creatio) 내지 구원의 완성은 성부·성자·성령이 서로의 존재에 참여하여 함께 이루는 공동사역이다. 예수의 십자가의 고난도 예수 자신만의 고난이 아니라 예수 안에 계신 성령을 통한 삼위일체 하나님 자신의 고난이다. 따라서 그것은 삼위일체 하나님의 구원의 사건이 된다.

둘째, 성령은 성부와 성자와 동등한 신적 인격이기 때문에 성령의 오심은 삼위일체 하나님 자신의 오심이다. 성령이 계신 곳에는 삼위일체 하나님 자신이 계신다. 우리 안에 계신 성령의 현존은 삼위일체 하나님의 인격적 현존이다. 신적 인격이신 성령을 통해 삼위일체 하나님 지신이 신음하는 피조물들 안에 계시며 그들의 모든 고통과 기쁨을 함께 나눈다. 성령과 우리 사이의 교통은 삼위일체 하나님 자신과의 교통이요, 성령의 모든 위로는 삼위일체 하나님 자신의 위로이다. 우리가 성령께 기도할 때 성부와 성자가 그 기도를 함께 들으신다. 따라서 우리는 누구에게 기도해야 할지 염려할 필요가 없다.

성령은 지금 우리에게 오셔서 우리의 마음을 움직이는 "인격 안에 계신 하나님 자신이다"(Althaus 1972, 497). 그러므로 성령은 우리의 협조자, 인도자, 위로자, 교사일 수 있다. 우리는 그를 속여서도 안 되고(행 5:3), 그를 거역해서도 안 되며(행 7:51), 그를 모욕해서도 안 된다(히 10:29). 성부와 성자를 경배하고 찬양하듯이, 우리는 성령을 경배하고 찬양해야 한다.

셋째, 하나님은 그에게 순종하는 사람들에게 성령을 주신다(행 5:32; 살전 4:8; 또한 요 4:10; 행 2:38; 8:20; 10:45; 히 6:4 참조). 성령이 그리스도인들 안에, 그리스도인들이 성령 안에 있다(고전 12:7-8; 고후 1:22; 행 5:32). 또 성령은 피조물들 안에 생명의 힘으로서 작용한다(시 104:29).

그러나 성령은 인간의 소유가 될 수 없다. 성령은 신적 인격으로서 그들에게 대칭하며, 우리가 완전히 "파악할 수 없고 파헤칠 수 없는"(Kasper 1983, 250) 인격적 대상으로 존속한다. 그는 우리에게 주어지는 "은사"(Gabe)인 동시에 "은사를 주시는 자"(Geber), 곧 우리가 지배할 수 없고 마음대로 처리할 수 없는 인격적 존재로서 우리 앞에 있다. 그러므로 성령은 어떤 종파의 교주나 어떤 기관의 전유물이 될 수 없다. 그는 "성령 받아라!"는 외침을 통해 나누어 줄 수 있는 물건과 같은 것이 아니라 우리가 경배해야 할 하나님 자신이다. 그가 어디에서 어떻게 활동하실지, 우리는 예측하거나 확정할 수 없다.

넷째, 신적 인격으로서 성령은 우리 안에 계시지만 우리 인간과 구별된다. 우리는 언제나 신적 인격이신 "성령 앞에서" 하나님의 피조물로 존속하며, 성령은 신적·대상적 인격으로서 지금 우리 안에 계신 동시에 장차 오실 분으로서 우리 앞에 있다. 하나님의 영으로서 성령은 우리 인간의 영과 밀접한 관계를 갖지만 인간의 영과 혼동될 수 없는 신적 인격으로 구별된다. "하나님의 영은 (사람을, 필자) 초인으로 만드는 것이 아니라 참사람으로 만든다. 하나님의 영과 사람의 영 사이에 구별이 존속하는 것처럼 성령 자신과 카리스마 사이의 구별도 존속한다"(Ebeling 1979, 108).

성부와 성자와 마찬가지로 성령은 우리에게 언제나 하나의 신비로 남아 있다. 그러므로 우리는 성령의 "객관적인 실재를 직접적으로 파악할 수 없다." 달리 말해 성령에 대한 "객관적인 진리를 절대 소유할 수 없다"(오승성 2012a, 280). 그는 우리 안에 계시지만 우리가 언제나 기다려야 할 신적 인격으로 존속한다. 성령이 우리 앞에, 우리가 성령 앞에 있다. 그러므로 우리는 언제나 성령의 새로운 오심을 간구한다. "성령이여 오시옵소서!"

또한 성령은 신적 인격이요 우리에게 신비로 존속하기 때문에, 세상의 영이나 세계사적 원리와 동일시될 수 없다. 성령은 세계사를 이끌어가는 새 창조의 힘으로 작용하지만, 우리가 경배하고 복종해야 할 삼위일체 하나님의 신적 인격으로, 우리가 헤아릴 수 없는 신비로 존속한다.

C. 성령의 인격의 독특한 면모

"하나의 실체 - 세 가지 인격들"(una substantia - tres personae)이란 테르툴리아누스의 공식은 성부와 성자와 성령의 신적 인격의 동일성을 보여줄지라도 성령의 고유한 독특성은 드러내지 못한다. 많은 신학자들이 성부와 성자와 성령의 동일한 본성 혹은 동질성에 대해서는 많은 얘기를 하지만, 성령의 인격적 독특성 내지 독특한 면모에 대해서는 거의 말하지 않는다. 그러나 성령이 성부와 성자에게서 구별되는 신적 인격이라면, 성령은 그 자신의 독특한 면모를 가질 수밖에 없다.

아우구스티누스는 성령의 인격적 독특성이 "은사"(donum)로서 우리 인간에게 주어진다는 점에 있다고 말한다. "내가 아버지께로부터 너희에게 보낸 보혜사 곧 아버지께로부터 오시는 진리의 영이 오시면…", "내기 가면, 보혜사를 너희에게 보내주겠다"(요 15:26; 16:8; Pannenberg 1993, 20). 그러나 성령은 "은사" 외에 다양하게 독특한 면모들을 가진다. 성부는 아버지의 면모를, 성자는 아들의 면모를 갖는데 비해, 성령은 이와 비교될 수 없는 매우 독특하고 다양한 면모들을 가진다.

1) 힘과 운동의 은유: 구약성서의 루아흐는 강한 바람, 숨을 가리킨다. 강한 바람이나 숨은 시간과 공간, 생명과 죽음의 한계를 넘어서는 성령의 힘 내지 운동을 가리킨다. 강한 힘으로서 피조물에게 활동하는 점에 성령의 독특한 면모가 있다. 힘과 운동의 범주에 속한 은유들을 살펴본다면,

a. 무한한 사랑의 힘: 영(靈)은 하나의 힘이다. 하나님의 거룩한 영, 곧 성령은 시간과 공간의 제약을 초월하는 사랑의 힘, 소통의 힘으로 작용한다. 좀 더 구체적으로 살펴본다면,

① 성령은 하나님과 피조물을 결합시키며, 피조물 안에 하나님의 내주(內住)를, 하나님 안에 피조물의 내주를 가능하게 하는 사랑의 힘이다. 성령은 하나님이 "성도들의 생활과 마음 속에 내주하시면서 역사하시며… 우리들과 동거"하게 하는 힘이다(이범배 2001, 521). 성령의 사랑의 힘을 통

해 하나님이 피조물 안에 거하며, 하나님과 피조물의 교통이 가능하다. 서남동에 의하면 초월적 성부로서의 신은 "만물 위에 계시는 신"이다. 이에 비해 성령은 "만물 안에 계시는 신"이다(허호익 1992, 194). 만물 안에 계시는 하나님의 현존은 성령의 사랑의 힘을 통해 가능해진다. 사랑의 힘을 통해 하나님은 우리 안에 "현존하는 하나님"이 된다. 성령은 "현존하는 하나님" 내지 "하나님의 현존"이다(Tillich, 유장환 2002, 136).

② 성령은 피조물에게 사랑의 힘을 불어넣어줌으로써 그들을 생동하게 하고 생명의 힘을 강화시켜주는 힘과 운동이다. "생기", 곧 생명의 힘을 통해 마른 뼈들로 가득한 골짜기가 새로운 생명의 세계로 창조된다(겔 37장). 구약의 루아흐, 곧 성령은 인간의 영혼은 물론 인간의 육체에도 생명의 힘을 준다.

③ 성령의 무한한 사랑의 힘은 피조물의 유기체적 관계의 그물망 속에서 친교와 공동의 삶을 가능하게 한다. 성령이 주시는 사랑의 영 안에서 유기체의 모든 지체들은 삶의 기쁨과 고통을 함께 나눈다. 성령은 이들과 함께 삶을 경험하며, 하나님의 나라를 향해 함께 신음한다. 그는 연민의 영(*spiritus sympatheticus*)이다.

④ 성령은 우리의 마음을 변화시키며, 하나님의 사랑을 행하게 하는 사랑의 힘 내지 운동이다. 우리는 성령이 주시는 사랑의 힘을 통해 "하나님의 자녀"로서 새로운 생명을 얻게 되며, 하나님의 거룩한 백성으로 성화된다. 성령의 사랑의 힘은 새 창조의 힘 내지 운동이다. "그런즉 누구든지 그리스도 안에 있으면 새로운 피조물이라. 이전 것은 지나갔으니 보라, 새 것이 되었도다"(고후 5:17).

b. 강한 바람: 사도행전은 성령을 "급하고 강한 바람"에 비유한다. "그때에 갑자기 하늘에서 강한 바람이 부는 듯한 소리가 나더니…"(행 2:2-3). "바람"은 구약의 루아흐를 가리킨다. 하나님은 "바람으로 자기 사자로 삼으신다"(시 104:4). 엘리야가 이세벨을 피하여 광야의 굴속에서 죽기를 기다릴 때 "크고 강한 바람이 산을 가르고 바위를 부순다"(왕상 19:11).

① 강한 바람으로서의 성령은 시간과 공간의 한계를 넘어 현재화시키는 힘이다. 먼저 성령은 과거부터 계신 초월적 하나님을 오늘 우리 안에 계신 하나님으로 현재화시키며, 과거에 일어난 예수 그리스도의 구원의 사건을 오늘 나의 구원으로 현재화시키는 힘이다. 영원 전부터 계신 예수의 아버지 하나님은 성령의 힘으로 오늘 나의 아버지 하나님이 되시며, 2천 년 전에 오신 예수가 오늘 나의 주님이 되신다. 과거에 기록된 성서의 말씀이 오늘 나에 대한 말씀이 된다.

② 이와 동시에 성령은 하나님의 약속된 미래를 현재화시키는 힘이다. 성령은 예수의 부활을 통해 약속된 하나님 나라의 미래를 현재화시킨다. 성령의 강한 힘(바람)을 통해 하나님 나라의 미래는 현재적 미래로 경험된다. 장차 오실 주님이 성령을 통해 오늘 우리에게 앞당겨 오신다. 시간과 공간의 한계를 넘어 과거와 미래를 현재화시키는 점에 성령의 인격적 독특성이 있다.

③ "현존하는 하나님"으로서의 성령은 "하나님 나라의 현재"이다. 성령이 계신 곳에 하나님의 나라가 현존한다. 성령은 다양한 언어를 사용하는 다양한 민족들이 더불어 사는 새로운 삶의 공동체, 곧 하나님의 나라를 세우는 하나님 나라의 힘이요, 하나님의 계속적 창조(creatio continua)의 힘이다(행 2장).

④ 강한 바람으로서의 성령은 인간과 세계의 모든 불의와 거짓, 억압과 착취, 제국주의, 식민주의, 인종차별주의를 부정하는 부정의 힘이다. 곧 "부정적인 것의 부정"을 통해 하나님 나라의 새로운 생명의 세계를 향해 역사의 발전을 가능하게 하는 변증법적 힘이다. 성령은 출애굽의 해방과 새 창조의 힘이다. 그는 새로운 역사의 동력이다. "그때에 저는 자는 사슴 같이 뛸 것이며, 벙어리의 혀는 노래하리니, 이는 광야에서 물이 솟겠고 사막에서 시내가 흐를 것임이라"(사 35:6).

c. 불 혹은 불길: 불의 은유는 고대의 많은 종교들 속에서 사용된다. 한국 개신교회 찬송가도 성령을 불에 비유한다. "불길 같은 성신여…불로 불

로 충만하게 하소서"(통일찬송가 173장). "성령의 뜨거운 불길로써 오늘도 충만케 하소서"(178장). 불은 성령의 인격성의 다양한 면모를 드러낸다. 하나님이 모세를 부르실 때 떨기나무에 붙는 불은 성령을 통한 하나님의 현존을 나타낸다. 불은 성령을 통해 일어나는 하나님의 인도하심을 나타내기도 한다. 하나님은 "불"로 이스라엘 백성을 인도한다(출 14:24; 신 1:33). 불은 또한 부정하고 불의한 것을 태워버리는 "소멸하는 불"이다(신 4:24; 히 12:29). "맹렬한 불"은 아낙 자손을 멸하고 이스라엘 백성을 도우시는 하나님의 도움의 손길로서 작용한다(신 9:3). 하나님은 "화염(불)으로 자기 사역자로 삼으신다"(시 104:4).

예수는 "성령과 불로" 세례를 베푸신다(마 3:11; 눅 3:16; 참조 말 3:2-3). 그는 "세상에다가 불을 지르러 왔다"(눅 12:49). 곧 예수는 하나님 나라의 불을 가져왔다. "불길이 솟아오를 때"(행 2:3), 각국에서 모여든 사람들이 "모두 성령으로 충만하게" 된다. 그들은 "새 술에 취하여"(2:13) 국경과 민족과 언어의 장벽을 넘어 하나님 나라의 새로운 생명공동체를 세운다. 그들은 "모두 함께 지내며, 모든 것을 공동으로 소유한다"(행 2:44).

성령의 불은 하나님의 사랑과 정의와 진리의 불이요, 연약한 생명들을 살리고자 하는 생명의 불이다. 그것은 우리의 죄를 태워버리고 우리를 하나님의 자녀로 새롭게 창조하는 불이요, 인간의 모든 탐욕과 거짓과 불의를 심판하고 불사르는 불이요, 악하고 불의한 세계를 하나님의 정의로운 세계로 변혁하는 새 창조의 불이다. 시내광야에서 이스라엘 백성을 인도한 하나님의 "불기둥"은 해방과 자유의 역사를 이끌어나가는 성령의 힘 내지 운동을 나타낸다.

권진관에 의하면 "사랑의 불꽃"은 "역사적·사회적 열정"으로 표출된다. "이것은 역사에서 정의를 이루기 위한 열정이다. 이 열정은 살신성인(殺身成仁)의 열정이다. 이 열정은 자기중심의 작은 테두리를 부수고 타자와 연대하게 하여 삶의 넓이를 확장해 준다. 우리 안에 하나님의 사랑의 불이 일어나면, 그것은 우리로 하여금 움직이게(운동하게) 한다"(권진관 2002, 268).

2) 구성적 은유들: 성령은 새롭게 변화시키는 새 창조의 힘으로 작용하는 동시에 새로운 삶의 영역을 구성하는 힘으로 작용한다.

a. 공간 혹은 장소: 성령은 모든 피조물의 삶을 가능케 하고 그들을 품어주는 공간이나 장소와 같다. 주후 4세기 카파도키아 교부였던 바실리우스(Basilius)에 의하면, 시편 71:3에서 하나님은 "능력의 장소"로 언급된다(김옥주 2013, 100). 여기서 공간은 물리적 공간을 뜻하는 것이 아니라 성령 안에서 모든 피조물이 살아 움직이며, 자신의 가능성을 실현할 수 있고, 이웃과 더불어 사는 자유로운 삶의 공간을 가리키는 은유이다.

성서에서 하나님은 생물들을 창조하기 전, 먼저 그들이 살 수 있는 공간들, 곧 하늘과 땅, 공기, 마른 땅과 물을 마련한다. 출애굽의 하나님은 새로운 삶의 공간, 곧 "젖과 꿀이 흐르는 땅"을 약속한다. 하나님의 영은 해방하는 사로, 또 고난이 없는 자유로운 공간으로 경험된다. "주께서 나를 앞과 뒤에서 두르시나이다"(시 139:5). 모든 피조물이 하나님의 영 안에서 "살고, 움직이고, 존재한다"(행 17:27).

현대사회는 피조물들의 삶의 공간을 파괴한다. 삶의 공간의 파괴는 피조물들의 생명의 파괴와 멸종으로 이어진다. 그 피해는 결국 인간 자신에게 돌아온다. 이웃의 삶의 공간을 파괴하는 자는 결국 자신의 삶의 공간도 파괴한다. "피조세계의 파괴는 자신의 파괴와도 같다"(정미현 2007, 97). 성령은 피조물들이 그 안에서 숨쉬고 살아가는, 그리하여 우리 인간이 절대 파괴해서는 안 될 삶의 공간과 같다.

b. 형태: 성령이 주시는 생명의 힘을 통해 피조물들의 삶과 존속을 가능하게 하는 형태들이 생성된다. 성령은 인간의 몸의 형태에 영향을 주기도 한다. 따라서 인간의 "몸은 영의 형태를 지니고 있다"(김영한 2003, 239). 그러나 인간의 몸이 곧 "성령의 형태"라 말할 수는 없다. 인간의 몸의 형태는 유전자, 문화사, 자연환경, 사회적 상황, 개인의 삶의 역사 등 매우 복합적인 요인들의 영향을 받기 때문이다.

성령은 인간의 얼굴 표정, 성격, 태도, 삶의 방식 등을 형성하는 요인으로 작용한다. 어둡고 험악하고 불친절하고 좌절에 빠진 듯한 얼굴 표정이 성령의 작용으로 인해 밝고 선하며 사랑과 희망이 있는 표정으로 변화된다. 하나님 없는 자기중심적 삶의 형태, 희망과 기쁨이 없는 삶의 형태가 하나님 자녀의 새로운 삶의 형태로 변화된다. 그리스도인들은 그리스도의 뒤를 따름으로써 "맏아들"(롬 8:29)이신 그리스도의 형태를 닮게 된다. 그들의 삶은 "그리스도의 편지"가 된다(고후 3:3).

그러나 피조물 세계의 모든 형태와 형식들은 그 속에 부정적 요소를 지니고 있다. 성령은 특정한 형태와 형식들을 형성하는 힘으로 작용하는 동시에 그 속에 숨어 있는 부정적인 것을 부정함으로써 새로운 형태와 형식을 창조하는 역동적 힘으로 작용한다.

3) 신비적 은유들: 신비주의는 제도교회의 형식성과 교리주의를 극복하고 하나님과의 신비적 연합을 추구한다. 하나님과의 신비적 연합은 성령을 통해 가능하기 때문에, 신비주의는 성령에 대한 다양한 은유들을 사용한다.

a. 빛 혹은 광채: 고대로부터 신의 존재는 빛에 비유된다. 성서도 하나님의 존재를 빛에 비유한다. "하나님은 나의 빛이시다"(시 27:1; 미 7:8; 요일 1:5). 그는 "빛들의 아버지"요, 우리의 "영원한 빛이 되신다(약 1:17; 사 60:20). 그가 입은 옷은 빛이다(시 104:2). 그는 인간이 "가까이 가지 못할 빛에 거하신다"(딤전 6:16). 피조물은 하나님의 영광의 빛을 견디지 못한다. 그러나 모든 피조물은 하나님의 빛의 광채요, 그들의 구원은 하나님의 "얼굴의 빛"이 그들에게 비치는 데 있다(시 4:7). 하나님은 그의 얼굴의 광채를 비춤으로써 인간을 구원한다(시 80:7).

하나님의 빛은 "그리스도의 얼굴"에 비친다(고후 4:6; 요 1:9; 8:12). 그리스도는 "세상의 빛"이다(요 9:5; 11:9). 성령 안에 거하는 그리스도인들은 "생명의 빛"(요 8:12; 시 56:13) 안에 거하는 "빛의 자녀들"이다(엡 5:8). 그들은 성령의 열매, 곧 "빛의 열매"를 맺는다(엡 5:9). "형제를 사랑하는 자는 빛 가운데 거한다"(요일 2:10). "법"과 "공의"가 있는 곳에 빛이 있다(잠 6:23; 사 51:4). 여기서 빛은 성령을 가리킨다.

빛은 어둠을 밝힌다. 따라서 성령은 세상의 어두움을 물리치고 하나님의 빛이 밝혀주는 세상을 이루고자 한다. 빛이 있는 곳에 밝음이 있다. 밝음이 있을 때 우리가 사물을 명료하게 볼 수 있고 인식할 수 있는 것처럼, 성령은 "지혜와 총명의 영"이요, "지식의 영"으로서 역할을 한다(사 11:2). "생명의 원천"이신 하나님은 빛의 원천이다. "하나님의 빛 속에서 우리는 빛을 본다"(시 36:9). 빛의 원천이신 하나님은 사물을 인식할 수 있는 빛을 우리에게 주신다(잠 29:13). 그는 "지혜와 지식의 원천"이다. "그의 지식이 광대하다"(욥 11:6). 그는 "지식의 하나님"이다(삼상 2:3). 그는 "지혜와 지식과 명철"을 주신다(잠 2:6). 슬기로운 사람은 "지식으로 행하고", "미련한 자는 지식이 없어 죽는다"(잠 13:16; 10:21).

따라서 하나님의 영을 받은 사람은 우매함 기운데 머물지 않고 지혜와 지식과 명철함을 얻는다. 그는 사물을 합리적으로, 곧 합당하게 분별하고 인식한다. 합리성은 성령에 모순되지 않는다. 오히려 그것은 성령의 인격의 독특한 면모에 속한다. 성령은 우매한 영이 아니라 지식과 총명의 영이기 때문이다. 따라서 참 성령을 받은 사람은 지혜롭고 총명하며 합리적으로 판단할 수 있는 사람으로 변화된다. 그는 사물을 명철하게 분별하고 인식하며 합리성 있는 세계를 이루고자 한다.

하나님은 로고스, 곧 질서와 합리성에 따라 세계를 지으셨다(요 1:3). 따라서 합리성은 하나님이 지으신 세계의 질서이다. 하나님의 나라는 억지와 무질서가 통하는 나라가 아니라 질서와 합리성이 있는 나라이다. 종교도 합리적이어야 한다. 그렇지 않을 때 종교는 "민중의 독소"가 될 수 있다. 성령의 빛은 질서와 합리성이 있는 세계, 곧 빛의 세계를 이루고자 한다. 사랑은 질서와 합리성을 원한다.

b. 물 혹은 샘물: 구약성서에서 하나님은 "생수의 근원", "생명의 원천"에 비유된다(렘 2:13; 17:13; 시 36:9). 그는 물이 없어 죽게 된 사람들에게 물을 공급한다(창 21:14; 출 17:1-7). 그는 "그의 백성에게 물을 마시게 하려고

광야에 물을 대고, 사막에 강을" 낼 것이다(사 43:20). 하나님의 영이 그 안에 거하는 사람은 "마치 물 댄 동산처럼 되고, 물이 끊어지지 않는 샘처럼 될 것이다"(사 58:11). 하나님은 그의 백성을 "샘이 솟는 곳으로" 인도하여 "그들이 배고프거나 목마르지 않게" 할 것이다(사 49:10).

물은 생명의 기본조건이요, 모든 피조물의 생명을 위해 하나님이 거저 주시는 하나님의 은혜다. 그러므로 물은 결코 특정인에게 독점될 수 없다. "너희 모든 목마른 사람들아, 어서 물로 나오너라. 너희는 와서 사서 먹되, 돈도 내지 말고 값도 지불하지 말고 포도주와 젖을 사거라"(사 55:1), "목마른 사람에게는 내가 생명수 샘물을 거저 마시게 하겠다"(계 21:6).

하나님의 아들 예수는 영원한 생명을 주는 물의 원천이다. "내가 주는 물은 그 사람 속에서 영원한 생명에 이르게 하는 샘물이 될 것이다"(요 4:14). 이 샘물은 세상을 살리는 물로서 세상 속으로 흘러들어간다. "'나를 믿는 사람은…그의 배에서 생수가 강물처럼 흘러나올 것이다.' 이것은 예수를 믿은 사람이 받게 될 성령을 가리켜서 하신 말씀이다"(요 7:38-39). 물이 상징하는 성령의 몇 가지 면모를 다음과 같이 요약할 수 있다.

① 피조물의 생명은 물을 충분히 공급받을 때에만 유지될 수 있다. 성령은 물과 같이 죽어가는 생명들을 살린다. 그는 피조물의 생명을 유지하고 생동하게 하는 생명의 원천이다. 성령은 죄와 죽음의 세계 속에 참 생명을 가능하게 하는 "생명의 원천"이요 "구원의 우물"이다(사 12:3).

② 그리스도인들은 "물과 성령"으로 다시 태어나야 하나님의 나라에 들어갈 수 있다(요 3:5). 세례식에서 사용되는 물처럼 성령이 우리에게 부어질 때, 우리는 몸과 마음이 정결한 하나님의 자녀로 다시 태어나 하나님의 은혜에 대한 감사와 기쁨과 평화 속에서 영원한 생명에 참여한다. "강물 같이 흐르는 기쁨 성령 강림함이라. 정결한 맘 영원하도록 주의 거처 되겠네. 주님 주시는 참된 평화가 내 맘 속에 넘치네. 주의 말씀에 거센 풍랑도 잠잠하게 되도다"(통일찬송가 169장).

③ 물은 인간의 범죄를 벌하는 성령의 면모를 나타내기도 한다. 인간

의 죄악이 세상에 가득할 때, 하나님은 물로 이 세상과 인간을 벌하신다(창 7장; 벧후 3:6). 성령은 "범람하는 강물 곧 목에까지 차는 물"처럼 범죄한 민족들을 벌하신다(사 30:28; 참조. 계 8:11). "물이 우리를 덮어, 홍수가 우리를 휩쓸어 갔을 것이며"(시 124:4). 또한 "큰 물소리"와 같은 성령의 "음성"은 박해와 시련과 유혹에 빠진 교회들에게 하나님의 올바른 가르침을 전달한다(계 1:15).

④ 물은 인간과 세계를 새롭게 창조하고 하나님 나라의 영원한 생명을 주시는 성령의 새 창조의 면모를 나타낸다. "광야에서 물이 솟겠고, 사막에 시냇물이 흐를 것이다"(사 35:6). "내가 주는 물은 그 사람 속에서 영원한 생명에 이르게 하는 샘물이 될 것이다"(요 4:14).

c. 풍요로움: 햇빛이 비치고 물이 충분히 공급될 때 땅은 비옥하게 되어 우리의 생명에 필요한 물질을 생산한다. "주님께서 땅을 돌보시어 땅에 물을 대주시고 큰 풍년이 들게 해주신다.…주님께서 밭이랑에 물을 넉넉히 대시고…"(시 64:9-10), "주님은…땅에 내릴 비를 준비하시어 산에 풀이 돋아나게 하시며, 들짐승과 우는 까마귀 새끼에게 먹이를 주신다"(147:8).

자연의 풍요로움을 주시는 성령의 창조적 활동은 성령의 신적 인격성의 중요한 면모에 속한다. 성령은 피조물들의 생명을 위해 땅을 비옥하게 하고 자연의 풍요로움을 주는 생명의 원천이다. 성령은 자연의 풍요로움을 주는 물과 같다. "반가운 빗소리 들려 산천이 춤을 추네"(통일찬송가 172장).

하나님의 영이 땅 위에 계실 때 정의가 땅을 다스리게 된다. 땅은 비옥해지고 풍요로운 생산력을 갖게 된다. 사람들의 정신과 육체는 물론 짐승들도 건강하게 되고 많은 새끼를 낳는다. 산과 들은 푸르게 된다. 이와 반대로 하나님의 영이 사라지고 탐욕스러운 인간의 영이 이 땅을 다스릴 때, 땅은 황폐해지고 생명력을 상실한다. 온 자연이 오염되고 파괴된다. 방사능에 노출된 사람들이 기형아를 낳고 죄없는 피조물들이 떼죽음을 당한다.

성령은 사랑의 영이요 생명의 영이다. 그러므로 성령은 모든 생명들이 행복하게 살 수 있는 풍요로운 세계를 창조하고자 한다. "보아라, 내가 새 하늘과 새 땅을 창조할 것이니…거기에는 몇 날 살지 못하고 죽는 아이가 없을 것이며, 수명을 다 채우지 못하는 노인도 없을 것이다"(사 65:17-20). 역사의 마지막에 올 하나님의 나라는 생명의 물, 곧 하나님의 영이 충만하여 목마름과 굶주림이 없는 풍요로운 곳으로 비유된다(계 22:1-2). 그 곳에는 "이리와 어린 양이 함께 풀을 먹으며, 사자가 소처럼 여물을 먹으며, 뱀이 흙을 먹이로 삼을 것이다. 나의 거룩한 산에서는 서로 해치거나 상하게 하는 일이 전혀 없을 것이다"(사 65:25).

4) 인격적 은유들: 성서는 많은 인격적 은유들을 통해 성령의 면모를 묘사한다.

a. 주님: 니케아-콘스탄티노플 신조는 성령을 "주와 살리는 자" (*dominum et vivificantem*)라고 고백한다. 출애굽 전승에서 "주"는 인간을 노예화시키고 지배하는 세속의 주가 아니라 인간에게 해방과 자유와 새로운 삶을 열어주는 자로 계시된다. 성령은 인간에게 자유를 주시는 영이시다. "주는 영이시다", "주의 영이 계신 곳에는 자유가 있다"(요 4:24; 고후 3:17). 부활하신 그리스도는 이 세상을 "살리는 영이 되었다"(고전 15:45). 성령은 죄와 불의에서 자유하게 함으로써 생명을 살리는 주님의 면모를 가진다.

b. 심판자, 새 창조자, 위로자, 조력자: 성령은 "심판의 영"이다(사 4:4). 하나님은 "거짓말 하는 영"을 아합의 예언자들에게 보내어 거짓 예언을 하게 함으로써 아합에게 죽음의 벌을 내린다(왕상 22:21 이하). 악인을 심판함은 정의가 있는 세계를 창조하기 위함이다. 성령의 새 창조는 자연의 세계를 포괄한다. "광야와 메마른 땅이 기뻐하며, 사막이 백합화 같이 피어 즐거워 하며…"(사 35:1-2).

하나님은 "위로를 주시는 하나님", 혹은 "모든 환난 가운데에서 우리를 위로하여 주시는 분"이다(롬 15:5; 고후 1:3-4). 그는 "나를 돕고 위로하시는 분"(시 86:17)이요, "영원한 위로와 선한 희망을 주시는 하나님"이다(살후 2:16). 이에 상응하여 성령은 위로하고 새로운 희망을 주시는 자의 면모를 지닌다. 성령을 통해 하나님은 바빌론의 포로가 된 이스라엘 백성을 위로하며, 고난 속에 있는 그리스도인들을 위로하고 새로운 희망과 용기를 준다(사 49:13; 51:12; 고후 1:6).

또 성령은 도우시는 자의 면모를 가진다. 큰 바람, 곧 루아흐의 도움으로 이스라엘 백성은 홍해의 위기를 벗어난다. 성령의 도우심으로 사사들은 이스라엘 백성을 구하며, 제자들은 "성령의 충만함을 받고 성령이 말하게 하심을 따라 다른 방언으로" 하나님 나라의 복음을 증언한다(행 2:3). 박해와 순교의 현장에서 제자들은 "지혜와 성령으로" 담대히 증언한다(6:10). 그는 "우리의 연약함을 도우신다"(롬 8:26).

c. 어머니: 하나님은 남성 "아버지"로 불리기 때문에 성령도 남성으로 생각된다. "강하고 능한 하나님, 전쟁에 능한 하나님"이란 호칭도 성령의 남성성을 시사한다(시 24:8). 그러나 구약의 루아흐는 여성형이다. 따라서 "성령은 어머니라는 상징으로 가장 잘 나타낼 수 있다"(권진관 2002, 272).

성서의 하나님은 "남성적 이미지와 여성적 이미지를 동시에 가지고 있다. 해산의 고통을 감당하고(사 42:14; 신 32:18), 자녀를 보살피는 어머니의 모습(사 63:13; 렘 31:20)으로 그려진 하나님은 아버지로서의 하나님만큼이나 중요하게" 다루어진다(이정숙 2005, 350). 그는 떠나간 아들을 기다리고 용서하고 품어주고 위로하는 여성적 존재로 묘사된다. 그의 자녀를 "위로하시는 하나님"(고후 1:3; 7:6)에 상응하여, 성령도 "어머니가 자식을 위로함 같이"(사 51:12) 그의 자녀를 위로한다(참조, 사 66:13; 행 9:31; 롬 8:26). 그는 어머니처럼 고난 속에 있는 피조물과 함께 신음하며 간구한다(롬 8:26). 여성형 *Ruach*로서의 성령은 "언제나 생명과의 관계 속에 계시며, 어머니처럼 생명을 태어나게 하는 하나님이다"(Raurell 1989, 58).

일반적으로 여성은 신체적으로 남성보다 약하다. 그러나 여성은 남성이 갖지 못한 능력과 자질을 가진다. "남성은 추상적이고 이상적인 영, 이성과 정신의 세계에 속하고, 여성은 구체적이고 현실적인 물질, 감정, 감각의 세계에 속한다"(김진희 2002, 143). 또 여성의 생명력은 남성의 그것보다 훨씬 더 강하다. "한 자석 키워내는 홀애비는 읊어도, 과부야 열 자석 키워낸다"(조정래 1996, 140)는 한국의 속담은 생명에 대한 여성의 강인한 생명의 힘을 나타낸다. 이 생명의 힘은 성령께서 주시는 사랑의 영에서 온다.

그러므로 구약성서는 "하나님의 무조건적인 사랑과 그 자녀들을 향한 무한한 긍휼과 연민을 그리기 위한 메타포들로서" "여성 이미지, 특히 어머니 이미지들"을 사용한다. 하나님의 연민을 뜻하는 히브리어 "라하밈"(רחמים)은 여성의 자궁을 가리키는 "레헴"(רחם)에서 유래한다. "하나님의 자궁 이미지"를 통해 성서는 "가장 안전하고 은밀하며 신뢰할 수 있는 곳에서 그 자녀를 보호하고 계시는 하나님을" 나타낸다(김명실 2010, 380-383).

히브리어 "하와"(חוה)와 "하야"(חיה)는 "여성과 생명"의 깊은 연관성을 시사한다. "생명을 가진 모든 것의 어머니" "하와"는 "생명"을 뜻하는 히브리어 "하야"에서 자음전이된 것으로(חיה에서 חוה로), "온 인류의 생명을 중단없이 보존(保存)해 가는(!!) 여인의 모성성…에 관한 고차원의 신학적 증언"이라 볼 수 있다(김이곤 2005, 21).

성령의 여성적 면모는 여성신학의 중요한 근거가 된다. 이은선에 의하면 "한국 여성신학의 영성"은 ① 남성적 聖과 가치 없는 俗의 영역을 아우르는 "통합의 영성", ② 초월을 만날 수 있는 유일하고 구체적 장소인 타자를 인정하고 그와 만남을 통해 자신의 한계와 감옥을 넘어서는 "타자성(개방성)의 영성", ③ 타자와의 관계를 지속적으로 유지하는 "지속성의 영성"에 있다(이은선 2002, 283). 이와 같은 여성신학의 영성은 성령의 여성적 면모에 근거한다.

6

세계 속에 있는
성령의 보편적 사역

앞서 기술한 "하나님의 영에 대한 성서의 이해"와 "성령의 인격의 독특한 면모"에서 우리는 성령의 사역, 곧 하시는 일들(*opera*)이 매우 다양하다는 사실을 볼 수 있었다. 성령의 사역에 대한 신학자들의 이해도 매우 다양하다. 각자의 관심과 소속 교단의 입장에 따라 강조점이 달라지기도 한다. 여기서 우리는 성령의 사역을 그리스도인을 포함한 모든 피조물 가운데서 일어나는 보편적 사역과, 그리스도인들과 교회 안에서 명시적으로 일어나는 특별사역으로 구별하여 기술하고자 한다. 이를 통해 성령 사역의 인간중심주의와 교회중심주의를 극복하고 더 넓은 세계사적·창조론적 지평 속에서 성령의 사역을 파악하고자 한다.

A. 성령의 보편적 사역의 성서적·신학적 근거

근본주의 계열의 신학은 일반적으로 성령의 사역을 그리스도인의 구원과 성화에 제한시키는 경향을 가진다(예를 들어 이범배 2001, 555 이하). "개혁교회

3대 요리문답"인 「하이델베르크 요리문답」(1563년), 「웨스트민스터 소요리문답」(1647년), 「제네바교회 요리문답」(1541년)도 그리스도인의 구원과 성화를 성령의 사역으로 다룬다(황재범 2013, 50, 114, 203). 이들은 피조물 세계 전체에 대한 성령의 보편적 사역에 대해 침묵한다.

물론 그리스도인의 구원과 성화는 성령의 중요한 사역이다. 그러나 성령은 "인류의 역사를 주관하시는 영이시며, 뿐만 아니라 창조세계, 곧 온 우주의 영이시기도 하다." 그러므로 "믿지 않는 세속세계의 역사 속에서도 성령은 은밀히 역사하셔서 하나님의 목표를 이루어 가신다.…또 성령은 자연의 역사에도 간여하신다"(최태영 2013, 293, 295). 따라서 우리는 그리스도인의 구원과 성화를 넘어서는 성령의 보편적 사역을 말하지 않을 수 없다.

초대 기독교의 신학자들도 일찍부터 성령의 보편적 사역을 이야기하였다. 이들은 거의 모두 로마제국의 동방지역 출신이었기 때문에 동방지역의 우주론에 익숙하였다. 그러므로 이들은 일찍부터 우주적·보편적 차원에서 성령의 사역을 이야기하였다.

그 대표적 이론은 소아시아 출신으로 리용(Lyon)의 주교였던 이레나이우스(Irenaeus)의 만유의 "회복"(recapitulatio, 그리스어로 anakephalaiosis)에 관한 이론이다. 하나님의 구원은 성령을 통해 만물이 태초에 있었던 본래의 상태로 회복되는 것을 뜻한다. 곧 하나님과 인간, 인간과 인간, 인간과 자연, 몸과 영의 조화와 일치의 회복을 말한다(Jaschke 1976, 249). 우주는 하나님의 영에 의해 유지된다. 그러므로 우주는 하나님에 대한 비유가 되며, 인간에게 하나님의 뜻을 계시한다. "우주의 외적 형태에서는 물론 그 내부에 이르기까지…하나님의 영의 다스림이 나타난다. 하나님의 영은 만유를 포괄하며, 그 안에서 활동하며, 그것을 자기의 현존의 표징으로 만든다"(264; 또한 장도곤 2002, 289).

동방정교회는 우주론적 사고에 근거하여 성령의 사역을 인간과 교회는 물론 온 세계의 "신성화"에 있는 것으로 생각한다. 성령의 우주적 사역과 온 세계의 신성화에 대한 정교회의 통찰은 "자연의 경건"에 기여하였다. 러시아 정교회에 속한 도스토예프스키는 자연의 경건을 다음과 같이 나타낸다. "모든 창조와 창조물은 나뭇잎 하나하나까지도 하느님의 말씀을 지향하여 나아가는 것이고, 하느님의 영광을 노래하며 그리스도를 위해 기쁨의 눈물을 흘리고 있는 거야. 그러나 그 자신은 그것을 전혀 의식하지 못하고 있지"(Dostoevskii 2001, 424).

동방교회의 우주론적 사고에 반해 서방교회 신학은 성령의 사역을 그리스도론적으로, 또 인간학적으로 위축시키는 방향으로 발전하였다. 이리하여 성령의 사역은 인간의 구원과 성화를 통한 구원의 완성으로 축소되었다. 아우구스티누스는 성령을 인간에게 주어지는 은사(donum)로 이해하였다. 중세기의 많은 신학자들은 성령론과 은혜론을 밀접하게 결합시켰고, 성령을 그리스도인들의 마음속에 부어지는 사랑의 은사와 동일시하였다.

이와 같은 인간중심의 전통에 반해 루터는 "하나님이 인간에게 주시는 이중의 영, 곧 살리는 영과 성화하는 영"(duplex spiritus animans et sanctificans)을 구별한다. "성화하는 영"으로서의 성령은 그리스도인들 안에 있고, "살리는 영"으로서의 성령은 모든 피조물 안에서 그들의 생명을 유지하며 살리는 자로 활동한다.

칼뱅에 의하면 "세례는 성자의 사역인 동시에 성령의 사역이기도 하다." 그리스도인들의 다시 태어남(중생)과 성화의 영인 동시에 "보편적으로 활동하는 힘"이신 "성령은 모든 곳에 현존하며, 하늘과 땅에 있는 모든 사물을 유지하고 양육하며 생동하게 한다"(Inst. I.13.14). 따라서 성령의 사역은 온 세계 안에서 일어난다. "세상은 하나님이…성령으로써 역사하는 곳이다"(이오갑 2009, 62). 성령은 "온 우주만물에 당신의 생명을 나눠주시며, 하나님의 창조의 목적과 의미를 드러내시며, 나아가 온 세상에 하나님의 생명으로 가득한 종말론적 하나님 나라의 완성을 지향한다"(김광묵 2013, 70).

근대 정통주의 신학은 성령의 사역을 그리스도인의 구원과 성화에 제한하려는 모습을 보인다. 이른바 "구원의 순서"(ordo salutis), 곧 부르심, 다시 태어남, 회개, 칭의, 입양, 성화 혹은 갱신, 인내, 영화(vocatio, regeneratio, conversio, iustificatio, adoptio, sanctificatio sive renovatio, perseveratio, glorificatio)가 성령의 주요 사역으로 간주된다(이범배 2001, 555 이하, 오주철 2013, 287).

정통주의 신학에 반기를 든 근대 경건주의는 성령의 사역을 신자의 영적 다시 태어남과 구원의 체험, 성화와 경건성으로 축소시킨다. 우리는 이를 가리켜 인간중심적·영혼주의적·개인주의적 성령론, 혹은 "영화(靈化)되거나 사사화(私事化)된 성령론"이라 말할 수 있다(백소영 2012, 77).

성령의 사역의 인간중심적 축소는 근대 기계론적 세계관과 연관되어 있다. 기계론적 세계관에 의하면, 세계는 그 속의 모든 것이 원인과 결과의 기계적 법칙에 따라 일어나는 하나의 기계와 같다. 그것은 당시 가장 정교한 기계로 알려진 시계와 유사하다. 시계는 성령의 작용을 필요로 하지 않는다. 원인과 결과의 법칙에 따라 움직이는 수많은 톱니바퀴들의 운동을 통해 시계는 자기의 목적을 수행한다. 이와 같은 기계론적 세계관의 개선행진 앞에서 성령의 사역은 인간의 영혼 구원과 믿음과 성화로 축소된다.

성서에서 우리는 "자연과 우주의 성령"에 관한 많은 고백들을 발견한다(신준호 2005, 240). 성령은 그리스도인들의 구원과 성화의 영으로 활동하기 이전부터 창조와 생명의 영으로 활동한다. P 문서의 창조 이야기에 따르면 수면 위에 운행하는 하나님의 루아흐를 통해 세계가 창조된다(창 1:2). 모든 피조물이 하나님의 영에 따른 질서와 형태를 가진다. 하나님의 영은 인간과 자연 피조물들의 생명을 유지하고 살리는 생명의 힘으로 활동한다(2:7; 시 104:29). 사람 속에 있는 영, 곧 "전능자의 기운"은 모든 사람에게 총명을 주며 사람을 살린다(욥 32:8; 33:4). "하나님이 쉬시는 숨", 곧 하나님의 영으로 물이 얼고 넓은 바다의 물도 얼어버린다(37:10). 하나님은 그의 영으로 땅의 표면을 새롭게 변화시킨다(시 104:30).

신약성서는 성령의 사역을 그리스도인의 구원과 성화 그리고 교회의 삶에 제한시키는 경향을 보이지만, 그것의 보편성을 간과하지 않는다. 그리스도인들과 그들의 공동체 안에 계신 성령(롬 8:9; 고전 3:16)은 고난 속에 있는 피조물들과 함께 신음한다(롬 8:26). 그는 죽은 자를 살리고 새롭게 창조하는 부활과 새 창조의 힘이다(고전 6:14). 성령을 통해 하나님은 "모든 사람에게 생명과 호흡과 모든 것을" 주신다(행 17:25).

이와 같은 성서적 근거에서 현대의 많은 신학자들은 성령의 사역의 보편성을 주장한다. 성령의 사역은 보편적으로 또 "통전적으로"(holos) 이해되어야 한다(전철민 2012b, 144). "성령은 역사와 사회에서 뿐 아니라 자연 속에 거하시고 역사하신다"(권진관 2002, 270). "우주 만물이 하나님의 숨으로 말미암아 존재"한다(송성진 2009, 198). "성령은 종교적 영역 속에서만 활동하고 계시지 않는다. 성령은 사회뿐만 아니라 창조세계에까지 깊숙이 침투해 계시며, 인간과 사회와 창조세계를 유지시키고 변화시키고 구원해 가는 영이다. 성령의 활동을 제도적인 교회 속에 가두면 안 된다"(김명용 1997, 61).

"히브리적 의미의 야웨의 영", 곧 성령은 "신체와 영혼, 인간과 자연 안에 있는 태풍, 폭풍의 힘"이다. 19세기 말 최한기 선생의 표현을 빌린다면, 성령은 "우주 내에 충만하여 천지를 에워싸고 만물을 함양하여 피부와 뼈 속을 꿰뚫고 들어와서 풀무질하는" "운화의 기"라 말할 수 있다. 그것은 "온 생명의 기원이요 현재적 활동성의 기반"이다(백소영 2012, 85 이하).

20세기 신학에서 성령의 보편적 사역을 진술한 가장 대표적 인물은 샤르댕(T. de Chardin)과 틸리히다. 틸리히에 따르면 성령은 "종교의 영역뿐만 아니라 도덕과 문화의 영역에도 명백하게 현존한다"(유장환 2002, 146). 성령은 "삶의 모호성", 곧 "종교와 문화와 도덕의 모호성들(Zweideutigkeiten)"을 극복하고 "프로테스탄트의 원리"와 "신율적 문화"와 "신율적 도덕"을 실현한다. 그것은 "심리적인 것, 생물학적인 것, 물리적인 것, 곧 인간을 구성하는 모든 차원들"을 포괄한다(Tillich 1966, 317).

몰트만은 오늘의 생태학적 위기상황을 극복하기 위해 "야웨의 루아흐"로서 성령의 사역을 종말론적·우주적 차원으로 확대한다(Moltmann 1991, 21). 판넨베르크는 자연의 세계 전체를 성령이 활동하는 장(場), 곧 "힘의 장"으로 파악한다(Kraftfeld, Pannenberg 1991, 99). 해방신학과 민중신학은 성령을 해방의 역사의 동인으로, 불의한 세계를 변혁시키는 힘으로 이해한다.

결론적으로 성령 사역의 보편성은 하나님의 사랑과 구원의 보편성에 기인한다. 하늘과 땅에 있는 모든 것이 하나님의 것이요, 하나님의 사랑과 구원의 대상이다. "모든 인류는 똑같이 그리스도를 통한 하나님의 구속의 대상이며, 모든 인류는 똑같이 그리스도를 통해서 인류를 모으시는 하나님의 목적에 참여하도록 부르심을 받았다"(방연상 2013, 40, 41). 그러므로 기독교 신학은 성령론에 대한 인간중심적·영혼주의적·교회론적 축소 현상을 극복하고 모든 인류와 피조물의 세계 전체를 포괄하는 보편적인 성령의 사역을 보아야 할 것이다.

B. 창조와 유지, 구원의 공동사역

우리는 하나님의 세계 창조와 창조된 세계의 유지, 그리고 예수 그리스도의 구원을 그리스도인들에게만 해당되는 것으로 생각하기 쉽다. 그러나 창조와 유지, 그리고 그리스도의 구원은 그리스도인들에게는 물론 지상의 모든 피조물들을 위해 일어난 삼위일체 하나님의 보편적 사역에 속한다. 그것은 성령의 참여 속에서 이루어진 성령의 공동사역이다.

1) 창조와 유지의 공동사역: 창세기 1장에서 성부 하나님은 "…가 있으라"는 말씀을 통해 만유를 창조한다. 이 말씀과 함께 하나님은 그의 숨, 곧 루아흐를 내쉰다. "우주 만물이 하나님의 숨으로 말미암아 존재"하게 된다(송성진 2009, 198). 성자인 로고스가 세계를 형성하는 원리 내지 질서로 참

여한다면, 성령은 생명의 힘으로 참여한다. 피조물들은 성자를 통해 형태와 질서를 얻고 성령을 통해 생명의 힘을 얻는다. 따라서 창조는 성부와 성자와 성령의 공동사역이라 할 수 있다. 하나님의 "입 기운"(루아흐)으로 만물이 이루어졌다는 구절은 하나님의 창조에 있어 성령의 공동사역을 나타낸다(시 33:6).

이 세상이 하나님의 사랑의 영 안에서 창조되었기 때문에 피조물의 세계는 하나님의 사랑의 영을 그의 기초로 한다. 하나님이 옛적에 세운 "땅의 기초", 곧 세계의 근본은 하나님의 사랑과 정의의 영이다. 그것은 본래 하나님의 사랑과 정의의 영으로 가득한 세계, 곧 "하나님이 지으신 좋은 세상"이다(황덕형 2012b, 101).

성령은 창조된 세계의 보존과 유지에도 참여한다. "생명을 주는 영"을 통해 모든 육체가 생명을 유지한다(욥 34:14; 시 104:29; 사 40:7). 하나님이 그의 영을 보내시면 "황무지는 기름진 땅이 되고…광야에 공평이 자리잡고, 기름진 땅에 의가 머물 것이다"(사 32:15-16). 산에 풀이 돋아나게 하며, 피조물을 먹이고 입히시는 하나님의 돌보심은 그의 영을 통해 이루어진다(시 147:8-9; 마 6:26).

2) 구원의 공동사역: 성령은 또한 예수 안에서 새 창조의 공동사역자로 활동한다. 예수의 생애는 마리아의 수태에서부터 성령과 함께 시작한다(마 1:18; 눅 1:35). 동정녀 마리아의 수태는 물론 하나님의 나라를 세우는 예수의 구원의 활동도 성령의 힘으로 일어난다. "내가 하나님의 영을 힘입어서 귀신을 쫓아내는 것이면, 하나님의 나라는 너희에게 왔다"(마 12:28). "하나님께서 나사렛 예수에게 성령과 능력을 부어 주셨습니다. 이 예수는 두루 다니시면서…마귀에게 억눌린 사람들을 모두 고쳐 주셨습니다"(행 10:38).

예수가 십자가에 달려 고난당할 때 성령도 예수 안에서, 예수와 함께 고난을 당한다. 성령을 통해 아버지 하나님도 예수의 고난을 함께 당한다. 예수의 부활도 성령의 공동사역이다. 아버지 하나님은 성령의 힘을 통해 죽은 예수를 다시 살리기 때문이다. 그러므로 성령은 "죽은 자 가운데서 살리신 이의 영"이라 불린다(롬 8:11). 그는 살리는 영이다(고후 3:6; 갈 6:8). 성령은 다시 살아난 예수를 하나님의 오른 편에 계신 영광스러운 주님으로 고양시키고 우리를 부활의 참 생명으로 인도한다.

구원의 공동사역자인 성령은 창조의 공동사역자이기도 하다. 따라서 성령의 공동사역으로 일어난 예수의 구원은 창조론적 지평을 가진다. 그것은 인간의 구원을 넘어 피조물 세계 전체의 새 창조를 지향한다.

C. 하나님의 보편적 현존과 피조물 세계의 영성

1) 하나님의 보편적 현존: 사랑하는 자는 서로 자기를 비우고 상대방 안에 거하며 이를 통해 한 몸을 이룬다. 따라서 하나님의 사랑의 영, 곧 성령은 피조물과 자기를 결합하고 피조물 안에 거한다. 그는 "만물 안에 있다" (지혜서 12:1). 카파도키아 교부였던 바실리우스에 의하면, 성령은 "우주 어디에나 현존하며 매우 다양한 방식으로 피조물 안에 거한다"(김옥주 2013, 101). "자기 자신이면서 타자 안에 있음"이 "성령과 사랑의 기본구조"이기 때문이다(Hilberath 1992, 530).

가톨릭 여성신학자인 라쿠나(C. M. LaCugna)에 의하면, 삼위일체 하나님은 "홀로, 독자적으로 존재하는 존재가 아니고 탈존적 사랑 안에서 타자를 향해 열려진 인격"이다. 그는 "관계 안에 있는 존재이고 연합 안에 있는 존재이다"(이세형 2009, 76). 그러므로 성령은 자기 바깥으로 나가 피조물과 연합한다. 피조물의 세계 전체가 "성령의 전"이 되며, 성령은 피조물의 삶의 공간이 된다. 피조물은 하나님의 영 안에서 숨 쉬고 생존한다.

성령은 하나님 자신인 동시에 "영이신 하나님이 세계 속에 현존하는 방식"이다(Kasper 1983, 256). 성령 안에서, 성령을 통하여 하나님이 피조물 안에 있고 피조물이 하나님 안에 있다. "하나님은 성령을 통해 세계 안에 거하신다"(신옥수 2010, 103). 아우구스티누스에 의하면, 성령은 "우리로 하여금 하나님 안에 거하도록 돕고, 우리 안에 하나님이 거하시도록 돕는" 일을 하신다(최유진 2013, 286). 이를 통해 성령은 피조물을 하나님의 삼위일체적 친교로 인도한다.

성령은 물질의 영역에도 현존한다. 물질도 하나님의 피조물이요 하나님의 것이기 때문이다. 물질도 하나님의 영이 그 안에 거하는 "성령의 전"에 속한다. "성령의 전"은 영으로만 유지되는 것이 아니라 물질을 통해 유지된다. 성령은 물질 안에 거하면서 물질의 영역을 하나님 나라의 현실로 구성하고자 한다.

만유재신론(Panentheismus)은 성령을 통한 하나님의 보편적 현존을 뜻한다. 피조물 안에 거하는 성령을 통해 하나님이 만유 안에(pan-en) 있고, 만유가 하나님 안에 있다. 만유를 시으신 하나님은 사람이 "손으로 지은 전에 계시지 않고" 만유 안에 계시면서 만유를 섭리하며, 만민에게 생명과 호흡을 주신다. 우리는 하나님의 힘을 통해 살아 움직인다. 그는 멀리 계시지 않고 "더듬어 찾을" 수 있도록 우리 가까이, 우리와 함께 계신다(행 17:24-28).

성령의 내재성에 근거한 만유재신론은 특별히 신비주의 신학 전통에 분명히 나타난다. 하나님은 "모든 것 속에서 광채를 발한다. 모든 것이 하나님을 맛보며, 하나님의 모습이 모든 것으로부터 보여진다"(Eckhart 1977, 60). 피조물 안에 거하시는 하나님은 피조물들을 영원한 생명으로 채우신다. 만물이 하나님의 광채와 영광을 나타낸다. 자연의 세계는 우리가 "느낄 수 있는 물질화된 하나님의 사랑"이요, "그의 아름다움의 광채"요, "우리를 향한 사랑의 편지들"이다(Cardenal 1976, 21 이하). 여기서 우리는 두 가지 사항을 유의하고자 한다.

a. 만물 안에 계신 하나님은 예수의 아버지 하나님이요, 그의 십자가에서 함께 고난당한 하나님이다. 십자가에 달린 예수 안에서 함께 고통을 당하신 그 하나님이 만물 안에 계신다. 따라서 만유재신론은 무고한 자를 죽

인 무신론적 세계를 "만유재신"의 세계로 미화하지 않는다. 오히려 그것은 하나님 없는 불의한 세계가 "만유재신"의 세계가 되어야 함을 말한다.

b. 본래 만유재신론은 하나님과 세계에 관한 하나의 이론에 불과한 것이 아니라, 자기의 길을 하나님께 맡기는 신실한 신자의 믿음에서 나온 것임을 우리는 유의해야 한다. "내가 하늘로 올라가더라도 주님께서는 거기에 계시고, 스올에다 자리를 펴더라도 주님은 거기에도 계십니다.…거기에서도 주님의 손이 나를 인도하여 주시고…나를 힘있게 붙들어 주십니다"(시 139:8-10).

2) 삼위일체 하나님의 쉐키나: 후기 유대교는 피조물 안에 있는 성령의 현존에 근거하여 "쉐키나"(Schechina) 이론을 발전시킨다. 쉐키나는 피조물 안에 계신 하나님의 "거하심" 혹은 "내주(內住)하심"을 뜻한다. 하나님은 이집트에서 신음하는 그의 백성 가운데 거하시며, 그들의 고통을 함께 당한다. 그는 시내광야를 유리하는 이스라엘 백성과 법궤와 예루살렘 성전 안에 거하신다. 성전이 파괴된 후, 하나님의 쉐키나는 유대인들의 회당, 경건한 사람들의 기도하는 모임, 학자들, 재판관들, 병자들, 고난 속에 있는 사람들 등으로 확대된다.

하나님의 쉐키나는 바빌론의 포로가 된 이스라엘 백성에게 큰 위로가 된다. 하나님은 바빌론으로 끌려가는 이스라엘 백성 가운데 계시며, 이 백성이 당하는 굴욕과 고통을 함께 당한다. "주님께서는 그들이 고난을 받을 때에 주님께서도 친히 고난을 받으셨습니다"(사 63:9). "그가 고난을 받을 때에, 내가 그와 함께 있겠다"(시 91:15).

후기 유대교 랍비신학과 중세기 유대교의 카발라 신학(Kabbala, 12세기 프랑스에서 생성되어 13세기 스페인에서 크게 발전한 유대교 신비신학)은 쉐키나를 "현존하는 하나님"으로 이해한다. 그것은 세상 안에 있는 하나님의 시간적이고 공간적인 현존을 말한다. 카발라 신학은 쉐키나의 "빛나는 광채"를 "거룩한 영", 곧 성령이라 부른다.

카발라 신학은 "공간"(makom)을 하나님의 비밀스러운 이름으로 간주한다. 하나님의 루아흐(*ruach*)가 먼 거리를 뜻하는 히브리어 *rewah*와 유사성을 갖는다는 사실이 이를 뒷받침한다. "당신은 내 발을 넓은 공간에 세우십니다"(시 31:9), "그분은 너를 불안의 목구멍에서 끌어내어 곤고함이 없는 넓은 공간으로 옮기신다"(욥 36:16)는 말씀은 하나님과 공간의 연관성을 나타낸다. 성령은 피조물들이 그 안에서 살고 활동하는 삶의 자유로운 공간이다(Moltmann, 1991, 56). 피조물은 성령 안에서 호흡하고 살고 움직인다. 하나님의 쉐키나는 다음의 통찰들을 시사한다(쉐키나와 성령에 관해 Goldberg 1969, 455 이하):

a. 쉐키나는 성령의 자기비움(*kenosis*)과 자기소외를 시사한다. 성령은 피조물들에게 자기를 낮추어 피조물 안에 거한다. 성령의 자기비움과 자기소외를 통하여 하나님이 세계 안에, 세계가 하나님 안에 있다.

b. 쉐키나는 성령의 감수성을 보여준다. 피조물 안에 현존하는 성령은 피조물과 함께 고난을 당하며, 근심하며, 분노하며, 기뻐한다. 특별히 그는 이 세상의 "작은 형제들" 안에 거하면서 그들의 고난과 고통을 함께 당한다. 그는 풍랑을 잠잠케 하고 죽은 예수를 살릴 수 있는 놀라운 힘인 동시에 "고난당하는 영", "연민의 영"이다. 그는 사랑의 영이다.

c. 그리스도인들과 교회는 성령이 그 안에 계신 성령의 쉐키나, 곧 "성령의 전"이다(김성원 2012a, 55). 성령이 모든 피조물 안에 계시다면, 온 세계가 성령의 전으로 변화되어야 한다. 그리스도인들은 이를 위해 하나님의 부르심을 받은 사람들이다. 따라서 쉐키나는 특별히 연약한 생명들과의 연대를 요청한다. 성령을 통하여 하나님은 이 세상의 "작은 형제들" 안에 계신다. 이들의 아픔은 하나님 자신의 아픔이요, 이들의 신음은 하나님 자신의 신음이다.

d. 쉐키나는 자연에 대한 경외심과 자연의 경건을 요구한다. 자연은 인간의 지배와 정복의 대상이 아니라 성령의 전으로서 경외의 대상이다. "형제들이여…하나님의 모든 창조물을, 그 전체와 모래 한 알 한 알에 이르기까지 사랑하라.…동물을 사랑하고, 식물을 사랑하고, 모든 사물을 사랑하

라. 여러분이 만물을 사랑한다면 그 만물 속에서 하느님의 신비를 발견하게 될 것이다.⋯인간들이여, 자신을 동물보다 우월하다고 자만하지 말라. 그들에게는 아무런 죄가 없지만 인간은⋯대지를 더럽히고 후세에 더러운 발자취를 남기고 가기 때문이다"(Dostoevskii, 1960, 460).

e. 슈바이처(A. Schweitzer)는 1919년 톨스토이의 영향을 받아 "생명경외"(Ehrfurcht vor dem Leben)의 윤리를 천명한다. 모든 생명들의 "생명에의 의지"는 거룩한 것이다. 이 의지는 존중되어야 한다. 다른 생물들과 마찬가지로 "나는 살고자 하는 생명들 한 가운데서 살고자 하는 한 생명이다."[4] "생명경외의 윤리를 통해 우리는 우주에 대한 영적 관계에 이른다" (Schweitzer 1966, 21).

슈바이처의 생명경외의 윤리는 살고자 하는 모든 생명체의 의지에 대한 "즉각적 의식", 모든 생명들의 상호연관성 및 그들과 나의 연관성과 동일성에 대한 신비주의적 인식, 땅 위의 모든 생명에 대한 사랑과 경외의 보편주의적 윤리, "사색으로부터 발생하는 근원적 경건심"에 근거한다(황재범 2002, 223 이하). 성령론의 관점에서 생명경외의 궁극적 근거는 성령의 쉐키나에 있다. 성령의 쉐키나는 죽지 않고 살고자 하는 모든 생명의 권리에 대한 존중을 요구한다. "너는 모든 생명 존재들을 단순히 수단으로써만 이용하지 말고 오히려 그것들을 언제나 목적 자체로서 간주하고 그것들의 지속적 생존을 보증할 수 있도록 행위하라"(von Weizsäcker, 이정배·이은선 1993, 156).

3) 피조물 세계의 영성: 성령이 모든 피조물 안에 계시다면 그 성령은 인간 안에도 계신다. 인간은 하나님의 형상으로 창조되었기 때문에 성령은 인간 안에서 인간과 인격적 교제를 가진다. 인간의 영과 성령의 교제 속에서 인간의 영성 내지 정신성이 형성된다. 물론 인간의 신체적·세속적·역사적·문화적·자연환경적 요인들이 그의 영성에 영향을 준다. 그러나 영은

---

4) 원문: "Ich bin das Leben, das leben will, inmitten von Leben, das leben will."

영과 가장 깊은 관계를 갖기 때문에 인간의 영성 형성에 가장 깊은 영향을 주는 것은 성령이다. 성령의 작용을 통해 형성되는 인간의 영성이 그의 얼굴 표정과 태도와 삶을 결정하는 가장 기본적 요인이라 말할 수 있다.

성령의 작용 속에서 형성된 인간의 영성 내지 정신성은 인간의 모든 공동체들의 영성을 구성한다. 하나님의 영은 이들 공동체 안에도 계시며, 공동체의 영성을 형성한다. 그러나 인간의 영성과 마찬가지로 공동체의 영성도 다양한 외적 요인들의 영향을 받는다. 따라서 공동체의 영성도 제각기 다른 형태를 갖게 된다.

성령의 작용 속에서 형성되는 인간과 공동체의 영성 내지 정신성이 정치, 경제, 문화, 학문 등 인간의 삶의 세계를 형성한다. 이들의 영성은 성령이 그 안에서 작용하는 성령의 형태들이다. 성령은 인간과 공동체의 영성을 통해 삶의 세계를 형성하며, 하나님이 "만유 안에서 만유가 되시는"(고전 15:28) 새로운 생명의 세계를 이루고자 한다.

따라서 인간과 인간 공동체의 삶의 현실은 인간의 영과 성령을 간접적으로 계시한다. 한 인간의 삶의 역사, 정치, 경제, 문화, 사회적 현실 속에서 우리는 그것을 형성한 인간과 인간 공동체의 영성을 볼 수 있고 성령의 나타남을 볼 수 있다. 세계사는 그 전체에 있어 성령의 작용을 계시한다. 그 가운데 성령을 가장 분명히 계시하는 것은 문화의 영역이라 말할 수 있다. 문화는 절대적인 것을 감성적 형식으로 나타내기 때문이다. 문화는 그것을 만든 인간의 영의 표현인 동시에 인간의 영을 형성한 성령의 표출이다.

그러나 이 세계 안에 있는 모든 영성은 그 속에 이기적이며 탐욕적 요소를 내포한다. 이 부정적 요소로 인해 영성은 왜곡된 삶의 현실을 형성하게 된다. 개인의 삶과 모든 집단의 삶의 현실이 다르게 나타나는 까닭은 여기에 있다. 그러므로 성령은 이 세계의 모든 영성에서 그 자신을 구별한다. "피조물 안에" 내재하는 동시에 "피조물 위에" 계신 "초월적 하나님"의 영은 이 세계의 부정적인 것에 대립하고 이를 부정함으로써 하나님 나라

의 새로운 생명의 세계를 이루고자 한다.(김애영 2006, 133) 그는 거룩한 영(=
성령)이기 때문이다.

D. 피조물들의 생명의 힘과 사랑의 본성

1) 모든 피조물의 생명의 힘: 성서에 따르면 창조자 하나님은 "생명의 하
나님", "생명의 힘" 혹은 "생명의 원천"이다(시 42:8; 27:1; 36:9). 이 하나님의
영은 "생명을 주는 영"이다(6:3). 피조물은 성령으로부터 생명의 힘을 얻
는다. 성령은 "모든 존재(피조물)의 생명과 그 존속을 가능하게 하는 힘으
로서, 모든 존재와 생명과 삶을 지탱하고 이끌어가는 구실을 한다"(송기득
1997, 263). 하나님이 그의 영을 불어넣으시면 그들은 다시 창조되고, 그의
영을 거두어들이시면 "그들은 죽어서 흙으로 돌아간다"(시 104:29-30).

칼뱅에 의하면 성령은 "어디에나 현존하며, 하늘과 땅에 있는 모든
것을 유지하고 먹이며 살린다.…그는 자기의 힘을 모든 것 안에 부어주
며, 이를 통해 모든 사물들에게 참 본질과 생명과 활동을 부여한다"(*Inst.*
I.13.14). 판넨베르크에 따르면 성령은 예수가 태어나기 이전부터 "피조물
의 활동과 삶의 근원"이다. 인간의 구원 "그 이전에 하나님의 강한 숨으로
서, 모든 활동과 모든 생명의 근원으로서 활동한다"(Pannenberg 1993, 13).

일반적으로 성령은 인간의 영혼을 소생시키는 힘으로 생각된다. 그러
나 하나님은 "모든 육체의 하나님"이요(렘 32:27), 하나님의 루아흐는 만물
을 소생시키는 하나님의 기운이다. 따라서 성령은 인간의 영혼은 물론 육
체도 소생시킬 수 있다. 그는 영과 육을 포함한 인간 존재 전체가 건강하
게 되어 하나님 앞에서 삶을 충만히 누릴 수 있기를 원한다. 이를 위해 성
령은 모든 생명들이 충분히 먹을 수 있고 질병을 극복하고 건강을 회복하
도록 도우신다. 우리의 몸의 생동성은 성령의 선물이다. 우리는 성령 안에
서 먹고 마시고 일하며 하나님의 영광을 위해 산다(고전 10:31).

성령이 지닌 생명의 힘은 먼저 자기의 생명을 유지하고 종족을 번식하려는 생물학적 힘을 말한다. 이 힘은 생물적 "본능"(Trieb) 내지 "충동" (Instinkt)으로 표출되기도 한다(Büchner 1888, 458). 그러나 참 생명의 힘은 사랑에 있다. 더 많은 소유에 대한 욕망이나 남근의 강력한 생물학적 힘보다 더 강한 것은 생명에 대한 사랑의 힘이다. 자녀의 생명에 대한 여성의 자기희생적 사랑은 소유에 대한 인간의 이기적 욕망이나 시도 때도 모르는 남근의 우직스러운 생물학적 힘보다 훨씬 더 강하다. 참 생명의 힘은 생물학적 본능과 충동이 아니라 생명에 대한 사랑이다. 사랑이 생명을 강인하게 만든다.

성령은 사랑의 영이다. 따라서 성령이 주시는 생명의 힘은 단지 생물학적 힘이 아니라 사랑의 힘이다. 생명을 강인하게 또 생명답게 만드는 것은 생물학적 힘이 아니라 사랑이다. 사랑은 시들어가는 생명을 살릴 수 있고, 사랑 안에서 숨 쉬고 교통하는 생명다운 생명으로 만들 수 있다. 우리의 생명을 보람있고 아름답게 만드는 것도 사랑이다. 생물학적 힘이 인간의 생명을 유지하는 것 같지만, 보다 더 깊은 차원에서 인간의 생명을 살리고 유지하는 것은 하나님의 영으로부터 오는 사랑의 힘이다. "이 세상만물은 다 사랑을 먹고 삽니다. 사랑 받으면 활기차고 생명력이 넘칩니다. 저주받으면 시들어 죽고 맙니다"(김지연 2007, 300).

사랑이 없는 사람은 생명에 대해 무관심하다. 다른 생명이 죽어도 무감각하다. 그 반면 사랑이 있는 사람은 생명을 긍정하며, 생명에 대해 관심과 감수성을 가진다. 성령은 생명을 사랑하고 긍정하게 하는 힘이다. 따라서 성령으로 충만한 사람은 생명을 파괴하는 죄와 죽음의 세력에 대해 민감하다. 그는 굶주림과 질병 속에서 눈을 허옇게 뜨고 죽어가는 사람들, 인간의 욕망 때문에 생존의 터전을 잃고 죽음에 내몰리는 자연 생물들의 고통과 슬픔을 함께 느낀다. 그는 죽지 않고 살아남고자 하는 생명에 대한 사랑의 감수성, 곧 "생명의 영성"에 눈을 뜨게 된다. 그는 생명을 사랑하기 때문에 생명을 적대하는 세력에 반대한다. 전쟁과 테러, 강제노동수용소,

핵무기의 확산과 군비경쟁, 극단적 사회양극화와 절대빈곤, 생태계의 오염과 파괴를 거부하고 하나님의 정의와 평화가 있는 새로운 생명의 세계를 지향한다.

2) 상부상조하는 사랑의 본성: 땅 위에 있는 모든 생명체의 가장 기본적 본성은 자기의 생명과 종(種)을 유지하고자 하는 본성이다. 이를 위해 모든 생명체들은 먼저 굶주린 배를 채우고자 한다. 굶주린 배를 채우고자 하는 것이 모든 생명체들의 가장 기본적인 욕구이다. 충분히 먹지 못하면 죽게 되고 자기의 종을 유지할 수 없다. 굶주린 배를 채운 다음에 성적 욕구가 찾아온다. 배가 부른 다음에 수컷은 암컷을 찾고, 암컷은 가능한 더 강하고 능력 있는 수컷을 만나 우수한 자손을 임신하려 한다. 모든 생물체들의 이와 같은 본능 내지 욕구를 통해 생명의 세계가 유지된다.

그런데 생물들의 욕구는 환경의 제약된 조건들 때문에 투쟁과 경쟁을 피할 수 없다. 이런 까닭에 진화주의자들은 투쟁과 경쟁을 생존의 법칙이라 주장한다. 다윈의 추종자 스펜서(H. Spencer, 1820-1903)와 헉슬리(Th. H. Huxley, 1825-1895)에 따르면, 경쟁과 투쟁에 약한 자는 도태되고 "가장 강하고 가장 빠르며 가장 교활한 자"가 살아남는 것이 자연과 인간 사회의 법칙이다. "만인에 대한 만인의 홉스주의적 투쟁이 생존의 일상적 조건"이다(Huxley). 여기서 땅 위의 모든 생명체는 살아남기 위해 서로 경쟁하고 투쟁하는 자기중심적 존재로 이해된다.

영국 옥스퍼드 대학의 생물학 교수인 도킨스(R. Dawkins)의 『이기적 유전자』는 인간 본성에 대한 홉스적 통찰을 인간의 유전자에 적용한다. 인간은 자기를 확장시키려는 이기성을 그의 본성으로 가진 유전자의 생존 기계 내지 운반체이다. 따라서 인간은 이기성을 그의 본성으로 가진다. 이기성이 인간의 "자연"(=nature, 본성)인 것이다. 인간의 이타성과 문화적 밈(meme, 관습, 도덕, 종교, 신의 존재 등)은 자기의 유전자를 확장시키고자 하는 이기적 전략에 불과하다. 여기서 인간은 유전자의 이기적 본성에 의해 지배되는 이기적 기계로 규정된다.

이에 반해 러시아의 귀족 출신으로 아나키스트(anarchist)로 활동한 크로포트킨(P. A. Kropotkin, 1842-1921)에 따르면, 만인에 대한 만인의 투쟁이 "자연의 유일한 법칙이 아니다. 상호투쟁만큼이나 상호부조 역시 자연의 법칙"이다(Kropotkin 2005, 58). 포악한 종들보다 "개별적인 투쟁을 최소화하면서 상호부조를 최고조로 발전시킨 동물의 종들이야말로 늘 수적으로 가장 우세하며, 가장 번성하고 앞으로도 더욱 발전할 가능성을" 가진다. "사회성은 어떠한 환경에서도 생존경쟁에 발휘되는 가장 강력한 이점"인 반면, "사회성을 포기한 종들은 결국 멸종하고 만다"(342, 87).

어떤 학자는 자연의 세계가 자기의 생명을 유지하려는 생물들의 생존경쟁과 투쟁으로 말미암아 피에 젖어 있다고 말한다. 하지만 이 생각은 매우 단편적이다. 일반적으로 굶주림을 해결하기 위한 생물들의 투쟁은 자신의 생명과 종을 유지하기 위해 필요한 최소한의 개체 생물을 희생시키는 범위에 그친다. 굶주림의 문제가 해결되면 더 이상 다른 생물들의 생명을 희생시키지 않는다. 생물들의 먹이사슬은 매우 잔인하게 보이지만 먹이사슬로 말미암아 생물들이 멸종하는 일은 거의 일어나지 않는다. 오히려 먹이사슬은 생물 개체의 수를 조정하는 순기능을 갖기도 한다.

계급서열과 종족번식을 위한 수컷들의 투쟁은 주로 짝짓기 기간에만 일어난다. 암컷을 차지하기 위한 수컷들의 투쟁은 종을 강화시키는 데 기여한다. 영역방어를 위한 생물들의 싸움은 자기의 영역이 침해당할 경우에만 일어난다. 영역확보, 영양섭취, 계급서열, 종족번식을 위해 일어나는 생물들의 투쟁이 자연의 기초를 파괴하는 일은 거의 없다.

그런데 인간은 종족번식과 관계없이 쾌락을 목적으로 성관계를 가진다. 그의 성욕처럼 그의 소유욕도 한계를 알지 못한다. 개미, 벌, 다람쥐와 같은 극히 일부의 생물 개체 외에 거의 모든 자연의 생물들은 먹고 배부르면 끝나는데 반해, 인간은 배가 불러도 만족하지 않고 무한히 비축하고자 한다. 이로 인해 인간들 사이의 경쟁과 투쟁은 말할 수 없이 치열해지고 고도로 지능화된다. 그러나 인간들 사이에도 상호부조의 공동체성은 시대를 막론하고 언제나 살아 있다. "인간의 역사는 피비린내 나는 살육과 아무 보호 장치도 없이 무제한적으로 내몰리는 경쟁의 역사가 아니라 어떠한 악조건 속에서도 구성원들을 최대한 보호하고 공존하게 하는 지혜로운 장치들을 끊임없이 만들어 온 역사"이다(Kropotkin 2005, 403).

같은 종 내의 상부상조는 자연 생물의 세계 속에도 무수히 많이 일어난다. 흡혈박쥐는 매일 몸무게 절반 이상이 되는 피를 먹어야 하는데, 40시간 가량 피를 공급받지 못하면 죽게 된다. 피를 공급받지 못해 죽어가는 동료가 곁에 있으면 이들은 자신의 위에서 피를 토해 나누어 준다. 거의 모든 박쥐들은 다쳤거나 임신한 동료, 혹은 새끼를 안고 있어 제대로 먹이활동을 못하는 동료들에게 먹이를 물어와 그의 입에 넣어준다. 땅다람쥐는 적을 보면 소리를 질러 무리들을 먼저 대피시키는 희생정신을 발휘한다.

생물들의 상부상조와 공존의 본성은 어디에서 오는 것일까? 그것은 진화의 우연한 산물일까? 아니면 도킨스가 말하듯이 자기를 확장시키고자 하는 유전자의 "이기적 전략"일까? 그 원인은 하나님의 사랑의 영에 있다. 피조물 안에 숨어 작용하는 하나님의 영으로 말미암아 모든 피조물은 서로 돕고 공존하고자 하는 사랑의 본성을 가진다.

갓 태어난 새끼의 생명을 지키기 위한 생물들의 자기희생적 노력에서 우리는 사랑의 본성이 얼마나 강인한지 볼 수 있다. 포식자로부터 새끼의 생명을 보호하기 위해 새끼들을 안쪽으로 몰아넣고 서로 몸을 밀착시켜 포식자를 막아내는 펭귄들, 다른 종의 새끼를 자신의 새끼와 함께 돌보는 호랑이나 사자에게서 우리는 투쟁과 약육강식이 아니라 사랑과 협동이 생물계를 유지하는 보다 더 큰 법칙이란 사실을 볼 수 있다.

그러므로 학자들은 강하고 포악한 종들보다 약하고 협동하는 종들이 살아남을 확률이 더 크다고 말한다. 사나운 호랑이는 멸종의 위기에 처한 반면 아무 힘이 없는 토끼는 매우 빠르게 번식한다. 더 많은 돈을 최고의 목적으로 추구하는 이기적 기업보다 사회적 책임을 감당하는 윤리성 있는 기업이 살아남을 확률이 더 크다는 것도 잘 알려진 사실이다. 그러므로

"악인은 바람에 나는 겨와 같다"고 성서는 말한다(시 1:4).

2013년 7월 1일에 미국 미시간 주립대 연구팀이 "네이처 커뮤니케이션스"(Nature Communications)에 발표한 논문에 의하면, 비열하고 이기적인 전략은 상대방과 협동하는 전략에 비해 단기적으로는 유리한 결과를 거두지만 그 결과는 오래 지속되지 못한다. 진화는 비열하고 이기적인 개체나 집단을 처벌하기 때문이다. 우리는 그 궁극적 원인을 피조물 안에 생명의 힘으로 작용하는 하나님의 사랑의 영에서 찾을 수 있다. 하나님의 "지혜", 곧 사랑이 "땅의 기초"이다(참조. 욥 38:4; 렘 10:12; 시 104:24).

E. 유기체로서의 세계, 그 형태들, 질서와 아름다움

1) 유기체로서의 세계: 사랑은 나누어진 것을 결합시키는 본성을 가진다. 따라서 피조물 안에 거하는 성령은 피조물을 결합시키는 사랑의 힘으로 작용한다. 사랑의 영 안에서 세계는 그 속의 모든 것이 결합되어 있는 유기체적 공동체가 된다. 성령은 생명의 숨이다. "모든 생명은 숨을 통해 타자와 연결되고, 숨을 쉼으로써 존재한다.…영은 하나님과 이웃과 자연과 자기 자신"을 서로 통하는 하나의 유기체로 결합한다(박경미 2005, 228). "영이 만유 안에 내주한다는 범재신론적 주장은 영이 만유의 형성과 진화와 유기적 연관을 촉진하는 힘으로 작용한다는 것을 신학적으로…주장할 수 있게 한다(강원돈 2013, 23).

우리 인간의 몸의 모든 부분들이 결합되어 있듯이 세계의 모든 부분들도 하나님의 사랑의 영을 통해 하나로 결합되어 있다. 인간을 포함한 모든 피조물은 친족관계 내지 혈족관계에 속한다. 따라서 생태계 안에 "자존하는 주체란 없다.…생태계 안에 있는 모든 요소들은 주변 환경과의 상호작용에 의해 서로 간에 영향을 주고받으며 진화한다"(전현식 2003a, 69). 자연의 세계는 "기계적이며 수동적인 객체/물질"이 아니라 "극도의 복잡함이 밀접하게 얽혀있는 거대한 소용돌이 혹은 그 소용돌이가 일어나는 동적인 과정 자체로 보인다"(김진희 2002, 254).

위에서 언급한 최한기 선생에 의하면, "온 생명의 기원이요 현재적 활동성의 기반인 '기'는 우주 생명을 하나의 큰 유기체로 이해하는 근거가 된다." "기"는 모든 피조물의 "사회적 관계성뿐만 아니라 우주적 대동(大同)의 기반이다"(백소영 2012, 99). 자연의 세계는 "다양한 힘들의 집합체"요, "주체적 자유를 지닌 존재자들의 집합체임에도 불구하고 조화와 결속을 이루고" 있다(김성은 2010, 177).

피조물들의 유기체적 결합은 하나님의 영, 곧 루아흐로 말미암아 이루어진다. 루아흐는 바람 혹은 숨을 뜻한다. 숨은 몸 안으로 들어오는 "들숨"과 몸 밖으로 나가는 "날숨"으로 구성되는데, 피조물의 생명은 서로 간에 주고받는 들숨과 날숨을 통해 결합된다. "원리적으로 모든 생명들은 서로 어울리는 한에서 사는 것이요, 더불어 생명의 힘을 나누는 한에서 존재한다"(송성진 2009, 181).

성령의 보편적·익명적 현존으로 말미암은 세계의 유기체성은 오늘 우리 시대의 생태학적 위기를 극복할 수 있는 길을 제시한다. 분리되어 있는 것처럼 보이지만 결국 모든 것을 함께 나눌 수밖에 없는 유기체적 관계 속에 있다. "전체로서의 우주는 하나의 유기체로서 살아 있는 생명"이다(이정배·이은선 1993, 158). 이 유기체 속에서 인간도 한 부분이다.

따라서 인간의 몸과 자연 세계의 경계는 매우 모호하다. 화이트헤드에 따르면 "몸은 외부 세계의 일부이며 그것과 연속적이다. 사실상 몸은 그밖의 다른 것, 예컨대 강, 산, 혹은 구름과 마찬가지로 자연의 일부이다.…어디에서 몸이 시작되고 어디에서 외부 자연 세계가 끝나는지 정확히 규정할 수 없다.…인간의 몸이란…세계의 한 영역이다"(Whitehead 1938, 21 이하). 따라서 자연과 인간은 "공동근원 및 공동운명"을 가진 "상호의존의 관계망 안에서" 함께 결합되어 있다. 한 마디로 그들은 "혈족관계(kinship)"에 있다(전현식 2003b, 165). 따라서 자연을 파괴하는 것은 결국 인간 자신의 삶의 기초를 파괴하는 일이다.

성령을 통하여 가능해지는 유기체적 세계관은 슈바이처의 생명경외의 윤리에 대한 또 하나의 근거를 제공한다. 세계는 물질덩어리가 아니라 모든 것이 사랑의 영 안에서 결합되어 있고 모든 것을 함께 나누는 하나의 살아 있는 생명체, 곧 "가이아"로 인식된다(가이아는 제우스의 아버지인 크로노스가 주신(主神)이 되기 전에 주신이었던 우라노스〈Ouranos: 하늘의 신〉의 아내, 곧 "땅의 신"을 말함, Platon 2003, 45). "가이아" 안에 있는 모든 생명은 각자의 존엄성을 가진다. 그러므로 살고자 하는 모든 생명의 의지는 경외되어야 한다.

칼 바르트는 이를 가리켜 "생명 자체가 윤리의 기준으로서 절대화된다"고 비판한다(황재범 2002, 237). 그러나 이 비판은 타당하지 않다. 생명을 사랑하는 히나님 앞에서 생명은 윤리의 기준으로서 절대화될 수밖에 없다. 그러나 이것은 모기나 파리 한 마리 죽여서도 안 되며, 가축 한 마리 도살해서도 안 된다는 것을 말하지 않는다. 만일 그렇게 할 경우, 인간은 물론 자연의 모든 생물들이 아무것도 먹지 못하고 굶어 죽어야만 할 것이다. 생명경외의 윤리는 더 많은 소유를 얻기 위해 다른 생명들을 무자비하게 죽이거나 학대하는 일을 중지해야 함을 말한다. 자연의 생명들을 죽일 수밖에 없을 경우, 그것은 동물들의 세계에서 볼 수 있는 것처럼 최소한의 범위로 제한되어야 하며, 가능한 고통 없이 죽을 수 있도록 배려해야 함을 말한다. 성령의 유기체적 공동체는 더 많은 소유의 축적을 위한 생명의 착취와 무분별한 살해를 거부한다.

오늘날 일련의 학자들은 고대종교의 다신론과 범신론에서 유기체적 세계를 회복할 수 있는 길을 찾는다. 물론 고대의 종교에도 유기체적 세계관이 있음은 사실이다. 성서는 이 유기체적 세계관을 공유한다. 그러나 참 유기체적 세계, 곧 "십자가 아래 차별이 없이 서로 평등하게 서로를 건설하며(oikodomein), 서로 소유도 나누고 권위도 나누며, 그리 사는 공동체"는 하나님의 사랑과 정의의 영, 곧 성령을 통해 이루어질 수 있을 것이다

(백소영 2010, 217).

2) 세계의 풍요로움과 형태들, 질서와 아름다움: 피조물 안에 숨어 계신 성령은 자연의 풍요로움을 주신다. 피조물의 생명에 필요한 해와 공기와 물, 땅과 바다, 자연의 풍요로움은 성령의 작용 속에서 이루어지는 성령의 선물이다. 생물의 종(種)의 다양성과 풍요로움도 이에 속한다.

또한 피조물 세계의 다양한 삶의 형태들도 성령의 작용 속에서 이루어진다. 자기의 생명과 종을 유지하는 방식들, 의사소통과 공생의 방식들, 인간 사회의 공생을 가능하게 하는 사회적·정치적·윤리적 질서들, 사회 공동체들과 국가의 형태들, 문화의 형태들은 모두 성령의 작용 속에서 형성된다. 인간의 몸과 얼굴 표정과 사회적 행동의 형태도 이에 속한다. 모든 형태들은 그것을 형성한 인간의 영과 인간의 영을 형성한 성령을 나타낸다. 물론 이들 형태들은 인간의 욕망, 역사적 유산, 자연의 조건 등 다양한 요인들의 영향 속에서 이루어진다. 그러므로 이들 형태들은 성령을 완전히 투명하게 나타내지 못한다.

하나님은 무질서의 하나님이 아니라 질서와 평화의 하나님이다(고전 14:33). 그러므로 피조물 안에 현존하는 성령은 세계의 질서와 조화와 아름다움을 추구한다. 자연 피조물의 세계 속에 갈등과 투쟁, 예기치 못한 재난과 지각 변동과 종의 멸종이 일어나기도 한다. 그러나 그 나름의 삶의 질서와 조화가 그 속에 있고 아름다움이 있는 것은 성령의 작용으로 인함이다. 지혜문학의 생태학적 본문들이 이를 시사한다. "하나님이 쉬시는 숨으로 물이 얼고, 넓은 바다까지도 꽁꽁 얼어 버립니다"(욥 37:10).

또한 세계는 보다 나은 세계를 창조하려는 사람들의 노력을 통해 아름다운 형태를 갖기도 한다. 약자의 생명을 보호하기 위한 단체들과 정책들, 정의롭고 인간성 있는 사회를 이루기 위한 시민단체들, 국가 간의 연합과 상부상조, 자연의 세계를 살리려는 노력들, 아름다운 음악, 미술, 문학, 영화, 연극 등의 형태들 속에서 우리는 하나님의 영의 활동과 지혜의 오묘함을 느낄 수 있다. 칼뱅에 의하면 "세계의 아름다움은 성령의 힘을 통해 존속된다"(Inst. I.13.14). 성령의 새 창조의 행위는 "단순한 창조가 아니라 우주의 조화와 미적 가치의 실현을 목적으로 하는 합목적적인 창조행위이다"(김성원 2010, 179).

그리스어 *kosmos*는 질서와 조화와 아름다움이 있는 세계 혹은 우주를 뜻한다. 동양사상에 의하면 그것은 "도(道)의 세계"라 말할 수 있을 것이다. 헬레니즘의 영향을 받은 후기 유대교의 지혜문학은 세계의 질서와 아름다움을 하나님의 영과 결합시킨다. "주님의 성령은 온 세상에 충만하시며 모든 것을 포괄하는 분"이요(지혜서 1:7), 세계의 질서를 세우는 "사랑의 영"이다. 이 하나님의 영을 지혜문학은 지혜와 동일시한다. "지혜는 사람을 사랑하는 영이다(1:6). 하나님의 사랑의 영, 곧 지혜를 통하여 세계는 잘 배열된 형태들, 시간과 계절의 구분, 별들의 자리를 가진다(7:18-19). 만물은 "각기 제 자리를" 가지며, "영원한 질서"를 가진다(집회서 16:26-27).

인간의 몸은 하나님의 창조 공동체의 한 부분이다. 그는 대우주(makrokosmos)에 속한 소우주(mikrokosmos)이다. 따라서 인간의 몸도 그 자신의 질서와 조화를 이룬다. 인간의 삶도 결국 하나님의 법과 질서 안에 있다. 악인이 번창하는 것 같지만 언젠가 땅에서 끊어지고, 의롭고 정직한 자가 땅에 거하게 되는 것이 삶의 법칙이요 질서이다(잠 2:21-22; 참조 시 1편). 이 법칙은 강포한 생물들이 점점 사라지고, 공동체적 생물들이 땅을 차지하는 자연의 법칙과 상통한다. 이와 같은 법칙과 질서를 통해 세계는 조화와 아름다움을 유지한다.

창세기 P 문서의 창조기사는 질서와 조화 속에서 모든 것이 잘 배열되어 있는 아름다운 세계를 보여준다. 이와 같은 세계관은 구약성서의 문학서에 자주 나타난다. 땅 위의 모든 피조물이 하나님의 사랑과 은혜 속에서 각자의 위치와 삶을 가지며 생명을 유지한다(시 145:15; 147:8-9). 온 땅이 하나님의 지혜와 부요함으로 가득하다(104:24). "때를 따라 아름답게" 창조된 땅 위의 모든 것이 시간의 질서 속에서 자기의 때와 장소와 질서를 소유한다(전 3:1-11; 1:5-7).

예수는 구약성서의 세계관을 잘 알고 있었던 것으로 보인다. 공중의 새와 들의 백합화는 하나님의 돌보심 속에서 그 생명과 아름다움을 유지한다(마 6:25-30). 피조물들은 서로 의존하고 도움이 되는 질서를 가진다(13:32 참조). 바울은 하나님이 창조하신 세계의 질서와 아름다움을 그리스도론적으로 이해한다. "모든 것이 그분으로 말미암아 창조되었고, 그분을 위하여 창조되었다"(골 1:16). 그러므로 창조하신 만물이 그의 영원하신 능력과 신성을 계시한다(롬 1:20).

그러나 우리는 이 세계의 현실을 기만해서는 안 되겠다. 우리가 살고 있는 현실의 세계는 무질서와 추함, 혼란과 잔인함으로 가득하다. 그것은 "하나님 보시기에 좋은" 유기체적 세계가 아니라 양극화되고 분열된 세계이다. 다음의 실화는 우리가 살고 있는 현실의 진면목을 보여준다. "눈앞이 희미해지고 머리가 어질어질하고 먹은 것도 없이 속이 울렁거릴 때쯤이면, 먹을 것을 찾아야 한다는 것 말고는 아무 생각도 들지 않았다. 허기는 잔인하고 끈질겨서 먹을 것을 넣어주지 않고는 달랠 방법이 없었다"(최성봉 2012, 119. 문단 변경).

인간 세계의 이와 같은 현실 앞에서 질서와 아름다움이 있는 세계, 모든 부분들이 하나로 결합되어 있는 유기체적 세계는 우리가 도달해야 할 종말론적 미래로 남아 있다. "하나님의 영광이 나타나는 무대"(김명용 1997, 55)로서의 세계는 지금의 세계가 아니라 장차 올 하나님의 나라를 가리킨다. "하나님의 계획은, 때가 차면 하늘과 땅에 있는 모든 것을 그리스도 안에서 그분을 머리로 하여 통일시키는 것입니다"(엡 1:10). 그 때 "하나님의 집이 사람들 가운데" 있을 것이다. "다시는 죽음이 없고, 슬픔도 울부짖음도 고통도 없을 것이다"(계 21:3-4).

여기서 우리는 세계의 양면성을 함께 보아야 하겠다. 이 세계 속에는 죄악과 혼란과 무질서가 있는 동시에 선함과 질서가 있다. 더러움과 추함이 있는 동시에 깨끗함과 아름다움이 있다. 수백억, 수천억 원을 가져도 만족하지 못하고 더 많이 소유하려는 자들이 있는가 하면, 이웃과 민족을 위해 자기를 희생하는 사람들, 평생 모은 재산을 사회에 환원하는 존경스러운 인물들도 있다. 나라를 일본에 팔아먹은 매국노들이 있는가 하면, 가문의 전 재산과 자신의 생명을 독립운동에 바친 이희영 선생과 그 형제들과 같은 분들도 있다. 그러므로 우리는 어떤 상황에서도 세계에 대한 희망을 포기할 수 없다.

아우슈비츠에서 탈출하여 살아남은 유대인 마르틴 그레이(Martin Gray)는 인간의 거짓과 추함을 무수히 체험했음에도 불구하고 인간 속에 숨어 있는 아름다움에 대한 신뢰와 희망을 버리지 않는다. "나는 아름다움을 만났기 때문에 희망의 영원성을 믿는다. 아름다움은 여자와 아이들의 얼굴에 있다.…우리는 보는 법을 알아야 한다. 내가 사진작가나 화가들을 좋아하는 까닭은 그들이 예술의 경지에 오르면 사람들의 얼굴에서 인간의 진실을 잡아내고 그 아름다움을 보여주기 때문이다"(Gray 2009, 513).

F. 인간의 정신적 능력들, 정의로운 세계에 대한 동경

1) 인간의 지적·정신적 능력들: 하나님의 영의 현존은 인간 안에 가장 분명히 나타난다. 인간만이 "하나님의 형상"으로 창조되었고 그 안에 하나님의 "생명의 기운"이 현존하기 때문이다. "주 하나님이 땅의 흙으로 사람을 지으시고, 그의 코에 생명의 기운을 불어넣으시니, 사람이 살아 있는 영이 되었다"(창 2:7).

인간 안에 현존하는 하나님의 영, 곧 성령은 인간의 지적·정신적 능력들의 원천이다. 그는 "지혜와 총명의 영", "지식의 영", 올바르게 "판단하는 영"(사 11:2; 28:6; 출 28:3; 신 34:9), "진리의 영"이기 때문이다(요 14:17; 요일 4:6). 인간의 지적·도덕적·감성적 능력들, 이 능력들을 통하여 이룬 학문, 기술, 예술, 법, 가치관, 윤리, 도덕 등은 성령의 작용 속에서 일어난다. 이들은 "하나님 나라에 대한 비유"가 될 수 있다(황덕형 2012b, 10).

그러므로 "성령 충만은 자기의 정신이 몽롱해져서 술 취한 듯한 상태가 되는 것이 아니다(행 2:15). 성령으로 충만하면 지성, 감성, 의지가 다 빠져나가는 상태로 되는 것이 아니라…오히려 우리의 지성은 더욱 총명해지고, 감성은 더욱 섬세해지고 풍부해지며, 의지는 더욱 견고한 사람이 되는 것이다"(최태영 2013, 291-292).

영적·정신적 능력을 자극하는 성령의 작용 속에서 인간은 생물적 존재로 머물지 않고 자기가 어떤 존재인지 뒤돌아보며, 참 삶의 가치와 목적이 무엇인가를 질문한다. 그는 자기의 죽음을 미리 내다보고 남은 인생을 어떻게 살아야 할 것인가를 생각하며, "어떤 상황에서도 사람답게 살려고 하는 결의를 가지고 거기에 힘을 쏟는다"(송기득 1997, 266).

인간 안에 현존하는 성령은 개체성과 공동체성의 원리로서 작용한다. 이로 인해 인간은 삼위일체 하나님처럼 개체성과 공동체성의 두 가지 본성을 가진다. 곧 자기를 다른 존재로부터 구별하고 다른 존재와 교체될 수 없는 유일한 개체로 인식하는 개체성을 갖는 동시에 이웃과 친교를 나누며 더불어 살고자 하는 공동체성을 가진다. 그는 개체성을 갖는 동시에 "그 본성에 있어 사귐을 갖고자 하는 존재(animal natura sociale)이다. 그는 자연적 본성을 통해 사귐을 유지하며 장려하려는 경향을 가진다"(Calvin, Inst. II.2.13).

2) 인간의 도덕적 본성: 인간 안에 임재하는 성령으로 말미암아 모든 인간은 도덕적 존재가 되고자 하는 도덕적 본성을 가진다. 참 행복은 도덕적으로 사는 데 있다는 의식이 모든 사람들의 마음속에 숨어 있다. 정직과 성실, 사랑과 정의가 참 가치로 생각된다. 그러나 타락한 인간에게는 자기중심적이고 거짓되게 살고자 하는 악한 본성도 있다. 그는 죽음의 순간까지 선한 본성과 악한 본성의 갈등 가운데 있다.

그러나 아무리 악한 사람일지라도 인간은 자기의 죄악에 대해 양심의 고통을 당한다. 불의한 사회구조 때문에 어쩔 수 없이 죄를 지을지라도 그는 양심의 가책을 느낀다. 전쟁의 특수한 상황 속에서 적군을 죽일 수밖에 없음에도 불구하고 적군을 죽인 군인들은 전쟁이 끝난 후 엄청난 심리적 고통을 당한다고 한다. "죄책감과 자책, 희생양이 된 듯한 느낌, 무차별적 대상에 대한 분노 및 격렬한 행동에의 충동, 감정에서의 소외, 신뢰하고 사랑하는 능력에 대한 의심 내지는 상실"(정희성 2005, 501) 등의 고통을 견디지 못해 우울증에 걸리고 자기 몸을 자해하고 심지어 자살하기까지 한다.

이와 같은 사실은 도덕적 본성이 인간 DNA의 본래적 본성임을 입증한다. 그는 본래 "하나님의 형상"으로 창조되었고 하나님의 사랑의 숨이 그 안에 있기 때문이다. 비도덕적 행위는 인간 DNA의 본성에 모순된다. 그러므로 비도덕적 행동을 거듭하는 사람은 어둡고 갈등에 시달리는 얼굴 표정을 보이게 된다. 그 반면 도덕적 본성에 따라 행동할 때 마음이 기쁘고 얼굴 표정이 밝아진다. 자기의 본래적 본성(Natur)을 따르기 때문에 그의 DNA가 기뻐하기 때문이다.

3) 영원한 생명에 대한 동경: 성서가 말하는 "영원한 생명"이란 생물학적 생명의 무한한 시간의 길이를 뜻하는 것이 아니라 하나님의 사랑과 정의 안에서 이루어지는 삶의 질(質)을 뜻한다. 곧 포만과 쾌락으로 이어지는 시간의 끝이 없음(End-losigkeit)이 아니라 아름답고 가치 있는 삶의 깊이(Ewigkeit, eternity)를 뜻한다.

모든 사람은 하나님의 형상으로 창조되었다. 그러므로 인간은 눈에 보이는 것에 만족하지 않고 눈에 보이지 않는 가치 있고 영원한 것을 찾는다. 그에게는 영원한 것, 절대자 하나님을 찾는 본성이 숨어 있다. 칼뱅에 의하면 "하나님은 모든 사람에게 그의 신성에 대한 지식을 부여하였다." "모든 사람의 마음속에 신성에 관한 지각이 새겨져 있다"(Inst. I.3.1).

그러므로 비록 분명하게 의식하지 못할지라도 인간은 하나님을 찾는다. 그는 하나님을 향한 개방성을 가진다. 하나님이 그를 포기하지 않고 그의 신실하심을 지키기 때문이다. 하나님을 향한 개방성으로 인해 인간은 세계개방성을 가진다. 달리 말해 "인간의 세계개방성은 하나님과의 관계성을 전제한다"(Pannenberg 1972, 12). 그러나 타락한 인간은 자신의 생명과 종의 유지를 위해 더 많은 소유와 씨뿌리기에 전력투구하는 생물적 존재의 상태를 벗어나지 못한다. 이에 반해 성령을 받은 그리스도인들은 생물학적 존재 상태를 뛰어넘어 영원한 가치를 가진 것을 찾으려 한다. 그는 세상과 세상에 속한 것을 사랑하지 않고(요일 2:15) "하나님의 나라와 하나님의 정의"를 추구한다.

4) 합리성과 법질서가 있는 세계: 사랑은 혼란과 무질서 대신에 질서와 평화를 좋아한다. 따라서 사랑의 영인 성령은 질서와 평화가 있는 사회, 합리성과 법질서가 있는 사회를 이루고자 한다. 비합리성과 비공정성, 혼란과 무질서, 명절 때마다 택배 자동차에 가득 실려 배달되는 뇌물성 선물은 성령의 뜻에 어긋난다. 성령은 이와 같은 부정적 요소들을 일체 거부한다. 그러므로 보다 더 합리적인 사회질서와 법질서, 정의로운 조세제도, 공정한 갑과 을의 관계, 뇌물과 부패가 없는 투명하고 합리적인 세계를 이루고자 하는 노력들이 성령의 작용 속에서 일어나야 한다. 성령을 받은 그리스도인들 역시 합리성과 법질서가 있는 세계를 추구한다.

많은 설교자들은 성령과 인간의 이성이 대립하는 것처럼 설교한다. 이성은 성령을 거스른다. 이성은 적그리스도이다. 그러므로 이성을 버리고 "성령 충만" 해야 한다. 이성과 도덕성의 계발을 통해 보다 나은 세계를 이루고자 한 계몽주의는 하나님의 적이다! "세상학문"도 하나님의 적이다! 이같이 가르치는 교회는 이성과 합리적 사고가 결여된 비이성적·비합리적 집단으로 변모한다. "초(超)이성적이 아닌 반(反)이성적이며, 공동선을 위한 건전한 상식을 무시하는 몰상식과 비상식을 신앙의 이름으로 정당화시키고, 비윤리적이고 반도덕적인 차원을 믿음의 명분으로, 때론 영성으로 오도하는 왜곡된 신앙의 형태가 한국 기독교를 위기로" 몰아가는 결과를 초래한다(이정숙 2014, 69).

물론 하나님 없는 인간의 이성은 악의 도구가 될 수 있다. 그러나 만일 이성이 없다면 인간의 세계는 유지될 수 없다. 이성이 없다면 설교를 할 수도 없고 진리가 무엇인지 깨달을 수 없다. 이성도 하나님의 피조물이요,

이 세계를 유지하기 위한 하나님의 은혜의 선물이다. 성령께서 주시는 하나님의 평화는 이성보다 더 높지만 이성을 대적하지 않는다. 그것은 이성의 합리적 구조를 파괴하지 않는다. "성령은 결코 비합리적 혹은 반합리적 실재가 아니라 이성을 밝혀주고 활동하게 하며…그것을 증명한다." "진리로 인도하는 성령은 반합리적 영이 아니다"(Härle 2007, 368).

성령이 인간의 이성적·합리적 사고능력에 대립한다는 얘기는 성서 어디에도 없다. 오히려 우리가 이성적인 사람, 합당하게(합리적으로) 생각하고 판단할 수 있는 명철과 지혜를 가진 사람이 되기를 원한다는 사실을 성서는 곳곳에서 얘기한다. 하나님은 지혜와 명철과 지식의 하나님이다(잠 3:19). 그는 "지혜를 주시며 지식과 명철을 그 입에서 내신다"(2:6). 이 하나님의 영, 곧 성령은 "지혜와 총명의 영"이요(사 11:2), "지혜와 총명과 지식"을 우리에게 주신다(출 31:3; 35:3; 대하 2:12).

그리스도는 "모든 지혜와 총명으로 우리에게 넘치게" 하신다(엡 1:8; 참조. 딤후 2:7). 우리는 주님을 맹목적으로 섬기기 않고 "이치에 합당하게" 섬겨야 한다(고전 7:35). 합당한(합리적인) 생각과 말은 "아로새긴 은쟁반에 금사과"와 같다(잠 25:11). 요셉, 모세, 바울 등 성서의 중요한 인물들은 지혜와 명철과 총명함이 있고 합리적으로 판단할 수 있는 사람들이었다. 모세는 당시 이집트 황제의 후계자로서 고도의 학식과 지도력을 갖춘 인물이었다. 신약의 로마서는 바울의 뛰어난 논리적이고 합리적인 사고의 능력을 보여준다.

중세 신학자 보에티우스(Boethius)에 의하면, 성령은 "합리적 본성의 개별적 실체"다(rationalis naturae individua substantia). 따라서 성령을 받은 사람은 지혜롭고 명철하여 합리적으로 생각하고 판단할 수 있는 사람이어야 한다. 틸리히에 의하면, "성령은 인간의 영의 합리적인 구조를 파괴하지 않고 인간의 영의 자기 초월을 통해서 모호하지 않은 삶을 창조"한다(유장환 2002, 138).

5) 정의로운 세계에 대한 희망: 하나님은 사랑의 하나님인 동시에 정

의로운 하나님(시 7:9; 롬 3:26; 요일 1:9), 진리의 하나님(시 31:5; 사 65:16), 자유의 하나님(레 25:10; 고후 3:17), "평화의 하나님"(롬 16:20; 빌 4:9; 살전 5:23; 혹은 고후 13:11, "사랑과 평화의 하나님")이다. 따라서 하나님의 영, 곧 성령은 "정의의 영", "진리의 영", "자유의 영", "평화의 영"이다. 이 하나님의 영이 모든 사람의 마음속에 숨어 있기 때문에 사람은 누구나를 막론하고 정의와 진리, 자유와 평화가 있는 세계를 동경하며 이를 갈망하는 본성을 가진다. 우리는 정의롭고 진실한 사람이 되기를 원하며, 정의와 진리, 자유와 평등의 세계를 희망하는 인간의 보편적 본성 속에서 성령의 작용을 느낄 수 있다.

오늘 한국 사회 곳곳에는 불의와 부패가 독버섯처럼 숨어 있다. 특히 공직자들과 정치인들의 불의와 부패는 한국 사회의 발전에 가장 큰 걸림돌이 되고 있다. "국제투명성기구는 2012년 한국의 투명성이 세계 45위라고 발표했다. 우리나라의 탈세율은 그리스나 스페인 수준이고 보험사기 등 각종 부정행위도 빈발한다. 최근 불거진 원자력발전소 비리는 한국인뿐 아니라 주변국 국민과 후손의 생명과 안전까지 위협하고 있다"(『주간동아』, 2014 919호, 14쪽).

이런 사회적 상황 속에서 성령은 정의와 진리가 다스리는 세계를 요청한다. 따라서 그리스도인들이 성령을 받을 때 그들은 정의로운 세계를 갈망하게 되고, 그들 자신이 정의로운 하나님의 자녀로 변화된다. 그들 안에서 성령은 "선하고 이성적이며 도움이 되고 장려되어야 할 모든 활동을 이 세계 안에서 불러일으키고 이끌어가는 창조적 힘"으로 작용한다(Kraus 1983, 458). 사랑과 정의, 자유와 평화가 있는 곳에 성령이 계시고 하나님의 "삼위일체의 흔적"(*vestigium trinitatis*)이 나타난다.

G. 진화와 해방, 신정의 역사로서의 세계사

1) 생물들의 진화의 역사: 하나님의 영, 곧 성령은 피조물의 생명을 생동

하게 하는 생명의 힘 내지 "우주의 역동성의 원리"(Pannenberg, 1991, 60-61)
요, "창조세계를 유지시키는 능력이다"(김명용 1997, 48). 이 능력은 진화의
내적 동력으로 작용한다.

생물들의 진화는 살아남고자 하는 본능으로 말미암아 일어난다. 구체
적으로 그것은 자기보다 강한 포식자에게 잡아먹히지 않기 위해 먹잇감
을 보다 더 쉽게 포획하고 환경의 새로운 변화에 적응하기 위해서이다. 한
마디로 진화는 자연도태를 극복하고 적자생존하기 위해 일어난다. 그러나
그 이면에는 하나님의 영의 작용이 숨어 있다.

"생명의 하나님"은 땅 위의 모든 생명들이 살기를 원한다. 따라서 성령,
곧 "생명의 영"은 생물들의 진화를 자극한다. "생물체를 끊임없이 자기의
제한 위로 고양시키고 이를 통해 그에게 생명을 보장해 주는 힘의 작용"
은 성령의 힘으로 소급된다(Pannenberg 1975, 51). 성령의 작용 속에서 일어
나는 진화의 과정은 그리스도 안에서 만물이 하나로 연합되고 하나님이
모든 것을 통치하는 하나님 나라의 미래를 지향한다. 여기서 성서의 창조
신앙과 진화론은 "반드시 적대적이거나 상충되어야 할 필연성"을 갖지 않
는다(김기석 2012b, 412).

우리는 이와 같은 생각을 프랑스의 가톨릭 신학자 샤르댕(Pierre
Teilhard de Chardin, 1881-1955)의 신학에서 찾아볼 수 있다. 샤르댕에 의하
면 세계는 그리스도를 통해 창조되었고, 그리스도 안에서 하나로 연합될
것이다(골 1:16; 엡 1:10). 그것은 땅의 생성, 생명의 생성, 정신의 생성, 그리스
도의 생성(Géogenèse-Biogenèse-Noogenèse-Christogenèse)의 과정 속에서
차츰 그리스도의 영으로 채워지며 그리스도화된다(김균진 2012, 12장 2절 참조).

세계의 이와 같은 진화과정은 성령의 작용 속에서 일어난다. 성령은
"창조자와 피조물, 그리고 피조물 상호 간의 차이를 지양하여 창조자와 피
조물, 그리고 서로 구분되는 피조물들의 상호 관계 가운데 존재하게 할 뿐
만 아니라 궁극적으로는 피조물들이 아버지와 아들의 사귐의 관계에 참
여하도록 이끄는 원리"로서 작용한다(이용주 2011, 379).

여기서 우리는 역사를 새롭게 이해할 수 있다. 지금까지 신학은 엄밀한 의미의 역사는 인간에게만 있고 자연에는 없다고 정의하였다. 인간의 역사는 새로운 미래를 향한 직선 운동인 반면, 자연은 동일한 법칙에 따른 영원한 순환운동일 따름이다. 여기에는 미래의 목적과 새로움(Novum)이 없다. 그런 까닭에 자연은 역사가 없다는 것이다. 역사에 대한 이와 같은 이해는 인간중심적 해석이요 자연에 대한 모독이라 말할 수 있다. 다윈의 진화론에 의하면 자연은 매우 느리게 보이지만 지속적인 진화의 과정 중에 있다. 자연도 그 나름의 삶을 가지며 끊임없는 변화 속에 있다. 인간의 역사적 사건과 마찬가지로 "자연의 사건도 원칙상 돌이킬 수 없고 반복될 수 없다(unumkehrbar und unwiederholbar)." 따라서 자연도 하나의 역사를 지닌다고 볼 수 있다. 자연의 큰 강물은 끊임없이 흐르기 때문에 "우리는 똑같은 물속에 두 번 들어갈 수 없다"(Weizsäcker 1992, 10).

성령론의 관점에서 우리는 "자연의 역사"를 인정할 수 있다. 자연 속에는 하나님 나라의 새로운 미래를 추구하는 하나님의 영이 숨어 있다. 그러므로 자연도 미래지향성을 가진다. 자연의 생물들이 이것을 의식하지 못할 따름이다. 역사는 자연에게도 있다. 자연은 역사 그 자체이다. 물론 인간은 자연을 변형하고 파괴할 수 있지만, 인간의 역사는 자연의 테두리를 벗어날 수 없다. 인간의 역사가 아무리 위대할지라도 그것은 자연의 거대한 강물 안에서 일어난다. 성령은 이 거대한 자연의 역사를 자극하고 그 방향을 이끌어가는 원동력이다.

2) 해방의 역사로서의 세계사: 인간의 세계는 형식과 역동성의 긴장관계를 내적 구조로 가진다. 이 긴장관계는 보수와 진보의 갈등으로 표출된다. 보수주의는 기존의 질서와 형식을 유지하려는 반면, 진보주의는 이것을 깨뜨리고 새로운 질서와 형식을 창출하고자 하는 역동성을 가진다. 새로운 질서와 형식의 창출은 기존의 것을 파괴하고 혼란과 무질서를 초래할 수 있다. 그러므로 보수주의는 기존의 질서와 형식을 유지하고자 한다. 기존의 질서와 형식이 유지되어야 기득권자들의 특권과 소유가 유지될 수

있다. 그러므로 보수주의는 기득권자들의 편에 서서 현재의 변화를 거부하고 현재를 움켜쥐고자 한다. 그러나 인간이 만든 모든 것 속에는 언제나 부정적인 것, 불의한 것이 내재한다. 개인은 물론 정부기관과 기업체, 종교와 NGO, 노동조합과 문화단체 속에도 부정적인 것이 숨어 있다.

성령은 사랑과 정의와 진리의 영이다. 그러므로 성령은 이 세계의 악하고 불의한 현실에 안주하지 않는다. 그는 주어진 형식과 질서 속에 숨어 있는 부정적인 것을 부정함으로써 그것을 보다 더 높은 진리의 세계로 해방하고자 한다. 부정적인 것이 부정될 때 긍정적인 것, 곧 하나님의 새로운 생명의 세계가 열릴 수 있다. 성령은 이를 가능하게 하는 하나님의 힘이다. 그는 "역사와 사회 속에서 자기중심적인 영이 구축해 놓은 구조를 변혁하는 하나님의 능력"이다(권진관 2002, 270). 그는 "부조리를 합법화하여 절대적으로 고수하려는 기존의 모든 것을 깨뜨리고 새로운 세계를 이룩하려는 하나님의 창조적(종말적)인 역사"의 동력이다(안병무 1999, 197).

출애굽과 예수의 사건이 이를 예시한다. 이들 안에서 성령은 이 세계의 불의한 관계를 부정하고 하나님의 새로운 생명의 세계를 향한 해방의 역사를 일으킨다. 성령에 의한 예수의 부활은 죄와 죽음의 세력에 대한 부정인 동시에 하나님 나라의 미래를 향한 새로운 출발이다. "주의 영이 있는 곳에 자유가 있다"(고후 3:17)는 바울의 말씀은 주의 영, 곧 성령이 자유의 역사의 원동력임을 시사한다.

헤겔(Hegel)은 성령의 부정성을 간파하고 이를 그의 변증법의 기초로 삼는다. "영(정신)으로서의 하나님"(Gott als Geist; 요4:24, "하나님은 영이시다"), 곧 성령은 세계의 모든 부정적인 것을 부정함으로써 하나님의 진리와 자유의 세계로 고양시키는 변증법적 동인이다. "영으로서의 하나님"은 "궁극적으로 모든 역사의 부정성을 극복할 전능하신 하나님이다"(박영식 2012, 363-364, 373). 세계사는 부정적인 것의 부정을 통해 이루어지는 "자유의 역사"다. 그것은 하나님의 나라를 향한 해방의 역사다. "영으로서의 하나님", 곧 성령은 해방의 역사를 일으키는 내적 원동력이다. 그는 새로운 세계 공동체를 이루고자 하는 "세계 공동체의 영"이다(신준호 2005, 239).

성령은 아직 주어지지 않은 하나님 나라의 미래를 지향하는 유토피아적 본성을 가진다. 이 하나님의 영이 피조물 안에 임재하므로 피조물들은 "이미 주어진 것"에 머물지 않고 "아직 주어지지 않은 것", 하나님의 정의와 평화의 세계를 향한 미래지향성을 가진다. 미래지향성, 곧 유토피아적 본성이 만물의 본성이다.

성령을 역사의 원동력으로 보는 성령론적 역사관에 반해, 칼 마르크스는 "생산관계"(Produktionsverhältnisse)의 변화가 사회구조와 역사의 변화를 일으키는 원동력이라 주장한다. 물론 생산관계의 변화로 인해 사회구조와 역사의 변화가 일어나기도 한다. 근대 서구사회의 인권운동과 민주화운동은 시민계층이 자본주의의 자유로운 경제활동을 통해 부를 얻게 되고 통치계층에 대해 힘을 갖게 되면서 일어났다. 곧 물질적·경제적 조건이 인간의 의식구조와 사회구조를 변화시켰다. 그러나 이것은 역사의 한 측면일 뿐이다. 보다 정의로운 세계에 대한 인간의 이념 내지 관념이 사회구조의 변혁을 일으킨 경우는 역사상 수도 없이 많다. 1917년 제정 러시아의 공산주의 혁명도 이에 속한다. 마르크스가 말하는 생산관계 자체는 가치관에 있어 중립적이다. 돈과 마찬가지로 그것은 가치에 대해서는 까막눈이다. 이 가치를 의식하고 사회의 변화를 유도하는 것은 인간의 정신 내지 관념이다. 그 속에는 하나님의 영이 숨어 작용한다. 따라서 하나님의 영, 곧 성령이 세계사의 궁극적 원동력이라 할 수 있다.

3) 신정의 역사로서의 세계사: 신학의 역사에서 신정(Theodizee)의 문제만큼 사람들을 고뇌하게 만든 문제는 없을 것이다. 전능하시고 의로우신 하나님이 계시다면 이 세계의 모든 불의와 모순을 우리는 어떻게 설명할 수 있는가? 정말 하나님이 살아 계시고 정의로운 분이라면 전범국가인 일본은 국토가 분열되지 않았는데, 아무 죄도 없는 한반도가 남북으로 분열된 이 모순된 현상을 우리는 어떻게 설명할 수 있는가? 이 질문은 성령론에 관한 질문이기도 하다. 하나님의 영이 피조물 안에 임재하시고 세계

사를 이끌어가는 원동력이라면, 역사의 모든 악과 불의와 모순을 우리는 어떻게 설명할 수 있는가?

거의 대부분의 신학자들의 성령론은 신정의 문제를 다루지 않는다. 그러나 성서에서 성령은 하나님의 정의를 세우는 "신정의 영"으로 나타난다. 하나님은 "정의의 하나님"이다(사 30:18; 말 2:17). 그는 "정의와 공의를 사랑한다"(시 33:5; 37:28). 따라서 이 하나님의 영은 정의와 공의의 영일 수밖에 없다. 그는 사랑과 자비의 영인 동시에 정의로 "심판하는 영"이요 "소멸하는 영"이다(사 4:4). 불의가 득세하는 것 같지만 하나님의 영은 불의를 꺾으시고 정의를 세울 것이다. "악을 갈아 재난을 뿌리는 자는" "모두 하나님의 입김(루아흐)에 쓸려가고 그의 콧김에 날려갈" 것이다(4:8-9; 참조. 8:3; 13-15; 5:4-16). 하나님은 "정의로 세계를 심판하시며, 공정하게 만민을 판단하실 것이다"(시 9:8-16; 참조. 1:4-6; 7:13-16).

박영식에 의하면 "우리와 함께 고통당하는 하나님은 궁극적으로 모든 역사의 부정성을 극복할 전능하신 하나님이다"(박영식 2012, 363-364, 373). 이 하나님의 영은 "진리의 영"이다(요 14:17; 요일 4:6). 그는 "진리의 성령"이다(요 16:23). 그러므로 성령은 진리가 다스리는 세계를 추구한다. 그는 역사의 모든 거짓과 불의를 극복하고 하나님의 진리와 정의를 향해 역사를 이끌어가는 정의와 진리의 영이다. 그는 성령, 곧 "거룩한 영"이기 때문에 이 세계의 거룩하지 못한 것, 거짓되고 불의한 것을 묵과할 수 없다. 거짓과 불의가 세계를 지배하는 것처럼 보이지만 보혜사 성령께서 오실 때 "죄와 의와 심판에 대하여 세상의 잘못을 깨우치실 것이다"(요 16:8). 그러므로 진화와 해방의 역사로서의 세계사는 하나님의 진리와 정의가 실현되는 신정의 역사라 말할 수 있다.

그러나 세계의 현실은 이와는 너무도 다르게 보인다. "악인이 자기보다 의로운 사람을 삼키되" 하나님이 아무 말씀도 하지 않는(합 1:13) 역사는 계속되고 있다. 성령이 아니라 악령이 세계사를 지배하는 것처럼 보인다. 그러므로 세계사가 "신정의 역사"란 말은 빈말이 아닐까? 이 질문에 대해 성서는 다음과 같이 대답한다. "악인은 바람에 나는 겨와 같다"(시 1:4). 악인이 "비록 강장하고 중다할지라도 반드시 멸절을 당하리니 그가 없어지리라"(나 1:12; 또한 잠 2:22).

이에 대한 실례(實例)를 든다면 세종대왕의 둘째 아들 수양대군은 그의 형님 문종의 아들, 곧 자기의 조카 단종을 폐위시키고 자기가 왕(세조)이 된다. 그는 단종을 강원도 영월로 유배시킨 다음 사약을 내려 제거하고 왕권을 강화한다. 그러나 수양대군의 첫째 아들은 단종의 어머니 현덕왕후의 혼령에 시달리다가 20세의 젊은 나이에 요절한다. 둘째 아들 예종이 19세에 왕이 되지만 1년 2개월 만에 죽는다. 독살되었을 가능성이 크다. 하나뿐인 딸은 아버지의 비행을 비난하면서 공주가 되는 것을 거절하다가 왕궁에서 쫓겨난다.

수양대군의 왕위등극에 일등공신의 역할을 한 간신배 한명회도 비슷한 운명을 당한다. 그는 자기의 딸을 수양대군의 둘째 아들 예종의 비(妃)로 세워 권세를 누린다. 그러나 이 딸은 예종의 뒤를 이어 일찍 요절한다. 그는 그 다음 딸을 예종 다음의 성종과 혼인시키지만 이 딸 역시 19세의 나이에 죽는다. 두 딸 모두 독살된 것으로 추정된다.

악인이 행한 악은 언젠가 그 자신에게 돌아오기 마련이다. 악을 행한 개인과 민족은 자신이 심은 악의 열매를 언젠가 되돌려받는다. "너의 행한 대로 너도 받을 것인즉, 너의 행한 것이 네 머리로 돌아갈 것이다"(욥 1:15). "그 손의 열매가 그에게로 돌아갈 것이다"(잠 31:31). "그 땅은 그 거민의 행위의 열매로 인하여 황무하게 될 것이다"(미 7:13).

성령은 인간 자신의 "행위의 열매"를 통해 하나님의 정의를 세운다. 중세기 유럽문화를 지배했고 세계 곳곳에 식민지를 세웠던 프랑스와, 수천만 명의 인디언들을 죽이고 라틴 아메리카의 금과 은을 탈취했던 스페인 등 유럽의 나라들이 경제위기를 당하고 있다. 일본이 지금도 세계 경제대국의 위치에 있지만 과거사를 속이는 비윤리성을 극복하지 못할 때 후쿠시마 원전사고 당시 도쿄 도지사 자신이 말한 "하늘의 벌"(천벌)을 또 다시 당할 수 있을 것이다. 그래서 "세계사가 곧 세계심판이다"라고 말한다 (Weltgeschichte ist Weltgericht, Schiller). "사필귀정"이란 한국의 속담도 이를 나타낸다.

부정적인 것을 부정하는 정의와 진리의 영은 정의로운 세계를 향해 숨어 역사한다. 따라서 세계사는 성령으로 말미암은 "신정의 역사"라 할 수 있다. 세계사의 궁극적 주재자는 피조물 안에 계신 "영으로서의 하나님", 곧 성령인 것이다. 영으로 현존하는 하나님이 "모든 신의 신이시요 모든 왕의 주재시다"(단 2:47). 세계사는 인간이 결정하는 것처럼 보이지만, 그 뒤에 숨어 역사하시는 분은 하나님의 영이다. 하나님의 영이 세계사의 방향을 이끌어나가시며, 그의 정의를 세우신다. 하나님의 영, 곧 성령은 해방과 신정의 역사로서 세계사의 원동력이다. 이미 출애굽 사건에 나타나는 이 생각은 하나님이 이집트, 바빌론, 페르시아, 그리스 등 세세 강내국들의 역사를 주재하신다는 구약 포로기 이후의 예언서 속에 명시화된다(특히 다니엘서 참조).

H. 타종교 안에 숨어 있는 성령의 작용

칼뱅에 의하면 모든 인간의 마음속에는 "하나님에 대한 감각이 새겨져 있다. 이 감각은 파괴될 수 없다.…하나님의 존재에 대한 확신은 모든 사람에게 타고난 것이며, 그들의 마음 깊은 곳에 단단히 뿌리내리고 있다"(Inst. I.3.3). 달리 말해 "인간들의 마음속에는 하나님을 믿는 마음이 한결같이 굳게 뿌리 박혀" 있기 때문이다(이오갑 2006, 75, 76). 그렇다면 성령의 임재와 작용은 타종교인들 안에도 익명적으로 숨어 있다고 말할 수밖에 없다.

우리는 이에 대한 근거를 "하나님의 형상"에서 발견할 수 있다. 모든 사람이 하나님의 형상으로 창조되었다. 인간의 죄로 인해 하나님의 형상은 파괴되었지만 완전히 없어지지 않고 남아 있다. 그러므로 하나님을 알지 못하는 타종교인들과 무종교인들도 사랑과 정의와 도덕성을 알고 있다. 인간은 하나님을 부인할지라도 하나님은 인간에 대한 그의 신실하심을 지킨다. 그는 타종교인들과 무종교인들에게도 해와 공기와 물을 주신다. 따라서 이들도 하나님의 보편적 은혜 속에 있다. "하나님의 은총과 섭리 밖에 있는 사람은 없다. 하나님은 모든 사람에게 똑같이 햇빛과 단비를 내리신다"(유동식 1997, 216). 그는 하나님의 계약의 백성에 속하지 않은 바빌론 황제 느부갓네살에게도 "나라와 권세와 능력과 영광을" 맡긴다(단 2:37).

타종교인들도 하나님의 보편적 은혜 가운데 있다면, 하나님의 영은 타종교 안에도 숨어 계시고 그 속에서 익명적으로 작용한다고 말할 수밖에 없다. 타종교들도 하나님의 구원의 의지의 보편성과 성령의 내재의 보편성 안에 있다. 세계의 어떤 종교도 성령의 작용에서 완전히 단절되었다고 말할 수 없다. 그러므로 세계의 종교들은 눈에 보이는 것에 만족하지 않고 영원한 것, 절대적인 것을 찾는 공통점이 있다. 보다 정의롭고 인간적인 세계, 구원받은 세계를 향한 동경과 노력은 타종교들 안에도 있다.

또 의롭게 살고자 하는 타종교인들의 의지가 기독교 신자들보다 훨씬 더 강한 경우도 있다. 그리스도인들보다 훨씬 더 진지한 태도로 진리를 찾는 타종교인들도 있다. 임진왜란 때 의병운동을 일으킨 불교 승려들, 자기의 생명을 버리면서 왜장을 물에 빠뜨려 죽인 진주 기생 논개와 부산 이기대(二妓臺: 두 기생을 기리는 망대)의 두 기생, 일제 강점기 때 독립운동에 헌신한 천도교 신자들과 무수한 무종교인들, 세계 극빈국에서 지금도 무보수로 일하는 무종교인 의사들, 기독교를 알지 못했던 옛 성현들의 올바른 삶에 대한 가르침에서 우리는 하나님의 영의 익명적 작용을 볼 수 있다. 따라서 "우리는 타종교가 악마의 소산이라는 것보다는 자유하시는 성령의 역사에 의한 하나님의 단편적인 말씀이라고 보는 것이 더 타당하다고 생각된다"(김재준, 유동식 1997, 208에서 인용).

그러나 우리는 타종교를 과대평가해서도 안 될 것이다. 타종교에는 하나님의 영이 아닌 다른 영들이 함께 작용한다. 바울의 말씀에 의하면, 타종교들은 "썩어지지 아니하는 하나님의 영광을 썩어질 사람과 금수와 버러지 형상의 우상으로" 바꾼다(롬 1:23). 이로 인해 성령의 작용이 거의 보이지 않는 경우도 있다. 정치권력과 결합하여 세계를 지배하고자 하며, 타문화권에 대한 테러와 요인 암살을 목적으로 젊은이들의 목숨을 희생시키고 심지어 여성의 생식기관 일부를 잘라버리는 종교도 있다. 지금도 세계의 어떤 종교는 인간을 불에 태워 신에게 제물로 바친다. 우리 주변의 어떤 종교는 민족의 거대한 부동산을 소유하고 있고 매년 막대한 수입을 얻고 있지만 그 수입이 어떻게 사용되는지 전혀 공개하지 않는다. 그러므로 위에 언급한 최한기 선생은 "'화와 복, 재앙과 상서로움을 앞세워 사람들을 미혹할 뿐 보탬이 없는' 종교들을 강아지풀(낭유)과 같이 쓸모없다 하여 '낭유학'이라 비난"하였다(백소영 2012, 107).

그런데 우리는 종교의 부정적 요소들이 기독교에도 있음을 우리는 간과하지 말아야 하겠다. 중세 가톨릭교회 일부 교황들의 세속적 욕망과 타락, 한국 개신교회 내의 파벌싸움과 교단분열, 총회장 돈 선거, 헌금사취, 교회매매 등, 일일이 열거할 수 없을 정도이다. 그러므로 한국 개신교회는 "성령의 사역이 기독교에만 있다", "구원은 기독교에만 있다"고 말할 자격이 없다. 성령이 어디로부터 와서 어디서 작용하는지 아무도 확정할 수 없다(요 3:8). 구원의 문제는 하나님이 확정할 문제이지, 우리 인간이 확정할 수 있는 문제가 아니다.

그러나 분명한 사실은, 성령의 보편적·익명적 사역은 언제나 죄와 죽음의 세력의 방해를 받는다는 점이다. 오늘날 이 세상은 성령의 다스림 속에 있는 것이 아니라 죄와 죽음의 세력의 다스림 속에 있다 해도 과언이 아닐 정도이다. 그래서 성령의 보편적·익명적 사역을 통해 인간과 세계가 구원에 이른다는 것은 불가능한 것처럼 보인다. 만일 그것이 가능하다면, 하나님의 아들 예수가 이 땅에 오실 필요가 없었을 것이다. 이 때문에 하나님은 예수 그리스도 안에서 일어난 구원의 역사와 함께 성령의 특별한 명시적 사역을 시작한다. 우리는 다음 장에서 성령의 명시적 사역을 살펴볼 것이다.

7

그리스도인들 안에 있는
성령의 명시적 특별사역

앞서 살펴본 성령의 보편적 사역들은 그리스도인들에게도 일어난다. 그리스도인들도 하나님의 창조공동체에 속하기 때문이다. 하나님을 알지 못하는 피조물들에게 그것은 익명적으로, 곧 은폐된 상태에서 일어난다. 성령이 그들 안에 계시지만 그들은 성령과 그의 사역을 알지 못하기 때문이다. 그 반면 그리스도인들에게 그것은 명시적으로 일어난다. 이들은 성령을 믿고 그의 사역을 알기 때문이다.

피조물들 가운데 "세계의 영"으로 계신 성령은 이제 그리스도인들과 그들의 공동체 안에 "공동체의 영"으로 계신다. 공동체의 영으로서의 성령은 이들 안에서 다음과 같은 특별한 명시적 사역을 행한다.

A. 그리스도의 현재적 구원과 그리스도의 친교

1) 그리스도의 구원의 종말론적 현재화: 성령의 특별한 명시적 사역들 가운데 가장 기본적인 사역은 2천 년 전에 일어난, 그러나 장차 완성될 그리

스도의 구원을 앞당겨 오는 것, 곧 구원의 종말론적 현재화에 있다. 성령은 과거, 현재, 미래의 시간적 한계를 뛰어넘을 수 있기 때문에 "과거 현재 미래를 연결한다"(유해무 1997, 394). 그러므로 성령은 과거에 일어난, 그러나 장차 완성될 그리스도의 "구원의 사건의 깊은 내면화"를 신자들에게 일으킴으로써 오늘 "나의 구원"으로 현재화시킬 수 있다(Müller 2005, 401). 하나님이 우리를 구원하신 것은 "성령으로 새롭게 해 주심으로 말미암은 것입니다"(딛 3:5)라는 말씀은 바로 이것을 말한다.

브루너에 의하면 "그리스도에 대한 인식이 성령의 가장 결정적인 열매이다"(Brunner 1964, 30). "성령으로 아니하고는 누구든지 예수를 주시라 할수 없다"(고전 12:3). 그리스도를 인식한다는 것은 하나님의 아들 예수 그리스도 안에서 일어난 삼위일체 하나님의 구원을 믿고 그것을 오늘 나의 구원으로 수용함을 뜻한다. 그리하여 그것이 오늘 나의 사건으로 현재화됨을 말한다. 하나님의 구원은 성령을 통해 오늘 우리에게 주시는 하나님의 은혜의 선물이다(딛 3:6-7).

일반적으로 그리스도의 구원의 현재화는 과거에 일어난 구원의 사건이 현재화되는 것으로 생각된다. 따라서 성령은 과거에 일어난 예수의 역사적 · 객관적 구원이 오늘 내 안에서 "나의 구원"으로 현재화되는 "주관적 현실"이요, "주관적 가능성"으로 파악된다(Barth 1960a, 222, 264). 여기서 구원의 현재화는 과거의 현재화를 뜻한다.

그런데 신약성서는 과거에 오신 예수를 하나님의 미래로부터 장차 오실 분으로 고백한다. "그렇다. 내가 곧 가겠다. 아멘, 오십시오, 주 예수님!" (계 22:20). 여기서 과거에 오신 예수 그리스도는 미래로부터 오실 분으로 간주된다. 과거에 일어난 그의 구원은 장차 완성될 미래의 일로서 우리 앞에 있다. 그리스도의 구원의 현재화는 과거에 일어난, 그러나 미래에 완성될 구원의 현재화를 뜻한다. 따라서 오늘 우리에게 현재화되는 그리스도의 구원은 역사의 마지막(종말)에 완성될 하나님의 보편적 구원의 종말론적 앞당겨 옴을 의미한다.

그러나 미래에 완성될 보편적 구원의 미래는 그리스도의 과거 사건에 근거한다. 과거에 오셨던 그분, 십자가의 고난을 당했고 부활하신 그분이 성령의 능력을 통하여 지금 우리에게 오신다. 미래에 완성될 그분의 구원이 성령의 힘을 통해 오늘 우리에게 현재화된다.

여기서 과거, 현재, 미래는 시간적으로 구별되는 동시에 통시적(通時的)으로 생각된다. 그리스도의 과거는 지나가버린 과거가 아니라 장차 완성될 미래적 과거로 생각되며, 그의 미래는 과거에 근거된 과거적 미래로 생각된다. 현재는 과거의 회상 속에서 미래가 앞당겨 오는 종말론적 시간으로 이해된다. 과거-현재-미래의 시간적 제약과 저기와 여기의 공간적 제약을 넘어서는 성령의 힘을 통해, 과거에 오신 그리스도는 그의 미래로부터 오늘 우리에게 오신다. 그리스도의 과거에 대한 회상 속에서 하나님의 약속된 미래가 현재 속에 앞당겨 온다.

알렉산드리아의 초대교부 오리게네스(Origenes, 254년경 사망)에 의하면, 그리스도는 "하나님 나라 자체"(*autobasileia*)였다. 따라서 그리스도의 오심은 미래에 성취될 하나님 나라의 미래가 앞당겨 온다는 것을 말한다. 모든 피조물이 기다리는 하나님의 구원받은 새로운 생명의 세계, "이제는 죽음과 슬픔과 울부짖음과 고통이 없는" "새 하늘과 새 땅"의 현실이 성령의 힘을 통해 그리스도인들과 그들의 공동체 안에 명시적으로 앞당겨 온다. 신음하고 있는 피조물들의 "미래의 희망이 성령의 힘을 통해 현재화된다"(권진관 2002, 266). 성령은 하나님 나라의 미래를 현재 속에 앞당겨 오는 종말론적 힘이다. "그러므로 성령론의 기본적 특수성은 그것의 종말론적 성격에 있다"(Zizioulas 1985, 130).

2) 삼위일체적 그리스도의 친교: 그리스도인들에게 일어나는 성령의 또 하나의 명시적 사역은 "그리스도의 친교"에 있다. 우리가 그리스도를 구원자로 영접하고 그의 구원을 받을 때 성령이 우리에게 부어진다"(딛 3:6). 우리에게 성령이 부어질 때 하나님의 사랑이 우리 마음속에 부어진다. 성령, 곧 하나님의 영은 사랑의 영이기 때문이다. "하나님께서 우리에

게 주신 성령을 통하여 그의 사랑을 우리 마음속에 부어 주셨기 때문입니다"(롬 5:5). 그 사랑은 하나님의 아들 그리스도의 십자가의 죽음에 계시된다(5:8).

성령은 "그리스도의 영"이다(롬 8:9; 벧전 1:11). 성령이 계신 곳에 그리스도께서 함께 계신다. 따라서 성령이 그리스도인들에게 부어질 때 성령과 함께 계신 그리스도께서 그들과 하나로 연합된다. "그리스도와 신자 사이에 맺어진 역동적이고 신비로운 생명의 연합이야말로 그리스도교적인 신앙의 생명력이다. 그것은 성령에 의한 선물"이다(오영석 1999, 491). 이리하여 그리스도께서 그리스도인들 안에, 그리스도인들이 그리스도 안에 있게 된다. 요한복음의 예수는 이것을 약속한다. "그 날에 너희는⋯너희가 내 안에 있으며, 또 내가 너희 안에 있음을 알게 될 것이다"(요 14:20).

요한복음의 이 말씀은 로마제국에 의해 순교 당한 그리스도인들의 모습을 떠올릴 때 더욱 생생하게 들린다. 원형경기장에서 맹수에게 찢겨 순교의 죽음을 눈앞에 둔 그리스도인들에게 주님은 "너희가 내 안에, 내가 너희 안에" 있을 것이라 약속한다. 그들은 "고아처럼" 홀로 있지 않을 것이다. 그리스도께서 그들 안에, 그들과 함께 계실 것이다. "그리스도께서 여러분 안에 살아 계시면" 몸은 죽음을 당할지라도 "영은 의 때문에 생명을" 얻을 것이다(롬 8:10).

그리스도께서 그들 안에 계신 것처럼 그들은 "그리스도 안에" 있다(고전 1:12). 그들은 "그리스도의 것"이다(고전 3:23). 하나님의 사랑의 영이 그들을 한 몸으로 연합시킨다. 그들은 사랑의 친교를 가진다. 이 세계의 그 무엇도 "그리스도의 친교"를 파괴할 수 없다. "누가 우리를 그리스도의 사랑에서 끊을 수 있겠습니까? 환난입니까?⋯박해입니까?⋯또는 칼입니까?"(롬 8:35). 그들은 "살아도 주님을 위하여 살고, 죽어도 주님을 위하여 죽는다." 그들은 "살든지 죽든지 주님의 것이다"(14:8). 이와 같은 확신 속에서 그리스도인들은 순교의 죽음을 당한다. 그들은 "원형경기장에서 동물의 가죽을 뒤집어 쓴 채 개에게 찢겨 죽거나 십자가에 못 박히거나 날이 지면 어둠을 밝힐 용도로 화형에 처해졌다"(배은숙 2013, 502).

"그리스도의 친교"는 사실상 삼위일체 하나님과의 친교이다. 성령을 통하여 그리스도께서 그의 아버지 하나님 안에 계시고, 아버지 하나님께서 그의 아들 그리스도 안에 계시기 때문이다(요 14:11). 성령은 그리스도인들을 삼위일체 하나님의 친교 가운데로 받아들인다. 성령을 통해 삼위일체 하나님이 우리 안에, 우리가 삼위일체 하나님 안에 있다. 요한1서는 이것을 다음과 같이 말한다. "하나님이 우리에게 자기의 영을 나누어 주셨습니다. 이것으로 우리가 하나님 안에 있고, 또 하나님이 우리 안에 계시다는 것을 우리는 압니다.…누구든지 예수를 하나님의 아들로 시인하면, 하나님이 그 사람 안에 계시고 그 사람은 하나님 안에 있습니다"(요일 4:13-15).

성령은 본질적으로 사랑의 영이다. 그러므로 성령은 삼위일체 하나님의 친교 안에서 우리의 마음을 사랑으로 채우며 사랑을 행함으로써 영원한 생명을 얻도록 인도한다. "하나님은 사랑이다. 사랑 안에 있는 사람은 하나님 안에 있고, 하나님도 그 사람 안에 있다"(4:16). "사랑하지 않는 사람은 죽음에 머물러" 있는 반면, 사랑하는 사람은 영원한 생명 안에 있다(3:14-15). 그는 "죄를 짓지 않으며"(5:18) 정의와 진리에 따라 살아간다. 그 안에 계신 하나님은 "정의의 하나님"이요(사 30:18), 이 하나님의 영은 "진리의 영"이기 때문이다(요일 5:6).

B. 하나님 인식, 자기인식과 세계인식

1) 자기인식을 동반하는 하나님 인식: 칼뱅의 『기독교강요』는 다음과 같은 문장으로 시작한다. "우리의 모든 지식은…두 가지를 포괄한다. 곧 하나님 인식과 우리의 자기인식이다"(Inst. I.1.1). 이 두 가지 인식 중에 어느 것이 먼저 오는지 말하기 어렵다. 그러나 "올바른 질서"에 따르면, 하나님

인식이 먼저 오고 그 다음에 우리의 자기인식이 온다. 우리가 먼저 하나님의 얼굴을 보게 될 때 우리 자신을 바르게 볼 수 있기 때문이다(*Inst*. I.1.3).

a. 하나님은 성서의 말씀과 예수 그리스도 안에서 자기를 계시한다. 우리는 이 하나님을 성령의 도우심으로 인식한다. 그리스도의 삼위일체적 친교 안에서 성령은 우리의 눈을 열어 하나님을 알게 한다. 하나님이 자기를 계시할지라도 성령이 우리의 마음을 감화감동시키지 않으면 "어떤 사람도 인류의 이 타락 속에서 하나님을 아버지로, 구원의 원인자로, 은혜로운 하나님으로 인식할 수 없다"(*Inst*. I.2.1).

하나님 인식은 하나님에 대한 객관적 지식이 아니라 하나님을 인정하고 경외함을 뜻한다. 그리스도를 보내신 아버지 하나님은 천지를 지으신 창조자시요 우리의 구원자시며 "우리의 아버지"이시다(마 6:9). 그는 사랑이다(요일 4:8, 16). 그는 단지 전능한 분이 아니라 "십자가의 부끄러움과 겸손 안에서만 인식되기를" 원한다(김주한 2006, 106). 하나님 인식은 이 하나님을 경외하며, 그의 계명 안에서 사는 것을 말한다.

달리 말해 하나님 인식은 하나님을 믿는 것을 말하며, "그분을 믿는 것은 아는 것"을 말한다(이오갑 2006, 81). 하나님을 알지 못하던 인간, 하나님을 부인하고 하나님 없이 살던 인간이 하나님을 믿고 인정하며 그를 경외하며 살게 되는 여기에 성령의 명시적 사역이 있다.

b. 하나님을 보게 될 때 우리는 우리 인간의 참 모습을 보게 된다.

① 성령은 그리스도 안에 있는 인간의 본래적 모습을 인식하게 한다. 그리스도는 "눈에 보이지 않는 하나님의 형상"이다. 그분 안에 참 인간의 본래적 존재가 계시된다. "하나님의 아들"이신 그리스도는 자기를 완전히 아버지 하나님에게 맡긴다. 그는 아버지 하나님께서 주시는 것으로 살며, 그의 계명에 복종한다.

이 예수 안에 모든 인간이 따라야 할 인간의 본래적 모습이 계시된다. 예수의 아버지 하나님이 곧 "우리의 아버지"요, 우리는 "하나님의 자녀들"이다. 우리는 그의 사랑과 돌보심 안에 있다. "오늘 있다가 내일 아궁이에 들어갈 들풀도 하나님께서 이와 같이 입히시거든 하물며 너희들을 입히시지 않겠느냐?"(마 6:30).

하나님의 자녀들은 매일 아버지 하나님께서 주시는 양식으로 살며, 그의 계명에 순종하며 산다. 그들은 "하나님의 형상"으로 창조되었기 때문에 하나님처럼 서로 사랑하고 용서하고 돌보아주며 산다. 바로 여기에 인간의 본래적 존재가 있다. 성령은 그리스도 안에 계시되는 인간의 본래적 존재를 보게 한다.

② 우리는 십자가에 달린 예수 안에서 본래의 존재를 버리고, 하나님 없이 탐욕과 죄와 죽음의 세력에 붙들려 헛되이 살다가 죽음으로 끝날 수밖에 없는 비본래적 존재를 보게 된다. 예언자 이사야가 거룩한 하나님을 보게 되었을 때, 그는 죄로 인해 죽을 수밖에 없는 자기의 모습을 보게 된다. "이제 나는 죽게 되었구나!"(사 6:5) 이와 동시에 우리는 죄와 죽음의 세력으로 인해 억울한 고난과 죽음을 당하는 연약한 생명들의 모습을 십자가에 달린 예수 안에서 보게 된다.

③ 성령은 죄와 죽음의 세력에 붙들려 죽을 수밖에 없는 비본래적 인간에 대한 하나님의 사랑을 보게 한다. 우리는 죄로 인해 죽을 수밖에 없는 존재지만 그럼에도 불구하고 하나님의 사랑과 은혜 안에 있다. 하나님은 악한 사람에게도 해와 비를 주신다(마 5:45). 우리는 십자가에 달린 그리스도 안에서 죽음의 저주 아래 있는 우리 인간의 비본래적 모습을 인식하는 동시에 하나님의 사랑 안에서 구원으로 초대받은 인간존재를 인식한다.

c. 우리는 하나님을 알게 될 때 세계를 새롭게 인식하게 된다. 온 세계가 하나님의 것이요(시 24:1; 요 1:3), 하나님의 사랑과 구원의 대상이기 때문에 하나님 인식과 세계인식은 분리되지 않는다. 또 인간은 세계의 "아주 특별한 존재"인 동시에 세계의 한 부분이기 때문에, 인간의 자기인식과 세계인식도 분리될 수 없다. 세계인식 없는 하나님 인식과 마찬가지로 세계인식 없는 인간의 자기인식도 추상적이다.

① 하나님을 인식할 때 우리는 하나님의 사랑의 영 안에서 창조된 세

계, 곧 하나님 "보시기에 좋은" 세계의 본래적 모습을 알게 된다. 세계는 저주받은 사탄의 영역이 아니라 하나님의 소유로서 하나님의 사랑의 대상임을 인식하게 된다.

② 이와 동시에 우리는 죄와 죽음의 세력으로 인해 파멸의 죽음으로 끝날 수밖에 없는 세계의 비본래적 모습을 보게 된다. 그리스도의 십자가에서 우리는 피조물들의 고난과 고통을 보게 되고 구원을 향한 그들의 울부짖음을 듣는다. 성령이 우리의 마음을 하나님의 사랑으로 채우시고 우리를 감화감동하기 때문이다.

③ 또한 성령은 파멸과 죽음으로 끝날 수밖에 없는 바로 이 세계야말로 하나님이 사랑하는 세계요(요 3:16) 구원의 대상임을 깨닫게 한다. 세계는 인간의 탐욕과 무분별로 인해 대 파멸의 위험 속에 있지만, 그럼에도 불구하고 "이제는 죽음과 슬픔과 울부짖음과 고통이 없는" 새로운 생명의 세계에 대한 하나님의 약속의 빛 속에 있다. 세계는 어둠 가운데 있지만, 참 빛이 벌써 비치고 있다. 이 빛은 그리스도 안에서 이웃을 사랑하는 사람들 안에 있다(요일 2:8-10). 성령은 이와 같은 세계인식과 함께 "하나님의 동역자(고전 3:9)"로서 우리에게 새로운 자기인식을 선사한다. "내가 여기 있나이다. 나를 보내소서"(사 6:8).

하나님 인식, 인간의 자기인식과 세계인식은 성령의 새 창조의 명시적 사역이라 말할 수 있다. 하나님 없이 살던 자들이 하나님을 알게 되고 새로운 자기인식과 세계인식을 갖게 될 때 성령의 새 창조가 시작된다. "그분 곧 진리의 영이 오시면 그가 너희를 모든 진리 가운데로 인도하실 것이다"(요 16:13).

C. "구원의 질서"를 통한 인간의 새 창조

1) "새로운 피조물"의 창조: 전통적으로 신학은 창조-구원-성화(creatio,

redemptio, sanctificatio)를 삼위일체 하나님의 사역으로 요약한다. 여기서 성령의 사역은 창조론적·메시아적 차원을 상실하고 구원받은 그리스도 인들의 성화로 축소된다. 이에 반해 우리는 성령의 사역을 "새 창조"라 정리할 수 있다. 성령은 죄의 세력에 붙들린 인간은 물론 하나님이 창조하신 세계의 구원과 새 창조를 목적하기 때문이다.

앞서 살펴본 바와 같이 성령의 새 창조는 세계사 속에서 보편적으로, 또 익명적으로 일어난다. 이와 동시에 그것은 삼위일체 하나님을 믿는 그 리스도인들에게 명시적으로, 인격적으로 일어난다. 하나님 없이 살던 사 람이 성령을 통하여 "하나님의 자녀", "새로운 피조물"로 새롭게 창조되며 (롬 8:13; 고후 5:17; 참조 시 104:30), "육의 열매"를 버리고 "성령의 열매"를 맺 는 사람으로 변화된다. 정욕과 탐욕에 사로잡혀 악을 행하며 살던 사람이 "선한 일에 열심하는 (하나님의) 친 백성"(딛 2:14)이 된다. 이를 가리켜 우리 는 성령의 명시적·인격적 새 창조의 사역이라 말할 수 있다.

성령의 명시적·인격적 새 창조는 죄의 세력으로부터 인간의 해방 과 자유라 말할 수 있다. "주는 영이시니 주의 영이 있는 곳에 자유가 있 다"(고후 3:17). 여기서 자유는 역사적·사회적 관계성에서 추상화된 개체 적 자아의 "'자기 결정'과, 이를 통한 '자기 원인'(*causa sui*)" 혹은 "비결정" (Indetermination)을 뜻하는 것이 아니라 "창조자인 신과 올바른 관계를" 갖 는 것, 곧 "최고선이자 진리인" 하나님에 대한 복종을 말한다(Augustinus, 이 용주 2013, 201). 죄의 세력에 붙들린 인간의 자아가 죄의 포로상태에서 자 유롭게 해방되는 여기에 성령의 새 창조가 있다.

2) "구원의 질서"를 통한 새 창조: 근대 정통주의 신학이 말하는 "구원 의 순서"(*ordo salutis*)는 일반적으로 구원론에서 언급된다(유해무 1997; 이범 배 2001). 그러나 그것은 성령론에서 다루어질 수도 있다(오주철 2013). 그것 은 성령의 도우심을 통해 일어나는 성령의 사역이기 때문이다. 이에 따라 우리는 "구원의 질서"의 공식을 통해 성령의 명시적·인격적 새 창조를 기 술할 수 있다.

"구원의 순서"는 바울의 말씀에 근거한다. 로마서 8:28-30은 하나님의 구원의 순서를 예정과 선택, 부르심(소명), 의롭다 하심(칭의), 영화롭게 함으로 나타낸다. 신학의 역사에서 그것은 예정, 부르심, 믿음, 다시 태어남(중생), 회심, 성화, 칭의, 참회와 고해, 신비적 연합, 부활 등 다양하게 파악된다. 정통주의 신학은 구원의 객관적 측면인 칭의를 중요시하는 반면 경건주의는 회개, 중생, 성화, 갱생의 주관적 측면을 중요시한다. 이범배는 구원의 순서를 소명, 중생, 회심, 칭의, 입양, 성화, 견인, 영화로 규정하고 이를 자세히 기술한다(이범배 2001, 621-725; 또한 유해무 1997, 436-492).

　　"구원의 순서"는 문제점을 갖는 동시에 타당성을 가진다. 가장 큰 문제점은 하나님의 구원을 인간에 대한 구원으로만 축소시키며, 세계 현실의 구체적 상황과 동떨어진 하나의 신학적 공식으로 머물게 하는 데 있다. 반면에 그 타당성은 인간의 구원의 다양한 측면들을 제시하며, 구원이 단지한 순간의 사건이 아니라 인간의 생명이 새롭게 창조되어가는 과정이란점을 시사해준다는 것이다. 성령론적으로 그것은 그리스도인들 안에서 명시적으로 일어나는 성령의 인격적인 새 창조를 나타낸다. 그 내용을 간단히 살펴본다면,

　　a. 소명(vocatio, 부르심): 성령에 의한 한 인간의 구원과 새 창조는 하나님의 부르심으로 말미암아 일어나기 시작한다. "하나님은 이미 정하신 사람들을 부르시고…"(롬 8:30; 고전 1:24). 성서에서 하나님의 부르심은 본래종말론적 개념이다. 그것은 개인의 구원은 물론 역사의 미래에 성취될 하나님의 나라를 세우기 위한 부르심을 말한다(참조. 사 6:1-8, 이사야의 소명). 성령의 부르심은 성령의 명시적 사역으로 일어난다. "말하는 이는…아버지의 영이시다"(마 10:20).

　　b. 회개와 죄의 용서(conversio, remissio peccatorum): 성령은 죄의 깨달음과 회개로 인도한다. "이스라엘 족속아…너희는 회개하고 너희의 모든범죄에서 떠나 돌이켜라"(겔 18:30). "하나님은…회개하라고 명하십니다"(행 17:30). 회개는 하나님 없는 죄악된 생활에서 하나님 안에 있는 의로운 생

활로, 자기의 욕망에 사로잡힌 자기중심의 생활에서 하나님 중심의 생활로의 방향전환을 뜻한다. 그리고 회개하는 사람에게 구원이 선언된다. "오늘 구원이 이 집에 이르렀다"(눅 19:9).

회개와 죄용서는 죄의 인식을 전제한다. 자기의 죄를 인식하는 자만이 회개할 수 있고 죄의 용서를 받을 수 있다. "실로 나는 죄 중에 태어났고, 어머니의 태 속에 있을 때부터 죄인이었습니다.…주님의 눈을 내 죄에서 돌리시고, 내 모든 죄악을 없애 주십시오"(시 51:5-9). 죄의 용서는 성령을 통해 일어난다. "여러분은…하나님의 성령으로 씻겨지고"(고전 6:11).

c. 믿음(*fides*): 믿음 속에서 그리스도인들은 하나님의 자녀로, 새로운 피조물로 새롭게 창조된다. 그들은 하나님의 "새로운 피조물"이다. 믿음은 분명히 인간의 행위이다. 성령이 믿는 것이 아니라 내가 믿기 때문이다. 하지만 믿음은 성령의 감화감동으로 말미암아 일어난다. 이런 측면에서 믿음은 성령의 사역이다. "어떤 사람에게는 같은 성령으로 믿음을 주시고…"(고전 12:9; 참조. 롬 12:3). 성령은 믿음의 눈을 뜨게 하고 믿음을 유지하는 "믿음의 영"이다(고후 4:13). 믿음 속에서 우리는 하나님과 우리 자신과 우리의 이웃과 세계를 새롭게 인식한다. 초월적 하나님은 "성령의 역사", 곧 성령의 "내적 증거"를 통해 "인간의 지각과 이해"를 일깨워준다(이오갑 2009, 53).

d. 칭의(*iustificatio*): 칭의는 불의한 죄인이 하나님의 의로운 자녀로 창조되는 결정적 사건이다. 회개와 죄의 용서, 믿음을 통하여 불의한 죄인이 하나님의 의롭다하심을 얻는다. "하나님의 의는 예수 그리스도를 믿는 믿음을 통하여" 온다(롬 3:22; 5:1). 칭의는 "죄와 죽음의 법"에서 "성령의 법"에로의 해방을 뜻한다. "성령의 법이 당신을 죄와 죽음의 법에서 해방하여" 주었다(8:2). 칭의도 성령의 사역에 속한다. 구원, 곧 칭의는 "우리가 행한 의로운 일 때문이 아니라…성령으로 새롭게 해 주심으로 말미암은 것입니다"(딛 3:5-6). "그분은…성령으로 의롭다는 인정을 받으셨습니다"(딤전 3:16).

e. 다시 태어남(*regeneratio*, 중생): 칭의가 하나님의 구원과 새 창조의 객관적 측면을 가리킨다면, 다시 태어남은 그것의 주관적 측면을 가리킨다. 그것은 죄의 왕국을 벗어나 하나님이 다스리는 하나님의 나라에 속하게 됨을 의미한다. 다시 태어남 역시 성령의 사역이다. "누구든지 물과 성령으로 나지 아니하면 하나님의 나라에 들어갈 수 없다.…성령으로 태어난 사람은 다 이와 같다"(요 3:5-8). 우리는 "양자의 영"으로 말미암아 "하나님의 자녀"로, 그리스도의 "공동 상속자"로 다시 태어난다(롬 8:15).

f. 입양(*adoptio*): 다시 태어남과 함께 우리는 하나님의 자녀로 입양된다. 이제 우리는 "하나님의 자녀"로 살게 된다. 입양은 새 창조의 또 다른 측면을 나타낸다. 곧 하나님 나라를 세워야 할 "하나님의 동역자", 그리스도의 "공동 상속자"가 되는 측면을 나타낸다. "우리는 하나님이 정하신 상속자요, 그리스도와 더불어 공동 상속자입니다"(롬 8:17; 고전 3:9). 입양 역시 성령의 사역에 속한다. "양자의 영", 곧 성령으로 말미암아 우리는 하나님을 "아빠, 아버지"라 부르게 된다(롬 8:15; 고후 5:17; 갈 4:6-7).

g. 성화 혹은 갱신(*sanctificatio sive renovatio*): 성화는 성령의 새 창조의 인격적 측면을 가장 분명히 나타낸다. 하나님의 칭의를 받고 다시 태어난 사람, 하나님의 자녀로 입양된 사람은 매일의 생활 속에서 거룩한 사람으로 새롭게 창조되어야 한다. 루터에 의하면 "하나님을 아는 것, 즉 하나님을 믿는다는 것은 하나님에 의해 변화되는 것(*vita passiva*)을" 뜻한다(김주한 2006, 111).

성화는 "경건"으로 구체화된다. 칼뱅에 의하면 "경건은 일차적으로 '하나님을 경외하고 사랑하며 영화롭게 하는 것'이며", "하나님을 아버지와 주님으로 모시는 가운데, 그분을 두려워하는 마음으로 공경하고 사랑하는 삶"을 말한다(김광묵 2013, 49). 하나님 없이 자기 욕망대로 살던 인간이 하나님을 경외하며, 하나님의 사랑과 정의를 행하는 경건한 사람으로 성화되는 바로 여기에 성령의 새 창조가 일어난다. 성화는 "성화의 영"을 통해 일어나는 성령의 사역이다(롬 15:16; 고전 6:11; 엡 3:16-19; 살후 2:13; 5:22-25).

h. 성도의 인내(*perseveratio*): 인내 혹은 견인은 옛 사람으로 돌아가지 않기 위해 의심과 유혹과 박해와 삶의 고통을 참고 견디며 믿음의 길을 지키는 것을 말한다. "끝까지 견디는 사람은 구원을 얻을 것이다"(마 24:13). 인내의 개념은 종말론적으로 확대되어야 한다. 곧 새 창조의 세계에 대한 하나님의 약속이 이루어지기까지 모든 실망과 좌절을 참고 견디며, 새 창조의 완성을 향해 그리스도의 뒤를 따르는 종말론적 개념으로 이해되어야 한다. "그 약속해 주신 것을 받으려면 인내가 필요합니다"(히 10:36). "…우리 앞에 놓인 달음질을 인내로써 달려갑시다"(12:1). 인내는 성령의 감화를 통해 일어나는 "성령의 열매"이다(갈 5:22; 고후 6:6). 그것은 하나님께서 주시는 것이다(롬 15:4).

i. 영화(*glorificatio*): 성령에 의한 인간의 새 창조는 영화(榮化), 곧 영화롭게 되는 것과 함께 그 목적에 도달한다. 영화는 신자들이 성화와 인내를 통해 영광스러운 존재로 변화되는 인간적인 측면과 신자들의 삶을 통해 하나님이 영광스럽게 되는 신적 측면을 가진다. 인간의 영화와 하나님의 영화는 결합되어 있다. 곧 우리가 하나님을 영광스럽게 할 때 우리 자신이 영광스러운 사람이 된다. 거꾸로 우리가 영광스러운 사람으로 변화될 때 하나님이 영광스럽게 된다. 궁핍한 사람에게 은혜를 베푸는 사람은 그 자신을 영화롭게 하는 동시에 하나님을 영화롭게 한다(잠 14:31; 요 17:10).

영화 역시 종말론적 개념이다. 그리스도의 구원을 통해 신자들은 "이미" 하나님의 영광에 참여하는 영광스러운 존재가 되었다. 그러나 이것은 시작에 불과하다. 신자들의 영화와 모든 피조물의 영화 그리고 하나님의 영화는 "아직도" 종말론적 미래로 남아 있다. 이 미래가 현재화되는 길은 모든 사람이 영광스러운 존재로 변화되고 하나님의 영광이 온 땅 위에 충만케 되는 데 있다(시 72:19). 신자들과 하나님을 영광스럽게 하는 것은 "영광의 영"(벧전 4:14; 참조. 요 17:1) 혹은 "하나님의 영광의 힘"이다(골 1:11).

우리는 "구원의 순서"를 거쳐 새롭게 창조된 새로운 인간의 대표적 모습을 이용도 목사에게서 발견할 수 있다. "성령으로 거듭난 이용도는…옛날의 생활, 혈기, 습관, 말씨, 행동을 다 죽였다. 그리고 새로운 생각, 정신, 습관, 말씨, 행동을 보였다. 또한 남의 비판이나, 가난함이나 병듦이나, 교회가 버리든, 다른 목사나 기성 교회가 인정을 하든 않든 오직 주님만을 보고 나아가는 주님의 사람이 되었다"(임걸 2008, 86-87, 89). 필자의 친구 김지연 목사는 성령에 의한 인간의 새 창조를 다음과 같이 말한다.

"우리가 어떻게 하면 술, 담배를 끊고 불륜의 관계를 끊고 악하고 더러운 습관을 끊을 수 있을까요?⋯날마다 일기를 쓰거나 손가락을 잘라 혈서를 쓰면 더러운 죄와 악을 끊고 새사람 될 수 있을까요? 아닙니다. 예수를 믿고 그를 내 마음속에 주인으로, 왕으로 모시면 그가 끊게 해 주십니다. 거룩하신 하나님의 영, 성령이 내 안에 와 계시면 더럽고 추한 생각이 하나씩 끊어지고 새사람으로 변화됩니다(聖化)"(김지연 2007, 318).

3) 계속되어야 할 성령의 새 창조: 위에 기술한 "구원의 질서"는 성령에 의한 새 창조가 삶의 과정 속에서 계속되어야 함을 보여준다. "의인인 동시에 죄인"(simul iustus et peccator)이란 루터의 명제는 "의인인 동시에 죄인이니까, 죄를 계속 지어도 좋다"는 것을 말하는 것이 아니라 끊임없는 죄의 유혹을 물리치고 의인의 위치를 지킴으로써 성령에 의한 새 창조를 이루어야 함을 시사한다.

미국의 청교도 신학자 에드워즈(J. Edwards, 1703-1758)는 "거룩한 습성(habitus) 혹은 미덕(virtue)"의 개념을 통해 성령에 의한 새 창조의 계속성을 주장한다. 하나님의 영을 통해 그리스도인들은 "새로운 피조물" 혹은 "하나님의 자녀"로 새롭게 창조되었다. 그러나 "우리의 삶의 모습이 완전히 하나님의 자녀답게 변한 것은 아니다. 우리에게는 아직도 부패한 옛 사람의 습성이 남아 있다(엡 4:22)." 그러므로 우리는 끊임없이 죄의 유혹을 제어하고 거룩한 습성과 미덕을 갖춘 사람으로 변화되어야 한다. "참된 미덕은 하나님에 대한 사랑과 연합"이요, "자기만족적 사랑이 아니라 상대방을 유익하게 하는 호의적 사랑"이다. 이 미덕은 우리의 지속적인 경건훈련을 통해서도 얻을 수 있지만, 일차적으로 성령의 새 창조의 열매이다. "성령은 우리 안에서 자발적인 선행의 동기 부여, 우리의 죄악된 과거의 습성을 변화시키는 감화, 거룩한 미덕 형성을 위한 뿌리로서의 역할을 하신다" (현요한 2010, 108, 126).

D. 약속된 하나님 나라 현실로서의 교회

1) "성령의 전"으로서 교회: 바울에 의하면 그리스도인들은 "세례를 받아서 한 몸이 되었고, 또 모두 한 성령을 마시게 되었다"(고전 12:13). 성령이 그들 안에 있고, 그들이 성령 안에 있다(3:16). 그들은 "성령의 전" 혹은 "하나님의 성전"이다(6:19; 3:16). 이들이 모인 교회 역시 성령의 전이다. 성령의 전으로서의 교회는 성령의 새 창조의 명시적 열매이다. 이 열매는 성령의 본성에 기인한다. 성령은 그 본성에 따라 나누어진 부분들을 결합 내지 연합시켜 한 몸을 이루는 활동을 한다. 그는 사랑의 영이기 때문이다.

우리는 결합시키는 성령의 활동을 다음과 같이 분석할 수 있다. ① 성령은 하나님의 내재적 삼위일체 안에서 영원한 아버지 하나님과 그의 아들 그리스도를 하나로 결합시킴으로써 삼위일체적 친교를 이룬다. ② 성령은 하나님이 지으신 모든 피조물 안에 임재하면서 하나님과 피조물을 결합시킨다. ③ 성령은 피조물들을 결합시켜 유기체적 생명공동체를 이루지만, 이 생명공동체는 인간의 죄로 말미암아 분열된다. ④ 성령은 인간이 되신 하나님의 아들 예수의 신성과 인간성을 결합하는 동시에 예수를 아버지 하나님과 하나로 결합시킨다. ⑤ 성령은 그리스도와 신자들을 결합시키는 동시에 그리스도의 친교 안에 있는 신자들을 하나로 결합시켜 성령의 전을 이룬다.

성령으로 말미암은 새 창조의 공동체는 모든 민족과 인종과 사회계층을 포괄하는 에큐메니컬 공동체이다. 하나님은 모든 사람들, 모든 민족들의 하나님이다(롬 3:29). 성령을 받고 성령 안에 있는 그리스도인들은 "한 분 하나님"(3:30)의 한 "자녀"요 한 "백성"이다. 그들은 "그의 소유된 백성"이다(벧전 2:9). 그들은 서로 사랑하고 도와가며 살아가야 할 형제자매들이다(약 2:15). 그들은 "유대인이나 그리스인이나 종이나 자유자나 다 한 성령으로 세례를 받아 한 몸이 되었다"(고전 12:13). "거기는 그리스인과 유대인이나 할례당과 무할례당이나 야인이나 스구디아인이나 종이나 자유인이나 구분이 있을 수 없다"(골 3:11).

성령을 받은 그리스도인들은 한 포도나무에 속한 가지들이다(요 15:5). 그들은 "그리스도의 몸이요 지체의 각 부분들이다"(고전 12:27). 몸은 하나이지만 많은 지체들이 있다. 많은 지체들이 그리스도 안에서 한 몸, 곧 공동체를 이룬다(롬 12:5). 성령은 이 공동체의 삶을 이끌어간다. 공동체 안에 계신 성령은 "직접성이요, 순수한 현재이며, 순수한 인격적 사귐"이다 (Brunner 1960, 31).

"성령의 전" 혹은 "하나님의 성전"은 교회에 제한되지 않는다. 온 세계가 성령이 그 안에 거하는 "성령의 전", 곧 "하나님의 집"이 되어야 한다(계 21:3). 개인과 개인, 여성과 남성, 계층과 계층, 나라와 나라, 인종과 인종, 인간과 자연 등 나누어진 세계의 모든 부분들이 성령을 통하여 하나로 연합되고 통일되어 "성령의 전"을 이루어야 한다(엡 4:6). "성령의 전"으로서의 교회는 온 세계를 향한 성령의 보편적인 새 창조의 전초기지로서 사명을 가진다.

2) 약속된 하나님 나라의 현실: 나누어진 피조물들이 하나로 연합되는 성령의 전은 하나님 나라의 현실이라 말할 수 있다. 그 속에는 거룩한 하나님의 영이 모든 것을 결정한다. 예수 그리스도의 부활과 함께 약속된 하나님의 나라가 그 안에 앞당겨 온다. 그리스도인들과 그들의 공동체는 땅위에 있는 하나님 나라의 현실이다. 성령이 계신 곳에 삼위일체 하나님이 계시고 하나님이 계신 곳에 하나님의 나라가 있다.

그러나 그리스도인들과 그들의 공동체 안에 있는 하나님 나라의 현실은 매우 불완전하다. 그것은 온 땅 위에 세워져야 할 하나님 나라의 "첫 열매"에 불과하다(롬 8:23; 16:5). 따라서 성령을 통한 하나님 나라의 완성은 미래에 있다. 그것은 역사적 현재인 동시에 미래로 머물러 있다. 그것은 "이미 – 그러나 아직 아니"의 긴장관계 속에 있다. 성령은 "미래의 것을 가리키며, 그 타당성을 보증하는 '담보'이다"(arrabon, 고후 1:22; 5:5; 엡 1:14). 이런 점에서 성령은 "종말론적 은사"이다(Weber 1972, 270-271).

여기서 "담보"란 개념은 "종말론적인 것"의 역동적·메시아적 차원을 충분히 드러내지 못한다. 성령은 은행에 저당 잡혀 있는 "담보물"과 같은 것이 아니라 "부정적인 것의 부정"을 통해 하나님 나라의 미래를 끊임없이 현재 속에 앞당겨 오는 종말론적 은사이다.

하나님은 "만유의 아버지"시요 "만유의 주"이다(엡 4:6; 행 10:36; 고전 15:28). 그는 모든 나라의 통치자시다(시 22:28). 그러므로 성령은 그리스도인들과 그들의 공동체 안에 제한되지 않고 세계의 부정적인 것을 부정함으로써 약속된 하나님 나라의 현실을 만유 안에 확장하고자 한다. 성령은 "미래의 세계의 선수금이요 담보물"인 동시에 "차안 속에 있는 변화의 힘"이다(Kraus 1983, 450, 455). 그는 새 창조의 역사를 일으키는 역사의 변증법적인 동력(Triebkraft)이요, 종말론적·메시아적인 새 창조의 힘이다. 이런 의미에서 성령은 "종말론적 은사"이다. 이 은사는 "땅뿐만 아니라 하늘까지도 흔들며", 인간과 세계의 부정적인 것을 "태워 없애는 불"로서 작용한다(히 12:27-29).

여기서 우리는 성령의 활동의 세 가지 측면을 볼 수 있다. "생명의 힘"으로서 땅 위의 모든 생명들을 살리고자 하는 창조론적인 측면, 그리스도의 구원을 함께 이루며 그 구원을 현재화시키는 구원론적인 측면, 하나님 나라의 약속된 미래를 앞당겨 오는 종말론적·메시아적인 측면 등등. 이 측면들은 다음과 같이 연결되어 있다.

a. 예수의 구원을 함께 이루었고 그의 구원을 현재화시키는 "구원의

영", 하나님의 나라를 이 땅 위에 세우고자 하는 "종말론적·메시아적 영"이 피조물들 안에 "생명의 힘"으로 활동한다. 따라서 "생명의 영" 안에는 "구원의 힘"과 "종말론적, 메시아적 힘"이 함께 작용한다.

b. 피조물들의 "생명의 힘"이 되시고 하나님의 나라를 세우고자 하는 "종말론적·메시아적 영"이 그리스도인들과 그들의 공동체 안에서 "구원의 영"으로 활동한다. 따라서 그리스도인들과 그들의 공동체 안에 있는 "구원의 영"은 신음하는 모든 피조물의 생명을 살리고자 하는 "생명의 힘"으로, "이제는 죽음과 슬픔과 울부짖음과 고통이 없는" 하나님의 나라를 완성하고자 하는 "종말론적·메시아적 힘"으로 작용한다.

c. 피조물의 "생명의 힘"이시요, 그리스도의 "구원의 영"이신 성령은 부정적인 것의 부정을 통해 약속된 하나님의 나라를 확장하는 "종말론적·메시아적 영"으로 활동한다. 따라서 부정적인 것의 부정을 통한 하나님 나라의 확장은 예수 그리스도의 구원 속에 담지된 것의 구체적 실현이요, 그리스도인들과 그들의 공동체 안에 현재화된 것의 완성이며, 인간의 죄악으로 파괴된 세계의 회복, 곧 "만유의 회복"(행 3:21)을 지향한다.

d. 상호 보완되어야 할 정교회와 개혁교회의 교회관: 동방정교회의 전통은 교회를 "성령의 열매"로 이해하는 반면(Staniloae 1985, 67), 개혁교회의 전통은 교회를 "말씀의 피조물"(creatura verbi)로 이해한다. 이 두 가지 교회관은 반대되는 것이 아니라 서로 보완되어야 할 교회의 두 가지 측면을 가리킨다. 하나님의 말씀이 있는 곳에 성령이 있다. 성령이 없다면 말씀은 생동력이 없는 죽은 말씀으로 남게 될 것이다. 거꾸로 성령이 있는 곳에 말씀이 있고 말씀에 대한 이해가 있다. 말씀이 없을 때 성령은 자신의 구체적 내용과 형태를 얻지 못할 것이다. 말씀은 성령을 통해 살아 움직이는 말씀이 되고, 성령은 말씀을 통해 그의 정체성을 얻는다.

따라서 성령을 강조하는 정교회의 교회관과 말씀을 강조하는 개혁교회의 교회관은 서로 보충되어야 할 것이다. 성령은 말씀을 필요로 하고 말씀은 성령을 필요로 한다. 성령을 망각한 개신교회 근본주의의 말씀주의

(Verbalismus)와 말씀을 망각한 오순절 계열의 신령주의(Spiritualismus)도 서로 보완되어야 한다.

성령은 "그리스도의 영"이다. 따라서 그리스도의 복음의 말씀과 성령은 분리될 수 없다. 복음의 말씀 속에 그리스도께서 계신다. 이 말씀에 대한 이해는 성령의 새 창조의 시작이요, 그 목적은 성령을 통한 만물의 회복과 새 창조에 있다. 성령은 삼위일체 하나님에게 상응하는 피조물의 연합과 친교를 창조한다. 하나님의 삼위일체적 연합과 친교는 그의 창조의 근원인 동시에 종말론적인 목적이다.

하나님의 삼위일체적 연합과 친교 안에서 모든 부분들은 하나의 유기체, 곧 "성령의 전"을 이룬다. 그 어느 부분도 다른 부분들 위에 있다고 말할 수 없다. 모든 부분에게 성령이 부어지기 때문이다(행 2:17). 모든 부분들이 합하여 "포도나무" 혹은 "그리스도의 몸"을 이룬다(롬 7:4; 고전 10:16; 12:17; 엡 4:12). 어느 한 부분에 일어나는 일은 모든 다른 부분들에게 영향을 주며, 모든 부분들에 의해 함께 경험된다. 한 부분이 아프면 몸 전체가 아픔을 느낀다. 서로 구별되면서 한 몸을 이루고, 한 몸을 이루는 동시에 서로 구별되는 성부·성자·성령 삼위일체 하나님처럼 모든 부분들은 서로 구별되는 동시에 한 몸을 이룬 "영적인 집"을 이룬다(벧전 2:5).

이와 같은 관점에서 볼 때 교단과 교단의 분리, 교회의 경쟁적 난립화 현상, 대형교회들이 자기의 수입을 자기만을 위해 사용하는 개교회주의, 목회자 사례비의 극심한 양극화, 내 교단에만 진리와 구원이 있고 다른 교단은 "이단"이라는 독선과 배타적 자세는 극복되어야 한다. 배타적 자세를 극복하기 위한 한 방안으로 교파를 초월한 지역교회 그리스도인들의 연합운동과 강단교환이 추진되어야 하겠다. 또한 나누어진 교회들을 연합하는 동시에 세상을 위해 공동으로 봉사하고자 하는 WCC 운동은 부분적인 문제가 있을지라도 계속 추진되어야 할 것이다.

E. "새 하늘과 새 땅"을 향한 꿈과 기다림

우리 인간은 오늘에 만족하지 못하고 언제나 내일을 기다리는 습성이 있다. 그래서 "오늘은 무슨 새로운 소식이 있지 않을까?" 하는 막연한 기대와 함께 매일 아침마다 신문을 펴든다. 이와 같은 인간의 습성은 주어진 현실에 만족하지 못하고 보다 나은 세계를 동경하고 기다리는 인간의 본성에 기인한다. 이 본성은 모든 피조물 안에 숨어 있다. 모든 피조물들이 신음하면서 "썩어짐의 종살이에서 해방된" 구원의 세계를 기다린다(롬 8:21). 타종교인들과 무종교인들도 자비와 정의가 있는 구원의 세계를 동경한다.

구원의 세계는 극락왕생(極樂往生)하는 피안의 세계로 표상되기도 하고, 윤회의 마지막 단계에 도달할 것으로 표상되기도 한다. 이에 반해 성서는 구원받은 세계를 하나님의 정의와 자비가 모든 것을 결정하는 하나님의 나라로 묘사한다. 피조물들은 사실상 하나님의 나라를 꿈꾸며 이를 기다린다.

모든 피조물들이 기다리는 하나님의 구원받은 세계, "이제는 죽음과 슬픔과 울부짖음과 고통이 없는 새 하늘과 새 땅"은 그리스도인들과 그들의 공동체 안에 현존한다. 그러나 그것은 너무도 불완전하며 부분적이다. 하나님이 지은 세계는 아직도 죄와 죽음의 세력에 붙들려 있다. 인간의 무한한 탐욕으로 인해 피조물의 세계는 죽음과 울부짖음, 고난과 신음으로 가득하다.

성령은 사랑의 영이다. 그러므로 그리스도인들에게 부어진 성령은 피조물들의 고난과 신음을 보고 듣게 한다. 피조물의 고난과 신음을 보고 들으면서 그리스도인들은 하나님이 약속하신 새로운 생명의 세계를 동경하며 이를 기다린다.

하나님은 "약속의 하나님"이다(히 10:23). 따라서 그리스도인들 안에 거하는 성령은 하나님의 새로운 생명의 세계에 대한 "약속의 성령"이다(엡

1:13). 그리스도인들은 "성령의 약속"(갈 3:14)을 받은 사람들이요, "예수 그리스도를 믿음으로 말미암은 약속을 믿는 자들"(3:22), 혹은 "약속의 자녀들"이다(롬 9:8). 가톨릭 신학자 칼 라너(Karl Rahner)의 공식에 따라 타종교인들이 "익명적 약속의 자녀들"이라면, 그리스도인들은 "명시적 약속의 자녀들"이다. 하나님이 약속하신 구원의 세계에 대한 동경과 기다림은 삼위일체 하나님을 믿는 그리스도인들에게서 명시적으로 일어난다.

성령은 과거에 일어난 하나님의 자기계시를 우리에게 현재화시키고, 우리에게 하나님 인식과 세계인식 그리고 새로운 "자기이해"를 열어주며, 하나님과 우리를 결합시켜 하나님을 우리 가운데 현재화시킨다. 이와 동시에 성령은 그리스도의 부활을 통해 약속된 구원의 미래를 현재화시킨다. 성령은 구원의 미래에 대한 꿈과 환상을 끊임없이 자극한다. 그는 사랑과 정의의 영이기 때문이다.

하나님은 "희망의 하나님"(롬 15:13)이다. 따라서 성령은 "희망의 영"이다. 그것은 참 평화와 안식이 있는 구원의 세계를 향한 꿈과 희망을 불러일으키는 메시아적 힘 내지 능력이다. 그런 점에서 성령은 "종말론적인 것"이다(Brunner 1960, 32). 희망의 성령으로 말미암아 그리스도인들은 주어진 현실에 안주하지 않고 참 평화와 안식이 있는 "새 하늘과 새 땅"을 바라고 꿈꾸며 그것을 희망한다. 지금의 세계 속에는 그들이 영구히 머물 수 있는 "영구한 도성"이 없다(히 13:14). 그들의 본향, 곧 새 하늘과 새 땅은 하늘에 있다. 그러므로 그리스도인들은 "하늘에 있는 본향"을 향한 "외국인과 나그네"처럼(11:13-16) 살아간다. 그들은 "나그네와 행인 같은" 사람들이다(벧전 2:11). 희망의 성령으로 말미암아 그들은 종이나 자유자나 남자나 여자나 차별이 없고(고전 12:13) 모든 사람이 한 형제처럼 살아가는 인간성이 있는 세상, 하나님의 사랑과 정의가 충만한 새로운 생명의 세계에 대한 꿈과 환상을 가진다.

"환상 속에 옳은 세상이 보여요

모두 평화롭고 정직하게 사는 곳

난 언제나 자유로운 영혼을 꿈꿉니다

마치 하늘을 떠가는 구름처럼

영혼 깊이 인간애가 꽉 찬

환상 속에 어떤 밝은 세상이 보여요

밤에도 별로 어둡지 않은 곳

난 언제나 자유로운 영혼을 꿈꿉니다

마치 하늘을 떠가는 구름처럼

환상 속에 따스한 바람이 있습니다

도시로 불어오는, 마치 친구 같은

난 언제나 자유로운 영혼을 꿈꿉니다

마치 하늘을 떠가는 구름처럼

영혼 깊이 인간애가 꽉 찬" (최성봉 2012, 263).

하나님의 새로운 생명의 세계에 대한 꿈과 환상, 기다림과 희망 속에서 그리스도인들은 신음하는 피조물들과 함께 신음하며 함께 탄식한다(롬 8:22-24). 기다림과 희망 속에서 그들은 성령의 오심을 간구한다. 그들의 간구 속에는 "깊은 데서"(de profundis) 울부짖는 피조물들의 부르짖음이 숨어 있다. 굶주림과 질병으로 신음하는 아프리카의 어린이들, 북한의 강제노동수용소에서 신음하는 수감자들, 식민지 침략자들에게 살해당한 아메리카와 아프리카 대륙의 원주민들, 일본군에게 인생을 파괴당한 종군위안부들, 인간의 탐욕으로 인해 말없이 죽음을 당하는 자연 생물들과 더불어 성령은 하나님의 자비와 정의가 있는 세계를 향해 함께 부르짖는다.

성령과 피조물이 함께하는 이 공동의 부르짖음은 "주여, 내가 깊은 데서 주께 부르짖나이다"(시 130:1)라는 시편 기자의 부르짖음, 이집트의 노예가 된 이스라엘 백성의 부르짖음(출 3:7)과 연속성을 가진다. "나의 하나님, 어찌하여 나를 버리셨나이까"라는 예수의 십자가의 부르짖음 속에는 모든 피조물들의 부르짖음이 집약되어 있다. 성령은 우리로 하여금 피조물의 부르짖음을 듣게 한다. 성령은 "그것을 위해 기도하게 하며, 그럼으로써 그 모든 피조물과 연대되어 있다는 사실을 깨닫게 해준다.···성령에 이끌림을 받는 자들은 피조물과의 연대감을 가지고 그리스도 안에서 새로운 창조를 꿈꾼다"(김연태 1994, 360 이하).

F. 새로운 생명의 세계를 향한 새 창조의 역사

참으로 바라는 사람은 그가 바라는 바를 얻기 위해 행동할 수밖에 없다. 그가 바라는 바가 그의 삶을 형성하고 행동을 일으킨다. 그리스도인들도 마찬가지다. 그들은 하나님의 구원받은 새로운 생명의 세계를 간절히 바라기 때문에 그것을 이루기 위해 행동하지 않을 수 없다. 이들의 행동은 두 가지 동기를 가진다.

첫째 동기는 신음하는 피조물에 대한 인간적 사랑, 그들의 고난과 억울한 죽음에 대한 인간적 연민에 있다. 피조물이 당하는 고난과 고통이 그 자신의 고난과 고통으로 느껴지고 마음을 아프게 한다. 그러므로 성령을 받은 그리스도인들은 하나님의 구원받은 세계를 이루기 위해 노력하지 않을 수 없다. 진실한 사랑과 연민은 행동으로 이어질 수밖에 없다.

우리는 이것을 모세의 삶에서 찾아볼 수 있다. 그는 동족에 대한 사랑 때문에 이집트 사람을 살해하고 미디안 광야로 피신한다. 그러나 고난당하는 동족에 대한 연민을 견디지 못해 그는 생명의 위험을 무릅쓰고 출애굽의 대 사역에 자기의 삶을 바친다.

그러나 피조물의 고난에 대한 연민은 단지 인간적 사랑과 동정심 때문에 일어나는 것이 아니라 사랑의 영이신 성령의 감화감동으로 일어난다. 그리스도인들에게 부어진 성령, 곧 사랑의 영으로 말미암아 그리스도인들은 피조물의 고난을 보게 되고 하나님의 구원받은 새로운 생명의 세계를 추구한다.

둘째 동기는 새로운 생명의 세계를 향한 그리스도의 부르심에 있다. 하나님이 모세와 예언자들을 부르신 것처럼(출 3:10; 사 6:8), 그리스도는 지금도 그의 제자들을 새 창조의 역사를 향해 부르신다. "나를 따르라!"(마 8:22) 그런데 단순히 "나를 따르라"고 명령하지 않고 "자기 십자가를 지고 나를 따르라"고 명령한다(마 16:24). 곧 고난을 감내하면서 하나님의 새 창조의 역사에 참여하라는 것이다. 구약의 모세와 예언자들, 신약의 제자들과 바울은 이 명령에 순종한다. 그들은 세상의 영광을 포기하고 고난의 길을 택한다. 하나님의 부르심에 복종하는 이들의 삶을 통해 하나님의 구원받은 세계를 향한 새 창조의 역사가 일어난다. 그 배면에는 성령의 작용이 숨어 있다. 성령께서 우리의 마음을 움직여 하나님의 부르심에 복종하게 한다. 행동하는 것은 인간이다. 그러나 그 행동을 유발하는 동인은 성령이다.

하나님의 새로운 생명의 세계를 향한 하나님의 부르심과 파송, "그리스도의 뒤를 따름"(Nachfolge, Bonhoeffer)은 성령의 중요한 명시적 사역에 속한다. 성령의 부르심과 파송에 복종하여 그리스도인들과 그들의 공동체는 "하나님의 동역자"(고전 3:9)로서, 혹은 예수의 "친구"(요 15:15)로서 성령의 새 창조의 역사에 참여한다. 그들의 존재 목적은 그들 자신에게 있지 않고 성령께서 이루고자 하시는 새 창조와 구원의 완성에 있다. 그들은 성령의 동역자들이다. 그들은 이미 얻은 것에 머물지 않고 "우리 앞에 놓인" 것을 바라보며 끊임없이 나아가는 종말론적 존재이다.

세계사의 궁극적 통치자는 영으로 계신 하나님, 곧 성령이다. 인간이 세계사를 결정하는 것처럼 보이지만 그 뒤에는 성령이 숨어 역사하신다. 성령의 새 창조의 역사는 눈에 보이지 않게 익명으로 세계사 안에서 일어나며, 하나님의 목적을 향해 세계사를 이끌어 가신다. 그러므로 그리스도인들과 교회공동체만이 성령의 새 창조의 역사가 일어나는 유일한 길이라 말할 수 없다. 그것은 눈에 보이지 않게 세속 안에서도 일어난다. 그것은 평신도들의 자발적 선교단체와 문화단체를 통해 일어날 수도 있다. 또 그것은 보다 정의로운 세계를 이루기 위한 시민단체들, 타종교인과 무종교인들의 노력을 통해 일어날 수도 있다. 우리는 성령이 어디로 불어갈지 확정할 수 없다.

교회 바깥에서 일어나는 성령의 새 창조는 제도교회와 갈등을 유발할 수 있다. 우리는 이것을 교회사에서 언제나 다시금 발견한다. 역사적으로 제도교회 바깥에서 일어난 카리스마 운동은 제도교회의 개혁을 요구하기 때문에 제도교회는 일반적으로 이를 거부하는 태도를 취한다. 그러나 성령은 자유롭다. 성령이 어디에서 어떻게 활동할지 아무도 확정할 수 없다. "바람은 불고 싶은 대로 분다. 너는 그 소리는 듣지만, 어디에서 와서 어디로 가는지는 모른다"(요 3:8). "바람이 다니는 길을 네가 모르듯이…만물의 창조자 하나님이 하시는 일을 너는 알지 못한다"(전 11:5). 그러므로 제도교회는 이들과의 유대 속에서 성령의 새 창조에 참여하는 열린 마음이 필요하다.

그러나 오늘의 세계사는 성령이 아니라 악령이 다스리는 것처럼 보인다. 세속 안에서 일어나는 새 창조의 활동들이 모호할 때가 많다. 그 속에는 인간적인 요소들과 세속적인 요소들이 작용하기도 한다. 이 부정적 요소들은 그리스도인들과 그들의 공동체 안에도 있다. 그러므로 성령은 이 세계의 모든 것에서 자기를 구별하고 하나님의 새 창조를 유발하는 세계사의 원동력으로 활동한다. 세계사의 원동력이신 성령 하나님이 모든 나라들과 지배자들의 "주재"시요(시 22:28; 단 2:47), "천지의 주재"시다(창 14:19; 마 11:25; 행 17:24). 그가 "만왕의 왕"이다(단 8:25; 딤전 6:15; 계 17:4). 마지막에 하나님이 모든 것 안에서 모든 것이 되실 것이다(고전 15:28). 그의 사랑과 정의가 모든 것을 다스릴 것이다.

8

새 창조의 역사에 봉사하는
성령의 은사

"성령의 은사"는 본래 "성령의 명시적 사역"에 속한다. 그것은 그리스도인들과 그들의 공동체에 명시적으로 주어지고, 또 명시적으로 작용하기 때문이다. 그러나 기술적 측면을 고려하여 우리는 성령의 은사를 독립적으로 다루고자 한다.

"은사"의 개념은 신약성서의 "카리스마"(*charisma*, 복수형 *charismata*)를 번역한 것으로, "값없이 선사하다"를 뜻하는 그리스어 *charizomai*에서 유래한다. 하나님의 "은혜"(*charis*)란 개념도 여기서 파생된 것이다. 따라서 "은사"는 하나님이 값없이 거저 주시는 은혜의 선물 곧 공짜 선물을 뜻한다. 이 개념은 베드로전서 4:10을 제외하고 바울 서신에서만 모두 16번 사용된다. 따라서 은사에 관한 이론은 바울의 성령론에 속한다고 말할 수 있다(Hasenhüttl 1969, 104).

그리스도인들 안에 거하는 성령은 각자의 자질과 능력에 따라 은사를 주신다. 성령의 은사는 인간에게 전혀 없던 능력이 성령의 놀라운 작용을 통해 주어질 수도 있다. 또 그것은 이미 주어진 재능이나 잠재되어 있던 재능이 성령의 감화 속에서 사용되는 것일 수도 있다. 여하튼 바울 서신에서 성령의 은사는 성령으로 말미암아 일어나는 "능력들"(energemata, 고전 12:10)을 가리킨다.

일반적으로 성령의 은사는 교회공동체를 유지하고 발전시키는 데 그 목적을 가진다고 생각된다. "각 사람에게 성령의 나타남(fanerosis tou pneumatos)을 주심은 유익하게 하려 함이다"(고전 12:7). 김영선에 의하면, 성령의 은사는 "교인 자신의 영적 성장을 위해서는 물론 교회의 성장과 발전에 지대한 영향을 미친다"(김영선 2009, 165).

그러나 교회가 존재하는 목적이 성령의 새 창조를 이루는 데 있다면, 성령의 은사 역시 성령의 새 창조에 봉사하는 데 그 목적을 가진다. 은사는 성령의 활동의 구체적 형태들이며, 하나님이 그의 목적을 이루시는 길이다. 성령의 은사가 있는 곳에 하나님 나라의 현실이 있다.

A. 그리스도인의 공동체를 위한 특별은사

1) 은사의 종류와 분류: 사도행전에 의하면 최초의 기독교 공동체는 방언, 예언, 병고침, 귀신추방 등 많은 "표징과 기적"(semeia kai terata)과 함께 빠른 속도로 확장되었다(행 14:3; 15:12; 롬 15:18). 또 그것은 신자들이 받은 다양한 은사를 통해 유지되었다(고전 12장). 오늘도 교회공동체는 신자들이 받은 다양한 은사들을 통해 유지되고 또 발전한다. 우리는 이 은사들을 모든 사람들에게 주어지는 하나님의 보편적 은사와 구별되는 특별은사라 말할 수 있다. 이 은사들은 교회공동체에 속한 신자들에게만 주어지며, 공동체의 유지와 발전을 위한 것이다.

웨인 그루뎀(Wayne Grudem)은 신약성서의 대표적 은사목록(롬 12:6-8; 고전 7:7; 12:8-10, 28; 엡 4:11)이 제시하는 22개 혹은 23개의 특별은사들을 다음과 같이 열거한다(Grudem 2007, 1020).

• 고린도전서 12:28 – 사도, 선지자, 교사, 능력, 병고침, 서로 돕는 것,

다스림, 방언.

- 고린도전서 12:8-10 - 지혜의 말씀, 지식의 말씀, 믿음, 병고침, 능력, 예언, 영분별, 방언, 방언통역(해석).
- 에베소서 4:11 - 사도, 선지자, 전도자, 목사-교사.
- 로마서 12:6-8 - 예언, 섬기는 일, 가르침, 권위하는 일, 구제, 다스림, 긍휼을 베품.
- 고린도전서 7:7 - 결혼생활, 독신생활.

그러나 위에 제시된 은사들이 성령의 은사의 전부가 아니다. 이들 외에 신약성서는 예수에 대한 신앙고백(고전 12:3), 순교(13:3, 몸을 불사르게 내어줌), 희망과 사랑(13:13), 계시와 환상을 보는 것(14:6; 고후 12:1), 감독직(행 20:28) 등 더 많은 은사들을 시사한다. 귀신추방도 능력 행함에 속한 성령의 은사로 볼 수 있다. 한국 개신교회에서 성령의 은사는 주로 방언, 방언통역(해석), 예언, 병고침, 귀신추방, 환상, 계시 등의 특별한 신비적 현상들을 가리킨다.

성령의 은사들은 학자에 따라 다양하게 분류된다. 예를 들어 신동혁은 ① 전도와 관련된 은사: 사도직, 선지자 직, 복음전도, 방언의 은사, ② 교육과 관련된 은사: 교사직, 가르침, ③ 봉사와 관련된 은사: 구제, 병고침, 봉사의 은사로 분류한다(신동혁 1979, 144 이하). 그러나 학자들에 의한 은사의 분류는 신약성서가 제시하는 모든 은사들을 포괄하지 못하며, 어떤 은사는 특정 항목으로 분류되지 않는 경우도 있다(예를 들어 예언, 순교, 독신생활과 결혼생활). 결론적으로 은사의 완전한 분류는 불가능하다. 신약성서에 기록되지 않은 새로운 은사가 나타날 수도 있다.

2) 은사의 다양성과 통일성: 바울에 의하면 은사는 다양하지만 그것을 주시는 성령은 같고, 직분은 다양하지만 주님은 같으며, 사역은 다양하지만 그 속에서 일하시는 하나님은 동일한 분이다(고전 12:4-6). 따라서 그리스도의 공동체는 다양성 속에서 통일성을, 통일성 속에서 다양성을 가진다. 획일성이 아니라 통일성 안에 있는 다양성이 공동체에 유익을 줄

수 있다. "각 사람에게 성령의 나타남을 주심은 유익하게 하려 하심이다" (12:7).

획일성은 창조성을 파괴한다(예를 들어 성냥갑처럼 줄지어 서 있는 고층 아파트들). 만일 교회의 모든 성도가 똑같이 생각하고 말하고 행동한다면, 그 교회는 획일성이 지배하는 군대조직처럼 될 것이고 새로운 변화에 적응하지 못하는 경직된 제도가 되어버릴 것이다. 그 반면 통일성 없는 다양성은 개체주의와 공동체의 와해를 초래한다. 그러므로 통일성 있는 다양성과 다양성 안에 있는 통일성이 바람직하다.

다양성을 이루는 것은 매우 쉬운 일이다. 그러나 다양성의 통일성을 이루는 것은 쉽지 않다. 그러면 이것을 가능하게 하는 것은 무엇인가? 바울에 의하면 그것은 하나님의 사랑의 영에 있다. 은사들은 제 각기 다르지만 하나님의 사랑의 영 안에서 "그리스도의 몸"을 위해 함께 봉사한다. 그리스도의 몸에 속한 모든 지체들은 사랑 안에서 한 몸의 통일성을 이루는 동시에 각자의 자유와 다양성을 가진다. 그리스도의 사랑 안에서 서로의 다양성을 인정하고 수용하면서 각자에게 주어진 성령의 은사에 따라 공동체를 위해 봉사하는 그리스도의 사랑에 통일성이 있다.

각 은사들은 일차적으로 교회에 유익을 준다. 교회에 유익을 줌으로써 이 땅 위에 하나님의 나라를 이루고자 하는 성령의 새 창조에 봉사한다. 은사들을 통해 하나님의 나라가 강화되고 확장된다. 하나님의 나라는 획일성의 나라가 아니라 다양성 안에 통일성이 있고, 통일성 안에 다양성이 있는 나라이다. 그것은 피조물의 다양한 가능성들을 파괴하지 않는다. 오히려 다양한 가능성들이 실현될 수 있는 자유로운 공간을 열어준다. 자유로운 공간 속에서 신자들의 생명은 새 힘을 얻고 그들 속에 잠재되어 있는 새로운 가능성들을 실현한다.

3) 몇 가지 특별한 은사들에 대한 고찰: 성령의 은사들 가운데 한국 개신교회에서 대표적으로 거론되는 몇 가지 특별은사를 살펴본다면,

a. 예언: 신약성서에서 예언은 "사람에게 말하여 덕을 세우며 권면하며

안위하며"(고전 14:3), 사람의 마음속에 숨은 일을 드러내어 책망하고 회개하도록 하는 데 그 목적을 가진다(14:24-25; 행 5:1-11). 그러나 예언은 "자칫 '점쟁이'의 탈을 벗지 못하는 경우가 있다"(송기득 1997, 270). 이와 같은 통속적 의미의 예언은 성서의 본래 의도에 어긋나며, "냉철한 판단력과 윤리적 자각 그리고 역사의식"을 결여하는 문제점이 있다(김이곤 1980, 278). 일반적으로 거짓 예언은 "대체로 현실을 긍정하고 지배자들의 잘못을 지적하지도 않고 반대로 그들을 칭찬하며 그들을 오도"한다(이종성 1984, 119). 이것은 참 예언이라 볼 수 없다.

"예언" 개념은 본래 구약성서에 그 뿌리가 있다. 구약성서에도 개인의 운명에 관한 예언이 발견되지만 극소수에 불과하다. 예를 들어 나봇의 포도원을 빼앗은 아합 왕과 왕비 이세벨의 운명에 대한 예언자 엘리야의 예언이 여기에 속한다(왕상 21:17-19). 그러나 이 예언은 엄밀한 의미에서 통속적인 점술이 아니라 통치자의 윤리적 과오에 대한 하나님의 심판에 대한 선포이다.

예언의 모체가 되는 구약 예언의 핵심을 우리는 다음과 같이 정리할 수 있다. ① 하나님과의 약속(계약)을 파기하고 다른 신들을 섬기며, 어린이를 불에 태워 제물로 바치고 성전에서 집단혼음을 하는 이스라엘의 종교적 타락에 관한 책망, ② 종교적 타락과 함께 필연적으로 일어나는 통치자들과 백성의 타락과 부패, 하나님의 율법을 버림에 대한 책망, ③ 타락에 대한 하나님의 심판, 곧 이방민족에 의한 이스라엘의 수난과 멸망에 대한 예언, ④ 이와 같은 결과를 피하기 위해 필요한 회개에 대한 명령, ⑤ 이스라엘에 대한 하나님의 변함없는 사랑, 포로생활로부터의 귀향과 국가회복, 하나님의 새 창조의 예언, ⑥ 이스라엘을 괴롭히는 주변 국가들에 대한 심판의 말씀, ⑦ 장차 올 메시아적 구원자, 하나님의 자비와 정의와 평화가 충만한 "새 하늘과 새 땅"에 관한 예언. 이와 같은 내용들이 구약 예언의 핵심을 이룬다. 초기 기독교 공동체는 이와 같은 구약의 예언을 수용한다(벧후 3:2).

이와 같은 내용을 가진 구약의 예언이 수용될 때 예언은 하나님 나라의 복음과 연관된 기독교적 예언이 될 수 있다. 예언의 궁극적 목적은 하나님의 나라를 이 땅 위에 세우는 데 있다. 이 일과 연관된 그리스도인들의 모든 말들은 예언으로 간주될 수 있다.

b. 방언과 방언해석(통역): 오순절 계열의 교회에서 방언은 거의 일반화되어 있다. 기도를 시작하면 자동으로 방언이 나올 정도이다. "오순절주의자들에게 방언은 고차원의 영성으로 가기 위한 필수 불가결한 통과의례가 된다.…오순절주의자들은 사도행전 2장과 10장 그리고 19장에서 성령의 세례를 받은 사람들이 방언을 말하였다는 말씀을 읽고 성령의 세례를 받은 사람은 누구나 다 방언을 말하게 된다"고 생각한다(김영선 2009, 169). 이와 같은 현상을 우리는 어떻게 판단해야 하는가?

① 방언의 장점: "방언"은 그리스어 *glossa*를 번역한 것으로, 혀 혹은 말을 뜻한다. 방언은 기도하는 중에 하나님의 영에 의해 사로잡혀 우리의 생각과 감정을 일상언어로 표현할 수 없는 경지에 이르렀을 때 혀가 자유롭게 움직임으로써 일어난다. 그것은 언어의 한계를 넘어서는 하나님과의 깊은 연합, 뜨거운 믿음과 감사, 기쁨과 간구를 나타낼 수 있는 "몸의 언어"이다. 그것은 "하나님의 본성에 참여케" 하여 말할 수 없는 마음의 자유와 기쁨, 더 깊은 믿음의 확신을 줄 수 있다(Mühlen 1997, 86).

이로써 방언은 믿음을 심화시키는 동시에 심리치료의 기능을 가진다. 누구에게도 말할 수 없는 마음의 아픔과 고통을 방언을 통해 하나님께 부르짖음으로써 마음의 해방과 기쁨을 느끼며 삶의 새로운 힘을 얻을 수 있다. 두 팔을 위로 뻗으며 "주여!"라고 부르짖으며 방언을 하는 신자들에게서, 우리는 인생의 무거운 짐을 지고 신음하는 피조물들의 고난과 고통을 눈으로 볼 수 있다.

② 방언의 문제점: 학자들에 의하면 방언은 정신착란 내지 혼란으로 인해 일어날 수도 있다. 또 방언을 한다 하여 반드시 인격적·윤리적 성숙이 이루어지는 것은 아니다. 바울에 의하면 방언으로 기도할 때 우리는 무

슨 말을 하는지 이해할 수 없다. "야만스럽다"는 비난을 받을 수도 있다. 또 지식의 말씀이 없을 때 방언은 무익하다. 방언으로 기도할 때 나의 영은 기도하지만 나의 마음은 열매를 맺지 못한다. 그러므로 "마음으로 다섯 마디 말을 하는 것이 일만 마디의 방언으로 말하는 것보다 더 낫다"(고전 14:5-23). 그러나 바울은 방언을 명백히 금하지 않는다.

바울은 방언에 관해 아래 몇 가지 사항을 권고한다. 첫째, 방언은 해석되어야 한다. 해석되지 않을 경우, 방언은 공동체를 위해 기여할 수 없다(고전 14:13). 둘째, 그러므로 해석할 수 있는 사람이 없을 때 방언을 하지 말아야 한다(14:28). 셋째, 수많은 사람이 한꺼번에 방언을 하는 것을 피하고 두 사람 내지 세 사람이 차례로 해야 한다(14:23, 27). 넷째, 방언하는 사람은 "적절하고 질서 있게 해야 한다"(14:40).

이른바 방언 "통역"은 고린도전서 14장에 *hermeneia*로 기록되어 있다. *Hermeneia*는 "통역"이 아니라 "해석"을 뜻한다. 따라서 우리는 "방언통역"이 아니라 "방언해석"이라 말해야 한다. 방언해석은 방언의 단어와 문장들을 일상언어로 정확하게 옮기는 "통역"이 아니라 방언의 전체적 의미를 전달하는 것을 말한다. 방언하는 사람의 영적·심층적 경험을 일상의 언어로 정확하게 번역하는 것은 불가능하다. 방언해석은 해석자의 주관적 인상이나 생각이 개입되어 자의적으로 될 수 있는 위험성을 가진다.

c. 병치료: 예수 당시 유대 사회에서 질병은 죄의 결과라고 생각되어 병자는 "죄인"으로 간주되었고 사회에서 소외되었다. 따라서 예수의 병치료는 질병의 고통에서의 해방은 물론 사회적 차별과 소외에서의 해방과 생명의 존엄성의 회복, 곧 몸의 구원을 뜻하였다. 한 마디로 그것은 하나님 나라의 새 창조가 한 인간에게서 일어남을 보여주는 표징이었다(참조. 눅 17:20). 질병이 죽음의 전조라면, 병치료는 부활의 영원한 생명과 새 창조의 전조이다.

예수는 무엇을 통해 병자를 치유하는가? 그는 자기 안에 계신 성령, 곧 사랑의 영의 힘으로 치유한다. 미움과 증오가 생명을 죽이는 힘을 가진다면, 사랑은 죽어가는 생명을 살리는 힘이 있다. 십자가의 고난에 계시되는 신적 사랑의 힘으로 예수는 병자를 치유한다. 그가 받은 상처를 통해 우리가 치유함을 받는다(사 53:5). 십자가에 달린 예수는 고난 속에 있는 사람들의 위로인 동시에 모든 형태의 "치유들의 원천"이다(Moltmann 1991, 205). 오늘 신자들에게 일어나는 병치료는 이른바 은사 받았다는 한 인간의 능력으로 일어나는 것이 아니라 십자가에 달리고 부활하신 예수 그리스도의 사랑의 영을 통해 일어난다. 병자를 고친다고 그를 감금하고 굶기거나 고통을 주는 것은 예수의 병치료와 무관하다.

예수는 병치료의 특별한 기법을 가지지 않았고 병치료를 주요 업무로 삼지도 않았다. 예수의 주요 업무는 하나님 나라의 선포였다. 이와 연관하여 일어난 그의 병치료는 일정한 계획에 따라 일어나는 것이 아니라 필요할 때 예기치 않게 일어났다. 그는 주로 손을 얹거나 말씀하심으로 병을 고친다. 병치료의 은사는 예수의 이와 같은 모범을 따라야 할 것이다. 병치료의 전문기관을 세우고 암환자를 고친다고 손톱으로 그의 근육을 파내며 금전을 요구하는 것은 예수의 병치료와 무관하다. 끝으로 무속인(무당)도 병을 고친다는 사실을 유의할 필요가 있다.

d. 귀신추방: 신약성서는 귀신추방을 성령의 은사라고 직접 말하지 않는다. 그러나 귀신추방은 병치료와 함께 능력 행함의 은사에 포함된다. 따라서 가톨릭교회에서도 귀신추방은 성령의 은사로 간주된다. 그것은 특별히 강한 성령의 힘을 받은 사람만이 할 수 있는 일이기 때문이다.

귀신은 악의 세력을 인격화한 것을 말한다. 그것은 어둠에 비유할 수 있다. 어둠은 있기도 하고 없기도 하다. 어둠이 있지만 우리는 그것을 손으로 붙들 수 없다. 손으로 붙들 수 없지만 그것은 있다. 어둠 그 자체는 아무 힘도 없지만 사람들은 어둠을 무서워한다. 어둠이 있는 곳에 전기불을 켜면 어둠은 순식간에 사라진다. 귀신도 이와 같다. 하나님의 아들 예수 그리스도의 빛이 비치면 귀신은 순식간에 사라진다. 예수께서 거라사 사람의 귀신을 내쫓은 이야기가 이를 시사한다(막 5장).

이른바 "귀신들림"은 극도의 영적·정신적·신체적 고통이나 혼란으로 말미암아 일어난다. 극심한 가난, 가정불화, 경제적 책임, 학교성적이나 취업문제로 인한 스트레스, 성폭력, 고문, 사회적 소외(왕따)와 고독, 전쟁의 후유증 등 많은 원인들이 있다. 의학계에서는 "귀신들림"을 정신질환으로 간주한다. 사실 정신질환과 귀신들림을 명확하게 구별하는 것은 거의 불가능한 일이다.

오늘날 의학계에서는 정신과 치료, 심리요법(카운셀링 등)이나 약물투여 등을 통해 정신질환자(이른바 귀신들린 자)를 치료한다. 물론 의학의 도움이 필요하다. 그러나 여기에는 한계가 있을 수 있다. 특히 신경안정제를 통해 환자의 온 몸이 늘어지게 만드는 것은 치료인들에게는 편할지 몰라도 근본적 도움이 되지 못한다. 인간의 정신질환은 깊은 심리적·영적-정신적 원인과 함께, 유전적·신체적·사회적·환경적 요인들로 말미암아 일어나는 매우 복합적 현상이기 때문이다. 따라서 인간의 영적-정신적 차원을 다루는 종교적 치유가 도움이 될 수 있다. 그러나 사려가 깊지 못한 잘못된 종교적 치유는 오히려 사태를 악화시킬 수 있다. 귀신추방의 은사에 대해 우리는 아래 몇 가지 사항을 유의하고자 한다.

• 귀신추방은 성령이 하시는 일이지, 인간의 영력이 하는 일이 아니다. 귀신들린 사람을 불쌍히 여기는 하나님의 사랑의 힘, 생명의 힘이 귀신을 쫓아낸다. 그러므로 하나님께 영광을 돌려야 한다.

• 이른바 귀신들린 사람들 중에는 고도의 민감성과 정직하고 선한 양심을 가진 사람들이 있다. 그들의 정직하고 선한 양심이 우리 사회의 거짓된 관행을 수용할 수 없기 때문에 사회에 적응하지 못하고, 복합적 요인들의 작용 속에서 정신이상 현상을 보이게 된다. 그러므로 우리는 이른바 귀신들린 사람을 불쌍히 여기고 하나님의 사랑의 눈으로 그를 바라보아야 할 것이다. 하나님은 귀신들린 사람도 사랑한다. 그도 하나님의 형상으로 창조된 하나님의 자녀로서 인간의 존엄성을 지닌다.

• 귀신추방의 은사를 행하는 사람은 하나님의 사랑으로 충만해야 하

며, 하나님의 사랑 안에서 은사를 행해야 할 것이다. 하나님의 사랑만이 귀신들린 자를 고칠 수 있기 때문이다. 따라서 귀신은 미워하되 귀신들린 사람은 사랑해야 한다. 며느리가 정신이상을 보인다고 아들과 이혼을 시키고 쫓아내는 것은 그 여인을 죽이는 일이다. 그런 짓을 하는 집안이 잘 될 리 없다. 힘들어도 그 여인을 사랑으로 품어주고 치유의 길을 찾아야 한다. 귀신들린 사람에게 가장 필요한 것은 하나님의 사랑이다. 하나님의 사랑이 죽어가는 생명을 회복시킬 수 있다. 물론 인간의 힘으로 감당하기 어려운 굉장한 인내심이 필요하다.

• 복음서는 예수를 따르지 않는 사람들도 귀신을 추방할 수 있다고 보도한다(막 9:38). 그러면 성령에 의한 귀신추방과 어떤 다른 영에 의한 귀신추방을 구별할 수 있는 기준은 무엇인가? 그 기준은 귀신추방이 하나님의 아들 예수 그리스도와 삼위일체 하나님의 이름으로 이루어지는가, 하나님의 사랑의 영 안에서 이루어지는가에 있다. 귀신들렸다는 사람을 지하실 기둥에 쇠사슬로 묶어놓고 굶기고 몽둥이로 구타하는 것은 성령께서 하시는 일이 아니라 무식한 악령이 하는 일이다.

• 한 인간이 성령의 힘으로 악한 영에서 해방될 때 하나님의 나라가 그 사람 안에 자리잡게 된다. 한 인간의 생명이 건강하게 되어 사회에 통합되고 하나님을 찬양하며 살게 된다. 귀신추방의 은사의 궁극적 목적은 여기에 있다. "내가 만일 하나님의 손을 힘입어 귀신을 쫓아내는 것이면, 하나님의 나라가 이미 너희에게 임하였다"(눅 11:20). 그러므로 귀신추방에 대한 어떤 대가도 요구해서는 안 된다(금품, 부동산, 심지어 몸을 요구하기도 함). 예수와 사도들은 어떤 대가도 요구한 적이 없다.

• 병치료와 마찬가지로 예수는 미리 세워진 계획에 따라 귀신을 추방하지 않는다. 그의 귀신추방은 필요에 따라 예기치 않게 일어난다. 그는 귀신추방의 특별한 방법이나 기술을 갖고 있지 않았다. 또 귀신추방 전문기관을 세우지도 않았다. 그는 오직 하나님의 영의 힘으로 귀신을 추방한다.

B. 그리스도인들의 일상적 은사

1) 은사에 대한 포괄적 이해: 일반적으로 한국교회에서 성령의 은사는 방언, 예언, 병고침, 귀신추방 등 특별한 사람들만이 행할 수 있는 것으로 생각된다. 그러나 바울에 의하면 성령의 은사는 모든 그리스도인들이 받을 수 있는 것이다. 그러므로 바울 서신에 따르면 성령의 특별한 은사라고 부르기 어려운 현상들, 곧 모든 그리스도인들이 받은 믿음(고전 12:9)과 구원(롬 5:15; 엡 2:8), 영원한 생명(롬 6:23), 봉사하며 섬기는 일, 가르치는 일, 어려운 사람을 돕는 일, 자비를 베푸는 일 등 매우 평범한 일들이 성령의 은사로 일컬어진다. 심지어 결혼생활과 독신생활마저 성령의 은사로 간주된다(고전 7:7 이하). 이와 같은 은사들은 하나님이 성령을 통해 특별히 주실 수도 있고(믿음, 구원, 영원한 생명 등), 각 그리스도인들이 가진 지연적·일상적 재능이나 능력, 혹은 사회적 신분이 성령의 은사로 활용되는 것일 수도 있다. 우리는 후자의 은사를 가리켜 그리스도인들의 "일상적 은사"라 부를 수 있다.

따라서 성령의 은사는 특별한 사람들만이 받을 수 있는 어떤 신통하고 특별한 일이 아니라 모든 그리스도인들이 성령 안에서 누리는 모든 것, 각자의 재능과 능력에 따라 행할 수 있고 하나님의 나라에 도움이 되는 모든 일들을 가리킨다. 한스 큉은 이것을 다음과 같이 말한다. "은사는 먼저 특별한 현상이 아니라 일상적 현상이며, 단일한 현상이 아니라 다양한 현상이며, 특별한 사람들의 범위에 제한된 현상이 아니라 교회 안에서 완전히 보편적인 현상이다.…아주 포괄적 의미에서 은사는 공동체 내의 특정한 봉사를 위해 각 사람에게 일어나는 하나님의 부르심이다"(Küng 1977, 226).

고린도전서 7장에서 바울은 그리스도인들의 일상적 은사를 다음과 같이 설명한다. 유대인과 이방인, 남자와 여자, 노예와 자유인 등 다양한 직업과 사회적 신분을 가진 사람들이 하나님의 부르심을 받는다. 부르심을 받은 사람은 자신의 직업과 사회적 신분을 버릴 필요가 없다. "부르심을 받은 그 부르심 그대로"(7:20) 살아도 좋다. 아내는 아내로, 남편은 남편으로, 노예는 노예로, 자유인은 자유인으로 살 수 있다. 노예와 자유인에 대해 바울은 추가적으로 말한다. "자유할 수 있거든 그것을 사용하여라." 그렇지 않을 경우, 종은 "주 안에서 자유자"로 살고, 자유자는 "그리스도의 종"으로서 살아야 한다(7:22). "오직 주께서 각 사람에게 나누어 주신대로, 하나님이 각 사람을 부르신 그대로 행해야 한다"(7:17).

여기서 성령의 은사는 모든 그리스도인들의 신체적·사회적 실존을 가리킨다. 성령을 받은 그리스도인들은 세속 사회의 다양한 영역 속에서 산다. 삶의 모든 영역들이 하나님의 통치영역에 속한다. "만일 내가 자연적인 것, 성적인 것, 사적인 것, 사회적인 것을 그리스도의 통치영역에서 제외시키고자 한다면, 그것은 어리석은 일일 뿐 아니라 모든 것을 채우고자 하는 그리스도의 영광을 위축시키는 일일 것이다"(Käsemann 1960, 116).

삶의 모든 영역들이 하나님의 통치권에 속한다면 각 영역에서 그리스도인들이 가진 기능과 역할들은 사실상 성령의 은사이다. 독신자의 신분과 결혼한 사람의 신분도 성령의 은사이다(고전 7:8-10). 독신자는 독신자대로, 결혼한 사람은 결혼한 사람대로 각자의 위치에서 공동체에 도움이 될 수 있고 하나님의 나라를 세우는 데 기여할 수 있기 때문이다. 하나님 나라의 새 창조에 기여하는 모든 것이 카리스마, 곧 성령의 은사이다.

그러므로 우리는 은사의 수를 확정하거나 제한할 수 없다. "은사들을 세분해서 열거한다면 보다 많은 수의 은사들을 나열할 수 있을 것이다"(김영선 2010, 242). 신약성서가 제시하는 은사들은 그 숫자가 확정된 것이 아니라 하나님 나라의 새 창조에 기여하는 모든 은사들 가운데 몇 가지를 예시한 것에 불과하다.

2) 보다 더 귀중한 은사들: 그리스도인들이 가진 모든 것이 성령의 은사지만 그 가운데 우리가 간과하기 쉬운 보다 더 귀중하고 본질적인 은사를, 우리는 다음과 같이 기술할 수 있다.

은사들 가운데 가장 귀중한 은사는 예수 그리스도의 구원의 복음이다. 탈출구가 없는 무덤과 같은 세계 속에 하나님 나라의 새 창조를 시작한 예수 그리스도의 구원의 사건은 모든 인류와 피조물의 세계를 위한 하나님의 가장 큰 은혜의 선물, 곧 은사이다. 바울 서신에 기록된 이른바 "은사의 목록"은 이 본질적 은혜의 선물을 완성하기 위한 방편들일 뿐이다.

하나님 없이 탐욕과 죄악 속에서 죽음의 세력에 묶여 살아가던 사람이 그리스도의 십자가 앞에서 죄를 깨닫고 회개하며 하나님의 자녀가 되어 하나님의 계명 안에서 살아가는 믿음의 생활은 하나님께서 우리에게 주시는 참으로 귀중한 은사이다. 더 많은 소유를 최고의 가치로 생각하며 살던 사람이 하나님의 나라에 대한 희망 속에서 살게 되는 것도 하나님의 귀중한 은혜의 선물이다.

그러나 믿음과 희망보다 더 중요한 은사는 사랑이라고 바울은 말한다. "사람의 방언과 천사의 말"을 할 수 있는 은사, "산을 옮길만한 모든 믿음"의 은사, 구제의 은사, "내 몸을 불사르게 내어주는" 순교의 은사를 가질지라도, 사랑이 없으면 이 모든 은사들은 "아무 유익이 없다"(고전 13:1-3). "내일에 대한 기대와 소망"도 중요하지만 "그 모든 것보다도 더 중요한 것이 있으니 그것이 바로 사랑"이다(김지연 2007, 300).

성령은 사랑의 영이다. 따라서 성령의 은사를 받을 때 우리 마음속에 하나님의 사랑이 있게 된다. 하나님의 사랑이 있을 때 우리는 우리 자신을 비우고 이웃을 사랑하게 된다. 항상 받고자 했던 사람이 자기의 소유를 베푸는 사람으로 변화된다.

사랑은 정의를 포함한다. 정의 없는 사랑은 참 사랑이 아니다. 따라서 하나님의 사랑의 영으로 충만한 사람은 이웃과 정의로운 관계를 갖게 된다. 불의와 타협하며 불의하게 살던 사람이 정의롭게 살며 정의로운 사회를 바라게 된다. 이와 같은 변화야말로 인간의 세계에서 일어날 수 있는 가장 근원적 혁명이요, 하나님의 가장 귀중한 은혜의 선물이라 말할 수 있다.

결론적으로 사랑이 가장 중요한 은사이다. 바울이 고린도전서 12장에서 여러 가지 은사들의 목록을 제시한 다음, 마지막 절에서 시사하는 "더욱 큰 은사"는 그 다음 13장에서 언급하는 사랑의 은사이다. 사랑이 없으면 성령의 은사들은 공동체 안에서의 자기 자랑과 지배수단으로 전락한다. 심지어 생계유지와 재산형성의 수단으로 전락하는 현상을 볼 수도 있다.

　무엇을 행하기 전에 우리 마음속에 먼저 하나님의 사랑이 있어야 한다. 이웃의 마음을 감동시키는 것은 우리가 베푸는 물질적 도움이 아니라 그 물질을 통해 전달되는 하나님의 사랑이다. 하나님의 사랑이 그에게 삶의 용기를 주며, 그를 사랑하는 사람으로 변화시킬 수 있다. 의사는 사람의 몸을 치료할 수 있지만, 인간의 병든 마음과 사회적 관계를 치유할 수 있는 것은 하나님의 사랑이다. 사랑이 없는 물질적 도움은 그것을 받는 사람에게 모욕으로 느껴진다. 그러므로 모든 은사들 중에 "제일은 사랑이다" (고전 13:13).

　방언, 예언, 엑스타시, 기적, 환상 등은 다른 종교에서도 볼 수 있는 일반적 현상이다. 이 은사들은 공동체에 유익을 줄 수도 있지만 "위험한 혼란의 원인"이 될 수 있다(Ebeling 1979, 107). 이와 같은 일들은 마귀도 일으킬 수 있다(Käsemann 1972, 146). "신빙성 있는 것은 사랑뿐이다"(Balthasar 1963). 따라서 그리스도인들이 무엇보다 먼저 사모해야 할 성령의 은사는 방언, 예언, 환상, 예언, 입신 등의 은사가 아니라 사랑의 은사이어야 한다. 정의를 동반하는 사랑 안에서 하나님의 나라는 확장될 것이다.

C. 피조물 속에 있는 보편적 자연은사

일반적으로 성령의 은사는 예수를 믿는 그리스도인들에게만 주어지는 것으로 생각된다. 김영선에 의하면 성령의 은사는 모든 사람이 가질 수 있는 "자연적인 재능"으로 이해되어서는 안 된다. "자연 그대로의 인간은 성령의 제은사(諸恩賜)를 받을 수 없다." "사람들이 가지고 있는 자연적인 재능이나 능력을 모두 은사라고 볼 수 없다." 그 이유는 "모든 성령의 은사들은 성령으로부터 수여되어야 하고(고전 12:11), 여러 사람의 유익을 위해 주어져야 하고(고전 12:7), 교회에 덕을 세우고 교회를 유익하게 하는 데 사용되어야 하기 때문이다(고전 14:26)"(김영선 2010, 233, 235).

그러나 성령은 그리스도인들과 그들의 공동체에는 물론 모든 피조물 안에 거하시며, 우리 인간에게 지혜와 지식과 명철과 재능을 주신다. 그는 피조물들의 생명을 소생시키고 생명의 힘을 주신다. 그렇다면 우리는 성령의 보편적 자연은사를 인정할 수밖에 없다. 그러므로 우리는 성령의 은사가 교회의 유익을 위해 오직 그리스도인들에게만 주어진다는 좁은 생각을 버리고, 하나님이 지으신 온 세계에 숨어 있는 성령의 은사를 볼 수 있어야 할 것이다.

하나님은 교회에 속한 그리스도인들만의 하나님이 아니라 모든 인류와 피조물의 하나님이다. 모든 피조물이 하나님의 것이다. 그는 피조물의 세계가 유지되기를 원한다. 이를 위해 하나님은 모든 사람에게 이성과 양심과 지혜와 다양한 재능을 주신다. 이 재능과 이성과 양심과 지혜는 하나님이 그의 영을 통해 모든 사람에게 주시는 하나님의 은사이다.

인간의 생명과 세계를 유지하며 보다 더 나은 세계를 이루는 데 기여하는 모든 노력과 재능들은 넓은 의미의 성령의 은사, 곧 보편적 자연은사에 속한다. 일본강점기 나라의 독립을 위해 만주와 중국에서 싸우다가 생명을 바친 항일독립군, 중국으로 건너가 가문의 전 소유와 자신의 생명까지 독립운동에 바친 이회영 선생과 그 형제들, 독도를 지키고 "동해병기"를 위해 오늘도 애쓰는 재미 한인교포들, 자연환경을 지키고자 하는 환경운동가들과 과학자들, 올바른 공교육을 실시하기 위해 노심초사하는 학교의 선생님들, 우리 사회의 정의를 세우기 위해 노력하는 모든 분들의 열정과 노력과 재능도 성령의 보편적 은사에 속한다. 학문적·예술적 재능과 열정, 국가와 기업체와 가정을 지혜롭게 관리할 수 있는 능력 등도 마찬가지다. 칼뱅에 의하면 하나님은 "기독교 신앙여부와 관계없이 사람들에게 성령의 은사를 주심으로써 과학의 발전을 가능하게 한다"(전철민 2012b, 157).

많은 설교자들과 신학자들은 인간의 이성을 하나님에게 대항하는 악한 것으로 규정한다. 그러나 칼뱅에 의하면 인간의 오성과 이성과 의지도 하나님의 은사이다. 죄의 타락으로 인해 크게 손상되었지만 이것들의 잔재(*residuum*)가 모든 인간에게 남아 있다. 이를 통해 인간은 동물과 구별된다. 오성이 남아 있기 때문에 인간은 땅 위의 사물들을 분별하고 인식할 수 있다(*Inst.* II.2.12). 우리는 하나님을 모르는 문필가의 글에서도 "진리의 빛"을 발견할 수 있다. 우리는 인간의 영이 본래의 순수함을 잃어버렸지만, 그럼에도 하나님의 놀라운 은사를 지니고 있음을 인식한다(II.2.15).

최윤배에 의하면 "칼뱅은 특히 비기독교인들에게도 탁월하게 나타나는 제반 예술, 기술, 학문 등이 성령의 선물임을 강조한다." 죄의 타락 이후에도 인간의 자연은사는 여전히 남아 있다. "선과 악을 구별하고 이해하고 판단하는 이성(*ratio*)은 자연은사(*naturale donum*)이기 때문에 그것은 완전히 지워질 수" 없었다. 우리는 "하나님께서 신자나 불신자를 불문하고 특정한 사람들에게 주신 성령의 은사를 하나님의 특별한 은혜로 생각하고, 그 가치를 인정하고, 유익하게 활용"해야 한다. 그래서 우리는 의학, 천문학, 예술 등 학문의 다양한 영역에서 수고하는 사람들을 존경해야 한다(최윤배 2010, 21 이하). "하프라는 악기와 음악"도 성령의 은사이다(23).

보편적 자연은사들이 하나님의 영을 통해 우리에게 주어졌음을 깨닫고 교회와 하나님의 새 창조를 위해 사용될 때, 보편적 자연은사들은 성령의 특별한 은사로서 기능하게 된다. 또 성령의 감화를 통해 한층 더 크게 발전하기도 한다. 은사는 성령을 통해 완전히 새롭게 주어질 수 있지만, "하나님의 영에 의해 강화되고 정화되며 교회와 사회를 위한 봉사에 쓰이는 한에서 태어나면서부터 주어진 능력"이기도 하다(Mühlen 1997, 84). 김영선도 "우리의 자연적인 능력과 재능을 모두 포함하는" 성령의 보편적 자연은사를 인정한다. "자연적인 은사들이 성령의 능력을 힘입을 때, 그것들은 더 큰 효과와 능력을 나타내게 된다"(김영선 2010, 231, 235).

믿음의 눈으로 볼 때, 세계는 하나님의 은사로 가득하다. 먼저 우리 인간의 존재 자체, 곧 소우주(mikrokosmos)가 하나님의 은혜의 선물이다. 볼 수 있는 눈, 들을 수 있는 귀, 이성적 사고의 능력, 아름다움을 느끼며 불의에 분개할 수 있는 감성도 하나님이 우리에게 거저 주신 하나님의 은혜의 선물이다.

눈을 밖으로 돌려 돌아볼 때 이 세계 자체(makrokosmos), 곧 자연이야말로 가장 경이로운 하나님의 은사이다. 그것은 하나님의 기적과 경이로움으로 가득하다. 지구의 중력, 자기의 목숨을 희생하면서 후손의 생명을 지키는 자연 생물들의 사랑의 본성, 똑같은 땅에서 다양한 맛을 가진 과일과 채소가 생산되고 똑같은 바닷물 속에 다양한 맛을 가진 생선들이 산다는 것은 기적 중에 기적이요 하나님의 은혜의 선물이 아닌가!

우리는 자연의 생물들이 가진 뛰어난 능력들, 예를 들이 수천 킬로미터를 이동했다가 자기의 둥지로 돌아오는 새들과 물고기(연어, 참치 등)의 귀소 본능을 그냥 "자연적인 것"으로 간주한다. 그러나 창조자 하나님에 대한 신앙의 눈으로 볼 때, 자연 생물들의 뛰어난 능력들도 하나님의 은사라 말할 수 있다. 이와 같은 능력을 사람의 힘으로 개발한다는 것은 불가능하다. 이 모든 것을 빅뱅(Big Bang) 이후 우주의 진화과정을 통해 있게 된 "자연적인" 것으로 보면 자연적인 것이고, 하나님의 은혜의 선물로 보면 은혜의 선물로 보여진다. 하나의 사실에 대한 관점이 다를 뿐이다. 전자의 경우 감사하는 마음이 없는 반면, 후자의 경우 감사하는 마음이 생기게 된다.

하나의 관점만 있는 세계, 생명이 없고 벌거벗은 사실(fact)만 있는 세계는 단조롭고 지겨운 세계가 될 것이다. 여자 아이는 없고 남자 아이만 있는 세계, 장애인은 없고 건강하고 경쟁에 유능한 사람들만 있는 세계, 백인만 있고 유색인종은 없는 세계도 마찬가지일 것이다. 세계의 다양성, 그것도 하나님의 은사라 볼 수 있다. 칼뱅에 의하면 성령은 "그의 힘을 모든 것 안에 부어주시며, 하늘과 땅에 있는 모든 것을 유지하고 먹이고 살린다." 그러므로 성령의 "은사들은 너무도 다양하다"(*Inst.* I.13.14). "하늘과 땅 위에는 그의 놀라운 지혜를 증명하는 헤아릴 수 없이 많은 증거들이 있다.…교육을 받지 못한 사람, 볼 수 있는 눈만 가진 무지한 사람도 하나님의 솜씨와 지혜를 볼 수밖에 없다"(1.5.2).

자연은 우리의 생명을 유지해준다. 마지막에는 우리의 생명을 자신의 품에 품어준다. 자연은 우리의 본향이요 삶의 근거이다. 자연이 없으면 우리는 생존할 수가 없다. 공중에 떠 있는 해와 달과 별, 공기와 물과 땅, 땅을 정화시켜주는 지렁이, 지저귀는 새소리, 이 모든 것이 하나님의 은혜의 선물, 곧 하나님의 은사이다. 그러나 이 모든 것보다 더 큰 하나님의 보편적 자연은사는 모든 인간 안에 있는 선한 마음과 도덕성이 아닐까! "성령의 은사는 그것이 무엇이든지 사람이 사람답게 살 수 있는 세계를 이룩함으로써 사람의 구원이 성취되는 데로 집약된다"(송기득 1997, 271).

여기서 우리는 자연은사에 대한 예찬으로 끝나서는 안 될 것이다. 특히 인간에게 주어진 자연은사들이 얼마나 오용되고 타락한 상태에 있는가를 간과해서는 안 될 것이다. 주어진 은사들, 예를 들어 뛰어난 지적 은사를 악한 일에 사용하는 일이 무수히 일어난다. 예술과 학문과 과학기술은 더 많은 돈을 벌기 위한 수단으로 전락한다. 자연은 인간의 무지와 탐욕으로 인해 계속 오염되고 파괴되고 있다. 이와 같은 현실에 눈을 감아버리고 "아름다운 자연의 은사들"에 대한 예찬과 자기기만에 빠져서는 안 되겠다. 오히려 현실을 직시하면서 모든 은사들이 하나님의 나라와 하나님의 정의를 이 땅 위에 세우는 데 사용되도록 노력해야 할 것이다.

D. 장애인과 사회적 약자들의 은사

성령의 은사는 먼저 교회공동체에 유익을 줄 수 있는 것을 말한다. 유익을 줄 수 있기 위해서는 무엇을 할 수 있는 능력이 있어야 한다. 최소한 주일 예배에 출석할 수 있는 능력이 있어야 한다. 그렇다면 식물인간처럼 누워 있어야만 하는 장애인이나 병자에게는 아무런 은사도 주어질 수 없을까?

교회공동체 안에는 능력있는 자들도 있고 능력이 부족한 사회적 약자들도 있다. 도움을 줄 수 있는 사람들도 있고 도움을 받아야 할 사람들도 있다. 사회적 약자들, 도움을 받아야 할 사람들에게는 성령의 은사가 주어질 수 없을까?

현대사회는 경쟁과 투쟁의 사회다. 경쟁과 투쟁에 이겨야 살아남을 수 있고 더 많은 부를 얻을 수 있다. 이를 위해 필요한 것은 능력(ability)이다. 능력있는 사람은 살아남고, 능력없는 사람은 도태된다. 능력없는 사람은 결혼을 할 수도 없다. 이와 같은 사회적 풍조 속에서 장애인들과 사회적 약자들은 어디를 가든지 무능한 자, 실패한 자, 귀찮은 자로 취급된다.

상황은 교회 안에서도 거의 동일하다. "능력"을 우상처럼 섬기는 현대사회의 풍조에 상응하여 하나님은 "강하고 능력있는 하나님", "전쟁에 능하신 하나님"으로, 성령은 "능력의 영"으로 강조된다. 그래서 기도할 때 "능력 주시옵소서"라는 간구를 반복한다. 장애인들과 사회적 약자들은 교회를 위해 기여할 바가 없는 그저 귀찮은 존재로 생각된다. 그들은 아무것도 줄 수 없고 다른 사람이 주는 것을 받기만 하는 존재에 불과하다. 따라서 그들에게 하나님의 은사가 있다는 것을 생각하기 어렵고 그저 교회의 짐 정도로밖에 생각되지 않는다.

그러나 바울에 의하면 하나님의 힘은 강함과 능력에서만 나타나는 것이 아니라 연약함과 무력함 속에서도 나타난다. "이는 내 능력이 약한 데서 완전해짐이라"(고후 12:9). 바울은 신체적으로 고칠 수 없는 "가시"와 약함을 지니고 있었다(12:7). 그는 유대교 지도자의 영광을 버리고 세상에서 오물과 같은 존재가 되어 고난을 당한다. 그는 "모든 약함과 능욕과 궁핍과 핍박과 곤란을" 당한다. 그러나 그의 약함 속에서 하나님의 강함이 역사한다. "내가 약할 그 때에 내가 강하다"(12:10).

하나님은 세상의 약한 자들, 능력이 없는 자들을 그의 도구로 사용한다. 그는 "세상의 미련한 것들을 택하사 지혜 있는 자들을 부끄럽게" 하시고 "세상의 약한 것들을 택하사 강한 것들을 부끄럽게" 하시며, "세상의 천한 것들과 멸시 받는 것들과 (소유가) 없는 것들을 택하사 있는 것들을 폐하려" 하신다. 이리하여 "아무 육체도 하나님 앞에서 자랑하지 못하게" 하신다(고전 1:27-28).

예수 그리스도의 성육신과 십자가의 고난은 연약한 자들의 강함을 대표적으로 계시한다. 예수의 약함 속에 하나님의 강함이 있고 그의 어리석음 속에 하나님의 지혜가 있다. "하나님의 미련한 것이 사람보다 지혜있고, 하나님의 약한 것이 사람보다 강하다"(1:25). 하나님의 참 지혜와 강함이 그 안에 있는 그리스도의 약함 앞에서 세상의 강한 자들은 낮아진다. 그러므로 그리스도의 십자가 앞에서 "낮은 형제는 자기의 높음을 자랑하고, 부한 형제는 자기의 낮아짐을 자랑해야 한다"(약 1:9).

바울은 그리스도의 삶을 뒤따른다. 그는 자신의 세상적 강함을 버리고 세상의 "오물"과 같은 자가 된다. 세상의 약한 자, 무능한 자로서 십자가의 죽음을 당한 그리스도께서 하나님의 능력으로 사신 것처럼 바울도 하나님의 능력으로 산다(고후 13:4). 그의 약함 속에 세상을 위한 하나님의 강함이 있다.

강한 자와 약한 자, 지혜로운 자와 미련한 자, 능력 있는 자와 없는 자, 장애인과 비장애인, 이 모든 사람들이 그리스도의 몸의 지체들이다. 그리스도는 이들 가운데 계신다. 이들에게 행한 것은 곧 그리스도에게 행하는 것이다(마 25:40). 이들은 우리 인간이 하나님의 도우심을 얼마나 필요로 하는지 절실하게 알고 있다. 그러나 부유하고 건강한 사람들은 이것을 알지 못한다. 그러므로 사회적 약자들과 장애인들은 교회의 보물이다. 현재 아프리카 모잠비크에서 가난하고 굶주린 사람들과 함께 살면서 1만명 이상의 어린이들을 양육하는, 여선교사 하이디 베이커(Heidi Baker) 조직신학 박사는 다음과 같이 말한다.

"내가 살고 있는 이 곳 사람들은 그들이 가난하다는 것을 알고 있다. 그들이 병들었다는 것을 알고 있고, 절망 속에 있다는 것을 알고 있다. 그래서 매주 일백 명 이상의 사람들이 예수에게 와서 그에게 그들의 생명을 바친다. 그러나 서구세계에서 가난한 사람들은 그들이 정말 가난하다는 것을 알지 못한다. 병자들은 그들이 병들었다는 것을 의식하지 못한다.…그들은 스스로 안전하다고 생각하는 것처럼 보인다. 그들은 모든 것을 잘 통제하고 있다는 인상을 준다. 그러나 현실은 전혀 다르게 보일 때가 많다."

"모잠비크 사람들은 너무도 가난하기 때문에, 그들이 하나님을 필요로 한다는 것을 빨리 인식한다.…서양에서 우리는 잃어버린 사람들을 예배에 초대하지만, 대부분의 사람들은 초대에 응하지 않는다. 그들이 예배에 오지 않는 이유는 배가 부르기 때문이다.…부유한 사람들은 먹을 것 혹은 하나님에 대한 갈증을 거의 갖고 있지 않다. 그러나 가난한 사람들은 항상 와서 잔치에 참여한다"(Baker 2012, 23, 84, 86, 87).

비장애인들은 그들 자신의 기준에 따라 장애인과 비장애인을 구별한다. 그러나 네덜란드 출신의 장애신학자 나우웬(H. Nouwen)에 의하면, 모든 사람은 신체적 장애는 물론 정신적 장애를 갖고 있다. 우리는 성격적 장애로 문제를 일으키고, 도벽중, 우울증, 각종 중독 증세, 타고난 신체 부위의 결함, 알레르기 등 각종 장애로 인해 어려움을 당하는 사람들을 어디에서나 볼 수 있다. 장애증세는 나이가 들면서 점점 더 심화된다. "변화와 정도의 차이는 있겠지만, 모든 인간은 상처와 장애와 더불어 살아가는 것이다." 또 장애인이든 비장애인이든 모든 사람은 "상호 의존 안에서 살아가는 존재이다"(최대열 2013, 276). 그러므로 장애인과 비장애인을 명확히 나누는 것은 불가능하다.

하나님에게는 모든 인간의 생명이 귀중하다. 장애를 지닌 생명도 자신의 가치와 존엄성을 가지며, 비장애인들과 공동체를 위한 은사가 될 수 있다. 십자가에 달린 예수의 무력함 속에 숨어 있었던 하나님의 능력은 장애인들 안에도 숨어 있다. 참 장애에 걸린 것은 장애인들이 아니라 장애인들과 더불어 살지 못하는 몰인정하고 비인간적인 세상이다. 참으로 가난하고 불행한 사람들은 경제적으로 가난한 사람들이나 장애인들이 아니라, 이들의 고통에 눈감아버리고 아무리 많이 가져도 만족할 줄 모르는 배부르고 부유한 사람들이다. 부유한 사람들이 사는 동네일수록 골목이 적막하고 집집마다 감시카메라가 달려 있는 현상이 이것을 증명한다.

장애인들은 어린애와 같은 순수한 인간성을 보여줄 때도 있고 생명 그 자체의 존엄성을 깨닫게 할 수 있다. 그들은 비장애인들의 비장애가 얼마나 큰 하나님의 은혜인가를 깨닫고 자신의 살아 있음 자체에 대해 하나님께 감사하는 마음을 갖게 할 수 있다. 연약한 생명에 대한 사랑이 삶의 가장 높은 가치임을 경험하게 할 수도 있다. 장애인이 가정에 있음으로 인해 가족이 더욱 단합하고 장애인이 없는 가정보다 더 행복한 경우도 있다. 가정의 장애인이 그 가정의 단합과 행복을 불러일으키며, 세상 사람들이 갖지 못한 "평안"을 보여주기도 한다. 이런 점에서 장애인은 비장애인을 위한 "성령의 은사"라고 말할 수 있다(최대열 2013, 279).

하나님이 기뻐하는 교회의 보물은 유능하고 힘있는 사람들과 그들이 바치는 헌금이 아니라 강한 자들과 힘없는 자들, 장애인들과 비장애인들이 그리스도의 사랑 안에서 더불어 살아가는 "그리스도의 친교"에 있다. 그리스도의 친교는 먼저 장애인들과 사회적 약자들과 함께 이루어져야 한다. 이들은 그리스도의 "작은 형제들"이기 때문이다(마 25:45).

일반적으로 우리는 교회에 유익을 줄 수 있는 것만을 성령의 은사라 생각한다. 그러나 우리에게 주어진 우리의 생명 그 자체가 하나님의 은사, 곧 은혜의 선물이라고 할 수 있다. 이것은 장애인에게도 해당한다. 장애인의 생명도 하나님의 은사이다. 비록 그들의 생명이 괴로움으로 가득하여 죽고 싶다 할지라도 생명 그 자체는 하나님의 은혜의 선물인 것이다. 그들의 있음 자체가 교회를 위한 은사가 될 수 있다. 살아 있다는 것 자체가 하나님의 은혜의 선물임을 깨닫고 어려움과 고통 속에서도 하나님께 감사하며 자기에게 숨어 있는 능력을 개발할 때, 더 큰 하나님의 은사를 보여줄 수 있는 잠재성이 장애인들에게도 주어져 있다. "썩을 것으로 심고 썩지 아니할 것으로 다시 살며, 욕된 것으로 심고 영광스러운 것으로 다시 살며, 약한 것으로 심고 강한 것으로 다시 살"(고전 15:42-43) 수 있는 가능성은 장애인들을 위시한 모든 사회적 약자에게 숨겨져 있다.

오늘날 일련의 유전공학자들은 장애인이 아예 태어나지 않도록 유전자를 개조하는 연구를 진행하고 있다. 장애인을 낳을 수 있는 유전자를 가진 부모들에게 이것은 매우 기쁜 소식으로 들릴 수 있을 것이다. 그러나 이것은 장애인 멸종정책 내지 장애인 인종청소라 말할 수 있다. 또 장애아를 출산케 하는 환경적 요인들(핵의 오염, 몸에 섭취되는 중금속 물질, 약물 오남용 등)을 진지하게 고려하지 않고 있다. 이에 대해 베를린에서 장애인과 비장애인으로 구성된 극단을 지도하는 한 여자 감독은 이렇게 말한다. "나는 장애인이 없는 극단을 상상할 수 없다. 나에게 장애인은 하나님의 축복이다. 비장애인은 장애인과 함께 사는 것을 배워야 한다. 장애인과 더불어 살 수 없는 비장애인의 이기성이 우리가 극복해야 할 가장 큰 장애다. 나는 유전공학을 통한 장애인의 인종청소를 반대한다."

장애인 목회자인 최대열에 의하면, "지금도 여전히 세상의 시각은 장애와 장애인을 부정적인 것으로 간주하고 취급한다. 비장애인 개인과 장애 차별적인 사회는 물론이고 심지어는…장애인 당사자조차도 자신을 불결하고 부정하고 그래서 거부당하고 차별받아 마땅하다고 생각한다. 그러나 그것은 기독교적 사고가 아니라 세상의 사고이며, 하나님의 생각이 아니라 세속적인 인간의 생각이다"(최대열 2013, 278). 정도의 차이가 있을 뿐 모든 사람은 저마다 장애와 함께 살아간다. 장애가 전혀 없는 사람은 이 세상에 아무도 없다.

지상의 예수는 병자들, 장애인들, 사회적 약자들과 교제하였다. 이들이야 말로 "그리스도의 작은 형제들"이었다. 교회는 "그리스도의 몸"이다. 그러므로 교회는 장애인과 비장애인으로 구성되는 것이 마땅하다. "그리스도의 작은 형제들"이 보이지 않는 교회, 서울 강남지역의 건강하고 예쁘고 능력있고 힘있는 사람들만 보이는 교회는 참 교회가 아닐 것이다. 몰트만에 의하면 "장애인이 없는 공동체는 장애에 걸린 공동체요 사람들을 장애에 걸리게 하는 공동체다"(Moltmann 1991, 207). 카리스마적 공동체, 곧 성령의 은사를 받은 공동체는 장애인과 사회적 약자들과 더불어 사는 공동체요, 이들을 위해 봉사하는 공동체다. 이들의 고통과 소외, 장애와 고난 속에서 하나님의 고난의 능력이 계시된다. 하나님은 연약한 지체들과 장애가 있는 지체들에게 더 큰 존귀를 주신다. "부족한 지체에게 존귀를 더하사…"(고전 12:24).

E. 참 은사의 규범들

그리스도인들이 받은 성령의 특별은사는 교회공동체를 위하여 다음과 같은 긍정적 측면을 가진다. ① 다양한 은사를 받은 성도들을 통해 교회는 다양한 인적 자원을 얻을 수 있다. ② 교인들의 다양한 은사를 개발하여 지, 정, 의가 균형있게 조화된 교회의 성장을 이룰 수 있다. ③ 은사를 받은 성도들의 헌신적 봉사와 신실한 신앙생활로 인해 교회의 성장이 촉진될 수 있다. ④ 다양한 은사를 활용함으로써 기독교의 사회적 영향력을 확장하고 복음전도의 길을 넓힐 수 있다. ⑤ 성도들의 다양한 은사를 활용하는 프로그램을 실시하여 성도들의 신앙을 돈독히 할 수 있다(이에 관해 김창용 2003, 132-134).

궁극적으로 성령의 은사는 하나님의 구원받은 세계를 이루기 위한 성령의 새 창조의 역사에 기여하는 기능을 가진다. 그것은 성령의 새 창조의 방편들이다. 그러므로 바울은 "너희는 더욱 큰 은사를 사모하라"고 권한다(고전 12:31).

이와 같은 긍정적 측면과 더불어 성령의 은사는 여러 가지 위험성을 가진다. "은사를 받았다"는 사람들로 인해 교회 안에 분열이 일어나기도

하고, 신자들의 재산을 갈취하고 교회 재정을 사취하는 일도 일어난다. 자기를 신격화시키고 상식 이하의 일을 저지르는 일이 지금도 기독교 저변에서 일어나고 있다. 광신적 현상들이 성령의 은사로 오해되기도 한다.

맥아더(J. McArthur)는 성령의 은사가 광신주의로 발전하는 개신교회의 현상을 다음과 같이 소개한다. "어떤 사람은 성령의 능력이 증명되는 가장 확실한 때는 어떤 사람이 혼수상태로 빠지는 때라고 생각한다. 따라서 은사주의자들의 이론을 보면 인사불성, 발작, 잠재의식의 메시지, 최면상태, 광적인 행위, 광란, 히스테리, 심지어는 치매와 비슷한 행동에 관한 터무니없는 설명들로 가득 차 있다. 이러한 것들은 하나님께서 그 운동 가운데 활동하고 계신다는 증거로서 종종 인용된다"(McArthur 2008, 9; 김영선 2009, 166-167에서 인용).

올랜도 크리스천 센터(Orlando Christian Center)의 베니 힌(Benny Hinn) 목사는 "성령으로 사람들을 기절시킨다. 기름부음이 그의 손에서 일어나는 것을 느낄 때, 그는 신자들의 이마에 손을 대거나 그들을 향해 손을 흔든다. 그러면 신자들은 쓰러져 입신한다." 이와 같은 베니 힌의 능력은 "성경이 말하고 있는 그 어떤 성령의 은사들과도 일치하는 점이 없다"고 맥아더는 규정한다(김영선 2009, 167).

성령의 은사에 대한 이와 같은 오해와 혼란을 보면서, 우리는 참 성령의 은사는 무엇이고 거짓된 은사는 무엇인지 질문하지 않을 수 없다. 그러면 양자를 구별할 수 있는 규범 내지 기준은 무엇인가?

1) 은사의 첫째 규범은 예수 그리스도가 하나님의 아들이요 유일한 구원자시며 우리의 주님이심을 인정하는 데 있다. 이를 부인하고 자기를 "재림주 예수" 혹은 "하나님의 아들"로 신격화시키는 사람은 참 은사를 받았다고 말할 수 없다. "절대적으로 규범이 되는 기준은 그리스도에 대한 올바른 신앙이다(고전 12:3, 요일 4:1 이하)"(Congar 1982, 291).

2) 참 은사의 규범은 맑은 정신과 이성의 자제력을 가지고 사물을 올바르게 판단할 수 있는 능력에 있다. 은사를 받은 사람은 맑은 정신과 이

성의 자제력과 정상적 교양을 가져야 한다. "성경 어디에서도 어떤 사람이 자제력을 잃었을 때, 그리고 어떤 초자연적인 힘에 사로잡혔을 때, 바로 그때 성령의 은사가 주어졌다고 말하지 않는다. 신약성서 어디에서도 하나님의 영이 그리스도인을 극도의 황홀경이나 졸도 상태로, 혹은 정신없이 열광적인 행동을 하도록 유도한다고 말하지 않는다. 오히려 성경은 성령의 열매가 절제(갈 5:22-23)라고 말한다"(김영선 2009, 166).

3) 참 은사의 규범은 공동체의 유지와 발전에 도움이 되고 하나님의 나라를 확장시키는 일에 기여하는 데 있다. 성령의 은사는 "교회에 덕을 세우기 위해"(고전 14:12), 그리고 "성도를 온전케 하며 봉사의 일을 하게하며, 그리스도의 몸을 세우게"(엡 4:12) 하기 위해 주어진 것이다. 교회를 위해 협력하지 않고, 교회에 해가 되는 일을 행하는 사람은 참 성령의 은사를 받았다고 말할 수 없다.

4) 참 은사의 규범은 "모든 일에 예수 그리스도로 말미암아 하나님이 영광을 받으시게 하는" 데 있다(벧전 4:11). 하나님께 영광을 돌리지 않고 자기에게 영광을 돌리는 것은 참 은사가 아니다. "하나님의 영광이나 다른 사람을 돕기 위해서가 아니라 자신의 영광을 위해서 또는 교회에서의 유력한 위치를 차지하기 위해서 성령의 은사를 구하는 것은 성령의 뜻과는 거리가 먼 것이다"(김영선 2009, 174).

5) 병치료, 귀신추방, 기도를 통한 문제해결 등의 특별한 은사를 행하는 사람은 어떤 대가를 요구해서는 안 된다. 금품이나 부동산, 자기 자신에 대한 헌신을 요구하며, 영리를 목적으로 하는 것은 참 은사가 아니다. 성령의 은사는 "그리스도의 몸"에 유익이 되고 성령의 새 창조에 기여하기 위한 것이지, 개인의 이익과 축재를 위한 것이 아니다. "자기 영광이나 이익을 구하는 목적으로 은사를 구하면 반드시 나쁜 결과에 봉착하게 된다"(최태영 2013, 303).

6) 참 성령의 은사는 인격의 성숙을 겸비할 수밖에 없다. 인격적으로 성숙하지 못하면서 "은사 받았다"고 말한다면, 세상 사람들의 비웃음만 얻

게 된다. 참 은사를 받은 사람은 이웃에게 예의를 지키며, 교양을 갖춘 사람이 되어야 한다. 이웃에게 겸손하고 공동체의 질서와 평화를 지켜야 한다. 은사를 받았다 하여 자기를 높이는 교만한 사람, 방언이나 병고침 등의 특별한 은사를 받지 못한 목회자나 교우들을 멸시하며 분열을 일으키는 사람은 참 은사를 받았다고 말할 수 없다. 은사를 받은 사람은 "마땅히 생각할 그 이상의 생각을 품지 말고 오직 하나님께서 각 사람에게 나누어 주신 믿음의 분량대로 지혜롭게 생각"해야 한다(롬 12:3-5). "각각 은사를 받은 대로 하나님의 다양한 은혜를 맡은 선한 청지기 같이 서로 봉사해야 한다. 누가 말하려면 하나님의 말씀을 하는 것 같이 하고, 누가 봉사하려면 하나님의 공급하시는 힘으로 하는 것 같이 해야 한다"(벧전 4:10-11).

7) 참 은사를 받은 사람은 사랑을 행하며, 정의롭고 정직하게 사는 사람이 되어야 한다. 그에게 은사를 주신 성령은 사랑과 정의의 영이기 때문이다. 사랑이 없고 정직하지 못하며, 거짓말을 능란하게 잘 하거나 교우들에게 사기를 치면서 성령의 은사를 받았다고 말할 수 없다. 성령의 은사는 "사랑, 희락, 화평, 오래 참음, 자비, 양선, 충성, 온유, 절제"의 9가지 "성령의 열매"를 겸비해야 한다(갈 5:22-23). "성령의 열매보다 은사를 더 선호하는 것은 좋지 않은 현상이다." 성령의 열매 없는 성령의 은사만을 추구할 때, "은사가 있다고 하는 사람들이 자주 타락하게" 된다(최태영 2013, 300-303).

9
그리스도인의 영성과
영분별의 지표

A. 영성과 영분별 기준의 관계

그동안 한국 개신교회는 2천 년 기독교 역사에서 유례를 발견할 수 없는 "선교의 기적"을 이루었다고 자랑하였다. "하지만 1980년대 중반을 지나면서 한국교회는 침체기를 맞이했고, 여전히 그것을 극복하지 못하고 있다"(최승태 2011, 71). 신학자들의 지적에 의하면, 그 중요한 원인은 교회가 세상의 빛이 되지 못하는 데 있다. "교회성직 대물림, 교회예산 집행의 불투명성, 공공장소에서 전도하는 일탈 행위, 종교 자유를 오남용하는 자격 미비의 교역자 양성기관 방치, 이웃종교에 대한 공격행위와 적대적 비관용성, 선교방송매체의 사유화와 그 해독, 정치현실에 휘둘리는 교단지도자의 어용 사제류의 정치예속, 교역자들의 세금납부 반대 등"(김경재 2013, 21). 개신교회의 상황은 실로 심각하다. 한 일간신문은 개신교회의 치부를 다음과 같이 보도한다.

"신자 300만 명, 소속 교회 1만개로 한국 개신교 최대 교단인 대한예수교장로회 합동 총회장에서…이 교단은 차기 총회장 추대를 놓고 현 집행부와 반대 진영이 치열하게 싸워왔다. 현 집행부 쪽 총무 황모 목사는 반대파 대의원들이 자신의 발언에 제동을 걸자 '나는 지금 총을 가지고 있다'면서 '이야기를 계속 들어달라'며 가스총을 꺼내들었다.

예장 합동은 개신교 교단 중에서도 각별하게 경건한 신앙과 바른 삶을 강조하는 교단이다.…이런 교단을 이끌어갈 집행부를 선출하는 과정에서 금품을 돌렸다는 의혹이 제기되고 일부 교단 책임자의 유흥업소 출입 문제가 시비가 됐다는 것 자체가 문제다"(「조선일보」 2012. 9. 20. 39쪽).

통계청의 2005년 기준 "인구주택총조사"에 의하면, 1995년도 295만여 명이었던 로마 가톨릭교회(천주교) 교인 수는 220만 명이 증가하여 74.4%의 증가세를 보였고, 불교는 약 41만 명이 증가하였다. 그 반면 개신교회 교인 수는 876만 명에서 861만 명으로 약 1.6% 감소하였다. 추측컨대, 개신교회의 교인 수에는 거품이 많고, 1995년 이후 지금까지 교인 수는 더 감소했을 것이다. 교인 수의 감소는 교회 수입의 감소로 이어진다. 이리하여 요즘 상당수의 교회들이 과도한 건축 빚을 갚지 못해 경매로 넘어가고 있다. 한 기관 조사에 의하면 개신교회의 쇠퇴 원인은 세속화와 영성의 결핍(41.9%), 지나친 양적 외형 성장주의(19%), 목회자의 자질 하락과 도덕성 문제(15.1%), 신앙과 삶, 말과 행동의 불일치(9.6%)에 있다고 한다(최인식 2011, 39).

위기상황을 극복하기 위해 요즘 일부 개신교회는 "영성운동"을 적극 추진하고 있다. 그러나 영성운동마저 그릇된 방향으로 발전하는 현상이 나타난다. "'영성신학'이나 '영성목회', '영성훈련', '영성 개발', '영성 수련원' 등 어디든지 '영성'을 갖다 붙인다. 그런 사람들 중 많은 경우는 건강한 기독교적 영성을 찾고 추구하기 위해 노력하고 있지만, 그중에는 사이비 영성과 질 낮은 신비주의로 빠져 들어가는 사람들도 많다.…환상을 보게 하는 방법 등을 교육함으로써 신비주의적인 데로 몰아가고 있다. 즉 신비주의적이고 무당적인 것을 영성목회의 하나로 간주해서 그런 것들을 파급시키고 있는 것이다"(이오갑 2002, 310 이하). "영성이 없는 신학은 건조하고 극단적으로 비판적인 일에만 치닫게 되고, 반면에 신학이 없는 영성은 빈약하고 무비판적이 되어버린다"는 사실도 문제점으로 지적되고 있다(정홍열 2002, 30).

이와 같은 현실을 직시하면서 우리는 질문하지 않을 수 없다. 올바른 영성이란 무엇인가? 이정석에 의하면, 영성이란 "영혼의 성품, 성질, 혹은 성향", 곧 "지성과 감성과 의지를 포함하는 영혼 전체의 성품"을 말한다(이정석 2008, 381). 그럼 "지성과 감성과 의지를 포함하는 영혼 전체의 성품"이란 구체적으로 무엇을 말하는가? 그리스도인으로서 우리가 가져야 할 "영혼 전체의 성품", 곧 영성이란 무엇인가?

이 문제는 영분별의 기준과 직결된다. 어떤 교인이 받은 성령이 참 성령이라고 증명될 수 있는 거기에 참 영성이 있다. 참 영성이 있을 때, 우리는 그가 받은 성령이 참되다 말할 수 있다. 이런 점에서 참 영성과 영분별의 기준은 결합되어 있다.

성서는 영이라 하여 다 믿지 말고 영을 분별하라고 권면한다. "거짓말 하는 영"(왕상 22:22), "악의 영"(엡 6:12), "귀신의 영"(계 16:14), "미혹케 하는 영"이(딤전 4:1) 있다. 사탄의 영도 "모든 능력과 표적과 거짓 기적"을 일으킬 수 있다(살후 2:9). "귀신의 영"도 "이적"을 행한다(계 16:14). 그러므로 우리는 "영을 다 믿지 말고" 그것이 하나님께 속한 참된 영인지 아닌지를 분별해야 한다(요일 4:1).

일반적으로 영분별의 기준은 "예수 그리스도께서 육체로 오신 것을 시인하는" 데 있다고 말한다. 곧 예수의 육체성을 시인하는 영은 "하나님께 속한 것이요, 예수를 시인하지 아니하는 영마다 하나님께 속한 것이 아니니, 이것이 곧 적그리스도의 영이다"(요일 4:2-3).

예수의 육체성에 대한 시인이 영분별의 중요한 기준임에는 틀림없다. 그러나 그것이 영분별의 유일한 기준은 될 수 없다. 그것은 주후 2, 3세기 예수의 인간적 본성(인성)을 부인하는 영지주의적 가현설을 거부한 초기 기독교 공동체의 입장 표명과 같은 것으로 매우 좁은 의미의 기준에 불과하다. 우리가 예수의 육체성을 시인할지라도 그리스도인으로서 올바른 영성을 보이지 않고 악한 인간의 영성을 보인다면, 우리가 받았다고 하는 성령이 참 하나님의 영이라 말할 수 없기 때문이다.

그러므로 영분별의 기준은 영성의 문제와 함께 파악되어야 한다. 그리스도인들이 받은 성령이 참 하나님의 영인지 아닌지를 구별할 수 있는 것은 그리스도인들의 영성에 있다. 올바른 영성이 우리의 인격과 성격, 태도와 생활에 나타날 때, 우리가 받은 성령이 참 하나님의 영이란 사실이 증명된다. 곧 우리의 인격과 생활, 대인관계에 나타나는 영성이 우리가 받은 성령의 참됨을 증명한다. 한 마디로 그리스도인들의 영성이 영분별의 기준이 된다. 거꾸로 영분별의 기준이 올바른 영성의 기준이 되기도 한다. 여기서 우리는 올바른 기독교적 영성이 무엇인가를 해명함으로써 영분별의 기준 내지 지표(nota)를 파악하고자 한다.

B. 무한한 사랑의 영성, 생명의 영성

1) 사랑의 영성, 자기 부인, 자기비움과 나눔의 영성: 하나님의 영은 본질적으로 "사랑의 영"이다. "하나님의 사랑이 우리에게 주신 성령으로 말미암아 우리 마음속에 주어졌다"(롬 5:5). 따라서 참 영성은 본질적으로 사랑의 영성이다. 참 성령을 받은 사람은 사랑의 영성을 가질 수밖에 없다. 미움과 증오는 생명을 파괴하는 힘으로 작용하는 반면, 사랑과 친절은 생명을 살리는 힘으로 작용한다. 따라서 영분별의 가장 중요한 지표는 사랑의 영성을 갖고 있느냐 갖고 있지 않느냐에 있다.

어느 시대를 막론하고 인간 세계의 가장 근본적 문제는 인간의 "자기중심성"에 있다. 자기중심주의가 "오늘의 가장 심각한 문제"이다(Levinas).

따라서 문제 해결의 근본은 인간의 자기중심성을 극복하는 데 있다. 사랑의 영성은 먼저 자기가 모든 것의 중심이 되고자 하는 욕망을 버리는 것, 곧 자기비움에 있다. "사랑은 내(I-ness)가 없어져야 생긴다." 근대 독일의 대표적 신비주의자였던 야콥 뵈메(Jacob Böhme, 1575-1624)에 의하면 "사랑은 자기중심적 자아가 죽은 그 자리에 거한다." "만약에 네가 아무것도 너의 욕망 속에 담지 않는다면 너는 모든 것으로부터 자유로워질 것이며, 동시에 만물을 다스릴 수 있게 될 것이다"(권진관 2002, 259 이하).

칼뱅에 의하면 사랑은 "자기 부인"에 있다. 이웃과의 관계에서 자기 부인은 이웃사랑으로 나타나고, 하나님과의 관계에서 그것은 헌신으로 나타난다. 우리는 "우리의 유익을 구해서도 안 되고, 할 수 있는 대로 우리 자신과 우리의 전 소유를 잊어 버려야 한다. 우리는 하나님의 것이므로 하나님을 위해 살고 죽어야 한다"(최태영 2002, 41). 이웃을 미워하고 모함하고 가는 곳마다 분열과 불화를 일으키는 사람, 그 얼굴과 눈동자에 욕심과 미움과 증오의 영이 서려 있는 사람은 그가 받은 성령의 참됨을 증명할 수 없다. 그는 "성령을 소멸케" 한다(살전 5:19).

"피차간의 뜨거운 사랑"(벧전 1:22)은 자기의 것을 나누어주는 구체적 사랑의 행위로 표출되어야 한다. 어려운 형제를 보면서 나누어 줌이 없는 사람에게 하나님의 영이 있다고 말할 수 없다. "누가 이 세상 재물을 가지고 형제의 궁핍함을 보고도 도와줄 마음을 막으면 하나님의 사랑이 어찌 그 속에 거한다고 보겠느냐? 자녀들아 우리가 말과 혀로만 사랑하지 말고 오직 행함과 진실함으로 하자"(요일 3:17-18). "선을 행함과 서로 나누어주기를 잊지 말라"(히 13:16). 성서는 특히 부유한 사람들에게 소유의 나눔을 명령한다(딤전 6:17-18). 소유의 나눔은 나누어주는 사람 자신에게 축복이 된다. "이것이 장래에 자기를 위하여 좋은 터를 쌓아 참된 생명을 취하는 것이다"(6:19).

야고보서는 보다 더 구체적으로 나눔의 행위를 요구한다. 사랑을 구체적으로 행하지 않는 것은 죄에 속한다. "사람이 선을 행할 줄 알고도 행치 아니하면 죄다"(약 4:17). 사랑을 "행함이 없는 믿음은 그 자체가 죽은 것이다"(2:17). 요한1서에 의하면 사랑을 행하는 사람은 "빛 가운데 거하며", "진리에 속한다." 그가 "주 안에 거하고, 주께서 그 안에 거한다"(2:10; 3:19, 24). 사랑의 정점은 "형제들을 위하여 목숨을 버리는" 데 있다(3:16; 요 15:13). 이와 같은 사랑의 영성이 참 하나님의 영과 거짓된 영을 구별할 수 있는 기준이 된다.

2) 불쌍히 여기며 용서하는 마음: 성령은 연약한 생명들을 불쌍히 여기는 "연민의 영"이다. 따라서 성령을 받은 사람은 연약한 생명들을 불쌍히 여긴다. 도움의 손길을 베풀기 전에 먼저 불쌍히 여기는 마음이 있어야 한다. 그렇지 않을 때 도움을 받는 사람은 모욕감을 느낀다. 사랑은 이 시대의 고난당하는 피조물에 대해서는 물론 과거의 피조물에 대해서도 연민을 가진다. 일본강점기에 만주에 설치된 731부대의 생체실험으로 고통 가운데서 죽어간 사람들과 종군위안부들, 홀로코스트(Holokaust)와 세계대전으로 희생된 수천만 명의 사람들, 인간의 욕심 때문에 떼죽음을 당한 자연의 생물들에 대해서도 연민의 마음을 가진다. 이것이 인간의 도리이다. 정현경에 의하면 "한 맺힌 혼들의 울부짖음을 듣지 않고서는 성령의 음성을 들을 수 없다"(박종천 1992, 164).

성령은 정죄하지 않고 용서하는 영성을 주신다. 이웃을 판단하고 정죄할 수 있는 권한이 우리에게는 없다. "너는 누구관대 이웃을 판단하느냐?"(약 4:12) 그리스도께서 우리를 불쌍히 여기고 우리의 죄를 용서하신 것 같이 성령을 받은 그리스도인들도 이웃을 불쌍히 여기고 용서해야 한다. "서로 인자하게 하며 불쌍히 여기며 서로 용서하기를 하나님이 그리스도 안에서 너희를 용서하심과 같이 하라"(엡 4:32; 골 3:13; 참조. 갈 3:13-14).

용서는 해방의 기능을 가진다. 우리가 이웃을 용서할 때 이웃은 죄책과 그의 과거에서 해방된다. 이웃과의 관계가 회복되고 사랑이 싹트기 시작한다. 새로운 가능성과 미래가 그에게 열린다. 부모가 자녀를 용서를 받을 때 자녀는 삶의 기쁨과 힘과 용기를 얻게 된다. 자녀를 꾸짖고 야단치기만 하면 자녀의 앞길이 막혀버린다. 상대방의 처지를 이해하고 용서하는 사랑이 그에게 새로운 가능성과 미래를 열어준다.

용서는 용서하는 사람 자신을 해방시킨다. 그는 이웃을 정죄하고 그를 과거에 묶어버리는 경직된 마음에서 인자하고 자비로운 마음으로 해방된다. 그러므로 우리가 이웃을 용서할 때 마음의 기쁨과 명랑함을 느낀다. 얼굴 표정이 밝고 명랑한 표정으로 변한다. 그것은 우리의 DNA에 맞는 일이기 때문에 DNA가 기뻐하기 때문이다. 서로 불쌍히 여기고 용서하는 영성이 참 하나님의 영과 거짓된 영을 구별할 수 있는 기준이 된다.

그러나 기독교는 용서를 남발해서는 안 될 것이다. 용서는 정의를 동반해야 한다. 가해자는 피해자에게 "잘못했다"고 사죄해야 하며, 진정한 사죄의 표시로서 충분한 보상을 해야 한다. 보상의 능력이 없을 경우 용서라도 빌어야 한다. 불의한 뇌물을 먹은 자는 그 뇌물을 도해내야 한다(삭개오 이야기 참조). 보상할 능력이 있음에도 불구하고 보상하지 않는 자에게 용서를 선포하는 것은 피해자에 대한 모독이요, 하나님의 정의를 깨뜨리는 일이다. 사죄와 보상이 있을 때 피해자의 원한이 풀릴 것이고 하나님의 정의가 회복될 수 있다.

3) 생명에 대한 경외와 새로운 생명의 세계에 대한 희망: 하나님은 생명을 사랑한다. 그러므로 하나님은 고난 속에 있는 생명들을 구원하고자 한다. "구약의 하나님 야웨는 전적으로 '고난에 처한 인간생명을 살리시는 분'"이다(김이곤 2005, 23). 하나님의 아들 예수도 "죽음의 음침한 골자기"에서 신음하는 생명을 살리는 분으로 활동한다. 성령은 죽어가는 생명을 살리며 생동하게 하는 "생명의 영"이다.

따라서 하나님의 영을 받은 그리스도인들은 신음하는 생명들을 사랑하며, 살고자 하는 생명들을 경외하는 "생명경외"(A. Schweitzer)의 영성을 가진다. 그는 자기 홀로 살지 않고 더불어 살고자 하는 영성, 곧 상생의 영성을 가진다. 참 기독교적 영성은 더불어 살고자 하는 상생의 영성, 혹은 "더불어 살기 위한 영성"이다(박종천 1992, 164).

생명을 사랑하는 사람은 생명의 가치와 존엄성을 존중한다. 그는 생명을 파괴하는 세력에 대해 적대적 태도를 취한다. 그는 무고한 생명들이 죽음의 위협을 당하는 현실에 안주하지 않고 하나님의 정의로운 세계, "이제는 죽음과 슬픔과 울부짖음과 고통이 없는" 새로운 생명의 세계를 희망한다. 이와 같은 영성이 하나님의 영과 거짓된 영을 구별하는 기준이 된다. 이웃의 생명을 희생시키면서 자기 혼자 잘 살려고 하는 사람, 신음하는 피조물의 생명을 파괴하는 세력에 편승하는 사람은 성령의 지배를 받는 것이 아니라 악령의 지배를 받는다고 하겠다.

C. 성숙한 인격과 합리성

1) 근신과 절제, 진실과 겸손과 친절의 영성: 참으로 회개한 사람, 곧 "죄된 과거로부터의 전향, 하나님을 향한 전인적 귀향"(Küng 1976, 241)을 이룬 사람은 인격적으로 성숙한 영성을 보여야 할 것이다. 인격적으로 성숙하지 못하면서 성령을 받았다고 말해보았자 그것을 믿을 사람은 아무도 없을 것이다. 물론 성령을 받았다 하여 사람의 인격이 하루 아침에 완전한 인격으로 변화되는 것은 아니다. 그러나 하나님의 사랑과 지혜의 영이 그 안에 거하는 사람에게는 "하나님의 형상인 참 인격의 회복"이 일어날 수밖에 없다(김영선 2002, 54).

인격적 성숙은 먼저 근신하고 절제하며 "선한 양심"이 있는 사람(히 13:18; 벧전 3:16), 진실과 겸손과 친절함의 영성이 있는 사람으로 변화될 때 이루어진다. 그들은 "순박함과 진실함으로" 행하며(고후 1:12), "선한 일에 열심한다"(딛 1:14). 바울에 의하면, 그리스도인들을 파멸시키려는 죄의 세력이 마귀처럼 두루 다니며 "삼킬 자를 찾나니" 그러므로 근신하고 깨어 있어야 한다(벧전 5:8; 참조. 살전 5:5-8).

디도서에 의하면 인격적 성숙은 "제 고집대로 하지 아니하며, 급히 분

내지 아니하며, 술을 즐기지 아니하며, 구타하지 아니하며, 더러운 이를 탐하지 아니하며, 오직 나그네를 대접하며, 선을 좋아하며, 근신하며, 의로우며, 거룩하며, 절제하며, 미쁜 말씀의 가르침을 그대로 지키는" 데 있다 (딛 1:7-9; 참조. 갈 5:19-22의 "육의 일"과 "성령의 열매"). 또 자기과시와 교만을 버리며, 겸손한 태도로 이웃과 공동체를 위해 봉사하는 데 있다.

성서는 겸손의 영성을 특별히 강조한다. 하나님은 "거만한 자를 비웃으시며, 겸손한 자에게 은혜를 베푸신다"(잠 3:34; 약 4:6). 그는 "교만한 자를 대적하시되, 겸손한 자들에게는 은혜를 베푸신다. 그러므로 하나님의 능하신 손아래서 겸손하라. 때가 되면 너희를 높이시리라"(벧전 5:5-6; 약 4:10). "주님은 겸손한 자를 붙드시고, 악인은 땅에 엎드러뜨리신다"(시 147:6). 그러나 겸손이 비굴함이 되어서는 안 된다.

성령을 받았다고 하지만 약삭빠르고 교활하며, 공공질서와 예의를 지키지 않으며, 강한 자 앞에서는 비굴하고 약한 자 앞에서는 교만하며, 그 교만과 비굴함이 얼굴 표정과 몸가짐에 나타나는 사람은 아직도 악령에 붙들려 있다고 보아야 할 것이다. 교회공동체는 인격적으로 성숙하고 예의와 예절을 지키는 사람들, 세상 사람들의 존경을 받는 사람들의 공동체가 되어야 할 것이다. 그렇지 않으면 세상 사람들의 멸시를 받게 되고 선교의 길이 막히게 된다.

특히 그리스도인들은 친절의 영성을 보여야 할 것이다. 무뚝뚝하지 않고 친절하게 보이며, 경직되지 않고 유연성이 있으며, 사람을 쳐다볼 때 노려보듯이 보지 않고 친절한 눈빛으로 바라보아야 할 것이다. 하나님의 사랑과 희망의 영이 그들 안에 거하기 때문이다. 이웃을 만나도 인사 한마디 없고 입을 팔(八)자로 꾹 다물고 화난 듯한 표정, 노려보는 듯한 눈빛과 함께 불친절한 태도를 보이면 한국은 "불친절한 사람들이 모여 사는 나라"라는 오명을 얻을 수 있다.

2) 감사와 기쁨의 영성: 소유가 충분히 있을 때 우리는 안전하게 살 수 있다고 생각한다. 그래서 열심히 노력하여 소유를 얻고자 한다. 소유를 얻

을 때 우리는 기뻐한다. 그러나 그 기쁨은 잠깐 후에 지나가고 우리는 더 많은 소유를 얻고자 한다. 그래서 계속 더 많은 소유를 얻고자 애쓰는 소유욕의 노예가 되어버린다. 삶의 기쁨 대신에 걱정과 불안이 더 커진다. 또 내가 가진 소유는 나의 노력의 대가라 생각하기 때문에 소유에 대해 감사하는 마음도 없다.

그러나 하나님의 영이 우리 안에 거할 때, 나의 모든 소유는 나의 것이 아니라 결국 하나님의 손으로 돌아갈 수밖에 없는 하나님의 것임을 깨닫게 된다. "어리석은 자여, 오늘 밤에 네 영혼을 도로 찾으리니 그러면 네가 예비한 것이 누구의 것이 되겠느냐?"(눅 12:20; 참조. 약 4:14). 성령이 우리 안에 계실 때, 우리는 우리의 소유는 물론 우리의 생명도 하나님의 은혜의 선물임을 깨닫게 된다. 그러므로 우리는 모든 것을 "감사함으로 받는다" (딤전 4:4). 작은 것에도 감사하고 기뻐하는 마음, 곧 감사와 기쁨의 영성을 갖게 된다.

또 하나님의 영이 그 안에 거하는 사람은 오늘 자기의 생명을 있게 한 사람들과 자연의 사물들에 대해 감사하고 기뻐하는 영성을 가진다. 자기의 생명을 낳아준 부모님, 자기를 가르치고 도와주신 스승들, 맑은 공기와 맑은 물, 하늘과 땅, 바다의 생선, 땅에서 나는 곡식과 채소와 과일, 이모든 것이 하나님의 은혜의 선물, 곧 은사이다. 이것을 스스로 만들 수 있는 사람은 아무도 없다. 이것을 깨닫고 감사하며 기뻐하는 사람의 마음속에 성령이 계신다. 바로 여기에 삶의 행복이 있고 인격적 성숙이 있다. 아무리 많이 가져도 기뻐할 줄 모르고 감사의 마음이 없는 사람, 더 많이 갖지 못함에 대한 불만 속에서 사는 사람에게 참 하나님의 영이 있다고 말할 수 없을 것이다. 그러므로 바울은 "항상 기뻐하라.…모든 일에 감사하라"고 권고한다(살전 5:16-18).

그러나 경제적 고통으로 자살의 위기에 처한 사람들, 몸을 자유롭게 움직일 수 없는 장애인들에게 이와 같은 이야기는 "남의 속도 모르는 먹물 먹은 사람들의 이야기"로 들릴 수 있을 것이다. 그러나 아무리 상황이 어려울지라도 감사하고 기뻐하며 기도할 때 성령은 예측하지 못한 구원의 길을 열어줄 수 있을 것이다. 그는 "살리는 영"이기 때문이다(고전 15:45).

3) 올바른 가치관: 사람들은 마르크스의 유물론(물질주의)을 욕하지만 마르크스의 그것에 비교가 되지 않을 정도의 저속한 자본주의적 물질주의가 오늘날 우리 사회를 지배하고 있다. 물질이 삶의 최고의 가치로 생각된다. 더 많은 소유, 더 많은 향유와 인생의 즐거움, 자기자랑과 자기과시를 삶의 가장 중요하고 가치 있는 일로 생각한다. 그래서 사람들은 돈의 노예, 권력과 명예의 노예, 명품의 노예, S자 몸매와 예쁜 미모의 노예가 되기도 한다. "짝퉁물건"은 물론 "짝퉁얼굴"들이 늘어난다.

인격적으로 성숙한 사람은 이 세상의 가치관을 따르지 않는다. "너희는 이 세대를 본받지 말고 오직 마음을 새롭게 함으로 변화를 받아 하나님의 선하시고 기뻐하시고 온전하신 뜻이 무엇인지 분별하도록 하여라"(롬 12:2). 성령을 받았다 할지라도 올바른 가치관을 갖지 못할 때, 그가 받은 성령이 참 하나님의 영인지 의심스럽게 된다.

참 하나님의 영이 그 안에 거하는 사람은 더 많은 명품과 사치와 향락, 자기자랑과 자기과시가 아니라 이웃을 위한 나눔과 검소한 생활과 자기절제를 가치 있는 일로 생각한다. "하나님 앞에 값진 것", 곧 참 가치는 "머리를 꾸미고 금을 차고 아름다운 옷을 입는 외모"에 있지 않고 "변함없이 조용하고 부드러운 영을 가진, 숨어 있는 내적 사람"에 있다(벧전 3:3-4). 1년에 책 한 권 읽지 않고 신음하는 이웃들의 고난을 외면하면서 화장품이나 명품구입, 손톱, 발톱, S자 몸매관리에 수백 수천만 원의 돈을 소비하는 것은 성령이 원하는 일이 아닐 것이다.

성령께서 기뻐하는 참 가치 있는 일은 이웃에게 베푸는 일에는 후하지만 자기 자신은 검소하게 사는 데 있다(17, 8세기 경건주의자들처럼). 예의와 공중도덕을 지키며, 나태하지 않고 성실하며, 이웃을 지배하기보다 이웃을 위해 봉사하며, 가치 있는 일을 위해 자기의 삶을 바치는 데 참 가치가 있다. "정함이 없는 재물에 소망을 두지 말고 오직 우리에게 모든 것을 후히 주사 누리게 하시는 하나님께 두며, 선한 일을 행하고 선한 사업에 부하고 나누어주기를 좋아하며 동정하는 자가 되는" 여기에 하나님이 기뻐하는 참 가치가 있다(딤전 6:17-19).

성령을 받았다고 하지만 불의하고 교만하며, 허영과 사치 속에서 명품을 과시하며 다니는 것은 하나님의 영을 받은 사람의 모습이 아니다. 몇백, 몇 천만 원 짜리 가방과 시계를 착용하고 권위적으로 보이는 검은색 대형승용차를 타고 다닌다 하여 이웃의 존경을 받는 것도 아니다. 그런 사람은 천박한 졸부로 보인다. 하나님은 이와 같은 일을 엄격히 경고한다. "이제 너희가 허탄한 자랑을 자랑하니, 이러한 자랑은 다 악한 것이다", "너희 재물은 썩었고 너희 옷은 좀먹었으며 너희 금과 은은 녹이 슬었으니, 이 녹이 너희에게 증거가 되며 불 같이 너희 살을 먹을 것이다"(약 4:16; 5:1-3).

교회가 올바른 영성과 가치관을 가질 때 그 안에 성령이 계시는 "성령의 전"이라 말할 수 있다. 교회 주변에 가난한 사람들이 허다함에도 불구하고 위풍당당하고 위압적으로 보이는 교회 건물을 짓고 교세를 과시하려는 것은 십자가에 달린 예수의 영성과는 거리가 멀다. 이런 교회에 참 하나님의 영이 있다고 말할 수 없다. 그것은 세인들의 거부감을 일으킬 뿐이다. 세상을 위해 자기를 포기하고 십자가에 달린 예수 그리스도의 영성과 가치관을 보일 때, 그 교회의 성령은 참 하나님의 영으로 인정받을 수 있을 것이다. 교회의 크기가 하나님을 영광스럽게 하는 것이 아니라 교회가 베푸는 사랑이 하나님을 영광스럽게 한다.

4) 질서와 합리성: 하나님은 혼돈과 무질서를 원하지 않는다. 그는 합리적이고 질서가 있는 것을 원하신다. 그는 법과 정의를 원하신다. 따라서 성령도 법과 정의와 질서를 원하며, 올바르고 합리적인 것을 원하신다. "모든 것을 적당하게 하고 질서대로 하라"(고전 14:40). "성령은 비합리적이거나 반합리적 현실이 아니라, 오히려 이성을 밝혀주고 활동케 하며 그런 점에서 그것을 증명한다.…반합리적인 영은 진리로 인도하는 성령이 아니

다"(Härle 2007, 368).

그러므로 그리스도인의 영성은 무지와 비합리성의 영성이 아니라 합리적으로 사고하고 합리적이며 질서가 있는 현실을 구성하려는 영성일 수밖에 없다. 참 기독교의 영성은 무지와 비합리성과 무질서, 불법과 불의를 배격한다. 종교도 합리적이고 이성적이어야 한다. 그렇지 않을 때 비이성적이고 비합리적이며 법과 질서를 무시한 상식 이하의 일들이 종교 안에서 일어나게 된다.

이오갑이 지적하는 한국 개신교회의 "이기주의, 맹목주의, 기복주의, 상업주의, 물신주의, 소비주의, 세속주의, 물량주의, 성공주의, 기술지상주의, 형식주의, 공로주의, 율법주의, 성직주의, 권위주의, 분리주의, 열광주의, 도피주의, 자기중심주의"(이오갑 2002)등은 상식을 벗어난 비합리성에 그 원인이 있다. 이와 같은 일은 "성령을 욕되게 한다"(히 10:29). 여기서 우리는 왜 계몽주의가 이성과 합리성을 강조했는지 이해할 수 있다.

기독교의 영성은 이성과 합리성을 배격하지 않는다. 오히려 이것을 구성요소로 한다. 이성과 합리성이 결여될 때 혼돈과 무질서가 일어난다. 그러므로 성령을 받은 사람일수록 이성의 합리적인 사고 능력을 가져야 할 것이다. 그는 지혜와 지식이 있는 사람이어야 할 것이다. 이를 위해 교육을 통한 이성의 개발이 필요하다.

물론 하나님이 함께 하지 않는 인간의 이성과 합리적 사고의 능력은 세계를 파괴할 수 있는 마성(魔性)을 가질 수 있다. 그러나 인간의 무지함도 그 안에 마성을 가질 수 있다. 본회퍼에 의하면 "어리석음은 사악함보다 더 위험한 선의 敵(적)이다." "어리석은 사람은 의지(意志)를 상실한 (악의) 도구가 됨으로써 온갖 악에 동원될 수 있고 동시에 그것을 악으로 깨닫지도 못하게 된다"(김재진 2012a, 350, 351). 따라서 합당하게 사고할 수 있는 능력이 없는 무지한 사람, 지혜와 지식이 없는 사람에게 참 하나님의 영이 있다고 말하기 어렵다.

바울에 의하면 하나님은 "지혜 있는 자들의 지혜를 멸하고 총명한 자들의 총명을 폐할 것이다"(고전 1:19). "그리스인은 지혜를 찾으나, 우리는 십자가에 달린 그리스도를 전하니…"(1:22). 하나님의 참 지혜는 "십자가에 못박힌 그리스도"이다(1:23). 하나님은 그리스도의 복음의 지혜로 "세상의 지혜를 어리석게 하신다"(1:20).

바울의 이 말씀은 성령을 받은 그리스도인들이 합리적 사고의 능력을 결여한 무지한 상태에 머물러 있어도 좋다는 것을 뜻하지 않는다. 구원의 길은 고린도 교회가 위치한 고대 그리스 철학자들의 지혜에 있는 것이 아니라 예수 그리스도의 복음에 있음을 강조하기 위한 것임에 불과하다. 그러므로 바울은 다른 구절에서 지혜의 필요성을 역설한다. "지혜에는 장성한 사람이 되어야 한다"(14:20). "지혜 없는 자 같이 말고 오직 지혜 있는 자 같이 해야 한다"(엡 5:15). 그리스도 안에는 "지혜와 지식의 모든 보화가 감추어져 있다"(골 2:3). "너희 중에 누구든지 지혜가 부족하거든…하나님께 구하라"(약 1:5).

특히 구약성서는 지혜나 슬기를 무수히 강조한다. 몇 가지 구절만 인용한다면, 하나님은 솔로몬에게 "지혜와 총명을 매우 많이 주셨다"(왕상 4:29). "미련한 자는 지혜와 훈계를 멸시한다"(잠 1:7). "지혜가 제일이니 지혜를 얻으라"(4:7). "지혜가 우매보다 뛰어남이 빛이 어두움보다 뛰어남 같다"(전 2:13). "지혜는 무기보다 낫다"(9:18). 이집트의 총리가 된 요셉, 모세, 다니엘 등 구약의 많은 지도자들은 지혜와 지식을 가진 사람들이었다(단 1:4). 성령은 "지혜의 영"이다(신 34:9). 따라서 사람은 성령을 받을수록 지혜와 지식이 겸비되어야 한다. 또한 "주를 경외함이 지혜(지식)의 근본이다" (시 111:10; 잠 1:7).

물론 우리가 성령을 받는 순간 즉시 지혜와 지식과 완전히 합당한 사고의 능력을 겸비하게 되는 것은 아니다. 그러나 최소한 이를 인정하고 이를 얻고자 하는 노력이 조금이나마 있을 때, 우리는 참 하나님의 영이 우리에게 있다고 말할 수 있을 것이다.

5) 정의와 진리, 자유와 평화의 영성: 하나님은 정의의 하나님(사 30:18;

말 2:17), 진리의 하나님(시 31:5; 사 65:16), 자유의 하나님(사 58:6; 61:1), 평화
(평강)의 하나님이다(시 29:11; 122:8; 사 66:12). 따라서 참 기독교적 영성은 정
의와 진리의 영성, 자유와 평화의 영성일 수밖에 없다. 참 하나님의 영을
받은 사람은 불의와 타협하지 않고 의롭고 진실하며, 불의가 있는 곳에 정
의를, 거짓이 있는 곳에 진리를 세우며, 이웃을 억압하지 않고 자유롭게
하며, 대립과 갈등이 있는 곳에 평화를 세운다.

　　성령을 받았다 할지라도 불의하고 거짓된 사람, 불의한 돈과 뇌물을
받아 치부하며 이웃을 모함하고 분열과 갈등을 일으키는 사람, 갑의 위치
를 이용하여 을의 위치에 있는 사람에게 불의를 행하는 사람, 외국인 노
동자가 불법체류자임을 이용하여 임금을 제대로 주지 않고 내쫓는 불의
한 사람, 한마디로 인격적으로 성숙하지 못한 악하고 불의한 사람에게 참
하나님의 영이 있다고 말할 수 없다. 하나님은 이와 같은 일을 엄격히 금
지한다. "보라, 너희 밭에 추수한 품군에게 주지 아니한 삯이 소리 지르며,
추수한 자의 우는 소리가 만군의 주의 귀에 들렸느니라"(약 5:4-6). "불의를
행하는 자는 불의의 보응을 받을 것이다"(갈 3:25). 그리스도인들의 삶에 나
타나는 정의와 진리, 자유와 평화의 영성이 그들이 받은 성령이 참 하나님
의 영임을 증명한다.

D. 하나님의 나라를 향한 새 창조의 영성

1) 믿음과 인내와 희망의 영성: 하나님은 죽음과 슬픔과 울부짖음이 가득
한 세계 속에서 "새 하늘과 새 땅"을 약속한다. 그는 "약속의 하나님"이다.
그리스도인들은 "약속의 성령"(엡 1:13)을 통해 하나님의 약속을 기업으로
받은 "약속의 자녀들"(롬 9:8, 갈 4:28)이요, 하나님의 "안식에 들어갈 약속"을
기업으로 받은 사람들이다(히 4:1; 6:17). 그들은 "영원한 생명"의 세계를 약
속받았다(요일 2:25).

따라서 하나님의 약속에 대한 믿음과 희망이 그리스도인의 영성을 구성한다. 참 성령을 받은 사람은 끝까지 하나님의 약속을 믿고 기다린다. 궁핍과 핍박과 고난 속에서도 기뻐하며 인내한다(고후 12:10). 체념과 좌절과 절망에 머물지 않고 하나님의 약속된 새로운 생명의 세계를 기다리고 희망한다. "만일 우리가 보지 못하는 것을 바라면, 참음으로 기다릴찌니라.…성령도 우리의 연약함을 도우시나니"(롬 8:25-26). "형제들아, 주의 강림하시기까지 길이 참으라. 보라, 농부가 땅에서 나는 귀한 열매를 바라고 길이 참아 이른 비와 늦은 비를 기다리나니, 너희도 길이 참고 마음을 굳게 하라"(약 5:7).

2) 불의에 대한 대립의 영성: 우리는 피조물의 고난의 현실을 외면하고 삼위일체 하나님과의 신비적 연합에 이르는 데 참 영성이 있다고 생각할 수 있다. 성령을 받았다 하면서 세상의 불의의 세력과 타협하고 이에 방조할 수도 있다.

하지만 이것은 참 기독교적 영성이 아니다. 그것은 하나님의 사랑과 정의에 모순된다. 또 복음서가 보도하는 예수의 삶과 정반대된다. 예수는 고난의 현실 속으로 들어온다. 그는 고난을 야기하는 불의의 세력에 대립하면서 자신의 몸으로 하나님의 나라를 앞당겨 온다. 그가 앞당겨 오는 하나님의 나라는 불의의 세력에 대한 모순과 대립이다.

따라서 참 기독교적 영성은 세상의 악하고 불의한 세력에 대립할 수밖에 없다. 불의한 세력에 방조하고 아부하며 심지어 그것과 결탁하는 것은 성령께서 주시는 영성과 거리가 멀다. 성령께서 주시는 참 영성은 악하고 불의한 현실에 순응하지 않고, 오히려 어떤 형태로든지 그것에 대립하고 저항하는 삶의 모습을 보여야 할 것이다.

3) 하나님의 나라를 향한 새 창조의 영성: 하나님의 영은 사랑과 정의의 영이다. 따라서 성령으로 충만한 참 영성의 사람은 신음하는 피조물들을 보지 않을 수 없다. 그는 피조물들과 함께 신음하면서 하나님 나라의 미래를 앞당겨 오고자 하는 창조적 영성을 가진다. 그의 영성은 "이 세계

를 구성해 가면서 새로운 현실의 가능성을 창조하는…미래 세계의 전위로서의 영성"이다(황덕형 2002, 114).

그러므로 참 기독교적 영성은 세계의 현실과 세계사의 방향에 대해 관심을 가진다. 그것은 역사의식을 중요한 구성요소로 가진다. 세계의 역사가 하나님 나라의 미래를 향해 발전하도록 기도하는 동시에 하나님의 파송에 복종한다. "성령으로부터 산다는 것", 곧 참 기독교적 영성은 "모든 거짓된 안전성을 벗어버리고, 진실되고 참으로 자유롭게 하는 삶의 선물에 대해 자기를 자유롭게 하는 것을 뜻한다. 이와 동시에…억압당하고 착취당하며, 노예가 된 모든 피조물을 성화하고 치유코자 하는 태도를 뜻한다"(Hilberath 1992, 544). 구체적으로 그것은 "가난과 정치적 부정의 그리고 경제적 착취를 현실적으로 종식시키고 새롭게 해방된 현실"을 추구하며, "하나님 나라의 유토피아적 세계관을 추구하는 영성"을 말한다(서창원 2002, 231).

송기득은 "하나님 나라를 향한 새 창조의 영성"을 다음과 같이 적절하게 설명한다. 성령을 인식할 수 있는 길은 신비로운 체험이다. 신비로운 체험은 "마음에 한없는 기쁨과 평안과 안식을" 주고 "고통과 허탈과 절망을 딛고 새로운 삶을 사는 데 의미의 밑천이" 될 수 있다. 그러나 "신비체험은 반지성, 반이성의 경향으로 흐르기 쉽다. 그리고 그것은 '뜨거운' 감정에 호소하기 때문에 신앙을 맹목화하고 광신화하기 쉽다.…자기의 내면에 깊이 빠져든 나머지 사회와 세계 및 역사의 부조리와 악에 무관심하거나 외면한다." 이로써 "역사의식"이 결여되고 "나만이 살면 된다는 이기스러운 그리스도 교인을 양산할 따름이다. 그리고 집단 이기주의를 낳는다."

기독교의 참 영성은 "이웃에 대한 사랑과 하느님에 대한 충성으로 집약될 수 있다." 이 영성이 꽃을 피울 수 있는 길은 "하느님 나라의 실현", "사람이 사람답게 살 수 있는 세계를 만드는 일이다. 정의와 자유, 평등과 평화, 민주화와 통일, 그래서 사랑과 기쁨이 넘치는 세계의 실천이다"(송기득 1993, 272-273). 이와 같은 영성이 드러날 때 하나님의 영의 진실성이 증명된다.

4) 생태학적 영성: "오늘날 자연 세계는 강도 만난 자와 같다. 오늘날 자연 세계를 공격하여 상해를 입힌 강도는 인간들이다. 인간들은 무지와 탐욕 속에 자연에 대한 무모하고도 어리석은 '전쟁'을 줄기차게 행하고 있다"(송성진 2009, 208). 지금까지 인간에 의해 일방적으로 공격을 당한 자연은 이제 인간의 생명을 위협하는 무서운 세력으로서 인간에 대한 반격을 선언하고 있다. 이와 같은 상황 속에서 참 기독교의 영성은 생태학적 영성으로 발전하지 않을 수 없다. 생태학적 영성은 다음과 같은 내용으로 구성된다.

a. 생태학적 영성은 인간의 무지와 탐욕으로 인해 파괴되는 자연의 고통을 함께 느낀다. 그것은 죽음의 위협을 당하고 있는 자연의 생명들에 대한 "연민의 영성"이요, 죽지 않고 살고자 하는 피조물의 생명을 경외하는 "생명경외의 영성"이다.

b. 생태학적 영성은 하나님의 피조물로서 자연의 세계가 지닌 가치와 존엄성을 인식한다. 이와 동시에 자연의 세계를 인간이 지배해야 할 물질덩어리나 "물건"으로 보지 않고, 그 자신의 생명의 질서와 법칙을 가진 하나의 유기체 내지 생명체로 인식한다.

c. 따라서 생태학적 영성은 일면적 인간중심주의를 거부한다. 인간이 자연의 중심이 아니라 하나님이 자연의 중심이다. 인간은 자연의 거대한 유기체의 일부로서 이 유기체와의 상호작용 속에서 살 수밖에 없는 "자연에 의존적 존재"이다(전현식 2002, 332). 자연은 인간이 없어도 생육하고 번성할 수 있지만 인간은 자연 없이 생존할 수 없다! 자연은 인간의 삶의 터전이요 인간의 본향이다. 자연의 모든 사물들은 "우리 인생들이 더불어 숨을 나누고 생명을 나누는 친밀한 이웃"이다(송성진 2009, 206). "친밀한 이웃" 정도가 아니라 우리의 "형제자매"요 우리의 "혈족"이다. "우리의 몸을 구성하는 기본요소들"이 "만물의 상호 의존의 관계망 안에서 다른 존재들의 몸을 통하여 수십억 번 순환"되었고, 인간과 자연은 "공동 근원 및 공동 운명"을 가지기 때문이다(전현식 2002, 330).

d. 생태학적 영성은 극단적 자연중심주의 혹은 생태중심주의를 거부한다. 인간이 자연에 의존하는 자연의 일부임은 사실이다. 이와 동시에 그는 자연을 완전히 파괴할 수도 있고 아름답게 건설할 수도 있는 아주 특별한 존재다. 그는 자연을 돌보는 천사일 수도 있고, 자연을 파괴하는 악마일 수도 있다. 우리가 인간을 아무리 "자연의 일부"라 강조해도 인간이 차지하고 있는 이 특별한 위치를 부인할 수 없다. 따라서 생태학적 영성은 "상호 의존적인 생명의 망 안에서 인간이 자연의 한 부분으로서 자연에 의존적인 존재임을 인정하는 동시에 의식적인 존재로서⋯자연과의 정의롭고 조화로운 균형을 추구"해야 할 "인간의 책임적 참여"와 청지기직(stewardship)을 요청한다(전현식 2002, 333).

또한 자연의 문제는 "사회적 관계"와 결합되어 있다. 따라서 "환경문제는 궁극적으로 인간의 사회적 문제이고, 따라서 환경문제를 다룰 수 있는 유일한 '실제적'(practical) 방법은 불의한 사회적 관계를 청산하는 것이다"(장윤재 2005, 300). 사회적 관계를 청산할 수 있는 유일한 존재는 인간이다. 결국 결자해지(結者解之)해야 한다. 이런 의미에서 인간은 중심적 위치에 서 있다. 그는 자연에 대한 책임적 존재요 자연안에 있는 청지기라는 뜻에서 자연의 아주 특별한 존재다.

우리가 성령을 받는 즉시 이와 같은 생태학적 영성을 가진다는 것은 불가능하다. 여기에 제시된 생태학적 영성은 오늘 우리의 세계에서 요청되는 영성의 새로운 차원일 뿐이며, 영분별의 기준이라 말할 수 없다. 그러나 우리의 영성이 생태학적 차원으로 확대될 때 우리가 받은 성령은 보다 더 폭넓은 신빙성을 얻게 될 것이다.

E. 예수 그리스도의 뒤를 따라

1) "그리스도의 길"로서의 영성: 요한1서는 영분별의 기본적 지표가 "예수

그리스도께서 육체로 오신 것을 시인하는” 데 있다고 말한다(요일 4:2). “예수 그리스도께서 육체로 오신 것”을 시인하는 것은 그가 하나님의 아들이요 모든 피조물의 구원자, 곧 “그리스도”(=메시아)이심을 시인하며, 그를 보내신 아버지 하나님을 시인하는 것을 말한다(2:23; 4:15). 육체로 오신 예수를 구원자 그리스도로 믿지 아니하며, 그를 보내신 아버지 하나님을 믿지 않는 것은 예수를 욕되게 하는 “적그리스도의 영”이다(4:2). 자기를 “하나님의 아들”로, 혹은 “재림주”로 신격화시키고 신도들의 몸과 재산을 갈취하는 것은 성령의 역사가 아니라 “적그리스도”의 역사다.

“육체로 오신 예수 그리스도를 시인한다”는 것은 구원자 예수 그리스도와의 만남을 전제한다. “모든 영성의 출발점에는 주님과의 만남이 있다”(서창원 2002, 226). 우리의 죄를 용서하시고 하나님의 자녀로서 새로운 생명을 허락하신 주님과의 깊은 인격적 만남이 기독교적 영성의 출발점이다. 따라서 “참된 영성은 그리스도 중심적이다”(이정석 2008, 383).

주님과의 만남은 주님을 사랑하며 주님과 연합됨을 말한다. 그리스도께서 우리 안에, 우리가 그리스도 안에 있다. 우리는 그리스도를 사랑하고 그와 연합된 만큼 그를 인식할 수 있다. 기독교의 영성은 그리스도에 대한 사랑과 연합의 영성이요, 그가 사랑하는 피조물에 대한 사랑의 영성이다.

참으로 그리스도를 사랑하고 그와 연합된 사람은 “나를 따르라”는 그의 명령에 복종하지 않을 수 없다. 복종하지 않으면서 그를 사랑한다는 것은 거짓이다. 참 영성은 그리스도의 뒤를 따르는 그리스도의 “제자가 된다는 것”을 말한다(서창원 2002, 226). 그리스도께서 고난을 받으신 것은 우리가 그의 뒤를 따르게 하기 위함이다(벧전 2:21).

따라서 참 기독교의 영성은 그리스도의 제자로서 “그리스도의 뒤를 따름의 영성”이다. 그것은 하나의 결정체가 아니라 “그리스도와의 연합과 일치” 속에서 그리스도의 길을 따르는 삶의 길, 곧 “그리스도의 길이다”(이정석 2008, 384). 그리스도의 뒤를 따름이 없는 은혜는 “값싼 은혜”, 시장바닥의 “싸구려 상품”과 같다(Schleuderware, Bonhoeffer 1967, 13). 이와 마찬가지로 그리스도의 뒤를 따름이 없는 기독교의 영성도 "싸구려 상품"과 같다.

본회퍼에 의하면 "예수를 따른다는 것은 예수께서 하신 일을 전적으로 답습하는" 것, 그리하여 "예수의 형상을 본받는다는 것", 곧 "그리스도처럼" 되는 것을 말한다(김재진 2002, 168). 따라서 참 기독교적 영성은 그리스도의 뒤를 따라 세상의 연약한 자들과 연대하고 그의 십자가의 고난에 참여한다. 그리스도께서 너희에게 그 무엇보다 귀중하다면 너희는 "그를 믿을 뿐 아니라 또한 그를 위하여 고난도 받아야" 할 것이다(빌 1:29). 하나님 나라에 들어갈 수 있는 길은 그리스도의 고난에 참여함에 있다. "너희로 하여금 하나님 나라에 합당한 사람이 되게 함이니, 그 나라를 위하여 너희가 또한 고난을 당하고 있다"(살후 1:5). 그리스도의 뒤를 따르며 그의 고난에 참여하는 그리스도인들의 영성이 그들이 받은 성령의 진실성을 증명한다. 그분의 뒤를 따르지 않고 세상적 명예와 영광을 찾으면서 성령이 내 안에 있다고 말할 수 없을 것이다.

교회도 마찬가지다. 그리스도의 뒤를 따르지 않는 교회, 그리스도의 고난에 참여하지 않고 자기팽창과 교세확장에 부심하는 교회 안에 참 하나님의 영은 계시지 않는다. 인간의 악한 영이 그 안에 작용하고 있다. 자기를 비우고 자기를 희생하신 그리스도의 뒤를 따라 그의 고난에 참여하는 영성이 교회를 영광스럽게 하고 교회가 받은 성령의 참됨을 증명한다.

2) "신성화"의 영성: 영성의 정점은 동방정교회 신학이 말하는 신성화(theosis)에 있다고 말할 수 있다. 신성화는 인간의 신격화를 말하는 것이 아니라 우리의 성품과 의지가 하나님의 그것과 일치하게 됨을 뜻한다. 십자가의 성 요한에 의하면 영성의 정점은 영혼의 "정화, 조명, 완덕"을 통해 우리의 영혼이 성장하여 "하나님과의 일치"에 이르는 데 있다(유재경 2010, 318).

신성화 혹은 "신화(deification)는 성령 안에서 우리에게 현실화 된다. 오직 성령 안에서만 신화에 도달할 수 있다"(이문균 2012a, 123). 성령이 우리 안에 계실 때 우리의 성품은 하나님의 성품으로 변화된다. 우리는 "거룩한 습성(*habitus*) 혹은 미덕(virtue)"을 갖게 된다. 이와 같은 목적에 이르기 위해 금욕과 고행, 기도와 명상, 독거와 침묵 등 다양한 "경건의 훈련"이 필요하다(현요한 2010, 126).

　이와 더불어 참 신성화는 그리스도의 뒤를 따르며 그의 고난에 참여하는 "십자가의 영성"(Luther)에 있음을 간과해서는 안 되겠다. "십자가의 영성"이 없는 신성화, "거룩한 습성과 미덕" 혹은 기독교적 "경건"은 씨 없는 수박과 비슷하다. "십자가의 영성은 기독교인들이 언제나 고난을 감내하면서 고난과 박해 하에서도 겸손하게 인내하며 살아야 한다는 점을 강조한다.…그것은 고난과 소외로 고통받고 있는 사람들의 삶과의 생명 연대로 초대하며 그럼으로써 공동의 선을 지향하는 창조적인 과정이다. 루터의 십자가의 영성은 하나님과의 개인적인 차원의 만남뿐만 아니라 역사 변혁적인 차원과 공동체적인 만남을 동시에 내포한다"(김주한 2006, 111).

　예수 그리스도는 하나님의 자기계시이다. 예수 그리스도 안에 하나님의 성품과 의지가 계시된다. 따라서 이 하나님의 성품과 의지를 닮고 "하나님처럼" 살게 되는 길(벧전 4:6)은 예수의 뒤를 따르며 그의 고난에 참여함에 있다. 성령의 참됨을 증명할 수 있는 참 영성은 그리스도의 뒤를 따라 그의 고난에 참여하며, 하나님의 형상으로 변화되는 데 있다.

　3) 삶의 과정으로서의 영성: 지금까지 우리는 성령을 통해 우리에게 주어지는 참 영성이 무엇이며, 이 영성이 영분별의 기준이 된다는 것을 살펴보았다. 그러나 우리 인간이 완전한 신성화에 도달한다는 것은 사실상 불가능하다. 따라서 위에 기술된 영성은 흑백을 가리듯이 성령의 참됨을 분별할 수 있는 객관적 "규범"이라 말할 수 없다. 이 영성은 성령과 함께 하는 그리스도인들의 영성이 지향해야 할 지표라 말할 수 있다. 최소한 이 지표를 따르고자 하는 삶이 보일 때, 우리는 참 성령이 있다고 말할 수 있을 것이다.

　예수 그리스도를 우리의 구원자로, 아버지 하나님을 우리의 창조자로 영접할 때 성령이 우리 안에 거하게 된다. 그러나 타락한 인간의 악한 영과 세상의 속된 영, 곧 "악의 영들"(엡 6:12), "귀신의 영"(계 16:14)이 우리를 끊임없이 유혹한다. 이로 인해 "성령을 욕되게 하는"(히 10:29) 일이 일어나기도 한다. 심지어 성령이 우리 안에서 소멸될 수도 있다. "성령을 소멸치 말라"(살전 5:19). 이리하여 성령께서 주시는 영성이 약화되고 악한 인간의 영성이 우리를 지배할 수 있다. 참 경건은 사라지고 경건의 형식만 남을 수 있다.

그러므로 신약성서는 우리의 영성이 끊임없이 악한 영의 유혹을 물리치고 보다 더 성숙한 형태로 발전할 것을 권고한다. "너희가 주 안에서와 그 힘의 능력으로 강건하여지고 마귀의 궤계를 능히 대적하기 위하여 하나님의 전신갑주를 입으라. 우리는…어둠의 지배자들과 하늘에 있는 악한 영들에 대항해 싸워야 한다"(엡 6:12). "성령의 검 곧 하나님의 말씀을" 가까이 하며, "항상 성령 안에서 기도하고"(6:17-18), "영으로써 몸의 행실을 죽이고…영으로 인도함을" 받아야 한다(롬 8:13-14).

한마디로 우리는 "하나님처럼" 살도록(벧전 4:6) 항상 기도하고 노력해야 한다. 이때 "하나님으로부터 온 영"(고전 2:12), 곧 "하나님의 영"(롬 8:14)이 우리의 영성을 형성하게 되고 이 영성이 우리의 얼굴 표정과 말과 행동과 삶의 길에 나타나게 된다. 이때 우리 안에 계신 성령이 참 하나님의 영이란 사실이 증명될 것이다. 두 손바닥을 치며 고함지르듯이 기도하고 무아지경 속에서 복음송 부르는 것이 성령의 참됨을 증명하는 것이 아니라 우리의 삶 속에 나타나는 참 영성이 성령의 참됨을 증명할 것이다.

따라서 우리가 받은 성령의 참됨에 대한 증명, 곧 영분별은 어느 한 순간에 끝날 수 있는 것이 아니라 그리스도인들의 삶의 과정 속에서 끊임없이 새롭게 일어나야 할 성격의 것이다. 그것은 언제나 미래를 향해 열려 있다. 악한 영, 거짓된 영에 대한 그리스도인의 싸움은 삶의 마지막 순간까지 계속될 것이다. 그러므로 영분별은 언제나 그리스도인들의 삶이 지향해야 할 종말론적 미래로 남아 있다. 우리가 받은 하나님의 영이 참된 것인지, 아니면 거짓된 것인지를 판단할 수 있는 기준은 우리의 삶에 나타나는 영성에 있다.

그러나 우리의 영성은 항상 불완전하다. 그러므로 우리 가운데 그 누구도 내 안에 있는 성령이 참 하나님의 영이요, 참 영성이 나에게 있다고 자만할 수 없다. 우리는 항상 악한 영의 유혹을 받는다. 세상은 아직도 악한 영에 붙들려 있고 피조물의 고난과 신음소리로 가득하다. 그러므로 그리스도인들 안에 있는 성령의 임재와 영성은 불완전한 가운데 있다. 완전한 성령의 임재와 영성은 하나님의 구원의 역사가 완성될 이 세계의 종말론적 미래로 남아 있다. 우리는 끊임없이 이 미래를 향해 나아가야 한다. "내가 이미 얻었다 함도 아니요, 온전히 이루었다 함도 아니라. 오직 내가 그리스도 예수께 잡힌바 된 그것을 잡으려고 좇아가노라"(빌 3:12-14).

10
성령의 활동과
인간의 노력

위에서 우리는 성령의 다양한 활동(사역 혹은 작용)에 대해 기술하였다. 이 모든 성령의 사역들이 단지 성령의 힘을 통해 이루어지는가, 아니면 인간의 힘과 노력을 통해 이루어지는가, 아니면 인간의 활동과 협력을 통해 이루어지는가?

교회에서는 흔히 말하기를 "성령께서 모든 것을 이루신다"고 한다. 인간의 믿음과 구원도 오직 성령께서 이루시는 성령의 사역이다. 인간이 자신의 노력으로 구원을 위해 무엇을 이루고자 하는 것은 하나님에 대한 교만이다. 그러기에 모든 것을 성령님께 맡겨야 한다고 강조한다.

이와 같은 생각은 다음과 같은 질문을 받게 된다. 성령께서 모든 일을 이루신다면 교회 안에서 일어나는 비리들, 갈등과 분열도 성령께서 하시는 일인가? 성령께서 모든 것을 이루신다면 우리가 애써서 선교를 할 필요도 없지 않은가? 이 문제에 대해 우리는 다음과 같이 대답할 수 있다.

1) 성령의 모든 사역들은 인간의 도움 없이 성령을 통해 직접 일어날 수도 있다. 우리는 이것을 가리켜 "기적"이라 부른다. 성서는 많은 기적들을 이야기한다. 홍해의 기적, 만나와 메추라기와 바위에서 솟아난 생수의

기적, 사르밧 과부의 죽은 아들을 살리고 바알의 예언자들 앞에서 불이 떨어지게 한 엘리야의 기적(왕상 17, 18장), 동정녀 마리아의 수태, 예수의 병 치료와 귀신추방, 오병이어(떡 다섯 개와 생선 두 마리)로 장정만 5천명을 먹이고도 12광주리가 남은 기적, 옥문이 열려 예수의 제자들이 옥에서 나온 사건(행 5장) 등이 여기에 속한다. 병치료와 귀신추방은 오늘도 선교현장에서 자주 일어난다.

그러나 많은 불신자들과 무신론적 자연과학자들은 여전히 기적을 부인한다. 그들은 세계의 모든 일들이 인과율, 곧 원인과 결과의 법칙에 따라 일어난다고 믿는다. 그들은 원인이 없이 생겨나는 일들이 없기 때문에, 원인을 갖지 않은 기적은 있을 수 없다고 생각한다.

그러나 인과율이 모든 사물을 설명할 수 있는 보편적 원리는 아니다. 인과율은 인간과 세계의 모든 현상을 설명할 수 있고 모든 문제를 해결할 수 있는 해결사가 아니다. 우리가 무엇 때문에, 무엇을 위해 살아야 하는지, 삶의 참 의미가 무엇인지에 대해 인과율은 우리에게 아무것도 말해주지 않는다. 인과율의 세계에는 새로움이 없다.

"성령께서 모든 것을 이루신다"고 보는 아우구스티누스의 전통은 그 본래의 의도와는 다르게 다음과 같은 문제점을 양산한다.

• 그리스도인들의 창조적 노력을 불필요하게 만들거나 차단시키는 문제를 일으킨다. 성령께서 모든 일을 이루신다면 우리 인간이 애써 무엇을 할 필요가 없기 때문이다.

• 그리스도인들과 교회의 사회적·윤리적 책임의식을 마비시키는 문제점이 있다. 성령께서 모든 것을 이루실 것이므로 그리스도인들은 세상을 위해 아무것도 할 필요가 없을 것이다. 보다 정의로운 삶의 세계를 이루기 위한 노력도 불필요하게 될 것이다. 자신의 삶과 세계의 현실에 대한 책임 회피와 태만이 정당화될 수 있을 것이다.

• 6백만 명에 달하는 유대인들의 홀로코스트, 일본의 한국침략과 착취, 종군위안부들의 참혹한 고난과 죽음도 성령으로 말미암은 것인가? 한

상가건물 안에 교회가 2개, 3개가 들어서 있는 것도 성령의 사역인가? 정말 이 모든 일들이 "오직 성령에 의해서" 일어난다면 성령이 이 일들에 대한 책임을 져야 할 것이다.

2) 성서는 인간의 개입 없이 오직 하나님의 영을 통해 일어나는 기적들을 이야기한다. 이와 동시에 성서는 이스라엘 백성의 출애굽, 사사들의 구원, 바빌론의 포로생활에서의 해방과 귀향, 바울의 이방인 선교 등 많은 일들이 사람을 통해 이루어졌음을 보여준다. 인간이 회개하고 믿는 것이지, 인간 안에 있는 성령이 회개하고 믿는 것이 아니다. 성화는 인간의 자기노력을 통해 일어난다. 그러므로 신약의 후기문서는 성화에 대한 많은 계명을 지킬 것을 명령한다. 만일 이 모든 일들이 단지 성령을 통해 일어난다면 성화에 대한 신약성서의 모든 명령들이 불필요할 것이고, 인간은 자동기계나 로봇과 같은 존재가 되고 말 것이다.

또 성령이 모든 일을 이루어주신다 해도 그것은 우리에게 별 도움이 되지 않을 것이다. 인간은 계속 죄를 짓고 세상을 파괴하는데 성령은 뒤따라가며 문제를 해결해 주는 악순환이 영원히 계속될 것이다. 본회퍼가 말한 것처럼 성령은 로봇 혹은 자동기계(*deus ex machina*)처럼 문제를 해결해주는 해결사와 같은 존재가 되어버릴 것이다.

일반적으로 우리는 구약의 율법이 어느 한 순간 하늘에서 떨어져 모세에게 주어졌다고 생각한다. 그러나 우리가 가진 교회법 가운데 그 어느 교회법도 이와 같은 방식으로 주어지지 않았다. 모든 교회법은 인간의 폭넓은 연구와 사색과 성령의 감화 속에서 작성되었다. 구약의 율법도 마찬가지일 것이다. 그것은 이집트 황실의 실세였던 하트셉수트(Hatshepsut) 왕녀의 법적 아들이요 황제의 후계자로서 고대 근동의 법체계에 대한 모세의 폭넓은 연구와 식견, 그리고 성령의 감화를 통해 주어진 것이라 말할 수 있다.

사실 구약 율법의 계명과 거의 동일한 계명들이 모세 이전부터 있었던 함무라비 법전의 큰 비석(넓이 65cm, 둘레 1.9m, 높이 2.25m, 모세의 "돌판"을 연상케 함)에 새겨져 있다. "다른 사람의 뼈를 부러뜨리면, 그 사람의 뼈도 부러 뜨린다." "어떤 사람이 다른 사람의 이를 부러뜨리면, 그의 이를 부러뜨린 다." "태양신 사마슈가 이 세상에 빛을 준 것처럼, 백성의 행복을 위해 이 세상에 정의를 주노라. 그리하여 강자가 약자를 못살게 굴지 않도록, 과부 와 고아가 굶주리지 않도록, 평민이 관리에게 시달리지 않도록…."

브루너의 표현에 의하면, 만일 모든 것이 오직 성령의 힘으로 일어난 다면 "인간은 신적 행동이 일어나는 단순한 연극무대(Schauplatz)가 될 것 이다.…신앙은 분명히 하나님의 선물이다. 그러나 하나님이 우리 안에 서 믿는다는 뜻에서 하나님의 행동(Tun)이 아니다.…신앙은 확실히 하나 님의 선물이요 성령의 사역임은 사실이지만 인간의 행위임이 분명하다" (Brunner 1964, 27). 참회와 회개와 믿음과 성화, 이 모든 일이 인간 자신의 행위로 일어나기 때문에 성서는 이에 대한 권유와 명령의 말씀으로 가득 하다.

3) 그러나 성령의 모든 사역 내지 활동들이 단지 인간의 결단과 노력 을 통해 이루어진다고 말할 수 없다. 일반적으로 그것은 신자들의 마음속 에 계신 성령의 감화감동 속에서 일어난다. 성령은 단독적으로 행위하는 것이 아니라 그의 감화감동을 받은 사람들을 통해 활동한다. 교회의 봉사 와 선교활동도 성령의 감화감동을 받은 신자들을 통해 이루어진다.

우리는 이것을 출애굽 사건에서 분명히 볼 수 있다. 이스라엘의 출애 굽은 분명히 하나님의 루아흐, 곧 성령을 통해 일어난다. 그러나 그것은 성령의 감화감동을 받은 모세를 통하여 일어난다. 모세는 황제 후계자의 교육을 받은 인물이었다. 그렇기 때문에 그는 감히 이집트 황제를 수차례 방문하여 담판할 수 있었다. 그는 전술에도 능했던 것으로 보인다. 그래서 최소한 100만 명의 노예들을 조직화하여 일사불란하게 광야로 이끌어낼 수 있었고 이들을 40년 동안 인도할 수 있었다.

성령은 우리가 성숙하고 책임적인 존재가 되기를 원한다. 모세처럼 새 창조의 역사를 이루기를 고대한다. 성서에 의하면 그리스도인은 "하나님의 동역자"이다(고전 3:9). 하나님의 창조에서도 인간은 하나님이 지으신 에 덴동산을 돌보고 가꾸어야 할 하나님의 동역자 내지 대리자로 규정된다 (창 2:15). 달리 말해 "성령 안에서 우리는 하나님과 함께 일하는 자"이다(이 문균 2012a, 136).

하나님의 동역자로서 인간이 행하는 모든 선한 일들은 성령의 권면과 감화감동 속에서 일어난다. 이런 의미에서 신실한 그리스도인들은 자신들 이 행한 모든 선한 일이 성령께서 이루신 일이요 하나님의 은혜라 고백한 다. 바로 여기에 신앙의 겸손이 있다. 출애굽 사건 역시 모세의 노력을 통 해 일어났지만, 성서는 끊임없이 모세의 출애굽이 하나님의 루아흐를 통 해 일어난 하나님의 기적이라 고백한다. "이집트 땅 소안 평야에서 하나님 께서…기적을 일으키셨다. 바다를 갈라서 물을 강둑처럼 서게 하시고, 그 들을 그리로 걸어가게 하셨다. 낮에는 구름으로, 밤에는 불빛으로 인도하 셨다"(시 78:12-13). 바울은 성령의 활동과 인간의 노력의 관계를 이렇게 요 약한다. "나도 내 안에서 능력으로 역사하시는 이의 역사를 따라 힘을 다 하여 수고하노라"(골 1:29).

오늘날 이 세계는 거짓과 불의, 탐욕과 부패로 가득하다. 이 세상은 모든 것이 하나로 결합되어 있는 유기체가 아니라 인간의 탐욕으로 인해 분열되고 오염되고 상처로 가득한 세계이다. 그 속에는 아름다운 일도 있지만, 죄와 죽음의 세력이 맹위를 떨치고 있다. 40조 원의 부를 가진 프랑스 루이뷔통의 회장은 부유세를 내지 않기 위해 벨기에 국적을 취득하였다. "죽음의 음침한 골짜기"는 바로 오늘날 우리가 살고있는 세계를 가리킨다(시편 24:1).

이런 세계 속에서 "성령은 사랑과 정의와 진리의 영이요, 생명의 영, 새 창조의 영"으로 활동한다. 세계는 사랑의 영을 통해 모든 것이 하나로 결합되어 있는 "우주적 유기체"다(서남동, 김희헌 2013, 16). 그러면 세계가 "하나님의 몸"이라고(S. McFague) 말하는 것은 무슨 의미를 가지는가? 그것은 신학자들의 언어유희에 불과하지 않은가?

그러나 성령에 관한 이런 이야기들은 결코 언어유희에 해당하지 않는다. 그것은 이 세계가 "이래서는 안 된다"는 부정의 표현이요, "하나님의 몸"과 같은 세계, 모든 것이 결합되어 모든 것을 함께 나누는 "유기체"가 되어야 함에 대한 희망과 기다림의 표현이다. 그것은 나누어지고 파괴된 세계 속에서 신음하는 피조물들에 대한 연민과 연대성의 표시이기도 하다.

우리는 진리를 찾는다. 그런데 삶의 진리 가운데 가장 "명석하고 판명한"(Descartes) 진리는 "먹지 못하면 죽는다"이다. 굶주린 배를 채우지 못하면 죽는다! 필자는 이 진리를 3년에 걸친 6·25 한국전쟁과 1962년 고등학교 졸업 직후 논산훈련소에서 뼈저리게 경험하였다. 굶주림은 바로 죽음의 전조였다. 전쟁으로 인해 집과 소유를 잃어버리고 거지신세가 된 피난민들의 삶은 한마디로 "죽지 않고 살아남고자 하는 투쟁" 그 자체였다. "먹는 것"은 곧 "사는 것"이었고 "먹지 못하는 것"은 바로 "죽음"이었다. 죽지 않고 살기 위해 부산 국제시장 길바닥에서 악을 쓰던 피난민들, 땅바닥을 파서 만든 간이 공중변소 앞에 매일 아침 수십 미터 줄을 서서 기다리던 피난민들의 초췌한 모습들, 여객선을 타고 부산항에 입항할 때 미군부대에서 나온 "보루가미"(포장용 종이박스)를 뜯어 만든 피난민들의 판자집 지붕으로 항구 맞은 편 산들이 반짝거리던 모습이 지금도 기억에 생생하다. 이 지붕은 비가 한 번 오기만 하면 빗물에 젖어 못쓰게 되었다. 필자는 이와 같은 현실 속에서 살아남고자 하는 우리 민족의 강인한 생명의 의지를 눈으로 볼 수 있었다. 그 당시 우울증과 자살에 관한 얘기는 전혀 들을 수 없었다.

생물학적 차원에서의 생명, 그것은 먹고자 하는 욕구 자체이다. 그것은 목구멍이다! 히브리어 "네페쉬 하야"(נפש חיה), 곧 "인간 존재"는 굶주린 배를 채우고 자기의 생명을 유지하고자 하는 "욕구"요 "갈망"이다(김이곤 2005, 4). 따라서 인간에게 가장 시급한 문제는 굶주린 배를 채우는 일이다. 굶주린 배를 채우기 위해 미군부대 물건을 훔치기도 하고, 미국에서 온 "구제품"을 빼돌려 국제시장에서 팔아먹기도 하고, 완월동 창녀촌에서 자신의 생명과 같은 몸을 팔 수도 있는 것이 인간이다. "먼저 배부른 후에야 도덕이 온다"(B. Brecht). "삶의 질, 의미있는 삶에 대한 질문"도 굶주린 배를 채운 다음에야 가능하다(채수일 1992, 344). 그러므로 하나님의 구원은 먼저 굶주린 배를 채우는 데 있다.

굶주린 배를 채우기 위해서는 먹을 것을 생산하는 땅이 있어야 한다. 땅은 생명의 기초이다. 그러므로 구약에서 하나님은 먼저 "땅"을 약속한다(창 12:1; 출 3:8). 예수는 떡 다섯 개와 생선 두 마리로 수천 명의 사람들의 허기진 배를 채워준다. 하나님의 나라는 모든 사람들이 음식을 함께 나누는 잔치자리와 같다(눅 13:29; 계 19:17). 기독교의 성찬식은 이 전통을 이어받는다. 모든 사람이 공평하게 음식을 나누는 새로운 생명의 세계가 성찬식에서 가시화된다. 어떤 사람은 한 끼 70만 원 짜리 식사를 하고 어떤 사람은 굶주림을 견디지 못해 도둑질을 하는 세상이 지속되어서는 안 된다. 168조 원의 공적자금 투입과 40%의 직원퇴출을 통해 기사회생시킨 모 금융지주 회장은 기본연봉과 성과급을 합쳐 30억 원의 연봉을 받는가 하면, 어떤 이는 매일 뼈 빠지게 일해도 백만 원도 벌지 못하는 현실이 계속되어서는 안 된다!

"안 된다"는 것은 부정적인 것에 대한 부정을 말한다. 그것은 지금의 불의한 상태에서 아직 주어지지 않은 정의로운 상태로 "넘어가야 함"을 뜻한다. 지금의 불의하고 비인간적인 상태에 머물러 있으면 망하고 만다. 하나님의 자비와 정의가 이 땅 위에 세워져야 한다. 아무리 써도 죽을 때까지 다 쓸 수 없는 천문학적 액수의 돈을 가진 사람들, 불의한 소유를 가진 사람들은 자발적으로 내놓아야 한다. 그것은 자기 자신은 물론 후손들의 생명을 위해서도 유익하다. 공직자들의 뇌물수수와 세금 도둑질이 근절되어야 하며, 특별 세무감사가 아예 필요하지 않도록 세정(稅政)을 실시해야 한다. 맑고 깨끗한 사회, 정의가 살아 있는 사회가 되어야 한다. 이것이 나라를 지키고 부강하게 만들 수 있는 가장 근본적인 길이다. "이래도 저래도 나는 잃을 게 없다. 무조건 뒤엎어놓고 보자"는 최악의 사태, "희망버스–절망버스"의 사태를 막을 수 있는 길도 여기에 있다.

그러나 부정적인 것의 부정을 통해 우리의 사회 현실이 개혁되어도 인간 자신의 변화와 개혁이 없을 때 인간다운 세계, 구원받은 세계는 이루어지지 않을 것이다. 충분히 먹을 수 있고 "계급 없는 사회"가 이루어진다 해도 인간의 부패하고 타락한 본성이 극복되지 않는 한, 이상적인 세계는 오지 않을 것이다. 배가 부른 다음에 찾아오는 성욕과 더 큰 소유에 대한 욕망, 이로 말미암은 도덕적 타락과 부패, 삶의 공허감, 알코올중독, 마약중독, 폭력과 살인, 자살이 끊이지 않을 것이다. 새로운 사회양극화, 또 다른 형태의 계급사회가 등장할 것이다. 우리는 이것을 과거 공산주의 사회에서 볼 수 있었다. 뇌물을 주고받고, 속이고 도둑질하고, 자기에게 주어진 본래의 사명을 망각하고 세상 명예와 권력과 부귀를 탐하고, 사회적 지위를 이용하여 거액의 경조사비를 챙기고, 부실경영으로 개미 투자자들의 투자금을 돌려주지 못함에도 불구하고 수십억 원의 연봉을 챙기고, 힘없는 여성들을 폭행하고, 노숙자 이름으로 대포통장을 만들어 은행대출을 등쳐먹고, 이런 짓들을 하면서 이상적인 세상이 오기를 기다리는 것은 망상일 뿐이다.

따라서 "부정적인 것의 부정", 보다 나은 세계를 향한 개혁은 먼저 인간 자신에게서 일어나야 한다. 탐욕과 부패와 타락에 빠진 "옛날의 나"는 죽고 "하나님의 자녀"로 새롭게 태어나는 인간의 "자기혁명"이 일어나야 한다. 하나님의 자녀가 된 후에도 끊임없는 자기부정, 곧 자기 안에 있는 부정적인 것의 부정이 일어나야 한다. 성령의 새 창조는 먼저 인간 자신의 생활과 그들의 공동체 안에서 보여져야 할 것이다.

문제는 많은 그리스도인들과 그들의 공동체 안에 성령의 새 창조의 역사가 보이지 않고 도리어 세속적인 영, 인간의 탐욕스러운 영의 역사가 보이는 데 있다. "옛날의 나"가 죽지 못하고 계속 살아 있는 데 있다. 세상의 부패를 막는 소금이어야 할 교회가 오히려 세상과 함께 부패하고 세상의 풍조를 따르는 데 있다.

그렇다고 해서 우리는 포기할 수 없다. 포기는 하나님의 살아계심과 능력에 대한 불신이요 사태를 더욱 악화시킬 뿐이다. 구원의 하나님, 해방과 자유의 하나님, 사랑과 정의와 생명의 새 창조자 성령이 살아 계신다. 또 이 세상에는 선한 양심으로 살아가는 많은 사람들이 있다. 이름 없이 성실하게 봉사하는 많은 목회자들과 선교사들, 하나님의 계명 안에서 올바르게 살아가는 많은 그리스도인들이 있다. "이렇게 살아서는 안 된다", "이래서는 안 된다"는 부정의 정신과 도덕성, 보다 나은 내일을 갈망하는 정신이 우리에게 아직도 살아 있다. 이제 우리에게 필요한 것은 성령의 명령에 복종하는 일이다. 먼저 우리 자신이 "하나님의 나라에 합당한"(살후 1:5) 하나님의 자녀로 변화되며, 성령의 새 창조의 역사에 참여하는 일이다.

우리 인간에게는 거의 무한한 능력이 주어져 있다. 거시적으로는 무한한 우주를 향해 탐사선을 쏘아 올릴 수 있고, 미시적으로는 인간 자신의 유전자와 뇌파를 변형하여 인간의 사고와 감정과 행동패턴을 변경시킬 수도 있다. 가는 곳마다 무인 감시카메라가 달려 있는 감옥 비슷한 사회를 만들 수도 있고, 하나님의 정의와 자비와 평화가 충만한 아름다운 사회를 만들 수도 있다. 탐욕과 부패와 주색에 빠져 살 수도 있고, 아름다운 하나님의 자녀로 살 수도 있다. 우리는 이 세계를 지옥으로 만들 수도 있고 에덴동산으로 만들 수도 있다. 우리의 미래는 우리의 손에 달려 있다!

하나님은 우리를 하나의 로봇처럼 창조하지 않았다. 그는 우리를 스스로 결단하고 행동할 수 있는 자유로운 존재로, 자신의 자유에 대해 책임져야 할 책임적 존재로 창조하였다. 에덴동산을 아름답게 가꾸어야 할 "하나님의 동역자"로 창조하였다. 성령은 홀로 활동하지 않는다. 그는 인간을 통해, 인간과 함께 활동한다. 출애굽의 구원과 바울의 선교도 인간을 통해, 인간과 함께 이루어졌다.

"기적은 기적처럼 오지 않는다!"(뇌성마비자로서 미국 조지메이슨 대학 특수교육과 교수가 된 정유선 씨 자서전 제목) 기적은 우리가 성령의 도움을 간구하면서 부단히 노력할 때 일어난다. 그러므로 예수는 "구하라", "두드리라"고 명령한다(마 7:7-8). 구하고 두드리는 자는 얻을 것이요, 구하지 않고 두드리지 않는 자는 얻지 못할 것이다. "성령께서 모든 것을 이루어주실 것이다"라고 중얼거리기만 하는 자에게는 아무것도 열리지 않을 것이다. 그러므로 성령께 간구하면서 구하고 두드려야 할 것이다. 성령의 오심을 끊임없이 간구해야 할 것이다.

창조자 성령이여 오시옵소서!
당신의 힘으로 우리를 채우소서.
…
오시옵소서 우리의 마음을 인도하는 위로자여.
우리 연약한 자들에게 힘과 용기를 주소서.
…
악의 세력을 물리쳐 주시고,

항상 우리에게 당신의 평화를 주소서.

죄와 파멸의 세력이 우리를 지배하지 않도록

우리를 바른 길로 인도하소서.

…

모든 것을 새롭게 창조하는

당신의 영을 우리에게 보내소서.

이 땅을 새롭게 변화시키소서![5]

---

5) Rabanus Maurus의 오순절 찬양. 출처: A. Adam, *Te Deum laudamus. Große Gebete der Kirche, lateinisch-deutsch*, Freiburg 1987, 142-45; J. Moltmann, *Der Geist des Lebens*, 325에서 약간의 수정과 함께 인용함.

제9부

새로운 생명의 세계를 세우는
하나님의 구원

-구원론-

하나님의 구원에 관한 이론, 곧 구원론은 기독교 신앙과 신학의 핵심 명제에 속한다. 하나님의 아들 예수 그리스도께서 이 세상에 오신 목적도, 교회와 신학이 존재하는 목적도 하나님의 구원에 있다. 성서는 전체적으로 구원에 관한 책이다. 구원론은 "하나님으로부터 출발하여 예수 그리스도 안에서, 예수 그리스도를 통하여 인간과 세계를 위해 일어난 것에 대한 선포와 가르침에 있어 기독교가 말해야 할 모든 것을 그 속에 포괄한다"(Seils 1985, 622).

우리는 하나님의 구원을 단지 하나의 종교적 문제라고 단정짓기 쉽다. 그러나 인류 역사상 오늘날 우리 시대만큼 하나님의 구원을 절실히 필요로 하는 시대가 또 있었는가? 과학과 경제가 발전할수록 더욱 증가하는 사회양극화와 자살과 사회범죄, 공직사회와 금융권의 부패와 무책임한 돈잔치, 끊임없이 일어나는 테러로 인한 수많은 인명의 살상, 지구온난화로 인한 범세계적 이상기후와 자연재해 등은 하나님의 구원을 절실히 필요로 하는 이 시대의 상황을 반영해준다고 할 수 있다. 이와 같은 현실 속에서 기독교가 말하는 "구원"이란 무엇인가? 그것은 오늘 우리에게 어떤 의미를 주는가?

1

구원론의 역사 개관

20세기 "화해론"의 대변자 아울렌(G. Aulén, 1879-1978)은 1930년에 저술한 『승리자 그리스도』(*Christus Victor*)란 제목의 소책자에서 화해론의 세 가지 유형을 구별한다. ① 그리스도 안에서 일어난 마귀와 파멸의 세력에 대한 "싸움과 승리의 행위"를 통해 하나님과 세계의 화해가 일어났다고 보는 초대교회의 "고전적 유형", ② 인간의 죄로 인해 훼손된 하나님의 위엄과 영광에 대해 그리스도의 죽음의 보상을 지불하고 하나님을 만족시키는, 중세기 안셀무스(Anselmus, 1033-1109)의 객관주의적 화해론(혹은 만족설, 보상설)이라는 "라틴적 유형", ③ 모든 인간의 마음속에 있는 하나님에 대한 사랑이 눈을 뜨고 하나님과의 교통이 회복되는 내면적 변화를 가리키는, 중세기 아벨라르두스(P. Abelardus)와 근대의 슐라이어마허와 리츨(A. Ritschl)에 의한 "주관주의적 유형"(윤철호 2012a, 9-14).

20세기 신학계에 큰 반응을 일으킨 아울렌의 화해론은 기독교의 구원론을 간단명료하게 요약하는 것처럼 보인다. 하지만 그것은 2천년 기독교 신학사에 등장한 수많은 구원론의 다양성을 배제함으로써 그것을 지나치게 단순화·획일화시킨다는 문제점을 드러낸다. 신학의 역사는 구원론을 하나의 공식으로 단순화시킬 수 없는 다양한 특징들을 보여준다.

1) 초대교회의 구원론

a. 초기 변증가들의 보편주의적 구원론: 클레멘스(Clemens), 이그나티우스(Ignatius), 순교자 유스티누스(Justinus), 타티아누스(Tatianus), 테오필루스(Theophilus), 아테나고라스(Athenagoras)로 대표되는 초기 변증가들은 기독교의 비난에 대한 반박, 기독교의 진리에 대한 논증, 이방종교의 다신론에 대한 반박을 주요 과제로 삼는 동시에 기독교의 진리와 고대 그리스 철학의 화해를 시도한다. 이들의 주장에 따르면, 기독교는 참된 철학이요 완전한 진리에 관한 이론이다. 하나님, 곧 세계를 다스리는 이성의 원리인 *Logos*가 예수 그리스도 안에서 인간이 되었다(요 1:14). 로고스는 모든 사물 안에 내재한다. 따라서 이성에 따라 사는 사람들, 예를 들어 철학자 헤라클레이토스(Heracleitos)과 소크라테스(Sokrates)는 구약의 아브라함과 마찬가지로 그리스도인이다. 유스티누스에 의하면 철학자들이 말하는 모든 참된 것은 기독교적인 것이다. 보편적이고 영원히 참되고 선한 것을 행하는 사람들은 "하나님이 기뻐하는 사람들이요, 그러므로 노아, 에녹, 야곱과 같은 옛날의 의로운 사람들처럼 우리의 그리스도를 통해 구원을 받는다"(Beinert 1995, 191; Heussi 1971, 47).

여기서 그리스도의 구원은 진리를 말하고 진리에 따라 사는 모든 사람들에게 주어지는 보편적인 것으로 생각된다. 한 혈통에 속한 모든 인류가 하나님이 주신 "생명과 호흡"을 누리고 "하나님을 힘입어 살며 기동하며"와 일부 시인들이 언급한 "하나님의 자녀"(그의 소생)라는 내용이 들어있는 사도행전 17장 25-28절의 말씀은 초기 변증가들의 보편주의적 구원관을 반영한다. 그러나 변증가들은 완전한 계시와 완전한 구원은 그리스도에게 있다고 주장한다. 클레멘스(215년경 사망)에 의하면 구원은 예수 그리스도를 통해 주어진 하나님의 특별한 선물이다. 그것은 "불멸성 속에 있는 삶, 의로움 가운데 있는 기쁨, 공명정대함 속에 있는 진리, 신뢰 속에 있는 믿음, 성화에 있어서의 절제"에 있다(Beinert 1995, 189).

b. 영지주의의 이원론적 구원론: 초대교회 시대에 큰 영향력을 가졌던 영지주의적 구원관은 이원론적·영혼주의적·탈세계적·피안지향적·무역사적 구원론으로 요약될 수 있다. 이 견해에 따르면 인간의 육을 포함한 물질과 물질적 세계는 악한 것이다. 구원은 인간의 악한 육의 감옥과 물질의 세계를 벗어나 피안의 영원한 본향으로 돌아가는 데 있다. 그리스도께서 가르쳐 준 지식(靈知: gnosis)을 통해 인간은 영원한 본향으로 상승하기 시작한다. 구원은 "육체, 감각적, 물질적 세계로부터 멀어지고 궁극적으로 벗어나 천상의 본래적 세계로 상승하는 것을 뜻한다"(정미현 2007, 83).

알렉산드리아의 클레멘스와 그의 제자 오리게네스는 영지주의적 구원론의 영향을 크게 받는다. 클레멘스에 의하면 구원은 교회의 통속적 믿음, 곧 pistis의 단계를 넘어 기독교 철학의 영지에 이르는 데 있다. 기독교 최초의 교의학으로 알려진 『원리론』(De Principiis)의 저자 오리게네스에 따르면, 하나님은 완전한 의지의 자유를 가진 영적 존재들을 창조한다. 그런데 이들이 타락하자 하나님은 물질을 만드시고 타락한 영들, 곧 천사들과 인간들과 사탄을 물질적 육체의 감옥에 감금한다. 육체의 감옥 속에서 이들은 구원을 동경한다. 성육신된 로고스, 곧 신-인간(theanthropos)이신 그리스도는 그의 가르침과 죽음을 통해 구원을 완성한다.

c. 그리스도의 속전을 통한 마귀의 세력에서의 해방: 또한 오리게네스에 의하면 그리스도의 구원은 그의 죽음을 통해 마귀의 세력에게 속전을 지불하고 인간을 해방하는 데 있다. 원죄로 인해 인류는 "사탄의 노예가 되어 죄와 고난과 영원한 죽음에 처하게" 되었다. 그리스도는 그의 죽음을 통해 속전(antilutron, 딤전 2:6; 고전 6:20; 7:23)을 지불하고, 죄와 죽음을 일으키는 마귀의 지배에서 인간을 해방한다. 각 사람은 하나님 인식과 명상과 직관을 통해 육적인 것, 물질적인 것을 벗어버리고 신성화된다. "죽음 후에는 정화의 불과 지복, 혹은 지옥과 새로운 세계가 기다리고 있다. 결국에는 마귀를 포함한 모든 것이 하나님의 지복에 참여할 것이다(apokatastasis panton)"(허호익 2003, 300). 오리게네스의 신학은 399년 이단으

로 정죄를 받지만, 보다 온건한 형태로 동방교회에 큰 영향을 준다(Heussi 1971, 68). 여기서 우리는 11세기에 안셀무스에 의해 주창된 화해론의 "고전적 유형"이 이미 오리게네스를 통해 대변되었다는 사실을 볼 수 있다.

d. "만물의 회복"으로서의 구원: 알렉산드리아의 클레멘스와 그의 제자 오리게네스 그리고 소아시아 출신 이레나이우스는 "만물의 회복" (*apokatastasis panton*) 개념을 통해 통전적·역사적 구원론을 주장한다. 그 주요 내용을 간단히 요약한다면, ① 하나님이 창조한 세계는 본래 선하고 아름다운 것이었다. 영과 혼과 몸으로 구성된 인간은 완전한 하나님의 형상과 영원한 생명을 가지고 있었다. ② 죄의 타락으로 인해 인간은 하나님의 형상과 영원한 생명을 잃어버렸고 세계의 모든 것이 죽음의 세력에 사로잡히게 되었다. ③ 사람이 되신 하나님의 아들은 먼저 자신의 존재 안에서 하나님과 인간을 하나로 결합시키고 인간 존재의 본래 상태를 회복한다. 이로써 인간의 신성화가 일어날 수 있게 되었고 잃어버린 하나님의 형상과 영원한 생명을 회복할 수 있게 되었다. 태초에 하나님과 함께 계셨으며, 모든 것이 그를 통해 창조된 로고스의 성육신을 통해 우리는 구원을 얻었다. 이리하여 우리는 "하나님의 형상을 닮은 우리의 존재를 예수 그리스도 안에서 다시 얻을" 수 있게 되었다(Müller 2005, 380에서 인용). 구원은 하나님이 창조하신 세계 만물이 본래의 상태로 회복되고 신성화되는 데 있다.

e. 칭의(하나님의 의롭다 하심)로서의 구원: 북아프리카 태생의 법학자 테르툴리아누스는 법적 언어로 구원을 설명한다. 그의 설명에 따르면 인간의 죄로 말미암아 하나님과 인간의 관계가 파괴된다. 그리스도의 구원은 "하나님과 인간의 법적 관계의 회복"에 있다. "죄로 인한 하나님과 인간 사이의 질서의 훼손은 '벌이나 보상'(*aut satisfactio aut poena*)을 통해서만 극복될 수 있다"(Müller 2005, 381). 이 벌과 보상을 그리스도께서 십자가의 죽음을 통해 치루고 불의한 죄인을 의롭게 하신다.

칭의론의 "법적 구원론"은 일반적으로 서방교회 고유의 구원론이라 말한다. 그러나 그것은 서방에서 유래하는 것이 아니라 구약성서의 희생제물 사상에서 유래한다. 그리고 구약성서의 희생제물 사상은 구약성서에만 있는 것이 아니라 고대 세계 종교의 보편적 현상에 속한다. 우리는 칭의론의 법적 구원론이 테르툴리아누스와 아우구스티누스처럼 북아프리카, 소아시아의 동방지역 출신 신학자들에 의해 대변되었다는 사실을 유의할 필요가 있다.

f. "신성화"(*theosis, deificatio*)로서의 구원: 동방정교회의 구원론은 "신성화"와 인간의 "불멸성" 내지 "영원한 생명"을 중심개념으로 가진다. 아타나시우스(Athanasius, 328-373)에 의하면 "우리가 신성화되게 하려고 그는 사람이 되었다. 눈으로 볼 수 없는 성부에 대한 인식에 이르게 하려고 그는 자기를 몸으로 계시하였다. 우리가 불멸성을 상속받게 하려고 그는 인간의 편에서 악의를 버리게 하였다"(Müller 2005, 379에서 인용).

g. 예정론적 구원론: 초대교회 시대 서방교회 신학의 완성자로 알려진 아우구스티누스는 구원론을 예정론과 결합시킨다. 아우구스티누스에 의하면 죄의 타락으로 인해 인간은 죄를 짓지 않을 수 없는(*non posse non peccare*) 상태에 빠졌다. 자유의지(자유선택, *liberum arbitrium*)가 남아 있지만 선을 행할 수 있는 능력을 완전히 상실하였다. 하나님은 인간의 창조 이전에 구원으로 예정한 소수의 사람들을 믿음으로 부르시고, 예수 그리스도의 십자가의 은혜로 그들을 의롭게 하시며, 삶의 과정 속에서 점차 거룩하고 흠이 없는 사람이 되도록 하신다. 그의 자비하심 때문에 하나님은 이들을 구원의 상태에 머물게 하는 선물을 주시며(*donum perseverantiae*), 하늘에서 이들을 영광스럽게 한다. 그 밖의 사람들은 영원한 벌을 받을 것이다(Heussi 1971, 130).

h. 단독행위설과 공동행위설: 아우구스티누스에 의하면 구원은 오직 하나님의 은혜로 가능하다. 그것은 하나님의 단독적 행위를 통해 우리에게 주어지는 하나님의 값없는 선물이다(하나님의 단독행위설: Monergismus). 인간이 하나님의 구원을 위해 기여할 수 있는 것은 아무것도 없다. "만일

은혜가 값없는 것이 아니라면, 은혜는 은혜가 아닐 것이다"(gratia... nisi gratis est, gratia non est). 그것은 인간의 모든 행위에 "앞서오는 은혜"(gratia praeveniens).이다 이와 같은 아우구스티누스의 생각은 루터에게 결정적으로 영향을 미친다.

아우구스티누스의 단독행위설에 반해, 영국 출신의 금욕적 수도사였던 펠라기우스는 원죄를 부인하고, 선과 악을 선택할 수 있는 인간의 자유의지와 공동행위설(Synergismus)을 주장한다. 하나님의 구원은 인간의 행위에 앞서오는 하나님의 은혜(gratia praeveniens)와 인간의 자유의지의 공동행위를 통하여 이루어진다. 펠라기우스의 친구인 켈레스티우스(Celestius)는 펠라기우스보다 더 철저하게 아우구스티누스의 원죄설을 반대하고 죽음은 죄에 대한 벌이 아니라 자연적인 것이라 주장한다. 주후 411년 북아프리카의 카르타고(Karthago) 총회는 펠라기우스의 이론을 이단으로 정죄한다.

그 후에 등장한 절충적인 반(半)펠라기우스주의(Semipelagianismus)는 하나님의 앞서오는 은혜의 필요성을 인정하지만 인간의 자유로운 의지와 은혜의 협동을 주장한다. 인간이 거부할 수 없는 은혜, 하나님의 절대적 예정은 존재하지 않는다. 주후 529년 오랑주(Orange) 공의회는 반펠라기우스주의를 정죄하고 아우구스티누스의 주장을 교리로 확정한다. 인간에게는 하나님의 구원의 은혜를 받을 수 있는 능력이 없다. 죄는 "영혼의 죽음"(mors animae)이다. 따라서 하나님의 구원은 하나님의 은혜와 인간의 자유의지의 협동이 아니라 하나님의 앞서오는 은혜의 단독적 행위다(Pöhlmann 1973, 191).

2) 중세의 구원론

a. 안셀무스의 보상설 혹은 만족설: 안셀무스로 대표되는 보상설 혹은 만족설은 구원론의 법적 모델을 대변한다. 하나님의 구원은 하나님과 인간의 화해에 있다. 곧 인간의 죄로 말미암아 훼손된 하나님의 정의가 예수 그리스도의 희생제물과 인간의 업적 혹은 공적을 통해 회복됨으로써 이

루어지는 하나님의 만족(*satisfactio*)에 있다. 하나님과 인간의 화해는 인간 안에 내재하는 구원의 현실, 곧 "창조된 은혜"가 하나님의 구원의 영원한 근거인 "창조되지 않은 은혜"로 말미암아 완성되어가는 과정으로, 인간의 본성이 하나님의 은혜와 완전한 사귐으로 승화되는 것으로 이해된다(자세한 내용에 관해 허호익 2003, 304 이하).

b. 토마스 아퀴나스의 절충적 구원론: 아퀴나스(1225-1274)는 아우구스티누스의 구원론을 따르면서도 펠라기우스의 "자유의지"의 협동을 수용하는 절충적 입장을 취한다. 이리하여 그는 구원의 네 단계를 구별한다. ① 하나님에 의한 구원의 "은혜의 주입"(*gratiae infusio*), ② 믿음을 통하여 인간의 자유의지가 하나님을 향함(*motus liberi arbitrii in Deum per fidem*), ③ 자유로운 의지가 죄를 떠남(*motus liberi arbitrii in peccatum*), ④ 죄의 용서(*remissio culpae*). 둔스 스코투스(Duns Scotus, 1266-1308)와 유명론의 지지자들은 펠라기우스의 구원론을 지지하는 입장을 취한다. 이로써 중세 가톨릭교회의 구원론은 인간의 자유의지의 협동을 구원을 위한 인간의 업적 내지 공적으로 인정하는 데까지 발전한다. 구원받은 그리스도인의 윤리적 삶은 모든 인간에게 주어진 윤리적 자연법과 조화되며 이것을 완성하는 것으로 생각된다.

c. "예수의 가난한 삶을 닮음"으로서의 구원: 중세의 대표적 경건주의자였던 아시시의 성 프란체스코(Franzis von Assisi, 1181-1226, 본래의 이름은 Giovanni Bernardone)의 삶은 중세 구원론의 대표자인 안셀무스의 법적 속죄론과는 전혀 다른 구원관을 보여준다. 그에게 있어 구원은 하나님에 대한 관조와 신비적 연합 속에서 이루어지는 피조물과의 연합, 철저한 자기포기, 소유의 포기, 청빈의 생활, 연약한 생명들을 위한 자기희생에 있다. 한 마디로 구원의 길은 "예수의 가난한 삶을 닮음"(*imitatio vitae pauperis Iesu*)에 있다. 프란체스코의 삶이 보여주는 구원관은 12세기 프랑스의 왈도파(Waldenser) 운동에도 나타나며, 후대 신비주의와 근대 경건주의에 큰 영향을 준다. 1219년 이후 거의 온 유럽에 프란체스코의 뒤를 따르는 수

도원이 설립된다. 1212년 그의 어릴 때 여자 친구였던 아시시의 클라라(Klara von Assisi)도 역시 수녀원을 설립한다.

d. 마이스터 에크하르트의 신비주의적 구원관: 로마 가톨릭교회에 의해 순교의 죽음을 당한 13세기 마이스터 에크하르트(Meister Eckhart, 1260-1327)의 신비주의 역시 안셀무스의 법적·객관주의적 속죄론과는 전혀 다른 구원관을 보여준다. 구원은 하나님과 인간의 법적 관계의 회복을 통해 얻을 수 있는 객관적인 것이 아니다. 또 그것은 제도 교회의 교리적 가르침과 성례를 통하여 인간에게 중재될 수 있는 객관적 물건과 같은 것이 아니다. 이런 객관적 구원은 인간 내면의 영혼과 아무런 관계가 없다.

구원은 피조된 세계의 모든 외적인 허상들로부터의 "분리", 이를 통해 선사되는 내적 자유와 평화와 안식과 함께 시작한다. 세계의 모든 헛되고 거짓된 것, 곧 사물들의 존재(esse rerum)에서 자유로운 "영혼의 근원" 속에서 "존재 자체"(esse ipsum)이신 "하나님의 출생"(Gottesgeburt)과 인간 자신의 새로운 출생이 경험된다. 이 경험 속에서 일어나는 하나님과 영혼의 완전한 연합, 하나님의 의지와 인간의 의지의 일치에 구원이 있다. 신비적 연합과 일치가 이루어질 때 "우리가 하나님을 보는 눈과 하나님이 우리를 보는 눈이 같다." 이 때 인간의 존재와 모든 일들이 거룩하게 변화(성화)되며, 명상적 삶과 자기 없는 사랑의 적극적 삶의 협동(cooperatio von vita contemplativa et vita activa)이 일어난다(Kern 1982, 259-262).

e. 실재론의 구원론과 유명론의 구원론: 중세 신학의 역사가 실재론과 유명론의 논쟁의 역사라고 할 정도로 이 논쟁은 중세 신학 전반에 걸쳐 중심을 이루고 있다. 그 이면에는 세계관과 구원론의 차이가 숨어 있다. 실재론에 의하면 보편개념, 곧 보편자는 단지 하나의 이름이 아니라 실재하는 실체이다. 최고의 보편자, 곧 만물의 근원자(principium sine principio)는 하나님이다. 하나님의 구원은 최고의 보편자이신 하나님을 기점으로 질서 있는 위계질서로서의 세계가 이루어지는 데 있다. 곧 최고의 신 – 최고의 통치자와 통치계급 – 남자 – 여자 – 노예 – 동물 – 식물 – 물질의 영

역으로 구성된 질서 잡힌 세계(*cosmos*)가 이루어지는 데 하나님의 구원이 있다는 구원관이 실재론의 배후에 숨어 있다. 실재론의 구원론은 근대 군주론의 기초가 된다.

이에 반해 유명론에 의하면 보편 개념, 곧 보편자는 실재하지 않는 이름(*nomen*)에 불과하다. 실재하는 것, 참 가치를 가진 것은 보편자가 아니라 오직 감각적으로 인지할 수 있는 개체들뿐이다. 따라서 하나님의 구원은 명령과 복종의 위계질서의 세계가 이루어지는 데 있는 것이 아니라 개체들의 가치와 존엄성이 인정되고 자유가 실현되는 데 있다. 중세 후기에 이를수록 유명론의 구원론이 힘을 얻게 된다. 그것은 근대 자유운동과 인권운동의 기초가 된다.

3) 종교개혁과 개신교 정통주의 신학의 구원론

a. 종교개혁의 칭의론: 루터의 종교개혁의 신학적 기초는 칭의론에 있다. 구원은 예수 그리스도의 희생제물을 통한 하나님의 의롭다 하심, 곧 칭의에 있다. 이것은 인간의 업적이나 공적을 통해 가능한 것이 아니라 "오직 은혜를 통하여"(*sola gratia*), "오직 믿음을 통하여"(*sola fide*) 가능하다. 이로써 루터의 종교개혁 신학은 중세 로마 가톨릭교회의 공적사상을 철저히 거부한다. 그렇다고 해서 루터가 인간의 선행 내지 공적을 아예 부인하는 것은 아니다. 오직 믿음만이 인간을 의롭게 하지만 믿음은 인간의 선한 행위를 동반한다. "믿음은 좋은 열매들을 가져올 수밖에 없으며, 좋은 업적들을 행하는 것은 필연적이다." 오직 믿음으로 구원을 얻지만 믿음은 선한 업적들을 필연적으로 동반한다. 믿음은 결코 단독적이지 않다(*Sola fides nunquam sola*).

b. 칼뱅의 신율적·예정론적 구원관: 개혁교회의 시조인 칼뱅에 의하면, 하나님의 구원은 개인의 칭의를 넘어 하나님의 주권이 인간의 삶의 모든 영역에 세워지는 것, 곧 신율적 세계의 실현에 있다. 아우구스티누스에게서 유래하는 칼빈의 "이중예정"(*praedestinatio gemina*)은 매우 독특한 구원론의 유형을 보여준다. 하나님은 영원 전부터 "영원한 생명"(*vita aeterna*)

을 얻을 자와 "영원한 저주"(*damnatio aeterna*)를 받을 자를 예정하였다. 하나님의 구원은 전자에 제한된다.

c. 정통주의 신학의 구원론: 칼뱅 계열의 개신교 정통주의 신학은 예정론과 성서론의 문제에 집중한다. 구원에 필요한 모든 지식은 성서에 기록되어 있다. 그러므로 성서가 교황의 자리를 대체하게 되며, 성서의 모든 내용을 정확히 아는 데 구원의 길이 있는 것으로 보는 성서주의적 구원관이 등장하게 된다.

루터교 정통주의 신학은 루터의 칭의론과 "구원의 질서"(*ordo salutis*)에 집중한다. 이 시대의 대표적 신학자인 크벤슈테트(A. Quenstedt)에 의하면, 칭의론은 기독교의 "중심점"(Akropolis)이요 "가장 높은 명제"(*summus articulus*)이다. 칭의는 인간의 내적 변화와 관계없이 일어나는 "외적·법정적 행위"(*actus externus iudicialis*)이다. 그것은 다음과 같은 원인들을 가진다. ① 주요 작용인(*causa efficiens principalis*): 삼위일체 하나님, ② 인간을 자극하는 내적 원인(*causa impulsiva interna*): 하나님의 은혜, ③ 인간을 자극하는 외적 원인(*causa impulsiva externa*): 그리스도의 공적, ④ 구원을 중재하는 원인(*causa media*): 말씀과 성례전 그리고 믿음.

칭의는 죄를 용서하고 죄를 전가하지 않음(*non imputatio peccatorum*)과 그리스도의 의를 전가함(*imputatio iustitiae Christi*)에 있다. 우리는 "오직 믿음으로"(*sola fide*) 의롭다 하심을 얻지만 선한 열매가 없는 "단독적 믿음으로"(*solitaria fide*) 얻는 것은 아니다. "좋은 업적들이…칭의로 인도하지 못하지만, 칭의를 받은 자들에게서는 필연적이다."

인간이 구원을 자기의 것으로 얻게 되는 것, 곧 "구원의 점유"는 성령을 통하여 일어난다. 그것은 "부르심", "다시 태어남", "회심", "참회와 고백", "신비적 연합", "갱신"으로 구성되는 "구원의 질서"에 따라 이루어진다. 이와 동시에 구원은 교회의 가르침 곧 교리에 대한 지적 인정에 있는 것으로 이해된다(Pöhlmann 1973, 190-195).

4) 근대의 구원론

a. 경건주의의 구원관: 교리의 체계화에 지대한 관심을 가지며, 구원을 교리에 대한 지적 인정과 동일시하는 정통주의 신학은 성령의 내적 체험과 경건의 결핍을 초래한다. 그 결과 중세의 마이스터 에크하르트와 근대 독일의 신비주의의 영향 속에서 17, 18세기 경건주의 운동이 독일 할레(Halle) 대학의 슈페너(Ph. J. Spener)와 프랑케(A. H. Francke)를 중심으로 일어나 유럽 전역에 영향을 주게 된다.

경건주의의 영향을 받은 친첸도르프 백작은 30년 전쟁(1618-1648)에서 패배하여 본향에서 추방된 보헤미아인들에게 독일 북동부에 위치한 작센 주 헤른후트(Herrnhut)의 개인 사유지를 제공하여 헤른후트 형제공동체(Herrnhuter Brüdergemeine)를 세운다. 이 공동체는 "경건주의 운동의 배양지"가 된다(정미현 2007, 235). 프랑스의 얀세니즘, 영국 웨슬리의 성화와 경건운동, 선교와 사회봉사, 청교도 운동(Puritanism), 부흥운동과 세계선교, 퀘이커 운동이 경건주의의 영향 속에서 생겨난다.

경건주의 구원론의 특징은 교리적 지식을 중요시하지 않고 체험적 믿음과 경건 그리고 사랑의 실천을 중요시하는 데 있다. 곧 회개와 다시 태어남(중생)과 경건한 생활, 사랑의 실천과 봉사를 강조하는 데 있다. "정통 교리, 바른 의견이 종교라고 꿈꾸지 마십시오!"라는 웨슬리의 권고는 정통 주의 신학의 교리적 지식에 대한 반발심을 잘 드러낸다(이찬석 2012a, 186). 하나님의 구원은 하나님과 인간의 의지의 일치, 하나님 안에서의 경건한 생활, 사회적 약자를 위한 봉사와 선교에 있다. 경건주의 운동은 경건을 상실하고 형식화된 제도교회(곧 국가교회) 바깥에서 일어난다. 이 때문에 이 운동에 가담한 자들은 "분리주의"라는 혐의로 제도교회의 억압과 핍박을 당한다. 그러나 경건주의가 일으킨 해외선교와 사회개혁은 "교회사에 가장 눈부신 업적을 남긴 운동 중의 하나"로 평가된다(Brunner 1943, 33; 보다 자세한 내용에 관해 장현승 2013, 제10장).

b. "하나님 의식"의 회복으로서의 구원: 경건주의의 영향을 받은 슐라이어마허에 의하면, 구원은 "절대의존의 감정"과 모든 인간에게 주어진

"하나님 의식"(Gottesbewußtsein)의 완전한 회복에 있다. 절대의존의 감정과 하나님 의식은 모든 인간에게 주어져 있다. 그러므로 모든 인간은 하나님과의 관계 속에 있다. 그러나 인간 안에 주어져 있는 하나님 의식은 죄로 인해 이지러지고 불투명한 상태에 있다. 예수는 죄가 없기 때문에 완전한 하나님 의식, 곧 하나님과 한 몸된 완전한 관계를 맺고 있다. 구원은 인간 안에 주어져 있는 하나님 의식이 예수 그리스도 안에 있는 완전한 하나님 의식으로 회복되며, 이를 통해 하나님과 인간의 관계가 회복되는 데 있다. 그의 주장에 따르면, 구원의 길은 기독교에만 있는 것이 아니라 정도의 차이는 있겠지만 다른 종교에도 있다. 타종교인에게도 하나님 의식이 주어져 있기 때문이다. 여기서 예수 그리스도의 구원의 사건이 지닌 중심적 의미가 약화되고 탈역사화·탈세계화된 절대의존의 경건한 감정, 하나님 의식의 회복이 구원과 동일시되는 문제점이 나타난다.

c. 세계의 변혁을 통한 하나님 나라의 실현: 슐라이어마허의 내면적·개인주의적 구원관에 반해, 헤겔은 세계사적 구원관을 제시한다. 하나님의 구원은 "영이신 하나님"(Gott als Geist)의 변증법적 자기활동을 통해 하나님이 그 자신을 완전히 그 안에서 인식할 수 있는 세계가 이루어지는 데 있다. 달리 말해 "부정적인 것의 부정", 곧 세계 모든 것의 지속적 변혁을 통해 하나님의 나라가 온 세계에 이루어지는 데 있다. 하나님의 나라는 모든 인간이 자유로운 "자유의 나라"이다. 세계사는 자기를 타재(他在)시킨 "영으로서의 하나님"(Gott als Geist)이 자기 자신에게로 돌아가는 길이요, 이를 통해 일어나는 "자유의 역사"이다. 세계사 자체가 하나님의 자기계시의 역사요 구원의 역사다. 이 역사의 주체는 "영으로서의 하나님", 곧 "삼위일체 하나님"이다. 하나님의 삼위일체는 구원사로서의 세계사가 "그 주위를 맴도는 낚시"와 같다.

d. 마르크스의 물질론적·사회-정치적 구원관, 키에르케고르의 내면적·실존론적 구원관: 마르크스는 헤겔의 "영으로서의 하나님" 혹은 "영"(정신)을 사회-경제적·물질적 조건으로 대체한다. 세계사의 동인은 눈에

보이지 않는 "영"에 있는 것이 아니라 "생산관계"의 변혁으로 말미암은 사회-경제적·물질적 상황의 변혁에 있다. 그것은 상부구조(Überbau)에 있지 않고 하부구조(Unterbau)에 있다. 자본주의 사회에서 소외된 인간과 세계의 구원은 굶주림과 인간에 의한 인간의 차별과 소외가 없고, 모든 인간의 존엄성과 자유와 평등이 있고, 모든 소유를 공유하는 공산주의 사회, "계급 없는 사회"의 실현에 있다. 이 사회는 "민중의 아편"인 종교와 하나님이 없는 사회다. 구원사의 구체적 주체는 "영으로서의 하나님"이 아니라 무산계급자들이다(Marx의 『공산당 선언』 참조).

이와 같은 마르크스의 이념에 근거하여 1917년 제정 러시아에 공산주의 혁명이 일어나고 사회주의적 계획경제 질서가 도입된다. 사회주의적 계획경제 질서는 세계의 구원을 실현할 수 있는 구체적인 길로 생각된다. 그러나 자본주의 사회보다 더 무서운 계급사회, 권력 유지를 위해 2천만 명 이상의 생명을 희생시킨 스탈린의 잔인성과 함께 하나님 없는 세계 구원의 공산주의적 시도는 실패로 끝난다.

헤겔과 마르크스에 반해, 키에르케고르는 하나님과 실존하는 인간 내면성의 올바른 관계 회복에 구원이 있다고 본다. 이 회복은 이성적 사유에 있지 않고 믿음에 있다. 이성과 믿음은 철저히 대립한다. 이성의 빛에서 볼 때 믿을 수 없는 "어처구니없는 것"(das Unsinnige), 곧 우리와 철저히 다른 하나님의 아들이 인간이 되었다는 "파라독스"를 믿는 것에 구원의 길이 있다. 키에르케고르의 통찰은 20세기의 칼 바르트와 불트만에게 영향을 준다.

e. 하나님의 나라를 지향하는 사회복음 운동의 구원론: 19세기 개신교 신학의 대표자인 리츨에 의하면 하나님의 구원은 하나님의 나라, 곧 "보편적 윤리 공동체"가 이 땅 위에 이루어지는 데 있다. 아버지 블룸하르트(J. Ch. Blumhardt, 1805-1880)와 아들 블룸하르트(Chr. Blumhardt, 1842-1919)의 "기독교 사회주의" 운동은 본래 경건주의 전통에서 시작한다(안병무 1999, 442; H. Mayer 1985, 202). 이들은 하나님의 구원이 "'육체(몸)'에도 일어나고

소위 거룩한 장소뿐만이 아니라 이 세상 한복판에서도 일어나되 특별히 약함과 고통과 고난이 있는 일상(日常)의 현장에서 일어남"을 확신한다(임희국 2006, 177). 특히 이들은 노동자 계층에 하나님의 정의를 세우는 것에 구원이 있다고 믿는다. 블룸하르트 부자(父子)의 기독교 사회주의 이념은 미국의 라우셴부시(W. Rauschenbusch), 스위스의 쿠터(H. Kutter)와 라가츠 (L. Ragaz), 초기 틸리히의 사회복음 운동과 종교사회주의 운동을 통해 확산된다.

5) 20세기 이후의 구원론

a. 칼 바르트의 구원론: 칼 바르트는 19세기 자유주의 신학의 구원론을 거부하고 그리스도 중심의 구원론을 전개하는 일대 혁명을 일으킨다. 하나님의 구원은 인간과 세계 안에 주어져 있는 그 무엇의 회복이 아니라 오직 예수 그리스도의 사건에 있다. 그리스도만이 구원자이다. 자신의 구원을 위해 인간이 기여할 수 있는 것은 아무것도 없다. 구원은 오직 은혜를 통하여, 오직 믿음을 통해서만 가능하다. 이로써 바르트는 종교개혁의 구원론을 부활시킨다.

그리스도 안에 일어난 하나님의 구원은 창조 이전에 일어난 하나님의 영원한 결정, 곧 모든 사람의 구원에로의 "선택"을 전제한다. 칼뱅이 말하는 "이중예정"(*praedestinatio gemina*)은 구원받을 자들과 버림받을 자들의 두 가지 예정을 뜻하지 않는다. 이중예정은 하나님의 버림받을 수밖에 없는 인간의 자리에 하나님의 아들을 대신 세우고, 인간이 받아야 할 버림을 대신 받게 함으로써 모든 인간을 구원 혹은 영원한 생명으로 택하신 하나님의 영원한 "선택"을 뜻한다(Barth의 "선택론" 참조). 여기서 영원한 생명은 인간에게 돌아가고, 저주와 버림은 하나님의 아들에게 돌아가는 "교환" 내지 "자리바꿈"이 일어난다(Barth 1959, 100). 이 "자리바꿈"이 예수의 십자가에서 일어난다. 바로 여기에 하나님의 객관적 구원의 사건이 있다.

화해론에서 바르트는 하나님의 구원을 "화해"로 이해한다. 영원 전에 일어난 "선택" 대신 "계약"이 화해, 곧 구원의 전제가 된다. 하나님의 구원은 하나님이 인간의 하나님이 되시고, 인간은 하나님의 백성이 되어 하나님과 인간이 결합될 것을 약속한 하나님의 영원한 계약에 근거한다. 하나님의 이 계약은 심판자인 동시에 심판을 당한 자인 예수 그리스도 안에서 성취된다. 바로 여기에 구원이 있다. 곧 "하나님이 (창조 이전에) 근원적으로 원하였고 이루신 하나님 자신과 인간, 인간과 하나님 자신의 결합을 말한다"(Barth 1960b, 37).

화해론에서 바르트는 그의 "선택론"의 공식을 다시 적용한다. 바르트에 의하면, 선택하는 하나님이 그리스도 안에서 버림받은 인간의 자리에 서신다. 이리하여 하나님의 버림을 받은 인간이 선택받은 자가 된다. 곧 "선택하는 하나님"과 하나님의 "버림을 받은 인간"의 "자리바꿈"이 일어난다. 바르트는 이 자리바꿈 혹은 위치의 "교환"을 "카탈라게"(katallage), 곧 화해라 부른다. 죄 없는 하나님이 죄인의 자리에 대신 서서 죄인이 당해야 할 심판과 저주와 죽음을 대신 당한다. 그 대신 심판을 당해야 할 인간이 은혜와 축복을 얻게 된다.

이와 같은 의미의 자리바꿈이 예수 그리스도 안에서 일어난다. 그는 죄인이 서야 할 그 자리에 대신 서서 죄인이 받아야 할 심판과 저주와 죽음을 대신 당한다. 이를 통해 심판과 저주와 죽음을 당해야 할 죄인이 하나님의 은혜와 축복과 생명의 자리에 서게 된다. 달리 말해 "심판자"(Richter)가 "심판받은 자"(der Gerichtete)의 위치에 대신 서서 죽음을 당한다. 이로써 "인간의 주관적인 믿음과 관계없이 예수 그리스도의 죽으심으로 인간이 하나님과 화해되었다.…즉 그리스도의 죽으심으로 믿는 자건, 믿지 않는 자건 객관적으로 하나님과 화해되어 있다." 이것은 "인간의 믿음과 관계없는 객관적 사실"이다(김명용 1997, 312, 314). 이를 통해 하나님의 영원한 "계약"이 성취된다. 이런 의미에서 "예수 그리스도가 화해(곧 구원)이다"(Barth 1960b, 35). 그는 "이 신적 의지와 계약의 계시"요(35), "우리의 화해의 보증인이요 증인이다." 화해는 "칭의, 성화, 부르심(혹은 소명)"의 세 차원에서 일어난다(83; 자세한 내용에 관해 허호익 2003, 324 이하).

b. 불트만의 실존론적 구원론, 샤르댕의 우주적·진화적 구원관: 불트만은 탈세계화된 실존주의적·개인주의적 구원론의 대표자라 말할 수 있다. 구원은 자기를 하나님의 피조물로 인식하고 하나님이 주시는 은혜로 살아가는, 그러나 내적으로 세계를 벗어난(entwentlicht) 개체 인간의 새로운 "자기이해"로 이해된다. 곧 자기를 하나님의 피조물로 인식하며, 자신의 능력으로 살지 않고 하나님이 주시는 것으로 살아가는 존재로 자기를 이해하는 데에 하나님의 구원이 있다는 것이다.

불트만의 개인주의적 구원관에 반해, 가톨릭교회의 샤르댕(T. de Chardin)은 우주적·진화적 구원론을 주장한다. 하나님의 구원은 땅의 생성(Géogenèse) – 생명의 생성(Biogenèse) – 정신의 생성(Noogenèse) – 그리스도의 생성(Christogenèse)의 진화 과정을 통해 "오메가 포인트"에서 실현되는 온 세계의 그리스도화 혹은 신성화에 있다. 샤르댕은 이에 대한 근거를 다음의 성서 본문에서 발견한다. 하늘과 땅에 있는 모든 것이 "그리스도 안에서 통일되게 하려 하심이다"(엡 1:10). 하나님은 "만물이…그로 말미암아 자기와 화해케 되기를" 기뻐한다(골 1:20).

샤르댕의 뒤를 이어 지틀러(J. Sittler)는 골로새서 1장에 근거하여 우주적 구원관을 주장한다. "자연의 세계"는 개인의 구원이 그 위에서 일어나는 무대가 아니라 하나님의 구원에 포함된다(Neu Delhi Dokumente 1962, 300, 302). 글뢰게(G. Gloege)에 의하면 하나님의 구원은 "인류의 사건"인 동시에 "세계의 사건"이다. 하나님의 은혜는 "세계를 위한 은혜"이다. 우주적 구원관은 샤울(R. Schaull), 콕스(H. Cox)의 사회혁명적 구원관으로 발전하기도 한다.

c. 틸리히의 구원론: 틸리히는 『조직신학』 제2권에서(1957) 실존주의적 구원관을 전개한다. 하나님의 구원은 "예수 그리스도의 인격적 삶 속에 실존적 소외를 극복한 새로운 존재"로 참여하는 데 있다. 이 참여는 "실존적인 소외로 말미암아 분열된 존재가 치유되어서 존재의 새 창조, 존재의 칭의, 존재의 성화", 곧 다시 태어남(중생), 칭의, 성화를 통해 일어난다(유장환

2012a, 418). 다시 태어남은 "새 존재에의 참여"를 가리키며, 칭의는 "새 존재의 수용"을, 성화는 "새 존재를 통한 변화"를 가리킨다. 변화는 하나님에 게서 소외된 인간과 하나님의 "재연합"을 지향한다(Tillich 1958, 189 이하). 이를 통해 본질과 실존의 분리가 극복되고 삶 속에 있는 존재론적 "양극성", 곧 개체화와 참여, 역동성과 형식, 자유와 운명의 양극들이 완전한 균형과 조화에 이르는 데 구원이 있다.

『조직신학』제3권(1963)의 성령론과 종말론에서, 틸리히는 실존주의적 구원관의 틀에서 벗어난다. 그리고 미국으로 망명하기 전 독일에서 주창했던 종교사회주의적·우주적 구원관을 다시 전개한다. 그의 주장에 의하면 온 세계는 "새로운 존재"로 변화되어야 한다. 하나님의 영은 인간의 삶속에서는 물론 세계를 "새로운 존재"로 변화시키는 힘으로 작용한다. "우주는 아직 변화되지 않았다. 그것은 변화를 '기다린다.' 하나님의 영을 통한 변화는 인간의 영 안에서만 현실적이다. 인간은 새로운 존재의 '처음 태어난 자'이다. 그 다음에 우주가 뒤따른다"(Tillich 1966, 317).

틸리히에 의하면 역사의 마지막(종말)은 역사의 폐기(finis)가 아닌 현재역사의 "끝과 목적"(telos)을 말한다. 그것은 그리스도 예수 안에서 발현된 하나님 나라의 성취에 있다(446). 하나님의 나라는 단지 역사의 마지막에 머물러 있는 것이 아니라 하나님의 영과 함께 역사를 "새로운 존재"로 변화시키는 "역사의 동력"(Dynamik der Geschichte)으로서 작용한다(412). 그것은 삶과 역사의 모호성을 극복하면서 이 목적을 지향하는 과정 속에 있다. 여기서 하나님의 구원은 그리스도 예수 안에서 발현된, 그러나 역사의 과정을 거쳐 역사의 마지막에 이루어질 하나님 나라의 성취에 있다. 하나님의 나라는 "자율"과 "타율"의 대립을 넘어선 "신율"의 세계, 삶의 모든 모호성이 극복된 세계, 곧 하나님이 다스리는 세계를 말한다. 그것은 정치적·사회적·인격적·보편적 세계이다(남성민 2009, 209).

d. 본회퍼 이후의 구원론: 본회퍼는 "인간의 구원"을 주장하는 동시에 구원의 사회적 측면을 시사한다. 예수의 구원은 "인간적 문제들의 해결

(Lösung)"이 아니라 "인간의 구원(Erlösung)"에 있다. 그러나 "인간의 구원"
은 "인간적 문제들의 해결"을 배제하지 않고 포용한다. "예수는 문제들의
해결 대신에 인간의 구원을 가져오기 때문에, 그는 정말 모든 인간적인 문
제들의 해결을 가져온다"(Bonhoeffer 1975, 377). 구원은 "그리스도의 뒤를
따름"을 통해 증명된다. 그리스도의 뒤를 따름이 없는 하나님의 은혜, 죄
용서, 믿음, 칭의, 구원은 "싸구려 상품"과 같다(1967, 13).

메츠(J. B. Metz), 죌레(D. Sölle), 몰트만의 정치신학은 삶의 모든 영역에
서 일어나야 할 해방에 하나님의 구원이 있다고 본다. 몰트만에 의하면 온
세계는 하나님이 사랑하는 하나님의 세계이다. 따라서 하나님의 구원은
세계의 모든 영역에서 이루어져야 한다. 그리스도의 십자가에서 하나님이
세계와 화해했다면 그리스도인들에게 이 세계의 모든 상황들은 변화되어
야 할 성격의 것이다. 곧 하나님의 정의와 평화가 있는 세계로 변화되어야
한다. 특히 세계의 운명을 결정하는 정치의 영역에 하나님의 정의와 평화
가 있는 세계를 향한 해방이 이루어져야 한다. 믿음은 세계를 벗어나는 것
(Entweltlichung)이 아니라 주어진 세계의 극복을 지향한다.

판넨베르크는 "세계의 화해"를 구원의 "총괄개념"으로 파악한다
(Pannenberg 1991, 441). 하나님과 세계의 화해에서 중심적 문제는 "죄로 인
해 파괴된 인간과 그들의 생명의 근원이신 창조자의 교통의 실현", "죽음
의 지배와 죽음의 불안"에서의 해방과 "그리스도 안에 이미 나타난 새로
운 생명의 영광에의 참여"에 있다(496, 482, 446). 그것은 "창조의 완성"에 있
다(1993, 569).

20세기의 흑인신학, 해방신학, 한국의 민중신학은 소외와 차별, 억압과
착취를 당하는 흑인들과 민중의 해방에서, 여성신학은 남성의 차별과 억
압으로부터의 여성의 해방과 권리회복에서, 생태신학은 인간에 의해 파괴
된 자연의 해방과 회복에서 하나님의 구원을 찾는다(자세한 내용에 관해 허호
익 2003, 329 이하).

2

구원에 관한
성서의 기본개념들과 특징

위에서 우리는 실제로는 간단한 공식으로 요약될 수 없는 다양한 구원관의 역사를 개관하였다. 성서에서도 우리는 매우 다양한 구원관을 발견한다. 땅과 후손의 창대함을 얻는 것, 출애굽의 해방, 계약, 새 계약(렘 31:31; 히 9:26), 통치자들의 공의로운 통치와 국가의 안녕, 제2출애굽 곧 바빌론/페르시아 포로생활에서의 귀환, 광야와 메마른 땅의 새 창조(사 35장), 마른 뼈들의 다시 살아남(겔 37장), 국가의 재건과 예루살렘 성전의 재건축, 모든 육에게 하나님의 영을 부어주심(욜 2:28), 가난과 질병과 적대자들의 모함과 박해를 벗어남, 자연질서의 조화 속에서 건강과 장수를 누리며 삶을 향유하는 것(전도서 참조), 메시아 왕국, 하나님의 나라, 죄용서, 하나님의 의롭다 하심(칭의), 하나님과의 화해(화목), 다시 태어남(중생), 입양, 죽은 생명들의 부활, 죄와 죽음의 세력의 극복, 새 창조, 영원한 생명, 죄의 주권(왕노릇)에서 벗어나 하나님의 주권에 속함, 그리스도의 친교, 그리스도의 몸에 속함, 믿음과 희망과 사랑 안에 있는 삶, 만유 안에 만유로 계신 하나님의 현존, 그리스도를 머리로 한 만유의 하나됨(통일), 하나님의 안식, 새 하늘과 새 땅, 새 예루살렘 등 그 수를 헤아릴 수 없을 정도이다.

이와 같이 구원의 다양한 측면들이 거론되는 이유는 무엇인가? 그 이유는 성서가 하나님의 구원에 관한 영원불변의 "교리"를 말하지 않고, 다양한 시대와 구체적 삶의 상황 속에서 하나님의 백성들이 경험한 하나님의 구원을 이야기하기 때문이다. 따라서 성서의 구원관을 한 마디로 정의하는 것은 불가능하다. 이와 같은 어려움을 고려하면서, 우리는 구원에 관한 성서의 기본개념들과 그 주요 특징을 파악하고자 한다.

A. 구약성서의 기본개념들과 주요 특징

1) 구약성서의 기본개념들

a. 파다(*Padah*): 하나님의 구원을 나타내는 구약성서의 대표적 개념은 동사형 "파다"(פָּדָה, *padah*)이다. 이 개념은 아람어를 제외한 셈족 언어들의 공통개념으로, 속전 혹은 몸값을 치르고 "풀어주다", "되찾다", "해방하다"를 뜻한다(Jenni 1976, 389)[6]. 또는 속전을 치르고 부자유한 것을 자유롭게 하는 것을 뜻한다(Loskauf eines Unfreien, Rad 1969, 191). 그것은 법적·제의적 개념으로 사용되기도 하고, "도와주다"라는 일반적 의미로 사용되기도 한다. 풀어주기 위해 지불되는 "속전" 혹은 "몸값"을 뜻하는 "피드욘"(פִּדְיוֹן, *pidyon*)은 *padah*에서 유래한다.

① 제의적 의미: 제의적 의미에서 *padah*는 하나님에게 바쳐야 할 사람이나 짐승의 "처음 태어난 것" 대신에 다른 제물(작은 짐승에서 돈으로 발전함)을 바치고, 그리하여 처음 태어난 것을 풀어주는 것, 곧 대속하는 것을 뜻한다. "태를 처음 열고 나온 것은 모두 나의 것이다.…나귀의 맏배는 어린 양을 대신 바쳐서 대속하게 해야 한다.…너희 아들들 가운데 맏아들도 대속해야 한다"(출 34:19-20; 동일한 계명에 대해 출 13:2, 12, 13 참조).

---

6) 아래 내용은 주로 이 문헌에 근거함. 세부 문헌 근거 제시는 생략함.

② 법적 의미: *Padah*의 법적 의미는 구약 율법의 "종에 관한 계명"에 대표적으로 나타난다(출 21:1-11). 여기서 *padah*는 가난 때문에 종이 된 사람을 속전(몸값)을 치르고 풀어줌으로써 자유를 얻게 함을 뜻한다. 그러나 "히브리 종"은 "일곱 해가 되면 아무런 몸값(*pidyon*)을 내지 않고서도 자유의 몸이 된다"(21:2). 여기서 "히브리"는 "경제적으로, 또 사회적으로 바닥에 떨어져 자유를 잃어버린 사람"을 가리키는 법적 언어다. 남의 딸을 종으로 샀거나 아내로 삼으려고 그 딸을 샀으나 마음에 들지 않으면 "몸값을 얹어서 그 아버지에게 되돌려 보내야 한다." 그러나 "암 노크리"(עַם נָכְרִי, *am nokri*), 곧 이방민족(외국인)에게 팔아서는 안 된다(21:7-8).

율법에 의하면 다른 사람을 죽인 사람은 반드시 죽임을 당해야 한다. 곧 "목숨은 목숨으로" 갚아야 한다(21:23). 소가 사람을 받아 죽게 했을 때 소는 물론 소의 주인도 함께 죽어야 한다. 그러나 피해자 가족이 원하면 소 주인을 죽이는 대신 "속죄금"(*pidyon*)을 내고 풀어줄 수 있다(21:29-30).

③ 종교적 의미: 종교적 의미에서 *padah*는 하나님의 값없이 구해 주심 혹은 건저 주심(사 50:2), 이끌어내어 주심(신 7:8; 9:26; 13:6), 곧 하나님의 해방을 뜻한다. 이와 같은 종교적 개념으로서 *padah*는 "구원하다"(욥 6:23)를 뜻하는 히브리어 "가알"(גָּאַל, *gaal*)과 함께 사용된다. "나에게 빨리 오셔서 나를 구하여 주시고, 내 원수들에게서 나를 건저주십시오"(시 69:19; 또한 욥 6:23; 사 35:9 이하; 51:10 이하; 렘 31:11; 호 13:14).

*Padah*는 시편 가운데 한탄의 시편, 간구의 시편 그리고 감사의 시편에서 가장 많이 사용된다. 여기서 *padah*는 "나를(우리를) 구하여 주소서"라는 형식으로 사용된다. "주님의 한결같은 사랑으로 우리를 구하여 주십시오"(시 44:26; 또한 시 26:11; 31:15; 69:19; 119:134 등; 한글 개역성경은 "속량하소서", "구속하소서"라 번역함). 또 그것은 "구하여 주셨다"란 형식으로 사용되기도 한다. "주님께서 구하여 주신 나의 영혼이…"(시 77:23).

한탄과 간구와 감사의 시편은 구약성서의 현실적·총체적 구원관을 매우 구체적으로 보여준다. 삶의 고통, 개인의 적대자들과 민족의 적들, 악인들의 증오와 비난과 협박과 모함과 그물(시 26:11; 31:11; 71:4; 94:16), 환난과 고통(31:20; 44:26), 몸의 약함과 질병으로 인한 죽음의 위험 내지 죽음의 영역(스올, 86:13; 31:10), 극심한 가난과 물질적 고통(109:22, 26), 악한 자들의 억압과 박해로 인한 정신적·신체적 고통(109:20-25), 모욕과 수치(69:7) 등에서 해방시켜 주심을 하나님의 구원으로 이해한다. 또 죄에서 건져주심과 죄의 용서도 여기에 속한다. "피 흘린 죄에서 나를 건지소서"(51:14), "우리를 건져 주시고 우리의 죄를 용서하여 주십시오"(79:9).

긍정적으로 말한다면 시편이 말하는 하나님의 구원은 의심과 회의를 벗어나 마음의 확신을 되찾는 것, 마음의 평화와 생명의 안전함, 개인과 가족과 공동체의 건강과 안녕, 하나님의 계명과 보호 안에서 행복하게 사는 것, 평안하게 잠잘 수 있는 것, 풍요로운 수확, 잃어버린 명예의 회복, 건강하게 장수하는 것, 하나님의 길과 역사와 율법에 대한 신뢰, 정의, 평화 등을 포함한다(Schenker 1985, 613).

b. 가알(Gaal): 하나님의 구원을 가리키는 구약의 두 번째 대표적 개념은 "속량하다", "구원하다"를 뜻하는 gaal이다. 아람어를 제외한 모든 셈족 언어들이 공통으로 사용하는 padah에 반해, gaal은 히브리어에서만 사용되는 독특한 개념이다. 이 개념의 어원을 찾는 것은 불가능하다. 구약성서에서 이 개념의 어근은 118번 사용되는데 주로 율법에 관한 문서에서 사용된다. 이것은 이 개념의 뿌리가 법적 영역에 있으며, 법적 영역에서 제의와 종교적-신학적 개념으로 발전하였음을 시사한다(Jenni 1971, 383-384). 해방자, 속량자, 구속자, 보호자, 피의 복수자를 뜻하는 히브리어 고엘(גאל, goel), 법적 권리와 의무를 뜻하는 게울라(גאלה, geulla)는 gaal에서 파생된 개념이다.

① 법적 의미: 법적인 의미로 gaal은 훼손된 상태에서 본래의 상태로의 해방 내지 회복을 뜻한다. 곧 속전을 주고 자기의 소유를 되찾는 것, "본래의 소유관계를 회복하는 것"을 말한다(Rad 1969, 191). 레위기 25장에서 안식년 계명과 희년 계명은 gaal의 법적 기능을 보여준다. 안식년이

오면 땅을 쉬게 함으로써 땅의 생명력을 회복해야 한다. 희년의 계명은 소유관계의 회복을 명령한다. 먼저 땅의 소유관계가 본래의 상태로 회복되어야 한다. 희년이 오면 법적 *goel*로 지명된 "가까운 친척"은 자기 친척의 "땅을 산 사람이 그 땅을 이용한 햇수를 계산하여 거기에 해당하는 값을 빼고 그 나머지를 산 사람에게" 지불함으로써 그 땅이 본래의 소유자에게 돌아가게 한다.

또 *gaal*의 법적 의미는 종에 관한 계명에 명시된다. 가난 때문에 이웃 외국인이나 임시 거주자에게 종으로 팔린 사람을 고엘은 몸값을 치르고 속량하여(gaal) 그를 자유롭게 할 수 있다. 여기서 친형제, 아버지 쪽의 삼촌, 사촌, 그 밖에 가문의 친척이 고엘이 될 수 있다(레 25:47-52). 그 종은 하나님이 이집트 땅에서 이끌어낸 하나님의 소유이기 때문이다(25:55).

구약성서는 팔아버린 가족의 소유와 노예의 속량에 관한 계명이 실제 지켜졌음을 시사한다. 예레미야는 숙부의 아들 하나멜의 요청에 따라 은 열일곱 세겔을 지불하고 아나돗에 있는 숙부의 밭을 구입한다(렘 32:6 이하). 그 목적은 이 땅이 가문의 소유로 보존되고, 땅 주인의 이름이 대대로 남도록 하기 위함이었던 것 같다. 우리는 이것을 룻과 보아스의 이야기에서 발견한다. 나오미가 사별한 남편 엘리멜렉의 밭을 팔려고 내어놓자 보아스가 그 밭을 사고 룻을 아내로 맞아들인다. 그리하여 죽은 엘리멜렉의 "유산이 고인의 이름으로 남아 있도록" 한다(룻 4:5 이하).

*Gaal*의 법은 이스라엘에만 있었던 것이 아니라 고대 바빌론에도 있었다. 바빌론의 언어 *pataru*(풀어주다, 되찾다)는 히브리어 *gaal*에 해당한다(Jenni 1971, 386). 그러나 구약의 율법은 땅의 소유권이 하나님께 있다고 전제하는 특징을 가진다. 곧 사람의 생명과 땅은 하나님의 것이기 때문에, 계속 다른 사람에게 팔려서는 안 된다. 종이 된 사람의 생명은 자유롭게 되어야 하고, 팔린 땅은 본래의 주인에게 돌아가야 한다는 것이다. 따라서 *gaal*은 하나님의 소유권의 회복을 뜻한다.

또 *gaal*의 법적 기능은 살인자에 대한 피의 보복에 관한 법에 나타난다. 이 법도 인간의 생명에 대한 하나님의 소유권에 근거한다. 이스라엘 백성의 생명은 하나님의 소유이다. 그러므로 살인을 해서는 안 된다. 고의로 살인을 한 자는 죽임을 당해야 한다. 이 법을 집행해야 할 권리와 의무를 가진 자는 죽은 자의 친족이다(민 35:19). 이 법의 본래 목적은 피의 보복에 있는 것이 아니라 살인의 위협과 불안에서 인간을 해방시키며, 살인이 없는 깨끗한 땅을 회복하는 데 있다. "너희가 사는 땅을 더럽히지 말아라. 피가 땅에 떨어지면 땅이 더러워진다. 피가 떨어진 땅은 피를 흘리게 한 그 살해자의 피가 아니고서는 깨끗하게 되지 않는다"(35:33).

Gaal의 법적 기능에서 우리는 이 개념이 본래 가족법에 속한 것임을 볼 수 있다. "그러므로 '고엘' 제도는 피로 형성된 연대, 일가 관계에 그 뿌리를 두고 있다. '고엘'은 친척들의 공적인 보호자이다"(G. Gutierrez 1994, 64). Gaal의 목적은 인간의 생명을 보호하고 친척의 소유를 타인의 지배에서 구하는 데 있다. 이 개념은 생명의 권리를 보호하고 친척의 잃어버린 소유를 되찾아줌으로써 삶의 고통에서 해방되고 본래의 질서를 회복하는 뜻에서 구원의 의미를 가진다.

② 종교적·신학적 의미: 고대세계의 법적 개념들은 종교적 구원의 의미를 내포하고 있었다. 따라서 법적 개념으로서의 gaal은 종교적 개념으로 사용된다. Gaal은 하나님의 "속량하다", "구원하다"를 뜻한다. 그것은 과거에 일어난 개인의 구원(창 48:16; 시 107:2; 전 3:58)과 지금 일어나는 개인의 구원(시 72:14)을 뜻하기도 하고, 과거에 일어난 백성의 구원(출 6:6; 시 74:2; 사 51:10)과 미래에 일어날 구원(호 13:14; 사 35:9; 렘 31:11; 미 4:10)을 뜻하기도 한다. 또 "구하다" 혹은 "건져주다"(ישׁע, 야샤, 사 49:26; 60:16; 63:9; 시 72:13; 106:10), "이끌어내다"(נצל, 출 6:6), "돕다", "건강하게 하다" 혹은 "살려주다"(עזר, 아자르, 사 41:14; 시 119:154), "위로하다"(נחם, 나함, 사 52:9)의 개념과 함께 사용된다. 이 개념들은 모두 gaal의 의미를 보완해준다.

본래 친척에게 제한되었던 "goel"은 하나님에게 적용된다. 이런 연유로 하나님은 적대자의 위협을 당하는 연약한 자의 보호자, 구원자, 변호자로 불린다. "그들의 구원자는 강한 분이시니, 그분이 그들의 송사를 맡으셔서 너를 벌하실 것이다"(잠 23:11; 참조. 렘 50:34; 욥 19:25). "내 변호인이 되셔서, 나를 변호해 주시고…나를 살려 주십시오"(시 119:154).

구약성서는 출애굽을 하나님의 *gaal*로 이야기한다. "거기서 너희를 이끌어내고…너희를 구하여내겠다"(출 6:6; 또한 15:13; 시 74:2; 77:16; 78:35; 106:10). 여기서 하나님의 구원은 노예가 된 이스라엘 백성의 해방, 자유의 회복, 하나님의 소유의 되찾음, 곧 하나님의 소유관계의 회복을 뜻한다. 제2이사야는 바빌론의 포로가 된 이스라엘 백성의 해방과 귀향을 제2의 출애굽으로 선포한다. 첫 출애굽처럼 두 번째 출애굽도 하나님의 소유의 되찾음을 뜻한다. 귀향은 "잃어버린 전체성의 회복"을 말한다.

여기서 제2이사야는 하나님의 구원을 고난과 고통에서의 해방, 하나님의 소유를 되찾음, "본래적인 것을 해방하는 회복"으로 이해한다. "고엘로서의 야웨는 낯선 것을 되찾는 것이 아니라…본래 그에게 속한 것을 되찾는다. 야웨는 이스라엘에 대한 그의 권리를 회복한다.…그는 이 백성을 창조하였고 선택했으며, 이 백성의 왕이기 때문이다"(Rad 1968a, 256).

제3이사야도 하나님을 고엘이라 부른다(사 59:20; 60:16). 또 미래에 올 종말론적 구원과 관련하여 하나님을 고엘로 이해한다(65:17 이하). 그러나 하나님의 구원은 과거에 있었던 상태의 회복이라기보다 정치적 적대자(미 4:10; 렘 31:11; 시 106:10), 개인적 적대자(시 69:19), 고난과 고통(107:2), 재앙과 죽음(호 13:14), 죄와 질병과 파멸(시 103:3-4)에서의 해방과 자유로 이해된다(Jenni 1971, 391-393).

2)주요특징들

우리는 위 개념들을 통해 구약성서의 구원관의 주요 특징을 다음과 같이 정리할 수 있다.

a. 차안적·현실적 구원관: 세계 대부분의 종교들은 사후 세계에서의 구원과 영원한 생명에 대해 관심을 가진다. 그런데 구약성서는 "차안의 종교"(H. Schwarz)라 불릴 만큼 차안의 삶에 관심을 갖는다. 따라서 구약성

서는 하나님의 구원을 차안적이며, "현실적인 구원"으로 이해한다(오영석 1999, 354). 이것을 보여주는 가장 대표적 사건이 출애굽의 "히브리인 구원 역사"이다(김이곤 1992). 이집트의 억압과 차별, 가난과 소외에서의 해방, 홍해의 기적, 광야에서 굶주림과 목마름에서의 구출, 물질적 풍요와 행복이 있는 가나안 땅을 얻는 데 하나님의 구원이 있다. 사사들에 의한 이방민족의 위협과 압제로부터의 구원, 극심한 가난, 질병, 적대자의 모함 등 삶의 구체적 고난과 고통에서의 구원에 대한 시편 기자의 간구, 바빌론 포로생활에서의 해방과 국가의 회복은 구약성서의 차안적·현실적 구원관을 나타낸다.

b. 총체적·보편적 구원관: 인간의 영혼은 물론 혼과 영과 육을 포함한 인간 전체, 그의 삶의 영역 전체가 하나님의 구원의 대상으로 간주된다. 하나님의 구원은 이스라엘 백성은 물론 땅 위의 모든 민족을 포괄한다. "땅의 만민으로 주의 이름을 알고"(대하 6:33). 또 그것은 자연 세계를 포함한다. 이런 의미에서 하나님의 구원은 부분적인 것이 아니라 총체적이고 보편적인 구원이다. 이 구원관은 출애굽의 해방, 메시아의 오심과 "새 하늘과 새 땅"에 대한 약속에 분명히 나타난다. 그러나 유대교는 할례를 받고 이스라엘 백성으로 귀화하여 유대교의 모든 규례를 지키는 자에게만 구원을 제한한다. 이와 같은 민족적 폐쇄성으로 말미암아 구약의 역사에서, 하나님의 구원은 땅 위의 모든 민족에 대한 보편성을 상실하는 결과를 낳고 만다(참조. 에 10장).

c. 육체적·물질적 구원관: 하나님의 총체적·보편적 구원은 육(혹은 육체)과 물질도 포함한다. 출애굽 사건에 의하면 인간의 육체도 구원의 대상이다. 인간의 육체가 억압과 질병과 고통에서 벗어나 건강과 자유를 회복하는 것, "젖과 꿀이 흐르는 땅"에서 굶주림을 당하지 않고 충분히 먹으며 행복하게 살고 장수하는 데 하나님의 구원이 있다. 물질도 하나님의 것이므로 물질의 영역도 하나님의 구원에 포함된다. 먼저 물질의 공평한 나눔이 있어야 한다(레 25장, 희년 계명 참조). "새 하늘과 새 땅"이 이루어질 때 통

곡하는 소리와 울부짖는 일이 없을 것이다. 굶주리는 일이 없으므로 모든 사람이 100세 이상 살 것이며, 수(壽)를 다하고 죽을 것이다(사 65:19-20).

d. 사회적·정치적 구원관: 하나님의 구원은 사회와 정치의 영역도 포괄한다. 출애굽 사건은 이스라엘 공동체가 이집트의 육체적·정신적 억압과 착취와 사회적 차별과 부자유에서 해방되는 사회적·정치적 구원의 사건이었다. 율법과 예언자들에 의하면, 하나님의 정의가 사회, 정치의 영역에 세워지는 데 하나님의 구원이 있다. 안식일, 안식년, 희년의 계명도 구약의 사회적·정치적 구원관을 반영한다.

e. 생태학적·우주적 구원관: 구약에서 하나님의 구원은 자연의 세계를 포함한다. 의인은 짐승을 돌보는 사람이다(잠언). 안식일, 안식년 계명은 연약한 짐승들의 생명과 땅의 생명력의 회복을 명령한다. 제2이사야는 자연의 새 창조를 하나님의 구원으로 생각한다. "광야와 메마른 땅이 기뻐하며, 사막이 백합화처럼 피어 즐거워할 것이다"(사 35:1-2). 메시아의 오심에 대한 약속은 인간과 자연의 모든 생물들이 평화롭게 공생하며, 자연의 만물이 하나님의 영광을 나타내는 생태학적 세계를 묘사한다. "이리가 어린 양과 함께 거하며…"(11:6).

f. 율법과 희생제물을 통한 개인의 구원: 구약성서는 개인의 죄의 문제를 진지하게 생각한다. "나의 죄로 인하여 내 뼈에 평안함이 없나이다"(시 38:3). 구약은 죄의 문제와 함께 하나님 앞에 설 수 있는 개인의 의로움을 중요시한다. 그래서 "구약의 구원관의 특징은 내적, 즉 죄와 같은 것에서의 구원을 말하고 있지 않은 점과, 둘째는 개인의 구원이 아니라 민족, 나아가서는 인류 전체의 구원을 말하고 있다는 점"이란 견해는 타당하지 않다(안병무 1999, 464). 그러나 이런 견해는 1970, 80년대 한국 사회의 구원을 위해 보수계열의 비판을 무릅쓰고 군사정권과 싸웠던 당시의 상황에서 불가피했던 상황적 진술로 이해될 수 있다.

구약성서는 개인의 구원에 대한 두 가지 길을 제시한다. 첫 번째 길은 율법(토라)의 명령을 행함으로써 하나님의 의로움을 얻는 데 있다. "내가 오늘날 네게 명하는 그 명령을 다 지켜 행하면…"(신 15:4). "율법대로 행하기만 하면…"(대하 6:16). 두 번째 길은 희생제물을 통한 죄의 용서와 인간과 하나님 간의 내면적 관계의 회복, 곧 화해(화목)에 있다. 예언자들은 하나님의 법과 규례를 지키지 않을 때 희생제물이 무익하다고 주장한 반면, 제사장 계열은 희생제물을 통한 하나님의 죄용서와 화해를 중요시한다.

g. 메시아적 구원관: 구약성서의 구원관은 "메시아적 구원관"으로 요약될 수 있다. 하나님의 구원은 하나님의 자비와 정의와 영광이 충만하며, 모든 인류와 자연의 피조물이 하나님의 샬롬(평화) 속에서 공생하며, 더 이상 전쟁이 없고 모든 생명이 수(壽)를 다하며, 하나님도 안식할 수 있는 세계가 이루어지는 데 있다. 한 마디로 메시아의 약속이 성취된 세계가 실현되는 데 하나님의 구원이 있다. 구약의 메시아적 구원관은 메시아의 오심과 메시아 왕국에 대한 약속, "새 하늘과 새 땅"에 대한 약속에 가시적으로 나타난다(사 11장; 65장). 이와 같은 의미의 총체적·메시아적 구원은 역사의 과정 속에서 이루어질 것으로 생각된다. 그러나 구약의 율법과 성전 제의를 포함한 유대교의 모든 규례들의 절대화와 이스라엘 민족의 폐쇄성으로 인해 하나님의 보편적·메시아적 구원은 불가능하게 된다. 유대교는 보편성을 상실하고 이스라엘 백성에 제한된 하나의 민족 종교로 머물게 된다. 그러나 구약의 메시아적 구원관은 신약으로 전승된다.

h. 후기 유대교의 묵시사상적 구원관: 예언자들은 메시아의 오심과 그의 통치를 약속했지만 바빌론 포로기 이후 이스라엘 백성의 고난은 더욱 악화된다. 이스라엘 내부의 끊이지 않는 정쟁(政爭), 주전 3세기 안티오쿠스 4세의 정치적·종교적 탄압은 극에 달하였다. 돼지의 피를 제단에 뿌리고 돼지를 제물로 바치며, 안식일과 할례와 성전 제의를 지키는 자는 사형을 당했다.

이와 같은 역사적 상황 속에서 묵시사상(Apokalyptik)이 등장한다. "묵시"는 세계사의 마지막에 일어날 사건들에 관한 하나님의 계시(*apokalypsis*)를 뜻한다. 그것은 에녹서, "모세의 승천", "야곱의 12아들에 대

한 유언", 쿰란문서 등의 외경문서와 구약 정경의 문서에도 일부 나타난다
(겔 38장; 욜 4:9-17; 슥 13장; 단 2장; 사 24-27장). 신약성서에도 묵시사상의 영
향이 나타난다. "죽은 자의 부활"에 관한 신약성서의 본문들은 묵시사상과
연결되어 있다(마 22:23; 고전 15:12-42).

예언자들은 하나님의 구원이 언젠가 이 세계 안에서 이루어질 것으로
기대한다. 이에 반해 묵시사상은 지금의 세계는 구원의 가능성이 없다고
본다. 시간이 지날수록 죄악은 더욱 커지고 이 세계는 마지막에 멸망에 이
를 것이다. 하나님의 구원은 역사의 종말에 이 세계가 폐기되고 메시아의
초월적 오심과 모든 죽은 자들의 부활과 최후의 심판을 거쳐 세워질 하
나님의 나라와 함께 이루어질 것이라 묵시사상은 믿는다. 그러나 예수는
이 하나님의 나라가 지금 그 자신을 통해 앞당겨 오고 있다고 말한다(눅
17:20). 다시 말해 하나님의 구원이 지금 자기를 통하여 이루어지고 있다는
것이다.

B. 신약성서의 기본개념들과 주요 특징

1) 신약성서의 기본개념들

공관복음서에서 예수의 말씀과 활동은 "하나님의 나라"에 집중되어 있다.
따라서 하나님의 나라가 이 땅 위에 세워지는 것이 신약성서 구원론의 핵
심 개념이라 말할 수 있다. 구약의 구원론의 기초가 출애굽의 해방에 있다
면, 신약의 구원론의 기초는 자신을 통해 하나님 나라를 앞당겨 온 예수
그리스도의 사건에 있다.

바울 신학에서 하나님의 구원은 개인의 칭의로 이해된다. 개인의 칭의
는 예수가 선포한 하나님 나라의 총체적 구원을 개인의 구원으로 축소시
키는 것처럼 보인다. 하나님의 나라는 삶의 모든 영역을 포괄하는 총체적
인 것인 반면, 칭의는 개인의 내면과 관계된 부분적인 것으로 보인다. 그

러나 칭의 역시 하나님 나라의 매우 중요한 측면을 나타낸다. 바울 신학도 하나님 나라의 총체적 구원을 간과하지 않는다.

신약성서 후기문헌들은 헬레니즘의 이원론적 영향으로 인해 하나님의 구원을 영적·내면적 구원으로 축소시키는 경향을 보이지만, 총체적 구원에 관한 구약의 히브리 전통을 포기하지 않는다. 요한 문헌이 말하는 "영원한 생명" 개념에도 총체적 구원관이 숨어 있다. "영의 부활"이 아니라 "육의 부활"(resurrectio carnis)을 고백하는 사도신경은 총체적 구원관을 시사한다. 우리는 이것을 아래 신약성서의 대표적 구원의 개념에서도 볼 수 있다.

a. Sozo: 구원을 가리키는 신약성서의 첫 번째 개념은 "구원하다"를 뜻하는 동사형 sozo(σωζω)이다.[7] 이 개념은 모두 106번 사용된다. 명사형 soteria(σοτηρια)는 45번, "구원자", "해방자"를 뜻하는 soter(σωτηρ)는 24번 사용된다. 이 개념의 본래 의미는 질병, 전쟁, 폭풍, 사회적 차별과 소외 등 모든 형태의 생명의 위험과 고통에서 "구하다"를 뜻한다. 직접적인 생명의 위험이 없을 때 그것은 "보존하다", "돕다"를 뜻한다. 병자와 장애자를 치유하는 예수의 행위에 대해 동사형 sozo가 16번, 동일한 의미의 파생어 diasozo(διασωζω)가 2번 사용된다. 여기서 예수의 치유 행위는 육체적 건강은 물론 정신적 건강과 사회적 통합, 생명의 가치를 포함한 인간 전체의 회복을 뜻한다.

또한 동사형 sozo는 예수께서 폭풍을 잔잔케 하심(마 8:25), 베드로가 물 위를 걸어감(14:30), 바울이 타고 가던 선박의 침몰에 관한 보도(행 27:10, 31, 34)에서 사용된다. 또 십자가에 달린 예수를 향해 "네가 하나님의 아들이거든 너나 구하여라"는 군중들의 조롱에서도 사용된다(마 27:40). 야고보서는 "믿음의 기도"를 통한 질병의 치료, 곧 몸의 건강의 회복을 구원으로 이해한다. "믿음의 기도는 병든 자를 구원하리니"(약 5:15).

공관복음서의 예수는 이스라엘 백성에게 구약의 "고엘"로서 활동한다.

---

7) 아래 내용은 주로 Coenen 1970, 258-272; 안병무 1999, 491-498에 근거함.

그는 당시 이스라엘 지배계층의 억압과 차별과 소외, 질병과 귀신들림과 굶주림의 고통에서 인간을 해방한다. "예수의 메시지는 인간을 소외시키는 일체의 요소들로부터 인간의 조건을 근본적이고도 철저하게, 전적으로 해방시키는 해방의 메시지"였다(Boff 1993, 111).

Sozo에서 파생된 soteria(구원)는 "치명적인 병에서의 치료, 생의 위협에서 건져내는 것, 생을 위협하는 죽음의 세력과 죽음의 공포에서 건지는 것을 나타낸다"(오영석 1999, 357). 안병무에 의하면 이 개념의 사용은 "결코 종교적인 데 국한된 것이 아니다. 가령 제자들이 파도를 만났을 때, 우리를 '구해'달라고 한 말(마 8:25), 베드로가 물에 빠졌을 때, 예수에게 한 말, 십자가에 달린 예수에게 '남은 구하고 자신은 구하지 못한다'고 비난할 때 바로 이 단어를 쓴다." Soteria, 곧 구원은 "육체에 대한 영혼의 구원이라기보다 오히려 그 반대라는 인상을 준다.…그것은 결코 '영생' 또는 '천당에 간다'는 따위의 종교적 개념과는 상관없는, 너무나도 현실적인 것임을 부정할 수 없다. 이러한 단언을 뒷받침하는 것은 병을 낫게 하는 일에 바로 이 단어를 거의 전용하다시피 하고 있다는 사실이다." 죽은 다음의 삶을 가리키는 것이라 볼 수 있는 구절은 마가복음 8:35과 누가복음 10:26뿐이다(안병무 1999, 492).

신약성서는 sozo, soteria를 좁은 의미의 종교적 개념으로 사용하기도 한다. 예수는 "죄인을 구원하시려고 세상에 오셨다"(딤전 1:15). 베드로전서는 종말의 구원에 대해 soteria 개념을 사용한다. "하나님께서는…마지막 때에 나타나기로 되어 있는 구원을 얻게 해 주신다"(벧전 1:5). 히브리서에 의하면 예수는 자기를 희생제물로 바침으로써 모든 인간의 죄를 용서하시고 "구원의 근원"이 되신다(히 5:9; 7:25). 야고보서도 그리스도인의 구원을 가리킬 때 예외 없이 sozo, soteria개념을 사용한다. 유다서도 마찬가지인데(유 1:3, 23), 이스라엘 백성의 출애굽에 대해 sozo개념을 사용하기도 한다(1:5).

요한복음은 예수 그리스도의 구원을 "영생", 곧 "영원한 생명" 개념으로 설명한다. *Soteria*개념은 "구원은 유대인들에게서 온다"(요 4:22)는 구절에서 단 한 번 사용된다. 동사형 *sozo*는 구원을 가져오는 예수의 행위를 가리켜 4번 사용된다(3:17; 5:34; 10:9; 12:47). 또 죽은 나사로가 "낫는다", "살아난다"는 뜻에서 사용된다(11:12, *sothesetai*).

신약성서는 구원자, 곧 *soter*개념을 총 24번 사용한다. 이 용어는 예수를 가리켜 16번, 하나님을 가리켜 8번 사용된다. 인간에게는 결코 사용되지 않는 개념이기도 하다. 예수는 자신을 *soter*라고 자칭하지 않는다. 그러나 누가는 예수를 "구원자", "그리스도(메시아) 주님"(눅 2:10)이라 부르며, 마태는 예수의 이름을 "자기 백성을 그들의 죄에서 구원하실 자"라 부른다(마 1:21). 바울 서신은 모든 민족을 포괄하는, 구원자 하나님의 구원의 보편성을 이야기한다(딤전 4:10; 참조. 갈 3:28). "구원자 그리스도 예수"의 구원은 죽음을 극복하고 썩지 않는 생명을 보이신 데 있다(딤후 1:10). 요한 문헌은 예수를 "세계의 구원자"(*soter tou kosmou*)라고 부른다(요 4:42; 요일 4:14). 베드로후서는 *soter*를 *kyrios*(주)와 결합시킨다(벧후 1:1-2; 2:20; 3:2, 18).

b. *Lyo*: 신약성서의 두 번째 대표적인 구원 개념은 "풀어주다, 해방하다"를 뜻하는 *lyo*(λύω)이다. 그것은 "파괴하다"를 뜻하기도 한다. 파생동사 *katalyo*(καταλύω)는 "해체하다, 끊어버리다, 폐하다"를 뜻하며, *apolyo*(ἀπολύω)는 "풀어주다, 내보내다"를 뜻한다. *Lyo*에서 파생된 *lytron*(λύτρον)은 풀어주기 위해 지불되는 "속전, 몸값"을 뜻한다. 이 개념은 고대 그리스 문화권에서 노예나 포로를 풀어주기 위해 지불되는 몸값으로 자주 사용된다.

*Lyo*에 대한 몇 가지 본문을 찾아본다면 신발의 끈을 풀다(막 1:7), 나귀 새끼를 풀어주다(마 21:2), 바울의 결박을 풀어주다(행 22:30), 질병의 매임에서 풀어주다(눅 13:16), 부활을 통해 예수를 "죽음의 고통"에서 풀어주다(행 2:24), 천사나 사탄을 풀어주다(계 9:14; 20:3, 7), 예루살렘 성전을 파괴하다, 해체하다(요 2:19), 예수는 율법과 예언자를 폐하기(여기서 강조형 *katalysai*가

사용됨) 위해서가 아니라 성취하기 위해 오셨다(마 5:17). 안식일 계명과 율법과 성서의 폐함에 관해서도 *lyo*가 사용된다(요 5:18; 7:23; 10:35).

또 *lyo*는 죄용서의 의미로 사용되기도 한다. 요한1서 3장 5, 8절에 의하면, 예수는 죄를 해체하여 없애고 악마의 일을 파괴하기(*lysai*) 위해 오셨다. 그리스도의 "영원한 구원"(히 9:12)은 자기를 희생제물로 바침으로 이루어진 죄용서에 있다. 그리스도는 그의 피를 통해 우리를 "해방하였다"(계 1:5). 여기서 마가복음 10:45의 속전(*lytron*) 개념이 그 이면에 숨어 있다.

*Lyo*의 파생명사 *lytrosis*(λυτρσις)는 메시아께서 이스라엘 백성에게 가져올 "구원"을 뜻한다. 그것은 예수에 관한 사가랴의 "원수들로부터의 구원"에 대한 예언(눅 1:68, 71), "예루살렘의 구원"(2:38)에서 사용된다. "구원자" 혹은 "해방자"를 뜻하는 *lytrotes*(λυτρωτης)는 사도행전 7:35에서 출애굽의 해방자 모세를 가리킨다.

*Apolyo*는 "포로를 풀어주다"(마 27:15), "결혼관계를 파기하고 아내를 내보내다"(5:32), "모인 무리를 헤쳐 보내다"(14:15), "모임을 해산시키다"(행 19:41), "예수의 생명을 폐하다"(눅 2:29) 등으로 사용된다. *Katalyo*는 "율법을 폐함"(해체, 마 26:61), "예루살렘 성전의 파괴"(마 26:61), "땅에 있는 장막집의 폐함"(고후 5:1) 등으로 사용된다. *Apolyo*에서 파생된 *apolytrosis*(απολυτροσις)는 몸값을 주고 "되사는 것, 풀어줌, 구원"을 뜻한다. 이 개념은 신약성서에서 10번 사용되는데, 바울 서신에서 7번, 히브리서에서 2번, 누가복음에서 1번 사용된다.

c. *Rhyomai*: 세 번째 대표적인 개념 *rhyomai*(ρυομαι)는 "구하다, 보호하다, 보존하다"를 뜻한다. 곧 강력한 도움의 손길이나 수단을 통해 인간과 사물의 훼손되지 않은 본래 상태를 보호하고 보존하는 것을 말한다. 신약성서에서 모두 15번 사용되며, 그 가운데 일곱 구절은 구약을 인용하거나 구약성서의 의미로 말한다(마 27:43; 눅 1:74; 롬 11:26; 고후 1:10; 살전 3:2; 딤후 3:11; 4:17). 이 개념이 사용된 본문들은 그리스도인들이 당하는 고난의 현실을 전제한다. 바울은 박해(딤후 3:11)와 죽음의 위험(고후 1:10; 딤후 4:17)

에서 구원받았다고 고백한다. 악한 적대자들로부터 구원되기를 기도해 달라고 데살로니가 공동체에게 부탁한다(살후 3:2). 하나님은 방탕한 자들을 벌하시고 경건한 자들을 구원하실 것이다(벧후 2:9). 이스라엘 백성의 지도자들은 십자가에 달린 예수가 자기 자신이나 구하라고 조롱한다(마 27:43). "악에서 구하여 주소서"라는 주기도문의 간구(마 6:13, rhysai)와 "죽음의 몸"에서의 구원에 대한 바울의 간구(롬 7:24, rhysetai)에서도 사용된다.

2) 주요특징

우리는 위와 같은 개념들을 통해 신약성서의 구원론의 주요 특징을 아래와 같이 정리할 수 있다.

a. 이원론적 세계관을 극복하는 총체적·차안적 구원관: 신약성서는 구약성서의 구원관의 중요한 특징들을 계승한다. 따라서 하나님의 구원을 먼저 이 세상 안에서 구체적으로 일어나야 할 차안적·현실적 구원으로 파악한다. 이것은 예수가 선포하는 "하나님의 나라"에 대표적으로 나타난다. 하나님의 나라는 죽은 다음에 갈 피안의 세계가 아니라 이 땅 위에서 실현되어야 할 하나님의 통치, 곧 하나님이 다스리는 현실의 세계를 말한다. 바울의 칭의론도 이 땅 위에서 일어나야 할 인간의 구원에 대하여 말한다.

그런데 신약성서 후기문헌들은 헬레니즘의 형이상학적·이원론적 구원론을 말하는 인상을 줄 때도 있다. 우리는 이것을 요한 문헌에서 대표적으로 발견한다. 요한은 헬레니즘의 이원론적 세계관의 구도를 사용한다. 이 세계는 어둠을 사랑하며 어둠 속에 있다. 그것은 악마의 세력 아래 있다(요일 5:19). 그러므로 이 세계 속에는 생명이 없다. 그것은 죽음 속에 있는 세계, 어둠의 세계다. 한마디로 세계는 "하나님에게서 분리된 인간의 실존방식의 총괄개념"을 뜻한다(Müller 2005, 403).

예수는 이 세상에 속한 분이 아니라 저 세상, 곧 하늘에 속한 분으로 이해된다. 그는 "위에서 오시는 분" 혹은 "하늘에서 오시는 분"이다(요 3:31). 그는 "생명의 빛"이다(8:12). 빛이 세상에 들어왔을 때 세상은 그를 알아보지 못하며, 그를 영접하지 않는다(1:10-11). 그는 세상에 속하지 않왔기 때문이다. 예수의 제자들도 "세상에 속하지 않는다"(17:14, 16). 그러므로 그리스도인들은 세상과 세상에 있는 것들을 사랑하지 말아야 한다(요일 2:15).

요한복음이 사용하는 이와 같은 이원론적 개념들에 따르면 하나님의 구원은 내적으로 세계로부터 분리된 인간에게, 특히 인간의 영혼에게만 해당하는 것으로 생각될 수 있다. 또 요한복음이 말하는 "영원한 생명"은 개인의 구원을 가리키는 인간학적 개념으로 이해되기 쉽다. 일반적으로 인간만이 "생명의 떡"을 먹을 수 있고 "영원한 생명"을 얻을 수 있다고 생각하기 때문이다. 따라서 구원은 인간에게만 해당하는 것으로 보인다.

그러나 요한은 헬레니즘의 이원론적 사고를 깨뜨리고 히브리 전통에 따라 하나님의 구원을 총체적이고 차안적으로 이해한다. 이 세계는 어둠 속에 있지만 여전히 하나님이 지으신 하나님의 피조물이다(요 1:3). 그것은 하나님의 소유이며, 하나님의 사랑의 대상이다. "하나님께서 세상을 이처럼 사랑하셔서 외아들을 주셨으니…"(3:16). 그러므로 하나님의 구원은 인간 안에서는 물론 어둠 속에 있는 바로 이 세계 안에서 일어나야 한다.

우리는 이것을 요한이 말하는 "영원한 생명"의 개념에서 볼 수 있다. 요한복음에 의하면 먼저 인간이 "생명의 떡"을 먹고 영원한 생명을 얻어야 한다. "사람이 이 떡을 먹으면 영원히 살 것이다"(요 6:51). "저를 믿는 자마다…영원한 생명을 얻게 하심이다"(3:16). 그러나 "생명의 떡"은 인간은 물론 어둠 속에 있는 바로 이 "세상의 생명을 위한" 것이다(6:51). 하나님의 아들 예수는 단지 "인간의 빛"이 아니라 "세상의 빛"이다(9:5; 11:9). 그는 인간의 구원자인 동시에 "세상의 구원자"이다(요일 4:14). 그가 희생의 죽음을 당한 것은 "우리 죄만 위한 것이 아니라 온 세상을 위한 것이다"(2:2). 따라서 인간은 물론 눈에 보이는 바로 이 세계가 어둠과 죽음의 세력을 벗어나 영원한 생명의 세계로 변화되어야 한다. 영원한 생명이신 그리스도는 이 세상을 포기한 것이 아니라 이 "세상을 이겼다"(요 16:33).

앞서 언급한 대로 바울의 칭의론은 하나님의 구원을 인간학적으로 축소시키는 것처럼 보인다. 칭의의 근거가 되는 예수의 십자가의 죽음은 인간의 죄를 용서하기 위한 대속의 죽음으로 해석된다. 성화에 관한 바울 서신의 수많은 계명들도 인간학적 축소 내지 제한의 인상을 준다. 그러나 바울신학도 총체적 구원관을 내포하고 있다. 한 인간에게서 일어나는 하나님의 칭의, 곧 구원은 하나님의 총체적·차안적 구원의 시작을 말한다. 그것은 하나님이 모든 것 안에 계시고(고전 15:28), 그리스도 안에서 만물이 하나로 통일될 때 완성된다(엡 1:10). 요한계시록의 "이제는 죽음과 슬픔과 울부짖음과 고통이 없는" "새 하늘과 새 땅"(계 21:1)의 비전 역시 구약의 총체적·차안적 구원관을 계승한다.

b. 이원론적 인간관을 극복하는 몸적·전인적 구원관: 일반적으로 기독교는 하나님의 구원을 "영혼구원"이라 말한다. 여기서 인간의 육, 곧 인간의 몸 그리고 인간의 몸이 거기에 속한 물질의 영역은 악하고 허무한 것으로서 하나님의 구원에서 제외되고, 하나님의 구원은 인간의 영 혹은 영혼으로 축소된다. 우리는 이를 가리켜 구원론의 영혼주의적 축소라 말할 수 있다.

이원론적 인간관에 근거한 구원론의 영혼주의적 축소를 우리는 초대교회 시대의 영지주의에서 대표적으로 발견한다. 초대교회에 큰 영향을 주었던 영지주의는 인간을 영과 육의 두 가지 다른 부분으로 구성된 존재로 파악하고, 하나님의 구원은 인간의 영에게만 해당하는 것으로 파악한다. 인간의 육은 인간의 영이 버려야 할 감옥으로 생각된다. 영은 선하고 육은 악한 것이다. 영은 하늘로부터 와서 하늘로 돌아가는 신적인 것이요, 육은 땅에서 와서 땅으로 돌아가 썩어 없어지는 허무하고 무가치한 것으로 생각된다.

우리는 이런 두 가지 관점의 영향을 바울 서신의 "영과 육" 개념에서 찾아볼 수 있다. "육신의 생각은 죽음이요, 영의 생각은 생명과 평화이다"(롬 8:6). "너희가 육신을 따라 살면 반드시 죽을 것이로되, 영으로써 몸의 행실을 죽이면 살 것이다"(8:13).

요한복음도 이원론적 인간관의 구도를 사용한다. "살리는 것은 영이요, 육은 무익하다"(요 6:63). "땅에서 태어난"(3:31), 혹은 "아래에서 태어났고" "이 세상에 속한"(8:23) 인간은 "위로부터" 혹은 "하나님에게서"(1:13; 요일 3:9) 다시 태어나야 한다. 위로부터 하나님에게서 태어난다는 것은 육의 사람이 영의 사람으로 다시 태어난다는 것을 말한다(3:5-8). 여기서 인간의 육은 하나님의 구원에서 배제되고 인간의 영만이 구원의 대상인 것처럼 보인다.

그러나 바울과 요한이 말하는 영과 육은 인간을 구성하는 두 부분이 아니라 인간 존재의 두 가지 측면을 가리킬 뿐이다. 영이 하나님 안에 있는 인간의 선한 측면을 가리킨다면, 육은 하나님 없는 인간의 죄되고 악한 측면을 가리킨다. 따라서 바울이 말하는 "영적인 사람"(ho pneumatikos)이 하나님의 뜻을 따르는 하나님의 자녀를 가리킨다면(고전 2:14-15), "육적인 사람"(psychikos anthropos)은 하나님을 부인하고 자기의 욕망을 따르는 죄된 인간을 가리킨다. 바울이 대조시키는 "육에 따른 지혜"와 "하나님의 지혜"(1:26), "육의 할례"와 "성령으로 마음에 받는 할례"(롬 2:29), "성령에 속한 생각"과 "육신에 속한 생각"(8:6), "육신의 자녀"와 "약속의 자녀"(9:8), "하나님의 성령에 따른 봉사"와 "육체에 대한 신뢰"(빌 3:3), "육에 따른" 삶과 "영을 따른" 삶(롬 8:13-14)은 인간 존재의 두 가지 측면을 가리킬 뿐이다. 인간은 "영을 가진 것이 아니라 살아 있는 영"인 것처럼 "육을 가진 것이 아니라 육이다"(김영한 2003, 239). 그는 영과 육이 하나로 결합되어 있는 전일적 존재, 곧 "몸"(soma)이다.

따라서 하나님의 구원은 인간의 영은 물론 그의 육에게도 해당하는 "총체로서의 인간 구원"이다. 신약성서에도 "이원론적 구원관"은 없다(안병무 1999, 493). 하나님의 구원은 총체적·보편적 구원이기 때문에 인간의 몸과 몸이 그 속에 속한 물질의 영역도 포괄한다. 인간의 혼과 영은 물론 그의 육과 물질의 영역도 구원의 대상이다. 만일 그렇지 않다면 하나님의 구원은 총체적 구원이 아니라 부분적 구원이 될 것이다. 진리는 전체적인 것이다. 예수의 병치료와 귀신추방, 떡 다섯 개와 생선 두 마리로 장정만 오천 명을 먹인 기적 이야기는 인간의 몸과 물질의 영역도 구원의 대상임을 예시한다. 이 기적은 먹을 것, 곧 물질이 모든 사람에게 공평하게 나누어지는 데 하나님의 구원이 있음을 시사한다.

"로고스가 육이 되었다"(요 1:14), 예수는 육체로 이 세상에 오셨다는 요한의 말씀(요일 4:2; 요이 1:7), 예수의 "몸의 부활"에 대한 바울의 말씀(고전 15:44), 그리고 "육의 부활"(*resurrectionem carnis*)에 대한 사도신경의 고백은 구원의 몸적·물질적 차원을 시사한다. "몸의 부활이 의미하는 것은 예수 그리스도의 구원이 타계적이거나 정신적이거나 신비적인 것이 아니라…하나님의 사랑의 진실이 드러나는 역사적 사건", 곧 전인적 구원을 기대한다는 것을 보여준다(황돈형 2012a, 326).

바울의 칭의론은 하나님의 구원을 인간의 영혼에 축소시키는 듯한 인상을 준다. 하나님의 의롭다 하심을 인식하고 이를 인정할 수 있는 것은 인간의 육이 아니라 그의 영이라 생각되기 때문이다. 그러나 인간을 "몸"(*soma*)으로 파악하는 바울의 전인적 인간관의 빛에서 볼 때, 칭의는 "몸"으로서의 인간 존재 전체에 일어나는 것으로 이해될 수밖에 없다. 그것은 단지 영적 구원이 아니라 영과 육을 포함한 전인적 구원, 몸적 구원을 말한다. 그러므로 성화에 관한 신약성서 후기문헌의 많은 계명들은 영은 물론 육의 성화도 명령한다. "영혼을 거슬려 싸우는 육체의 정욕을 제어하라"(벧전 2:11), "그 육체를 정결케 하여"(히 9:10). "육과 영의 온갖 더러운 것에서 자신을 깨끗이 하라"(고후 7:1). 종합적으로 말해 신약성서는 하나님의 구원을 영과 육을 포함한 인간 전체의 전인적 구원, 몸적 구원으로 이해한다.

c. 메시아적 구원관: 신약성서는 구약성서의 메시아적 구원관을 계승한다. 이것을 대표적으로 보여주는 것은 예수가 선포한 하나님의 나라이다. 하나님의 나라는 하나님의 메시아적 통치가 이루어진 세계를 가리키는 메시아적 구원론에 속하는 개념이다. "그리스도"라는 예수의 이름 자체가 이것을 시사한다. "그리스도"(*Christos*)는 히브리어 "메시아"를 그리스어

로 번역한 것이기 때문이다.

바울이 가르치는 칭의도 그 내면에 있어 메시아적 구원론에 속하는 개념이다. 예수가 선포한 하나님의 나라가 하나님의 메시아적 구원의 보편적·우주적 차원을 가리킨다면, 후자는 메시아적 구원의 인간학적 차원을 가리킨다. 그리스도의 죄용서, 개인의 회개와 칭의, "하나님의 자녀" 혹은 "새로운 피조물"로 다시 태어남(중생)과 성화를 통해 하나님의 메시아적 왕국, 곧 하나님의 나라가 한 인간의 인격과 삶 속에 세워지기 시작한다. 하나님의 사랑과 정의와 평화가 충만한 하나님의 나라가 이 땅 위에 앞당겨 오기 시작한다. "옛 것" 대신에 "새 것"(고후 5:17; 행 17:30)이, "이제는 죽음과 슬픔과 울부짖음과 고통이 없는" "새 하늘과 새 땅"이 현재화되기 시작한다.

메시아적 구원관은 정치, 경제, 문화를 포함한 삶의 모든 영역에 하나님의 나라와 하나님의 정의가 세워질 것을 요구한다. 이 모든 영역에 하나님의 나라와 하나님의 정의가 세워지는 데 하나님의 구원이 있다. 그러므로 메시아적 구원관은 주어진 현실에 안주하지 않고 이 현실의 부정적인 것을 끊임없이 부정하여 하나님의 정의로운 세계를 이룰 것을 요구한다.

바울은 그의 칭의론 속에 숨어 있는 구원의 메시아적 차원을 다양한 형태로 시사한다. "모든 정사와 권세의 머리"가 되시며, "모든 정사와 모든 권세와 능력을 멸하시고 나라를 아버지 하나님께 바칠" 그리스도(골 2:10; 고전 15:24), 성령으로 말미암은 "자유"(고후 3:17), 그리스도 안에서 이루어질 "만물의 통일"과 "만물의 화해"(엡 1:10; 골 1:20), 인종과 사회계급과 성별을 초월한 하나님의 "새로운 생명공동체"(갈 3:28), 또 바울이 로마에서 가르쳤다고 사도행전이 보도하는 "하나님의 나라"(행 28:31)는 구원의 메시아적·사회·정치적 차원을 보여준다.

요한 문헌은 빛과 어둠, 진리와 거짓(비진리), 생명과 죽음 등 헬레니즘의 이원론적 개념들을 사용하기 때문에 구약의 메시아니즘을 결여한 것처럼 보인다. 그러나 요한 문헌은 이 개념들을 갖고 구약의 메시아니즘을 관철하는 도구로 사용한다. 달리 말해 요한 문헌이 사용하는 이원론적 개념들은 그 속에 메시아니즘의 정신을 담지하고 있다.

d. 로마제국의 역사적 배경에서 본 신약성서의 구원관: 그리스도의 복음이 전파되던 고대 로마제국의 역사적 상황을 고려할 때 우리는 신약성서의 구원관을 보다 더 선명하게 파악할 수 있다. 당시의 로마제국은 광대한 영토, 뛰어난 군대조직과 전투방식과 통치기법을 가진 대제국이었다. 찬란한 문화를 가진 그리스와 이집트도 로마제국의 속주가 되었다. 그러나 요한은 로마제국을 한 마디로 "어둠"이라고 말한다(요 1:5). 로마는 음행으로 가득한 "음녀"요, 멸망할 수밖에 없는 "바빌론"이었다(계 17:1; 14:8).

900명에 달하는 원로원 귀족계층은 거대한 농지, 남녀노예와 사병(私兵), 풍광이 좋은 곳에 세워진 호화저택(빌라) 등 부와 특권을 누리고 있었다. 이에 반해 "인간이면서도 인간 아닌 소와 말같이 취급되었던 노예들", "절대 다수의 민중들", 곧 "가난한 자들, 고아와 과부들, 광부와 전쟁포로 출신자들, 옥살이하는 자들, 각종 병자들, 약한 자들이 살고" 있었다(이기영 2013, 97). "경작할 땅 한 뼘도 없이 일당을 받고 남의 농장에서 일하면서 연명하는 사람들…하층민일수록 출산율도 높아 2-3명의 아이를 낳는 귀족보다 더 많은 5-6명의 아이를 낳았으나 그들을 돌볼 여력이 없어 내다버리는 이들에게 삶은 한 줄기 빛도 들지 않는 암흑이었다"(배은숙 2013, 95). 하층민들은 가난과 부채를 벗어나지 못해 용병이 되거나 자기의 몸을 노예나 검투사로 팔아버리는 반면, 귀족들은 연회자리에서 여자노예를 끼고 앉아 먹고 토하기를 반복하면서 맛있는 음식을 향유하였다. 여자들은 로마제국의 시민권을 얻을 수 없었다.

주후 64년 네로 황제 때 벌어진 로마 시의 대화재는 그리스도인들이 "국가의 종교활동(국가종교인 황제숭배 제의를 말함, 필자)에 참여하기를 거부함으로써 신들의 분노를 촉발"시켰기 때문에 일어났다고 매도당했다. 이런 까닭에 그리스도인들은 "원형경기장에서 동물의 가죽을 뒤집어쓴 채 개에게 찢겨 죽거나 십자가에 못 박히거나 날이 지면 어둠을 밝힐 용도로 화형에 처해졌다"(502). 속주에서 조달된 야생동물 사냥, 굶주린 맹수들과의 싸움, 검투사 경기, 전차 경기, 로마제국 시민권을 갖지 못한 죄수들의 십자가 형벌과 화형, 맹수들에 의한 처형이 집행되는 원형경기장은 "피의 향연"의 현장이요, 기독교 "교도들의 순교 장소인 동시에 이교도들의 퇴폐와 타락의 장소, 잔인성을 표출하는 장소"였다. 그것은 "음탕한 장소, 인간을 야만적으로 만드는 곳"이었다(알렉산드리아 교부 Clemens의 말, 512). 원형경기장에서 검투사들이 당하는 비참한 생명을 역사학자 배은숙은 다음과 같이 소개한다.

> "경기에 동원되는 검투사 수는 지역과 부의 정도에 따라 달랐다.…아우구스투스 황제는 경기당 평균 625쌍의 검투사를 투입했다. 트라야누스 황제가 다키아 원정에서 승리한 후 107년 개최한 경기에서는 1만 명의 검투사가 싸웠다"(309).

> "관중이 패배한 검투사를 죽이라고 외치면 검투사는 무릎을 꿇고 왼손으로 승자의 왼쪽 넓적다리를 잡고 목을 앞으로 내밀었다. 이때 투구를 쓰는 유형의 검투사들은 투구를 벗지 않았다. 승리한 검투사가 패자의 얼굴과 눈을 보지 않아야 목을 더 쉽게 벨 수 있었기 때문이다.…최후의 일격을 가하려는 순간 검투사도 인간인 까닭에 만감이 서렸다.…그러나 감정에 연연하여 죽이지 않거나 지체한다면 승자와 패자 모두에게 앞날은 없었다. 살해가 결정된 상황,…고통 없이 죽이는 것이 패자를 위한 길이다. 단번에 숨통을 끊지 못하면 패자를 더 처절하고도 깊은 고통으로 빠뜨리는 것이었다"(317-318).

지배계급과 피지배계급의 극심한 양극화 속에서 "피지배계급의 혁명과 항쟁의 분출이 일어나는 것은 당연했다. 66-70년의 유대전쟁이 대표적인 사건이었다"(박경미 2005, 214). 주후 70년에 예루살렘을 정복한 미래의 황제 티투스(Titus)는 유대인 포로들을 "경기장에서 검으로, 야생동물과의 싸움으로 죽을" 선물로 로마에 보냈다. "17세에 못 미치는 포로들은 노예로 팔아버렸다. 프론토(Titus의 친구)가 며칠에 걸쳐 포로들을 선별하는 동안 11,000명의 유대인이 식량 부족으로 굶어 죽었다. 예루살렘 정복 전쟁 동안 포로로 잡힌 사람의 수는 97,000명이었고 예루살렘 포위 기간 동안 사망한 사람 수는 110만 명이었다"(배은숙 2013, 80).

신약성서 후기문서는 로마제국의 타락상에 관해 다음과 같이 보도한다. "그들은 대낮에 흥청대면서 먹고 마시는 것을 낙으로 생각합니다.…그들의 눈에는 간음할 상대자들밖에 보이지 않습니다. 그들은 죄를 짓기를 그치지 않습니다.…그들의 마음은 탐욕을 채우는 데에 익숙합니다. 그들은 저주받은 자식들입니다"(벧후 2:13-14). "온 세상은 악한 자 안에 있습니다"(요일 5:19). "바빌론은 자기 음행으로 빚은 진노의 포도주를 모든 민족에게 마시게 한다"(계 14:8). 요한 문헌이 사용하는 "어둠", "죽음"(사망), "거짓"(비진리), "불법" 등의 개념들은 로마제국을 가리킨다. 그것은 "살인하는 자들"(요일 3:15), "어둠의 자녀들", "마귀의 자녀들"(3:8, 10)이 지배하는 "어둠"이요 "무덤"이다. 그것은 비진리의 세계이다.

이와 같은 로마제국의 현실에 대해, 바울과 요한은 빛, 생명, 진리, 영(靈) 등의 이원론적 개념들을 대립시킨다. 요한계시록은 로마제국을 멸망할 수밖에 없는 "바빌론", 더러움과 죄로 가득한 "음녀"에 비유하면서 "이제는 죽음과 슬픔과 울부짖음과 고통이 없는" 세계를 대조시킨다. 이를 통해 신약성서는 무덤과 같은 로마제국의 현실이 빛과 생명과 진리의 세계로, 육적인 삶의 세계가 영적인 삶의 세계로 변화되어야 함을 간접적으로 요구한다.

하나님의 메시아적 구원의 길은 구약의 율법과 희생제물에 있지 않다. 그것은 로마제국의 원로원이나 로마군단에 있지도 않다. 그것은 참 "길과 진리와 생명"이신 예수 그리스도에게 있다(요 1:14; 14:6). 십자가에 달린 예수는 어둠의 세계를 밝게 만드는 세계의 "빛"이다(1:4). 그는 무덤과 같은 세계에 생명을 주는 "생명의 떡", "영원한 생명의 말씀", "영원한 생명의 물"(생명수)이다(6:48, 68; 4:14; 계 22:1).

그리스도인들은 "진리에 속한 사람들"이다. 그러므로 "세상은 그들을 미워한다"(요 15:18). 그러나 그들은 거짓과 어둠 속에 있는 "이 세상을 이겨야" 한다(18:37; 요일 5:4). 그들은 어둠과 거짓의 세계 속에서 "빛의 자녀들"(요 12:36)이요, "진리의 협력자들"이다(요삼 1:8). 네로 황제와 같은 이 세상의 통치자들은 하나님의 책망과 심판을 받고 "쫓겨날 것이다"(요 12:31; 16:11).

e. 종말론적 구원관: 후기 유대교의 묵시사상에서 하나님의 총체적 구원은 역사의 종말에 올 것으로 기대되는 반면, 신약성서에서 그것은 성령과 예수 그리스도 안에서 현재적으로 경험되는 동시에 미래에 완성될 것으로 간주된다. 특히 "요한복음은 이미 현재 이루어진 사건으로서의 구원이나 영생"의 현재성을 강조한다(이오갑 2011, 167, 169). 그러나 하나님의 구원은 현재 경험되는 동시에 장차 완성될 미래적인 것이요, 미래적인 동시에 현재적인 것으로 생각된다. 달리 말해 구원의 현재는 미래적인 현재요, 구원의 미래는 현재적인 미래이다. 따라서 구원받은 그리스도인들은 현재와 미래의 긴장관계 속에 있는 종말론적 존재라 할 수 있다.

구원의 미래적 차원은 구원의 현재 상태를 끊임없이 부정하고 하나님 나라의 미래를 향해 나아갈 것을 요구한다. 죄와 죽음의 세력은 계속 우리를 유혹하며, 세계는 아직도 "죽음과 슬픔과 울부짖음과 고통"으로 가득하기 때문이다. 그러므로 바울은 이렇게 말한다. "내가 이미 얻었다 함도 아니요 온전히 이루었다 함도 아니라 오직 내가 그리스도 예수께 잡힌 바된 그것을 잡으려고 좇아가노라"(빌 3:12).

f. 구약과 신약의 구원론의 차이: 두 성서의 구원론은 공통점을 갖는 동시에 다음과 같은 차이점을 가진다.

① 구약에서 구원의 길은 율법을 지키고 희생제물을 하나님께 바치는 데 있는 것으로 여겨진다. 특히 율법과 구원의 관계는 원인과 결과의 법칙(인과율)에 따른 관계로 생각될 정도이다. 율법을 지키면(원인) 구원과 축복

이요(결과), 지키지 않으면(원인) 저주와 멸망이다(결과, 신 28장). 인간이 마음을 다하여 하나님을 찾으면 하나님도 그를 만나 구원을 베풀고, 그를 버리면 하나님도 그를 버리고 멸망에 이르게 한다(대하 15:2). 여기서 하나님의 구원은 인간이 율법을 지키느냐 지키지 않느냐에 따라 결정된다.

물론 구약에서도 하나님은 이스라엘 백성을 구원하는 구원의 주체로 나타난다. "너희와 함께한 하나님이 구원하는 것을 보라"(대하 20:17). 그러나 이 하나님의 구원은 하나님에 대한 이스라엘 백성의 신뢰와 율법에 대한 복종을 전제한다(참조 대하 20:20, "너희의 주 하나님을 신뢰하라[원인]…그리하면 형통하리라[결과]"). 이에 반해 신약에서 하나님의 구원은 인간이 자신의 행위를 통해 얻을 수 있는 것이 아니라 예수 그리스도를 통해 하나님께서 주시는 값없는 은혜로 생각된다. 구약에서 하나님은 구원의 명령자로 부각되는 반면, 신약에서 하나님은 피조물의 구원을 위해 스스로 고난을 당하는 분으로 나타난다.

그러므로 신약성서는 율법이 더 이상 구원의 길이 될 수 없다고 선언한다. 율법의 행함을 통해 구원을 얻을 수 있는 사람은 아무도 없다(롬 3:20). 인간은 그의 악한 본성을 벗어날 수 없기 때문이다. 구원의 길은 율법에 있지 않고 하나님의 아들 예수 그리스도 안에 있다. 이로써 율법은 상대화된다.

또한 신약성서는 구약의 희생제물의 폐기를 선언한다. 그리스도의 십자가의 자기희생과 하나님 자신의 고난을 통해 인류의 죄가 용서받았기 때문에 "백성의 죄를 위하여 날마다 제사드리는 것과 같이 할 필요가 없다"(히 11:27). 구원의 길은 제물을 바치는 데 있지 않다. 그것은 하나님의 아들 예수 그리스도의 구원에 대한 믿음과 성화에 있다.

② 신약성서는 구약성서의 메시아적 구원론을 계승한다. 그러나 그 실현의 방법에 있어 구약성서와 현저한 차이를 보인다. 구약성서에 따르면 메시아적 구원이 이루어질 수 있는 길은 하나님의 율법을 지키는 데 있다. 특히 통치자들의 정의로운 통치가 요청된다. 묵시사상은 역사의 종말에

오실 메시아의 "최후심판"을 통해 구원이 실현될 것으로 기대한다.

이에 반해 신약성서는 메시아적 구원이 하나님의 아들 예수 그리스도의 죽음과 부활을 통해 이루어지기 시작한 것으로 파악한다. 구원을 구체적으로 실현하는 길은 예수를 메시아(그리스도)로, 하나님의 아들로 영접한 그리스도인들의 믿음과 칭의 그리고 성화에 있다. 요한에 의하면 그것은 예수를 성육신된 하나님의 아들로 믿고(요 6:47; 요일 5:12), 그분의 말씀을 따르며(요 6:68; 12:50), 죄를 짓지 않으며(요일 5:18), "세상이나 세상에 있는 것들을" 사랑하지 않으며(2:15), 이웃에게 사랑을 행하고 "진리 안에서" 사는 데 있다(3:14; 요삼 1:4). 그것은 궁극적으로 그리스도에게 속한 "그리스도의 사람"(=그리스도인)으로서 그 심성과 본성이 변화되는 데 있다(신성화).

여기서 구약과 신약의 구원론에 있어 결정적 차이가 드러난다. 구약은 출애굽을 하나님의 메시아적 구원의 가장 대표적 사건으로 간주하는 반면, 신약은 예수 그리스도의 죽음과 부활을 그 기점으로 본다. 구약은 구원의 사회적·정치적 측면을 강조하는 반면, 신약은 인격적 측면, 곧 인간의 몸적 구원과 성화를 중요시한다. 구약은 하나님의 정의를 강조하는 반면, 신약은 하나님의 사랑을 강조한다. 그러나 이것은 강조점의 차이에 불과할 따름이다. 신약이 강조하는 사랑의 계명은 구약의 "율법의 완성"을 뜻하기 때문이다.

③ 구약에서 하나님의 구원은 이스라엘 백성과 함께 시작된다(사 65:18). 장차 올 메시아는 먼저 이스라엘의 구원자로 표상된다(11:16). 이스라엘 백성으로부터 시작하여 하나님의 구원은 피조물의 세계 전체로 확장될 것이다. 그 출발점과 중심지는 예루살렘이다. 그러나 후기 유대교에서 하나님의 구원은 이스라엘 민족의 폐쇄성을 벗어나지 못한다. 성인 남자가 할례를 받고 유대교로 개종하여 유대인이 되고, 예루살렘 성전에 와서 제물을 바쳐야만 구원받은 "하나님의 백성"에 속한다는 것은 현실적으로 불가능하다. 이리하여 유대교는 폐쇄된 민족 종교로 남게 된다.

이에 비해 신약에서 하나님의 구원은 특정 민족의 한계를 깨뜨린다.

그것은 모든 민족을 아우르는 그리스도의 에큐메니컬 공동체와 함께 시작된다. 유대 사람이나 그리스 사람이나 모든 사람이 "아브라함의 후손이요, 약속을 따라 정해진 상속자들이다"(갈 3:28-29). 하나님은 "유대인의 하나님"일 뿐 아니라 "이방인의 하나님"이다(롬 3:29). "인류의 모든 족속"이 "한 혈통"이다(행 17:26). 그러므로 하나님의 구원은 유대교의 한계를 넘어 땅 위의 모든 인류와 피조물의 세계를 향한 보편적 구원으로 선교된다(사도행전 참조). 여기에 기여한 가장 대표적 인물은 디아스포라 유대인으로서 깊은 학식과 로마제국의 시민권을 가진 바울이었다.

3

새로운 생명의 세계를 향한
하나님의 구원

- 구원에 대한 종합적 성찰 -

정통주의 신학은 부르심, 중생, 칭의, 입양, 성화 등의 요소로 구성된 "구원의 순서"(*ordo salutis*)를 통하여 하나님의 구원을 설명한다. 오늘날 근본주의 계열의 신학자들은 이 방법을 따른다. 그러나 앞서 성령론에서 언급한 것처럼 "구원의 순서"는 여러 가지 문제점을 노출시킨다.

첫째, "구원의 순서"는 그 구성요소들이 시간적 질서 속에서 순차적으로 일어나는 것처럼 나열한다. 그러나 이 요소들은 동시적으로 일어나기도 하고 하나의 사태를 다르게 표현하는 경우도 있다. 예를 들어 죄의 용서, 믿음, 칭의, 중생, 입양, 신비적 연합은 동시적으로 일어나며, 그리스도의 구원의 다양한 측면을 가리킨다. 이것들은 분리될 수 없이 하나로 결합되어 있다. "칭의는 곧 중생이다"라는 표현이 이를 시사한다(Cremer 1907, 163). 따라서 여러 단계로 구성된 구원의 "순서"라는 개념은 엄밀한 의미에서 성립될 수 없다.

둘째, 근대 정통주의 신학이 만든 "구원의 질서"는 각 시대의 구체적 상황들과 문제들에 대한 연관성을 갖지 못한다. 그것은 인간의 죄의 문제와 영적 구원의 문제에 집중하기 때문에 시대의 구체적 상황들과 문제들에 대해 추상적으로 바라본다. 근대에 일어난 식민주의, 제국주의, 흑인 노예매매, 제3세계의 원주민들의 억압과 착취, 인종차별주의, 대량학살 등의 현실적 문제들이 다루어질 수 있는 가능성이 거의 보이지 않는다.

셋째, 가장 본질적인 문제는 성서가 이야기하는 하나님의 메시아적·총체적 구원을 충분히 나타내지 못하고 그것을 개인의 영적·내면적 구원으로 축소시킨다는 점에 있다. 가난과 질병, 사회적 차별과 억압과 착취 등 삶의 구체적 고통에서의 구원, 출애굽의 해방, 자연 피조물의 구원, 하나님과 피조물의 안식 등 하나님의 메시아적 구원의 다양한 측면들이 간과된다.

그러므로 여기서 우리는 "구원의 순서"에 따라 하나님의 구원을 파악하는 대신에 앞서 기술한 "성서의 이해"에 근거하여 메시아적·총체적 관점에서 구원의 다양한 측면들을 종합적으로 파악하고자 한다.

A. 삶의 고통과 생존의 위험에서의 해방

1) 오늘날 우리 시대의 심각한 문제는 삶의 고통과 생존의 위험에 있다. 세계 도처에서 일어나는 자연의 파괴와 자연재난들, 극심한 사회 양극화 속에서 인간은 물론 무고한 자연의 생명들마저 고통과 죽음을 당하고 있다. 한국에서는 약 30초 마다 한 명이 자살로 삶을 마감한다. 세계에서 가장 높은 수치이다. 이와 같은 상황 속에서 하나님의 구원이 의미하는 것은 무엇인가?

일반적으로 기독교는 하나님의 구원을 죄용서와 영혼구원으로 이해한다. 물론 이것은 하나님의 구원의 본질적 차원에 속한다. 이기심과 욕정과 죄 가운데서 죽은 영혼들이 죄용서를 받고 새롭게 태어나야 한다. 그러나 구원을 이렇게만 생각할 때 인간의 육체와 물질, 정치, 경제 등 사회의 구체적 현실들이 구원에서 배제된다. 이른바 구원의 이원론적·영혼주의적 축소가 일어난다. 이와 같은 경향은 헬레니즘의 이원론적 개념들을 사용하면서 개인의 칭의와 성화를 강조하는 신약성서 후기문서에 강하게 나타난다. 그러나 신약성서의 이원론적 개념들은 "구약의 전통이 아니고… 초대교회가 헬레니즘 문화권, 그중에 영지주의라는 신비사상이 대유행하는 현장에 침투해 들어가면서 그리스도교를 변론하기 위해서 그들의 용어를 빌린 것"일 뿐이다(안병무 1999, 486).

헬레니즘의 형이상학적·이원론적 사고에 반해, 성서는 하나님의 구원을 매우 현실적으로 이해한다. 구약의 시편 기자는 고난 속에서 붙들어주심(시 31:8), 환난과 고통에서 구해주심(44:26), 적을 물리쳐주심(59:11), 죽음에서 목숨을 구해주심(86:13), 기쁘고 즐겁게 해주심(90:14), 행악자들의 불의에 대한 싸움 속에서 붙들어주시고 악한 자들을 없애버림(94:16-22), 가난과 억압과 박해에서 구해주심(109:20, 26) 등을 하나님의 구원으로 이해한다. 인간의 생명에 해가 되는 모든 것은 "죽음의 영역"에 속한다. 하나님의 구원은 죽음에서의 해방을 말한다. "하나님은 죽음에서 우리를 건져 주셨고 지금도 건져주십니다"(고후 1:10). 이것을 보여주는 가장 대표적 사건은 출애굽이다.

하나님의 메시아적 구원은 피안적이고 추상적인 것이 아니라 차안적이고 구체적이다. 그것은 단지 영적인 것만이 아니라 몸적이고 물질적인 것이기도 하다. 하나님의 메시아적 구원은 삶의 구체적 고난과 고통, 생명의 위험을 벗어나는 일과 함께 시작한다. 그러므로 하나님은 이집트에서 신음하는 이스라엘 백성에게 "아름답고 광대한 땅, 젖과 꿀이 흐르는 땅"을 약속한다(출 3:8). 땅은 우리의 생명과 같다. 우리가 멸망하지 않고 살고자 한다면 먼저 우리에게 주어진 땅을 지켜야 한다. 그리고 땅을 깨끗하고 정의롭게 유지해야 한다. 바로 여기에 하나님의 구원이 있다.

신약의 공관복음서도 구원을 매우 현실적으로 이해한다. 곧 예수의 공적 활동에서 질병과 장애의 치유, 귀신들림, 굶주림, 사회적 차별과 소외,

생명의 위험에서의 해방, 상실된 인간 존재의 존엄성 회복 등이 하나님의 구원으로 이해된다. 예를 들어 예수의 제자들이 풍랑을 만나 생명이 위태롭게 되었을 때 "주여 구원하소서"라고 부르짖는다(마 8:25; 14:30). 혈루증에 걸린 여인이 예수를 통해 치유를 받았을 때 예수는 "네 믿음이 너를 구원하였다"고 말한다(눅 8:48). 또 누가는 회당장 야이로의 죽은 딸이 다시 살아나는 것을 하나님의 구원으로 이해한다. "두려워 말고 믿기만 하라 그리하면 딸이 구원을 얻으리라"(8:50).

굶주린 사람에게는 배불리 먹는 것이 그의 구원이다. 사업에 실패하여 자살 충동을 느끼는 영세 자영업자들, 실직과 빚 때문에 가정파탄에 내몰린 사람들에게는 돈이 그들의 구원이요, 질병에 걸린 사람에게는 병의 치료가 구원이다. 전쟁과 테러로 생명의 위협을 당하는 사람에게는 전쟁과 테러가 그치고 생명을 유지하는 것이 하나님의 구원이다. 밀렵꾼이 설치한 덫에 걸려 몸부림치는 짐승에게는 덫에서 빠져나오는 것이 하나님의 구원이다.

이와 같이 성서에서 보여주는 하나님의 구원은 삶의 구체적 고통과 생존의 위험에서 하나님의 샬롬으로 해방되어 건강하고 행복하게 살 수 있게 되는 것을 말한다. 한 마디로 하나님의 메시아적 구원은 영혼의 구원일 뿐 아니라 몸적·육체적 구원을 가리킨다. 그것은 인간의 현실적 고통과 생존의 위험에서의 해방과 함께 이루어지기 시작한다.

그러나 여기서 하나님은 인간의 고통스러운 문제를 해결해 주는 자동기계(*deus ex machina*)와 같은 분으로 생각되어서는 안 될 것이다. 성서에서 하나님의 구원의 행위에는 하나님에 대한 믿음의 복종이 전제된다. 구약에서 하나님의 구원 행위는 하나님의 율법에 대한 복종을 전제한다. 하나님이 너희를 이집트에서 구원하였으므로 너희는 "하나님을 사랑하며 그의 직임과 법도와 규례와 명령을 항상 지켜야 한다"(신 11:1). 신약에서 하나님은 그리스도 안에서 스스로 구원을 이루신다. 그러나 이 객관적 구원도 믿음의 복종을 요구한다. "네 믿음이 너를 구원하였다." 믿음의 복종속에서 그리스도의 객관적 구원은 오늘 우리에게 주관적 사건으로 현실화된다.

2) 초기 기독교 공동체가 헬레니즘이 지배하는 로마제국으로 확산되면서 헬레니즘의 이원론적 구원관이 등장하기 시작한다. 우리는 그 영향을 바울 서신이 사용하는 영과 육의 이원론적 구도에서 발견한다. "육신을 따라 살면 죽을 것이다. 그러나 여러분이 영으로 몸의 행실을 이루면 살 것이다"(롬 8:13). "그 육체는 망하게 하고 그의 영은 주님의 날에 구원을 얻게 해야 할 것이다"(고전 5:5).

그러나 바울이 말하는 "영"(pneuma)과 "육"(sarx)은 깨끗이 분리될 수 있는 인간의 구성요소를 말하는 것이 아니라 인간 존재의 두 가지 측면, 곧 악하고 허무한 세상에 속한 측면과 선하고 영원하신 하나님께 속한 측면을 가리킨다. "몸"(soma)은 이 둘이 하나로 결합되어 있는 전체로서의 인간을 말한다. 따라서 바울의 구원론은 "몸"의 구원, 곧 영과 육을 포함한 "인간 존재 전체의 구원"이라 할 수 있다(롬 6:12; 고전 15:35 이하). 이 구원은 삶의 구체적 고통으로부터의 구원을 포함한다(안병무 1999, 465). 인간의 존재 전체가 "자유"를 얻으며(고후 3:17), 인간에 의한 인간의 차별과 착취가 없어지고, 모든 인종이 하나로 연합하는 데 하나님의 메시아적 구원이 있다. "유대 사람도 그리스 사람도 없으며, 종도 자유인도 없으며, 남자와 여자가 없습니다. 여러분 모두가 그리스도 예수 안에서 하나이기 때문입니다"(갈 3:28; 참조. 고전 12:13; 엡 6:8; 골 3:11). 신음하는 모든 피조물이 "썩어짐의 종살이에서 해방되어서…영광된 자유"에 이르기를 기다리고 있다(롬 8:21).

빛과 어둠, 진리와 거짓의 우주론적·이원론적 구도로 미루어 볼 때, 요한 문헌은 영지주의의 이원론적 영혼구원을 말하는 것처럼 보인다(참조. 요 6:31; 14:1-3). 그러나 요한복음도 공관복음과 마찬가지로 하나님의 구원을 현실적으로 이해한다. 요한복음이 보도하는 예수의 병고침, 떡 다섯 개와 생선 두 마리의 기적, 죽은 나사로를 살리신 이야기, 간음하다 붙들린 여인에 관한 이야기는 하나님의 구원이 질병과 굶주림과 사회적 소외 등, 삶의 구체적 고통에서의 해방임을 시사한다.

요한 문헌에 등장하는 구원론의 중심개념인 "영원한 생명"(요 3:16)은 영지주의적 영혼구원이나 피안의 구원이 아니라 이 세상을 지배하는 어둠과 거짓의 세력, 이들이 야기하는 삶의 고통에서의 구원을 내포한다. "진리가 너희를 자유롭게 할 것이다"(8:32)라는 말씀은 이기심과 탐욕과 죄로부터 영혼의 자유를 뜻하는 동시에 거짓의 세력이 다스리는 세계의 모든 불의와 억압과 삶의 고통에서의 자유를 말한다. "세계의 빛"이요 "생명의 빛"이며, "길과 진리와 생명"(9:5; 14:6)이신 예수는 인간의 영혼은 물론 "자기의 땅"(1:11), 곧 세계 전체를 구원하기 위해 인간의 육을 취하였다. 세계 전체의 구원, 곧 하나님의 총체적 구원은 삶의 구체적 고통에서의 자유와 생명의 회복을 포함한다.

3) 삶의 구체적 고통과 생존의 위험에서 구원을 얻을 수 있는 길은 무엇인가? 그것은 먼저 삼위일체 하나님의 살아계심과 능력에 대한 믿음을 갖는 데 있다. 하나님을 믿는 것이 문제 해결의 열쇠다. 그 다음에는 하나님께 기도하며 부르짖어야 한다. 성서는 부르짖을 때 하나님께서 들으실 것이라고 거듭 말한다. "내가 주께 부르짖을 때, 주께서 나의 간구하는 소리를 들으셨도다"(시 31:22; 참조. 창 19:13; 출 2:23; 느 9:27; 시 27:7; 욜 1:14; 요 16:23 등). 간구하고 부르짖을 때 "지혜와 권능"의 하나님, "우리의 피난처와 힘"이 되신 하나님께서 지혜와 명철과 힘을 주실 것이다(욥 12:13; 시 46:1).

부르짖기만 하면 되는가? 그것만으로는 부족하다. 먼저 게으름을 극복해야 한다. 게으른 자에게는 "가난이 강도 같이 오며…곤핍이 군사 같이 올 것이다"(잠 6:11). 예수도 게으름을 엄중히 경고한다. "악하고 게으른 종아…"(마 25:26). 게으름을 피하고 부지런히 노력해야 한다. "부지런하여 게으르지 말고…"(롬 2:11). "문을 두드리라. 그리하면 너희에게 열릴 것이다"(마 7:7).

그러나 아무리 부지런하고 노력한다 해도 개인의 힘으로 극복할 수 없는 문제들, 곧 사회적·전 지구적(global) 차원의 제도와 질서, 역사적 필연성으로 말미암은 고통과 고난이 있다. 선진국들이 수출한 핵 쓰레기로 말미암아 각종 질병에 걸리는 소말리아 국민들의 고통과 죽음은 개인의 힘으로 변경할 수 없는 제도적 차원의 문제이다. 이와 같은 경우, 제도적 차원의 변혁이 필요하다. 악하고 불의한 제도를 방치한 채, 하나님께 부르짖기만 하는 것은 지혜롭지 못하다. 따라서 삶의 구체적 고통으로부터의 해방으로서 하나님의 구원은 제도적 차원으로 확대될 수밖에 없다.

여기서 우리는 민중신학, 해방신학, 정치신학의 타당성을 인정할 수 있다. 이런 종류의 신학들은 제도 내지 체제적 차원에서 하나님의 해방과 구원을 논한다. 정치신학은 특별히 정치의 영역에서 하나님의 정의가 세워져야 함을 강조한다. 오늘날 하나님의 구원은 전 지구적 차원으로 확대될 필요가 있다. 전 지구의 차원에서 하나님의 정의가 세워져야 하며, 제국주의, 식민주의가 제거되어야 한다. 전 지구의 불의한 정치질서, 경제질서의 개혁을 통해 삶의 고통으로부터 구원이 일어나야 할 것이다.

여기서 우리는 민중신학과 해방신학이 주장하는 구원의 "편파성"에 동의할 수 있다. 하나님의 구원은 먼저 삶의 고통으로 신음하는 사회적 약자들, 곧 구약성서의 "*anim, anawim, ebionim*"에게서 일어나야 한다(서남동 1983, 109). 그러나 구원의 편파성은 구원의 폐쇄성을 뜻하지 않는다. 하나님의 구원은 부분적인 것이 아니라 전체적인 것이다. 수백억, 수천억 원의 돈을 가져도 만족하지 못하는 무한한 소유욕에 사로잡혀 상속세를 내지 않고 자손에게 부를 대물림하는 부자들, 어릴 때부터 거대한 부를 물려받았기 때문에 노동의 능력도 없고 의욕도 없고, 사치와 성적 타락, 알코올중독과 마약중독에 빠져 헤매다가 자살을 시도하기도 하는 부유층의 자녀들도 "더러운 귀신"에서 구원받아야 한다. 더 많은 소유와 사치와 향락을 인생 최고의 가치로 생각하는 악령에서 구원받아야 한다.

이와 동시에 사회적 약자들, 곧 "민중"도 인간의 보편적 악한 본성에서 구원받아야 한다. 민중을 대표하는 노동조합 간부들도 공금을 횡령하고 일자리를 미끼로 뇌물을 받는다. 그러므로 구원의 주체는 민중이 아니라 메시아 예수다. "세상은 구원의 대상이지 구원의 주체가 될 수 있는 것은 아니(다)"(황돈형 2012a, 324).

4) "삶의 구체적 고통과 생존의 위험에서의 해방"으로서 하나님의 메시아적 구원은 오늘날 생태계의 차원으로 확대될 수밖에 없다. 인간의 무지와 탐욕으로 인해 자연의 모든 피조물이 고통과 죽음의 위협을 당하고 있다. 지구 온난화로 인해 지구 곳곳에서 일어나는 대형 산불로 인해 무고한 자연의 생물들이 떼죽음을 당한다. 모든 피조물이 신음 속에서 하나님의 구원을 기다리고 있다(롬 8:18-22).

구약의 안식일과 안식년 계명에 따르면, 땅과 땅 위의 모든 연약한 생명들이 억압과 착취와 생존의 위험에서 구원받아야 한다. "너희는…이렛날에는 쉬어야 한다. 그래야 너희의 소와 나귀도 쉴 수 있을 것이며, 너희 여종의 아들과 몸 붙여 사는 나그네도 숨을 돌릴 수 있을 것이다"(출 23:12). "나 주가 쉴 때에, 땅도 쉬게 해야 한다"(레 25:2). 이사야의 메시아 약속은 모든 피조물이 생존의 위험에서 해방된 생태학적 세계를 보여준다. "그 때에는 이리가 어린 양과 함께 살며, 표범이 새끼 염소와 함께 누우며…"(사 11:6-9). 제2이사야는 자연의 구원을 온 세계의 새 창조로 묘사한다. "내가 이제 새 일을 하려고 한다.…내가 광야에 길을 내겠으며, 사막에 강을 내겠다"(43:19-20).

신약성서에서 우리는 자연의 구원에 대한 직접적인 진술을 발견할 수 없다. 그러나 예수가 선포하는 "하나님의 나라", 구원을 향한 피조물들의 신음과 기다림(롬 8:19), 그리스도 안에서 모든 피조물의 통일과 화해(엡 1:10; 골 1:20), "새 하늘과 새 땅", "새 예루살렘"에 관한 약속(벧후 3:13; 계 21:1 이하) 등은 자연의 구원을 내포한다.

B. 죄의 용서와 죽음의 세력에서의 해방

1) 삶의 일차적 고통과 생존의 위험은 굶주림에 있다. 먹지 못하면 죽을 수밖에 없다. 따라서 굶주린 배를 채우고 생존의 위험을 극복할 수 있는 경제력을 확보하는 데 하나님의 일차적 구원이 있다. 그러면 굶주림과 생존의 위기가 극복되면 모든 문제가 해결되고 구원의 세계가 이루어질 수 있는가? 결코 그렇지 않다. 일단 생존을 위한 일차적 욕구가 충족되면 숨어 있던 욕정과 탐욕이 눈을 뜨기 시작한다. 갓가지 죄악이 발생하고 인간은 "욕망의 노예"가 된다.

그 까닭은 인간의 타고난 죄성에 있다. 인간은 그의 본성에 있어 죄악된 존재다. 아무리 배가 부르고 경제적으로 풍요해도 죄된 본성은 사라지지 않는다. 아우구스티누스가 말한 것처럼 인간은 죄를 지을 수밖에 없는 (*non posse non peccare*) 존재다. 그는 "죄 중에서 태어났고, 어머니의 태속에 있을 때부터 죄인"이다(시 51:5). 아담의 죄로 말미암아 죽음이 인간을 지배하게 되었다(롬 5:17). 인간은 죄의 세력에 묶여 끌려다니는 "죄의 노예"이다(6:6, 20).

우리는 죄를 가볍게 생각하기 쉽다. 그러나 죄는 인간을 하나님과 이웃에게서 분리시키고, 인간의 생명과 세계를 파괴하는 힘을 가진다. 피해자는 물론 가해자 자신의 생명을 직간접적으로 파괴한다. "가해자들 또한 자신이 행한 악으로 인해 심각하게 고통"을 받는다(최유진 2012, 205). 죄를 범하는 자는 자기 "영혼에게 죄를 범하기" 때문이다(합 1:13). 죄는 이웃과 하나님과의 올바른 관계를 파괴하며, 인간을 고립된 개체로 만들어버린다. 그는 "욕망의 노예"가 되어 무덤과 같은 삶을 살게 된다. 여기에 죄의 마성이 있다.

간단히 말해 죄는 죽음을 초래한다. 죄가 초래하는 열매, 곧 "죄의 삯은 죽음이다"(롬 6:23). 여기서 죽음은 신체적 죽음을 뜻하는 동시에 하나님 없는 인간의 죄악되고 무가치한 삶과 세계를 가리킨다. "아, 나는 비참한 사람입니다. 누가 이 죽음의 몸에서 나를 건져 주겠습니까?"(롬 7:24)라는 바울의 탄식은 인간의 힘으로 해결할 수 없는 죄의 우주적 세력을 나타낸다. 죄와 죽음의 세력은 인간은 물론 사회와 자연의 영역에 이르기까지 힘을 떨치고 있다. 그것은 인간의 본성 속에는 물론 불의한 사회질서와 구조 속에 숨어 있다.

2) 죄의 문제를 해결할 수 있는 길은 무엇인가? 구약성서에 따르면 이 길은 하나님께 희생제물을 드리는 제의에 있다. 하나님께 희생제물(혹은 속죄제물)을 바침으로써 인간은 죄의 용서를 얻고 하나님과의 관계를 회복할 수 있다.

그러나 "야웨의 법도(mishpat)와 율법(torah)을 가르칠 책무"가 있는 제사장들은 "본연의 책무를 외면하고 권력의 상층부 구성원으로서 끝없이 이권을 탐하는" 무리로 전락한다. 그들은 "사회의 현상 유지를 주요 목적으로 사역"한다(우택주 2008, 41). 예언자들은 이와 같은 제사장들을 비판하면서 하나님의 법을 지키지 않을 때 하나님께 바치는 희생제물은 쓸모가 없다고 말한다.

주전 587년에 바빌론 제국에 의한 예루살렘 성전의 파괴로 인해 "성전 대신에 율법 중심주의"가 등장한다(김창주 2008, 51). 안식일에 오경의 율법과 예언서의 일정 분량을 읽고 이것을 가르치는 일이 성전의 희생제의를 대신한다. 이것이 후에 회당제도로 발전한다. "회당은 유대인 전체를 토라와 탈무드를 통하여 하나의 사상으로 묶어 국가적 정신체계를 이루었다." 70년간의 바빌론/페르시아 포로생활에서 귀국한 다음, 제2성전 건축과 함께 희생제의가 회복된다. 그러나 예루살렘 성전은 또 다시 "부정부패의 온상"이 된다(고세진 2013, 84, 68).

이와 같은 역사적 현실 속에서, 지상의 예수는 예루살렘 성전이 "강도의 소굴"이 되었다고 비판하면서 성전과 희생제의를 상대화시킨다. "성전보다 더 큰 이가 여기에 있다. '나는 자비를 원하고 희생제의를 원하지 않는다' 하신 말씀이 무슨 뜻인지 알았더라면…"(마 12:6-7). 희생제물을 바치지 않는 사람들에 대한 예수의 죄용서, "죄인들"과 예수의 친교는 사실상 희생제의의 상대화 내지 무효화를 뜻한다.

희생제의의 상대화와 무효화는 사회체제를 뒤흔드는 매우 위험한 일이었다. 또 로마제국에 항거하는 민란이 끊임없이 일어나는 당시의 상황 속에서, 예수의 하나님 나라 운동과 "주의 은혜의 해", 곧 희년에 대한 가르침은 로마 통치권력에 매우 위험천만한 것이었다. 이로 인해 벌어진 예수의 십자가의 죽음은 인간의 죄의 현실을 계시하는 동시에 죄의 세력으로 인한 피조물들의 고난과 울부짖음을 계시한다. 그의 죽음 속에서 제자들은 인간의 죄를 용서하기 위한 하나님의 아들의 자기희생과 대속의 죽음을 깨닫는다. "예수 그리스도께서는…우리의 죄를 대속하기 위하여 자기 몸을 바치셨습니다"(갈 1:4). "그분은 모든 사람을 위해서 자기를 대속물로 내주셨습니다"(딤전 2:6).

이제 죄용서의 길은 희생제물이 아니라 예수의 자기희생과 그 속에 계시되는 하나님의 사랑에 있다. 그리스도께서는 "염소나 송아지의 피로써가 아니라 자기의 피로써 우리에게 영원한 구원을 이루셨다"(히 9:12). "날마다 드리는 제사가 없어질" 것이라는 다니엘의 예언이 성취되었다(단 11:11). 이제 하나님의 메시아적 구원은 예수 그리스도를 통해 죄용서를 받고 하나님의 자녀로 다시 태어나는 데 있게 되었다(요 3:3-8; 딛 3:5; 벧전 1:3, 23 등).

3) 예수의 죄용서는 죄와 죽음의 세력을 깨뜨리는 기능을 가진다. 죄를 지을 때, 인간은 죄의 죽음의 세력에 묶인다. 그러나 그 죄가 용서를 받을 때, 인간은 그 세력에서 풀리게 된다. 죄와 죽음의 세력은 그 힘을 잃어버린다. "그리스도를 통한 구원은 죄로부터 자유로와지고 신과 이웃을 섬기도록 피조된 자유의 본래적 규정이 실현되는 것"을 말한다(이용주 2013, 180). 곧 새로운 생명의 세계가 열림을 말한다.

예수가 죽은 나사로와 회당장 야이로의 딸 그리고 로마의 백인대장의 종을 다시 살린 사건은, 죄와 죽음의 세력을 깨뜨리고 하나님의 새로운 생명의 세계가 앞당겨 옴을 시사한다. 마귀의 세력에 붙들려 "무덤" 가운데서 사는 불쌍한 사람을 고친 예수의 기적도 이를 나타낸다. "악마가 하늘에서 떨어졌다는 것은 바로 악마가 지배하는 낡은 세대는 이제 종식의 단계에" 이르렀음을 말한다(안병무 1999, 354).

그러나 인간의 죄용서만이 구원의 전부가 아니다. 하나님의 메시아적 구원은 하나님의 나라, 곧 하나님의 통치가 세계의 모든 영역 속에 세워지는 데 있다. 죄용서는 메시아적 구원의 시작일 따름이다. 우리가 이것을 묵과하고 죄용서를 하나님의 구원 자체와 동일시한다면, 결국 불의한 사회구조를 방치하는 것은 물론 방조하는 일이 될 것이다. 곧 "권력구조의 이데올로기를 대변하는"(서남동 1983, 105) "지배자의 언어"로 기능할 수 있다(김희헌 2003, 11). 그러므로 죄용서는 하나님 나라의 보편적 구원의 틀 안에서 파악되어야 하고, 그 구원은 죄용서라는 인격적 구원의 기초 위에서 이루어져야 할 것이다.

C. 불의한 죄인의 칭의와 하나님의 화해

1) 불의한 죄인의 칭의: 칭의(혹은 得義, 義認)는 개신교회 구원관의 중심 개념으로 알려져 있다. 구약성서에 의하면 구원의 길은 희생제물을 하나님께 바침으로써 죄의 용서를 얻고 율법의 행함을 통하여 하나님 앞에 설 수 있는 의로움을 얻는 데 있다. 이에 반해 칭의는 그리스도의 십자가에 계시되는 하나님의 죄용서의 은혜와 이에 대한 믿음을 통해 값없이 하나님의 의롭다 하심을 얻는 것, 곧 "우리 자신의 의의 유무와 무관하게 하나님이 우리를 의롭다고 여기신다"는 것을 말한다(최태영 2013, 133).

칭의론의 대변자인 바울에 의하면, 율법을 지키는 행위를 통해 하나님의 의롭다 하심을 받을 사람은 아무도 없다(롬 3:20). 모든 인간은 "육정에 매인 존재"요, "죄 아래에 팔린 몸"이기 때문이다(7:14). "그러나 이제는 율법과는 상관없이 하나님의 의가 나타났다.…사람은 그리스도 예수 안에서 얻는 구원으로 말미암아 하나님의 은혜로 값없이 의롭다는 선고를 받는다. 하나님께서는 이 예수를 속죄제물로 내주셨다"(3:21-25). "이제는 한 사람의 의로운 행위 때문에 모든 사람이 의롭다는 인정을 받아서 생명을 얻게 되었다"(5:18). 이로써 율법은 더 이상 구원의 길이 아니다. "하나님이 그리스도 안에서 인간의 죄의 형벌을 대신 담당하셨다는 것은…형벌을 요구하는 율법 자체를 종식시키셨다는 것을 의미한다"(윤철호 2012a, 34). 이제 하나님의 구원은 불의한 죄인에 대한 하나님의 값없는 칭의에 있다.

루터는 오직 하나님의 은혜로 말미암아(*sola gratia*), 오직 믿음을 통해 (*sola fide*) 얻게 되는 하나님의 값없는 칭의를 주장하면서 가톨릭교회의 공적(혹은 업적) 사상을 거부한다. 구원을 얻게 할 수 있는 의는 우리 자신의 공적을 통해 얻은 우리의 의가 아니라, "그리스도의 의"(*iustitia Christi*), "우리 바깥에 있는 의"(*iustitia extra nos*), "낯선 의"(*iustitia aliena*), "의의 전가"(*imputatio iustitiae*)를 통해 우리에게 "부여된 의"(*iustitia distributa*), 우리가 수동적으로 받을 수 있는 "수동적 의"(*iustitia passiva*)이다.

칭의론을 기점으로 일어난 종교개혁을 통해 가톨릭교회와 개신교회가 분리되었다. 그러나 20세기 말엽에 이르러 WCC는 칭의론에 대한 새로운 토의의 장(場)을 마련하고, 분리된 두 교회의 화해와 연합을 추구했다. 그 결과 다음과 같은 일치에 도달한다.

a. 인간 본성의 타락한 상태: 인간의 본성은 타락한 상태에 있다. 하나님의 뜻에 어긋나는 욕망과 욕정이 그의 본성을 지배한다. 그러므로 인간의 구원은 오직 하나님의 앞서오는 은혜를 통해 가능하다. 앞서오는 은혜로 말미암아 인간은 구원의 첫 걸음을 시작할 수 있다.

b. 구원에 있어 인간의 수동성: 인간은 하나님의 구원의 은혜를 수동적으로 받을 수 있을 뿐이다. 하나님의 구원의 은혜에 대한 믿음의 응답도 인간 바깥에서 오는 하나님의 약속의 말씀과 성령의 작용을 통해 이루어진다. 말씀과 성령을 통해 믿음이 생성될 때, 인간의 마음이 거기 함께 한

다는 뜻에서 인간의 "협동"을 말할 수 있다.

c. 객관적 칭의와 주관적 칭의: 개신교회는 하나님이 의롭다고 선언하는 객관적 측면을 강조하는 반면, 가톨릭교회는 인간을 의로운 존재로 변화시키는 주관적 측면을 강조한다. 그러나 객관적 측면과 주관적 측면, 법적 선언으로서의 칭의(forensische Rechtfertigung)와 인간의 내면을 변화시키는 작용적 칭의(effektive Rechtfertigung)는 분리될 수 없다. "의롭다 함을 얻었다"는 객관적 사실에 대한 서술형은 "그러므로 의로운 사람으로 변화되어야 한다"는 주관적 측면에 대한 명령형을 내포한다. 이로써 가톨릭교회는 개신교회의 객관적 측면을 인정하며, 개신교회는 가톨릭교회의 주관적 측면, 곧 인간을 변화시키는 하나님의 은혜의 창조적 측면을 인정한다.

d. 믿음과 선한 공적: 칭의가 "오직 믿음을 통해" 가능하다는 개신교회의 기본입장과 선한 공적의 필요성을 주장하는 가톨릭교회의 기본입장은 두 교회를 분리시키는 요인이 될 수 없다. 루터 역시 선한 공적이 없는 믿음은 죽은 믿음이라 말한다. 따라서 개신교회 측에서도 선한 공적 내지 업적을 중요시한다. "성경은 일하기 싫어하거든 먹지도 못하게 막으라고 명령한다(살후 3:10). 행함이 없는 믿음은 곧 죽은 믿음이다(약 2:17). 따라서 (종교)개혁의 '오직 은혜만으로'가 행위를 무시한다는 식으로 해석해서는 안 된다.…순종이 없는 신앙은 '값싼 은혜'이다"(유해무 1997, 470).

이에 상응하여 가톨릭교회 역시 신자들의 선한 공적을 칭의의 조건으로 보지 않고 참된 칭의의 필연적 귀결로 간주한다. 참으로 하나님의 칭의를 얻은 사람은 선한 일들을 행할 수밖에 없기 때문이다. 인간의 변화 내지 갱신은 칭의를 위한 인간의 기여가 아니라 하나님의 앞서오는 은혜, 곧 칭의의 필연적 귀결이다. 인간의 선한 공적들은 하나님의 은혜에 대한 응답의 성격을 가진다. 칭의에 관한 이와 같은 상호 양보와 접근 속에서 오늘날 가톨릭교회와 개신교회는 지금까지의 적대관계를 극복하고 상호존중과 연합을 위해 노력한다.

2) 전통적 칭의론의 문제점: 칭의론은 하나님의 구원을 설명하는 하나

의 모델을 제시한다. 그러나 전통적 칭의론은 다음과 같은 문제점이 있다.

a. 하나님의 메시아적·총체적 구원을 인간의 개인적·영적·내면적 구원으로 축소시키며, 하나님의 의 혹은 정의를 개인의 차원으로 위축시키는 문제점을 가진다. 구약의 메시아 전통에 따르면, 하나님의 구원은 예수가 선포한 하나님의 나라가 이 땅 위에 세워지는 데 있다. 그것은 사회적·물질적·정치적·우주적·창조론적 차원을 내포하는 메시아적 구원의 개념이다. 메시아적 구원의 관점에서 하나님의 의(정의)는 불의한 개인에게뿐 아니라 인간 사회와 온 세계에 세워져야 한다. "주님은 정의로 세계를 심판하시며, 뭇 백성을 공정하게 다스리실 것이다"(시 98:9; 참조 85:11). 그러므로 칭의는 하나님의 구원의 전부가 아니라 구원의 시작으로 파악되어야 한다(보다 자세한 내용에 관해, 김균진 2004, 248-256).

b. 모든 죄의 행위에는 가해자와 피해자가 있다. 가해자는 피해자에게 악을 행하고 이로 인해 피해자는 생명의 해를 당한다. 그런데 칭의론은 악을 행하고 악을 당하는 죄의 구체성에서 출발하지 않고 "모든 인간의 죄", 곧 죄의 보편성에서 출발하여 모든 인간의 "보편적 죄용서"와 "보편적 칭의"를 선언한다. 이리하여 칭의론은 하나님과 가해자 사이의 정의의 문제를 해결해 주지만, 가해자와 피해자 사이의 정의의 문제를 간과하고 이를 덮어버리는 문제점을 가진다. 우리는 이것을 한국 영화 "밀양"에서 볼 수 있다.

가해자와 피해자 사이에 정의가 회복될 수 있는 길은 가해자가 자신의 악행으로 인한 피해를 피해자에게 보상하는 데 있다. 충분히 보상할 능력이 없을 경우, 피해자에게 용서라도 구해야 하며 보상을 약속해야 한다. 행악자와 피해자 사이의 정의가 회복될 때 하나님과 행악자 사이의 정의로운 관계가 증명될 수 있다.

바울도 이것을 시사한다. 그는 구원의 길로서 율법의 무효성을 주장하지만 그리스도인은 율법을 폐기하지 않고(롬 3:31) "율법이 요구하는 바를" 이루어야 한다고 가르친다(8:4). 곧 율법이 가르치는 대로 피해당한 사람에게 충분히 보상해야 한다. 이를 통해 피해자의 억울함을 풀어주고 하나님의 정의를 세워야 한다. 가해자와 피해자 사이에 이루어져야 할 정의의 회복을 무시하고 단지 가해자(죄인)와 하나님 사이의 정의의 회복만을 이야기할 경우, 기독교의 칭의론은 가해자의 억울함에 눈감아버리고 위선적 그리스도인을 양산하게 된다. 정의 없는 이웃사랑은 위선이다. 우리는, 하나님은 불의한 죄인에게 칭의를 선사하는 "사랑의 하나님"인 동시에 정의로운 관계를 세우고자 하는 "정의의 하나님", "의로우신 아버지"란 사실을 유의해야 한다(사 30:18; 요 17:25).

가해자가 행하는 불의는 가해자 자신의 생명을 파괴한다. 그는 스스로 자기를 비인간적이고 불의한 자, 쓸모없는 자로 만들며, 한 번밖에 없는 자기의 삶을 무가치한 것으로 만든다. 그 반면 피해자는 자기의 권리와 존엄성을 상실하고 비인간화된다. 그러므로 피해자들이 가해자들의 폭력과 불의에서 해방되는 동시에 가해자들 역시 죄와 폭력과 불의의 강요에서 해방되어야 한다. 이들 모두 하나님의 자녀로 다시 태어나야 한다.

성서는 이를 위해 가해자에 대한 보복 대신에 용서와 선으로 악을 이길 것을 피해자에 권면한다. "너희 원수를 사랑하고"(마 5:44). "아무에게도 악을 악으로 갚지 말고, 모든 사람이 선하다고 생각하는 일을 하려고 애쓰십시오"(롬 12:17). 악을 악으로 갚을 때 똑같은 사람이 되고, 악의 순환은 계속된다.

그러나 "악을 악으로 갚지 말라"는 말씀은 행악자의 범죄행위에 대한 법적 책임을 묻지 말라는 것을 뜻하지 않는다. 법적 책임을 묻지 않을 경우, 우리 사회는 정의가 없는 무질서한 사회가 되어버릴 것이다. 그러므로 사랑의 하나님은 ① 피해자에게는 용서와 원수사랑을 권면하는 동시에, ② 가해자에게는 정의의 회복을 명령한다. "너희는 다만 공의가 물처럼 흐르게 하고, 정의가 마르지 않는 강처럼 흐르게 하여라"(암 5:24). 참으로 하나님의 값없는 의롭다 하심을 얻었고 그의 은혜와 사랑에 감격하는 사람은 이웃과의 관계에 있어 하나님의 정의를 세우지 않을 수 없다. "정의에 주리고 목마른 사람은 복이 있다"(마 5:6). "이제는 여러분의 지체를 정의의 종으로 바쳐서 거룩함에 이르도록 하십시오"(롬 6:19; 참조. 엡 5:9; 딛 2:19).

궁극적인 목적은 가해자와 피해자가 화해하고 사랑하며 정의로운 공동체를 이루는 데 있다. 바로 여기에 하나님의 값없는 칭의의 목적이 있다. "서로 사랑하는 것 외에는 아무에게도 빚을 지지 마십시오"(롬 13:8). "하나님의 나라는…성령 안에서 누리는 정의와 평화와 기쁨입니다" (14:17).

3) 하나님과 인간, 하나님과 세계의 화해: 칭의는 하나님과 인간의 화해(화목)를 뜻한다. 불의한 죄인이 하나님의 의롭다 하심을 얻음으로써 하나님과 인간의 분리와 대립이 극복되고 양자의 화해가 이루어진다. 그러므로 바울은 칭의를 화해와 연결시키고 화해를 구원으로 이해한다. "우리가…하나님의 아들의 죽으심으로 말미암아 하나님과 화해하게 되었다면, 화해한 우리가…구원을 얻으리라는 것은 더욱 더 확실하다"(롬 5:10; 참조. 고후 5:18).

"화해"를 뜻하는 그리스어 *katallage*(καταλλαγη)는 본래 "교환", "바꿈"을 뜻한다. 그것은 그리스도의 대리행위(Stellvertretung)를 통한 하나님과 인간의 "자리바꿈"이라 말할 수 있다. 그리스도는 하나님을 대리하여 자기를 죄인의 위치로 낮추시고 "죄인된 우리의 자리에" 대신 서신다. 그는 "우리가 당해야 할 심판을 우리 대신 당한다." 이를 통해 심판을 받아야 할 우리 인간이 하나님의 영광스러운 자리에 설 수 있게 된다. "하나님의 자기 낮추심(Erniedrigung)을 통한 인간의 높임(Erhöhung), 곧 자리바꿈"이 일어난 것이다. 이를 통해 하나님과 인간의 화해가 이루어진다(Barth 1960/b, 80, 259, 244).

예수 그리스도 안에서 결정적으로 일어난 하나님과 인간의 화해는 이제 인간의 삶 속에서 현실화되어야 한다. 그것은 인간 안에서 주관적 사건으로 일어나야 한다. 그 길은 죄악된 인간이 그의 죄를 고백하고 그리스도의 용서를 받으며, 이제부터 하나님에게 속한 하나님의 자녀로 사는 데 있다. 하나님을 거부하고 하나님 없이 살던 인간이 그리스도의 용서를 받고 하나님을 인정하며, 더 이상 죄와 어둠 속에서 살지 않고 하나님의 빛의 세계 속에서 사는 데 있다. 이리하여 하나님과 인간의 분리와 대립이 끝나고 "하나님과의 평화"가 회복된다. 창조자 하나님이 우리 인간 안에, 우리 인간이 하나님 안에 있게 되고 하나님의 "새로운 피조물"로서 인간의 새 창조가 일어나기 시작한다. 그것은 "우리의 구원을 위한 전제"이며, "우리의 포괄적 새 창조를 위한 근거"이다(Vorländer 1971, 1309).

하나님과 인간의 화해는 먼저 인간의 자기 자신과의 화해로 이어져야 한다. 죄를 지을 때 우리는 우리 자신과의 갈등에 빠진다. 하나님의 피조물로서 자기의 본래성을 상실하고, 있어서는 안 될 자리에 있게 되기 때문이다. 내면적인 자기 자신과의 갈등 속에서 우리는 욕망과 욕정에 사로잡혀 살아가는 자신을 쓸모없는 존재로 여기는 자의식을 무의식 중에 갖게 되고, 우리의 삶이 무의미한 것이라 느낀다. 자신의 존재에 대한 좌절감, 미래에 대한 불안과 근심, 삶의 공허와 허무감이 우리의 의식을 지배한다. 이리하여 우리의 얼굴 표정은 어두워지고 삶의 평화와 기쁨을 상실하게 된다. 그러나 하나님과 화해하게 될 때 우리는 그리스도의 죄용서를 받은 하나님의 자녀로서 우리의 본래적 모습을 회복하며, 자기를 용납하고 자기 자신과 화해하게 된다.

한 걸음 더 나아가 하나님과의 화해는 이웃과의 화해로 확대되어야 한다. 이웃과 화해하지 않고 적대관계에 있으면서 하나님과 화해하였다고 말할 수 없다. 하나님 사랑이 이웃사랑으로 표출되듯이 하나님과의 화해는 이웃과의 화해로 표출되어야 한다.

그런데 성서는 "하나님과 세계의 화해"를 주장한다. 하나님은 "세계를 그리스도 안에서 자기와 화해하게 하셨다"(고후 5:19). 그는 "세계의 화해"(katallage kosmou)를 이루시고 "죽은 사람들 가운데서 살아나는 생명을" 주셨다(롬 11:15). "만물이 그리스도 안에서 그분을 머리로 통일될"(엡 1:10) 것이라는 말씀은 장차 이루어질 만물의 화해를 뜻한다. 따라서 하나님의 화해는 인간과 인간, 민족과 민족, 인간과 자연의 화해로 확대되어야 한다. "하나님과의 화해는 인간의 세계에만 제한되지 않고 전 피조물과의 화해까지 포함하고 있다"(오영석 1999, 386). 세상의 모든 것은 하나님 앞에서 화해되어야 한다. 그러므로 "그리스도의 화해는 우주적 차원을 갖고 있다"(김명용 1997, 200).

오늘 우리의 세계에서 인간과 자연의 화해는 자연은 물론 인간 자신의 생명을 보존하기 위해 필요하다. 생태학적 화해를 이루어야 할 주체는 바로 인간이다. 자연의 조화를 파괴함으로써 자신의 생명을 위험스럽게 만든 인간 자신이 자연과의 화해를 이루어야 한다. 이를 통해 자연의 구원을 이루어야 한다. 하나님의 구원은 "피조물에게까지 실현되어야 한다.…인간의 구원은 피조물 없이 일어나는 것이 아니며, 온 피조물과 더불어 실현되어야 한다"(황현숙 1992, 145, 146).

여기서 우리는 전통적 화해론의 세 가지 문제점을 지적하고 화해의 올바른 이해에 한 걸음 더 가까이 접근하고자 한다.

a. 보복적 징벌: 아울렌이 분석하는 객관주의적 화해론은 예수의 희생적 죽음을 인간의 죄에 대한 "보복적 징벌"로 이해한다. 징벌을 통해 하나님은 그의 분노를 푸시고 인간과 화해한다. 그러나 이와 같은 생각은 하나님의 사랑에 모순된다. "그리스도의 십자가는 보복적 징벌의 상징이 아니라 가장 위대한 고통당하는 사랑의 상징이다." 그것은 "인간과 창조세계에 죄용서와 구원을 가져오는 하나님의 자기희생적인 사랑의 현현"으로 이해되어야 한다(윤철호 2012a, 33). 그러나 아울렌의 분석은 "하나님의 자기희생적인 사랑"을 드러내지 못하는 한계성을 가진다(34).

b. 정의 없는 화해: 전통적 화해론은 정의 없는 화해를 말한다. 그리스도의 희생제물에 근거하여 하나님과 인간의 화해를 일방적으로 선포한다. 그러나 하나님과 나 사이의 화해는 이웃과 나 사이의 진정한 화해가 있을 때 가능하다. 이웃과 나의 진정한 화해는 피해자에 대한 가해자의 보상과 가해자에 대한 피해자의 용서를 통해 정의로운 관계가 회복될 때 가능하

다. 정의 없는 화해는 참 화해가 아니다. 그러므로 예수는 이렇게 말한다. "네 형제나 자매가 네게 어떤 원한을 품고 있다는 생각이 나거든…먼저 가서 네 형제나 자매와 화해하여라 그런 다음에 돌아와서 제물을 드려라"(마 5:24).

내가 하나님과 화해될 수 있는 길은 나와 갈등관계에 있는 이웃 사람은 물론 다른 교단, 다른 민족과 인종, 자연의 피조물과의 대립과 갈등관계를 해결하고 이들과 참된 평화를 이루는 데 있다. 이웃을 착취하고 억압하거나, 자기보다 더 오랜 역사를 가진 형제교단을 "이단"이라 정죄하거나, 다른 민족이나 인종에 대한 차별과 착취를 허용하면서 하나님과 화해한다는 것은 불가능하다(참조 마 5:23-24). 하나님과의 화해는 약소민족에 대한 제국주의와 식민주의를 배격한다. 이웃과 정의롭지 못한 관계를 가지면서 하나님과 화해할 수 없다.

c. 화해의 인간학적 축소: 전통적 화해론에서 화해는 하나님과 인간 사이의 화해로만 생각된다. 우리는 이 문제점을 판넨베르크의 신학에서 발견한다. 화해는 "죄로 인해 파괴된 인간과 그의 창조자의 사귐의 실현에 있다." "화해의 완성"은 그리스도인들이 "예수 그리스도에 대한 믿음을 통해 그들 자신의 유한한 현존을 하나님 앞에서 받아들일 수 있게 되는 데" 있다(Pannenberg 1991, 496, 501). 여기서 하나님의 화해는 하나님과 인간의 화해로서, 자기의 유한한 현존을 받아들이는 인간의 자기 자신과의 화해로 축소된다.

물론 하나님과 인간 사이의 화해, 자기 자신과의 화해는 구원의 중요한 한 측면을 말한다. 그러나 이것은 화해의 시작일 뿐이다. 만물이 하나님의 것이다. 그러므로 하나님은 예수 그리스도를 통하여 "만물을…자기와 화해시켰다"(골 1:20). 그리스도 안에서 유일회적으로 일어난 하나님과 인간의 화해는 하나님과 세계의 화해로 확장되어야 한다. "하나님께서…세상을 그리스도 안에서 자기와 화해하게 하신 것입니다"(고후 5:19).

하나님과 세계의 화해는 모든 피조물들 사이에 하나님의 자비와 정의와 참된 평화가 회복될 때 실현될 수 있다. 하나님이 우리를 의롭게 하신 것은 "우리가 그리스도 안에서 하나님의 정의가 되어"(고후 5:21) 이 땅 위에 하나님의 정의로운 화해를 이루기 위함이다. "화해의 완성"은 만물의 연합과 통일에 있다(엡 1:10). 또한 대립과 갈등 속에 있는 개인들은 물론 종교들, 종파들, 민족들, 인종들, 국가들, 인간과 자연 사이의 화해와 평화에 있다. 이를 위해 그리스도인들은 하나님과 만물의 화해를 이루어야 할 "화해의 직분"을 받았다(고후 5:18).

D. 영원한 생명으로 다시 태어남과 신성화

1) 다시 태어남(중생): 신약성서에서 "다시 태어남"에 관한 개념들은 매우 드물게 사용된다. 명사형 "다시 태어남"(*paliggenesia*)은 마태복음 19장 28절과 디도서 3장 5절에서만 사용될 뿐이다. 이에 첨가하여 *anagennao*(벧전 1:3, 23), *anakainousthai*(골 3:10; 고후 4:16), *anakainosis*(롬 12:2)가 사용된다. "다시 태어남"에 관한 용어들이 사용되지는 않지만, 그것을 시사하는 본문들이 신약성서 몇 군데서 발견된다(롬 6:1 이하; 골 3:7 이하; 엡 2:2 이하; 요 3:3 이하; Weber 1972, 399).

바울의 구원론에 있어 중심 개념은 "다시 태어남"이 아니라 칭의 개념이다. 종교개혁 신학의 구원론은 이를 수용한다(Confessio Augustana IV 참조). 본래 칭의 개념은 법적 사고에 근거한 법적 개념이다. 그것은 법정에서 죄인의 죄를 추궁하고 죄의 용서를 선언하는 객관적 성격을 강하게 지닌다. 그래서 칭의 개념은 16, 17세기 정통주의 신학에서 객관화되는 경향이 더 짙어진다. 칭의는 곧 교회가 선포하는 말씀과 성례전을 통해 그리스도인들에게 전달되는 객관적 사건으로 이해된다. 이에 반해 그리스도인의 주관적 경험과 성화의 삶이 약화되는 결과를 초래한다.

여기서 우리는 칭의와 다시 태어남의 차이점과 공통점을 발견할 수 있다. 칭의는 그리스도 안에서 일어난 구원의 과거적 측면을 강조한다. 곧 과거에 일어난 예수 그리스도의 십자가의 죽음과 죄의 용서, 하나님의 의롭다 하시는 법적 선언을 강조한다. 한 마디로 칭의는 과거에 일어난 객관적 구원을 강조한다. 반면, 다시 태어남은 지금 우리 안에서 일어나는 구원의 현재성과 미래를 향한 새로운 삶을 중요시한다. 칭의가 예수 그리스도의 십자가에 비중을 둔다면, 다시 태어남은 부활에 더 큰 비중을 둔다. 전자가 그리스도의 십자가의 죽음 속에 담지된 구원을 중요시한다면, 후자는 부활하신 그리스도의 현존과 삶을 중요시한다. 전자의 주요 관심이 하나님과 인간의 새로운 관계를 세우는 데 있다면, 다시 태어남은 인간의 내적 본성이 변화되고 새로운 자아가 형성되며 그의 삶이 변화되는 구원의 주관적 측면에 관심을 둔다. 칭의가 인간에게 하나님이 행하신 일을 나타낸다면, 다시 태어남은 인간 안에서 일어나는 것을 나타낸다. 다시 태어남은 칭의 개념보다 더 강하게 "인격의 새로운 존재를 삶으로서 표현한다." 다시 태어나서 그리스도와 연합할 때 구원을 받는 동시에 "사랑 안에 있는 삶"을 갖게 되는 측면을 강조한다(Brunner 1964, 306).

칭의를 구원론의 중심개념으로 삼는 17세기 정통주의 신학이 객관주의와 교리주의로 발전한 반면, 근대 경건주의 신학은 그리스도인의 주관적 경험과 내면적 삶의 차원을 중요시한다. 그리하여 타락한 인간이 하나님의 자녀로 다시 태어나는 것을 구원론의 핵심 개념으로 삼는다.

그러나 칭의와 다시 태어남은 서로 대립하는 것이 아니라 구원의 두 가지 측면을 나타낸다. 칭의가 하나의 법정개념으로서 인간을 향한 하나님의 구원의 객관적 측면을 가리킨다면, 다시 태어남은 인간 안에서 내면적으로 일어나는 구원의 주관적 측면을 말한다. 칭의가 과거에 일어난 예수 그리스도의 유일회적 구원의 사건을 말한다면, 다시 태어남은 칭의 다음에 일어나는 새로운 생명의 새 창조를 가리킨다. 전자가 죄의 용서를 이룬 예수의 십자가의 과거에 근거한다면, 후자는 부활 생명의 미래를 향한 희망 속에서 새로운 생명의 시작에 관심이 있다. 하나님께서는 부활하신 그리스도로 말미암아 우리를 "살아 있는 희망으로" 다시 태어나게 하였다(벧전 1:3).

따라서 "다시 태어남"은 칭의 및 화해와 동시적으로 발생한다. 하나님과 적대관계에 있었던 불의한 죄인이 하나님의 의롭다 하심을 받고 하나님과 화해될 때, 죄와 죽음의 세력에 묶여 있던 나는 죽고 하나님의 새로운 생명(vita nova)이 다시 태어난다. 그리스도 안에서 과거에 일어난 구원이 지금 우리 안에서 현재화되는 순간, 우리는 하나님의 새로운 피조물로 다시 태어난다. 다시 태어남은 칭의와 화해에 내포된 새로운 생명의 차원을 명시적으로 나타낸다.

일반적으로 "다시 태어남"은 인간학적 구원 개념으로 사용된다. 즉 인간 안에서 일어나는 하나님의 구원의 개인적·사적 측면을 묘사하는 것으로 해석된다. 세례와 관련하여 그것은 십자가에 달려 죽은 예수와 함께 옛날의 자아가 죽고, 부활하신 예수와 함께 새로운 자아가 태어남을 뜻한다. 이것은 죄와 죽음의 세력에 사로잡힌 옛날의 나는 죽고(mortificatio), "그리스도 안에" 있는 새로운 생명, 참 생명, 영원한 생명으로 다시 태어나는 것(vivificatio)을 말한다. 이를 위해 죄에 대한 인식과 고백과 회개가 있어야 한다. 옛날의 나는 죽어야 한다. 그래야 하나님의 소유된 하나님의 자녀로, 하나님의 새로운 피조물로 다시 태어날 수 있다. 바울은 이것을 다음과 같이 말한다. 세례를 받을 때 우리는 십자가에 달려 죽은 그리스도와 함께 죽고 다시 살아나신 그리스도와 함께 다시 살아난다. "우리가 그리스도와 함께 죽었으면, 그와 함께 우리도 또한 살아날 것임을 믿습니다"(롬 6:8).

이와 같이 다시 태어남은 인간학적으로 이해되는 동시에 메시아적으로 이해되어야 한다. 다시 태어남(paliggenesia)은 본래 "우주적-묵시사상적 성격"을 가진 메시아적 개념이기 때문이다. 그것은 피타고라스 학파를 통해 고대세계에 도입된 고대 동양의 우주론에서 유래한다. 그것은 윤회하는 세계시간의 과정 속에서 언제나 다시금 일어나는 새로운 세계시간의 주기적인 다시 태어남을 뜻한다. 인간학적으로 그것은 윤회하는 생명의 새로운 탄생, 곧 윤회론적인 다시 태어남을 의미한다(Moltmann 1991, 159).

후기 유대교 묵시사상은 다시 태어남을 종말론적으로 해석하여 허무한 옛 창조의 세계가 하나님의 영원한 나라로 다시 태어나는 메시아적 개념으로 이해한다. 여기서 다시 태어남은 과거의 것이 다시 태어남을 가리키는 것(regeneratio)이 아니라 장차 올 새로운 것이 태어남을 뜻한다(Wiedergeburt가 아니라 Neugeburt를 뜻함). 다니엘과 묵시사상가들은 세계의 우주적인 새로운 탄생을 기다린다(단 7장). 다시 태어남에 대한 우주적·묵시사상적 이해는 마태복음 19:28에 나타난다. "사람의 아들이 그의 영광의 보좌에 앉을 때, 나를 쫓는 너희도 다시 태어남 속에서 열두 보좌에 앉아 이스라엘의 열두 지파를 심판할 것이다."

이와 같이 "다시 태어남"은 우주적·묵시사상적 뿌리를 갖기 때문에 한 인간에게서 일어나는 다시 태어남은 장차 온 세계에 일어날 다시 태어남과 총체적 변화의 미래가 앞당겨 일어남을 말한다. 우주적·묵시사상적 다시 태어남과 총체적 변화의 미래가 한 인간의 다시 태어남 속에서 앞당겨 현재화된다.

따라서 한 인간에게서 일어나는 "다시 태어남"은 온 세계의 우주적 다시 태어남 혹은 "만물의 회복"의 시작일 뿐이다. 한 인간이 새로운 생명으로 다시 태어날 때 세계의 "다시 태어남"이 그 속에서 시작된다. 그러므로 하나님의 영원한 생명으로 다시 태어난 그리스도인들은 모든 피조물의 새로운 태어남을 희망하게 된다. 그들에게서 일어난 다시 태어남은 하나님이 지으신 만물의 다시 태어남과 만물의 회복을 향한 우주적·종말론적 희망의 지평 속에 있다. 하나님은 우리를 "살아 있는 희망으로" 다시 태어나게 하였다(벧전 1:3).

2) 영원한 생명으로 다시 태어남: 그리스도인들은 무엇으로 다시 태어나는가? 신약성서는 이것을 다양하게 묘사한다. 다시 태어남은 하나님의 "새로운 피조물", "하나님의 자녀", "그리스도 안에" 혹은 "성령 안에" 있는

새로운 존재로 다시 태어남을 말한다. 달리 말해 그것은 하나님의 통치 안에 있는 "새로운 생명"(롬 6:4), 부활하신 "예수의 생명"(고후 4:10, 11), 죽은 생명들을 살리는 "하나님의 생명"(엡 4:18), 곧 "죽지 않는 생명"(히 7:16), "영원한 생명"(요일 1:2; 2:25)으로 다시 태어남을 말한다.

하나님의 칭의와 화해를 통해 우리는 "죽음에서 생명으로"(요 5:24; 요일 3:14) 옮겨진다. 하나님과 우리의 교통이 회복되고 하나님이 우리 안에, 우리가 하나님 안에 있게 될 때, 우리는 부활하신 그리스도의 "영원한 생명"에 참여한다. 따라서 요한 문헌과 바울 서신은 구원을 "생명" 혹은 "영원한 생명"을 얻는 것으로 이해한다. 특히 요한 문헌에서 "영원한 생명"은 구원론의 중심개념으로 사용된다. 예수께서 세상에 오신 목적은 모든 사람에게 영원한 생명을 주기 위함이다(요 3:16; 17:2). 그는 영원한 생명을 주시는 "생명의 근원"이다. "나는 길이요 진리요 생명이다"(14:6). 그는 "생명의 떡"이다(6:48). 그는 "참 하나님이시요 영원한 생명이다"(요일 5:20). 영원한 생명이신 그분이 우리에게 영원한 생명을 약속한다(2:25).

바울도 구원을 "영원한 생명"으로 이해한다. "죄가 죽음으로 사람을 지배한 것과 같이 은혜가 의를 통하여 사람을 지배하여 우리 주 예수 그리스도로 말미암아 얻는 영원한 생명에 이르게 하려는 것이다"(롬 5:21). 그리스도의 구원은 죽음을 폐하고 썩지 않는 생명, 곧 영원한 생명을 얻게 하는 데 있다(딤후 1:10). "우리는 그분의 은혜로 의롭게 되어서, 영원한 생명의 희망을 따라 상속자가 되었다"(3:7). 이제 우리는 믿음의 선한 싸움을 통해 영원한 생명을 얻어야 한다(딤전 6:12). 여기서 영원한 생명은 그리스도께서 주시는 것인 동시에 우리가 선한 싸움을 싸워 얻어야 할 것으로 생각된다. 달리 말해 그것은 하나님의 은혜로운 선언(Indikativ)인 동시에 우리에게 주어진 명령(Imperativ)인 것이다.

요한 문헌에 의하면 영원한 생명은 예수를 하나님의 아들로, 우리의 구원자로 믿는 데 있다(요 3:15, 16). 구원자 예수에 대한 믿음은 그리스도인의 윤리적 생활과 분리되지 않는다. 따라서 예수를 구원자로 믿는 그리스도인의 영원한 생명은 "세상이나 세상에 있는 것"을 사랑하지 않으며(요일 2:15), 죄를 짓지 않는 데 있다. "죄를 짓는 사람은 악마에게 속해 있다"(3:8). 또한 영원한 생명은 하나님의 사랑을 행하는 데 있다. 사랑하지 않는 사람, 형제를 미워하는 사람은 어둠 혹은 죽음에 머물러 있다(2:11; 3:14). 그러나 사랑하는 사람은 "죽음에서 (영원한) 생명으로 옮겨갔다"(3:14). 사랑은 말로만 하는 것이 아니라 재물을 풀어 어려운 형제를 돕는 구체적 행동에 있다(3:17; 약 2:15-16). 사랑의 정점, 곧 영원한 생명의 정점은 "형제자매를 위하여 목숨을 버리는" 데 있다(요일 3:16; 참조. 요 15:13). 공관복음서에 의하면 영원한 생명은 자기의 소유를 팔아 가난한 사람들에게 나누어 주는 데 있다(마 19:21). 성서는 바로 여기에 구원받은 삶의 완성이 있음을 시사한다.

그러면 "영원한 생명"이란 무엇인가? 일반적으로 우리는 죽지 않고 끝없이 사는 것을 영원한 생명으로 생각한다. 그러나 성서가 말하는 "영원한 생명"은 삶의 시간이 끝이 없음(endlessness)을 뜻하지 않는다. 그것은 하나님 안에 있는 참된 삶의 깊이(eternity)를 뜻한다. 영원한 생명은 지렁이, 지네, 개구리 등 자연의 힘없는 생물들을 잡아먹고 정력을 보강하여 삶의 시간을 최대한 길게 연장시키면서 더 짜릿한 쾌락에 빠지는 데 있지 않다. "명품"(?)을 주렁주렁 달고 다니는 데 있는 것도 아니다. 영원한 생명은 하나님 사랑과 이웃사랑을 실천하면서 가치 있는 일에 삶을 바치는 데 있다. 곧 "하나님의 나라와 하나님의 정의"를 향한 하나님의 부르심에 복종하는 데 있다. 여기서 우리는 메시아적 구원의 빛에서 영원한 생명에 대한 몇 가지 오해를 수정하려 한다.

a. 하나님의 메시아적 구원은 영원한 생명을 탈세계적·탈역사적인 것과 개체적인 것으로 보는 과정신학의 오해를 거부한다. 그것은 "구원에 대한 탈역사적 해석"을 반대한다(김희헌 2008, 93). 구원받은 그리스도인은 내적으로 세상을 벗어나 세상을 등지고 과거에 있었던 에덴동산으로 돌아가고자 하는 복고적 태도를 취하지 않는다. 그는 하나님의 메시아적 구원

의 미래를 기다리고 희망하는 미래지향적 존재다. 이런 점에서 메시아적 구원론은 인간을 하나님의 약속된 미래를 향해 세계화·역사화시킨다. 인간은 과거의 에덴동산을 향한 복고적 존재가 아니라 메시아적 구원의 미래를 지향하는 미래지향적 존재다. 인간의 본질은 복고성이 아니라 미래지향성에 있다.

우리는 이것을 예언자 이사야에게서 볼 수 있다. 죄용서를 받고 새로운 생명으로 다시 태어났을 때, 이사야는 하나님의 구원의 역사를 향한 부르심에 복종한다. "내가 여기 있나이다. 나를 보내소서!"(사 6:8) 지상의 예수도 과거를 지향하지 않고 새로운 생명의 미래를 지향한다. 그 결과 그는 죽음이 없는 영원한 생명의 세계로 부활한다.

b. 하나님의 메시아적 구원은 구원을 외부의 세계로부터 단절된 인간의 내면적인 것, 영적인 것으로만 보는 오해를 거부한다. 물론 하나님의 구원은 각 사람의 내면 속에서 영적으로, 정신적으로 경험된다. 그러나 외부세계에서 단절된 생명이란 존재하지 않는다. 모든 생명은 외부세계와 그것의 정신적·물질적 조건 속에서 생존한다. 따라서 그리스도인의 영원한 생명은 물질의 영역을 포함한 외부세계에 하나님의 진리와 평화가 있을 때 가능하다. 진리와 평화가 없고 굶주림을 당할 수밖에 없는 세계 속에서 영원한 생명을 누린다는 것은 사실상 불가능하다.

물론 우리가 그리스도 안에서 다시 태어날 때 영원한 생명을 경험한다. 그러나 그것은 부분적인 것이요 시작에 불과하다. 온 세계가 죽음과 슬픔과 울부짖음과 고통으로 가득한데 자기 혼자 영원한 생명을 누린다고 말할 수 없을 것이다. 영원한 생명이란 이른바 하나의 "영적 물건"처럼 주어져 있는 것이 아니라 하나님의 진리와 평화가 있는 새로운 생명의 세계, 곧 하나님의 샬롬을 향한 삶의 과정이요 끊임없는 투쟁 속에 있다.

c. 여기서 영원한 생명을 하나의 완제품과 같은 것으로 보는 오해는 거부된다. 메시아적 구원의 빛에서 볼 때, 영원한 생명은 지금 우리에게 주어진 완제품이 아니라 하나님의 약속된 미래이다. 영원한 생명의 약속된

미래가 그리스도인들 안에서 현재적으로 경험된다. 그리스도의 사랑과 정의가 있는 곳에 영원한 생명이 현존한다. 그러나 영원한 생명은 우리의 소유물이 아니라 불의하고 무자비한 세계 속에 하나님의 사랑과 정의를 세우는 삶을 통해 우리가 도달해야 할 하나님의 메시아적 미래로 머물러 있다. 그것은 현재적인 동시에 미래적이요, 미래적인 동시에 현재적이다. 그런 의미에서 영원한 생명은 종말론적 개념이다. 우리는 지금 여기서 영원한 생명을 현재적으로 경험하는 동시에 온 세계에 이루어질 영원한 생명의 미래를 기다린다.

d. 일반적으로 영원한 생명은 죽은 후 피안의 세계에 있다고 생각한다. 성서도 사후의 영원한 생명을 인정한다. 예수가 영원한 생명으로 부활했기 때문이다. 죽음과 함께 우리의 자아, 곧 우리의 영혼은 없어져버리는 것이 아니라 하나님에게로 돌아갈 것이며, 그리스도 안에 거하게 될 것이다. 그러나 하나님에게 또 우리 자신에게 일차적으로 중요한 것은 이 세상에서 굶주림을 당하지 않고 생명을 유지하며 하나님의 피조물로서 바르게 사는 일, 곧 이 세상에서 경험할 수 있는 참 생명의 문제이다. 성서는 피안의 영원한 생명에 관심을 두기보다는 차안의 생명에 관심이 있다. 영원한 생명은 먼저 차안에서 경험되어야 한다. 하나님의 말씀이 육신이 되신 것은 먼저 차안의 사람들에게 영원한 생명을 주시기 위함이다. 메시아의 오심에 대한 구약의 약속, 예수가 선포한 하나님 나라의 복음도 차안의 생명에 큰 관심을 가진다(이 문제에 관해 "종말론" 참조).

오늘날 우리 세계에서 영원한 생명은 배부른 사람들의 사치스러운 언어로 들릴 수 있다. 그것은 빚을 짊어지고 사는 사람들, 거리의 노숙자들의 삶의 현실과는 너무도 거리가 먼 추상적 언어이기 때문이다. 불의하고 냉혹한 사회 속에서 실직을 당한 사람들, 굶주림과 질병으로 고통을 당하는 사람들, 콩나무 시루 같은 지하철을 타고 피곤한 몸으로 아침 일찍 출근했다가 저녁 늦게 지친 몸을 이끌고 꾸벅꾸벅 졸며 퇴근하는 다람쥐 쳇바퀴 생활을 하는 사람들은 이렇게 말할 것이다. "우리는 그런 영원한 생명에 관심이 없어요. 우리에게는 먹고 살고 자식들 학교 보내는 게 가장 급한 일이랍니다!" 이런 말에 대해 우리는 뭐라고 대답할 수 있을까?

죄와 고통으로 가득한 인간의 세계는 영원한 생명을 알지 못한다. 영원한 생명 대신에 죽음의 그림자가 이 세계 위에 드리워져 있다. 약 30초마다 한 사람의 생명이 자살로 마감한다. 이와 같은 세계 속에서 영원한 생명은 먼저 모든 사람이 한 형제처럼 사는 세상, 인간애와 정의가 있고 인간답게 살 수 있는 새로운 생명의 세계를 가리킨다. 그것은 하나님의 약속된 메시아적 미래를 가리키는 메시아적 개념이다. 메시아적 지평을 상실할 때, 영원한 생명은 삶의 현실과 무관한 하나의 공허한 종교적 개념이 되어버릴 것이다. 죽음 후의 영원한 생명은 그 다음에 오는 다른 하나의 문제라 말할 수 있다.

3) 신성화: "신성화" 혹은 "신화"(theosis)는 동방정교회의 구원론의 중심개념으로서 그동안 서구신학이 간과한 하나님의 메시아적 구원의 새로운 차원을 드러낸다. 신성화는 인간이 신의 존재로 변하는 것, 곧 인간의 신격화를 뜻하는 것이 아니라 예수 그리스도 안에 계시된 하나님의 성품으로 변화되는 것을 말한다. 달리 말해 "신화는 인간이 신이 되는 것이 아니라 하나님과의 사귐에 참여함으로 창조될 당시의 존재에 기대되었던 하나님의 영원한 생명에 참여하는 것이다"(이문균 2012a, 122).

"신성화"란 개념 자체는 성서에 나타나지 않는다. 그러나 성서는 신성화 개념을 뒷받침하는 많은 근거를 보여준다. 사람은 "신들"이요, "너희는 모두 신들이고, 가장 높으신 분의 아들들이다"(시 82:6; 또한 82:1 참조). "그것은…하나님의 성품에 참여하는 사람이 되게 하시려는 것이다"(벧후 1:4).

신약성서에서 "신성화"의 근거는 그리스도론적으로 수정된다. "예수 그리스도로 말미암은 하나님의 아들들"(엡 1:5; 참조. 갈 4:5-7), "그리스도 안에 있는 존재"(롬 6:11; 8:1; 16:7 등), "그리스도인들 안에 있는 그리스도 혹은 하나님의 임재"(롬 8:10; 갈 2:20), 신자들의 "친구", "형제", "첫 열매"이신 그리스도(요 15:15; 막 3:35; 고전 15:20), 그리스도와 동일한 모습 혹은 형상으로 변화됨(롬 8:29; 고전 15:49)에 관한 말씀들은 인간의 신성화에 대한 그리스도론적 근거가 된다.

우리가 그리스도 안에 있고 그리스도께서 우리 안에 계실 때, 우리는 그리스도 안에 있는 하나님의 성품으로 변화된다. 하나님의 자녀, 하나님의 형상으로의 변화와 영화롭게 됨(롬 8:14-19, 29-30; 고전 15:49-52; 갈 4:6-7, 19; 엡 2:6), 하나님의 영이 새 계약의 사람들에게 부어짐(행 2:33; 10:45; 딛 3:6), 신자들 안에 임재하는 성령에 관한 말씀도 인간의 신성화를 시사한다. 우리는 신성화를 그리스도인의 "성화"라 표현할 수도 있다(장현승 2013, 384).

칭의를 구원론의 핵심으로 강조하는 개신교 신학은 동방정교회의 신성화의 개념에 대해 비판적 입장을 취한다. 반대하는 주된 이유는 신성화 개념이 인간의 신격화로 오해되기 쉽다는 데 있다. 이와 같은 오해를 피하기 위해 루터교회의 "신조일치서"(Formula Konkordiae)는 "신자들 안에 있는 하나님의 임재(*inhabitatio Dei*)"를 반대하고, 하나님의 은사들이 신자들 안에 임재한다고 말한다. 리츨과 하르낙은 인간 안에 있는 하나님의 임재 혹은 거하심을 "그리스 형이상학의 잔재현상"이요, 참 기독교적인 것이 아니라고 생각한다(R. Saarinen 390-391). 칼 바르트에 의하면, 신성화는 "인간을 하나님에게 참여하게 함으로 존재론적인 변화를 추구하도록 가르친다." 브루너는 "신성화 개념이 하나님과 인간의 관계를 부적절하게 표현한다고 생각하였다"(이문균 2012a, 120).

그럼에도 기독교 신학사를 살펴 보면, 많은 신학자들이 신성화 개념을 사용하였다. 그것은 초대교회 시대에 나지안주스의 그레고리우스(Gregor von Nazianz), 위(僞)디오니시우스(Dionysius Areopagita) 이후 초대교회 신학자들에 의해 통상적으로 사용되었다. "이 용어는 당시에 동방교회와 서방교회를 가릴 것 없이 사용해왔다"(장현승 2008, 29).

그리스 교부들은 *theopoiesis*란 개념을 선호하였다. 클레멘스에 의하면, 하나님의 말씀이 인간이 된 것은 "인간이 하나님이 될 수 있게" 하기 위함이었다. "천상의 가르침을 가지고 하나님은 인간을 신성화시킨다(theopoion)." 클레멘스의 제자 오리게네스는 "하나님을 향한 영혼의 상승"을 가리켜 인간의 신성화라 부른다. 아타나시우스(Athanasius)에 의하면, 사람이었던 그리스도께서 정말 하나님이라면 인간의 구원과 신성화가 가능하다.

서방신학자로 알려진 테르툴리아누스는 *deificus*란 개념을, 아우구스티누스는 "구원론적인 *Theopoiesis*의 의미로 *deifico*개념을 사용한다"(Saarinen 2002, 389-390). 아우구스티누스는 "이레네우스나 아타나시우스가 말한 것과 같이 '인간이 신적으로 되게 하기 위하여 하나님의 아들이신 그리스도가 사람이 되었다'고 주장하였다"(이문균 2012a, 129). 아우구스티누스에 의하면, 시편 82편 1, 6, 7절에서 하나님은 "사람들을 신들, 곧 그의 실체로부터 태어난 자들이 아니라 그의 은혜로 말미암아 신성화된 자들이라 부른다.[8] 그러나 하나님의 자녀가 됨으로써 얻게 되는 하나님과의 유사성은 하나님과 그리스도의 동일성과는 다른 것으로 구별되어야 한다.

보나벤투라(Bonaventura)와 토마스 아퀴나스 등 중세 중기의 많은 신학자들은 *consors divinae naturae, deiformis, deifico*(신적 본성의 참여자, 하나님 형상, 신성화하다)의 개념들을 자주 사용한다. 루터는 *deifico*, vergotten, durchgotten의 동사형을 총 32번 사용한다. 루터에 의하면 "하나님은 그를 하나님의 형상으로(gottformig) 만들며 그를 신성화시킨다"(WA 2, 248, 1f.). 물론 루터는 하나님과 인간의 질적 차이를 고수한다. 그러나 "믿음 속에 있는 그리스도의 현존 내지 참여(*participatio*)"를 구원으로 이해한다. 칼뱅은 그리스도인의 성화를 "신성화"로 이해한다. "우리는 복음의 목적이 조만간에 우리를 하나님과 같이(*conformes*) 만드는 것임을 알아야 한다. 즉 그것은 일종의 신성화(*quasi deificare*)이다", "복음의 목적은

---

8) 라틴어 원문: "homines dixit deos, ex gratia sua deificatos, non de substantia sua natos."

마침내 우리를…신성하게 만드는" 데 있다(장현승 2008, 143).

20세기에 들어와 WCC의 주도 하에 동방정교회와 개신교회는 신성화에 대한 대화를 가져 왔다. 핀란드 루터교회와 러시아 정교회의 대화(1977), 미국 루터교회와 정교회의 대화(1983-1989), 독일 개신교회와 루마니아 정교회의 대화(1988)는 개신교회의 칭의 개념만이 기독교의 유일한 구원론적 개념이 아니며, 정교회의 신성화 개념도 기독교의 구원관에 크게 기여할 수 있다는 의견일치에 도달한다(이에 관해 장현승 2008, 142).

핀란드의 루터 연구자 만네르마(T. Mannermaa)는 루터의 신학이 인간의 신성화를 인정한다는 점을 드러내면서 신성화 개념을 구원론에 적극 수용할 것을 주장한다. 한국 개신교회 신학계에서 이문균은 칭의와 신성화의 두 가지 구원론적 개념의 상호보완을 시도한다(이문균 2012a, 115-148; 위의 내용에 관해 R. Saarinen 2002, 389-392).

여기서 우리는 칭의 개념과 신성화 개념의 장단점을 아래와 같이 기술할 수 있다.

a. 칭의 개념은 하나님과 인간의 질적 차이, 양자의 법적 관계를 중요시하며, 이 관계를 파기한 인간의 죄의 문제를 진지하게 다룬다. 또 예수 그리스도의 구원에 있어 하나님의 단독적 주체성과 구원의 유일회성을 확보해 준다는 장점이 있다.

그러나 칭의 개념은 구원의 유일회적·법적 성격을 강조한 나머지 인간 안에서 실제적으로 완성되어야 할 성화 부분이 약화되는 단점을 지닌다. 하나님과 인간의 신비적 연합, 그리고 이를 통해 일어나는 인간의 깊은 영성과 하나님의 성품을 향한 본성의 변화가 경시될 수 있는 것이다. 인간이 하나님의 구원을 받았다 하더라도 여전히 그 성품이 변화되지 않은 상태로 남을 가능성이 있다. 또한 칭의 개념은 죄에 대한 법적 책임을 물을 수 있는 유일한 존재인 인간만을 하나님의 구원의 대상으로 제한시킴으로써, 구원론을 인간학적으로 축소시킬 위험이 있다. 그 결과 자연은 경시되고 인간중심주의가 장려될 수 있다.

b. 이에 반해 신성화 개념은 하나님의 구원을 단지 인간 외부에서 일어난 하나님의 외적·객관적 사건으로만 보지 않고 인간 안에서 완성되어야 할 내적·주관적 과정으로 보는 장점이 있다. 여기서 하나님과 인간의 연합과 교통, 이 연합과 교통 속에서 이루어지는 인간의 깊은 영성 내지 경건성과 본성의 내적 변화, 하나님의 사랑에의 참여가 중요시된다. 또한 신성화는 인간은 물론 온 우주가 신성화되어야 할 것으로 바라본다. 이리하여 하나님의 구원을 우주적으로 확대시킨다. 이 입장은 인간과 자연을 유기체의 관계 속에서 파악하고 자연에 대한 경건성을 장려할 수 있다.

그 반면 신성화 개념은 하나님과 인간의 질적 차이, 양자의 법적 관계와 인간의 죄의 문제, 예수 그리스도 안에서 일어난 하나님의 유일회적 구원이 약화되고, 죄의 고백과 회개, 하나님 앞에서의 법적 책임과 사회적 책임성이 결여된 무역사적 신비주의를 조장할 수 있다는 단점이 있다. 또한 죄와 고난의 현실을 간과하고 세계 그 자체를 신성이 그 안에 거하는 "하나님의 집", "하나님의 계시"로 찬양하며, 이를 통해 세계의 죄의 현실을 정당화시키고 고난을 영원히 지속시킬 수 있는 위험성이 있다.

칭의 개념과 신성화 개념이 지닌 이와 같은 장단점은 서로를 견제하면서 하나님의 메시아적 구원을 보다 더 포괄적으로 파악하는 데 기여할 수 있다. 이문균에 의하면 "개신교회는 구원을 인간들을 위해서 그리스도가 행하신 순간적인 교체의 사건으로 인식하는 경향이 있다." 이에 반해 "동방정교회는 구원을…하나의 계속적인 과정으로 생각한다"(이문균 2012a, 125). 결국 구원의 유일회성과 과정성, 법적 성격과 신비적·심미적 성격, 인간 중심적 지평과 우주적 지평은 서로 보완해야 할 양극이라 말할 수 있다.

우리는 인간을 신격화하는 위험을 피하기 위해, 신성화를 인간이 그리스도 안에 계시된 "하나님의 형상"으로 변화되어 하나님의 성품을 닮게 되는 것으로 정의할 수 있다. 하나님은 하나님이고 인간은 인간이기에, 양자가 혼동돼서는 안 된다. 요컨대, 신성화는 우리가 그리스도 안에서, 그리스도와의 친교를 통해 그리스도의 모습으로 변화되며, 이를 통해 삼위일체 하나님의 성품으로 변화되는 것, 곧 "그리스도화"되는 것으로 이해될 수 있다(장현승 2013, 388).

여기서 우리는 아울렌의 초대교회 구원론에 대한 문제점을 발견한다. 아울렌은 초대교회의 구원론을 "객관주의적 화해론", 곧 "마귀와 죽음의 세력에 대한 승리"라는 명제로 요약한다. "신성화" 개념이 초대교회 신학에서 널리 통용되었음에도 불구하고, 아울렌은 초대교회의 구원론을 너무 단순화시켜 버렸다. 그리스도의 구원은 "마귀와 죽음의 세력에 대한 승리"를 뜻할 뿐 아니라 그리스도로 말미암아 인간의 악한 성품이 하나님의 성품으로 변화받을 수 있게 되었음을 말한다. 틸리히에 의하면, 아울렌의 구원론은 하나님의 구원을 인간의 "주관적 수용"이 결여된 "우주적 드라마"로만 제시한다(남성민 2009, 104).

E. 하나님의 나라, 새 하늘과 새 땅의 오심

1) 하나님 나라의 메시아적 구원: 많은 신학자들은 "하나님의 나라"를 구원론에서 다루지 않고 "역사의 완성"을 언급하는 종말론에서 다룬다(예를 들어 Tillich의 『조직신학』에서). 그러나 "하나님의 나라"는 구원론의 핵심 개념에 속한다고 볼 수 있다.

우리는 이것을 예수의 삶에서 발견한다. 예수는 임박한 "하나님의 나라"를 선포하면서 그의 공적 활동을 시작한다(막 1:15). 하나님의 나라가 그의 모든 활동과 말씀의 중심점이었다. 그가 선포한 "복음", 곧 "기쁜 소식"은 바로 하나님 나라에 관한 기쁜 소식이었다. 전체적으로 예수의 말씀, 특히 비유의 말씀은 하나님의 나라에 대한 설명이요, 병치료, 귀신추방, 기적의 행위는 하나님의 나라가 예수 자신을 통해 지금 앞당겨 일어나고 있음을 보여주는 상징적 행위였다.

따라서 예수가 선포한 하나님의 나라는 예수 안에서 일어난 하나님의 구원을 총괄하는 개념, 곧 "구원의 총합"이요(이금만 2006, 225), 메시아(=그리스도) 예수의 구원론, 곧 메시아적 구원 개념이라 말할 수 있다. 위에 기술한 하나님의 구원의 다양한 측면들은 하나님 나라라는 총괄 개념에 포함된다. 따라서 하나님의 나라는 이 모든 측면들을 포괄하는 동시에 요약하는 개념이라 하겠다.

일반적으로 칭의와 화해는 바울의 구원론의 핵심 개념이요, 하나님의 나라는 예수의 구원의 핵심 개념으로 구별된다. 그러나 바울의 칭의와 화해의 개념은 결코 예수가 선포한 하나님의 나라와 충돌하지 않는다. 구원론의 다른 개념들처럼 칭의와 화해도 하나님 나라의 구체적인 측면을 나타낸다. 불의한 죄인이 하나님의 칭의를 얻어 하나님과 화해하고, 하나님의 통치가 그 사람 안에 이루어지면, 바로 거기에 하나님의 나라가 임한 것이다.

예수 당시에 하나님의 나라는 이스라엘 백성에게 잘 알려져 있었던 것으로 보인다. 그러므로 예수는 하나님의 나라에 대한 자세한 사전 설명 없이 하나님의 나라를 선포하고 그것에 관해 이야기한다. 또 이스라엘의 많은 경건한 사람들이 하나님의 나라를 기다리고 있었던 것으로 보인다. "아리마대 사람 요셉은 하나님의 나라를 기다리는 사람"이었다(막 15:43). 예수의 부활 후에 사도들도 하나님의 나라에 대해 강론한다(행 8:12; 19:8). 바울 서신은 칭의를 바울의 구원론의 핵심 개념으로 전하지만, 누가는 로마로 압송된 바울이 하나님의 나라를 증언하였다고 사도행전에서 보도한다(28:23).

예수가 선포한 하나님의 나라는 이스라엘 백성이 메시아의 오심에 대한 하나님의 약속과 그 기다림의 전통에서 비롯된 메시아적 구원 개념이다. 하나님이 약속한 메시아, 곧 "하나님의 기름부음을 받은 자"는 먼저 이스라엘 백성을 구원하고 다윗 왕조를 회복할 민족적·정치적 구원자로 받아들여진다. 그러나 나중에 메시아는 하나님의 자비와 정의와 평화 속에서 인간과 자연의 모든 피조물들이 더불어 사는 새로운 생명의 세계를 가져올 우주적 구원자로 확대된다(사 65:17, 25). 거기에는 굶주림과 목마름이 없을 것이며(49:10), "이리와 어린 양이 함께 풀을 먹으며…해치거나 상하게 하는 일이 전혀 없을 것이다"(65:25).

누가는 예수가 이스라엘 백성이 기다리던 메시아로서 메시아적 구원, 곧 하나님의 나라를 세우기 위해 오신 것으로 보도한다. 그는 "어둠 속과 죽음의 그늘 아래에 앉아 있는 사람들에게 빛을 비추게 하시고, 우리의 발을 평화의 길로 인도하실 것이다"(눅 1:79). 또 예수 자신이 이렇게 말한 것으로 전한다. "나는 다른 동네에서도 하나님 나라의 복음을 전해야 한다. 나는 이 일을 위하여 보내심을 받았기 때문이다"(4:43-44).

누가복음의 이 보도에 따라 예수는 메시아적 구원자로 활동한다. 하나님의 나라에 관한 그의 말씀과 활동을 통해 하나님의 메시아적 구원이 앞당겨 오기 시작한다. 죽은 자들로부터 다시 살아난 예수의 부활은 하나님의 메시아적 구원이 시간과 공간의 제약을 벗어나 보편적으로 일어나기 시작하였음을 계시한다.

a. 예수 당시의 다양한 기다림들: 예수 당시 유대교의 종파들은 각기 독특한 방법으로 하나님 나라의 오심을 기다리고 있었다. 그 대표적 유형들을 든다면,

① 젤롯 당원들의 정치적 기다림: 젤롯 당원들은 로마제국의 지배로부터 이스라엘 백성의 정치적 해방을 통해 하나님의 나라가 오리라 믿었다. 그들은 하나님 나라의 오심, 곧 하나님의 구원을 로마제국의 지배세력에서의 정치적 해방으로 이해한다. 곧 "그 나라의 도래와 이스라엘 왕국의 재건을 직결"시킨다(안병무 1999, 355). 그런 까닭에 젤롯 당원들은 이스라엘의 정치적 해방을 위해 폭력도 기꺼이 행사하였다. 그들은 단검, 곧 "시카"(라틴어 sica)를 몸에 지니고 다녔기 때문에 "시카리"(sicari, sicarius의 복수형, 도적, 살인자를 뜻함)라 불리기도 했다.

② 랍비들과 바리새인들의 종교적 기다림: 랍비들과 바리새인들은 하

나님의 나라가 이스라엘 안에 이루어지지 않는 까닭은 이스라엘 백성의 죄 때문이라고 생각하였다. 그래서 그들은 모세의 율법을 철저히 지킬 때, 비로소 하나님의 나라가 올 것이라고 믿었다. 이 때문에 그들은 복잡한 율법해석의 체계를 만들었다. 특히 그들은 정결과 십일조 계명을 엄격하게 지켰다. 그들은 생선뼈 하나가 그릇에 떨어져도 부정하다고 생각하였다. 또 매주 월요일과 목요일에 금식하였고, 구제금을 희사했으며, 매일 세 번 기도시간을 지켰다. 그리고 길을 가다가 기도시간이 되면 길에서 몸을 예루살렘 성전 쪽으로 돌리고 기도하였다. 심지어 타인의 무거운 짐을 운반해 주고 이웃의 집수리를 도와주는 등 선한 일도 하였다.

③ 에세네파, 쿰란공동체의 묵시사상적 기다림: 이들은 죄가 점점 더 커지는 현시대가 파멸로 끝날 때, 하나님 나라라는 완전히 새로운 시대가 오리라고 기대한다. 그들은 역사의 마지막(종말)에 일어날 메시아의 오심, 죽은 자들의 부활, 그리고 최후심판과 "새 하늘과 새 땅"의 도래를 믿는다. 그들의 생활양식은 세속에서 분리된 폐쇄적 공동체생활, 엄격한 금욕생활, 명령과 복종의 엄격한 상하 계급질서 등의 특징을 보인다. 이들의 묵시사상적 기다림은 예수 당시 서민층 속에 널리 유포되어 있었던 것으로 보인다. 죽은 나사로가 "마지막 날 부활 때에…다시 살아나리라는 것을 내가 압니다."(요 11:24)라는 마르다의 말이 이것을 반영한다.

b. 예수의 입장: 이같이 다양한 하나님 나라의 기다림에 대해 예수는 다음과 같은 입장을 보인다.

① 예수는 로마제국에 항거하는 정치적 혁명을 통해 하나님의 나라가 세워진다고 생각하지 않았던 것으로 보인다. 예수가 로마제국의 지배세력에 속한 백인대장(centuria를 지휘하는 centurio)의 하인을 고쳐준 이야기(마 8:5-13)는 예수의 의도가 폭력을 동반한 혁명을 통해 하나님의 나라를 세우려 했던 젤롯 당원들의 계획과 같지 않았음을 예증한다. 예수는 폭력을 통해 혁명을 꾀하는 정치적 메시아가 되려고 하지 않는다. 그는 자신의 존재와 행동을 통해 하나님의 나라가 지금 일어나고 있음을 보여준다(눅

17:20).

② 율법을 지키는 인간의 윤리적 행위를 통해 하나님의 나라가 오리라고 기대하던 랍비들과 바리새인들과 달리, 예수는 하나님의 나라가 하나님의 은혜의 선물이라고 말한다. 먼저 "하나님의 나라가 가까이 왔다"는 서술형 진술(Indikativ) 다음에 "회개하라", "이 복음을 믿으라"는 명령(Imperativ)이 뒤따른다. 그러나 예수는 또한 율법을 폐기하러 온 것이 아니라 율법의 참 뜻을 완성하기 위해 왔다고 말한다. 그는 율법에 따라 인간을 정죄하지 않고 용서한다.

③ 옛 시대가 지난 후에 하나님의 나라가 오리라고 기대하던 묵시사상적 기다림에 반해, 예수는 지금 하나님의 나라가 이미 자신을 통해 시작되었다고 말한다. "보아라, 하나님의 나라는 너희 가운데 있다"(눅 17:20). 예수의 공동체는 당시 쿰란공동체와는 매우 다른 삶의 모습을 보인다. 이 공동체는 명령과 복종의 위계질서 대신 자유로운 친교를 보인다. 엄격한 규율과 금욕생활 대신에 하나님이 허락하신 삶을 향유한다. 남녀의 엄격한 구별과 차별 대신 여자 제자들과 남자 제자들이 함께 봉사한다. 오히려 여자 제자들이 보다 더 충실하고 적극적인 모습을 보인다. 십자가의 마지막 죽음의 순간까지 예수와 동행하였고 그의 부활을 처음으로 경험한 인물들도 여자들이었다.

c. 하나님 나라의 다양한 측면들: 예수가 선포한 하나님의 나라는 무엇인가? 이 질문에 대해 많은 신학자들은 하나님의 나라가 우리의 모든 상상을 넘어서는 "전적으로 다른 것"이라 대답한다. 우리는 하나님의 나라가 무엇인지 구체적으로 규정할 수 없다. 그것은 인간의 모든 표상과 확정을 넘어선다. "종말론적 하나님 나라를 시간의 범주를 수직적으로 초월하며, 또한 시간 속에 수직적으로 돌입해 들어오는 영원의 범주 안에서 이해한" 바르트가 이와 같은 입장을 대변한다(윤철호 2006, 96). 하나님의 나라가 무엇인지 구체적으로 규정하려고 할 때 특정 이데올로기가 지배하는 사회체제를 하나님의 나라와 동일시하고 이를 절대화시킬 위험성이 있다.

그러나 이와 같은 위험 때문에 우리가 하나님의 나라에 관해 구체적으로 표현하기를 거부한다면 하나님의 나라는 우리에게 막연한 것이 되어버릴 것이다. 그리고 그 안에 구체적 내용을 전혀 갖고 있지 않기 때문에, 우리는 하나님의 나라를 위해 구체적으로 아무것도 행할 수 없게 될 것이다. 그렇게 되면, 우리는 이 세계가 지향해야 할 방향을 세상에 구체적으로 제시하지 못하고 세상이 흘러가는 대로 따라가면서 "하나님의 나라는 전적으로 다른 것이다"라는 말만 반복하게 될 것이다.

물론 예수도 하나님의 나라가 무엇인지 직접 그 내용을 말하지는 않는다. 그러나 그는 공관복음서에서 비유를 사용하여 하나님의 나라가 무엇인지 구체적으로 묘사한다. 성서는 전체적으로 하나님의 구원, 곧 하나님의 나라에 관한 책이다. 성서는 하나님의 나라에 관한 묘사들로 가득하다. 물론 이 묘사들은 객관적 사실(fact)이 아니라 인간의 언어를 사용한 은유들에 불과하다. 이 은유들 안에 들어있는 하나님 나라의 구체적 내용을 파악할 때, 우리는 하나님의 나라의 오심을 위해 구체적으로 어떻게 일해야 하는지 알 수 있다. 하나님의 나라에 대한 성서의 구체적 묘사들을 찾아본다면,

① 구약의 메시아 전통에서:
• "젖과 꿀"이 충분하여 굶주림과 목마름이 없고, 억압과 착취, 차별과 소외, 고난과 고통에서 해방된 세계(출 3:7-10; 사 43:20; 44:2; 49:10; 욜 2:26).
• 모든 민족이 하나님의 백성이 되고 하나님이 그들의 하나님이 되며, 하나님을 경외하고 그의 법을 지키며, 하나님의 자비와 정의가 가득한 세계(사 46:22; 52:7; 56:1; 시 9:8).
• 안식일, 안식년, 희년의 기본정신이 실천되는 세계, 곧 하나님의 사랑 안에서 모든 생명의 존엄성이 존중되고 땅을 포함한 생태계 전체의 생명력이 보호되며, 일부 계층에 편중된 부(富)가 사회로 환원되는 세계.
• 죽었던 생명들(마른 뼈들)이 하나님의 영을 통해 다시 살아나며, 하나님의 계명이 모든 사람들의 마음에 새겨져 있는, 그러므로 모든 사람이 하

나님을 알고, 누구도 누구를 가르칠 필요가 없는 새로운 생명의 세계(겔 37장; 렘 31:33-34).

- 하나님의 영이 모든 육에게 부어져 삶의 생동성을 회복하며, 꿈과 환상이 있는 세계(욜 2:28).
- 모든 인간과 자연의 권리가 회복되어 인간과 인간, 인간과 자연 피조물 사이에 조화와 평화가 있고, 모든 피조물이 하나님의 샬롬 안에서 공존하는 세계(사 11-8; 65:20, 25; 욜 37장), 광야가 에덴동산 같이 되고 사막이 하나님의 동산 같이 된 생태학적 세계(사 51:3; 욜 2:22-24).
- 하나님을 아는 지식이 온 땅에 가득하고 그의 이름과 위엄과 영광이 온 땅에 넘치며, 자연 만물이 하나님을 계시하고 찬양하는 세계(사 11:9; 49:13; 시 8:1; 19:1-4; 148:1-14; 합 1:14).
- 전쟁과 죄악과 굶주림과 조기유산과 조기사망과 재난이 없고, 인간과 자연 피조물들 사이에 "해함과 상함"이 없으며, 더 이상 울부짖음이 없는 "새 하늘과 새 땅"(사 65:17; 66:22).

② 공관복음서에서:

- 정죄하지 않고 용서하며, 회개하고 죄를 짓지 않는 세계(마 6:12; 7:1).
- 자기의 배를 하나님으로 섬기지 않고 하나님에 대한 경외 속에서 일용할 양식을 하나님의 은혜로 받으며(눅 12:16; 마 6:11), 모든 사람이 생존에 필요한 기본 수단을 얻을 수 있는 세계(포도원 일꾼 비유).
- 죄인으로 소외당하는 사람들을 아무 조건 없이 받아들이고 그들을 용서하고 일으켜 세우며(눅 7:36-50), 모든 사람이 음식(물질)을 나누는 자비로운 세계(떡 다섯 개와 생선 두 마리의 기적).
- 인간을 비인간으로 만드는 악의 세력, 질병과 장애, 사회적 차별과 소외, 삶의 좌절, 내일에 대한 염려에서 해방된 세계.
- 이웃에 대한 불의가 종식되고(삭개오의 회개), 억압과 지배 대신에 원수까지 자기의 몸처럼 사랑하고, 화해와 평화, 자발적인 나눔이 있는 세계, 한 마디로 인간과 세계를 그 밑바닥에서부터 변화시키는 하나님의 사

랑이 충만한 세계, 이를 통해 율법의 완성이 이루어지는 세계.

• 인간과 사회구조를 지배하는 악한 영들(귀신들)과 죽음의 세력의 지배에서 해방된 세계(귀신추방, 죽은 자를 살린 예수의 기적들).

• "작은 형제들"을 그리스도를 섬기듯이 섬기며 사는 세계(마 25:31-46, "최후의 심판"의 비유).

• "주의 은혜의 해", 곧 "희년"의 계명이 실천되는 세계(눅 4:19).

• 음식을 함께 나누므로 굶주리는 사람이 없고, 자발적 봉사와 사회계급을 초월한 친교와 삶의 기쁨이 있으며, 노동의 억압과 사회적 차별에서의 해방이 있는 "잔치자리"와 같은 세계(마 22:1-10; 눅 13:29; 14:15-24).

• 예복을 갖춘 사람들, 곧 하나님을 경외하고 신뢰하며 하나님의 계명을 지키며 살아가는 사람들만 들어올 수 있는 세계(마 22:11).

• 예수의 비유에서 하나님의 나라는 스스로 성장하는 것으로 묘사된다(작은 겨자씨와 누룩의 비유: 마 13:31-33). 이와 동시에 그것은 인간이 자신의 노력을 통해 얻어야 할 것으로 묘사된다(밭에 숨겨진 보화, 값비싼 진주, 바다의 그물의 비유: 마 13:44-48).

③ 바울 서신에서:

• 불의한 죄인이 하나님의 의롭다 하심, 곧 칭의를 얻어 하나님의 "새로운 피조물", "하나님의 자녀"로 다시 태어나며, 죄와 죽음의 세력이 더 이상 지배하지 않는 참 생명, 영원한 생명을 갖게 되는 곳(롬 3:26; 5:21-6:9).

• 모든 사람이 "그리스도 안에" 거하고(롬 8:10; 16:7), "그리스도의 것", "그리스도의 향기"가 되며(고전 3:23; 고후 2:15), 그리스도 안에 있는 "하나님의 형상"으로 변화되는 곳(골 1:15).

• 성령이 모든 사람 안에 거하며(고전 3:16), 성령 안에서 하나님의 거룩한 백성으로 성화되어 "성령의 열매"를 맺고 항상 기뻐하고 감사하며 사는 곳(고후 5:17; 갈 5:22; 살전 5:16-18).

• 더 이상 어둠에 속하지 않고 "빛의 자녀, 낮의 자녀"가 되어 "빛의 자녀답게" 사는 곳(엡 5:8; 살전 5:5).

• 하나님을 얼굴과 얼굴로 보며, 하나님에 대한 온전한 지식과 믿음과 희망과 사랑이 충만한 곳(고전 13:12-13).

• 그리스인과 유대인, 노예와 주인(자유인), 여자와 남자, 곧 땅 위의 모든 사람이 사회적 신분과 인종과 성별의 차이를 넘어 하나님의 한 자녀, 한 백성이 되어 서로 섬기며 더불어 사는 세계(고전 12:13; 갈 3:28; 엡 6:8; 골 3:11).

• 하나님이 모든 것 안에서 모든 것이 되시고(고전 15:28), 하나님의 뜻이 모든 것을 결정하는 곳, 곧 하나님의 "직접통치"가 이루어지는 곳(서남동 1983, 62).

• 하늘과 땅에 있는 모든 것이 그리스도를 머리로 하여 그 안에서 연합되고 통일되며, 그리스도를 통하여 만물이 하나님과 화해된 곳(엡 1:10; 골 1:20).

• 하나님은 모든 사람의 하나님이 되시고 모든 사람이 하나님의 백성이 되며(고후 6:16), 하나님이 그 안에 거하는 "하나님의 성전", "하나님의 밭과 하나님의 집"이 되고 "하나님의 동역자", 하나님 나라의 "상속자"로서 일하는 곳(고전 2:9; 3:9; 고후 6:16).

• 모든 사람이 "그리스도의 몸"의 지체로서 자기의 사명에 충실하며, 서로 인정하고 삶의 모든 것을 함께 나누는 유기체적 세계(고전 12; 참조. 행 2:43-47).

• 사치스러운 연회와 술취함, 음행과 방탕, 싸움과 시기가 없으며(롬 13:13), 이 시대의 풍조를 본받지 않고 "하나님의 선하시고 기뻐하시고 완전하신 뜻"에 따라 사는 곳(12:2; 곧 세상의 헛된 가치관의 노예가 되지 않으며, 불의와 뇌물과 부패와 타락에 빠지지 않고 청렴하게 살며, 술기운을 이기지 못해 길바닥에 먹은 것을 토하고, 고성방가를 하고, 길바닥에 쓰러지고, 술 취한 여성을 호텔로 끌고 가 성폭행하고, 아버지가 딸을, 할아버지가 손녀를 성폭행하고, 침이나 껌을 아무 데나 뱉고, 쓰레기를 아무 데나 버리는 일이 없는 곳. 질서와 예의와 인격적 성숙이 있고 약한 생명을 보호하는 곳).

• 참 자유가 있는 곳(고후 3:17). 곧 "곧 사회 모든 성원이 자유롭게 되

는 상태"(서남동 1983, 62). 그러나 자유를 부패와 방탕 등 무가치한 일에 쓰지 않고 하나님의 뜻에 따라 가치 있는 일에 쓰는 곳.

- 우리의 몸을 "하나님이 기뻐하시는 거룩한 산 제사로" 드리며, "악을 미워하고 선에 속하며", 이웃을 자신의 몸과 같이 사랑함으로써 "율법의 완성"을 이루는 곳(롬 12장).

④ 요한 문헌과 신약성서 후기문헌에서:

- 말씀이 성육신된(혹은 "육으로 오신) 하나님의 아들 예수 그리스도를 어두운 세상의 구원자, 곧 세상의 "길과 진리와 생명"으로 믿으며, 그를 보내시고 그와 한 몸을 이루고 있는 아버지 하나님을 믿고, 보혜사 성령, 곧 "진리의 성령"의 인도하심 속에서 사는 곳(요일 4:2-3; 요 1:14; 14:6, 10; 16:13).

- 거짓 대신에 진리가, 어둠 대신에 빛이 있는 곳. 눈에 보이는 세상의 헛된 것, 곧 탐욕과 욕정, 술취함과 방탕에 빠진 헛된 삶의 길을 버리고 세상의 빛과 생명의 원천("생명의 떡", "생명의 빛")이신 예수 그리스도의 뜻에 따라 살아가는 "영원한 생명"의 세계(요 3:16; 6:35; 8:12; 벧전 4:4).

- 모든 사람이 "하나님처럼" 사는 세계(벧전 4:6). 곧 악에서 떠나 선을 행하며 화평을 구하고(4:11; 히 13:16), "이 세상이나 세상에 있는 것을" 사랑하지 않고(요일 2:15), 도리어 우리의 생명을 버리기까지 형제를 사랑함으로써 참 생명에 이르는 세계(3:14-16).

- 교만하지 않고 겸손하며, 사람을 차별하지 않고 하나님의 피조물로서 그의 존엄성을 존중하며, 서로 헐뜯지 않고 연약한 이웃을 돌보며 사는 곳(약 5:5; 2:1-9; 4:11, 17).

- 모든 사람이 하나님의 자녀가 되고, "하나님의 집이 사람들 가운데 있는" 곳. 만물을 새롭게 하는 하나님의 새 창조를 통하여 "이제는 죽음과 슬픔과 울부짖음과 고통이 없는" "새 하늘과 새 땅"(벧후 3:17; 계 21:1-7).

- "하나님의 보좌와 어린 양의 보좌로부터" 흘러나오는 "생명의 강"과 각종 열매를 맺는 "생명의 나무"가 있고 "어둠", 곧 이 세계의 모든 "부정적인 것"이 사라지고 하나님의 빛이 항상 있는 곳, 그리하여 하나님을 볼 수

있는 곳(계 22:1-5).

• 삶의 모든 수고와 고통이 끝나고 피조물과 하나님의 안식이 있는 곳, 혹은 안식에 대한 약속이 성취된 곳(히 3:11; 4:1, 10; 시 95:11; 창세기 2:3의 "하나님의 안식"은 역사의 종말에 하나님의 나라에서 이루어질 하나님의 안식을 시사함.).

지금까지 기술한 하나님의 나라에 대한 성서의 묘사를 고려할 때, 하나님의 나라가 무엇인가를 하나의 공식으로 요약한다는 것은 거의 불가능하다. 하나님의 나라는 신학적으로 "하나님의 통치" 혹은 "하나님의 주권"으로 요약되지만, 이 공식은 성서가 직간접적으로 묘사하는 하나님 나라의 다양한 측면들을 드러내기에는 너무 단순하다. 이와 같은 어려움을 고려하면서 우리는 하나님의 나라가 무엇인지 아래와 같이 요약해 볼 수 있겠다.

하나님의 나라는 모든 사람이 성부·성자·성령 삼위일체 하나님을 경외하고, 인간과 자연의 모든 피조물이 하나님의 자비와 정의와 평화, 곧 하나님의 샬롬 속에서 삶을 함께 나누며 더불어 사는 유기체적 세계, 죄와 폭력과 전쟁이 그치고 생명의 긍정과 기쁨과 감사와, 피조물과 하나님의 영원한 안식이 있는 곳을 가리킨다. 그것은 "주체적 자유와 인류의 평화가 실현된 사랑의 공동체"라 요약될 수도 있다(유동식 1997, 220). 그러나 이 요약들도 완전하다고 말할 수 없다. 하나님의 나라는 "어떠한 해석으로도 고정"될 수 없다. 그것은 "고정된 개념이라기보다 하나님이 역사 속에 개입한 구원 활동(을)…불러일으키는 상징적 표현"으로 존속한다(김은혜 2006, 288). 그것은 어떤 개념이나 공식으로 고정될 수 있는 것을 거부하고, 하나님의 뜻이 다스리는 새로운 생명의 세계를 향한 세계사의 동력으로 작용한다.

2) 하나님 나라의 구원론적 특징들: 하나님의 나라는 메시아적 구원론의 특징들을 가장 분명히 보여준다. 그것은 메시아적 구원론의 핵심 개념이기 때문이다.

a. 하나님의 나라는 사후에 갈 피안의 세계가 아니라 이 땅 위에 세워

져야 할 구체적 현실이다. 그것은 피안적인 것이 아니라 차안적인 것이다. 에른스트 블로흐(Ernst Bloch)에 의하면, 마태복음 11:25-30에 기록된 예수의 위대한 말씀은 차안을 가리킨다(Bloch 1970, 579). 하나님 나라의 차안성은 하나님의 구원의 차안성을 보여준다. 성서가 이야기하는 하나님의 구원은 차안적 구원이다. 출애굽 사건, 예수의 하나님 나라 운동과 십자가의 죽음은 모두 차안을 위한 것이었다. 그러나 하나님의 구원은 죽음 후의 영역을 배제하지 않는다. 죽음의 영역도 하나님에게 속하기 때문이다.

b. 하나님의 나라는 인간의 영과 육, 정신과 물질, 땅 위의 모든 민족들, 인간의 사회와 자연의 세계 전체를 포괄하는 총체적이고 보편적인 것이다. 그것은 인격적 현실인 동시에 사회적·정치적 현실이요 생태학적 현실이다. 블로흐에 의하면 "예수는 '하나님의 나라는 너희 안에 있는 내면적인 것이다'라고 말한 적이 없다. 중요한 의미를 가진 문장(눅 17:11)은 오히려…이렇게 말한다. '하나님의 나라는 너희 가운데 있다'"(579). 하나님 나라의 총체성 내지 전체성은 삶의 모든 영역 안에서 일어나야 할 하나님의 구원의 총체성 내지 전체성을 보여준다.

c. 하나님의 나라는 "배고픔, 가난, 지배로부터 자유로운 대안적 세계를 상상하게 하며, 죄인들, 세리들, 채무자들, 창녀들, 착취당하고 소외된 모든 여성들"에게 선포된다(김은혜 2006, 290). 달리 말해 그것은 연약한 생명들에게서 시작되는 편파성을 보여준다. 하지만 그렇다고 해서 이 편파성이 "배타적인 편애", "이데올로기적 편향성"으로 해석되어서는 안 된다(이문균 2000, 213). 하나님의 구원은 전체적인 것이기 때문이다.

d. 하나님의 나라는 그리스도인들의 믿음과 희망과 사랑 안에서 경험되는 "현재적인 것"이다. 이와 동시에 그것은 역사의 마지막(종말)에 예수의 다시 오심과 함께 완성될 "미래적인 것", 곧 "새 하늘과 새 땅"으로 머물러 있다. 세계는 아직 완전한 하나님의 나라가 아니다. 그리스도인들은 죄와 죽음의 세력에서 "자유"를 얻었지만(고후 3:17; 갈 5:1), 세계는 여전히 죄와 죽음의 세력에 묶여 있다. 그리스도인들 자신도 죄에서 완전히 자유롭

지 못하다. 그들은 끊임없이 죄의 유혹을 당하며 때로 죄에 빠지기도 한다.

그러므로 예수 그리스도의 복음의 말씀과 세례를 통하여 우리에게 중재되고 경험되는 하나님의 나라, 곧 하나님의 구원은 "현재적인 것"인 동시에 언제나 새롭게 앞당겨 와야 할 "미래적인 것"으로 우리 앞에 있다.

따라서 하나님의 나라는 "이미, 그러나 아직 아니"(schon - noch nicht)의 긴장 속에 있는 "종말론적인 것"이다. 곧 현재적인 동시에 미래적이요, 미래적인 동시에 현재적이다. 이와 같은 변증법적 긴장 속에서 하나님의 나라는 "하나님의 동역자"(고전 3:9)인 인간의 참여와 노력을 요구한다. 그리스도인들은 "하나님 나라의 상속자"(엡 5:5)로서 "하나님 나라에 합당하게" 살아야 한다(살후 1:5). 그들의 삶은 끊임없이 하나님의 나라를 향해 나아가야 할 종말론적 삶이다. 하나님의 나라는 하나님의 메시아적 구원이 지닌 이와 같은 종말론적 특징을 가장 분명히 보여준다.

e. 하나님의 나라, 곧 하나님의 구원받은 세계는 죄와 죽음의 세력에 사로잡힌 이 세상의 나라와 모순되는 "새로움"이다. 이런 의미에서 그것은 "이 세상에 속한 것이 아니다"(요 18:36). 그것은 "옛 세계 속에 있는 새로움의 배아"이며, "대안적 세계의 비전"이다(Nocke 1992, 385; 김은혜 2006, 288). 그러므로 하나님의 나라는 인간과 세계의 자기부정, 곧 "부정적인 것의 부정"과 하나님의 진리를 향한 지속적 변화와 개혁을 요구한다. 그것은 인간이 도달한 모든 것의 끊임없는 "넘어감"(Überschreiten)을 요구한다.

따라서 하나님의 구원은 인간이 도달한 그 어떤 상태와 동일시될 수 없다. 그것은 인간이 만든 특정한 이데올로기나 정치, 경제적 질서와 동일시되는 것을 거부한다. 그것은 인간이 소유할 수 있는 것이 아니라 인간 존재와 세계의 모든 "주어진 것"을 상대화시키고, 끊임없는 자기부정과 자기개혁을 통해 "아직 주어지지 않은" 진리의 세계를 향해 넘어갈 것을 요구한다. 넘어가지 않고 같은 자리에 안주할 때 곰팡이가 스는 법이다. 하나님의 구원은 인간이 소유할 수 있는 것이 아니라 언제나 다시금 기다리고 희망해야 할 대상이다.

f. 하나님의 나라는 "하나님의 선물이요 그런 의미에서 은총이다. 이것은 현재에 감금된 인간에게 주는 희망이요 새로운 가능성이다"(안병무 1999, 3). 그것은 인간의 업적을 통해 성장, 발전하는 것이 아니라 하나님의 자비하심으로 말미암아 값없이 시작되고 또 약속되는 하나님의 은혜다. 그러나 하나님의 나라는 그것을 유업으로 물려받은 "상속자"요, "하나님의 동역자"인 인간의 노력을 요청한다(갈 5:21; 고전 3:9) "너희는 먼저 그의 나라와 그의 정의를 구하여라"(마 6:23). "문을 두드리라 그러면 너희에게 열릴 것이다"(7:7). 그것은 농부의 밭 속에 숨겨져 있다. 이제 농부는 자기의 모든 소유를 팔아 그 밭을 사서 그 속에 숨겨진 보화를 차지해야 한다(마 13:44 이하).

하나님 나라의 이와 같은 양면성은 하나님의 메시아적 구원의 양면성을 시사한다. 예수 그리스도 안에서 결정적으로 일어난 하나님의 메시아적 구원은 분명히 하나님의 은혜의 선물이다. "너희는 은혜로 구원을 얻었다." 그것은 "하나님의 선물"이다(엡 2:5, 8). 구원은 "오직 하나님에게서만 나온다"(시 62:1; 참조. 시 121:2).

이와 동시에 신약성서는 하나님의 구원을 그리스도인들이 쟁취해야 할 미래, 곧 "앞에 있는 것"(빌 3:13)으로 제시하면서 그들의 노력을 요청한다. 신약성서의 후기문헌은 이에 관한 명령으로 가득하다. "항상 복종하여 두렵고 떨림으로 너희 구원을 이루어라"(빌 2:12). 그들에게 주어진 하나님의 구원은 미래에 완성될 약속이다. 그들은 이 "약속을 상속으로 받은 자들", 혹은 "영원한 상속의 약속"을 받은 "약속의 자녀들"이다(히 6:17; 9:15; 롬 9:8; 갈 4:28). 그들은 모든 유혹과 시련을 이기고 이미 얻은 그리스도의 구원을 "끝까지 견고하게" 붙듦으로써 "그리스도와 함께 참예한 자"가 되어야 한다(히 3:14).

3) 새 하늘과 새 땅: 요한계시록 21:1은 하나님의 메시아적 구원을 "새 하늘과 새 땅"으로 표현한다. "하나님의 나라"가 역사의 과정 속에서 이 땅 위에 이루어져야 할 하나님의 구원을 가리킨다면, "새 하늘과 새 땅"은 역

사의 종말에 완성될 구원의 새로운 미래를 가리킨다. 즉 하나님의 구원받은 세계는 성령을 통해 우리에게 중재되고 현재적으로 경험되지만 우리에게 아직 주어지지 않은 미래로 머물러 있다. 이 미래는 지금 우리가 경험하는 세계와는 전혀 다른 세계, 전혀 새로운 세계이다. 물론 그리스도인들은 하나님의 구원받은 세계를 자신의 삶과 교회공동체 안에서 경험하고 또 그것의 완성을 위해 노력하지만, 그것은 언제나 부분적이며, 이 세계의 한계를 완전히 벗어나지 못한다. 그러므로 하나님의 구원받은 세계는 그리스도인들과 이 세계에 대하여 언제나 "새로움"으로 존속한다.

하나님의 구원받은 세계의 미래적 새로움에 대해, 성서는 이 세계에서 우리가 경험하는 것을 은유로 사용하여 묘사한다. 곧 "하나님의 집"이 사람들 가운데 있는 세계, "이전의 하늘과 이전의 땅이 사라지고 바다도 없는" 세계, "이제는 죽음과 슬픔과 울부짖음과 고통이 없는" 세계 등으로 묘사한다. 이 모든 묘사들은 은유일 뿐이다. 은유는 사실을 가리키지만 사실 자체는 아니다. 그것은 가리키는 것을 완전히 가리키지 못하는 제한성을 가진다. 따라서 은유로 묘사되는 하나님의 구원받은 세계는 우리 인간의 언어로 완전히 파악될 수 없는 "비밀"이요(막 4:11; 눅 8:10), 모든 묘사를 넘어서는 "전적 새로움"으로 존속한다. "하나님의 비밀" 혹은 "그리스도의 비밀"(골 2:2; 4:3)은 우리에게 아직 비밀로 남아 있는 하나님의 구원받은 세계를 가리킨다.

후기 유대교의 묵시사상에서 "새 하늘과 새 땅"은 역사의 종말에 올 하나님의 구원받은 세계를 가리키는 개념이었다. 본래 이 개념은 구약의 메시아적 전통에서 유래하는 메시아적 개념이다. "하나님의 나라"와 마찬가지로 "새 하늘과 새 땅"은 하나님의 구원의 메시아성(messiahship)을 나타낸다. 그것은 "옛 것"에 대한 부정과 "새 것"의 창조, 진리의 세계를 향한 끊임없는 "넘어감"을 요구한다.

구약에서 하나님이 약속하는 "새 하늘과 새 땅"(사 65:17)은 먼저 이스라엘 백성에게 해당한다. "보라, 내가 예루살렘으로 즐거움을 창조하며…

나의 백성으로 기뻐하리니"(65:18-19). 그러나 "하늘"을 그의 보좌로, "땅"을 그의 발등상으로 가진(66:1) 하나님의 보편성은 "새 하늘과 새 땅"의 보편성을 시사한다.

요한계시록 21장 1절은 구약의 이 보편성을 계승하고, 보다 더 명료한 우주적 개념으로 "새 하늘과 새 땅"의 우주적 보편성을 나타낸다. "처음의 하늘과 처음의 땅" 그리고 "바다", 이스라엘 민족의 범위를 넘어 모든 사람들 가운데 있는 "하나님의 집", "처음 것들", "만물의 새 창조(새롭게 함)", "알파와 오메가" 등의 개념들은 "새 하늘과 새 땅"의 보편성과 우주적 차원을 나타낸다.

"새 하늘과 새 땅"의 보편성은 하나님의 구원의 보편성과 전체성을 시사한다. 인간의 세계는 물론 하늘과 땅을 포함한 온 우주가 하나님의 구원의 대상이다. "하나님의 집"이 그 안에 있고 "이제는 죽음과 슬픔과 울부짖음과 고통이 없는" 세계, 이전의 하늘과 땅과 바다가 없어지고 "만물이 새롭게 창조된" 세계(21:5), 하나님이 "알파와 오메가", 곧 역사의 주재자로 증명되는 "새 하늘과 새 땅"이 이루어지는 데 하나님의 구원이 있다.

요한계시록에 나오는 이 말씀은 본래 로마제국의 박해 속에서 고난과 순교의 죽음을 당하던 초대 그리스도인들에게 주어진 말씀이었다. 이 말씀은 오늘날 우리 세계에도 해당한다. 오늘 우리 세계의 피조물들도 "죽음과 슬픔과 울부짖음과 고통이 없는" "새 하늘과 새 땅"을 기다리고 있다. 만물이 고통과 신음 속에서 하나님의 구원을 기다린다(롬 8:22). 하나님은 이들의 "고통"을 보고 계시며, 그들의 "부르짖음"을 듣고 있다(출 3:7).

F. 만물의 회복과 하나님의 안식

1) "만물의 회복"으로서의 구원: "만물의 회복"(*apokatastasis panton*)이란 개념은 "만물의 화해" 개념에서 유래한다. 신학의 역사에서 이 개념을 처음

으로 도입한 인물은 북아프리카의 알렉산드리아 교부였던 오리게네스이다. 그런데 만유회복설의 조짐이 그의 스승이었던 클레멘스의 글에서 이미 나타난다. 클레멘스에 따르면 죄인이 죽음 후에 당하는 벌은 영원한 것이 아니라 죄에서의 정화와 완성을 위한 일시적인 것이다. 마지막에는 모든 사람이 구원을 받을 것이다. 이것을 매우 조심스럽게 얘기한 클레멘스는 "모든 지적 존재들의 보편적 구원에 대한 전망을 시사한 최초의 신학자"였다(Daley 1986, 122).

클레멘스가 만유회복설의 기초를 놓은 사람이었다면, 만유회복설로 가장 대표되는 인물은 그의 제자 오리게네스였다. 그의 이론은 543년 유스티니아누스(Justinianus) 황제에 의해 이단적 교설로 정죄되었고, 553년 콘스탄티노플 공의회가 이 정죄를 수용할 정도로 초대교회의 신학에 큰 충격을 주었다. 오리게네스의 주장에 의하면, 죄의 타락으로 인해 세계의 본래상태가 파괴되었다. 그러나 마지막에는 하나님의 자비로 말미암아 모든 것이 회복될 것이다. "회복"(*apokatastasis*)은 "세계의 본래적 하나됨의 회복", 모든 이성적 존재들의 의지와 존재의 일치를 포함한 하나님의 역사의 완성을 뜻한다(Nocke 1992, 436). 리용의 주교 이레나이우스는 *apokatastasis*를 *anakephalaiosis*(라틴어 *recapitulatio*: 반복, 완성)라고 표현하였다.

"만물의 회복"에 대한 고전적 근거는 사도행전 3:21의 말씀에 있다. 그러나 오리게네스는 그리스도께서 만물을 그의 발 아래에 두실 것이며, 하나님이 "모든 것 안에서 모든 것"(*panta en pasin*)이 될 것이라는 고린도전서 15:25-28을 더 중요한 근거로 생각했다. 오리게네스에 의하면, "발 아래 둔다"는 것은 강제로 굴복시킴을 말하는 것이 아니라 정신적 존재들이 본성적으로 추구하는 것을 자유롭게 실현할 수 있도록 하며, 피조물들이 하나님과 연합할 수 있게 하는 교육적·치유적 도움을 주는 그리스도의 통치를 말한다. 역사의 마지막(오메가)은 처음(알파)과 비슷하다. 따라서 세계의 본래적 상태가 인간의 타락으로 인해 훼손되었지만 마지막에는 모든 피조물이 "하나님의 자비, 그리스도의 통치 그리고 거룩한 영 안에 있는 하나됨을 통해 처음과 동일한 마지막으로 회복될 것이다"(Origenes, *De Princ*. I,6,2; Nocke 1992, 437에서 인용). 최고선(*Summum Bonum*)이신 하나님을 향한 인간 영혼의 동경과 선을 이루고자 하는 인간 본성의 활동이 완성될 것이다. "죽음 후에는 정화의 불과 지복, 혹은 지옥과 새로운 세계가 기다리고 있다. 결국에는 마귀를 포함한 모든 것이 하나님의 지복에 참여할 것이다"(허호익 2003, 300).

오리게네스의 만유회복설은 초대교회에 큰 영향을 끼쳤다. 그러나 이 견해는 이단적 교설로 정죄될 만큼 큰 반대에 부딪히고 만다. 아우구스티누스는 영원한 벌을 인정하지 않는 만유회복설과 달리 영원한 저주와 벌을 주장하고, 영원한 생명을 얻거나 아니면 영원한 벌을 당하는 두 부류의 영혼들이 있을 것이라 주장한다(Augustinus, *Civ. Dei* XXI 23). 이와 같은 두 가지 결말은 영원한 생명을 얻을 자와 영원한 벌을 당할 자의 두 가지 예정, 곧 이중예정설로 발전한다. 아우구스티누스의 이중예정설은 만유회복설과 상반된다.

토마스 아퀴나스는 아우구스티누스의 입장을 따른다. 그러나 토마스는 영원한 생명으로 예정되었고, 그리하여 마지막에 영원한 생명을 얻을 사람의 수는 너무도 적지 않겠는가의 문제에 대해 유보적 입장을 취한다. 칼뱅은 아우구스티누스의 이중예정설을 수용한다. 이와 반대로 종교개혁 당시의 재세례파와 근대 경건주의자였던 외팅어(F. Chr. Oetinger, 1782 사망)와 슐라이어마허 등은 만유회복설을 수용한다.

보수계열의 신학은 만유회복설을 만인구원론이라는 이유로 비판한다. 만유의 회복이 만인구원을 포함한다고 보기 때문이다. 보수계열의 신학에 의하면, 만인구원은 심판에 대한 성서의 말씀에 모순된다. 성서의 많은 구절들은 죄로 인해 구원받지 못할 자들이 있을 것이라 말하기 때문이다. 예수도 이것을 시사한다. "생명으로 인도하는 문"과 "멸망으로 인도하는 문", "슬기있는 처녀들과 미련한 처녀들"에 관한 예수의 말씀은 구원받지 못할 자들이 있음을 시사한다. 사도 바울도 견해를 같이 한다. "그들의 마지막은 멸망이다"(빌 3:19).

그러나 만인구원에 대한 보수계열 신학의 비판은 중대한 문제를 초래한다. 그것은 하나님의 구원을 포괄적으로 보지 않고 "천당 갈 것인가 아니면 지옥으로 갈 것인가"라는 이분법으로 왜소화시키기 때문이다. 만일 하나님이 인간의 행위를 기준으로 이른바 천당과 지옥을 결정한다면, 천당에 갈 수 있는 사람은 별로 없을 것이다. 만유회복설을 비판하는 보수계열 신학은 "하나님은 사랑이다"라는 성서의 대 명제를 철저하게 검토하지 않는다. 탕자를 아무 조건 없이 용서하고 수용하는 하나님은 사라지고, 인간의 행위에 따라 구원이냐 아니면 지옥이냐의 문제를 판결하는 율법주의적 하나님의 모습만 나타난다. 이렇게 되면, 하나님의 구원의 역사는 완성되지 못하고 그 구원이 자신의 공적에 따라 구원의 판결을 받는 사람에게만 해당하는 것으로 축소된다.

우리는 성서 도처에서 만유회복에 관한 근거를 발견한다. 위에 제시된 사도행전 3:21과 고린도전서 15:25-28 외에도, "세계의 화해"(롬 11:15, *katallage kosmou*), 그리스도의 부활을 통한 죄와 죽음의 세력의 결정적 파괴(고전 15:55), "그리스도 안에서 그분을 머리로" 한 만유의 "통일"(엡 1:10), "그리스도 안에서", "그리스도를 향한" 만물의 창조와 그리스도로 말미암은 하나님과 만물의 화해"(골 1:20), "새 하늘과 새 땅"에 대한 요한계시록의 비전(계 21:1)은 만유회복에 대한 근거가 된다. "엘리야가 먼저 와서 모든 것을 회복할 것이다"(막 9:12; 마 17:11)라는 예수의 말씀은 만물의 회복에 관한 신앙이 예수 당시 이스라엘 백성 가운데 널리 유포되어 있었음을 시사한다.

성서의 이와 같은 말씀에 근거하여, 우리는 하나님의 구원이 "만물의 회복"에 있다고 말할 수 있다. 예수 그리스도의 삶과 죽음과 부활을 통하여 죽음의 세력은 물러나고 하나님과 만물의 화해와 회복이 일어나기 시작한다. 죽음의 세력이 물러나고 성령의 힘을 통한 새 창조가 일어나기 시작한다(보다 자세한 토의에 관해서는 『기독교 신학』 제5권의 "종말론" 참조).

"만물의 회복"은 오늘 우리 시대에 일어나야 할 하나님의 구원의 총체성을 시사한다. 타락한 인간의 영혼은 물론 인간이 만든 모든 조직들과 사회가 하나님의 정의와 자비와 진리가 있는 형태로 변화되고 회복되어야 한다. 인간의 영혼은 물론 자연의 생태계도 하나님의 구원받은 세계로 회복되어야 한다. "만물의 회복"은 "하나님의 영광을 아는 지식이 땅 위에 가득한"(합 2:14) 하나님의 새로운 생명의 세계가 만물 안에 이루어져야 함을 강력히 시사한다.

"만물의 회복"은 그리스도인들의 존재와 그들의 공동체 안에서 명시적으로 일어난다. 그리스도인들과 그들의 공동체는 그 안에 만물의 회복이 시작되는 하나님의 "새로운 피조물"이다. 그러나 이것은 시작에 불과하다. 하나님의 나라가 완성될 때 창조 전체의 회복이 이루어지고 온 세계가 하나님의 "새로운 피조물"로 회복될 것이다. 하나님의 구원은 바로 여기에 있다. 즉 온 세계가 "하나님 보시기에 좋은"(창 1:10) 세계, "하나님이 기뻐하는" 세계로 회복되는 데 있다.

만물의 회복은 다양한 차원을 가진다. ① 먼저 그것은 인격적 차원에서 하나님 없는 인간이 하나님의 계명 안에서 살아가는 하나님의 자녀로 회복되고 비인간적 인간이 인간적인 인간으로 회복됨을 말한다. ② 사회적 차원에서 그것은 노동의 착취, 차별과 소외, 정치적 독재, 을에 대한 갑의 권위주의와 횡포, 사회적 불의와 부패, 불합리한 관행, 타인에 대한 배려 없음과 무례함으로 말미암아 훼손된 인간 생명의 존엄성과 생명의 권리의 회복을 말한다. ③ 세계적 차원에서 그것은 인종과 종교와 국가 간의 테러와 전쟁, 약소국에 대한 강대국의 횡포, 인종주의적 차별, 경제적 식민주의와 제국주의 등으로 말미암아 파괴된 인간의 존엄성과 생존권의 회복을 말한다. ④ 생태학적 차원에서 인간 존재의 회복은 인간의 자연성의 회복, 인간 자신의 생명을 보호하기 위해 필요한 인간과 자연의 조화로운 관계의 회복을 포괄한다.

2) 피조물과 하나님의 안식: 온 우주를 포괄하는 하나님의 메시아적 구원은 모든 피조물과 하나님의 "안식" 혹은 "쉼"으로 표현될 수 있다. 성서는 하나님의 안식 내지 쉼에 관한 여러 가지 지혜를 이야기한다.

a. 하나님 없는 세계는 안식이 없는 세계다. 그 속에는 "평화도 없고 안온도 없고 안식도 없고 고난만"이 가득하다(욥 3:26). "우리의 년 수가 칠십이요 강건하면 팔십이라도 그 년수의 자랑은 수고와 슬픔뿐이다"(시 90:10). 아침 일찍 일어나 "노동하며 저녁까지 수고한다"(104:23).

그런데 "사람이 해 아래서 수고하는 모든 수고가" 헛되다(전 1:3). "수고한 모든 수고가 다 헛되어 바람을 잡는 것"과 같다(2:11). "지혜와 지식과 재능을 써서 수고하였어도" 그 수고의 열매는 "수고하지 않은 사람"이 누리게 된다(2:21; 참조 잠 5:10). "일평생 근심하며 수고하는 것이 슬픔뿐이요 그 마음이 밤에도 쉬지 못한다"(전 2:23). 인간은 물론 모든 피조물이 안식을 얻지 못하고 피곤하다(1:8).

b. 인간이 헛된 수고로 안식을 얻지 못하며 피조물 세계 전체가 피곤한 원인은 무엇인가? 그 원인은 인간이 창조자 하나님을 잊어버리고 배를 자기의 하나님으로 섬기며(빌 3:19, "저희의 하나님은 배다"), 하나님의 계명을 지키지 않고 죄악을 행하여 하나님을 노엽게 하기 때문이다. 달리 말해 "저희는 마음이 미혹된 백성이라" 하나님의 법을 알지 못하기 때문이다. 그러므로 "내가 노하여 맹세하기를 저희는 내 안식에 들어오지 못하리라 하였다"(시 95:11).

그렇다면 수고한 인생들과 피조물들이 안식을 얻을 수 있는 길은 무엇인가? 구약에 의하면 그것은 하나님의 법을 지키는 데 있다. 곧 "독주로 인하여 비틀거리며…재판할 때 실수하거나 모든 상에는 토한 것, 더러운 것이 가득하고 깨끗한 곳이 없는" 죄악을 버리는 "이것이 너희의 안식이요 이것이 너희의 상쾌함이다"(사 28:7-12).

c. 하나님의 아들 예수는 평화와 안식이 없는 인간의 세계에 평화와 안식을 주기 위해 이 세상에 오셨다. 그는 하나님의 안식을 앞당겨 오는 "안

식의 주인"이다(마 12:8). 그가 계신 곳에 삶의 고통과 죽음에서의 해방이 일어나고 종말에 완성될 하나님의 평화와 안식이 앞당겨 이루어진다. 이를 위해 그는 유대인들이 가지고 있던 안식일에 관한 율법해석을 상대화시킨다. 그는 안식일에 병자를 고치며, 제자들이 밀 이삭을 따먹는 것을 허락한다. 이로써 그는 인간의 생명을 위한 안식일의 본뜻을 실현하고 하나님의 안식을 앞당겨 온다.

이 예수를 우리의 주님으로 믿고 따르는 데 안식이 있다. "수고하고 무거운 짐진 자들아, 다 내게로 오라. 내가 너희를 쉬게 하리라"(마 11:28). 피곤한 우리의 영혼이 쉼을 얻을 수 있는 길은 참 "길이요 진리요 생명"이신 예수께 우리의 무거운 짐을 내려놓는 데 있다. 그를 믿는 자는 "저 안식에 들어간다"(히 4:3).

d. 예수 그리스도 안에서 하나님은 우리에게 안식을 약속한다. 그의 부활을 통하여 약속되는 동시에 새롭게 시작된 하나님의 나라가 이 땅 위에 이루어질 때, 하나님의 영원한 평화와 안식이 있을 것이다. 하나님의 자녀들에게는 "그의 안식에 들어갈 약속"이 주어져 있다. 그들은 "저 안식에 들어가기를 힘써야 한다"(히 4:11).

하나님이 약속하는 안식에 들어가기 위해 우리는 하나님의 자녀답게 살아야 하며, 안식에 관한 계명을 지켜야 한다. 안식일에 먼저 자기 자신을 노동의 짐에서 해방해야 한다. 연약한 생명들을 불쌍히 여기고 안식을 얻게 함으로써 그들의 생명력을 회복하고 건강하게 살 수 있도록 배려해야 한다(안식일 계명). 안식년이 오면 땅이 안식을 얻어 그 생명력을 회복하도록 해야 한다(안식년 계명).

인간은 자기 홀로 살 수 있는 존재가 아니다. 그는 이웃과 함께 상호의 존과 교통 속에서만 살 수 있다. 그러므로 이웃이 안식할 때 나도 안식할 수 있다. 이웃이 인생의 무거운 짐으로 신음하고 있을 때 나 혼자 안식을 누린다는 것은 사실상 불가능하다. 가난한 이웃들과 자연의 피조물들의 탄식소리가 가득하고 35초 만에 한 사람의 생명이 자살로 끝나는데, 자기 혼자 안식을 누린다는 것은 불가능하다. 안식을 누린다 해도 그것은 안식이 없는 현실에 대해 눈을 감아버린 이기적 안식일 뿐이다. 그러므로 이웃이 안식할 수 있도록 배려함으로써 내 자신이 안식할 수 있어야 한다.

한 마디로 피조물 세계 전체가 안식할 수 있을 때 나의 안식이 가능하다. 나뿐만 아니라 모든 피조물이 안식을 얻는 데 하나님의 구원이 있다. 나의 나라, 나의 공동체는 물론 하나님이 창조한 세계 전체에 하나님의 안식이 이루어져야 한다. 하나님이 그들의 조상들에게 약속하신 대로 "그들의 사방에 안식을 주셨다"(수 21:44). 온 세계가 하나님이 그 안에서 안식하실 처소이다(사 66:1). 온 세계가 하나님의 안식에 이르도록 하기 위해 하나님의 자녀들은 "사랑의 수고"를 해야 한다(살전 1:3).

e. 안식을 얻기 위해서는 먼저 먹을 것이 있어야 한다. 굶주린 배를 안고 안식을 누리는 것은 불가능하다. 따라서 물질적 궁핍이 극복될 필요가 있다. 하나님은 아브라함에게 땅을 약속하며, 모세에게 "젖과 꿀이 흐르는 땅"을 약속한다. 생명의 터전이 되는 땅이 있고 먹을 것이 충분해야 안식이 가능하기 때문이다. 그러므로 구약성서는 땅과 안식의 연관성을 중요시한다. "너희의 주 하나님께서 너희에게 안식을 주시며, 이 땅을 너희에게 주시리라"(수 1:13; 참조. 신 3:20).

또한 하나님의 안식은 질병과 억압과 죽음의 위험이 사라질 때 가능하다. 불의 대신에 정의가, 거짓 대신에 진리가, 무자비함 대신에 자비가 있어야 하고, 대립과 갈등과 싸움 대신에 평화가 있을 때 안식이 가능하다. 따라서 하나님의 안식은 단지 영혼의 안식이 아니라 하나님이 지으신 세계 전체의 총체적 안식이라 말할 수 있다.

현대사회는 치열한 경쟁 사회이다. 그 경쟁에서 살아남기 위해 현대인은 자기 자신의 정신과 육체를 혹사시킨다. 강제퇴직에 대한 두려움 때문에 몸이 아파도 아프다는 표시를 낼 수 없다. 아픔을 견디고 약물을 복용하면서 계속 일한다. 언제나 건강하게 보여야 하고, 능력 있는 사람으로 보여야 하기 때문에 정신과 육체 모두가 피곤하다. 이리하여 각종 직업병이 생겨난다. 자동차 공장에서 실습하던 실업고등학교 학생이 피곤을 견디지 못해 죽어버린 일이 발생하기도 한다. 회사 직원들과 병원의 의사들이 피곤과 질병을 견디기 위한 진통제와 마약류를 과다하게 섭취하다가 죽기도 한다. 자살하는 회사 직원들과 의사들도 있다. 이와 같은 현대사회에 대해 하나님의 구원은 안식에 있다고 말하지 않을 수 없다. 오만규는 안식과 구원의 연관성을 아래와 같이 감동적으로 묘사한다.

"안식일은 하나님으로 말미암아 누구도 '결코 주리지 아니할 터이요 누구도 결코 목마르지 아니할'(요 6:35) 날이요, 누구도 '결코 내어 쫓기지 아니할'(요 6:37) 날이다.···수고하면서도 제대로 먹지 못하고 있는 목숨들을 하나님께서 '불쌍히 여기고'(마 14:14), 그 목숨들이 생명의 '길에서 기진할까 하여 차마 굶겨 보내지 못하겠노라'(마 15:32) 하시는 심정으로 그들에게 거처와 옷과 먹을 것과 마실 것과 쉴 틈을 마련해 주시는 날이다"(오만규 2004, 28, 이하 생략).

f. 하나님은 사랑이다. 그러므로 피조물이 안식하지 못하면 하나님도 안식할 수 없다. 피조물이 하나님의 평화 속에서 안식할 때 하나님도 안식할 수 있다. 피조물의 고난은 하나님 자신의 고난이요, 피조물의 평화와 안식은 하나님 자신의 평화와 안식이다. 피조물과 하나님이 함께 안식을 누리는 데 하나님의 메시아적 구원이 있다.

하나님이 창조의 사역을 마치고 이렛날에 안식하였다는 창세기 2:2의 말씀은 피조물의 세계가 하나님의 안식을 얻음으로 하나님 자신도 안식을 누리게 될 종말론적 미래를 시사한다. 이 종말론적 미래에 대해 히브리서 기자는 다음과 같이 말한다. "하나님께서 주실 안식에 들어가는 사람은 하나님이 자기 일을 마치고 쉬신 것과 같이 그 사람도 자기 일을 마치고 쉬는 것이다. 그러므로 우리는 이 안식에 들어가기를 힘쓰자"(히 4:10-11).

3) 미래적 현재인 동시에 현재적 미래로서의 구원: 위에 기술한 모든 구원론적 개념들은 종말론적 성격을 지닌다. "구원"이란 개념 자체가 종말

론적 개념이기 때문이다. 따라서 구원을 가리키는 "만물의 회복과 하나님의 안식"도 종말론적 성격을 지닌다. 그리스도인들과 그들의 공동체에 부어지고 그들 안에 계신 성령을 통해 삼위일체 하나님이 그들 안에 계신다. 삼위일체 하나님과 함께 하나님을 통하여 만물의 회복과 하나님의 안식이 그들 안에서 현재화된다. 그러나 그것은 매우 부분적이요 불완전하다. 이 세계는 부정되고 극복되어야 할 부정적인 것으로 가득하며, 안식 대신에 수고와 고통으로 가득하다. 인간의 탐욕으로 점점 더 삶의 터전을 잃어버리는 자연의 생명들은 물론 인간 자신의 생명도 "죽음의 음침한 골짜기" 속에서 신음하고 있다. 평화와 안식 대신에 갈등과 분열, 경쟁과 투쟁, 고난과 피흘림과 죽음이 도처에서 일어나고 있다.

따라서 그리스도인들과 그들의 공동체 안에 현재화된 만물의 회복과 하나님의 안식은 장차 완성될 미래의 것으로 남아 있다. 만물의 회복이 완성될 때 피조물의 완전한 안식이 있을 것이고 피조물의 완전한 안식이 있을 때 만물의 회복이 있을 것이다. 이같이 서로 결합되어 있는 만물의 회복과 하나님의 안식은 현재 경험되는 동시에, 미래에 완성될 미래적인 것으로 머물러 있다.

오늘의 세계 현실 속에서 "만물의 회복과 하나님의 안식"은 도저히 실현될 수 없는 공허한 종교적 언어로 들린다. 그것은 이 세계 어디에도 있을 수 없는, 글자 그대로 "유토피아"(ou-topos, 장소가 없음)로 들린다. 그러나 새 창조자 성령에 의한 예수의 부활은 피조물의 회복과 안식을 약속한다. 그리스도인들과 그들의 공동체에 성령이 부어질 때 "그의 안식에 들어갈 약속"(히 4:1)이 그들에게 주어진다. 그들은 파괴되고 안식이 없는 세계 속에 "만물의 회복과 하나님의 안식"을 이루도록 하나님의 부르심을 받았다.

교회가 존재하는 목적은 이 사명을 감당하는 데 있다. 그리스도인들과 교회가 감당하는 이 사명을 통해 만물의 회복과 하나님의 안식이 가시화되고, 가시화되는 동시에 그들이 끊임없이 지향해야 할 미래로서 그들 앞에 있다.

죄와 죽음의 세력에 묶인 모든 피조물이 의식적으로 혹은 무의식적으로 하나님의 구원을 기다리고 있다. 경쟁과 투쟁, 고난과 고통에 지치고 피곤한 모든 피조물이 만물의 회복과 하나님의 안식을 기다린다. 곧 보다 나은 내일을 기다린다. 굶주림과 질병에 시달리는 아프리카 난민들의 커다란 눈동자, 대중교통에 실려 집으로 향하는 직장인들의 피곤한 모습들(심지어 지하철에서 약을 복용하는 직장인들도 있음), 죽지 않고 살고자 하는 자연 생물들의 몸부림, 보다 나은 내일에 대한 사람들의 막연한 기다림, 진실과 아름다움을 찾는 예술품들, 두 팔을 흔들며 울부짖듯 기도하는 사람들의 모습에서 우리는 하나님의 구원을 향한 피조물의 안타까운 기다림을 볼 수 있다. 바울은 이것을 다음과 같이 말한다. "모든 피조물이 이제까지 신음하며, 함께 해산의 고통을 겪고 있다는 것을 우리는 압니다. 그 뿐만 아니라, 첫 열매로서 성령을 받은 우리도…우리 몸을 속량하여 주실 것을 고대하면서 속으로 신음하고 있습니다"(롬 8:22-23).

우리 인간의 존재와 이 세계는 하나님의 구원받은 세계, 만물의 회복과 하나님의 안식이 있는 미래를 향해 변화되어야 한다. 이를 위해 우리 자신과 이 세계 모든 곳에 숨어 있는 "부정적인 것의 부정"이 끊임없이 일어나야 한다. 물론 인간의 존재와 이 세계 속에는 긍정적인 것도 있다. 긍정적인 것이 있기에 사회가 유지된다. 또 부정적인 것의 부정 자체가 목적도 아니다. 그러나 부정적인 것이 부정될 때 긍정적인 것이 나올 수 있다. 그리스도와 함께 죽을 때(부정: *mortificatio*) 그리스도와 함께 살 수 있는 것(긍정: *vivificatio*)과 마찬가지이다. 타락한 인간성이 "하나님의 인간성"으로, 타락한 성품들이 "하나님의 성품"으로 변화되어야 하고, 불의하고 비도덕적인 사회가 정의롭고 도덕적인 사회로 변화되어야 한다. 가난한 사람들 앞에서 부와 명품을 자랑하고 자기를 과시하려는 마음을 부정하고, 청빈한 생활을 자랑스럽게 생각하는 자존감이 있어야 한다. 사회 양극화를 줄여야 하며, 거대한 부를 가진 사람들의 자발적 나눔이 있어야 한다. 이기심과 탐욕과 불의를 버리고 선한 양심으로 다시 태어나야 한다. 이와 같은 노력 속에서 만물의 회복과 하나님의 안식이 있는 세계, 곧 하나님의 구원 받은 새로운 생명의 세계가 가시화된다.

4

구원이 시작되는 길

- 죄의 고백과 용서, 회개와 다시 태어남 -

하나님의 구원은 약 2천 년 전 예수 그리스도의 삶과 죽음과 부활을 통해 객관적으로 일어났다. "이제는 죽음과 슬픔과 울부짖음과 고통이 없는" 하나님의 새로운 생명의 세계가 우리에게 열렸다. 그럼 하나님의 구원이 오늘 우리의 구원으로 현실화될 수 있는 길은 무엇인가?

이 질문에 대해 정통주의 신학은 "구원의 방편"의 개념을 통해 대답한다. 구원의 객관적인 방편(*media salutis exhibitiva*)은 말씀과 성례전(세례와 성찬)에 있고, 말씀과 성례전을 통해 중재되는 구원을 수용할 수 있는 주관적인 방편(*medium apprehensivum*)은 믿음에 있다. 이와 같은 견해는 제도 교회와 성직자의 권위를 강화시키는 데 기여한다. 성직자가 베푸는 설교와 성례전은 구원의 객관적 방편으로서 일차적 위치에 있고, 주관적 방편으로서의 믿음은 이차적 위치에 있다. 따라서 구원의 객관적인 방편을 가진 교회는 객관적 권위를 주장할 수 있게 된다. 심지어 믿음 없는 성례전의 객관적 효력을 주장하기도 한다.

이에 반해 우리는 다음과 같이 말할 수 있다. 성령의 내적 체험을 통한 죄의 인식과 고백, 회개와 다시 태어남(중생)과 믿음의 주관적 요소들이 없다면 말씀과 성례전은 구원의 효력을 가질 수 없다. 성령의 도우심을 통해 죄를 깨닫고 자복하며 회개하고 새로운 피조물로 다시 태어날 때 하나님의 구원이 우리 안에서 현실화되기 시작한다. 요약하자면, 구원이 시작되는 길은 죄의 인식과 고백, 회개와 다시 태어남에 있다.

1) 죄의 고백과 용서: 예수 그리스도 안에서 일어난 하나님의 구원이 현실화될 수 있는 첫 단추는 죄에 대한 인식과 고백, 죄에 대한 주님의 용서에 있다. 구원이 죄와 죽음의 세력을 벗어나 하나님 나라에 속한 하나님의 자녀로 살게 되는 것을 뜻한다면, 먼저 죄에 대한 인식과 고백이 있어야 한다. 예수의 십자가와 죄에 대한 고백이 없는 구원, 믿음, 성화, 성례전은 "싸구려 상품"과 같다. 자기가 죄의 세력에 묶여 있다는 사실을 깨닫고 이를 고백할 때만 죄의 세력에서 벗어날 수 있다.

죄는 하나님을 부인하고 하나님 없이 자기의 욕심과 욕정이 이끄는 대로 행동하는 데 있다. 그것은 피해를 당하는 사람은 물론 죄를 짓는 사람 자신의 생명을 파괴하고, 그의 생명과 피조물의 세계를 죽은 뼈들이 가득한 무덤과 같은 것으로 만든다. 이와 같은 인간을 가리켜 바울은 "허물과 죄로 죽었던 너희"라 부른다(엡 2:1). 시편 23:4이 말하는 "죽음(사망)의 음침한 골짜기"는 무덤과 같은 인간의 세계를 말한다. 요한복음에 의하면 그것은 곧 "어둠"이다.

죄와 죽음의 "음침한 골짜기"를 벗어나 하나님의 구원에 이르는 첫 단추는 죄를 깨닫고 이를 고백하는 데 있다. "하나님이여, 불쌍히 여기옵소서. 나는 죄인입니다"(눅 18:13). 죄를 깨닫고 이것을 고백할 때, 우리는 하나님을 떠난 우리 자신의 비본래적 상태를 보게 되고, 본래의 상태로 돌아올 것을 바라는 하나님의 기다림에 복종하게 된다. 비본래적 상태를 인식하는 사람, 내가 이런 모습으로 살아서는 안 된다고 깨닫는 사람만이 본래적 상태로 돌아올 수 있다. 하나님의 나라는 단지 사회개혁과 해방에 있는 것이 아니라 자기의 죄를 깨닫고 이를 자백하는 사람에게서 일어나기 시작한다. 죄를 깨닫고 고백할 때 하나님께서 우리의 죄를 용서한다. "네 죄사함을 받았느니라"(눅 7:48). 이로써 죄와 죽음의 세력은 한 인간에게서 힘을 잃어버리게 되고, 이 세력에서의 해방과 자유가 일어나게 된다.

2) 회개의 의미: 구원의 둘째 단추는 회개에 있다. "회개하고 복음을 믿으라"(막 1:15). 하나님 나라의 복음, 곧 "기쁜 소식"을 믿기 전에 먼저 회개가 있어야 한다. 하나님의 구원은 예수의 십자가 앞에서 진심으로 회개하는 사람에게 온다. 삭개오 이야기가 이를 예시한다. 삭개오가 "내 소유의 절반을 가난한 사람들에게 주겠습니다"라고 회개할 때 예수는 구원을 선포한다. "오늘 구원이 이 집에 이르렀다"(눅 19:8-9). 구약성서도 구원에 앞서 회개를 요구한다. "이스라엘아…내게로 돌아오라"(렘 4:1), "이스라엘 족속아…너희는 돌이켜 회개하고 모든 죄에서 떠나라"(겔 18:31), "온 땅에 있는 백성들아, 나에게로 돌아오라. 그리하면 구원을 얻으리라"(사 45:22).

회개란 무엇인가? 구약성서에서 회개, 곧 "슈브"(בוּשׁ, shub)는 악행을 버리고 하나님에게 돌아오는 것, 하나님의 법을 지킴으로써 하나님과의 계약관계가 회복되는 것을 뜻한다. 곧 하나님은 이스라엘 백성의 하나님이 되고, 이스라엘 백성은 하나님의 백성으로 살게 됨을 말한다.

신약성서는 회개를 "메타노이아"(metanoia) 혹은 "에피스트레페인"(epistrefein)으로 표기하는데, 의미상의 차이는 거의 없다. 나중에 metanoia는 라틴어로 poenitentia로, epistrefein은 convertere 혹은 converti로 번역된다(Weber 1972, 386). 중세신학에서 poenitentia는 마음속에서 일어나는 "참회"로 이해되기 때문에 회개의 본 뜻을 충분히 드러내지 못하는 문제가 발생한다.

종교개혁자 멜랑히톤(Melanchton)과 그 이후 개신교 신학은 회개에 대해 자기를 "죽임"(mortificatio)과 "다시 살아남"(vivificatio)으로 설명한다(Weber 1972, 390). 먼저 회개는 철저한 "자기부정"(Calvin), 곧 죄와 죽음의 세력에 묶여 불의와 거짓과 악을 행하며 살던 자아가 십자가에 달린 예수와 함께 죽고, 부활하신 그리스도와 함께 새로운 피조물로 다시 살아나는 것을 말한다. "만일 우리가 그리스도와 함께 죽었으면 또한 그와 함께 살

줄을 믿습니다"(롬 6:9).

성서가 말하는 회개는 단지 마음의 뉘우침 내지 참회, 이른바 "통회하고 자복하는 것"에만 머물지 않는다. 그것은 죄와 죽음의 길에서 참 생명의 길로 돌아서는 것, 곧 삶의 방향전환을 뜻한다. "죄에 대하여 죽고 정의에 대하여 살게" 됨을 말한다(벧전 2:24). 회개는 자기 자신과 세상에 속한 것을 신뢰하며 살던 삶의 길을 버리고 하나님을 신뢰하며 사는 삶의 길로 바꾸는 것, 자기중심의 삶의 방향을 버리고 하나님과 이웃 중심의 삶의 방향으로 바꾸는 것을 말한다. 자기의 소유를 "내 능력과 내 손의 힘으로 내가 이 재물을 얻었다"(신 8:17)고 생각하지 않고 하나님의 은혜로 감사히 받으며, 가난한 이웃 앞에서 부를 과시하는 천민졸부의 삶의 방식을 버리고 이웃에게 하나님의 사랑을 베풀면서 검소하고 겸손하게 사는 삶의 길을 취하는 데 있다.

여기서 우리는 구약성서가 말하는 회개의 의미를 되새겨볼 필요가 있다. 구약성서가 말하는 회개는 출애굽의 하나님만을 섬기는 "하나님의 백성"으로서 하나님의 법을 지키는 삶의 길을 취하는 데 있다. 하나님의 법, 곧 율법의 핵심은 하나님을 경외하고 이웃에게 자비와 정의를 행하는 데 있다. 그것은 하나님 없는 이기적이고 탐욕적인 삶을 버리고 어려운 이웃에게 자비를 행하며 정의를 세우며 사는 것을 말한다. "옳은 일을 하는 것을 배워라. 정의를 찾아라"(사 1:17).

3) 회개의 전제: 회개는 하나님의 은혜와 사랑을 전제한다. 하나님이 먼저 그의 은혜와 사랑으로 이스라엘 백성을 선택했기 때문에 이스라엘 백성은 회개하고 하나님의 거룩한 백성이 되어야 한다. 이처럼 불쌍한 히브리들을 그의 백성으로 선택한 하나님의 은혜와 사랑이 회개의 전제인 것이다.

신약성서에서 예수는 회개를 요구하기 전에 먼저 그 자신을 회개가 인격화된 존재로 나타낸다. 그는 회개한 삶의 인격화이다. 그는 아버지 하나님과 하나이기 때문이다. 바로 이 예수가 회개를 요구한다. 먼저 하나님 나라의 기쁜 소식이 선포된 다음 회개가 요구된다. 그러므로 예수는 "하나님을 가까이 하라. 그리하면 하나님이 너희를 가까이 할 것이다"(약 4:8), "너희는 내게로 돌아오라…그리하면 내가 너희에게 돌아가리라"(슥 1:3)라고 말하지 않는다. 오히려 회개가 인격화된 예수 자신이 먼저 오시고 하나님의 나라를 선포하면서 "회개하고 복음을 믿으라"고 말한다.

여기서 중요한 문제는 죄의 용서와 회개 사이의 관계이다. 회개가 있을 때 죄의 용서를 받는가, 아니면 죄의 용서를 받은 다음에 회개가 따르는가? 하나님은 회개를 조건으로 죄를 용서하는가, 아니면 먼저 죄를 용서하면서 회개를 요구하는가? 이 문제는 하나님 상(像)과 연관된다. 하나님은 회개를 조건으로 죄를 용서하는 율법적인 분인가, 아니면 회개 이전에 우리의 죄를 용서하는 자비로운 분인가?

원칙상 하나님의 죄용서가 회개를 앞선다고 말할 수 있다. 인간의 회개가 있기 전에 먼저 하나님의 아들이 이 세상에 오시고 구원의 역사를 시작한다. 부활의 빛에서 볼 때 우리의 죄를 짊어지시고 십자가의 죽음을 당한 그분이 "하나님의 나라"를 선포하면서 회개를 요구한다(막 1:15). 따라서 회개는 하나님의 죄용서를 받기 위한 인간적 전제가 아니라 죄용서에 대한 응답이요 죄용서의 귀결이라 말할 수 있다. "나도 너를 정죄하지 아니하노니 가서 다시는 죄를 범하지 말라"(요 8:11).

예수 안에서 하나님이 먼저 인간의 죄를 용서하시고 그의 나라를 시작하신다. 이에 대한 응답으로 죄악된 인간이 회개하고 하나님의 자녀로 다시 태어난다. 인간의 회개가 하나님의 죄용서를 불러오는 것이 아니라, 먼저 우리의 죄를 용서하는 하나님의 사랑이 인간의 회개를 불러일으킨다. 우리가 먼저 하나님에게 돌아오기 때문에 하나님이 우리에게 돌아오는 것이 아니라(슥 1:3), 하나님이 우리에게 오시기 때문에 우리가 하나님에게 돌아오는 것이다.

여기서 이론적으로는 죄용서가 회개를 앞서지만, 현실적으로는 죄용서와 회개는 동시에 발생한다. 우리는 죄를 고백하고 용서받으면서 회개하고, 회개하면서 죄를 용서받는다. 죄용서 없는 회개도 있을 수 없지만 회개 없는 죄용서도 있을 수 없다. 회개가 없는 죄용서는 참 죄용서가 아니다. 죄용서는 회개의 전제가 되고 회개는 죄용서의 참됨을 증명한다.

4) 새로운 피조물로 다시 태어남: 부활을 통하여 약속된 하나님의 구원은 한 인간이 죄를 깨닫고 회개하며 하나님의 새로운 피조물로 다시 태어날 때 현실적으로 일어나기 시작한다. "하나님께서는 그 크신 자비로 우리를 새로 태어나게 하셨다(anagennesas)"(벧전 1:3). "여러분은 다시 태어났습니다"(1:23). "누구든지 다시 나지 않으면, 하나님 나라를 볼 수 없다"(요 3:3). "너희는 다시 태어나야 한다"(3:7). "하나님은⋯범죄로 죽은 우리를 그리스도와 함께 살려 주셨습니다. 여러분은 은혜로 구원을 얻었습니다. 하나님께서 그리스도 예수 안에서 우리를 그분과 함께 살리시고"(엡 2:5-6).

성서는 "다시 태어남"을 다양한 형태로 묘사한다. 곧 "의와 진리의 거룩함으로 지으심을 받은 새 사람을 입는" 것(엡 4:24), "이전 것"은 지나가고 "새 것" 혹은 "새 사람"이 되는 것(고후 5:17; 엡 2:15; 골 3:10), "오직 새로 지으심을 받은 자"(갈 6:15), 그리스도 안에 있는 "새로운 피조물"로(고후 5:17) 새롭게 태어나는 것 등으로 묘사한다. 그것은 죄와 죽음의 세력에서 해방된 "새로운 생명"(vita nova), "영원한 생명"(vita aeterna)의 시작이라 말할 수 있다(롬 6:4; 요일 5:11).

우리는 회개와 함께 발생하는 "새로운 피조물", "새로운 생명"으로 다시 태어남을 하나님 없는 비도덕적 존재에서 하나님 안에 있는 도덕적 존재로 태어나는 것이라 말할 수 있다. 칸트가 말하는 바와 같이 이 도덕적 존재는 "점진적인 개혁을 통해서는 성취할 수 없는 것으로 오직 마음의 혁명, 즉 '새로운 창조'와도 같은 일종의 재탄생을 통해서, 즉 '심정의 변화,' 회심을 통해서만이" 가능하다(김정숙 2014, 66). 바울은 도덕적 존재로의 다시 살아남을 다음과 같이 묘사한다. "이와 같이 너희도 너희 자신을 죄에 대하여 죽은 자요, 그리스도 예수 안에서 하나님을 대하여 산 자로 여겨야 한다. 그러므로 너희는 죄로 너희 죽을 몸에 왕노릇하지 못하게 하여…너희 지체를 의의 병기로 하나님께 드려라"(롬 6:11-13).

회개는 옛날의 자기는 죽고 하나님의 소유된 하나님의 자녀로 다시 태어남을 말한다. 무덤과 같은 세상을 벗어나 하나님의 주권 속에 있게 됨을 말한다. 그런 까닭에 우리는 "회개"와 "다시 태어남"을 엄격하게 구별하기 어렵다. 회개가 곧 "다시 태어남"을 뜻하기 때문이다. 칼뱅은 회개를 다시 태어남으로 이해한다. "나는 회개를 다시 태어남으로 해석하는데, 회개의 유일한 목적은, 아담의 범죄로 인하여 사라졌고 거의 지워져버린 하나님의 형상을 우리 속에 회복함이다"(*Inst.* III.3.9). "옛것의 중지, 자기의 중심을 자기 자신 안에 가지고 있던 인간의 끝남과 새로운 것의 시작, 하나님이 창조한 새로운 인간의 새로운 시작, 자기영광의 끝남과 나의 주와 창조자의 인정"으로서의 회개는 바로 다시 태어남을 뜻한다(Brunner 1964, 320).

"다시 태어남"은 하나님의 구원받은 세계가 먼저 한 인간 안에서 이루어지기 시작함을 말한다. 한 인간이 하나님의 새로운 피조물로 다시 태어날 때 하나님의 새로운 생명의 세계, 곧 하나님의 나라가 이 땅 위에 자리를 잡기 시작한다. 하나님의 나라가 먼저 한 인간의 인격과 생활 속에서 가시화된다.

5) 참 자유로 다시 태어남: 회개를 통해 다시 태어난 생명은 하나님의 통치 안에 있는 삶을 말한다. 욕망과 욕정의 노예가 되어 살아가던 옛날의 자기는 죽고 그리스도 안에 있는 참 생명으로 태어났음을 말한다. "누구든지 그리스도 안에 있으면 그는 새로운 피조물입니다. 옛 것은 지나갔습니다. 보십시오. 새 것이 되었습니다"(고후 5:17). 이제 그의 생명을 지배하는 것은 자기 자신이 아니라 주님이시다. "우리는 우리의 것이 아니라 주님의 것이다"(*nostri non sumus, Domini sumus*, 롬 14:8).

이 말은 하나님 없는 사람들에게는 인간의 부자유로 들릴 것이다. 그들에게 있어, 참 자유는 아무런 제한이나 제약을 받지 않는 것, 자기 마음대로 행동할 수 있음을 뜻한다. 자기의 행동에 대한 제한이나 제약은 부자유로 간주된다. 여기서 자유는 어떤 제한이나 제약을 강요받지 않은 것,

그 무엇에도 묶이지 않는 것을 말한다. 이른바 "절대적 자유"를 가리킨다.

오늘날 많은 사람들은 돈이 곧 자유라고 생각한다. 돈만 있으면 우리는 우리가 원하는 모든 것을 할 수 있다. 생명의 시간을 연장할 수도 있고, 감옥에 있어야 할 사람이 종합병원 VVIP 특실의 호화로운 생활을 누릴 수도 있다. 수많은 섹스 파트너를 가지는 등 내가 하고 싶은 모든 것을 할 수 있다. 여기에 자유가 있다고 생각한다. 그래서 더 많은 돈을 얻고 싶어 한다.

물론 삶의 염려와 고통에서 벗어나기 위해 돈이 필요한 것은 사실이다. 인간의 존엄성을 유지하기 위해서는 기본적인 물질이 있어야 한다. 돈이 없으면 살 수가 없다. 돈 때문에 자살까지 하는 우리 사회의 현실 앞에서 우리는 삶의 이 진리를 인정하지 않을 수 없다. 그러나 돈을 최고의 가치로 생각할 때, 우리는 돈의 지배를 받는 "돈의 노예"가 되어버린다. 도덕도 양심도 사라지고 우리 사회는 돈 밖에 모르는 "돈 돼지들"로 가득하게 될 것이다.

돈은 우리의 생존에 없어서는 안 될 요소지만 돈이 우리에게 참 자유와 행복을 주지 못한다. 은행이나 증권회사가 만들어 준 통장이나 사이버 공간에 동그라미 숫자로만 존재할 뿐, 손으로 만질 수도 없고 눈으로만 볼 수 있는 돈이 우리를 기쁘게 할 수는 없다. 인간의 소유욕은 한이 없기 때문에 아무리 많은 돈을 소유한다 해도 만족함이 없게 되고, 내가 돈을 지배하는 것이 아니라 도리어 돈이 나를 지배하게 된다. 곧 인간이 "돈의 노예"가 된다. 이리하여 돈 때문에 자식이 부모를 살해하는 참극이 벌어지고 형제끼리 원수가 되기도 한다.

돈이 충분할 때 쾌락의 유혹이 도적같이 찾아든다. 이리하여 돈의 노예는 쾌락의 노예, 인간이 아닌 인간, 곧 비인간으로 쉽게 전락한다. 그는 나침반이 고장 난 배처럼 일정한 방향 없이 이리저리 방황하다가 삶의 허무를 견디지 못해 자살까지 한다. 그에게 자유와 행복을 가져오리라 기대했던 그 돈이 그를 파멸시키는 무서운 독소가 된다. 돈은 교환가치만 가질 뿐, 삶의 참 가치와 의미에 대해서는 알지 못하기 때문이다. 바로 여기에 "돈의 진리"가 있다. 그러므로 성서는 "돈을 사랑함이 일만 악의 뿌리"라고 말한다(딤전 6:10).

참 자유는 돈을 한없이 많이 가지는 데 있지 않다. 더 많은 소비, 더 많은 명품과 사치와 향락에 있지 않다. 참 자유는 죄와 죽음의 세력에 붙들린 옛날의 우리는 죽고, 하나님의 자녀로, 새로운 피조물로 다시 태어나 하나님의 계명 안에서 사는 데 있다. 자연적 존재, 사회적 존재로서 자연과 사회의 법칙 아래 종속되어 있으면서도 "도덕적 주체로서" 자연과 사회가 우리에게 부여하는 "인과율의 법칙을 끊어 도덕적 법칙에 따라 스스로 새로이 시작할 수 있는 힘, 즉 자유로운 의지에 따라 행위할 수" 있는 "자발적 의지의 자유"에 있다(김정숙 2014, 51).

그러나 칸트가 말하는 인간의 "자발적 의지의 자유"는 악의 유혹 앞에서 너무도 무력하다. 그것은 쉽게 악의 도구가 되어버린다. 그는 자신의 본성 깊이 뿌리박고 있는 "존재론적 악의 세력"을 벗어날 수 없다. 참으로 자유로울 수 있는 길은 먼저 하나님을 인정하는 데 있다. 그리스도의 십자가 앞에서 끊임없이 옛날의 나는 죽고 하나님의 자녀로, 하나님의 형상으로 변화되는 데 있다. 참 자유는 "네 이웃을 네 몸처럼 사랑하라"고 명령하는 하나님의 통치 안에 있을 때 가능하다. 아우구스티누스가 말한 바와 같이 "하나님을 섬기는 것이 최고의 자유이다"(*Servitas Dei summa libertas*, Augustinus).

5

구원의 종말론적 현실로서의
믿음

죄의 인식과 고백, 회개와 다시 태어남을 통해 시작된 하나님의 구원은 그리스도인들의 믿음 속에서 삶의 현실로 나타나게 된다. 장차 올 하나님의 구원받은 새로운 생명 세계가 믿음 속에서 현실이 된다. 믿음은 삼위일체 하나님이 우리의 하나님이 되시고 하나님의 통치가 이 땅 위에 이루어지는 구원의 구체적 현실이다. 그러나 이 현실은 매우 불완전하고 또 부분적이다. 그것의 궁극적 도래는 역사의 미래에 머물러 있다. 그것은 현재적인 동시에 미래적이요, 미래적인 동시에 현재적이다. 그런 점에서 그것은 종말론적이다. 한 마디로 믿음은 하나님의 구원의 종말론적 현실이다. 그러면 종말론적 현실로서의 믿음은 구체적으로 무엇을 말하는가?

A. 믿음에 대한 성서의 기본이해

1) 구약성서의 이해: 신약성서는 "믿음"을 명사형 "피스티스"(pistis)와 동사형 "피스튜에인"(pisteuein)의 특수한 개념으로 나타낸다. 70인역

(Septuaginta)은 "믿음"을 나타내는 구약성서의 다양한 표현들을 이 두 가지 개념으로 번역한다. 그러나 구약성서에는 신약성서의 이 두 가지 개념들처럼 고정된 개념들이 없다. 구약성서의 기자들은 "믿음"이란 개념이 뜻하는 바를 특정한 개념으로 표현하기보다 다양한 시대적 상황 속에서 다양한 이야기 형식으로 나타낸다. 70인역에서 *pistis, pisteuein*으로 번역된 구약의 몇 가지 주요 개념들을 살펴본다면,

a. *Batach*: "바타흐"(בָּטַח)는 "안전한 상태 혹은 안전하다는 느낌", "자기를 맡기다 혹은 의지하다"를 뜻한다. 그것은 주로 인간의 잘못된 태도를 나타내는 데 사용된다. 예를 들어 거짓된 안전성에 대한 믿음을 가리킬 때 사용된다. "자신이 만든 것(우상)을 의지한다(*batach*)고 하지만 그것은 말도 못하는 우상이 아니냐?"(합 2:18) "이제 너는 너의 길과 많은 수의 군대를 의지하기(믿기) 때문에…너의 요새들이 모조리 파괴될 것이다"(호 10:13-14). "바타흐"는 또한 긍정적 의미로 사용되기도 한다. "군대가 나를 치려고 에워싸도 나는 무섭지 않네…나는 하나님만 의지하려네(믿으려네)"(시 27:3). "하나님은 나의 구원이시다. 나는 주님을 의지한다(믿는다)"(사 12:2; 참조. 렘 39:18; 왕하 18:30).

b. *Chasah*: "하사"(חָסָה)는 안전한 도피처를 찾아 "피하다, 자기를 숨기다"를 나타낸다. "내가 주님께 피하였거늘"(시 11:1), "하나님 나를 지켜 주십시오. 내가 주님께 피합니다"(16:1), "나는 오직 주님만 의지합니다"(31:6).

c. *Yachal*: "야할"(יָחַל)은 "기다리다, 바라고 희망하다, 견디다"를 뜻한다. "이 고난의 때가 지나가기까지 기다리겠습니다"(욥 14:14), "사람들은 기대를 가지고…내 의견을 들으려고 잠잠히 기다렸다"(29:21).

d. *Qawah*: "카와"(קָוָה)는 "기다리다, 견디다"를 뜻하며, *yachal*과 같은 의미로 사용된다. "내가 주님을 기다린다(*qawah*). 내 영혼이 주님을 기다리며, 내가 주님의 말씀만을 기다린다(*qawah*). 내 영혼이 주님을 기다림이(*yachal*) 파수꾼이 아침을 기다림보다 더 간절하다"(시 130:5-6).

e. *He-emin*: 믿음을 나타내는 구약성서의 가장 대표적 개념은 동사

형 "헤에민"(הֶאֱמִין)이다. 이 동사는 "확실한, 든든한, 성실한, 믿을만한"을 뜻하는 "아만"(אָמַן, aman)에서 유래한다. 우리가 기도할 때 마지막에 말하는 "아멘"은 aman에서 유래하며, "그것은 확실하다, 참되다"는 믿음 내지 신뢰를 나타낸다(참조. 렘 28:6).

"헤에민"은 "신뢰하다, 굳게 믿다, 고수하다, 든든히 서다"를 뜻한다. 이 개념은 이사야서에서 대표적으로 사용된다. "너희가 믿음 안에 굳게 믿지 못한다면(혹은 '굳게 신뢰하지 못한다면': be-emin), 너희는 절대로 굳게 서지 못한다"(사 7:9). "내가 시온에 주춧돌을 놓는다…이것을 신뢰하는 사람은 도망가지 않을 것이다"(28:16). "주님께서 비록 야곱의 집에서 얼굴을 돌리셔도 나는 주님을 (끝까지) 의지하겠다. 나는 주님을 희망하겠다"(8:17). 이방 민족의 공격으로 나라의 운명이 위험하게 되었을 때 남 유다 왕 여호사밧은 백성들에게 이렇게 외친다. "너희는 너희의 주 하나님을 신뢰하라. 그리하면 견고히 서리라"(대하 20:20). 여기서 "신뢰"는 구원에 대한 간절한 바람과 희망을 내포한다.

"믿음"의 의미는 위의 개념들을 사용하지 않는 구약성서의 많은 고백들과 이야기 속에도 나타난다. 시편 기자는 하나님에 대한 믿음을 다음과 같이 고백한다. "주는 나의 빛이요 나의 구원이시니, 내가 누구를 두려워하리요. 주는 내 생명의 능력이시니, 내가 누구를 무서워하리요"(시 27:1). 하나님의 도우심에 대한 신뢰 속에서 미디안 족을 무찌른 기드온의 이야기(삿 6-7장), 홍해의 기적에 관한 이야기(참조. 출 14:31, "이스라엘은…주님과 주님의 종 모세를 믿었다"), 특히 다윗과 골리앗의 이야기는 "믿음"이란 개념을 사용하지 않지만 "믿음에 관한 일련의 구약성서적 진술들의 정점"을 보여준다. "너는 칼을 차고 창을 메고 투창을 들고 나에게로 나왔으나, 나는 네가 모욕하는 이스라엘 군대의 하나님, 곧 만군의 주님의 이름을 의지하고 너에게로 나왔다"(삼상 17:45; Rad 1968a, 404).

위의 이야기들은 특정한 개념들보다 훨씬 더 구체적이고 생동적으로 "믿음"의 의미를 보여준다. 그 의미를 하나의 개념으로 요약한다면 "신뢰"

(Vertrauen)라고 말할 수 있다. 곧 도우시는 하나님의 능력을 굳게 믿고 그에게 "자기를 맡기는 것", 모든 불확실에도 불구하고 하나님을 "바라보는 것", 바라보며 흔들리지 않고 "굳게 서는 것", 간절히 "기다리고 바라는 것"을 뜻한다.

많은 자손들을 주리라는 하나님의 약속에 대한 아브라함의 믿음도 신뢰를 뜻한다. "아브람이 주님을 믿으니, 주님께서는 아브람의 그런 믿음을 의로 여기셨다"(창 15:6). 예언자들에게서도 믿음은 신뢰를 뜻한다. 이집트의 군마와 병거와 기마병의 막강한 힘을 믿는 자(신뢰하는 자)는 망할 것이다(참조. 사 31:1; 합 1:11). 그러나 하나님을 신뢰하는 자는 살 것이다(사 30:15). "누구든지 주의 이름을 부르는 자는 구원을 얻으리라"(욜 2:32). "의로운 사람은 그 믿음으로 말미암아 살 것이다"(합 2:4).

그러나 구약에서 "신뢰"로서의 믿음은 구원의 근원이요 피난처 되신 하나님을 굳게 믿는 것, 그 위에 굳게 서는 것을 뜻하는 동시에 하나님의 백성으로서 하나님의 율법을 지키는 것을 내포한다. 참으로 하나님을 신뢰하고 그에게 자기의 삶의 길을 맡기는 사람은 하나님의 법을 따를 수밖에 없다. 하나님의 법을 지킨다는 것은 하나님이 다스리는 현실이 세워지는 것을 뜻한다. 따라서 율법을 지키는 신뢰로서의 믿음은 하나님의 뜻이 모든 것을 결정하는 삶의 현실이라 말할 수 있다.

구약성서 후기문헌은 율법과 말씀에 대한 신뢰를 강조한다(시 111:7). 하나님의 율법은 지혜와 총명의 원천이다. "주님의 법이 나의 기쁨이다"(119:77). 구원의 길은 하나님의 말씀과 그의 법을 지키는 데 있다. "내 영혼이 지치도록 주님의 구원을 사모하며, 내 희망을 모두 주님의 말씀에 걸어 두었습니다"(119:81). 구약의 전승들이 문서로 기록되면서 하나님에 대한 인격적 신뢰 대신에 율법에 대한 복종이 지배적 위치를 갖게 된다. "역사 속에서 일하시는 하나님의 미래의 행위에 대한 신뢰"가 약화되고 율법에 대한 신뢰가 등장한다(Brunner 1964, 190).

2) 신약성서에서: 신약성서에서 믿음을 가리키는 중심개념은 명사형

pistis(믿음)와 동사형 *pisteuein*(믿다)이다. 이 개념은 "진리를 참되다고 여기는 것, 신뢰, 진리에 대한 통찰과 확신"을 포괄한다.

a. 공관복음서의 이해: 공관복음서에서 예수는 먼저 하나님에 대한 신뢰를 가르치는 분으로 나타난다. 산상설교에서 그는 "믿음"이란 말을 사용하지 않지만 "신뢰"로 요약될 수 있는 믿음의 의미를 감동적으로 보여준다. 공중의 새와 들의 백합화도 하나님께서 먹이고 입히신다. "그러므로 너희는 무엇을 먹을까, 무엇을 마실까, 무엇을 입을까 염려하지 말아라…너희의 하늘 아버지께서는 이 모든 것이 너희에게 필요하다는 것을 아신다. 너희는 먼저 하나님의 나라와 그의 의를 구하여라. 그리하면 이 모든 것을 너희에게 더하여 주실 것이다"(마 6:31-33).

"하나님의 믿음을 가져라"(막 11:22, *echete pistin theou*)는 예수의 명령에서 믿음은 그의 자녀들이 구하는 것을 이룰 수 있는 하나님의 능력에 대한 신뢰를 뜻한다. "누구든지 이 산더러 '번쩍 들려서 바다에 빠져라' 하고 말하고, 마음에 의심하지 않고 말한 대로 될 것을 믿으면, 그대로 이루어질 것이다.…너희가 기도하면서 구하는 것은 무엇이든지, 이미 그것을 받은 줄로 믿어라. 그리하면 너희에게 그대로 이루어질 것이다"(막 11:23-24). "우리의 믿음을 더하여 주십시오"(*echein pistin theou*, "하나님의 믿음을 더 크게 해 주십시오")라는 제자들의 간청에, "너희에게 겨자씨 한 알만한 믿음이라도 있으면, 이 뽕나무더러 '뽑혀서 바다에 심기어라' 하면 그대로 될 것이다"(눅 17:5-6). 예수께서 대답하신 "너희에게 겨자씨 한 알만한 믿음이라도 있으면, 이 산더러 '여기에서 저기로 옮겨가라!' 하면 그대로 될 것이오, 너희가 못할 일이 없을 것이다"(마 17:20)라는 말씀에서도 믿음은 하나님의 능력에 대한 신뢰를 뜻한다.

여기서 우리는 하나님과 그의 능력에 대한 신뢰는 하나님의 나라와 연관되어 있음을 유의할 필요가 있다. 예수의 말씀과 행위의 중심은 하나님의 나라에 있다. 따라서 그가 가르치고 있는 신뢰는 하나님 나라에 관한 그의 선포와 연관되어 있다. 그것은 하나님의 나라에 속한 하나님의 자녀

들의 삶의 기본자세, 곧 믿음(신뢰) 속에서 살아야 할 삶의 태도를 보여준
다. 하나님을 신뢰하며 살아가는 그들의 삶, 곧 믿음의 삶 속에 하나님의
나라가 현존한다. 그들의 믿음의 삶은 땅 위에 있는 하나님 나라의 종말론
적 현실이다. 그것은 어두운 세상을 밝히는 빛이요, 부패를 방지하는 소금
이다(마 5:13-14).

예수는 신뢰로서의 믿음을 가르칠 뿐 아니라 그 자신의 삶으로 이 믿
음을 실천한다. 그는 "아바 아버지"에 대한 절대적 신뢰 속에서 자기를 아
버지 하나님에게 맡긴다. 그는 죽음의 위험을 피하지 않고 하나님 나라에
관한 그의 사명을 수행한다. 스스로 택한 십자가의 죽음은 아버지 하나님
에 대한 예수의 절대적 신뢰를 보여준다.

공관복음서는 신뢰를 가르치고 또 실천한 예수를 신뢰의 대상으로 이
해한다. 자신에 대한 신뢰를 요구하지 않고 오직 아버지 하나님에 대한 신
뢰를 요구하며, 자신의 생명을 바쳐 신뢰를 실천한 예수가 신뢰의 대상으
로 선포된다. "예수는 믿음으로 부르실 뿐 아니라 그의 마지막 심연에 이
르기까지 믿음의 길을 걷는다(히 12:1-3)"(Michel 1970, 574). 바로 이 예수가
하나님의 아들이요 구원자로서 신뢰의 대상이다. 죽음으로부터 예수의 부
활은 그를 아버지 하나님과 동등한 신뢰의 대상으로 세운다.

예수 자신이 아버지 하나님과 동등한 신뢰의 대상이란 사실을, 우리는
병고침과 귀신추방의 기적에 관한 이야기에서 발견한다. 가버나움의 중풍
병 환자와 그를 데리고 온 사람들은 하나님을 대리하여 병을 고칠 수 있
는 예수의 능력을 신뢰한다. "예수께서는 그들의 믿음을 보시고, 중풍병
환자에게 '이 사람아! 네 죄가 용서받았다' 하고 말씀하셨다"(막 2:5). "딸아,
네 믿음이 너를 구원하였다"(5:34; 또한 5:36; 마 8:10 참조). 여기서 예수 자신
이 하나님과 동등한 신뢰의 대상으로 나타난다.

따라서 공관복음서에서 "믿음"은 아버지 하나님을 신뢰하는 동시에 죄
와 죽음의 세력에서 구원할 수 있는 예수의 능력을 굳게 신뢰하는 것, 그
능력에 자기를 완전히 맡기는 것을 뜻한다. 예수를 신뢰하는 것은 그 안에

계신 아버지 하나님을 신뢰하는 것과 같다. 예수 안에 살아 움직이는 하나님의 능력을 "믿는 사람에게는 모든 일이 가능하다"(막 9:23). 이 믿음으로 말미암아 귀신들린 아이가 치유된다. 눈먼 바디매오, 열 사람의 나병환자는 예수의 능력에 대한 믿음 내지 신뢰 속에서 치유를 간구한다. 이에 대해 예수는 "네 믿음이 너를 구원하였다"고 응답한다(10:52; 눅 17:19).

가버나움에 주둔하고 있던 로마 백인대장의 종이 병고침을 받은 이야기에서도 "믿음"은 죽음의 세력에서 인간을 구원할 수 있는 예수의 능력에 대한 신뢰를 뜻한다. 백인대장은 예수에게 "(집에까지 오실 필요가 없습니다) 그저 한 마디 말씀만 해주십시오"라고 간청할 정도로 예수의 능력을 신뢰한다. 예수는 "지금까지 이스라엘 사람 가운데서 아무에게서도 이런 믿음을 본 일이 없다"고 그를 칭송하며, "가거라. 네가 믿은 대로 될 것이다"라고 말씀한다. "바로 그 시각에 그 종이 나았다"는(마 8:10-13) 보도는 하나님의 아들 예수에 대한 신뢰의 믿음을 보여준다.

우리는 예수에 대한 신뢰로서의 믿음을 공관복음서의 많은 이야기에서 발견할 수 있다. 구원자 예수를 바라보지 않고 거센 풍랑을 바라보다가 무서움에 사로잡혀 물에 빠진 베드로의 이야기는 "신뢰"의 의미를 부정적인 형태로 보여준다. "믿음이 적은 사람아, 왜 의심하였느냐?"(마 14:31)

미래를 보장하지 않는 예수께서 "나를 따르라"고 명령하자, 그의 뒤를 따른 제자들의 결단과 행동은 예수에 대한 신뢰의 믿음을 보여준다. 여기서 제자들의 믿음은 예수의 뒤를 따름으로 나타난다. 그들은 예수를 믿고 신뢰하기 때문에 예수의 뒤를 따른다. 예수의 뒤를 따름으로써 그들의 믿음의 진실성이 증명된다. 예수의 뒤를 따르는 그들의 믿음 속에 하나님 나라의 현실이 임재한다. 그들은 예수에 대한 신뢰 속에서 그들의 삶의 길을 예수께 맡기고 하나님 나라의 기쁜 소식(복음)을 전하는 "하나님의 동역자들"이 된다.

그러나 예수의 십자가의 죽음 앞에서 제자들의 신뢰는 깨어진다. 제자들은 모두 도주하여 옛날의 생업으로 돌아간다. 그러나 부활하신 예수를 만나 성령으로 충만해 질 때 그들은 예수에 대한 신뢰의 믿음을 회복한다. 그들은 죽음의 위험을 각오하고 예루살렘으로 돌아와 하나님 나라의 기쁜 소식을 전하기 시작한다. 제자들과 초대 그리스도인들이 당한 고난과 순교의 죽음은 예수에 대한 절대적 신뢰의 삶을 보여준다.

b. 바울 신학의 이해: 예수에 대한 신뢰로서의 믿음은 바울신학의 출발점을 이룬다. 바울에 의하면 그리스도인들의 믿음은 "그리스도에 대한 믿음"이다. 그리스도에 대한 믿음은 "주님은 예수 그리스도(=메시아)시요"(빌 2:11), "하나님의 아들"임을 알고 믿는 데 있다. 십자가에 달린 그분이 "하나님의 능력이요, 하나님의 지혜"이다(고전 1:24). 구원, 곧 "하나님의 의는 예수 그리스도를 믿는 믿음을 통하여 온다"(롬 3:22; 참조. 갈 2:16). 그러므로 바울은 "나는…예수 그리스도 곧 십자가에 달리신 그분 밖에는 아무것도 알지 않기로 작정하였다"고 고백한다(고전 2:2).

예수 그리스도에 대한 믿음은 그를 통해 일어난 하나님의 메시아적 구원에 대한 믿음이다. 믿음은 본질적으로 십자가에 달려 죽었고 죽음에서 부활하신 예수 그리스도의 "구원의 믿음"이다. "당신이 만일 예수는 주님이라고 입으로 고백하고, 하나님께서 그를 죽은 사람들 가운데서 살리신 것을 마음으로 믿으면 구원을 얻을 것입니다"(롬 10:9).

바울은 본래 율법에 충실한 바리새인으로서 랍비였다. 또한 그는 당대의 대 석학이었던 가말리엘에게서 깊은 학식을 쌓은 지식인이었다. 그러므로 그는 유대교의 율법주의로서는 구원이 불가능하다는 사실을 깊이 통찰하였다. 할례와 같은 종교적 제도를 버리지 않는 한, 유대교가 민족적 폐쇄성을 벗어날 수 없고 하나님의 목적이 이루어질 수 없다는 사실을 깊이 통찰하였던 것으로 보인다. 율법을 가르치는 자들이 율법을 지키지 않으며, 성전이 "도적의 소굴"이 된 유대교에는 더 이상 진리가 없음을 그는 직시하였다.

바울에 의하면 진리는 예수 그리스도 안에 있다. 하나님은 "진리를 아는데 이르기를 원한다"(딤전 2:4). 하나님의 아들이요 메시아이신 예수 그리스도에 대한 믿음은 "진리에 대한 믿음"이다(살후 2:13). 그리스도인들은 "진리를 아는 지식을" 얻었다(히 10:26). 구원에 대한 믿음 속에는 하나님의 진리에 대한 지식(앎)이 내포되어 있다(살전 4:14; 롬 10:9). 그것은 믿음이 무지의 믿음이 아니라 그리스도 안에 있는 진리에 대한 지식 내지 깨달음(골 1:6; 고후 2:14; 빌 3:8)이라는 것을 보여준다. 그러나 진리에 대한 지식은 불완전하다. 그러므로 우리는 완전한 지식에 이르도록 노력해야 한다. "그 때에는 하나님께서 나를 아신 것과 같이 내가 온전히 알게 될 것입니다"(고전 13:12; 참조. 3:1 이하; 갈 4:1 이하).

진리에 대한 지식은 단순한 지식의 축적이 아니라 진리에 대한 신뢰를 뜻한다. 곧 진리의 확실함을 믿고 진리에 자기의 삶을 맡기는 동시에 진리를 바라고 기다리는 것을 뜻한다. 믿음의 본질은 "신뢰"에 있다. 그러므로 바울은 이렇게 말한다. "아브라함이 하나님을 믿으니(신뢰하니), 하나님께서 그를 의롭다고 여기셨다"(롬 4:3; 또한 갈 3:6).

우리가 하나님의 율법을 잘 지킨다 해도 마음은 하나님을 신뢰하지 않고 세상에 속한 것을 탐할 수 있다. 그가 지키는 율법이 생명을 살리지 않고 오히려 생명을 죽이는 결과를 초래할 수 있다. 그러므로 구원의 길은 율법이 요구하는 행위에 있지 않고 하나님의 구원의 진리 대한 믿음, 곧 신뢰에 있다. 달리 말해 믿음은 "하나님에 대한 신뢰"를 말한다(고후 1:9). 하나님이 우리에게 먼저 원하시는 것은 하나님을 신뢰하는 마음이다. 참으로 하나님을 신뢰하는 자만이 율법의 참 뜻을 이룰 수 있다. 하나님에 대한 신뢰 속에서 자기의 생명을 희생한 예수 그리스도가 "율법의 완성(마침)"이다(롬 10:4).

바울은 신뢰로서의 믿음을 자신의 삶으로 실천한다. 로마제국 안에서 그리스도의 복음을 전하기 위해 박해와 고난을 감수했던 바울의 삶은 신뢰로서의 믿음의 모범을 보여준다. 그에게 있어 신뢰의 믿음은 희망 및 사랑과 결코 분리될 수 없다(고전 13:13). 믿음과 희망은 사랑의 실천을 통해 완성된다.

바울에 의하면 하나님의 구원, 곧 칭의는 믿음을 통해 현실화된다. 그것은 율법이 요구하는 바를 행하는 행위가 아니라 오직 믿음으로 말미암아 가능해진다. 여기서 선한 행위는 배제되는 것처럼 보인다. 그러나 "산을 옮길만한 모든 믿음을 가지고 있을지라도, 사랑이 없으면 아무것도 아니다"(고전 13:2)라는 바울의 말씀은 선한 행위가 없는 "믿음만으로" 구원을 얻을 수 있다는 생각을 거부한다.

바울에 의하면 믿음은 옛 피조물이 "새로운 피조물"로 태어나며, 옛 시대(에온)가 지나가고 새 시대가 열리는 전환점이다. "누구든지 그리스도 안에 있으면 그는 새로운 피조물입니다. 옛 것은 지나갔습니다. 보십시오, 새 것이 되었습니다"(고후 5:17). 그것은 하나님이 만유 안에서 만유가 되시고(고전 15:28), 만물이 그리스도 안에서 하나로 통일되는(엡 1:10) 하나님 나라의 "종말론적 현실"이다. 그것은 미래적인 것의 앞당겨 옴이다

하나님 나라의 종말론적 현실로서의 믿음은 "이미 – 아직 아니"의 구조를 가진다. 믿음은 하나님 나라의 현실인 동시에 아직 아니다. 그것은 시작에 불과하다. 피조물들은 아직도 구원을 향해 신음하고 있다. 그러므로 종말론적 현실로서의 믿음은 "하나님의 전신갑주를" 입고(엡 6:11) "믿음의 선한 싸움을" 싸워야 한다(딤전 6:12). 낮이 가까워졌는데(=이미), 밤은 아직도 깊다(=아직 아니). "그러므로 우리는 어둠의 행실을 벗어버리고, 빛의 갑옷을 입읍시다"(롬 13:11-12).

c. 요한 문헌 및 신약성서 후기문서의 이해: 요한복음은 "믿다"라는 동사형을 주로 사용한다. "믿음"이란 명사형은 요한 서신(요일 5:4)과 요한계시록(계 2:13, 19)에서 가끔 사용된다. 요한복음은 상당히 완성된 형태의 삼위일체 신앙을 전제한다. 그리하여 삼위일체 안에 있는 하나님의 아들, 곧 말씀이 인간의 육이 된 예수 그리스도가 믿음의 대상이 된다.

구약에서 하나님은 율법의 계명들과 예언자들의 말씀 그리고 역사적 사건들을 통하여 자기의 존재와 의지를 알려준다. 한편, 예수는 하나님의 인격화된 말씀(Logos)이다. 그의 존재 자체가 하나님의 자기계시다. 그의

행위는 성령을 통해 그 안에 계신 하나님 자신의 행위다. 그러므로 아버지 하나님과 보혜사 성령과 함께 예수가 믿음의 대상이 된다. "내가 곧 길이요 진리요 생명이다"(요 14:6). "나를 본 사람은 아버지를 보았다.…아버지께서 내 안에 계시면서 자기의 일을 하신다"(14:9-10). "아버지께서 내 안에, 내가 아버지 안에" 있다(17:22).

요한 문헌에 의하면 믿음은 "영원한 생명" 안에 있음을 말한다. 성육신된 하나님의 아들 예수 그리스도를 믿는 사람은 누구든지 영원한 생명을 얻을 수 있다(요 3:16). 그를 믿는 자는 "영원히 죽지 않을 것이다"(11:26). 믿음은 영원한 생명의 현실이다. "아들을 믿는 사람에게는 영원한 생명이 있다"(3:36). 그를 "보내신 분을 믿는 사람은 영원한 생명을 가지고 있고…죽음에서 생명으로 옮겨갔다"(요일 5:24). 하나님의 "아들이 있는 자에게는 (영원한) 생명이 있다"(5:12). 따라서 그는 죽기 이전에 살아 있는 동안 예수를 믿음으로 영원히 죽지 않을 것이다(요 11:26).

위의 구절에 근거하여 불트만(R. Bultmann)은 요한 문헌의 종말론을 "현재적 종말론"으로 파악한다. 종말에 올 영원한 생명이 그리스도인의 믿음 속에 현재화되어 있기 때문이다. 따라서 믿음은 종말론적 현재라 할 수 있다. 종말론적 현재 속에 있는 그리스도인의 믿음은 "탈세계화", "탈역사화"되어 있다. 하지만 불트만의 이와 같은 생각은 종말론적 미래를 간과한다. 요한복음에 의하면 현재 그리스도인들 안에 있는 영원한 생명은 장차 성취되어야 할 "약속"으로 남아 있기 때문이다. "그가 우리에게 약속하신 약속이 이것이니 곧 영원한 생명이다"(요일 2:25). 영원한 생명은 "하나님이 영원한 때 전부터 약속하신 것이다"(딛 1:2). 따라서 믿음은 장차 성취될 영원한 생명의 종말론적 현재이다.

그러면 영원한 생명은 어떤 의미에서 현재인 동시에 장차 성취될 약속인가? 지금 그리스도인들에게 주어진 영원한 생명은 매우 불완전하다. 또 세계는 죄와 죽음의 그늘, 곧 "어둠" 속에 있다. 그 속에는 영원한 생명이 없다. 그러므로 그리스도인들에게 지금 주어진 영원한 생명은 장차 성취될 약속으로서 그리스도인들 앞에 서 있다. 그것은 현재인 동시에 약속된 미래이다. 그러므로 그리스도인들의 믿음은 약속된 미래를 향한 기다림과 희망을 내포한다. 그것은 어둠 속에서 신음하는 모든 피조물의 영원한 생명의 미래를 희망한다. 하나님이 우리에게 성령을 부어주심은 "영원한 생명에 대한 희망 안에서 상속자가 되게 하려는" 데 있다(딛 3:7). 그러므로 "믿음과 희망"은 항상 함께 있다(벧전 1:21).

히브리서는 아직 확실히 보이지 않는 영원한 것에 대한 희망과 신뢰를 믿음과 동일시한다(이에 관해서는 이 책의 제6장을 참조할 것). 베드로전서와 요한계시록도 "믿음과 희망"을 결합된 것으로 생각하며(벧전 1:21), 박해와 시련 속에서 "이제도 보지 못하나 믿고" 기뻐하는 주님에 대한 기다림과 신뢰로서의 믿음을 권고한다(1:7-8).

영원한 생명을 얻을 수 있는 길은 무엇인가? 요한 문헌에 의하면 그것은 먼저 "육체로 오신" 예수를 하나님의 아들로 시인하며 그를 믿는 믿음에 있다(요일 4:3). 육체로 오신 하나님의 아들 그리스도를 믿고 그 안에 거하면 영원한 생명이 있고, 그를 믿지 않으므로 그 안에 거하지 않으며 또 그가 "없는 자에게는 (영원한) 생명이 없다"(5:12). "보내신 분을 믿는 사람은 영원한 생명을 가지고 있고…죽음에서 생명으로 옮겨갔다"(5:24).

또한 영원한 생명을 얻을 수 있는 길은 사랑하는 데 있다. 형제를 사랑할 때 우리는 죽음에서 영원한 생명으로 들어간다. 그 반면에 형제를 미워하는 것은 형제를 죽이는 것을 말하며, 그에게는 영원한 생명이 없다(3:14-15). 따라서 믿음과 사랑은 분리될 수 없다. 형제를 사랑하지 않는 믿음은 참 믿음이 아니다. 그는 사랑이신 "하나님을 알지 못하며"(4:8), "하나님에게 속하지 아니하기" 때문이다(3:10). 긍정적으로 말하자면, 우리가 사랑할 때 우리가 "하나님 안에 거하고" 하나님도 "우리 안에 거하기" 때문에 (4:16), 믿음과 사랑은 분리될 수 없다. 희망과 함께 사랑은 믿음을 유지하는 믿음의 생명선과 같다. 사랑을 동반하는 믿음이 어둠의 세상을 밝힐 수 있고 세상을 이길 수 있다. "세상을 이긴 이김은 이것이니 곧 우리의 믿음이다"(5:4). 결국 이 믿음이 로마제국을 이기게 된다.

야고보서도 믿음과 사랑을 분리될 수 없는 것으로 본다. 사랑의 행위가 없는 믿음은 참 믿음이 아니다. 그것은 죽은 것이다. "영혼 없는 몸이 죽은 것 같이" 사랑을 "행함이 없는 믿음은 죽은 것이다"(약 2:26). 그것은 "헛것"이다(2:20). 고통을 당하는 형제에게 필요한 것을 베푸는 구체적 사랑이 믿음의 생명을 유지한다(2:16). 믿음은 사랑을 베푸는 "행함과 함께 일하고, 행함으로 믿음이 온전하게 된다"(2:22). 요한계시록도 "사랑과 믿음"을 결합된 것으로 본다(계 2:19). 여기서 선한 행위가 없는 "믿음만으로" 구원받을 수 있다는 생각은 다시 한 번 거부된다.

요한 문헌은 영지주의와 열광주의를 눈앞에 두고 있다. 그러므로 요한 문헌은 믿음에 있어 진리와 진리에 대한 지식, 곧 앎을 강조한다. "너희는 진리를 알게 될 것이며, 진리가 너희를 자유롭게 할 것이다"(요 8:32). 예수 그리스도는 "진리"와 동일시된다(14:6). 그 안에는 "은혜와 진리가 충만하다"(1:14). 그에게서 "은혜와 진리"가 나온다(1:17). 따라서 그리스도에 대한 믿음은 진리에 대한 믿음이라 할 수 있다.

진리에 대한 믿음은 지식을 전제한다. 믿음과 지식은 분리될 수 없다. "우리는 선생님이 하나님의 거룩한 분이심을 믿고 또 알았습니다"(6:69). "참으로 알았고…또…믿었습니다"(17:8; 또한 요일 4:16). 진리는 영지주의가 말하는 영지나 열광주의적 도취상태 내지 정신이 혼란스러운 상태가 아니라 육으로 오신 하나님의 아들 예수 그리스도를 아는 밝은 지식, 곧 "진리의 지식"에 있다(딤후 3:7).

디도서는 기독교와 로마제국이 화해된 상황을 보이며(딛 3:1 참조), 영지주의와 유대인들의 율법주의적 가르침에 직면하고 있는 것으로 보인다. 그러므로 "진리의 지식"을 중요시하며(딛 1:1), 하나님을 믿지만 행함이 없는 믿음(1:16)과 할례를 받아야 한다는 "유대인의 허탄한 이야기와 진리를 배반하는 사람들의 명령"을 경고하고, "온전한 믿음"(1:13)과 "건전하고 책망할 것이 없는 가르침"(2:8)을 강조한다. 믿음은 "영원한 생명의 희망"의 상속자로 사는 것을 뜻한다(3:7).

야고보서에 의하면 믿음은 하나님의 뜻에 대한 복종 내지 선한 행동과 분리될 수 없다. 행함이 없는 믿음은 죽은 것이다(약 2:26). 하나님의 계명을 지키는 행함을 통해 믿음은 완성에 이른다. "오직 믿음으로" 하나님의 의롭다 하심을 얻는다는 생각에 반해, 야고보서는 이렇게 말한다. "사람은 행함으로 의롭게 되는 것이지, 믿음으로만 되는 것이 아니다"(2:24). 야고보서의 이런 생각은 산을 옮길만한 믿음이 있을지라도 사랑이 없는 믿음은 헛것이라는 바울의 생각과 일치한다.

B. 하나님을 향한 신뢰와 복종으로서의 믿음

믿음에 관한 성서의 증언들을 고려할 때 믿음의 핵심은 하나님을 향한 신뢰에 있다고 말할 수 있다. 믿음은 인간이 성취한 그 무엇에 대해 인간이 느끼는 객관적 안전성(securitas)이 아니라, 살아계신 하나님의 은혜와 능력에 대한 인격적 확신(certitudo)이요 그것에 대한 신뢰이다. 제도적 기구로서의 교회와 성례전, 인간이 자신의 능력으로 성취할 수 있는 율법, 인간 자신의 종교적 훈련이나 경험, 초자연적 인식이나 오류가 없는 교리를 통해 우리는 구원을 확신할 수 있을지 모른다. 그러나 그것은 참 믿음이 아니다. 참 믿음은 인간 자신의 능력으로 얻을 수 있는 안전성이 아니다. 그것은 현재 경험되지만 아직 주어지지 않은 것에 대한 "믿음의 확실성"이다(certitudo fidei, Weber 1972, 303). 그것은 희망과 기다림이다.

믿음은 영혼과 육체를 포함한 인간 전체의 전인적 사건이요, 인간의 삶 전체가 관계된 사건이다. 나의 존재 전체가 "피난처"시요 "구원자"이신 하나님을 갈망하고 신뢰한다(시 46:1). "내 영혼이 하나님, 곧 살아계신 하나님을 갈망하니…"(시 42:2), "내 영혼아, 어찌하여 그렇게도 낙심하며, 어찌하여 그렇게도 괴로워하느냐? 너는 하나님을 기다려라"(43:5)는 구절에서 "내 영혼"은 인간의 한 부분이 아니라 삶의 역사 속에서 하나님을 바라고 신뢰하는 인간의 전 존재를 가리킨다.

1) "하나님을 신뢰한다"는 것은 구체적으로 무엇을 말하는가? 그것은 먼저 하나님의 구원의 능력을 믿고 의심치 않는 것을 말한다. 상황이 아무리 절망적일지라도 하나님은 우리를 구할 수 있다는 것을 확실히 믿고 의심하지 않는 것을 말한다.

인간의 눈으로 볼 때 불가능하게 보임에도 불구하고 하나님의 능력에 대한 신뢰 속에서 자신의 목숨을 거는 거기에 신뢰의 믿음이 있다. "내가 너와 함께 있겠다"(출 3:12)는 하나님의 약속에 대한 믿음(=신뢰) 속에서 출애굽의 대 역사를 시작하는 모세, "물을 핥아먹은 삼백 명으로 너희를 구원하겠다"(삿 7:7)는 하나님의 약속을 굳게 믿고(=신뢰하고) 미디안을 무찌른 기드온, 만군의 주 하나님에 대한 굳은 믿음(=신뢰) 속에서 돌 하나로 골리앗을 격퇴한 다윗(삼상 17장)은 신뢰로서의 믿음을 대표적으로 보여준다. 하나님의 능력을 "믿는(신뢰하는) 사람에게는 모든 일이 가능하다"(막 9:23)는 예수의 말씀도 이를 시사한다.

일반적으로 우리는 우리의 목숨이 달린 것을 궁극적으로 신뢰한다. 그것에 희망을 걸고 그것을 얻고자 진력한다. 우리가 얻고자 진력하는 그것이 우리의 삶을 결정한다. 일반적으로 그것은 소유이다. 소유가 있어야 살수 있다. 그러나 소유를 절대적으로 신뢰하는 자는 소유에 끌려 다니는 소유의 노예가 되어버린다. 아무리 많이 소유해도 행복을 느끼지 못하고 더 많은 소유를 탐하게 된다. 더 많은 소유에 대한 욕심 때문에 사회 전체가 불의와 부패의 늪에 빠진다. 너와 나의 인간적 관계가 불가능해지고 소유와 소유가 만나게 된다. 소유가 많을수록 얼굴 표정이 굳어지고 교만과 불안에 휩싸인 표정으로 변한다. 소유 문제로 국가 간의 전쟁과 테러가 일어나기도 한다. 소유는 우리가 살아가는 데 꼭 필요하지만, 소유가 우리를 구원하지는 못한다. 참 구원의 길은 하나님을 인정하고 그를 신뢰하는 데 있다. 하나님을 신뢰할 때 우리는 인간다운 인간이 될 수 있다.

그러나 이것은 배부른 사람들의 얘기가 아닌가? 사람은 밥을 먹지 못하면 죽는다. 소유가 없으면 살 수가 없다. 그러므로 사람의 존재와 비존재를 결정하는 것은 소유, 곧 돈이 아닌가? 다음의 신문기사는 인간의 삶에 있어 돈이 얼마나 중요한가를 예시한다. "58세의 어머니와 스물두 살 딸 둘이 살았다. 남편이자 아버지와는 오래전 사별했다. 서울 한 곳의 상가 2층 구석 골방이 모녀가 사는 집이었다. 어머니는 파출부 일을 하고 딸은 취직해 돈을 보태는데도 살아가기가 버거웠다. 어머니는 신용불량자가 됐고 딸은 카드 돌려막기를 시작했다. 카드는 13개로 늘었다. 빚은 3,000만원으로 불어났다. 골방 월세도 여덟 달을 못 냈다. 어느 날 자정 무렵 어머니는 일에 지쳐 잠에 떨어진 딸을 바라보았다. '내 이 비참한 삶을 네가 반복하게 할 수는 없다.'…어머니는 딸의 목에 스카프를 감았다. 딸이 숨진 후 어머니도 목숨을 끊으려 했으나 쉽지 않았다.…어머니는 경찰에서 '죽여달라'고만 했다"(양상훈, 「조선일보」, 2013. 7. 31. 30쪽).

　　우리는 돈이 있어야만 살 수 있다. 돈이 있어야 인간답게 살 수 있다. 돈은 생존의 위기에서 우리를 구원할 수 있고 우리의 유전자를 보존할 수 있다. 그런 까닭에 우리는 돈을 궁극적 신뢰의 대상으로 생각하기 쉽다. 그러나 앞서 기술한 바와 같이 돈 속에는 우리의 생명과 피조물의 세계를 파멸로 이끌어가는 무서운 마력이 숨어 있다. 결국 돈 때문에 자연이 파괴되고 생태계의 대 재난이 일어나고 있다. 그러므로 성서는 돈을 신뢰하지 말고 하나님을 신뢰하라고 가르친다. "너희는 영원토록 주님을 신뢰하여라. 주 하나님만이 너희를 보호하는 영원한 반석이시다." "너희는…잠잠하고 신뢰하여야 힘을 얻을 것이다"(사 26:4; 30:15). 다음과 같은 시편 기자의 고백은 하나님을 신뢰하고 그를 의지하며 살아가는 신뢰의 믿음을 감동적으로 보여준다. "내가 산을 향하여 눈을 들리라. 나의 도움이 어디서 올고! 나의 도움은 천지를 지으신 주님에게서 오는도다"(시 121:1-2).

　　2) 신뢰로서의 믿음은 창조자 아버지 하나님, 구원자 예수 그리스도, 새 창조자 성령, 곧 삼위일체 하나님을 믿고 그에게 "자기 자신을 맡기는

것"을 말한다(Rad 1968a, 405). "나는 태어날 때부터 주님께 맡긴 몸, 모태로부터 주님만이 나의 하나님이었습니다"(시 22:10). "네가 하는 일을 주님께 맡기면 계획하는 일이 이루어질 것이다"(잠 16:3). 신뢰로서의 믿음은 하나님의 돌보심에 대한 확신 속에서 삶의 염려를 하나님께 맡기고 하나님의 나라와 그의 정의를 구하며 사는 것을 말한다. "무엇을 먹을까, 무엇을 마실까, 무엇을 입을까 염려하지 말아라.···너희는 먼저 하나님의 나라와 하나님의 의를 구하여라. 그리하면···"(마 6:31-34). "여러분의 걱정을 모두 하나님께 맡기십시오. 하나님께서는 여러분을 돌보고 계십니다"(벧전 5:7).

예수는 하나님에 대한 신뢰를 가르칠 뿐 아니라 철저히 하나님을 신뢰하는 자의 모습을 보여준다. 그는 십자가의 죽음에 이르기까지 하나님을 신뢰한다. 그는 신뢰의 원형이다. 복음서 기자들은 아버지 하나님에 대한 신뢰를 가르치는 동시에, 그들의 신뢰의 대상이신 예수를 공생애 사역에서 발견한다. 중풍에 걸린 자기의 종을 고치기 위해 예수의 치유를 간청한 백인대장의 믿음은 지상의 예수가 이미 신뢰의 대상이 되었음을 보여준다(마 8:5-13).

믿음은 예수 그리스도에 대한 절대적 신뢰를 의미한다. 그것은 십자가의 죽음을 당하기까지 아버지 하나님을 신뢰한 그분이 참 구원자임을 믿고, 우리의 삶의 모든 염려와 걱정과 함께 그리스도에게 우리 "자신을 내어주는 것"을 말한다. 우리 자신을 그리스도에게 맡길 때 그리스도 안에 계신 삼위일체 하나님의 영이 우리의 마음과 생각과 의지를 결정하게 된다. 한 마디로 신뢰로서의 믿음은 우리 자신을 그리스도에게 맡김으로써 그리스도께서 "우리 자신을 결정하도록 하는 것", 그리스도에 의하여 "결정되는 것"(Bestimmtwerden)을 뜻한다(Härle 2007, 57, 58).

우리는 이것을 가리켜 "주권의 교체"라 말할 수 있다. 그리스도를 주님으로 고백하는 그리스도인들은 이 세상에 속하지 않고 그리스도에게 속한다. 이 세상의 그 무엇이 아니라, 그들을 죄와 죽음의 세력에서 구원하신 그리스도께서 그들을 다스린다. 욕망과 돈과 명예와 권세가 아니라 하나님의 사랑과 정의의 의지가 그들을 다스린다. 삼위일체 하나님이 그 안에 계신 "예수 그리스도가 주님이시다"(빌 2:11). 하나님에 대한 믿음 혹은 신뢰는 그리스도 안에 계시되는 삼위일체 하나님이 우리의 주가 되셔서 우리를 다스리는 삶을 말한다.

성부·성자·성령, 삼위일체 하나님이 그리스도인들의 주님이기 때문에 그리스도인들은 자신의 삶의 길을 하나님께 맡기고 하나님을 의지하며 살아간다. "네 갈 길을 주님께 맡기고, 주님만 의지하여라"(시 37:5). 그들의 생명은 자기의 것이 아니라 삼위일체 하나님께서 주신 삼위일체 하나님의 것이다.

3) 자기의 생명이 하나님의 것이므로 그리스도인들은 자기의 삶의 길을 하나님의 의지에 따라 결정한다. 그들은 하나님이 그들에게 기대하는 삶의 길을 걸어간다. 그들은 자신의 능력과 재물을 신뢰하지 않고 하나님의 능력을 신뢰한다. 괴롭고 낙심될 때 그들은 하나님을 바라고 그를 기다린다. "내 영혼아, 어찌하여 그렇게도 낙심하며, 어찌하여 그렇게도 괴로워하느냐? 너는 하나님을 기다려라"(시 43:5).

삶의 절망적 상황 속에서도 시편 기자는 하나님을 향한 신뢰의 믿음을 포기하지 않는다. "내 영혼이 잠잠히 하나님만을 기다림은 나의 구원이 그에게서 나오기 때문이다. 오직 저만이 나의 반석이시요 나의 구원이시요 나의 산성이시니, 내가 크게 흔들리지 아니하리로다"(시 62:1-2). 나라가 멸망의 위기에 처했을 때 예언자들은 오직 야웨 하나님을 향한 신뢰의 믿음을 요구한다. "너희는 영원토록 주님을 의지하여라. 주 하나님만이 너희를 보호하는 영원한 반석이시다"(사 26:4).

자기의 동족을 구하기 위해 죽음을 각오하고 자기의 삶의 길을 하나님께 맡긴 모세, 그리스도의 복음을 전하기 위해 세상의 부귀영화를 포기하고 자기의 삶의 길을 하나님께 맡긴 바울과 아시시의 성 프란체스코의 삶도 신뢰로서의 믿음을 대표적으로 보여준다. 여기서 신뢰의 믿음은 하나님의 약속에 대한 믿음과 희망과 기다림 속에서 하나님에게 "자기를 맡기는 것"을 말한다. 영혼이라는 인간의 한 부분이 아니라 그의 존재, 그의 삶 전체가 하나님께 맡겨진다. 따라서 신뢰로서의 믿음은 "그의 본질에 있어 언제나 '자기 자신을 버림'을 의미한다"(Rad 1968a, 405). 하나님을 "믿는다"는 것은 자기를 포기하고 하나님에게 자기를 맡기는 것을 말한다. 내일의 염려와 함께 자기를 하나님께 맡기고 하나님이 매일 주시는 것으로 살아가며, 하나님의 뜻이 자기의 삶의 길을 결정한다는 것을 말한다. 이런 의미의 믿음 속에 하나님의 구원의 현실이 있다.

4) 예수가 우리에게 보이는 절대적 신뢰의 삶은 하나님에 대한 복종의 삶이었다. 그는 자기의 의지를 버리고 죽기까지 하나님의 의지에 복종한다. "내 뜻대로 마옵시고 아버지의 뜻대로 하옵소서"(마 26:42). 예수는 당시 로마제국 속에서 생명의 위험을 무릅쓰고 하나님의 나라와 하나님의 정의를 선포하고 자신의 삶을 통해 하나님의 나라를 앞당겨 온다. 한 마디로 그의 삶은 하나님의 의지에 복종하는 삶이었다. 이를 통해 예수는 참 믿음이 무엇인가를 보여준다. 곧 믿음이란 죽기까지 하나님을 신뢰하며, 하나님의 뜻에 복종하는 삶이란 사실을 계시한다. 히브리서 기자는 바로 이 예수를 가리켜 "믿음의 창시자요 완성자"라 부른다(히 12:2).

참으로 하나님을 믿고 그를 신뢰하는 사람은 하나님에게 복종하는 사람일 수밖에 없다. 그의 생명은 자기의 것이 아니라 하나님의 것이기 때문이다. 자기 자신이나 이 세상에 속한 그 무엇이 그를 다스리지 않고 하나님이 그를 다스린다. 그러므로 하나님을 믿는 자, 곧 그를 신뢰하는 자는 하나님에게 복종할 수밖에 없다. 칼뱅은 이것을 다음과 같이 요약한다. "우리는 우리의 것이 아니라 하나님의 것이다"(Inst. III.7.1).

그리스도인들은 "믿음의 창시자요 완성자"인 예수를 "주님"이라 부른다. "주님"은 통치자, 인도자를 뜻한다. 따라서 믿음은 "나를 따르라"는 예수의 부르심에 복종하고 그의 뒤를 따름에 있다. 예수의 뒤를 따르지 않으면서 예수와 그의 아버지 하나님을 믿는다, 신뢰한다는 것은 거짓이다. 그것은 "싸구려 상품"과 같다(Bonhoeffer). 따라서 참 믿음은 "나를 따르라"(막

2:14)는 그리스도의 부르심에 대한 복종이다. 그리스도를 믿으며, 그 안에 계시되는 삼위일체 하나님을 믿는다는 것은 언제나 그리스도의 뒤를 따름을 말한다.

본회퍼에 따르면 예수를 믿는 사람, 그를 신뢰하고 그에게 자기를 맡기는 사람은 그의 뒤를 따를 수밖에 없다. 그가 우리를 다스리는 우리의 "주님"이기 때문이다. 참으로 믿는 사람만이 나를 따르라는 그리스도의 부르심에 복종할 수 있고 그의 부르심에 복종하는 사람만이 참으로 믿을 수 있다. "믿는 사람만이 복종할 수 있다.⋯복종하는 사람만이 믿는다"(Bonhoeffer 1967, 35). 따라서 "믿음과 복종"은 분리될 수 없다. 그것은 하나이다. "믿음이 복종의 전제"이듯이 "복종이 믿음의 전제"이다(36). "나를 따르라"는 그리스도의 명령에 복종함으로써 우리의 믿음은 그 진실성을 증명받을 수 있다. "그리스도의 뒤를 따름이 없는 기독교는 언제나 예수 그리스도 없는 기독교이다"(30). "나를 따르라"는 그의 부르심에 대한 복종 없는 믿음은 "경건한 자기기만이요 싸구려 은혜"이다(36). 그것은 사실상 "불신앙"이다(41). 그는 "나를 따르라"는 그리스도의 부르심을 거절하기 때문이다.

그리스도의 뒤를 따른다는 것은 세속의 직업을 버리고 반드시 "신학하여" 성직자가 되거나 수도원에 들어가는 것을 뜻하지 않는다. 오히려 그것은 세속의 세계 속에서 그리스도처럼 "타자를 위한 존재", 세상을 위한 "책임적 존재"가 됨을 뜻한다. 여기에 참 신앙의 길이 있다. 기독교 신앙은 하나님의 진리의 말씀 앞에서 "자신을 바로 세우는 종교영성일 뿐만 아니라⋯자신이 살고 있는 세계에 대한 철저한 책임을 동반하는 삶이요 정신이다"(김희헌 2013, 12).

5) 그리스도인들은 죄와 죽음의 세력에 묶인 옛날의 자기를 버리고 하나님께 속한 "하나님의 것"으로 새롭게 태어난 사람들이다. 그들은 세계 안에 있지만 세계에 속하지 않고 하나님께 속한다. 그들은 성령을 통해 하나님 안에서 하나님의 계명을 지키며 살아가는 하나님의 자녀들이다. 하

나님에 대한 깊은 사랑 안에서 하나님의 의지는 그들 자신의 의지와 일치한다. 그러므로 하나님에 대한 복종은 타율에 의해 강요된 행동이 아니라 자발적 행동이다. 그들은 자발적으로 하나님의 의지에 복종한다.

우리는 이것을 예수의 삶에서 발견한다. 예수는 그의 아버지 하나님에게서 구별되는 동시에 깊은 사랑 안에서 그와 한 몸을 이룬다. 아버지 하나님의 의지가 예수의 의지다. 예수가 하는 일은 그 안에 계신 아버지 하나님이 하시는 일이다(요 14:10-11). 따라서 아버지 하나님에 대한 예수의 복종은 강제적인 것이 아니라 자발적 행동이다. 그러므로 예수는 이렇게 말한다. "내 멍에는 편하고 내 짐은 가볍다"(마 11:30).

사르트르에 의하면 하나님에 대한 복종은 인간의 부자유를 뜻한다. 이에 반해 아우구스티누스는 "하나님의 종이 되는 것이 최고의 자유이다"라고 말한다(Servitas Dei summa libertas). 인간이 참으로 자유롭게 될 수 있는 길은 하나님에 대한 복종에 있다. 하나님 없는 자는 자신의 욕망과 세상 풍조의 노예가 된다. "우리가 자유롭게 되는 길은 주인이 없는 데 있는 것이 아니라 참 주인, 곧 우리를 위해 종의 형태(morfe doulou)를 취하고 우리를 자유로 부르신 분(빌 2:7; 갈 5:1)을 갖는 데 있다"(Weber 1972, 306). 하나님과 이웃 앞에서 존귀한 사람이 될 수 있는 길도 하나님께 복종하는 데 있다. 선을 행하는 사람에게 영광과 존귀와 평강이 있다(롬 2:10).

C. 하나님 나라의 종말론적 현실로서의 믿음

하나님의 궁극적 구원은 하나님의 나라, 곧 하나님의 통치가 이 땅 위에 세워지는 데 있다. 이 하나님의 나라는 하나님의 자녀로서 하나님의 계명을 지키며 살아가는 그리스도인들의 믿음 속에서 현재화된다. 하나님이 다스리는 현실, 곧 하나님 나라의 현실이 그들의 믿음 속에서 자리를 잡는다. 그러므로 믿음은 미래에 완성될 하나님 나라의 종말론적 현실이다.

1) 하나님 나라의 종말론적 현실로서의 믿음은 어떻게 생성되는가? 일반적으로 개신교회는 말씀을 들음으로써 믿음이 생성된다고 말한다. "믿음은 들음에서 생기고…"(롬 10:17). 그러므로 개신교회는 설교와 성경 공부를 통해 말씀을 가르치는 일에 집중한다. 설교가 예배시간의 절반 이상을 차지하기도 한다.

믿음은 설교와 성경공부를 통해 말씀을 들음으로써 생긴다는 말은 타당하다. 그러나 이 말은 성서 외의 모든 "세상적 지식과 학문들"을 배제하고 그리스도인들을 "성경밖에 모르는 외골수"로 만들 수 있는 위험성을 가진다. 그래서 어떤 목회자는 문학서적과 역사서적 등은 위험하니 읽지 말고 성경책만 열심히 읽으라고 가르친다.

물론 우리는 성서의 말씀을 깊이 배워야 한다. 이와 동시에 폭넓은 독서와 사회경험과 교육의 배경을 가질 때 믿음의 폭이 넓어질 수 있다. 또 인간의 내면을 깊이 통찰하는 동시에 세계사의 넓은 흐름 속에서 기독교 신앙이 어떤 의미와 위치를 가지는가를 생각할 수 있다. 사도 바울, 아우구스티누스, 루터, 칼뱅, 슐라이어마허 등 신학의 역사에서 획기적 의미를 가진 대부분의 인물들은 폭넓은 학문적 배경을 가지고 있었다. 하트셉수트 왕녀의 법적 아들이었던 모세는 황제의 후계자로서 그 당시 중동 일대의 학문과 문화와 교육의 중심지였던 이집트의 수도 테베에서 황제교육을 받은 인물이었다. 이른바 "모세율법"은 고대 중동의 법체계에 대한 모세의 폭넓은 학식을 보여준다. 그는 전술에도 능했던 것으로 보인다.

그러나 일반 학문들, 삶의 경험들과 교육을 통해 우리는 예수 그리스도를 만날 수 없고 하나님의 구원에 대한 믿음을 얻을 수 없다. 이들은 믿음의 생활에 도움이 될 수 있지만 믿음의 근거가 될 수 없다. 믿음의 궁극적 근거는 말씀이 육신이 되신 예수 그리스도에게 있다. 말씀 속에서 우리는 예수 그리스도를 만난다. 신뢰의 원형이신 예수 그리스도의 삶과 죽음과 부활이 기독교 신앙의 근거이다. 그가 우리의 구원자시다. 믿음의 근거는 "인간의 규정과 세계의 규정"이 그 속에 담지된 예수 그리스도의 인격과 활동과 운명 안에 주어져 있다"(Härle 2007, 72).

2) 여기서 예수의 사건은 구약의 "약속의 전통" 속에서 일어났다는 사실을 유의할 필요가 있다. 이 사실을 간과할 때, 믿음은 구약의 메시아적 지평을 상실하고 또 하나의 종교현상으로 끝날 수 있다. 구약성서에 의하면 하나님의 자기계시가 일어날 때 하나님의 약속이 주어진다. 구약의 전통에서 하나님의 계시는 하나님의 구원받은 새로운 생명의 세계에 대한 하나님의 약속을 동반한다(Rad 1968a, 117; Moltmann 1969, 89).

믿음은 과거에 일어난 그리스도의 구원의 사건이 오늘을 살아가는 나에게 현재화되는 것을 말한다. 즉 과거에 일어난 구원의 객관적 사건이 그리스도를 주님으로 고백하는 믿음을 통해 오늘 우리의 주관적 구원으로 현실화된다는 것이다.

여기서 구원의 객관적 측면과 주관적 측면이 구별된다. 객관적 측면이 2천 년 전에 일어난 예수 그리스도의 객관적 구원의 사건을 가리킨다면, 주관적 측면은 과거에 일어난 그 사건이 오늘 나에게 주관적 사건으로 현실화되는 것을 가리킨다. 우리는 이것이 믿음을 통해, 믿음 안에서 일어난다고 생각한다. 즉 믿음은 과거에 일어난 예수 그리스도의 구원의 사건이 오늘 우리에게 현실화되는 구원의 길이요, 구원의 현실이라는 것이다. 여기서 믿음은 과거의 것과 연결된다. 그것은 과거에 일어난 것의 현재로 이해된다.

우리는 이것을 칼 바르트의 성령의 개념에서 발견할 수 있다. 바르트에 따르면, 성령은 과거에 일어난 하나님의 자기계시가 하나님의 자녀들의 새로운 존재 안에서 현재화되는 "계시의 주관적 현실"인 동시에 그것을 가능하게 하는 "계시의 주관적 가능성"이다. 여기서 "계시의 주관적 현실", 곧 그리스도인들의 구원은 과거에 일어난 그리스도의 구원이 성령을 통해 현재화되는 것을 뜻한다(Barth 1960/a, 222 이하).

그러나 이것은 구원의 한 측면에 불과하다. 구원은 과거의 지평을 가진 동시에 미래의 지평을 가진다. 하나님의 구원은 2천 년 전 예수 그리스도 안에서 결정적으로 일어났다. 그의 삶과 죽음과 부활을 통해 하나님의 나라가 결정적으로 세워졌다. 그러나 이것은 시작일 뿐이다. 그것의 완성은 약속의 미래로 남아 있다. 예수 안에서 죄와 죽음의 세력을 깨뜨리고 결정적으로 일어난 하나님의 나라는 장차 성취될 약속의 미래로서 우리 앞에 서 있다. 그러므로 우리는 예수의 과거에 대한 회상 속에서 그의 미래를 바라보게 된다. 과거의 회상에 근거하여 앞을 향한다. 그러므로 우리는 "붙들린 바 된 그것을 붙들려고" 앞을 향해 달려간다(빌 3:12).

따라서 믿음은 과거에 일어난 것의 반복 내지 현실이 아니라 장차 완성될 하나님의 약속된 미래의 구원이 현실화되는 것을 말한다. 과거에 일어난 구원이 회상의 형태로 현재화될 때 하나님의 약속된 미래의 구원이 앞당겨 온다. 과거에 대한 회상 속에서 미래에 완성될 하나님의 나라가 믿음 속에 앞당겨 온다.

그리스도의 과거와 미래의 이중구조에서 미래가 우위를 가진다. 과거에 창조된 "에덴동산"(proton)이 미래의 "새 하늘과 새 땅"(eschaton)으로서 우리 앞에 있듯이, 과거에 일어난 그리스도의 구원은 장차 완성될 미래의 구원으로서 우리 앞에 있다. 곧 "출발점"(알파)은 "목적"(오메가)으로서 우리 앞에 있다. 과거에 오신 그리스도는 우리 "앞서서 달려가신 분"이요(히 6:18), "장차 오실 분"(계 22:20)으로서 우리 앞에 계신다.

그러므로 믿음은 장차 완성될 하나님의 구원받은 약속의 세계가 성령의 능력 속에서 앞당겨 오는 종말론적·메시아적 현실이다. 그것은 과거적인 것의 현실이라기보다 과거의 것에 근거되어 있는 미래적인 것의 현실이다. 그러므로 우리는 그리스도의 과거를 회상하는 동시에 그의 미래를 기다리며, 성령 가운데서 오실 그분을 기다린다. 우리는 과거에 대한 회상과 미래에 대한 기다림의 양면성을 가진 믿음의 종말론적 현실을 다음과 같이 설명할 수 있다.

a. 믿음은 그리스도의 부활을 통해 약속되었고 종말에 성취될 하나님 나라의 새로운 삶을 말한다. 그것은 종말에 완성될 하나님 나라의 가시적

현실이요, 하나님의 새로운 생명의 세계에서 살게 되는 "새로운 시작"이다 (Kraus 1983, 57, 58). 그것은 "더러운 귀신"에 사로잡힌 사람들이 사는 "무덤" (마 8:28)과 같은 세계를 벗어나 하나님의 영원한 생명 안에서 사는 새로운 삶을 가리킨다. 그것은 더 이상 죄와 죽음의 세력의 주권 속에 있지 않고 하나님의 주권 속에 있다. 부패와 타락, 사치와 허영, 도박과 알코올중독, 마약중독, 약한 자에 대한 폭력의 거짓된 자유를 버리고 하나님의 참 자유 안에서 산다. 더 이상 이 세계의 허무한 것, 지나가버리는 것의 지배를 받지 않고 하나님의 사랑과 정의의 법에 따라 산다. 이런 의미에서 믿음은 하나님께 속한 "새 존재"(New Being: 새로운 있음, Tillich), "본래적 존재의 회복"이라 말할 수 있다(Brunner 1960, 168, 171).

b. 이를 가리켜 성서는 "하나님의 자녀"로의 입양, "양자" 혹은 "새로운 피조물"이라 부른다(롬 8:15, 16; 고후 5:17). 믿음은 "어둠"(엡 5:8) 혹은 어둠에 속한 어둠의 자녀가 아니라, "빛의 자녀"(엡 5:8), "빛의 아들" 혹은 "낮의 아들"(살전 5:5), 하나님의 양자, 하나님의 "새로운 피조물"로서 살아가는 새로운 삶(vita nova)을 가리킨다. 이 세상의 "썩어져가는 구습을 따르는 옛 사람을 벗어버리고…하나님의 형상을 따라 참 의로움과 참 거룩함으로 지으심을 받은 새 사람"(엡 4:22)으로 살아가는 삶을 말한다. 믿음은 자기의 "소유"로 살지 않고 하나님이 주시는 "은혜"로 산다. 삶의 모든 것이 하나님의 은혜이다. 그의 생명과 삶의 시간마저 하나님의 은혜이다. 그러므로 그에게는 감사와 기쁨이 있다. 수십억, 수백억 원의 소유가 있어도 만족할 줄 모르며, 밥상에 음식이 가득해도 기뻐할 줄 모르고 우울증과 거식증에 걸린 사람들에 반해, 믿음은 작은 것에도 감사하고 기뻐하며, 자기의 소유를 나누며 살아간다. 바로 여기에 장차 올 하나님 나라의 가시적 현실이 있다.

믿음은 이 세상을 떠나지 않고 세상 안에 있지만 이 세상에 속하지 않고 하나님의 나라에 속한 삶을 말한다. 그것은 하나님의 사랑과 정의와 진리와 평화가 다스리는 하나님 나라에 속한 "하나님의 백성"으로, "그리스도의 몸"의 지체로 사는 것을 말한다. 그것은 예수의 부활을 통해 약속된 하나님 나라의 가시적 현실이다. 그것은 "미래적인 것의 현재"요, "보이지 않는 것들의 증거이다"(히 11:1). 그리스도의 삶 속에 계시된 하나님의 나라가 그리스도인들의 존재와 삶을 결정한다. 그들의 인격과 생활 속에 하나님의 나라가 있다. 그리스도인들의 "믿음은 하나님의 다스림을 따르는 능동적 행동이다. 능동적 행동 속에서 하나님 나라는 실현된다"(이금만 2006, 225). 그들의 삶은 이 땅 위에 계신 하나님의 삶을 나타낸다.

하나님의 나라는 하나님의 신적인 삶이 충만한 세계를 말한다. 믿음은 "삼위일체 되신 하나님의 삶 안에서, 이 삶으로부터 이루어지는 삶이다. 그것은 그의 영원한 삶에의 참여이다. 누구든지 그리스도의 복음을 믿으면 영원한 삶, 영원한 생명을 얻는다(요 3:15, 16). 이 삶 속에서 '나는 너희의 하나님이 되고 너희는 나의 백성이다'라는 계약이 성취된다. 신앙은 계약의 성취이다. 신앙인은 하나님이 그리스도 안에서 세우신 새 계약의 백성이요, 하나님 나라의 시민이다"(김균진 1993, 175).

3) 믿음은 이 세계에 속하지 않고 하나님의 나라에 속한다는 뜻에서 "탈세계화"(Entweltlichung, Bultmann)라 말할 수 있다. 그리스도인들은 이 세계에 속하지 않고 하나님께 속하며, 이 세계의 눈에 보이는 것의 포로가 되지 않고 눈에 보이지 않는 하나님의 나라를 믿고 기다리며 희망하기 때문이다.

그러나 믿음은 세계도피나 무세계성을 뜻하지 않는다. 그것은 이 세계에 속하지 않지만 하나님이 지으신 이 세계를 위해 살아가는 그리스도인들의 책임적 삶을 말한다. 그들은 "세계를 사랑하지 않기 때문에 참으로 세계를 사랑할 수 있으며, 세계로부터 자유롭기 때문에 세계를 위하여 살 수 있다. 그는 세계로부터 살지 않기 때문에 세계의 미래를 향하여 살 수 있다"(김균진 1993, 175).

그러나 우리의 믿음은 너무도 부족하다. 그 속에는 결함이 많다. 우리가 구원을 받았다 하지만 끊임없는 죄의 유혹으로 인해 죄에 빠질 때도

있고 의심과 회의에 빠질 때도 있다. 또 "네 원수도 사랑하라"는 하나님의
계명을 충실히 지키지 못하며, 세상은 죄와 고통으로 가득하다. 따라서 우
리의 믿음 속에 현존하는 하나님 나라의 현실은 매우 불완전하다. 우리의
믿음 속에서 가시화되는 하나님의 나라는 온 땅 위에 이루어질 하나님 나
라의 매우 작은 한 부분이요, 그것의 시작일 따름이다. 그러므로 믿음은
현재에 머물지 않고 미래를 향하며, 부분적인 것에 안주하지 않고 전체적
인 것을 향한다. "앞에 놓인 희망을 붙잡기 위해"(히 6:18) 앞을 향해 나아간
다. 과거를 향해 달리지 않고 미래의 목적을 향해 앞으로 달려나간다. "우
리 앞에 놓인 달음질을 참으면서 달려갑시다"(12:1).

D. 조화되어야 할 믿음과 인식, 감성과 이성

1) 인식과 승인을 전제하는 신뢰의 믿음: 근대 정통주의 신학은 인식
(*notitia, cognitio*), 승인(*assensus*), 신뢰(*fiducia*)를 믿음의 세 가지 구성요소
로 구별한다. 이 세 가지 요소들은 믿음이 생성되고 성숙하게 되는 시간
적 단계들을 말하기보다 믿음을 구성하는 세 가지 측면들이라 말할 수 있
다. 구원의 진리에 관한 인식 내지 지식이 있을 때(*notitia*) 우리는 이 진리
를 인정하고 승인할 수 있다(*assensus*). 하나님의 구원의 진리에 관한 인식
과 승인이 있을 때 우리는 하나님을 신뢰할 수 있다(*fiducia*). 하나님에 대
한 신뢰는 인식과 승인을 전제한다.

　　정통주의 신학은 인식과 승인을 중요시한다. 이것은 로마 가톨릭교회
로부터 개신교회가 분리된 역사적 상황 속에서 불가피한 선택이었다. 로
마 가톨릭교회에서 분리된 개신교회는 자신의 정체성을 확보하기 위해
자신의 신앙의 진리에 대한 인식과 승인을 강조하지 않을 수 없었다.

　　이에 반해 근대 17, 18세기의 경건주의와 부흥운동은 신뢰의 측면을
강조한다. 교리와 신학에 관해 아무리 많은 지식을 소유했을지라도 하나

님에 대한 인격적 신뢰가 결여된 믿음은 죽은 것과 같다. 하나님이 우리에게 궁극적으로 기대하는 것은 교리에 관한 인식 내지 지식이 아니라 하나님에 대한 신뢰와 경건, 사랑의 실천과 헌신이다. 믿음의 완성은 바로 여기에 있다.

경건주의의 영향을 받은 슐라이어마허는 하나님에 대한 "절대의존의 감정"과 경건을 중요시한다. 믿음은 인식과 지식에서 오는 것이 아니라 우주에 대한 직관을 통해 얻게 되는 절대의존의 감정에서 온다. 믿음의 본질은 인식과 지식이 아니라 절대자에 대한 의존과 신뢰에 있다 (Schleiermacher의『종교론』참조).

한국 개신교회는 인격적 신뢰를 중요시하고 인식과 지식을 멀리하는 경향이 강하다. 만일 누군가 이해되지 않는 것에 대해 목사에게 질문하면 "그냥 믿어야지, 알려고 따지면 은혜가 없어진다"는 거부반응을 얻게 된다. 이런 방식으로 이성적 인식과 지식을 경시하고 신뢰의 믿음과 믿음의 인격적 체험을 강조한다. 더 나아가 믿음의 인격적 체험을 얻도록 하기 위해 믿음의 확신을 고조시키는 성령운동과 열광적 예배형태가 등장하게 된다.

이와 같은 경향은 타당성을 갖는 동시에 문제를 초래한다. 믿음의 뜨거운 확신과 인격적 신뢰는 있지만 올바른 인식과 지식이 없는 믿음은 올바른 내용과 방향을 결여한 맹목적 믿음으로 발전한다. 이리하여 반지성주의, 열광주의, 독단주의, 배타주의가 등장하게 되는 것이다. 더욱이 인간의 이성은 하나님에게 대립하는 것으로, 인간의 지성은 믿음에 장애가 되는 것으로 간주된다. 이렇게 되면 교회 안에 새벽마다 교회 마룻바닥을 두드리고 큰 소리로 부르짖으며 기도하는 열심과 뜨거움은 있지만, 올바른 통찰과 사회인으로서 갖추어야 할 기본적 상식과 교양을 갖추지 못한 신자들과 목회자들이 나타나게 된다. 그 결과 동일한 상가건물 안에 2~3개의 교회를 세우고, 타교회 교인들을 빼앗아오고, 부흥회 강사가 헌금 전액을 자기의 것으로 차지하는, 상식적으로 용납될 수 없는 일들이 일어난다.

또 개신교회보다 훨씬 더 오랜 역사를 가진 정교회, 콥트교회, 로마 가톨릭교회 등 일체의 다른 교단들을 "이단"이라 정죄하고 자기 교단만 "정통", "순진리", "진리정통", "정통진리"라고 주장한다. 그러나 아이러니하게도 바로 이들이 신앙촌운동, 신천지운동과 같은 이단에 빠지기도 하고, 2천 년 기독교 역사상 처음으로 시도되고 있는 세계교회 연합운동, 곧 WCC운동을 "이단이다", "사탄이다"라고 비난한다. "교단마다 갈라져 난립하고 상호비방하며, 같은 교단 안에서도 개교회주의가 발호하여 세상 사람들로부터 조롱의 대상이" 되어버린다(김경재 2013, 18).

이와 같은 현실을 보면서 우리는 인식 내지 지식의 측면을 중요하게 생각하지 않을 수 없다. 기독교의 믿음은 인간의 내적 자기성찰이나 주관적 감정에 근거하지 않고 하나의 역사적 대상에 근거한다. 곧 십자가에 달려 죽었고 다시 살아난 예수 그리스도의 사건과 그의 말씀에 근거한다. 그러므로 믿음은 예수 그리스도의 사건과 말씀에 대한 올바른 인식과 승인을 전제로 한다. 올바른 믿음은 올바른 인식과 지식의 기초 위에서만 가능하다. 물론 그리스도의 복음은 "지식의 대상"에 국한되지 않는다. 그것은 믿음의 대상이다. 그러나 "신학적 이해와 지식을 무시하고 이성적 이해의 원리를 무시하고 복음을 이해하기는 어렵다." 따라서 지식은 "없어서는 안될 중요한 것이다"(김성원 2006, 153, 154).

신뢰의 믿음은 지적 인식과 승인을 전제한다. "신뢰는 인식에 뿌리내리고 있고, 인식은 믿음의 명제들에 대한 승인을 가져온다"(Weber 1972, 300). 아무리 단순한 형태의 것일지라도 믿음은 그 나름대로 자신의 내용에 관한 인식과 승인을 전제하며 그것을 내포한다. "믿는다는 것은 인식하고 아는 것을 뜻하며, 인식과 지식 속에서 새로운 인식과 지식을 찾으며 나아가는 것을 뜻한다. 분명하게 듣고 생각하는 것이 요청된다. 불확실한 어림짐작이나 형태가 없는 느낌은 거부된다. 믿음은 인식한다"(Kraus 1983, 63). 칼뱅에 의하면 "믿음은 무지에 근거하지 않고 인식에 근거한다"(Non in ignorantia, sed in cognitione sita est fides, Inst. III.2.2).

그러나 믿음의 모든 진리를 다 알고 믿는다는 것은 현실적으로 불가능하다. 그런 사람은 이 세상에 아무도 없을 것이다. 회개하고 믿음의 생활을 시작할 때 우리는 가장 기초적인 것만 알고 시작한다. 성서의 내용을 별로 아는 것이 없어도, 회개하고 믿음 생활을 시작하는 사람들도 꽤 많이 있다.

일반적으로 인식과 승인은 믿음의 시작단계에서만이 아니라 믿음 생활 속에서도 계속 이어진다. 신뢰가 그리스도인들의 끊임없는 삶의 과정이듯이 인식과 승인도 끊임없이 계속되는 삶의 과정에 속한다. 그리스도인의 믿음은 자기가 믿는 바를 분명히 이해하지 못하는 믿음(*fides implicita*)에서 분명히 이해하는 믿음(*fides explicita*)으로 발전하는 과정인 것이다. "알기 위해 믿는다"는(*credo ut intelligam*, Augustinus, Anselmus) 명제는 분명히 이해하지 못하고 알지 못하는 믿음에서 분명히 이해하고 아는 믿음으로 발전해야 함을 시사한다.

하나님은 "진리의 하나님"이다(시 31:5; 사 65:16). 예수 그리스도는 "진리 자체"이다(요 14:6). 성령은 "진리의 성령"이다(16:13). 하나님의 말씀은 "진리의 말씀"이다(시 119:43; 고후 6:7). 그의 말씀은 불확실한 말씀이 아니라 "진리의 확실한 말씀"이다(잠 22:21). 그러므로 우리는 하나님의 말씀을 보다 더 깊이 깨닫고 알아야 한다.

하나님은 우리가 "무지한 말이나 노새 같이" 미련한 사람이 되기를 원하지 않는다(시 32:9). 오히려 진리를 이해하고 인식하는 사람, 폭넓은 지식과 상식, 올바른 지성과 교양과 함께 사리를 바르게 분별하고 "진리의 말씀을 분별하는"(딤후 2:15) 사람이 되기를 원한다. "하나님은 모든 사람이…진리를 알게 되기를 원한다"(딤전 2:4). 우리의 믿음이 무지한 믿음이 아니라 "지식과 모든 통찰력으로 더욱 더 풍성한" 믿음이 되기를 원한다(빌 1:9). 우리가 "아는" 그 진리가 우리를 자유케 할 수 있다. 너희가 "진리를 알지니, 진리가 너희를 자유케 할 것이다"(요 8:32). 아무리 뜨거운 믿음이 있어도 지식과 지혜가 없어 우둔하고 맹목적이면 하나님께 영광이 되지 못한다. "무지한 사람은 미련한 것을 즐겨하여도, 명철한 사람은 그 길을 바르게 한다"(잠 15:21).

그러므로 "불합리하기 때문에 믿는다."(credo quia absurdum est)는 초대교부 테르툴리아누스의 생각은 나름대로 타당성이 있지만 온당하지는 않다. 믿음 속에는 인간의 이성으로 증명할 수 없는 이른바 "불합리한" 내용들이 있음은 사실이다. 그리스도 안에 계시되는 하나님의 "지혜"는 세상 사람들에게 "어리석은 것", 터무니없는 것으로 보일 것이다(고전 1:12). 그러나 어리석고 터무니없는 것처럼 보이는 십자가의 사랑 안에 진리가 있고 타당성이 있음을 조금이나마 인식하기 때문에, 십자가의 구원과 하나님을 믿게 되는 것이다. 십자가의 사랑 안에 있는 진리와 그 타당성을 전혀 인식하지 못하고 그것에 동의하지 않는다면 그것을 믿을 수 없을 것이다.

여기서 유의해야 할 점은 인간의 모든 인식과 지식이 결코 완전할 수 없다는 사실이다. 주후 4세기 카파도키아 신학자들의 "부정의 신학"이 말한 것처럼 하나님은 우리 인간에게 언제나 "신비"로 남아 있다. 따라서 하나님에 대한 인간의 인식은 절대성을 주장할 수 없다. "교회의 어떤 신학적 주장 및 진술도 마지막 말(the last word), 즉 절대적·배타적 주장을 할수 없다.…교회의 신학적 주장은 주어진 다양한 컨텍스트 안에서 상호대화의 이해를 통해 상대적 적절성(relative relevance)을 주장할 수 있을 뿐이다"(전현식 2013, 35). 원숙한 신앙일수록 자기의 한계성을 인정하고 자기와 다른 주장의 타당성을 수용할 수 있는 포용성을 가진다.

2) 신뢰의 믿음을 전제하는 인식과 승인: 믿음의 완성 단계는 하나님에 대한 신뢰에 있지만 인식과 승인은 신뢰의 기초를 형성한다. 인식과 승인의 기초 위에서 우리는 하나님을 신뢰하기 때문이다. 거꾸로 하나님에 대한 신뢰의 믿음이 조금이나마 있기 때문에 우리는 인식하고 승인하게 된다. 이런 점에서 신뢰의 믿음 그리고 인식과 승인은 상관관계에 있다고 볼 수 있다. 그러나 인식과 승인 그 자체가 곧 신뢰의 믿음이라 말할 수 없다. 신뢰의 믿음이 없을 때 인식과 승인은 지식의 차원에 머물게 되고 진

리에 대한 지식은 교만을 초래한다. 하나님의 약속을 믿는 인격적 신뢰가 결여된 인식과 지식은 지식주의, 교리주의, 경건과 성화를 상실한 형식주의에 빠진다. 경건의 형식은 있지만 참 경건은 사라진다. 많은 신학자들과 목회자들이 이 문제로 자기기만과 갈등에 빠진다.

바로 여기에 정통주의 신학의 문제점이 있다. 믿음에 관한 지식, 교리에 대한 지식과 지적 승인은 있지만 하나님을 향한 신뢰의 믿음이 없을 때 믿음은 경직되고 형식화된다. 경건의 영성이 사라지고 교회는 형식적·제도화된다. 목회는 기계적으로, 직업적으로 움직이게 된다. 신학자들과 성직자들은 나태와 권위주의와 도덕적 타락에 빠지고, 자신이 확실히 믿지 않으며 행하지 않는 말씀을 직업적으로 가르치고 보수를 받는다. 이것은 직업적 "말씀장사"라 말할 수 있다.

하나님의 진리에 대한 인식과 지식을 추구하는 것이 신학자들에게 주어진 사명이다. 이 사명은 기독교 신앙에 있어 없어서는 안 될 중요한 기능이다. 그것은 새로운 시대적 상황에서 하나님의 진리를 새롭게 해명하고, 그리스도인들의 신앙이 이해하는 신앙으로 발전하는 데 기여한다. 그러나 인식과 지식을 찾는 일에 열중하다보면 하나님을 신뢰하는 믿음이 약해진다. 머릿속에 지식은 가득하지만 마음은 메말라버린다. 그는 선과 진리가 무엇인지 알고 그것을 가르치지만 그 자신은 그것을 행하지 않는 이중인격자가 되어버린다. 하나님이 그에게 맡긴 귀중한 사명을 잊어버리고 세상의 명예와 힘과 부를 탐하게 된다. 그러므로 근대 경건주의는 인식과 승인 대신에 인격적 신뢰와 성화와 경건의 영성을 강조하고 형식적·제도화된 교회의 개혁을 주장하였다.

참된 인식과 승인은 신뢰의 믿음을 전제한다. 그것은 신뢰의 믿음 안에서, 신뢰의 믿음을 통해서만 가능하다. 객관적 증명이 불가능한 하나님의 존재와 창조, 하나님의 아들의 성육신과 부활과 구원, 성령의 활동, 인간의 이성의 한계 바깥에 있는 이 모든 것을 인식하게 하는 것은 신뢰의 믿음에 있다. 하나님을 향한 신뢰의 믿음을 통해, 믿음 안에서 인간의 이성은 그의 한계 바깥에 있는 것을 인식할 수 있다. 이 인식은 곧 하나님에 대한 복종이요, 신뢰의 믿음 자체에 속한다.

이런 측면에서 신앙의 진리에 대한 인식과 승인은 신뢰의 믿음 안에서만 가능하다. 인식과 승인이 신뢰의 믿음의 전제와 구성요소와 동반자인 것처럼, 신뢰의 믿음은 인식과 승인을 가능하게 하는 전제요 동반자이다. 신뢰의 믿음이 "인식하는 믿음"이라면 인식은 "믿는 인식" 내지 "신앙하는 인식"이다. 인식과 승인 없는 믿음도 있을 수 없지만 믿음 없는 인식과 승인도 있을 수 없다. 아무리 단순한 믿음일지라도 믿음은 그 시작부터 이해하고 인식하는 믿음이듯이, 인식도 그 시작부터 믿는 인식, 곧 믿음의 인식이다. 믿음은 언제나 인식하는 가운데 있고 인식은 언제나 믿음 가운데 있다.

이와 동시에 진리에 대한 참 인식은 하나님과 이웃에 대한 사랑 안에서만 가능하다. 믿음은 사랑을 동반한다. 따라서 사랑이 없는 믿음은 참 믿음이라 할 수 없다. 믿음을 통하여, 믿음과 함께 이루어지는 진리의 인식도 사랑을 동반한다. 참 진리는 사랑에 있다. 그것은 "사랑 안에 있는 진리"이다(엡 4:15). 하나님의 사랑의 인격화이신 그리스도가 곧 사랑 안에 있는 "진리"이다(요 14:6). 따라서 진리에 대한 인식은 사랑을 동반하지 않을 수 없다. 그리스도의 사랑 안에서 살 때 진리에 대한 인식이 가능하다. 사랑이 없는 인식은 공허한 지식일 뿐이다. 우리는 사랑을 동반하는 신뢰의 믿음과 인식의 관계를 아래와 같이 요약할 수 있다.

a. 신뢰의 믿음은 지적 인식을 전제하며 그것에 기초한다. 아무리 단순한 형태의 믿음일지라도 믿음은 지적 인식에 기초한다. 알지 못하는 것, 곧 인식하지 못하는 것을 믿고 신뢰한다는 것은 불가능하기 때문이다.

b. 거꾸로 지적 인식은 신뢰의 믿음을 전제한다. 믿음 없이 하나님의 진리에 대한 인식은 불가능하다. 그것은 "믿음의 인식"이다(K. Barth).

c. 참된 믿음은 사랑을 동반한다. 사랑이 없는 믿음은 죽은 믿음이다. 따라서 믿음과 함께, 믿음 안에서 이루어지는 인식은 사랑 안에서만 가능하다. 그것은 "믿음의 인식"인 동시에 "사랑의 인식"이다.

d. 지적 인식은 그리스도인들과 교회의 반지성주의, 맹목주의, 열광주의를 방지하고 그리스도인들의 믿음이 그 내용을 충분히 알고 "이해하는 믿음", 올바른 목적과 방향을 의식하는 "계몽된 믿음"으로 인도한다.

e. 그 반면에 믿음과 사랑은 지식주의, 교리주의, 교회의 형식화와 제도화, 성직자들의 권위주의를 방지하고, 성화와 경건의 영성을 발전시킬 수 있다. 지적 인식에 기초한 신뢰의 믿음과 사랑이 있는 바로 거기에 하나님의 구원받은 새로운 삶의 현실이 자리 잡기 시작한다.

f. 신뢰의 믿음이 삶의 과정이듯이 인식도 그리스도인의 삶의 과정에 속한다. 그리스도인의 믿음은 언제나 다시금 보다 더 깊은 새로운 것을 깨닫고 그것을 승인하는 과정 속에 있다. 지금 우리는 로마제국 시대의 구리로 만든 거울판에 비치는 것을 보는 것처럼 희미하게 볼 뿐이다. 따라서 우리가 아는 것은 부분적이다. 완전히 알게 될 종말론적 미래를 향해 그리스도인들의 인식은 끊임없이 새롭게 나아갈 수밖에 없다(참조. 고전 13:12). 그것은 불완전함에서 완전함으로 넘어가는 과정 속에 있다.

이와 관련하여 우리는 정통주의 신학이 말하는 "믿음의 내용"(혹은 객관적 믿음: *fides quae creditur*)과 "믿음의 행위"(혹은 주관적 믿음: *fides qua creditur*)를 상관관계에 있는 것으로 파악할 수 있다. ① "믿음의 내용"은 그 생성에서부터 믿음 속에서, 믿음의 행위로서 성립된다. 믿지 않는 사람에게 믿음의 내용은 성립될 수 없다. 그는 믿음의 내용을 아예 인정하지 않기 때문이다. ② 거꾸로 "믿음의 행위"는 믿음의 내용과 그 내용에 대한 인식을 전제한다. 자기가 믿는 내용이 무엇인가에 대한 최소한의 인식이 있기 때문에 그 내용에 대한 "믿음의 행위"가 일어난다.

그런데 정통주의 신학은 "믿음의 내용"과 "믿음의 행위"의 상관관계가 사랑의 영 안에 있는 상관관계임을 간과한다. 사랑의 영이 없는 믿음의 내용, 사랑 없는 믿음의 행위는 있을 수 없다. 따라서 이들의 상관관계는 사랑의 영 안에서 이루어진다. 우리는 하나님의 사랑의 영 안에서 믿음의 내용을 인식하고 인식하는 바를 믿는다. 우리의 인식과 믿음은 하나님의 사랑의 영으로 가득한 인식과 믿음이어야 한다. 이 때 우리의 인식과 믿음은 그 진정성을 증명받을 수 있을 것이다. 그렇지 않을 때 우리의 인식과 믿음은 "울리는 꽹과리"와 같이 될 것이다.

3) 이성의 작용 속에 있는 믿음: 한국의 개신교회는 믿음과 이성을 적대적인 것으로 가르치는 경향이 강하다. 믿기 위해서는 "무조건" 믿어야 한다. 이성은 사탄적인 것이다! 이와 같은 가르침은 이성적·합리적 사고의 능력을 결여한 목회자들과 신자들을 양산하는 결과를 초래한다. 이리하여 상식적으로 도저히 용납될 수 있는 기괴한 일들이 교회 안에서 일어나게 된다(예를 들어 부흥회를 인도할 목사님이 부흥회 동안 자기가 사용할 칫솔과 치약, 팬티 색깔, 비타민 종류까지 목록으로 만들어 보내는 일).

그러나 이성은 반드시 믿음에 대립하지 않는다. 오히려 믿음의 생성에 있어 이성은 함께 작용한다. 아무리 단순한 믿음일지라도 믿음은 이성의 작용 속에서 일어난다. 우리가 예수의 구원을 믿을 때 우리는 우리 인간의 죄와 예수의 죄용서에 대해 최소한의 인식과 지식을 가진다. 이 인식과 지식은 인간의 이성을 통해 이루어진다. 인간의 이성이 인식하고 지식을 얻는다. 따라서 "이성은 믿음의 전제"가 된다(Tillich 1961, 91).

이성도 본래 "하나님이 보시기에 좋았던" 하나님의 피조물이다. 이성이 있기 때문에 우리는 조리 있게 생각할 수 있고, 생각한 바를 말하거나 글로 쓸 수 있다. 이성을 통해 우리는 사물을 분별할 수 있고 도덕적 판단을 내릴 수 있으며, 합리성 있는 사회질서와 법질서를 만들 수 있다. 만일 이성이 없다면 우리 인간은 충동에 따라 움직이는 짐승이 되어버릴 것이다. 이 세계는 무질서와 혼란과 폭력으로 가득하게 될 것이다.

믿음과 교회도 이성적이고 합리적이어야 한다. 그래야 하나님 나라의 현실이 될 수 있다. 산을 옮길만한 믿음이 있더라도 비이성적이고 비합리적이면 세상 사람들의 비웃음을 받게 된다. 우리는 이것을 오늘날 한국 개신교회에서 눈으로 직접 보고 있다. 칸트(Kant)와 레싱(Lessing)과 같은 계몽주의자들이 교육을 중시한 이유가 여기에 있다.

4) 믿음과 사랑을 통한 이성의 성취: 그러나 하나님 없는 인간의 이성, 사랑이 없는 이성은 하나님에 대항하는 적대적 세력으로 작용할 수 있다. 인간에게는 악한 본성이 있기 때문에 이성은 인간의 악한 본성의 이기적 욕망의 도구가 되어 하나님이 창조한 세계를 파멸할 수 있는 무서운 힘을 가진다. 오늘날 우리의 세계는 하나님이 없고 사랑이 없는 인간의 이성으로 말미암아 죽음의 불안 속에 있다.

따라서 이성이 그 자신의 힘으로 참된 성취에 도달하는 것은 불가능하다. 인간다운 인간의 이성으로 작용하기 위해 이성은 하나님에 대한 믿음과 사랑을 필요로 한다. 하나님을 믿는 믿음과 사랑 속에서 인간의 이성은 하나님의 선한 목적을 이루는 데 기여할 수 있다. 하나님이 지으신 자신의 본래 목적, 곧 이웃을 섬기며, 하나님의 사랑과 정의가 충만한 하나님의 나라를 세우는 일에 봉사할 수 있다. 이런 점에서 "믿음은 이성을 성취한다"(Tillich 1961, 91).

따라서 우리는 믿음과 이성을 대립관계에 있는 것으로 볼 것이 아니라 상호 보완관계에 있는 것으로 보아야 할 것이다. 믿음은 이성적인 믿음이 되어야 한다. 아둔하고 맹목적인 믿음, 비합리적인 믿음은 하나님을 부끄럽게 하고 그의 구원에 방해가 된다. 이성은 우리의 믿음이 합리성 있는 믿음, 사물을 합당하게 분별할 수 있는 믿음이 되도록 도울 수 있다. 거꾸로 이성도 믿음과 사랑을 필요로 한다. 믿음과 사랑을 통해 이성은 선한 이성이 될 수 있고 자신의 참된 목적에 이를 수 있다.

교회도 이성을 필요로 한다. 이성이 없는 교회는 비합리성과 맹목성, 무질서와 혼란에 빠질 수밖에 없다. 하나님은 무질서의 하나님이 아니라 평화의 하나님, 올바른 질서의 하나님이다. 질서 있고 합리성 있는 교회, 자신의 본래 목적을 인식하고 이 목적을 이루는 교회가 되기 위해서는 이성이 필요하다. 이성이 결여된 맹목적이고 광신적인 교회는 결코 하나님께 영광을 돌리지 못한다. 믿음도, 교회도 이성적이어야 한다. 이와 동시에 하나님에 대한 신뢰의 믿음과 사랑 안에서, 이성은 악의 도구가 되지 않고 하나님의 선한 도구가 될 수 있다.

5) 조화되어야 할 지식과 감성: 이성은 두 가지 중요한 기능을 가진다. 첫 번째 기능은 사물을 인식하는 인식적 기능이요, 두 번째 기능은 도덕적 판단을 내리는 기능, 곧 무엇을 해야 하고 무엇을 하지 말아야 할 것인가를 판단하는 도덕적 기능이다. 이성의 인식적 기능을 통해 우리는 사물에 대한 지식과 기술을 얻고, 도덕적 기능을 통해 정의와 질서가 있는 도덕적 세계를 세운다. 하나님의 구원의 현실은 이성의 인식적 기능과 도덕적 기능을 필요로 한다.

그러나 한 가지 요소가 더 필요하다. 그것은 감성 내지 감정의 차원이다. 이성이 발전해도 감성이 메마르면 우리는 인간성을 상실할 수 있다. 합리적 사고력과 많은 지식은 있지만 인간성이 없고 미래의 꿈과 이상을 갖지 못한, 경직되고 계산적인 사람이 될 수 있다. 학교교육에서 정서교육을 중요시하는 이유가 여기에 있다. 사람의 마음을 가장 깊이 움직일 수 있고 그 사람을 근본적으로 변화시키며 창조적 사고력을 키워주는 것은 합리적 사고력과 많은 지식이 아니라 바로 감성이다.

만일 우리의 마음을 움직이는 감성이 없으면 믿음에 관한 지식은 생명력이 없이 죽어버린 것이 될 수 있다. 지식은 있지만 그 지식이 마음을 움직이지 못하게 된다. 이로 인해 믿음은 행함이 없는 믿음, 형식에 불과한 믿음이 되어버릴 수 있다. 감성이 메말라버린 사람은 형식과 독선과 교만, 율법주의와 교리주의에 빠지기 쉽다. 인격적 유연성과 관대함의 결핍으로 인해 이웃을 용서하지 못하고 끊임없이 비난하고 정죄하며, 자기의 입장을 절대화한다. 이것을 극복할 수 있는 길은 성령의 작용과 감성에 있다. "지식과 행위가 사람을 경건하게 하는 것이 아니라 그 반대로 참으로 바른 '경건한 심정'을 가진 사람만이 바른 지식과 바른 행위에 이르게 된다"(허호익 2012b, 131).

그러나 감성은 올바른 인식과 지식의 기초 위에서 바르게 기능할 수 있다. 감성이 이성과 지식을 겸비하지 않을 때 감성은 비합리성과 맹목성에 빠질 수 있다. 산을 옮길만한 뜨거운 믿음의 감성적 확신이 있어도 건강한 이성과 지식이 없으면 믿음의 감성적 확신은 사리를 분별하지 못하는 혼돈과 무지상태에 머물게 된다. 신앙생활에 있어 교육이 필요한 이유가 바로 여기에 있다.

여기서 우리는 이성과 지식 그리고 감성 가운데 어느 것이 더 중요하다고 말할 수 없다. 양자는 서로를 도와주는 상관관계 내지 동반자 관계에 있다고 볼 수 있다. 올바른 이성과 지식은 감성을 통해 그것의 참된 성취에 도달할 수 있다. 거꾸로 감성은 올바른 이성과 지식을 통해 그것의 참된 성취에 도달할 수 있다. 양자는 서로를 도와준다. 슐라이어마허가 말하는 경건의 감정은 그리스도인의 이성과 지식이 교만과 독선, 형식주의와 지식주의에 빠지지 않도록 도와주며, 올바른 이성과 지식은 경건의 감정이 맹목주의, 열광주의, 광신주의에 빠지지 않도록 도와준다. 이성과 지식 그리고 감정 혹은 감성이 조화를 이룰 때 믿음은 하나님이 기뻐하는 하나님 나라의 현실이 될 수 있다.

개신교회는 "오직 믿음으로" 구원이 가능하다고 강조한다. 물론 이 주장은 타당하지만 잘못 이해되기 쉽다. 곧 이성과 지식도 필요 없고, 교육도 필요 없고, 오직 뜨거운 믿음만 있으면 된다고 생각될 수 있다. 그 반면 진리에 대한 지식과 "가르침"을 중요시하는 교리주의는 교리에 대한 인식과 승인을 구원과 동일시하고 인간의 감성의 중요성을 간과한다. 그러나 인간은 이성과 감성을 함께 지닌 통전적 존재다. 따라서 이성과 지식 그리고 감성이 조화를 이룰 때 원만한 인격을 기대할 수 있다. 믿음에 있어서도 마찬가지다. 이성과 지식 그리고 감성이 조화를 이룰 때 믿음은 보다 더 바람직한 하나님 나라의 구원받은 현실이 될 수 있다. 감성 가운데 가장 아름다운 감성은 사랑의 감성이다. 사랑의 감성이 있을 때 믿음은 완전해질 수 있다.

6

희망과 사랑 안에서 구체화되는
구원의 현실

바울은 "믿음, 희망, 사랑, 이 세 가지는 항상 있을 것"이라 말한다(고전 13:13). 달리 말해, 이 세 가지는 분리될 수 없이 결합되어 있다. 따라서 믿음 속에 있는 하나님의 구원의 종말론적 현실은 희망과 사랑 안에도 현존하며, 이 것들을 통해 보다 더 분명하게 가시화된다고 볼 수 있다.

A. 기다림과 희망 속에 있는 구원의 현실
– 히브리서의 믿음 개념

1) 믿음의 본질로서의 희망: 희망은 믿음 다음에 오는 부차적인 것으로 생 각되기 쉽다. 그것은 있을 수도 있고 없을 수도 있는 것으로 생각되기도 한다. 그러나 믿음은 그 본질에 있어 희망이요, 희망은 믿음을 유지하는 생명선과 같다. 무엇을 "믿는다", "신뢰한다"는 것은 아직 주어지지 않은 것, 불확실한 것을 믿고 그것이 확실하게 되기를 참고 기다리며 희망하는 것을 말한다. 예를 들어 시편 기자에게 "하나님을 믿는다, 신뢰한다"는 것

은 "하나님을 갈망하다, 바라다, 희망하다"는 것을 말한다(시 42:1-2).

그러므로 기다림과 희망은 믿음의 한 부수적 요소이거나 있어도 좋고 없어도 좋은 것이 아니라 믿음의 본질에 속한다. 성서에 따르면 하나님은 "약속의 하나님"이요 "희망의 하나님"이다. 따라서 하나님에 대한 믿음은 하나님의 약속의 성취에 대한 기다림과 희망을 내포한다. 성서의 신앙은 그 본질에 있어 기다림과 희망이다. "내 영혼이 주님을 기다림이 파수꾼이 아침을 기다림보다 더 간절하도다"(시 130:6). "그러므로 주님…내 희망은 오직 주님뿐입니다"(39:7). "우리가 보이지 않는 것을 바라면 참으면서 기다려야 합니다"(롬 8:25).

바울은 믿음과 희망의 분리될 수 없는 관계를 아브라함에게서 발견한다. 하나님은 후손을 가질 희망이 없는 아브라함에게 아들 이삭의 탄생을 약속한다(창 15:6). 아브라함은 "나이가 백 세가 되어서 자기 몸이 (이미) 죽은 것이나 다름없고, 또한 사라의 태도 죽은 것이나 다름없는 줄 알면서도…하나님의 약속을 믿고 의심하지 않았다"(롬 4:19-20). 그는 "아무것도 희망할 것이 없음에도 희망하며 (하나님의 약속을) 믿었다"(4:18). 하나님을 향한 아브라함의 믿음은 하나님의 약속에 대한 신뢰였고, 이 신뢰는 곧 기다림과 희망이었다.

하나님이 새로운 땅을 약속할 때(창 12:1), 아브라함은 이 하나님의 약속이 이루어질 것을 믿고(신뢰하고) 정든 고향 하란을 떠나 가나안 땅으로 향한다. 가나안 땅이 보이지 않지만 그는 이 땅을 바라고 기다리며 나아간다. 모세는 눈에 보이지 않는 "젖과 꿀이 흐르는 땅"에 대한 하나님의 약속을 믿고 이를 희망하면서 시내광야를 유리한다. 여기서 믿음은 하나님의 약속에 대한 신뢰와 희망을 뜻한다. 약속에 대한 신뢰의 믿음과 희망은 "인간을 통해 약속의 말씀이 수용되는 유일하게 적절한 형식이다." 약속과 그것을 신뢰하는 믿음과 희망은 "상관개념들"이다(Pannenberg 1993, 163).

성서는 하나님의 미래에 대한 기다림과 희망으로 가득하다. 조국의 땅이 모두 파괴되고 강대국의 식민지가 된 절망적 상황 속에서 제3이사야는

"새 하늘과 새 땅"을 바라본다(사 65:17). 에스겔은 마른 뼈들이 다시 살아나, 하나님의 "성소가 영원히 그들 한 가운데 있을"(겔 37:28) 새로운 미래를 갈망하며 희망한다. 신약의 베드로후서 기자는 "그리스도께서 다시 오신다는 약속"이 사라진 것처럼 보이는 상황 속에서 "주님의 약속을 따라 정의가 충만한 새 하늘과 새 땅을" 기다린다(벧후 3:4, 13). 요한계시록의 기자는 "죽음과 슬픔과 울부짖음과 고통"이 가득한 로마제국 속에서 이 모든 것이 사라지고 "하나님의 집"이 그 안에 있는 "새 하늘과 새 땅"을 기다리며 희망한다.

하나님에 대한 믿음의 본질은 하나님의 약속된 새로운 생명 세계에 대한 동경과 희망에 있다. 믿음은 아직 보이지 않는 하나님의 새로운 생명 세계를 앞서 바라보며, 이를 기다리고 희망하면서 끝까지 견디는 종말론적·메시아적 성격을 가진다. 기독교는 죄악과 굶주림이 없고 인간에 의한 인간 차별과 억압과 착취가 없는 하나님의 새로운 미래를 기다리고 희망하는 "희망의 종교"요, 그것을 앞당겨 오고자 씨름하는 종말론적·메시아적 종교다.

그리스도인들은 의인인 동시에 죄인이요, 세계는 아직도 죄와 죽음의 세력에 붙들려 있다. 그러므로 믿음은 주어진 세계에 안주할 수 없다. 그것은 하나님이 약속하신 구원받은 세계를 지향하며, 그것을 기다리고 희망한다. 그것은 아직 눈에 보이지 않는 것을 바라봄이요, 기다림과 희망 그 자체이다. 그것은 기다림과 희망 속에서 모든 시련과 고통을 견디는 것이다. "그러므로…주님께서 오실 때까지 참고 견디십시오"(약 5:7). 히브리서는 이에 대한 모범을 예수에게서 발견한다. 그리스도는 "십자가를 참으셨다"(히 12:2).

몰트만은 믿음과 희망의 분리될 수 없는 관계를 명료하게 밝힌다. "약속의 하나님", "희망의 하나님"을 믿는다는 것은 그가 약속한 미래의 세계를 기다리고 희망하는 것을 뜻한다. 믿음은 죄와 불의와 죽음이 가득한 이 세계의 현실에 안주하지 않으며, 그것과 타협하지 않는다. 믿음은 "십자가에 달린 그분의 부활을 통해 깨어진 한계들을 넘어서서" 하나님의 미래를 희망한다. 따라서 "희망"은 "믿음의 '분리될 수 없는 동반자'이다"(Moltmann 1969, 15). 믿음을 통해 희망이 근거된다면 믿음은 희망을 통해 자신의 생명을 유지한다. 희망은 믿음이 항상 그리스도의 미래를 향하도록 한다. 희망이 없는 믿음은 "소시민적 믿음"(Kleinglaube)이다. 그것은 사실상 "불신앙"이다. 그것은 하나님의 약속을 신뢰하지 않기 때문이다. 그러므로 믿음이 Prius(우선)의 자리를 가진다면 희망은 Primat(수위)의 자리를 가진다(16).

몰트만의 이와 같은 통찰에 근거하여 우리는 믿음과 희망의 관계를 다음과 같이 정리할 수 있다. ① 믿음은 희망의 근거이다. 하나님의 약속된 미래에 대한 희망은 하나님에 대한 믿음으로 말미암아 일어나기 때문이다. ② 희망은 믿음의 본질을 구성한다. 하나님에 대한 믿음은 그 본질에 있어 하나님의 약속에 대한 신뢰와 희망이기 때문이다. ③ 희망은 믿음을 참된 믿음으로 유지한다. 하나님의 약속된 미래에 대한 희망이 없는 믿음은 참 생명력을 상실한 죽은 믿음과 같다. ④ 그러므로 믿음은 희망을 통해 그의 본래성을 유지한다. 믿음은 희망을 통해 소시민적·사적 영역에 머물지 않고 역사의 미래에 대한 전망과 역사의식을 갖게 된다. 이로써 믿음의 진실성이 증명된다.

간절한 마음으로 희망하고 사랑하는 사람에게, 그가 희망하는 미래는 희망의 양태로 현재화된다. 그는 현재 안에 있으면서도 그가 기다리며 희망하는 하나님 나라의 미래를 앞당겨 산다. 간절히 기다리고 희망하는 하나님 나라의 미래가 그의 생각과 삶을 결정한다. 이를 통해 하나님의 종말론적 구원의 현실이 구체화된다. 과거에 일어난 구원의 사건이 회상의 양태로 현재화된다면 장차 올 하나님 나라의 미래는 기다림과 희망의 양태로 우리 가운데 현재화된다. 그러나 그것은 역사의 미래로 머물러 있다. 따라서 그것은 미래적 현재인 동시에 현재적 미래라 할 수 있다. 그것은 "이미 – 그러나 아직 아니"의 긴장 속에 있다. 기다림과 희망은 이미 경험되는, 그러나 아직 오지 않은 미래의 종말론적 현실이다.

꿈꾸며 희망하는 것이 무슨 도움이 되느냐고 우리는 질문할 수 있다. 그러나 꿈과 희망은 그 자체로 의미가 있다. 꿈과 희망이 없을 때 삶은 무덤과 같이 폐쇄되어 버린다. 거기에는 미래의 새로움이 없기 때문이다. 꿈과 희망이 있을 때 우리의 삶은 아직 주어지지 않은 새로운 미래를 지향하게 된다. 그 결과 그가 꿈꾸고 희망하는 바를 향해 시간과 노력을 바치며 창조적인 일을 행하게 된다. 이런 맥락에서 문학자 조정래는 다음과 같이 말한다. "꿈꾸는 자가 성취한다는 말이 있잖아요. 그리고 꿈꾸는 자는 꿈꾸지 않는 자보다 많이 이룬다는 말도 있구요"(조정래 2013, 26).

그리스도인들은 "그리스도에게 속한 사람들"임을 말한다. 따라서 그들은 그리스도의 꿈과 희망에 취한 사람들, 곧 "새 술에 취한"(행 2:13) 사람들이다. 그리스도의 꿈과 희망 속에서 그들은 삶을 내건다. "내가 여기 있나이다. 나를 보내소서!"(사 6:8) 그들은 하나님의 새로운 생명의 세계에 대한 사랑과 희망 속에서 이 세계를 앞당겨 산다. 사랑하고 기다리며 희망하는 그들의 삶 속에 하나님 나라의 미래가 앞당겨 온다.

2) 히브리서의 믿음의 개념: 히브리서는 하나님의 약속에 대한 기다림과 희망으로서 믿음의 본질을 잘 묘사한다. 히브리서 11:1에 의하면 "믿음은 바라는 일들의 실상이요, 보이지 않는 일들의 증거이다"(히 11:1). 이 구절에서 "바라는 일들"("희망하는 것들", *ta elpizomena*)은 하나님의 약속을 가리키는 히브리적 개념이요, "보이지 않는 일들"(*pragmata ou blepomena*)은 가시적인 것과 불가시적인 것을 구별하는 고대 그리스 철학의 이원론적 개념이다. 이 두 가지 개념들은 "미래의 약속의 세계", "눈으로 볼 수 없는 세계의 현실"을 가리킨다. "실상"으로 번역된 그리스어 *hypostasis*는 3장 14절에서처럼 "신뢰", "담보, 보증"을 뜻한다(Luther는 이 개념을 "gewisse Zuversicht"라 번역함). "증거"로 번역된 *elegchos*는 "증명, 입증, 확신"을 뜻한다.

히브리서 기자는 이와 같은 개념들을 사용하여 믿음의 본질을 묘사한다. 히브리서에 의하면 믿음이란 아직 "눈에 보이지 않는 일들", 곧 하나님이 약속한 미래의 세계에 대한 확신과 신뢰요 희망과 기다림이다. 확신과 신뢰, 희망과 기다림 속에 미래의 약속된 세계가 "실상"처럼 현존한다. 따라서 "믿음은 나타나지 않는 일들의 나타남이요, 보여지지 않는 것을 봄이요, 어두운 것의 밝음이요, 현존하지 않는 것의 현존함이요, 숨어 있는 것의 나타내 보임이다"(Calvin, *Inst*. III.2.41).

여기서 히브리서 기자는 하나님이 약속한 미래의 세계를 "하늘에 있는 것" 혹은 "하늘의 본향"이란(11:16) 또 하나의 그리스 철학의 이원론적 개념으로 표현한다. 믿음은 눈에 보이는 이 세상의 것을 신뢰하지 않고 "하늘의 본향", 곧 하나님의 약속된 미래의 세계를 신뢰하고 이를 동경하며 희망한다. 아직 눈에 보이지 않는 미래의 세계, 곧 "하늘의 본향"이 기다림과 희망의 양태로 그리스도인들의 믿음 속에 현존한다. 그러나 약속된 미래는 아직도 숨어 있는 상태, 눈에 보이지 않는 상태에 있다. 그것은 보이는 동시에 완전히 보이지 않고, 완전히 보이지 않는 동시에 부분적으로 보인다. 달리 말해 그것은 미래적인 것인 동시에 현재적이요, 현재적인 동시에 미래적이다. 그것은 아직도 "하늘"에 머물러 있다. 그러므로 믿음은 끊임없이 "장차 올 것", 곧 "하늘의 본향"을 찾는다(13:14).

히브리서 기자는 믿음의 이와 같은 종말론적 본질을 신앙의 조상들에게서 발견한다. 아브라함은 하나님이 그에게 약속하는 땅을 알지 못했지만 하나님의 약속을 믿고(신뢰하고) 그 땅을 향해 떠난다. 그는 그 땅을 보지 못했지만 그 땅을 바라보면서 그 곳을 향해 길을 떠난다. 그는 많은 후손을 주겠다는 하나님의 약속에 대한 믿음을 갖고 외아들 이삭을 하나님께 바친다(11:8-10, 17).

당시 이집트 황실의 실세였던 하트셉수트 공주의 양아들로서 황제 후계자의 영광을 포기한 모세는 "황제의 분노"로 인한 죽음의 위험을 무릅쓰고 황제를 찾아가 담판을 가진다(최종진 1987, 210-212). 그는 하나님이 약속하신 "젖과 꿀이 흐르는 땅"을 보지 못했지만 그 땅에 대한 하나님의 약속을 신뢰하고 그것을 바라고 희망하면서 시내광야를 유리한다. "그는 보이지 않는 분을 마치 보는 듯이 바라보면서" 모든 시련을 "견디어낸다." 믿음 속에서 이스라엘 백성이 "이레 동안 여리고 성을 돌자, 성벽이 무너졌다"(11:23-30).

사사들과 예언자들도 이와 같은 믿음을 보여준다. "이 사람들은 모두 믿음을 따라 살다가 죽었다. 그들은 약속하신 것을 받지는 못했지만 그것을 (믿고) 멀리서 바라보며", "땅에서는 길손과 나그네 신세"로 살아갔다 (11:13). 그것을 믿고 바라며 희망하는 그들의 마음과 삶 속에 하나님의 약속된 세계가 현존한다. 그러나 그들은 약속된 세계를 아직 받지 못하였다. 그들은 아직 받지 못한 것을 바라보며, 그것을 찾아가는 순례자의 길을 걷는다.

여기서 믿음은 약속의 말씀에 대한 인식(*notitia*)과 승인(*assensus*)을 뜻할 뿐 아니라 자기의 삶의 길을 내맡기는 신뢰(*fiducia*)를 뜻한다. 아브라함과 모세는 하나님의 약속에 대한 신뢰 속에서 약속하신 새로운 생명의 세계를 향해 그들의 삶을 내어맡긴다. 성전에서 하나님을 보게 된 이사야는 안정된 성전 제사장의 길을 버리고 위험이 가득한 예언자의 길을 택한다. "내가 누구를 보낼까?…제가 여기에 있습니다. 저를 보내 주십시오"(사 6:8). 다메섹으로 가는 길에 부활하신 그리스도를 만난 사울은 완전히 다른 사람으로 다시 태어난다. 그리하여 "바울"이란 새로운 이름을 얻는다. 그는 유대교 지도자로서의 보장된 삶의 길을 버리고 눈에 보이지 않는 하나님 나라의 미래를 향해 자기 자신을 던진다. 이런 의미에서 믿음은 하나의 감정적 상태, 혹은 "절대의존의 감정"에 불과한 것이 아니라 인간의 삶 전체가 걸린 문제이다.

히브리서 기자는 초기 그리스도인들이 로마제국의 극심한 박해와 고난을 당했던 역사적 상황을 다음과 같이 이야기한다. "또 어떤 이들은 조롱과 채찍질 뿐 아니라 결박과 감옥에 갇히는 시험도 받았으며, 돌로 맞기도 하고, 톱질을 당하기도 하고, 칼에 맞아 죽기도 하였다.…양과 염소의 가죽을 입고 떠돌아다녔다.…그들은 광야와 산과 동굴과 땅굴을 헤매며 다녔다"(히 11:36-38). 이와 같은 상황 속에서 히브리서 기자는 "하늘의 본향"에 대한 하나님의 약속을 끝까지 믿으면서(신뢰하면서) 참고 견딜 것을 권고한다. "이렇게 구름 떼와 같이 수많은 증인이 우리를 둘러싸고 있으니 우리도 갖가지 무거운 짐과 얽매는 죄를 벗어버리고 우리 앞에 놓인 달음질을 참으면서 달려갑시다. 믿음의 창시자요 완성자이신 예수를 바라봅시다"(12:1-2).

히브리서 기자는 불의한 세력과의 타협을 권하지 않는다. 오히려 끝까지 참고 견디면서 하나님 나라의 "새로운 피조물"로서 살 것을 권고한다. 서로 사랑하기를 계속하고 손님을 따뜻이 대접하며, 혼인을 귀하게 여기고 돈을 사랑하지 않으며, "지금 가지고 있는 것으로 만족해야 한다"(히 13:1-5). "선을 행하고 서로 나누어주기를 잊지 않아야 한다"(히 13:16). 이리하여 "하나님의 나라에 합당한 자"(살후 1:5)가 되기를 권고한다.

이러한 권고는 악한 세력을 방치하는 것으로 들릴 수 있다. 그러나 히브리서는 결코 악한 세력의 방치와 포기를 말하지 않는다. 오히려 그는 "부정적인 것의 부정"에 대한 하나님의 약속을 상기시킨다. "이번에는 그가 약속하시기를 '내가 한 번 더 땅뿐만 아니라 하늘까지도 흔들겠다' 하셨습니다. 이 '한 번 더'라는 말은 흔들리는 것들, 곧 피조물들을 없애버리는 것을 뜻합니다"(12:26-27). 하나님은 "태워 없애는 불"이다. 이 "불"로 말미암아 세계의 악한 세력은 언젠가 동요될 것이며 폐기될 것이다. 그리하여 "흔들리지 않는 나라"가 올 것이다(12:28-29). 히브리서 기자는 "흔들리지 않는 나라", 곧 하나님의 나라에 대한 신뢰와 인내 속에서 그리스도인들은 "약속을 상속으로 받는 자들"(6:12, 17)이 되어야 한다고 권고한다 (Michel 1975, 372-377).

우리는 히브리서 기자가 말하는 믿음의 성격을 다음과 같이 정리할 수 있다. ① 믿음은 "하늘의 본향", 곧 하나님 나라의 약속에 대한 신뢰를 뜻한다. ② 신뢰로서의 믿음은 약속된 하나님의 나라를 미리 내다보는 것, 곧 기다림과 희망을 뜻한다. ③ 약속된 하나님의 나라는 기다림과 희망의 양태로 믿음 속에 현존한다. 따라서 믿음은 하나님 나라의 종말론적 현재다. 그것은 미래적인 것의 현재를 사는 것을 말한다. ④ 그러나 하나님 나라의 종말론적 현재는 매우 불완전하며, 시련과 유혹과 박해 속에 있다. 그러므로 믿음은 "희망을 굳게 잡고"(10:23) 견디고 인내하면서 하나님의 약속된 미래, 곧 "하늘에 있는 본향"을 지향하는 "외국인과 나그네"의 길을 걷는다(11:13-16). 우리는 믿음의 이와 같은 성격을 신약의 여러 후기문헌에서 발견할 수 있다(살전 5:1-8; 살후 1:5; 약 5:7-10; 벧전 1:3-9; 계 2:3 등).

3) 하나님의 약속에 근거한 기다림과 희망: 구약의 역사서는 아브라함에 대한 하나님의 약속과 함께 시작한다. 따라서 성서의 하나님은 본래 "약속의 하나님"이다. 그는 아브라함과 모세에게 새로운 땅을 약속한다. 약속을 통하여 하나님은 아브라함에게 새로운 생명 세계의 "유업"을 거저 주셨다(갈 3:18). 그는 예언자들을 통하여 이스라엘 백성에게 장차 오실 메시아의 통치와 새 하늘과 새 땅을 약속한다.

이스라엘 백성의 희망은 "약속의 하나님"으로 말미암아 일어난다. "나의 희망은 오직 하나님으로 말미암아 나온다"(시 62:5-6). 그러므로 시편 기자는 하나님의 오심을 기다리며 희망한다. "주님, 이제 내가 무엇을 바라겠습니까? 나의 희망은 오직 주님뿐입니다"(39:7; 또한 37:7; 25:2; 31:24; 42:1, 11).

신약성서는 구약성서의 약속의 전통을 계승한다. 예수의 삶과 죽음과 부활은 죄와 죽음의 세력이 폐기된 하나님의 새로운 생명 세계에 대한 계시인 동시에 약속을 뜻한다. 하나님은 그리스도 예수 안에서 "생명의 약속"을 주신다(딤후 1:1). 부활하신 예수는 아버지 하나님의 약속을 제자들에게 주신다. "내 아버지께서 약속하신 것을 너희에게 보낸다"(눅 24:49). 하나님은 "약속의 성령"을 통해 그가 약속하신 것을 이루신다(엡 1:13).

그리스도인들의 희망은 예수의 삶과 죽음과 부활을 통해 하나님께서 주신 약속, 곧 하나님의 구원받은 새로운 생명 세계에 대한 약속에 근거한다(참조. 엡 1:12; 딤전 1:1). 세례를 통해 예수와 함께 죽고 예수와 함께 다시 살아난 그리스도인들은 "영원한 생명"의 "약속"을 향한 "희망으로" 구원을 받았다(요일 2:25; 롬 8:24). 그들은 "약속하신 나라의 상속자들"이요(약 2:5),

"아브라함의 후손이요, 약속을 따라 정해진 상속자들"이다(갈 3:29). 그리스도 안에서 그들은 하나님이 예언자 이사야를 통해 약속한 모든 민족들을 위한 희망에 참여한다(롬 15:13). 그리스도와 그를 믿는 사람들을 결합시키는 성령을 통해 하나님의 나라와 그의 영광에 대한 희망이 그들 안에 있다(골 1:27). 그들은 "약속의 땅"(히 11:9) 혹은 "하나님의 안식에 들어갈 약속"을 물려받은 "약속의 상속자들"이다(갈 4:7).

우리가 무엇을 참으로 희망할 때 희망하는 그것이 우리를 변화시키고 우리의 삶을 결정한다. 따라서 그리스도인들이 바라고 희망하는 것, 곧 하나님의 구원받은 새로운 생명 세계가 그들의 인격과 생활을 변화시킨다. 그들은 예수 안에 계시되는 하나님의 성품으로 신성화됨으로써 하나님 나라의 현실로 변화된다. 그들은 "하나님 나라 자체"이신 예수를 향해 "자라며"(엡 4:5), 이 세상에 대해 "그리스도의 편지"가 된다(고후 3:3).

4) 블로흐의 "희망의 원리"와 기독교의 희망: 기다림과 희망은 모든 인간의 보편적·존재론적 본성에 속한다. 하나님을 알지 못하는 사람도 그 본성에 있어 언제나 보다 나은 내일을 기다리며 희망한다. 그러므로 우리는 "무슨 새로운 일이 있지 않을까?"라는 막연한 기다림과 함께 매일 신문을 펴든다.

인간의 보편적·존재론적 본성으로서의 기다림과 희망은 죽지 않고 생존하려는 인간의 본성과 결합되어 있다. 생존의 안전함을 얻기 위해서는 내일의 상황이 오늘의 상황보다 더 나아야 한다. 이에 대한 무의식적 기대 속에서 우리 인간은 언제나 보다 나은 내일을 기다리며 희망한다. 그래서 우리 인간의 눈은 머리 뒤에 있지 않고 머리 앞에 있다. 그래서 뒤를 보거나 땅 아래를 보지 않고 앞을 보거나 아니면 하늘 위를 보도록 되어 있다. 앞을 향해 걸어가는 것은 쉽고 자연스럽지만 뒤를 향해 거꾸로 걷는 것은 매우 불편하다. 자연의 거의 모든 생물들도 눈을 머리 앞에 가지고 있다. 추론해 보면, 그들도 보다 나은 내일을 희망하며 앞을 향해 나아가는 본성을 갖고 있기 때문인 것으로 보인다.

에른스트 블로흐는 기다림과 희망을 모든 사물의 본성으로 파악한다. "희망의 원리"가 모든 사물들의 존재론적 성향이다. 모든 사물들은 지금 주어진 것에서 아직 주어지지 않은 것, 곧 미래의 것을 향한 "넘어감"(berschreiten) 속에 있다. 기다림과 희망의 원천은 아직 주어지지 않은 것, 미래의 것을 향한 모든 사물들의 "경향성과 잠재성"(Tendenz und Latenz)에 있다. 물질은 "가능한 것의 총괄개념"이다. 그 속에는 "장차 올 것이 그 안에 있는 맹아(Keim)"가 있다. 그것은 미래적인 것이 그 속에 앞당겨 오는 "선취"(Antizipation)의 기초이다(Bloch 1970, 274). 여기서 블로흐는 성서의 메시아니즘을 존재론적인 동시에 무신론적으로 해석한다.

그러나 모든 사물 속에 주어져 있는 존재론적 "희망의 원리"를 통해 구원받은 세계에 도달한다는 것이 불가능하다는 사실을, 우리는 구 공산권 국가들의 "사회주의 실험"에서 체득하였다. "역사 속에서 사회주의적 가능성으로서 발전되고, 드디어 현실적으로 되기 시작하는 자유의 나라"는 독재와 부자유의 나라로 끝나버리고 말았다(Bloch 1970, 269). 더 이상 굶주림이 없는 세계, "계급 없는 사회"에 대한 마르크스의 유토피아는 당(黨)과 인민의 엄격한 계급사회, 가난과 굶주림으로 인민들이 죽음에 내몰리며, 스탈린처럼 자기의 권력을 지키기 위해 2천만 명의 생명을 죽일 수 있는 사회로 끝나고 말았다. 우리는 그 마지막 현실을 북한 사회에서 발견할 수 있다.

모든 사물들 속에는 보다 나은 내일을 향한 미래지향성이 잠재되어 있는 동시에 그것을 방해하고 폐기시키려는 파괴적 경향성이 공존한다. 이런 상반된 경향성은 인간에게서 가장 분명히 나타난다. 인간에게는 보다 정의롭고 도덕적인 세계를 추구하는 선한 경향성이 있는 동시에 그것을 거부하고 자기를 절대화시키며, 폐쇄시키려는 악한 경향성이 공존한다. 함께 나누며 더불어 살고자 하는 공동체적 본성과 자기만을 추구하는 이기적 본성이 공존한다. 서울 장충동 신라호텔 정문 출입구 회전문을 들이받아 완파시킨 택시 운전자에게 피해 배상금 4억여 원을 요구하지 않고 오히려 그를 위로한 이부진 호텔신라 사장과 같은 사람이 있는가 하면, 금융거래를 감독해야 할 사람이 오히려 1조 8천억 사기대출을 도와주고 뇌물을 받은 금융감독원 모 간부도 있다(2014년 3월에 일어난 사건들임). 실현되어야 할 "잠재적 가능성"과 부정되어야 할 "잠재적 파괴성"이 모든 사람 속에 내재한다.

후자의 경향성은 인간 자신의 힘으로 극복할 수 없는 그의 죄된 본성 속에 깊이 뿌리박혀 있다. 블로흐 역시 인간의 깊은 죄성을 간과하지 않았다. 그러나 그의 존재론적 "희망의 원리"는 인간의 죄성에 대한 진지한 성찰을 적극 수용할 수 없었던 것으로 보인다. 그는 철저한 마르크스주의자로서 공산주의를 통해 메시아적 세계가 이루어질 수 있다고 확신했다. 그래서 그는 제2차 세계대전이 끝나자 서독으로 가지 않고 공산주의 국가인 동독으로 돌아가 라이프치히(Leipzig) 대학의 교수가 되었다. 그러나 "하나님 없는 메시아니즘"을 주장했던 블로흐는 결국 동독에서 추방을 당하고 전통적으로 기독교 국가였던 서독에서 1972년에 세상을 떠났다.

기독교 신앙의 기다림과 희망은 본래 구약의 메시아 약속에 그 뿌리를 둔다. 그러나 기독교 신앙은 예수가 하나님의 약속된 메시아(그리스도)라 고백하고 그의 부활에서 하나님의 새로운 약속을 발견한다. 따라서 기독교의 기다림과 희망은 그리스도의 부활 속에 있는 하나님의 약속에 근거한다. 보다 나은 내일을 향한 기독교 신앙의 미래지향성은 그리스도의 부활에 담지된 하나님의 약속에 대한 신뢰와 희망으로 말미암아 일어난다.

하나님의 구원받은 세계, "죽음과 슬픔과 울부짖음과 고통이 없는" 세계에 대한 기다림과 희망은 기독교 신앙의 생명과 같다. 기독교 신앙은 그 본질에 있어 하나님의 약속에 대한 기다림과 희망이다. 기다림과 희망으로 말미암아 기독교는 하나님의 자비와 정의와 평화가 있는 새로운 생명의 세계를 추구하는 종말론적·메시아적 미래지향성을 그의 생명으로 갖게 된다. 기독교는 그 본질에 있어 하나님의 새로운 생명의 세계를 추구하는 종말론적·메시아적 종교이다.

문제는 기독교 종교를 통해 구원받은 세계가 이루어질 수 있는가에 있다. 오늘날 한국 기독교의 모습을 볼 때, 종교를 통해 이상적 세계를 이룰 수 없다는 블로흐의 확신이 타당한 것처럼 보인다. 한국의 기독교는 "개독교"라는 비난을 받기도 한다. 그렇다면 기독교를 믿지 않는 사람들의 생활은 어떤가? 과거 공산주의 사회와 오늘의 중국 그리고 북한의 현실은 어떤가? 그것은 과연 마르크스가 예언했던 대로 모든 인간의 자유와 평등이 있는 "계급 없는 사회"인가? 전체적으로 기독교를 믿지 않는 사람들의 생활이 과연 기독교인들의 생활보다 더 윤리적이고 깨끗한가?

여기서 어느 것이 더 나은지 비교하는 것은 별로 생산적이지 않다. 그것은 서로에게 상처만 남기는 끝없는 변론으로 이어질 것이다. 종교의 유무를 떠나 인간이 사는 곳에는 어디에나 죄와 악이 있기 때문이다. 우리에게 필요한 것은 인간 세계의 구원이 가능하다면 하나님 없는 이 세계 자체로부터가 아니라 이 세계 바깥으로부터 가능하다는 것을 생각하며, 그리스도의 뒤를 따라 먼저 우리 자신의 존재가 하나님이 기뻐하는 "새로운 피조물"로, 하나님 나라의 현실로 변화되는 일이다. 그리고 우리 사회를 정의로운 세계로 개혁하는 일이다.

5) 하나님 없는 세계에 대한 모순으로서의 희망: 세계의 많은 종교들은 죽은 다음에 인간의 영혼이 가게 될 피안의 세계를 기다리고 희망한다. 그곳에는 노동의 수고와 고통이 없는 영혼의 영원한 안식과 평화가 있을 것이라 믿는다. 차안의 세계는 우리가 떠나야 할 허무하고 무의미한 세계로 간주되고, 또 이렇게 간주됨으로써 포기된다.

물론 기독교는 죽음 이후의 영원한 생명을 인정한다. 그러나 기독교는 예언자의 전통에 따라 일차적으로 세속 안에서 이루어질 하나님의 구원받은 세계에 관심을 가진다. 구원자 예수는 차안의 세계를 구원하기 위해 인간의 육을 입고 이 세상에 왔다. 이것은 육과 물질의 영역에 대한 하나님의 긍정이요, 차안의 세계에 대한 긍정을 뜻한다. 그러므로 기독교의 미래지향적 희망은 차안지향적이다. 그것은 단지 영적인 것을 바라는 영적 희망이 아니라 육과 물질을 아우르는 총체적 희망이다. 그러므로 기독교의 희망은 육과 물질과 차안의 세계를 포기하지 않는다. 오히려 이것들의 개혁과 새로운 미래를 기다린다.

피안지향적 희망은 개인주의와 자아중심주의에 빠지기 쉽다. 그것은 피조물들이 고난과 고통을 당하는 현실의 세계를 외면하고 사후에 개인의 영혼이 영생복락을 누릴 저 하늘의 세계를 기다린다. 여기서 영원히 죽지 않는 영혼의 불멸이 전제된다. 포이어바흐에 의하면 영혼불멸설, 곧 죽음 이후의 생명에 대한 믿음은 이기주의적이다. 그것은 죽음을 눈앞에 둔 인간이 자기를 포기하지 않고 끝까지 자기를 고수하며, 자기만의 영생복락을 추구하기 때문이다.

필자는 포이어바흐의 주장이 전적으로 타당하다고 생각하지 않는다. 죽음 이후의 영원한 생명에 대한 희망은 단지 이기적인 것이 아니라 땅에서 이루지 못한 참 생명의 성취와 완성을 바라는 모든 인류의 공통된 희망이기 때문이다. 또 그것은 이 땅 위에서의 올바른 생명, 영원한 생명을 요구하는 기능을 갖기 때문이다. 오늘 우리 사회의 많은 사람들이 눈에 보이는 이 땅 위에서의 생명이 전부라 생각하기 때문에 말할 수 없는 부도덕과 불의와 타락에 빠진다.

판넨베르크도 이것을 인정한다. 그에 의하면 기독교의 희망은 개인의 현존과 사회적 현존의 통합성과 전체성을 희망한다. 이 전체성이 이루어질 때 하나님의 통치가 이루어질 것이다. 그러나 이 세계 속에서 하나님의 통치가 완전히 실현된다는 것은 불가능하다. 그것의 완전한 실현은 "종말론적 희망"의 대상이다. 죽음을 넘어서는 인간의 삶의 완성에 대한 종말론적 희망은 세계 내의 희망들을 배제하지 않고 오히려 그들에게 방향을 제시하며, "현실적으로 가능한 것"을 향하도록 그들을 고무시킨다. 이로써 종말론적 희망은 좌절과 절망에 빠지지 않게 하는 동시에, "유한한 희망의 목적들을 공상적으로 과대평가하거나 절대화시키지 않도록 지켜준다. 이것은 이 세계 내에서 개인의 삶의 성취에 대한 희망들에 대해서는 물론 사회적 질서와 제도의 개선에 대한 희망에 대해서도 해당된다"(Pannenberg 1993, 204-205).

이와 같이 기독교의 희망은 죽음 이후의 세계로 확대되지만 그것은 먼저 이 세계의 구원을 기다린다. 하나님의 구원은 먼저 차안적인 것이기 때문이다. 그것은 먼저 이 세계 안에서 이루어져야 한다. 그러므로 기독교 신앙은 먼저 이 세계의 모든 생명들의 구원을 희망한다. 하나님의 정의와 자비와 진리와 평화가 있는 메시아적 세계, "하나님의 안식"이 있는 새로운 생명 세계를 기다린다. 돈을 최고의 가치로 생각하는 경쟁과 투쟁의 세계 속에서 하나님의 사랑과 정의를 최고의 가치로 생각하는 공존과 협동의 세계를 추구한다. 그것은 자기를 추구하는 자기폐쇄성과 모든 형태의 개인주의적 희망에서 하나님의 새로운 생명의 세계를 향한 더 높은 희망으로 인간을 해방시켜 주려고 한다.

물론 자아를 실현하고자 하는 인간의 희망이 여기서 부정되지 않는다. 하나님 나라의 새로운 생명 세계를 향한 보편적 희망은 자기를 실현하고자 하는 인간의 희망을 포함하며, 그것을 통해 구체화될 수 있다. 양자는 배타적 관계에 있는 것이 아니라 포도나무와 나뭇가지, 곧 "부분과 전체"의 유기체적 상관관계에 있다.

하나님의 새로운 생명 세계에 대한 기독교 신앙의 희망은 그 속에 변증법적 가치를 지닌다. 곧 죄악된 인간과 세계에 대해 모순의 성격을 띤다. 그것은 악하고 불의한 것에 대해 "모순적인 것", "대립적인 것"이다. 빛이 어둠에, 진리가 거짓에 대립하듯이 하나님의 구원받은 세계는 죄악된 인간의 존재와 이 세계에 대립하기 때문이다. 그러므로 하나님의 구원받은 세계에 대한 희망은 그에게 대립하는 "부정적인 것"의 부정을 요구할 수밖에 없다. 그것은 죄와 죽음의 세력에 붙들린 인간의 존재와 세계를 상대화·역사화하는 현실개혁적 힘을 담지하고 있다. 그것은 불의하고 부패한 인간과 세계를 변화시키고 개혁하고자 하는 "하나님 나라의 운동"이다 (Kraus 1983, 60). "나는 세상에다가 불을 지르러 왔다"는 예수의 말씀이 이것을 가리킨다(눅 12:49). 예수의 불을 통해 악한 인간이 죽고 하나님의 "새로운 피조물"로 다시 태어나야 한다. 악하고 불의한 세계 현실은 하나님의 정의로운 현실로 개혁되어야 한다.

죽은 자들로부터 예수의 부활은 죄와 죽음의 세력에 대한 궁극적 승리의 표징이다. 그것은 하나님의 새로운 생명의 세계의 시작이요 약속이다. 신뢰의 믿음은 예수의 부활을 통해 약속된 하나님의 미래에 대한 기다림과 희망이요, 자기 자신과의 싸움이요 견딤이다. "우리가 보이지 않는 것을 바라면 참으면서 기다려야 합니다"(롬 8:25). 기다림과 희망 속에서 싸우고 견디면서 그리스도인들은 하나님을 신뢰하며 성령의 도우심과 주님의 오심을 간구한다. "아멘, 오십시오, 주 예수님!"(계 22:20).

B. "산을 옮길만한 믿음이 있어도 사랑이 없으면…"

바울에 의하면 믿음과 희망과 사랑이 있는데, 그 가운데 제일은 사랑이다 (고전 13:13). 그렇다면 하나님 나라의 구원받은 새로운 생명 세계는 사랑을 통해 가장 분명히 나타난다고 말할 수 있다. "산을 옮길만한 믿음이 있어도 사랑이 없으면" 구원의 새로운 세계는 투명하지 않게 된다. 사랑은 하나님의 구원받은 현실의 가장 분명한 가시적 형태이다.

1) 믿음과 사랑의 관계: 한 편으로 바울은 율법이 명령하는 행위를 통해서가 아니라 "오직 믿음으로" 하나님의 의롭다 하심을 얻을 수 있다고 말한다(롬 3:26). 여기서 인간이 행하는 사랑의 행위는 구원과 무관한 것처럼 보인다. 하나님의 정의는 "하나님의 준엄한 심판이 아니라, 하나님의 신실하심과 하나님의 약속의 성취"로 이해된다(정지련 2011, 233). 그렇지만 다른 한 편, 바울은 산을 옮길만한 믿음이 있어도 사랑이 없으면 아무것도 아니라고 말한다(고전 13:2). 그렇다면 사랑의 행위가 동반되지 않는 믿음만으로 구원을 받는 것은 불가능하다. 믿음과 더불어 사랑의 행위가 있어

야 한다.

야고보서도 똑같이 생각한다. "나의 형제자매 여러분, 누가 믿음이 있다고 말하면서도 행함이 없으면 무슨 소용이 있겠습니까? 그런 믿음이 그를 구원할 수 있겠습니까?…믿음에 행함이 따르지 않으면 그 자체만으로 죽은 것입니다"(약 2:1-26). 요한의 서신에서도 우리는 동일한 생각을 발견한다. 구원을 받았다 할지라도 형제자매를 "사랑하지 않는 사람은 죽음에 머물러 있다." 형제자매를 미워하는 것은 살인하는 것과 마찬가지다. "살인하는 사람은 누구나 그 속에 영원한 생명이 머물러 있지 않다"(요일 3:14-15).

여기서 우리는 종교개혁자들과 로마 가톨릭교회 사이에 일어난 칭의론의 중요한 문제에 부딪힌다. 바울은 "오직 믿음으로" 구원을 얻을 수 있다고 말한다(롬 3:27-28). 이에 반해 야고보서와 요한1서는 사랑의 행함이 없으면 구원을 얻지 못하고 "죽음에 머물러 있다", "행함이 없는 믿음은 쓸모가 없다", 그것은 "구원에 도움이 되지 못한다"고 말한다. 바울 자신도 사랑이 없는 믿음은 아무것도 아니라고 말한다. 그렇다면 믿음과 사랑은 어떤 관계에 있는가?

a. 바울이 말하는 것처럼 우리 인간이 행하는 사랑을 통하여 구원에 이른다는 것은 불가능하다. 인간이 행하는 사랑은 에로스(Eros, 고대 그리스 신화에 나오는 사랑의 신)의 범위를 벗어날 수 없기 때문이다. 이런 점에서 예수 그리스도의 십자가의 죽음에 나타난 하나님의 자기수난과 무한한 사랑과 은혜, 그리고 인간의 믿음을 통해서만 구원이 가능하다는 바울의 말씀은 타당하다. 종교개혁의 신학도 여기서 출발하고 있다.

b. 그렇다면 구원은 사랑 없이 믿음만으로 가능한가? 바울에 따르면 사랑 없는 믿음은 "아무것도 아니다." 그렇다면 사랑 없는 믿음만으로 구원을 얻을 수 없다. 이런 점에서 바울과 야고보와 요한1서는 일치한다. 믿음은 사랑을 동반하며 사랑으로 표출될 수밖에 없다. 사랑으로 표출되는 그 믿음을 통해 구원이 가능하다. 그 이유는 그리스도인들이 받은 성령에

있다. 그리스도인들이 죄를 고백하고 회개할 때 성령, 곧 사랑의 영이 그들에게 부어진다. 하나님의 사랑의 영이 그들 안에 거하며 그들의 삶을 결정한다. 그러므로 하나님에 대한 믿음은 사랑을 동반할 수밖에 없다.

믿음과 사랑의 분리될 수 없는 관계에서 믿음은 사랑의 선행개념이라 말할 수 있다. 믿음은 "하나님의 사랑을 받아들이는 통로가 되는 동시에… 하나님에 대한 우리의 사랑과 이웃에 대한 우리의 사랑을 가능하게" 하기 때문이다(최윤배 2008, 28). "그리스도를 믿는 믿음을 통해서 하나님과 올바른 관계 속에 있는 자만이 신앙의 열매인 참된 사랑을 구현할 수 있다.… 인간적인 생각에 따른 사랑의 행위를 하는 사람들은 아무리 많은 행위를 한다고 하더라도 사실 하나님 보시기에 아무런 믿음의 열매를 맺지 못하고 있는 것이다"(김선영 2010, 48).

그러나 믿음은 사랑의 행위를 내적 필연성으로 가진다. 양자는 "나무와 열매, 행위자와 행위 그리고 장인과 장인의 기술 혹은 작품"의 관계에 있다(48). 「아우크스부르크 신앙고백서」(Confessio Augustana)는 믿음의 내적 필연성으로서의 사랑을 다음과 같이 말한다. "나아가 우리는 이렇게 가르친다. 선한 일들을 행해야 한다. 그것은 우리가 선한 일들을 통해 은혜를 얻을 수 있다고 확신하기 위해서가 아니라 하나님의 의지 때문이다."[9]

요약하면 믿음은 사랑의 근거가 되고 사랑은 믿음의 필연적 열매로서 믿음의 참됨을 증명한다. 좋은 나무(믿음)는 좋은 열매(사랑)를 맺을 수밖에 없고 좋은 열매는 그 나무가 좋은 나무임을 증명한다. "사랑 없는 신앙"은 "신앙주의 내지 값싼 은총주의"에 빠질 수 있고, "신앙 없는 사랑의 실천"은 "윤리주의나 인간 공로주의"에 빠질 수 있다(최윤배 2008, 28).

2) 하나님 사랑과 이웃사랑의 관계: 그리스도인이 행해야 할 사랑의

---

9) 라틴어 원문: "Praeterea docent nostri, quod necesse sit bena opera facere, non ut confidamus per ea gratiam mereri, sed propter voluntatem Dei." Confessio Augustana XX, 27.

계명은 하나님 사랑의 계명과 이웃사랑의 계명으로 구별된다(마 22:37-40). 이 두 가지 계명은 예수가 처음 말한 것이 아니라 구약성서에서 유래한다. "당신들은 마음을 다하고 뜻을 다하고 힘을 다하여 주 당신들의 하나님을 사랑하십시오"(신 6:5), "다만 너는 너의 이웃을 네 몸처럼 사랑하여라"(레 19:18). 이 두 가지 계명은 율법의 "본 뜻"을 요약한다.

a. 인간의 사랑의 전제가 되는 하나님의 사랑: 무엇 때문에 인간은 하나님을 경외하고 사랑하며 또 이웃을 사랑해야 하는가? 이에 대한 이유를 구약성서는 출애굽 사건에 나타난 하나님의 자비와 사랑에서 발견한다. 하나님이 이스라엘 백성을 이집트의 억압과 착취에서 해방시키고 "젖과 꿀이 흐르는" 가나안 땅을 주셨기 때문에 이스라엘은 하나님을 사랑해야 하고, 또 하나님이 사랑하는 이웃을 사랑해야 한다. 신명기 기자는 이것을 다음과 같이 말한다. 내가 너희의 조상을 "사랑하여" 그 후손인 너희를 선택하고, 이집트에서 해방하여 가나안 땅을 기업으로 주었다. 그러므로 이제 너희는 마음과 성품과 힘을 다해 너희의 주 하나님과 너희 이웃을 사랑해야 한다(신 4:37-38; 6:5-13). "너를 이집트 땅 종 되었던 집에서 인도하여 내신 야웨를 잊지 말고 네 하나님 야웨를 경외하며 섬기며", 이웃에게 "정직하고 선량한 일을 행해야 한다." 그리하면 너와 네 후손들이 대대로 복을 받고 약속의 땅을 얻게 될 것이다(6:12-19).

여기서 이스라엘에 대한 하나님의 사랑이 하나님과 이웃에 대한 사랑의 전제 내지 출발점이 된다. 하나님이 이스라엘 백성을 사랑한 것처럼 이스라엘 백성도 이제 하나님과 이웃을 사랑해야 한다. 한 마디로 하나님의 사랑이 인간의 사랑에 대한 전제가 된다.

우리는 이런 구조를 십계명에서도 발견한다. 십계명은 전체적으로 하나님 사랑에 관한 계명들과 이웃사랑에 관한 계명들로 구성된다. 그런데 모세는 십계명을 열거하기 전에 "나는 너를 이집트 땅, 종 되었던 집에서 인도하여 낸 너의 하나님 야웨이다"라는 점을 전제한다(출 20:2; 신 5:6). 곧 십계명을 말하기 전에 "출애굽의 하나님"을 전제하고 있다. 십계명은 물론 구약의 수많은 계명들 앞에도 출애굽 사건이 먼저 거론된다(레 25:38). 십계명과 율법의 이와 같은 구조는 이스라엘을 해방한 하나님의 사랑이 하나님과 이웃에 대한 인간의 사랑에 대한 전제가 됨을 보여준다.

특히 이웃사랑과 관련하여 하나님의 사랑이 그 전제로 제시된다. 하나님이 이스라엘 백성에게 사랑과 자비를 베푸신 것처럼 이스라엘은 연약한 이웃에게 사랑과 자비를 베풀어야 한다. "내가 너희를 이집트의 압제에서 해방하였으니 너희도 이방 나그네를 압제하지 말라. 너희도 이집트 땅에서 나그네가 아니었더냐?"(출 22:21; 23:9; 레 19:34)

신약성서에서도 인간에 대한 하나님의 사랑이 먼저 제시된다. "하나님이 세상을 이처럼 사랑하사 외아들을 주셨으니…"(요 3:16). 하나님은 인간에게 사랑을 요구하기 전에 먼저 그 자신이 사랑을 행한다. 그리고 인간에게 하나님 사랑과 이웃사랑을 명령한다.

인간에게 사랑을 요구하기 전에 하나님이 먼저 그의 사랑을 보이는 이유는 무엇일까? 인간을 꼼짝 못하고 사랑하도록 강요하기 위함인가? 그 이유는 사랑의 본질에 있다. 참으로 사랑하는 자는 그 자신이 먼저 사랑을 보일 수밖에 없다. 그의 사랑은 무조건적인 것이다. 그것은 "내가 너를 사랑했으니, 너도 나처럼 사랑하라"고 강요하지 않는다. 십자가에 달린 예수도 그렇게 말하지 않는다. 단지 "길과 진리와 생명"이 어디에 있는지를 보이면서 "나의 길을 따르라"고 권유할 뿐이다.

그리스도인들은 강요를 받아 사랑하는 것이 아니라 자기의 생명을 내어주신 그리스도의 조건 없는 사랑에 감격하여 하나님과 이웃을 사랑한다. 그들의 사랑은 강요된 사랑이 아니라 자발적 사랑이다. 그러므로 그들이 행하는 사랑은 자기자랑과 자기교만으로 변질되지 않은 "자기 없는 사랑"이 된다. 요한1서는 이 사랑을 다음과 같이 말한다. "사랑은 여기 있으니 우리가 하나님을 사랑한 것이 아니요, 오직 하나님이 우리를 사랑하사 우리 죄를 위하여 화목제물로 그 아들을 보내셨음이니라. 사랑하는 자들아, 하나님이 이같이 우리를 사랑하셨으므로 우리도 서로 사랑하는 것이 마땅하다"(요일 4:10-11). "우리가 사랑함은 그가 먼저 우리를 사랑하였기 때문이다"(4:19).

b. 이웃사랑의 전제가 되는 하나님 사랑: 인간이 행해야 할 하나님 사랑과 이웃사랑은 어떤 관계에 있는가? 십계명의 구조에 의하면, 하나님 사랑이 이웃사랑에 대한 전제 내지 상위개념으로 제시된다. 달리 말해 하나님 사랑이 이웃사랑의 상위에 있다. 그러므로 하나님 사랑에 관한 제1, 2, 3계명 다음에 이웃사랑에 관한 계명들이 온다. 일반적으로 제4계명, 곧 안식일 계명을 "하나님에 관한 계명"으로 분류하는데, 그 내용을 분석할 때 제4계명은 이웃사랑의 계명에 속한다. "안식일을…거룩하게 지켜라…너희나, 너희의 아들이나 딸이나, 너희의 남종이나 여종만이 아니라"(출 20:8-10). 여하튼 하나님 사랑을 상위개념으로 보는 십계명의 구조에 상응하여, 구약성서는 곳곳에서 하나님 사랑을 먼저 요구한다. "그를 사랑하며, 마음을 다하고 성품을 다하여 주 하나님을 섬기고…"(신 10:12), "너희 모든 성도들아, 야웨를 사랑하라"(시 31:23). "그를 사랑하라. 그가 너를 지키리라"(잠 4:6). 하나님은 "자기를 사랑하는 자"를 다 보호하신다(시 145:20). "그를 사랑하고 그 계명을 지키는 자에게는 천대까지 그 계약을 이행하시며 인애를 베푸실" 것이다(신 7:9; 참조. 10:12; 11:22). 예수는 하나님 사랑을 상위에 세우는 구약의 전통을 따른다. "크고 첫째 되는 계명"은 "네 마음을 다하고 목숨을 다하고 뜻을 다하여 주 너의 하나님을 사랑하라"는 계명에 있다(마 22:37-38).

성서가 하나님 사랑을 상위개념으로 세우는 까닭은 무엇일까? 하나님이 인간보다 더 많은 사랑을 받고 싶기 때문일까? 그 까닭은 하나님 사랑이 있을 때 참 이웃사랑이 가능하기 때문이다.

구약성서에 의하면 하나님을 사랑한다는 것은 "주의 법을 사랑하는" 것(시 119:113), 곧 그의 계명을 지키는 것을 말한다. 그러므로 하나님을 사랑하는 것과 그의 계명을 지키는 것이 결합된다. "그를 사랑하고 그 계명을 지키는 자에게는…"(신 7:9). "내가 너희에게 명하는 이 모든 명령을 잘 지켜 행하여 너희 주 하나님을 사랑하고 그 모든 도를 행하여 그에게 부종하면…"(11:22; 10:12-14). 이웃을 사랑할 수 있는 길은 하나님을 사랑하여 그의 법과 계명을 지키는 데 있다. 곧 과부나 고아를 보호하고 약한 자를 압제하지 않으며, 연약한 생명들과 땅의 생명력을 보호하는 데 있다(출 22-23장). 이와 같이 하나님을 경외하고 사랑할 때 이웃을 사랑하게 된다. 그러므로 성서는 하나님 사랑을 이웃사랑에 대한 전제로 세운다.

물론 우리는 하나님을 사랑하지 않더라도 이웃을 사랑할 수 있다. 인간적 사랑이나 동정심 때문에 이웃에게 자비를 베풀 수 있다. 그러나 반드시 이웃을 사랑하고 자비를 베풀어야 할 이유는 없다. 어떤 사람이 이웃을 사랑하지 않고 자비를 베풀지 않았다 하여 그를 책망하거나 법적으로 처벌할 수 없다. 국가의 법을 어기지 않으면 된다. 한 마디로 하나님 사랑의 초월적 근거가 없을 때 이웃사랑은 지켜도 좋고 지키지 않아도 좋은 상대적인 것이 되어버린다. 그 반면에 하나님 사랑이 전제될 때 이웃사랑의 윤리적 당위성이 성립된다. 그러므로 "하나님 사랑이 절대적 우위를 차지한다"(Kraus 1983, 181).

예수는 대개 하나님에 대한 경외와 사랑을 언급하지 않은 채, 이웃사랑을 명령한다. 예를 들어, 부자 청년이 예수에게 "영원한 생명을 얻을 수 있는 길이 무엇입니까?"라고 물어 올 때, 예수는 하나님 사랑에 대해 언급하지 않고 이웃사랑의 계명을 지키라고 요구한다. "네 소유를 팔아 가난한 사람들에게 나누어주어라"(마 19:21). 바울도 마찬가지다. 바울 서신은 하나님 사랑이 생략된 이웃사랑에 관한 계명으로 가득하다.

우리는 이것을 구약에서도 볼 수 있다. 예언자들이 이스라엘 백성에게 회개를 요구할 때, 그들은 하나님 경외와 사랑의 계명을 생략하고 이웃사랑에 대한 계명을 지키라고 요구한다. 곧 정의와 자비와 성실을 요구한다. 그러나 이것은 하나님 경외와 사랑을 배제해버린 것이 아니라 무엇을 회개해야 할 것인가를 명료하게 나타내기 위함이다. 예수와 바울이 이웃사랑을 명령할 때, 그들은 구약의 전통에 따라 이미 하나님 사랑을 전제하고 있는 것이다.

　c. 이웃사랑의 규범이 되는 하나님의 사랑: 구약성서에서는 출애굽 사건이 끊임없이 이웃사랑에 대한 전제가 되는 동시에 규범이 된다. 하나님이 노예 상태로 전락한 히브리들에게 사랑과 자비를 베푼 것처럼 히브리들(이스라엘)도 연약한 생명들에게 사랑과 자비를 베풀어야 한다. "너희는 나그네를 사랑하라. 전에 너희도 이집트 땅에서 나그네가 되었음이니라"(신 10:19; 또한 15:15; 레 19:34-36). 하나님이 그들을 해방한 것처럼 그들도 동족 가운데 종이 된 사람은 "제 칠년에는 값없이" 해방해야 하며(출 21:2), 오십 년째마다 "전국 거민에게 자유를 공포해야" 한다(레 25:10). 하나님이 그들에게 삶의 공간(땅)을 마련해 준 것처럼 그들도 오십 년째마다 땅을 본래의 주인에게 되돌려주어야 한다(25:28). 땅은 "하나님의 것"이므로 땅을 영구히 팔아서는 안 된다(25:23).

　신약성서에서는 예수의 삶과 죽음 속에 계시된 하나님의 삼위일체적 사랑이 이웃사랑의 규범 내지 지침이 된다. 그는 "자기를 비워 종의 형체를 가져 사람들과 같이 되었고, 사람의 모양으로 나타났으매, 자기를 낮추시고 죽기까지 복종하셨으니, 곧 십자가에 죽으심이라"(빌 2:6-8). 그리스도인들은 예수 안에 계시되는 바로 그 하나님의 사랑을 이웃에게 행해야 한다. 곧 하나님이 우리를 사랑하신 것처럼 우리의 이웃을 사랑해야 한다(요일 4:11; 참조. 요 15:12). 예수 안에서 하나님이 우리에게 보이신 그 사랑을 이루어야 한다(요일 4:16-17).

　하나님의 삼위일체적 사랑은 구체적 행위를 요구한다. 곧 어려운 이웃에 대한 연민의 느낌이나 염려에 그치지 않고 자기의 소유를 나누어 줄 것을 요구한다. 헐벗고 일용할 양식이 없는 형제에게 "그 몸에 쓸 것을" 주어야 한다. 고아와 과부를 돌보아주어야 한다(약 2:6; 1:27). 야고보서의 이와 같은 생각은 구약의 히브리 전통으로 소급된다. 안식일이 오면 연약한 생명들이 생명력을 회복할 수 있도록 배려해야 한다(출 20:10; 23:12). 가난한 이웃에게 돈을 빌려주되 이자를 받지 말아야 한다(22:25). 안식년에 경작하지 않고 저절로 자란 식물은 "네 백성의 가난한 자로 먹게" 하고 "그 남은 것은 들짐승이" 먹게 해야 한다(23:11). 매 3년마다 그 해 소산의 십분 의 일을 다 내어 "분깃이나 기업이 없는 레위인과 네 성중에 우거하는 나 그네와 고아와 과부들로 와서 먹어 배부르게 해야 한다"(신 14:29). 가난한 형제에게 필요한 것을 넉넉히 꾸어주고 구제해야 한다(15:7). 그에게 빌려 준 것을 독촉하지 말며, 매 7년마다 채무를 변제해주어야 한다(15:1-2). 굶 주린 사람들에게 양식을 베풀어야 하나님의 축복을 받을 수 있다(잠 22:9). 가난한 이웃에게 은혜를 베풀고 자기의 소유를 나누어주는 사람이 의로 운 사람이다(시 37:21).

하나님의 삼위일체적 사랑은 자기의 소유를 나누어주는 것보다 더 깊 은 것을 요구한다. 우리는 원수도 사랑해야 하며, 이웃이 나에게 바라는 대로 이웃에게 행해야 한다(마 7:12, 황금률). 한 마디로 자기를 비우고 자기 를 포기해야 한다. 우리가 어떤 행위를 하기 전에 예수처럼 우리 자신을 비워야 한다. 그렇지 않을 때 이웃에게 행하는 사랑의 행위는 결국 자신의 업적과 의로움을 세우기 위한 이기적 행위가 되어버린다. 이와 같은 사랑 은 사랑을 받는 사람에게 모멸감을 준다.

오른편 뺨을 치는 자에게 왼편 뺨도 돌려대고, 속옷을 갖고자 하는 자 에게 겉옷까지 벗어주며, 오리를 같이 가자고 하는 자에게 십리를 가주라 는 예수의 명령(마 5:39-42)은 글자 그대로 하라는 말씀이 아니라 하나님 나라에 속한 하나님의 자녀들의 철저한 자기비움, 자기포기, 자기 자신으 로부터의 해방을 뜻한다. 나를 완전히 비우고 내 자신으로부터 자유로운 사람, 자기의 재물을 의지하지 않고 하나님만을 의지하는 사람만이 원수 까지 사랑할 수 있고 예수의 황금률을 실행할 수 있다. 오른손이 하는 일 을 왼손이 모르게 행할 수 있다. 곧 자기가 행한 선한 일들을 잊어버리고 가난한 이웃에게 언제나 겸손한 사람이 될 수 있다. "자기의 재물을 의지 하고 풍부함으로 자긍하는 사람"은 형제에게 사랑을 베풀 수 없다(시 49:6).

하나님의 삼위일체적 사랑은 이 세상을 구원하기 위한 예수의 자기비움, 자기포기, 자기희생으로 나타난다. 그는 "자기를 비워 종의 형체를 가져 사람들과 같이 되었고, 사람의 모양으로 나타났으매, 자기를 낮추시고 죽기까지 복종하셨으니, 곧 십자가에 죽으심이라"(빌 2:6-8). 자기희생의 사랑이 이웃사랑의 규범이 된다. "내가 너희를 사랑한 것 같이, 너희도 서로 사랑해야 한다. 친구를 위해 자기의 목숨을 희생하는 것이 가장 큰 사랑이다"(요 15:12-13). 자기를 포기하고 자기의 목숨을 희생하기까지 우리를 사랑한 예수의 사랑이 우리의 이웃사랑에 대한 초월적 규범 내지 지침이 된다. 바로 여기에 기독교의 이웃사랑의 독특성이 있다.

d. 하나님 사랑을 증명하는 이웃사랑: 눈에 보이지 않는 하나님을 어떻게 사랑하고 경외할 수 있을까? 그 구체적인 길은 이웃사랑에 있다. "하나님을 사랑한다고 하면서 자기의 형제를 미워하는 사람은 거짓말쟁이입니다. 눈에 보이는 형제를 사랑하지 않는 자가 어떻게 보이지 않는 하나님을 사랑할 수 있겠습니까?"(요일 4:20). 이 말씀에 의하면 이웃을 사랑하는 것은 곧 하나님을 사랑하는 길이요, 하나님 사랑을 증명할 수 있는 길이다. "작은 형제들"을 사랑하는 것이 그들 안에 있는 그리스도를 사랑하는 것이요, 그리스도에 대한 사랑을 증명하는 길이다. "너희가 여기 내 형제 중에 지극히 작은 자 하나에게 행한 것이 곧 내게 행한 것이다"(마 25:40).

우리는 일반적으로 힘이 있는 사람들, 부유한 사람들을 가까이 하려 한다. 그들은 우리에게 도움을 줄 수 있기 때문이다. 그 반면에 힘이 없고 가난한 사람들을 멀리한다. 그들은 우리에게 도움을 줄 수 없고 오히려 우리의 도움을 필요로 하기 때문이다. 그러나 예수는 우리의 도움을 필요로 하는 바로 그 사람들 안에 계신다. 이 사람들이야말로 우리가 하나님 사랑을 증명할 수 있는 길이다. 이들을 멀리하고 사랑하지 않으면서 하나님을 사랑한다는 것은 거짓말이다. 을(乙)의 위치에 있는 사람들로부터 거액의 축의금과 조의금을 받아 떼돈을 챙기면서 하나님을 사랑한다는 것도 거짓말이다.

"우리의 이웃은 누구인가?" 이 질문에 대해, 예수는 예루살렘에서 여리고로 내려가는 길에 강도를 만나 사경에 이른 사람이 우리의 이웃이라 말한다(눅 10:29-37). 구약성서는 가난하게 사는 과부와 고아와 나그네가 우리의 이웃이라 말한다. 바로 이들을 사랑하는 것이 하나님을 사랑하는 길이요, 하나님 사랑을 증명할 수 있는 길이다. "누가 이 세상 재물을 가지고 형제의 궁핍함을 보고도 도와줄 마음을 막으면 하나님의 사랑이 어찌 그 속에 거한다고 하겠느냐?"(요일 4:17).

성서에서 이웃은 민족과 국경을 초월한 모든 사람을 포괄한다. 오늘날 우리의 이웃은 테러와 전쟁의 희생물이 된 난민들과 부상자들, 멸시와 천대를 받는 원주민들과 소수민족들, 강대국의 경제적 수탈과 지배계층의 부패 속에서 가난과 질병과 문맹을 벗어나지 못하는 소외계층, 곧 땅 위에 있는 모든 "잉여인간들"이다. 이들에게 베푸는 사랑과 자비를 통해 하나님 사랑이 증명되는 것이다.

다음의 이야기는 하나님 사랑을 증명하는 이웃사랑을 예시한다. "전남 구례의 지리산 남쪽 자락에 운조루(運鳥樓)라는 고택이 있다. 조선 영조 때 낙안군수를 지낸 분이 세운 집이라고 한다. 운조루 큰 사랑채에서 안채로 통하는 헛간에는 '타인능해'(他人能解)라는 글이 쓰여 있는 원통형 쌀뒤주가 있다. '누구라도 열 수 있다'는 뜻 그대로 뒤주에 쌀 두 가마니 반을 넣어 놓고 끼니를 잇기 어려운 마을 사람들이 언제라도 찾아와 쌀을 퍼갈 수 있도록 했다. 한 해 200여석의 소출 중 30-40석 정도를 이렇게 베풀었다.

운조루의 굴뚝은 눈에 띄지 않을 정도로 아주 낮게 만들어져 있다. 굶는 집이 많았던 시절, 밥 짓는 연기가 높이 솟아올라 가난한 이웃들의 마음이 상하는 일이 없게 하기 위해서였다. 구례 지역에선 동학농민전쟁과 빨치산의 발호, 6·25전쟁 등을 거치며 많은 부자가 피해를 봤다. 그 와중에 운조루만이 아무 탈 없이 무사할 수 있었던 것은 이런 나눔과 배려의 정신 덕분이라고 한다"(김기천, 「조선일보」, 2013. 7. 31. 30쪽).

앞서 언급한 바와 같이 구약성서에서 "하나님을 사랑한다"는 것은 단지 하나의 감정이 아니라 하나님의 법과 계명을 사랑하는 것을 뜻한다.

"나의 사랑하는 바 주의 계명을 스스로 즐거워하며…"(시 119:47). "내가…주의 법을 사랑하나이다"(119:113). 그러므로 하나님을 사랑하는 것과 하나님의 계명을 지키는 것이 하나로 결합된다. "그를 사랑하고 그 계명을 지키는 자에게는…"(신 7:9; 11:22). "주를 사랑하고 주의 계명을 지키는 자를 위하여…"(단 9:4).

하나님을 사랑하는 것과 하나님의 계명을 지키는 것은 분리될 수 없다. 참으로 하나님을 사랑하는 사람은 이웃에게 자비를 베풀고 이웃과 정의로운 관계를 가진다. 이웃과 친절한 인사를 나누고 예의를 지키며, 버스나 지하철에서 노약자들에게 자리를 양보하며, 어려운 친척과 이웃을 돌보는 작은 사랑의 행위 속에서 하나님 사랑이 가시화되고 또 증명된다.

3) 이웃사랑의 사회개혁적·생태학적 차원: 구약성서에 의하면 하나님은 "정의와 공의를 사랑한다"(시 33:5; 37:28; 사 61:8). 그는 정의의 하나님, 공의의 하나님이다. 그러므로 하나님과 이웃을 사랑하는 사람은 하나님의 정의와 공의를 사랑할 수밖에 없다. 그는 하나님이 가르치는 "그 모든 길로 행하며 그 명령과 규례와 법도를"(신 30:16) 지키고자 한다. 곧 이웃에게 악을 행하지 않으며, 하나님의 정의와 공의를 이 땅 위에 세우고자 한다.

따라서 참 이웃사랑은 이 땅 위에 하나님의 정의를 세우는 일로 발전하지 않을 수 없다. 참으로 이웃을 사랑하는 사람은 이웃과 정의로운 관계를 맺을 수밖에 없고 이웃이 당하는 불의를 허용할 수 없다. 불의는 이웃의 생명을 파괴하며, 공동체를 멸망으로 인도하기 때문이다. 그러므로 이웃사랑은 정의로운 세계를 이루기 위한 사회개혁으로 발전할 수밖에 없다.

우리는 일반적으로 "이웃"을 우리 곁에 있는 "사람"으로 생각한다. 그러나 우리 곁에 있는 "사람"보다 더 가까운 이웃이 우리에게 있다. 그것은 우리 자신의 몸 안에 들어와 있고 우리의 몸을 구성하는 "자연"이다. 우리의 몸의 약 70%는 수분이고 이 수분은 자연에서 온 자연의 한 부분이다. 물, 곧 자연이 없으면 우리의 몸은 생존할 수 없다. 따라서 우리의 생명은 우리의 몸 안에 들어와 있는 자연에 가장 직접적으로 의존한다. 자연은 우리 자신의 몸을 구성하고 우리의 생명을 유지해주는 가장 긴밀하고 가장 가까운 이웃이다. 이 이웃을 사랑하는 것은 바로 우리 자신의 생명을 위한 길이요, 하나님 사랑을 증명할 수 있는 길이다.

7

성화의 과정 속에서 완성되는
하나님의 구원

필자의 친구 박원근 목사는 그의 자서전에서 다음과 같이 말한다. "나는 40년 목회를 하면서 기괴한 현상을 하나 발견했다. 교회가 세상을 변화시킨 것이 아니라 세상이 교회를 변화시켜버린 것이다. 교회의 거룩한 가치들이 세상을 지배하는 것이 아니라 세속적인 가치들이 교회를 지배하고 있다.…교회의 주인은 하나님이 아니라 인간이며, 하나님을 섬기는 것이 아니라 '돈', '성공주의', '성장주의', '나'라는 우상을 섬기고 있다"(박원근 2011, 69).

박원근 목사의 이 말씀은 매우 충격적이지만 한국 개신교회의 현실을 그대로 보여준다. 물론 세속적 가치관에 지배당하지 않고 충직하게 봉사하는 많은 목회자들이 있음도 사실이다. 그리고 하나님의 말씀에 따라 성실하게 살며, 이웃을 돌보고 자기의 소유를 사회에 환원하는 교인들도 많이 있다. 그러나 이와 같은 사실은 언론에 거의 보도되지 않는다. 그 대신에 돈-성장-성공의 세속적 가치관에 사로잡힌 일부 목회자들이 주님의 얼굴에 먹칠을 하고 있다.

대형교회의 변칙적 세습, 교회매매, 최소한 수억, 수십억 원의 돈을 뿌리는 교단 총회장 선거, 감독 자리를 얻기 위한 후보목사들 간의 맞고소, "서울 강남교회와 여의도 순복음교회 교인들 사이에 일어난 폭력사건", "삼일교회, 왕십리교회 목사의 성도 성추행", "목동 제자교회 목사의 재정 비리", "대통령이 장로로 있는 소망교회 목회자 폭력사태", "연봉 6억 목사, 유부녀 집사와 부적절한 접촉", "교회자금 100억 펀드 투자해 반토막…자녀 유학비 2억 사용", "미성년 신도 잇단 성폭행 인면수심 목사, 징역 9년 선고" 등등 그동안 개신교회에 관한 인터넷 보도는 참혹할 정도이다.

이와 같은 현실의 원인은 무엇일까? 중요한 원인은 "구원과 성화의 심각한 괴리 현상", 곧 "성화의 공백"에 있다고 많은 신학자들이 말한다(박영돈 2005, 243). "구원받았다"고 하지만 성화를 통한 성숙과 인격적 변화가 없기 때문이다. 따라서 한국 개신교회가 무엇보다 먼저 필요로 하는 것은 성화 혹은 성결의 회복에 있다. 교회의 미래가 성화에 달려 있다고 해도 과언이 아닐 것이다(이에 관해 장현승 2013, 45).

A. 분리될 수 없는 하나님의 구원과 성화

개신교회의 칭의론은 매우 타당하고 성경적인 교리임에도 불구하고 심각한 문제 또한 내포하고 있다. 가장 심각한 문제는 하나님의 구원을 하나의 보증수표와 같은 것으로 생각한다는 점에 있다. 칭의론에 의하면, 하나님의 구원은 인간의 행위로 말미암은 것이 아니라 하나님이 거저 주시는 하나님의 은혜의 선물이다. 그것은 조금도 흔들릴 수 없는 "굳건한 바위"와 같은 객관적 사건이다. 하지만 이와 같은 생각은 자칫하면 그리스도인들의 성화의 결핍과 무윤리성을 초래할 수 있는 문제성이 있다. 성화되지 않고 비윤리적으로 살아도 하나님의 구원은 확실하게 보장된 보증수표와 같은 것으로 생각되기 때문이다.

그러므로 우리는 다음과 같이 거꾸로 생각해볼 수 있다. 구원을 받았다 할지라도 성화되지 못하고 구습을 버리지 못하면 하나님이 구원의 "촛대"를 옮기시고(계 2:5), 생명책에서 그의 이름을 지워버릴 것이다(참조. 3:5). 생명책에 그 이름이 기록되어 있는 자만이 구원을 얻을 것이다(20:15). 하나님은 사람을 그의 "행위대로" 심판하실 것이다(벧전 1:17). 그런데 이와 같은 입장은 율법주의에 빠지기 쉽고 하나님의 구원을 인간의 업적으로 간주할 위험성이 높다. 하나님의 구원은 인간의 성화 여부에 따라 결정되기 때문이다.

이 문제는 구원론에 있어 매우 중대한 사안이다. 구원받았다는 사람이 여전히 악하게 살더라도 하나님의 구원은 조금도 흔들릴 수 없는 보증수표와 같은 것인가, 아니면 그것은 철회될 수 있는 것인가? 그것은 그리스도인의 성화 여부에 의존하지 않는 객관적 사실인가, 아니면 무효 처리될 수 있는 유동적인 것인가? 한 마디로 하나님의 구원과 성화는 어떤 관계에 있는가?

1) 성화의 전제로서의 구원: 종교개혁자들에 의하면 인간의 성화가 그리스도의 구원(곧 칭의)의 전제 내지 근거가 아니라 그리스도의 구원이 성화의 전제요 근거이다. 인간이 그의 선한 업적들을 통해 성화되어 있기 때문에 하나님의 구원이 일어나는 것이 아니라 하나님이 우리를 구원하였기 때문에 성화가 시작된다. 여기서 구원은 성화의 전제와 근거요, 성화는 구원의 열매로 생각된다.

그런데 신약성서에서 우리는 성화에 대한 두 가지 진술을 발견한다. 첫 번째 진술에 의하면 성화는 구원과 함께 이미 주어진 것으로 생각된다. 예수 그리스도의 자기희생을 통해 우리는 이미 "거룩하게 되었다"(히 10:10), 우리는 예수 그리스도의 구원을 통하여 거룩하여진 "거룩한 사람들"(성도)이다(고전 1:2; 6:11). 그리스도의 자기희생으로 말미암아 우리는 "거룩함을 얻었다"(히 10:10). 우리는 그의 죽음을 통해 "거룩하게 된 자들"(hagiasmenoi)이다(10:14). 여기서 성화는 구원의 열매가 아니라 구원과 함께 이미 주어진 것으로 생각된다.

성화에 관한 두 번째 진술에 의하면, 성화는 구원받은 그리스도인들이 도달해야 할 종말론적 목적으로 생각된다. 그리스도의 구원을 통해 "거룩함을 얻었기"(히 10:10) 때문에 이제 우리는 "'거룩함'(hagiasmon)을 추구해야"(12:14) 하며 "몸과 영을 다 거룩하게" 해야 한다(고전 7:34). 우리의 지체를 의에게 바쳐 "거룩함에 이르러야 한다"(롬 6:19). "…근신하며, 의로우며, 거룩하며, 절제하며…"(딛 1:8), "거룩함에 이르는 삶의 열매"를 맺어야 한다(6:22). "거룩함을 온전히 이루어, 육과 영의 온갖 더러운 것에서 자신을 깨끗하게" 해야 한다(고후 7:1).

그러면 "거룩하게 되었다", 곧 "성화되었다"는 첫 번째 진술과, "성화되어야 한다"는 두 번째 진술은 어떤 관계에 있는가? 우리는 이 관계를 다음과 같이 설명할 수 있다. "성화되었다"는 것은 "성화가 완성되었다", "끝났다", "그러므로 더 이상의 성화는 필요 없다"는 말이 아니라 이제부터 성화가 현실적으로 일어날 기초가 놓여졌음을 말한다. 곧 그리스도인들은 그리스도의 구원을 통해 하나님의 "거룩한 자녀"로, "새로운 피조물"로 다시 태어났다, 그러므로 이제 그들은 하나님의 거룩한 자녀로 성화되어야 하며, 거룩한 자녀답게 살아야 함을 말한다. "거룩하게 되었다"는 서술형(Indikativ)은 "그러므로 거룩하게 되어야 한다"는 명령형(Imperativ)을 내포한다. "거룩한 사람들(성도들)은 거룩하게 되어야 한다. 그들은 그리스도 예수 안에서 성령을 통하여 거룩하게 되었기 때문이다"(Bonhoeffer 1967, 256).

우리는 이것을 새로 태어난 어린 아기의 생명에 비유할 수 있다. 갓 태어난 아기는 분명히 하나의 새로운 생명이다. 그러나 이 생명은 앞으로 성장해야 하며, 완성에 이르러야 한다. 따라서 갓 태어난 아기의 생명은 완성을 향한 전제요 출발점이 된다.

우리는 이것을 구약에서도 발견한다. 하나님이 이스라엘 백성을 출애굽시키고 그의 백성으로 선택한다. 그는 이 백성과 계약(언약)을 맺는다. 이제 하나님은 이스라엘의 하나님이요, 이스라엘은 하나님의 거룩한 백성이다. 그들은 하나님의 성별된 백성이다. 그러므로 이제부터 그들은 거룩한 하나님의 거룩한 백성으로 성화되어야 한다. "너희는 내게 거룩한 사람이 되어야 한다"(출 22:31). "나는 너희의 하나님이 되려고 너희를 이집트 땅에서 인도하여 낸 주이시다. 내가 거룩하니 너희도 거룩하게 되어야 한다"(레 11:45). 하나님이 의로우시니, 그의 자녀들은 의로운 사람이 되어야 한다(참조. 시 11:7; 사 56:1). 우리도 의를 심어야 한다(호 10:12).

2) 성화를 통한 구원의 완성: 성화의 관점에서 볼 때 예수 안에서 일어난 하나님의 구원은 완성된 물건과 같은 것이 아니라 완성을 향한 출발점 내지 기초를 뜻한다. 예수 안에서 하나님은 죄의 용서와 구원을 선언한다. 우리는 믿음을 통하여 은혜로 "구원을 얻었다"(엡 2:8). 이제 우리는 하나님께 속한 "하나님의 자녀", 곧 "하나님의 사람"이다(딤후 3:17). 우리는 우리의 것이 아니라 주님의 것이다(롬 14:8). "그러나…우리의 신분이 하나님의 자녀가 된 것은 사실이지만 우리의 삶의 모습이 완전히 하나님 자녀답게 변한 것은 아니다. 우리에게는 아직도 부패한 옛 사람의 습성이 남아 있다"(현요한 2010, 126). 죄의 용서를 받는 한 순간의 사건으로서의 구원은 이제 "하나님의 성품에 참여하여, 우리의 성품과 행위와 삶이 실제로 거룩하게 변화 받는" 성화의 과정을 통해 완성되어야 한다. "지속적인 은혜와 노력이 없으면 우리는 '늘 하던 대로', 즉 부패한 '옛 습성대로' 행동하게 된다"(127). 한 인간에게서 일어난 하나님의 구원, 곧 칭의는 "그리스도의 역사의 목적과 끝이 아니라…세계의 새 창조와 하나님의 칭의를 향한 길의 시작"일 따름이다(Moltmann 1989a, 208).

그러므로 우리가 윤리적으로 어떻게 살든지, 하나님의 구원은 이미 확보되어 있다고 생각해서는 안 될 것이다. 물론 하나님의 객관적 구원의 사건은 취소되지 않는다. 그러나 우리가 구습을 버리지 못할 때 하나님의 구원의 사건은 효력을 갖지 못하게 되고 우리는 "하나님의 은총의 얼굴의 빛(lumen paterni)을 다시 볼 수 없을 것이다"(「웨스트민스터 신앙고백」 1647년, XI.5; 조용석·손달익 2010, 85). 성서에 의하면 범죄하는 자는 하나님께 속하지 않고 "마귀에게 속한다"(요일 3:8). 형제의 궁핍함을 보고도 그에게 사랑을 베풀지 않는 자는 "하나님께 속하지 않는다"(3:10). 그는 "하나님을 알지 못한다"(4:8).

그러므로 신약성서는 구원받은 그리스도인들에게 "너희의 구원을 이루어라"(soterian katergazesthe, 구원을 위해 모든 것을 행하라)고 명령한다(빌 2:12). "구원을 받았다", "의로운 사람이다"라는 서술은, 그러므로 이제 우리는 "구원받은 사람으로 변화되어야 한다", "의로운 사람이 되어야 한다"는 명령을 내포한다. 그러므로 바울은 구원을 장차 도달해야 할 종말론적 목적으로 이해한다. "이미 얻었다 함도 아니요 온전히 이루었다 함도 아니다." 우리는 그리스도를 통해 약속된 것, 곧 우리 "앞에 있는 것을 잡으려고 푯대를 향하여" 달려가야 한다(3:12-13).

성화에 대한 어린 아기의 비유는 구원에도 해당한다. 그리스도의 구원은 "마치 어린아이가 태어나는 것과 같다." 태어난 아기는 "온전하지만 완성된 것은 아니다." 창조된 세계가 완성을 향해 나아가듯이 태어난 아이는 수십 년을 더 자라야 한다. 이와 같이 구원도 "완성을 향해 나아가야 한다" (최태영 2013, 128-129).

이미 얻은 구원을 완성하는 길은 성화에 있다. 그러므로 바울은 그리스도 안에서 결정적으로 일어난 하나님의 구원, 곧 의롭다 하심을 선언하는 동시에 성화를 통해 우리의 구원을 완성할 것을 거듭 촉구한다. 옛날의 우리는 죽고 새 사람으로 다시 태어났기 때문에 우리는 이제부터 "매일" 죽어야 한다(고전 15:31). 우리는 "더 이상 어린아이로 있어서는 안 된다", "사랑으로 진리를 말하고 살면서, 모든 면에서 성장해야" 한다(엡 4:14-15). 그리스도의 구원을 통해 "새 사람"으로 태어났다. 그러나 "옛 사람을 벗어버리고…새 사람을" 입어야 한다(4:22-24).

우리는 이와 같은 성서의 말씀들을 무거운 짐으로 생각하기 쉽다. 그러나 참으로 그리스도를 사랑하는 사람에게 이 말씀들은 무거운 짐이 아니라 자명한 권고에 불과하다. 그리스도의 구원의 은혜에 감격한 사람은 그 구원의 완성을 위해 자발적으로 자신의 성화를 이루고자 할 것이다.

3) 성화 없는 구원은 있을 수 없다. 성화를 통해 구원이 완성된다면 성화 없는 구원은 있을 수 없다고 말할 수 있다. 예수 안에서 일어난 하나님의 구원은 변할 수 없는 사실이다. 그러나 성화가 없는 사람에게 그것은 효력을 갖지 못한다. 하나님이 그렇게 하는 것이 아니라 인간이 그의 악행으로 말미암아 그 효력을 거부하기 때문이다.

따라서 "성화 없는 칭의는 없다"(Barth 1964, 572). 진심으로 회개하고 "새 사람"으로 다시 태어난 사람은 하나님이 기뻐하는 거룩한 사람으로 변화되는 성화의 길을 걸을 수밖에 없다. 정말 "좋은 나무"가 되었다면 "좋은 열매"를 맺을 수밖에 없다(마 7:16-17 참조). 성화의 "좋은 열매"가 없는 구원은 "싸구려 상품"과 같은 구원이다(Bonhoeffer). 국민의 세금과 공금을 도둑질하고, 수억, 수십억 원에 달하는 교인 헌금을 총회장 선거운동에 유용하고 음란의 죄를 지으면서 구원받았다고 말할 수 없다.

칼뱅은 구원(칭의)과 성화의 분리될 수 없는 관계를 다음과 같이 말한다. 그리스도는 칭의와 성화 두 가지를 "분리될 수 없이 그 자신 안에 담지한다! 네가 그리스도 안에서 의를 얻고자 하는가! 그렇다면 너는 먼저 그리스도를 소유하여야 한다! 그러나 그의 성화에 참여하지 않는다면 너는 그를 전혀 소유할 수 없다! 왜냐하면 그는 찢겨질 수 없기 때문이다. 그는 우리에게 두 가지를 모두 동시에 선사한다. 다른 하나 없이 어느 하나를 선사하지 않는다!" 우리는 우리가 행하는 성화의 "업적들을 통해 칭의를 얻을 수 없지만", 성화의 "업적 없이는 칭의를 얻을 수 없다.…왜냐하면 우리를 의롭게 할 수 있는 그리스도에의 참여는 칭의뿐만 아니라 성화도 포함하기 때문이다"(Inst. III.3.19; III.16.1). 칭의가 "우리를 아무 공로 없이 용서하시는 자유케 하는 은혜"라면, 성화는 "우리 안에 그 자유케 하는 사랑의 구조를 반영하는 하나의 삶의 패턴을 형성하는 은혜"로서 서로 분리될 수 없다. 칭의와 성화는 하나님의 역동적인 은혜라는 "한 실재의 두 가지 면"이다(최유진 2014, 154, 165).

4) 구원의 진실성을 증명하는 성화: 우리가 그리스도의 구원을 받았다

면 그것은 증명될 수 있어야 할 것이다. 구원의 사실이 증명될 수 있는 길은 무엇인가? 그 길은 성화의 열매에 있다. 좋은 열매가 좋은 나무를 증명한다.

물론 구원받자마자 완전히 성화된다는 것은 기대하기 어렵다. 그러나 하나님의 은혜와 사랑에 대한 감격과 응답 속에서 구원받은 사람에 걸맞는 성화의 열매들이 나타나야 할 것이다. "성령의 열매"와 인격적 성숙이 보여야 할 것이다. 이를 통해 그가 받은 구원의 진실성이 증명될 것이다.

따라서 성화는 있어도 좋고 없어도 좋은 것이 아니라 반드시 있어야만 하는, 또 있을 수밖에 없는 구원의 구성요소에 속한다. 그것은 구원의 목적이다. 하나님이 우리를 구원하신 목적은 먼저 우리가 하나님의 "거룩한 백성"으로 성화되는 데 있다. 칼뱅에 따르면 "주님께서 그에게 속한 사람들을 은혜로 말미암아 의롭게 하시는 것은 그의 영의 성화를 통해 그들을 참된 의로 새롭게 변화시키기 위함이다"(*Inst.* III.18.19). 동방정교회의 표현을 빌린다면, 구원의 목적은 "신성화"(*theosis*)에 있다. 성서는 이것을 다음과 같이 말한다. "하나님의 뜻은 이것이니 너희의 거룩함이다", "하나님이 우리를 부르심은 부정케 하심이 아니요 거룩케 하심이다"(살전 4:3,8).

여기서 한 가지 중요한 문제가 제기된다. 성화의 열매를 통해 구원의 진실성이 증명된다면 과연 몇 사람이나 구원을 받을 수 있을까? 하나님이 성화의 열매(행위)에 따라 심판하실 경우, 대부분의 사람들이 구원에서 탈락하지 않을까? 우리는 이른바 "만인구원설"과 관계된 이 질문을 『기독교 신학』 제5권 "종말론"에서 다루고자 한다.

B. "거룩하신 그분"을 향한 성화의 길

"거룩하시다, 거룩하시다, 거룩하시다. 만군의 야웨"라는 이사야 6:3의 "세 번의 거룩"(*Trisbagion*)은 요한계시록 4:8에 다시 나타난다. "거룩하시다,

거룩하시다, 거룩하시다, 전능하신 주 하나님…." 여기서 하나님은 "거룩하신 분"으로 고백된다. 그의 본질은 거룩함에 있다.

하나님은 거룩하시기 때문에 그의 백성들도 거룩한 백성이 되어야 한다. "내가 거룩하니 너희도 거룩하게 되어야 한다"(레 11:44). 하나님의 백성이 거룩하게 되는 길, 곧 성화의 길은 무엇인가? 그것은 하나님의 거룩하심을 닮는 데 있다. "내가 거룩하니 너희도…." 그럼 하나님의 거룩이란 무엇인가?

1) 하나님의 거룩(聖): 성화에 대한 하나님의 명령은 출애굽 과정에서 하나님과 이스라엘이 맺은 계약과 함께 처음으로 나타난다(출 22:31). "나는 너희의 하나님이 되려고 너희를 이집트 땅에서 데리고 나온 주다. 내가 거룩하니 너희도 거룩하게 되어야 한다"(11:45; 또한 22:31). 여기서 "출애굽의 하나님"(20:2; 레 25:38)은 "거룩한 하나님"(19:2), "이스라엘의 거룩한 분"(시 78:41; 잠 9:10; 사 49:7)으로 자기를 계시한다. 이 하나님이 성화를 명령한다. 따라서 하나님의 거룩은 출애굽의 하나님으로부터 파악되어야 할 것이다.

a. 출애굽의 대 역사를 일으키기 위해 하나님은 불에 타는 떨기나무 앞에서 모세를 부른다. "이리로 가까이 오지 말아라. 네가 서 있는 곳은 거룩한 땅이니, 너는 신을 벗어라"(출 3:5). 이 구절에서 출애굽의 하나님은 인간이 접근할 수 없는 거룩한 곳에 계신 거룩한 하나님으로 자기를 계시한다. 그의 거룩하심(히브리어 kadosch)은 거룩하지 못한 세상, "죄된 세계로부터 철저한 구별"에 있다(Bonhoeffer 1967, 246). 하나님과 이 세상은 철저히 구별된다.

"신을 벗으라"는 하나님의 명령은 죄악되고 허무한 세상에 대한 하나님의 존재적 구별성을 가리킨다. 피조물은 유한하고 시간과 공간의 제약 속에 있는 반면 하나님은 이 모든 제약을 넘어선다. 그는 자기 자신으로부터(a se) 존재하며, 자기의 자유로부터 행동한다. 하나님의 거룩은 피조물의 세계에 대한 그의 높으심, 절대 타자성, 파악 불가능성, 자존성(Aseität)

과 자유를 나타낸다(사 40:25; 삼상 2:2; 신 32:51 참조). 인간의 세계는 거짓되고 죄악된 반면 하나님은 진실되고 선하시다. 인간은 불의한 반면 하나님은 의로우시다. 그의 생각은 우리 인간의 생각과 다르며, 그의 길은 우리 인간의 길과 다르다. 양자의 다름은 하늘과 땅의 다름과 같다(사 55:8-9).

하나님의 거룩은 "하늘"의 개념으로 표현되기도 한다. 이스라엘의 "거룩하신 하나님"은 피조물의 세계 "위에" 계신 분, 곧 "하늘에 계신 분"이다(사 30:12; 45:11; 슥 5:12). 그는 "하늘의 신"이다(대하 36:23). 그는 하늘보다 더 높으신 분이다(욥 11:8). 하늘과 하늘들의 하늘도 하나님을 모실 수 없다(왕상 10:27). 그는 "하나님이요 사람이 아니다"(호 11:9). "그분은 홀로 불멸하시고, 사람이 가까이 할 수 없는 빛 가운데 계시며, 사람이 일찍이 본 일이 없고 볼 수도 없는 분이다"(딤전 6:15).

하나님은 거룩한 분이기 때문에 죄악된 인간은 하나님에게 근접할 수 없다. 하나님을 볼 경우, 그는 죽게 된다. "우리가 하나님을 보았으니 반드시 죽으리로다"(삿 13:23). "큰일났구나, 이제 나는 죽었다"(사 6:5). 죽음을 면하기 위해 모세는 신발을 벗어야 한다.

b. 영어의 "holy", 독일어의 "heilig"는 "완전한", "전체적인", "건강한", "상함이 없는", 누구에게 완전히 "속함"의 의미를 가진다. 따라서 독일어의 "heil - heilen - heilig"(건강한, 치유하다, 거룩한)는 동일한 어군에 속한다. "치유하다"(heilen)는 분리되었고 상한 것을 완전하게 고치는 것, 병든 것을 건강하게 하는 것을 뜻하며, "거룩하게 하다", "성화하다"(heiligen)는 주로 "자신의", "자신의 것으로 삼다", "자기의 것으로 증명하다"를 뜻한다. 그러므로 구약성서에서 하나님이 거룩한 것으로 "구별한다"는 것은 하나님께 속한 하나님의 소유가 됨을 뜻한다.

영어의 "holy"와 "whole"은 동일한 어군에 속한다. 따라서 "거룩하게 하다", "성화하다"는 "전체적으로 되게 하다", "건강하게 고치다"를 뜻한다. 따라서 "거룩한 것"은 다시 완전케 된 것, 건강하게 고쳐진 것을 뜻한다. "전체적 사고"(holistic thinking)는 "거룩케 하다"와 연관된다. 그것은 분리되고 나누어진 것들의 전체성을 추구하기 때문이다(Moltmann 1991, 190).

출애굽의 하나님은 거룩한 하나님, 하늘에 계신 하나님이다. 그러나 그는 이 세계의 연약한 것, 이지러지고 상처받은 것을 치유하기 위해 자기를 불타는 떨기나무로 낮추신다. 그는 그리스도의 "작은 형제들"과 이 세상 속에 그의 성소를 세운다. 그의 거룩하심은 "죄된 세계로부터의 철저한 구별에 있는 동시에 이 세계 한 가운데 그의 성소를 세움에" 있다(Bonhoeffer 1967, 246). 신약에서 이 성소는 "성령의 전", "그리스도의 몸"이라 불린다.

그러나 하나님의 거룩은 성전 건물에 제한되지 않는다. 그것은 성전에서 사용되는 모든 기물들과 제사장들(출 28:3; 40:9), 하나님께 바치는 제물들(레 10:17), 먹을 수 있는 음식물들, 하나님이 선택한 이스라엘 백성, 성읍과 군대 진영(신 23:14), 시간과 공간(안식일과 희년, 예루살렘 성과 성전과 땅)으로 확대된다. 사도행전에서 하나님의 거룩은 온 우주로 확대된다. "우주와 그 안에 있는 모든 것을 창조하신 하나님께서는 하늘과 땅의 주님이시므로"(17:24). 한 마디로 온 세계가 하나님의 소유로서 하나님의 거룩한 성소 내지 성전이 되어야 한다.

하나님은 그의 존재에 있어서는 물론, 그의 생각과 의지와 행위에 있어 피조물과 구별된다. 그는 무한한 사랑으로부터 생각하고 행동한다. 그는 거룩하지 못한 세계를 거룩한 세계로 변화시키고자 한다. 이를 위해 하나님은 예수 그리스도 안에서 자기를 낮추시고 함께 고난을 당하며, 예수의 부활을 통해 죄와 죽음의 세력에서 해방의 역사를 일으킨다. 하나님의 이와 같은 행위 속에 그의 거룩하심이 있다. 하나님의 거룩하심은 하나님의 자기비하, 피조물에 대한 그의 사랑과 자기수난, 정의와 평화가 있는 새로운 생명 세계를 이루고자 하는 그의 의지에 있다. 바로 이런 점에서 하나님은 피조물로부터 구별된다. "내 생각은 너희 생각과 다르며, 내 길은 너희 길과 달라서"(사 55:8-9). 바로 이 하나님이 "거룩한 하나님"이다. 그의 길은 "거룩한 길"(35:8)이요, 그의 도는 "거룩한 도"이다(시 77:13).

c. 예수 그리스도 안에서 우리는 하나님의 거룩의 궁극적 형태를 볼 수 있다. 아버지 하나님과 마찬가지로 예수는 세계로부터 구별된다. 그는 참 인간인 동시에 참 하나님이다. 그는 빛과 진리의 세계, 곧 하늘의 영역에 속한다. 그러나 그는 혼돈과 어둠의 세계로 자기를 낮추신다. 영원한 로고스가 인간의 육이 되어 세속 안에 거한다. 이 예수 안에 삼위일체 하나님이 계신다. 삼위일체 하나님의 거룩이 세속 한 가운데 있다.

십자가의 죽음을 당했고 부활한 예수가 "하나님의 거룩하신 분"이다 (막 1:24; 눅 4:34). 하나님의 거룩하심이 예수의 삶과 자기희생의 죽음 속에 계시된다. 하나님과 이웃에 대한 사랑 때문에 인간의 육으로 자기를 제한하시고 육의 짐을 스스로 짊어지시는 그의 자기낮추심, 세상의 약한 자들, 곧 "세리와 죄인들"을 자기의 "친구로 삼으시고 그들과 삶을 함께 나누며, 하나님의 자비와 정의가 다스리는 하나님 나라를 앞당겨 오시다가 십자가의 죽음을 당한 그의 자기희생, 하나님과 이웃 앞에 설 수 없는 부끄러운 죄인들의 죄를 용서하고 새로운 생명으로 구원하기 위해 스스로 택하신 십자가의 고난에 하나님의 거룩함이 있다. 한 마디로 그리스도의 십자가에 계시되는 삼위일체 하나님의 무한한 사랑에 있다. 세상에서 가장 거룩한 것은 십자가의 사랑이다. 바로 거기에 "길과 진리와 생명"이 있다. 구원의 길은 로마군단의 무력에 있는 것이 아니라 십자가에 달린 예수 안에 있다.

바로 이 예수가 "거룩한 분"이다(벧전 1:15; 행 3:14). "오 거룩하신 주님, 그 상하신 머리. 조롱과 욕에 싸여 가시관 쓰셨네"(통일찬송가 145장). "거룩하신 그분"은 "우리를 거룩하게 하시는 분"이다(히 2:11; 엡 1:4; 5:26-27; 살전 5:23). 그를 통하여 "우리가 거룩함을 얻었다"(히 10:10). 그러므로 이제 우리는 "하나님을 두려워하는 가운데서 거룩함을 온전히 이루어야" 한다(고전 7:1). 우리는 "거룩한 산 제물"이 되어 그의 "거룩하심에 참여해야" 한다(롬 12:1; 히 12:10).

2) 성화의 길: 하나님의 거룩에 대한 위의 고찰에 근거하여, 우리는 그

리스도인들이 성화될 수 있는 길을 다음과 같이 기술할 수 있다.

a. 하나님의 거룩한 백성으로서의 구별의식: 성화의 길은 먼저 세속에 대한 그리스도인들의 구별에 있다. 그리스도인들은 이 세상에서 구별되어 선택된 하나님의 자녀이다. 하나님이 세속에서 구별되는 것처럼 그들도 세속에서 구별된다. 그들은 "하나님의 소유가 된 백성", "하나님의 백성", 혹은 "친 백성"이다(벧전 2:9, 10; 민 2:14). 성화의 길은 세계 속에 있지만 하나님의 백성으로 세계로부터 구별되는 것, 세계에 속하지 않고 하나님에게 속하는 데 있다. 그들은 어둠의 자녀가 아니라 "빛의 자녀"요, 밤의 자녀가 아니라 "낮의 자녀"인 것이다.

오늘날 한국의 기독교 신자들이 사회적 신뢰를 회복할 수 있는 길은 하나님의 자녀로서 구별의식을 회복하는 데 있다고 생각된다. 그들은 세상 사람들과 함께 살지만 그들과 구별되는 하나님의 자녀들이다. 그들은 예수 그리스도를 통하여 거룩함을 인정받은(살전 5:23; 히 10:10; 13:12) "거룩한 사람들", 곧 "성도들"이다(고전 1:2). 그들은 "그리스도인", 곧 "그리스도에게 속한 사람들"이다. 그들은 그리스도와 연합되어 있다. 성화의 길은 먼저 "세상에서의 구별"에서 시작된다(Absonderung von der Welt, Bonhoeffer 1967, 254). 이 구별의식이 희박할 때 성화의 필요성이 인식되지 않는다.

b. 하나님의 자녀로서 사는 것: 세속에서의 구별은 세속에서의 분리를 뜻하지 않는다. 이른바 속세로부터의 해탈이나 자신의 내면세계로 도피함을 뜻하지 않는다. 세속에서의 구별은 세속 안에서 하나님의 자녀답게 사는 것, "성령의 법"(롬 8:2), "그리스도의 법"(갈 6:2)에 따라 사는 것을 말한다.

소극적으로 말한다면, 성화의 길은 "육체의 행실", 곧 "음행과 더러움과 방탕과 우상숭배와 마술과 원수맺음과 다툼과 시기와 분냄과 분쟁과 분열과 파당과 질투와 술취함과 흥청망청 먹고 마시는 놀음"(갈 5:19-22), 탐욕, 약탈, 착취, 도둑질, 중상모략, 색욕, 교만, 무자비 외 각종 더러운 일들을 버리는 데 있다(고전 5:10; 6:10; 엡 4:19; 5:3, 5; 골 3:5; 살전 4:5; 롬 1:29-31). 이와 같은 죄를 행하는 자들은 하나님의 나라를 상속받지 못한다(갈 5:21; 엡

5:5; 고전 6:9; 롬 1:32).

　적극적으로 말한다면, 성화의 길은 "기쁨과 화평과 인내와 친절과 선함과 신실과 온유와 절제"의 "성령의 열매"(갈 5:22)를 맺으며, 신의를 지키며, 정직하고 성실하며 정결하게 사는 데 있다. 한 마디로 도덕적으로 사는 데 있다. 바로 여기에 세속에 대한 그리스도인들의 구별과 성화의 길이 있다.

　이를 위해 우리는 육을 죽이고 영을 살려야 한다. 여기서 육은 인간의 몸의 한 부분을 말하는 것이 아니라 죄와 죽음의 세력에 붙들린 옛날의 자아를 말한다. 따라서 "육을 죽이고 영을 살린다"는 것은 악하고 죄된 옛날의 자아는 죽고 구원받은 새로운 자아, 도덕적 자아로 태어난다는 것을 뜻한다. 곧 옛날의 자아가 십자가에 달린 예수와 함께 죽고(mortificatio), 부활하신 예수와 함께 다시 살아남(vivificatio)을 말한다. 이를 위해 우리는 "육의 행실"을 일삼는 "육의 사람"(고전 3:4)을 매일 죽여야 한다. "나는 날마다 죽습니다"(고전 15:31). "육의 사람" 혹은 "옛 사람"이 죽을 때 우리는 도덕적인 사람으로 살게 된다. 죄가 우리를 지배하지 못하고(롬 6:4-11), 우리 안에 계신 그리스도께서 우리를 지배하게 된다. 성화는 "죄에 대해서 죽고", "그리스도 예수 안에서 사는" 데 있다. 죄의 세력에 묶인 자아가 죽고, 그리스도께서 내 안에 사는 데 있다. "나는 그리스도와 함께 십자가에 못 박혔습니다. 이제 살고 있는 것은 내가 아닙니다. 그리스도께서 내 안에서 살고 계십니다"(갈 2:20). "나에게는, 사는 것이 그리스도이시니, 죽는 것도 유익합니다"(빌 1:21).

　현대 과학의 세계 속에서 우리는 성서가 진술하는 "마귀", "악마" 혹은 "사탄"의 존재를 부인하기 쉽다. 마귀는 고대인의 신화에 속한 존재이기 때문에 현대 과학 세계에는 무의미한 것이라 생각하는 경향이 많다. 물론 마귀는 형체를 가진 실체가 아니다. 그것은 피조 세계 도처에 숨어 있는 악의 세력을 형체화시킨 것이다. 그런데 이 악의 세력, 곧 사탄은 우리 인간의 본성 속에 깊이 뿌리박고 있다. 그것은 우리가 죽는 순간까지 우리를 끊임없이 죄로 유혹하며, 세계를 죄악과 파멸로 유도하고자 한다. 철학적으로 말한다면, 그것은 무(無)의 세력이다. 그것은 하나님을 부인하고 인간의 존재와 세계를 파멸시켜 없는 것(무)으로 만들어버리고자 하기 때문이다. 우리는 하나님의 자녀로 살기 위해 먼저 이 무의 세력, 곧 사탄을 의식하고 이를 끊임없이 물리쳐야 한다. "사탄의 세력에서 하나님께로" 우리의 얼굴을 돌려야 한다(행 26:18). 사탄의 간계에 맞설 수 있는 성령의 "전신갑주"를 입어야 한다(엡 6:11).

오늘날 천민 자본주의 사회는 사탄의 세력으로 가득하다. 이 사탄의 세력은 불의한 정치질서, 경제질서, 사회질서, 교육제도, 심지어 종교 속에도 숨어 작용한다. 이로 인해 불의와 부패와 타락이 사회 전체에 일어난다. 목회자가 그가 양육해야 할 여자 교인과 음란한 관계를 맺으며, 남자 성인 교사가 초등학교 5학년 여자 아이와 성관계를 맺고, 우리 사회에 정의를 세워야 할 판검사와 감사원 공무원이 오히려 거액의 뇌물과 술대접, 여자대접, 골프대접을 받고 불의와 부패에 빠지는 어처구니없는 일들이 일어나기도 한다. 온 사회가 죄악의 세력에 붙들려 있다. 2014년 3월 전대주그룹 회장 허재우가 물어야 할 254억 원의 벌금 대신 일당 5억 원의 "황제노역"을 선고한 전남 광주지방법원 "향판" 장병우 판사의 판결을 보면서 힘없는 서민들은 실망과 좌절에 빠져 "될 대로 되라"는 식으로 나라의 미래를 포기한다.

사탄의 세력은 또한 그릇된 가치관을 유발하기도 한다. 이 사탄의 세력으로 인해 많은 사람들이 더 많은 돈과 권세와 명예, 더 많은 명품, 풍요로운 소비생활, 사치와 향락, 쾌락과 부의 과시 등등 이런 것들을 인생 최고의 가치로 생각한다. 그리스도인들은 이와 같은 인간의 세계에서 구별된 하나님의 거룩한 자녀들이다. 그들이 성화될 수 있는 길은 세속적 가치관과 타락한 삶의 길을 버리고 하나님의 가치관에 따라 사는 데 있다. "사탄의 자식들"이 아니라 "하나님의 자녀"로서 삶의 바른 가치관을 가지고 살아야 한다. "여러분은 이 시대의 풍조를 본받지 말고 마음을 새롭게 함으로 변화를 받아서"(롬 12:2).

　c. 하나님의 성품으로 변화되고 사랑과 정의를 행하는 것: 정교회의 표현에 따르면 성화는 신성화(theosis)에 있다. 신성화는 하나님과 동일한 신적 존재가 되는 것이 아니라 하나님의 성품으로 변화되는 것을 말한다. 하나님의 가장 기본적인 성품은 사랑이다. 따라서 성화는 하나님처럼 사랑하는 사람으로 변화됨에 있다.

　그리스도 안에 계시되는 하나님의 사랑은 먼저 이 세상의 약하고 천시받는 생명들, 곧 굶주리고 목마른 자들, "세리와 죄인들"을 향한다. 이들의 슬픔과 고통은 하나님 자신의 슬픔과 고통이다. 구약성서의 율법이 명령하고 그리스도께서 행한 것처럼 먼저 연약한 생명들에게 자비를 행하고 공의를 세워야 한다. 이를 통해 그리스도인들은 하나님의 거룩한 자녀로 성화된다.

　사랑을 행하기 전에 먼저 우리의 마음속에 그리스도의 사랑이 있어야 한다. 세상을 위해 무엇을 한다고 하기 전에, 먼저 우리의 마음속에 사랑의 영성이 있어야 할 것이다. 사랑의 마음이 없는 사랑의 행위는 가식으로 보일 뿐이다. 우리의 눈동자와 얼굴 표정에 사랑과 겸손의 영성이 보여야 할 것이다. 세상을 살아가는 것이 힘들지만, 이지러진 표정 대신에 맑고 명랑한 표정이 보여야 할 것이다. 예의와 질서를 지키고 성실한 삶의 태도를 가져야 할 것이다. 이웃과 공동체를 배려하지 않는 반사회적 행위들(아무 곳이나 침과 껌을 뱉고 담배꽁초와 쓰레기를 내버리는 행위, 음식이 놓인 식탁에 침을 튀기며 재채기하는 것, 옆 사람을 고려하지 않는 고성방가, 공공기물 파손, 뇌물과 고액의 경조사비 챙기기, 국민의 세금낭비 등)은 중지되어야 할 것이다. 우리의 마음속에 하나님의 사랑이 있을 때 우리는 이웃에게 예의와 공중도덕을 지키며 청렴하게 살게 될 것이다. 바로 여기에 성화의 길이 있다. 그것은 작은 일들로부터 시작한다.

　사랑은 정의와 공의를 포함한다. 정의와 공의가 없는 사랑은 참 사랑이 아니다. 불의한 일을 행하는 사람이 베푸는 이웃사랑과 친절과 겸손은 위선과 거짓으로 보일 뿐이다. 참 이웃사랑은 자기와 관계된 이웃과 정의로운 관계를 가지며, 이 땅 위에 하나님의 정의를 세우는 데 있다. 하나님의 사랑 안에서 정의롭게 살고 공의를 세울 때 우리는 하나님의 "거룩한 백성"이 될 수 있다.

d. "거룩하신 그분"의 뒤를 따름: 예수 그리스도가 하나님의 "거룩하신 분"이라면, 성화는 그리스도를 닮는 데 있다. 달리 말해 그리스도 안에 계시된 "보이지 아니하시는 하나님의 형상"(골 1:15; 고후 4:4)을 닮는 데 있다. 성화, 곧 "영적 성장의 절정인 하나님과의 일치는…예수 그리스도의 모습을 닮는 것"을 말한다(유재경 2010, 312). 신약성서는 "예수 그리스도의 모습을 닮는 것"을 예수 그리스도를 향한 성장과정으로 이해한다. 성화는 "사랑으로 진리를 말하고 살면서, 모든 면에서 자라나서, 머리가 되시는 그리스도에게까지 자라는" 데 있다(엡 4:15).

예수 그리스도를 닮고 그에게까지 자라기 위해 필요한 것은 먼저 "그리스도 예수의 마음"을 품는 데 있다. "여러분 안에 이 마음을 품으십시오. 그것은 곧 그리스도 예수의 마음이기도 합니다"(빌 2:5). 우리가 성화를 위해 무슨 일을 하기 전에 먼저 그리스도 예수의 마음이 우리 안에 있어야 한다. 우리는 그리스도의 마음을 품기 위해 그리스도와 연합해야 한다. 그리스도께서 우리 안에, 우리가 그리스도 안에 있어야 한다.

그리스도의 삶은 이 땅 위에 있는 "하나님 나라 자체"(autobasileia, Origenes)였다. 따라서 우리가 그리스도 예수의 마음을 품고 그의 모습을 닮을 때 우리의 사람됨이 하나님 나라의 현실로 변화된다. 성화의 길은 그리스도의 뒤를 따라 먼저 자신의 인격이 하나님 나라의 현실로 변화되는 데 있다.

하나님은 그가 창조한 세계 전체가 그의 거룩한 집(장막)으로 변화되기를 원한다. 그리스도께서 이 세상에 오시고 우리를 하나님의 "거룩한 사람들", 곧 "성도"로 세우신 것은 세계 전체를 하나님의 거룩한 집으로 성화시키기 위함이다. 따라서 우리가 성화될 수 있는 길은 이 하나님의 목적을 이루는 데 있다. 곧 생명의 세계를 파괴하는 악한 영을 삶의 모든 영역에서 추방하고 온 세계를 하나님의 사랑과 정의가 넘치는 하나님의 거룩한 집으로 변화시키는 데 있다. 따라서 성화는 "정치적 성격"을 내포한다(Bonhoeffer 1967, 254).

성화될 수 있는 궁극적 길은 그리스도처럼 형제를 위하여 자기의 목숨을 희생하는 것, 곧 자기비움과 자기희생의 사랑에 있다. "사람이 친구를 위하여 자기의 목숨을 버리면 이에서 더 큰 사랑이 없다"(요 15:13). 십자가에 달린 예수가 하나님의 형상이요, 하나님의 "거룩한 자"이다. 이 예수의 뒤를 따라 그의 십자가의 고난에 참여할 때, 우리는 거룩하신 그분의 거룩에 참여하는 "거룩한 사람들"이 될 수 있다. 한 마디로 성화는 "예수의 뒤를 따름"(Nachfolge, Bonhoeffer)에 있다. 그분의 뒤를 따라 사랑과 정의를 행하고 하나님 나라의 현실을 확장하는 데 있다. 성화의 객관적 표징은 그리스도의 사랑과 정의를 행함에 있다. 이와 같은 성화의 과정 속에서 하나님의 구원이 더욱 완전케 된다.

C. 성화의 목적·총체적 이해

1) 총체적 성화: 일반 종교사상에 의하면 거룩(聖)과 속(俗)은 둘로 나누어진다. 신이 그 안에 계신다고 생각되는 영역(성소, 성전 등)은 거룩한 반면, 세상에 속한 것들은 속된 것으로 구별된다. 여기서 성화는 특정한 영역에 제한된다. 기독교에서 성화는 일반적으로 인간의 성화로 이해된다. 인격적으로 성화될 수 있는 것은 인간뿐이기 때문이다. 신약성서에 기록된 명령들은 거의 대부분 개인의 성화에 관한 명령들이다.

이에 반해 구약성서에서 성화는 인간은 물론 하나님이 지으신 온 세계로 확대된다. 본래 하나님만이 거룩하다. 그러나 하나님의 거룩은 세계를 향해 확대된다. 하나님은 세계에 속한 것을 "거룩한 것으로 구별"(성별)

하여 자신의 거룩함에 참여케 한다. 그는 이스라엘 백성을 선택하여 그의 "거룩한 백성"으로 삼는다. 그는 안식일과 희년을 거룩하게 하며, 예루살렘 성과 성전과 땅을 거룩하게 한다. 하나님이 창조한 모든 것은 본래 하나님 자신처럼 거룩하다. 땅 전체가 본래 거룩한 것이다. "네가 선 곳은 거룩한 땅이다"(출 3:5). 땅과 하늘, 그 안에 있는 모든 것이 하나님의 것이기 때문이다(시 24:1). 세계의 모든 것이 하나님의 것이라면 인간은 물론 세계의 모든 것이 성화되어야 한다.

여기서 우리는 성서가 말하는 성화가 온 세계를 포괄하는 "총체적 성화"임을 볼 수 있다. 인간의 영은 물론 그의 육체와 사회와 자연의 세계 등 모든 것이 거룩하게 되어야 한다. 온 세계가 그것의 전체성과 건강을 회복해야 하며, 하나님이 그 안에 거하는 하나님의 성전으로 변화(성화)되어야 한다. 곧 더 이상 죄가 없고 "죽음과 슬픔과 울부짖음과 고통이 없는" 새로운 생명의 세계로 변화되어야 한다.

하나님의 총체적 성화는 그리스도인들의 성화와 함께 시작한다. 성화된 그리스도인들을 통해 온 세계가 거룩한 "하나님의 집"으로 변화되어야 한다. "그 날이 오면, 말방울까지 '주님께 거룩하게 바친 것'이라고 새겨져 있을 것이며, 주님의 성전 안에 있는 모든 솥이 제단 앞에 있는 그릇들과 같이 거룩하게 될 것이다"(슥 14:20). 이사야의 "세 번의 거룩"(trishagion, 사 6:3)은 "온 땅에" 하나님의 거룩하심과 영광이 충만한 종말론적 미래를 가리킨다. 여기서 우리는 총체적 성화를 몸의 성화, 사회-정치적 성화, 생태학적 성화로 구별하여 고찰하고자 한다.

2) 몸의 성화: 성화는 먼저 인간의 영혼의 성화와 함께 시작한다. 타락한 인간의 영혼이 거룩하게 변화되어야 한다. 그런데 성서는 인간의 몸도 거룩하게 되어야 한다고 말한다. "너희 몸을 거룩히 하여…"(민 11:18). 신약성서도 몸의 성화를 명령한다. "시집가지 않은 자와 처녀는…몸과 영을 다 거룩하게 하려 하되…"(고전 7:34). "그 육체를 정결케 하여 거룩케 하거든 하물며…"(히 9:13). 영과 육을 포함한 그리스도인들의 몸 전체가 성령께서

그 안에 계신 "성령의 전"이다. 그러므로 우리는 "몸으로 하나님께 영광을 돌려야 한다"(고전 6:19). 그러면 몸의 성화를 이룰 수 있는 길은 무엇인가?

a. 몸의 성화는 몸으로 죄를 짓지 않는 데 있다. 음란과 성폭행, 윤락행위, 폭력행위 등은 자신의 몸을 추하게 만든다. 이와 같은 죄를 범하지 않음으로써 우리는 우리의 몸을 성령이 그 안에 계신 성령의 거룩한 전으로 만들어야 한다.

b. 몸의 성화는 몸의 존엄성을 회복하는 데 있다. 먼저 자기의 몸을 학대하지 않고 건강하게 관리해야 한다. 인간의 몸은 자신의 미모를 위한 도구가 아니라 그 자신의 자연성과 존엄성을 가진 하나의 생명이다. 그러므로 가능한 몸의 자연성을 존중해야 할 것이다. 자연성을 지키는 것이 몸의 건강에도 좋을 것이다. 몸의 자연성의 인위적 변경은 심각한 부작용을 일으킬 수 있다.

c. 몸의 성화는 몸에 해가 되는 일을 거부한다. 과도한 음주와 흡연, 알코올중독, 마약중독, 인신매매, 성의 상품화, 정자와 난자의 상품화, 폭력과 고문, 성폭행과 성추행, 향락적 과식, 아름다운 몸매를 위한 거식, 타인의 몸에 해가 되는 모든 행위 등등은 몸의 성화에 역행한다.

d. 몸의 거룩함을 유지하기 위해 몸이 사는 곳이 깨끗해야 한다. 우리가 사용하는 방들과 화장실과 거리가 깨끗해야 한다. 음식점, 공중화장실, 버스와 기차 등 우리 사회의 모든 공간들이 청결해야 한다. 그래야 몸의 건강을 유지할 수 있다. 땅바닥에 껌과 가래가 붙어 있고 쓰레기가 널려 있고 악취가 나면 하나님도 얼굴을 돌리실 것이다. 자기가 사는 삶의 공간을 더럽게 만들어 놓고 자기가 성화되었다고 말하기 어려울 것이다.

e. 몸(soma)은 영(pneuma)과 육(sarx)을 포함한 인간 존재 전체, 곧 인간의 생명을 뜻한다. 따라서 몸의 성화는 웨슬리(J. Wesley)가 주장한 것처럼 영과 육을 포함한 인간의 삶 전체의 성화를 뜻한다. 생명, 곧 산다는 것(삶) 자체가 거룩하고 존엄스런 것이다. 따라서 자기의 삶을 긍정하고 사랑과 감사와 기쁨 속에서 살 때 생명의 성화가 이루어질 수 있다. 우리의

삶 자체, 존재 자체를 통하여 우리의 생명이 성화되어야 한다. 이웃과 더불어 산다는 것 자체가 거룩하다.

오늘날 우리 세계에서 많은 사람들의 생명이 자신의 죄로 말미암아, 또 사회적 차별과 소외와 폭력, 인간 생명의 상품화와 노예화로 인해 거룩함을 상실하였다. 생명을 파괴하는 이와 같은 죄악을 극복함으로써 생명 본래의 거룩함을 회복하는 데 생명의 성화가 있다.

f. 그러나 인간의 몸의 성화를 위해 일차적으로 필요한 것은 굶주리지 않고 충분히 먹을 수 있는 일이다. 먹지 못하고 굶주리면 인간의 몸은 추하고 비참하게 된다. 음식 쓰레기통을 뒤지게 되고 도둑질도 하게 된다. 몸의 성화는 먼저 굶주린 배를 채우는 데 있다. 그리고 모든 사람이 굶주리지 않는 사회를 이루는 데 있다.

g. 슈바이처의 "생명경외"(Ehrfurcht vor dem Leben)의 윤리에 의하면, 살고자 하는 생명 그 자체는 존엄한 것이다. 따라서 생명에 대한 모든 형태의 억압과 착취, 회사 직원들의 생명력이 소진될(burn out) 때까지 부려먹다가 생명력이 소진되었다고 생각되면 헌신짝처럼 버리는 일은 생명에 대한 죄악이다. 그것은 "생명의 하나님"에 대한 죄악이다. 이와 같은 경영 방식은 해당 회사는 물론 우리 사회를 더욱 비인간적이고 비도덕적인 사회로 만들어 버린다.

살고자 하는 생명들을 경외하고 그들의 존엄성을 회복할 때, 타인의 생명은 물론 내 자신의 생명이 성화된다. 타인에게 행복을 선사하는 사람이 행복해질 수 있듯이, 타인의 생명을 경외하고 거룩하게 할 때 자신의 생명이 거룩하게 된다. 안식일을 "거룩하게" 지키고 땅의 생명력을 존중할 때 우리 자신의 생명이 거룩하게 되고 이 땅에서 오래 살 수 있다.

3) 사회-정치적 차원의 성화: 인간은 사회적 존재이다. 사회적 관계를 떠나서 그는 생존할 수 없다. 따라서 인간 생명의 성화는 사회-정치적 차원의 성화를 떠나 생각될 수 없다. 사회-정치적 차원의 성화는 정치, 경제, 문화, 종교 등 사회의 모든 영역 속에 하나님의 정의가 세워지는 것을 말

한다. 앞서 언급한 바와 같이 불결하고 거룩하지 못한 사회, 불의와 죄악과 부패가 만연한 사회 구조 속에서 인간 생명이 거룩함과 존엄성을 회복하고 성화된다는 것은 한계가 있다.

여기서 우리는 그리스도인들의 인격적 성화가 사회-정치적 차원의 성화와 맞물려 있음을 발견한다. 물론 성화는 인격적 성화, 죄에 물든 영혼의 성화와 함께 시작한다. 인격적 성화 없는 사회-정치적 성화는 생각될 수 없다. 그러나 인격적 성화는 사회-정치적 차원의 성화와 함께 완성에 이를 수 있다. 거룩하지 못한 사회, 불의와 부패, 힘있고 부유한 자들의 세금포탈과 공직자들의 부패가 가득하고 가는 곳마다 쓰레기가 쌓여 있는 더러운 사회는 언젠가 멸망할 수밖에 없을 것이다. "그 땅은 그 거민의 행위의 열매로 인하여 황무하게 될 것이다"라는 예언자 미가의 말씀은 역사의 진리이다(미 7:13). 그러므로 썩어져가는 사회를 방치한 채, 개인의 인격적 성화를 논할 수 없다. 양자는 동시적으로 이루어져야 한다.

성화신학의 대표자인 웨슬리는 "개인적인 동시에 사회적인 성화"를 강력히 주장한다. 물론 그의 성화신학은 당시 영국의 사회·경제적인 질서를 "'하나님의 뜻과 목적에 부합되는' 신적 질서"로 정당화시킨 "보수주의적인 정치신학과 정치윤리의 한계"를 지닌다. 그러나 국가권력, 전쟁문제, 노예제도 폐지, 자유권 행사, 여권신장 등의 인권문제에 대한 웨슬리의 개입은 사회-정치적 차원의 성화를 예시한다(강병오 2013, 150 이하).

4) 자연의 성화: 인간은 자연에 속한 자연의 일부이다. 자연이 인간 자신의 몸을 구성한다. 과학기술 문명을 통해 인간이 자연을 지배한다 할지라도 인간은 자연 없이 살 수 없는 자연의존적 존재이다. 자연은 인간이 없어도 생존할 수 있지만 인간은 자연 없이 생존할 수 없다. 자연은 인간의 생명을 가능하게 하는 생명의 터전이다.

그러나 오늘날 우리 인간은 마치 자연 없이 살 수 있는 것처럼 자연을 파괴하고 있다. 이로써 그는 자연 피조물들의 삶의 터전은 물론 자기 자신의 삶의 터전까지 파괴한다. 빙산이 녹아내려 남극과 북극에 사는 북극곰들과 펭귄들의 삶의 터전이 점점 더 줄어들고 있다. 뱀, 코뿔소 등 자연의 수많은 생물들이 인간의 탐욕으로 인해 멸종될 위기에 처해 있다. 오늘날 우리는, 인간이 자연에게 저지른 범죄와 폭행은 결국 인간 자신에게 돌아온다는 사실을 점점 더 피부로 느끼고 있다.

자연의 소유자는 인간이 아니라 하나님이다. 자연은 단지 인간만을 위한 것이 아니라 땅 위의 모든 생명들을 위해 하나님이 마련한 생명의 터전이다. 그것은 본래 거룩한 것이고 그 자체로 존엄스러운 것이다. 따라서 인간의 생명은 물론 자연의 거룩함과 존엄성도 회복되어야 한다. 곧 자연도 성화되어야 한다. 슈바이처의 "생명경외"의 윤리는 자연의 모든 생명의 성화를 시사한다. 성화의 항목들, 곧 "갱생, 새 생명, 다시 태어남"(renovatio, nova vita, regeneratio)은 자연의 영역에서도 일어나야 한다. 성서는 성화의 생태학적 차원에 대해 다음과 같이 말한다. "광야와 메마른 땅이 기뻐하며, 사막이 백합화처럼 피어 즐거워할 것이다. 사막은 꽃이 무성하게 피어…사람들이 주님의 영광을 보며, 우리 하나님의 영화를 볼 것이다"(사 35:1-2).

주기도문이 말하는 하나님의 "이름을 거룩하게" 하는 길은 총체적 성화를 이루는 데 있다. 그것은 우리 자신이 하나님의 성품 내지 하나님의 형상으로 변화되는 동시에 이 땅 위의 죽어가는 생명들을 살리고 자연의 존엄성을 회복하는 데 있다.

몰트만은 성화의 총체성을 다음과 같이 말한다. 성화는 "인간의 공격과 착취와 파괴에 대항하여 하나님의 창조를 보호하는 것을 뜻한다. 또 그것은 인격적 차원을 가진다. 나는 소비와 쓰레기와 어떻게 관계하는가? 나도 내다버림의 사회(Wegwerfgesellschaft)에 속하는가, 아니면 하나님의 창조의 이름으로 그것에 맞서는가? 오늘의 성화는 사회적 차원도 포함한다. 그리스도인들은 생명을 경외하는 삶의 스타일을 위한 공동의 대화, 공동의 예배에 참여하는가? 오늘의 성화는 정치적 차원도 아우른다. 그러면 자연환경과 동료 피조물을 보호하기 위해 우리는 어떤 법을 세우려고 하는가?"(Moltmann 1991, 186).

5) 총체적 성화의 기능들: 지금까지 기술한 총체적 성화는 다음과 같은 기능들이 있다.

a. 총체적 성화는 그리스도인들의 삶과 세계의 모든 현실 속에서 하나님의 구원을 구체적으로 완성하는 구원론적 기능을 가진다. 그리스도인들의 삶과 세계의 모든 현실이 거룩하게 변화될 때 하나님의 구원받은 세계가 우리에게 더 가까이 다가올 것이다.

b. 총체적 성화는 그리스도인들의 삶과 세계의 현실을 죄와 죽음의 세력에서 해방하고 그들을 새롭게 창조하는 창조론적 기능을 가진다. 이것은 하나님의 "새 창조"의 구체적 실현이라 말할 수 있다. 새로운 창조가 일어나는 그 곳에 하나님의 나라가 앞당겨 온다. 따라서 성화는 종말에 완성될 하나님의 나라를 앞당겨 오는 종말론적·메시아적 기능을 가진다.

c. 총체적 성화는 이 땅 위에서 하나님을 영광스럽게 하는 기능을 가진다. 추악한 인간이 회개하고 부패하고 불결하고 타락한 사회가 정의롭고 깨끗하고 예의가 있는 하나님의 나라로 변화되며, 모든 피조물이 하나님의 평화 속에서 더불어 사는 메시아적 세계로 성화될 때 하나님의 영광이 온 세계에 나타나게 된다. "주의 영광이 나타나고 모든 육체가 그것을 함께 볼 것이다"(사 40:5). 하나님의 영광이 "온 세계에 충만할" 것이다(민 14:21). 총체적 성화는 하나님의 종말론적 영광의 나라를 향한 메시아적 의미를 가진다.

d. 총체적 성화는 하나님을 영광스럽게 하는 동시에 인간 자신과 이 세계를 영광스럽게 한다는 사실을, 우리는 유의할 필요가 있다. 흔히 우리는 "오직 하나님의 영광을 위해" 살아야 한다고 말한다. 그러나 우리가 하나님을 영광스럽게 할 때 우리 자신은 물론 우리가 살고 있는 이 세계가 영광스러운 세계로 변화된다. 하나님의 영광, 인간의 영광 그리고 세계의 영광은 맞물려 있다. 하나님을 영광스럽게 할 때 인간과 세계가 영광스럽게 된다. 인간과 세계가 영광스럽게 될 때 하나님도 영광스럽게 된다.

우리 자신을 영광스럽게 할 수 있는 길은 먼저 이웃의 신뢰와 존경을 받는 사람으로 변화되는 데 있다. 하나님을 영광스럽게 하는 가장 기본적인 길은 바로 여기에 있다. 우리가 우리 곁에 있는 이웃의 신뢰와 존경을 받지 못한다면 우리는 하나님을 부끄럽게 만드는 것이 된다. 세계에서 가장 큰 교회를 만들어 하나님을 영광스럽게 한다 할지라도 이웃의 신뢰와 존경을 받지 못한다면 우리는 하나님을 부끄럽게 하고 자기 자신과 자기의 가문을 부끄럽게 만든다.

그러나 땅 위의 인간이 아무리 노력을 해도, 자기 자신과 세계의 완전한 성화를 이루며 하나님을 영광스럽게 한다는 것은 매우 어렵다. 도리어 하나님과 우리 자신을 거룩하지 못한 부끄러운 존재로 만들고 이 세계를 거룩하지 못한 더러운 세계로 만들 때가 더 많다. 이와 같은 인간의 한계를 의식하면서 하나님의 총체적 성화를 위해 노력하는 그리스도인들에게 하나님의 약속이 주어진다. "여러분은 주 예수 그리스도의 이름과 우리 하나님의 성령으로 씻겨지고 거룩하게 되고 의롭게 되었습니다"(고전 6:11).

8

정의와 평화를 통해 확장되는
하나님의 구원

우리는 지금까지의 전체 내용을 다음과 같이 요약할 수 있다. 하나님의 구원은 그리스도인들의 죄의 인식과 고백, 회개와 다시 태어남 속에서 시작되어 믿음 속에서 현실화된다. 그것은 하나님의 나라에 대한 희망과 사랑 속에서 구체화되며, 그리스도인들의 성화를 통하여 완성되어간다. 인간은 물론 온 세계가 하나님의 영광이 충만한 하나님의 거룩한 세계로 성화될 때 하나님의 총체적 구원이 완성될 것이다.

그러면 세계 전체가 성화되어 하나님의 구원에 이를 수 있는 길은 무엇인가? 그 길은 그리스도인의 회개와 믿음과 몸의 성화는 물론, 세계의 모든 현실 속에 하나님의 정의와 평화를 세우는 데 있다. 하나님의 정의와 평화가 세워지는 거기에 하나님의 구원이 확장된다. 하나님의 구원은 "하나님의 뜻인 자유와 평화와 사랑이 어떻게 실현되느냐에" 있다(유동식 1997, 220). 하나님의 자유와 정의와 평화는 그리스도인과 교회를 통해 세워질 수도 있고 비그리스도인과 세속의 단체를 통해 세워질 수도 있다. 누구를 통해 세워지든 자유와 정의와 평화가 있는 곳에 하나님의 구원받은 세계의 현실이 있다.

A. 세계의 미래에 대한 좌절과 절망, 그 요인들

오늘 우리의 세계는 인류 역사상 유례를 발견할 수 없을 만큼 급격한 변혁 속에 있다. 사회의 민주화, 자유화와 함께 일어난 개인주의적 삶의 질서와 성의 자유화, 컴퓨터와 인터넷을 위시한 새로운 과학정보기술과 사이버공간 문화 속에서, 인류는 역사상 유례를 발견할 수 없는 물질적 풍요와 세계화를 이루었다. 거시적으로는 지구 바깥에 있는 행성으로의 여행이 가능하게 되었고, 미시적으로는 유전자와 세포의 개조를 통해 질병과 노화를 방지하고 영원히 죽지 않는 생명체를 만들 수도 있을 것이라고 학자들은 예고한다.

그러나 이와 반대로 현대사회는 새로운 위기상황에 처해 있다. 현대인들은 근대세계를 지배한 "진보적" 낙관주의 대신에 좌절과 절망, 총체적 파멸에 대한 불안 속에서 살고 있다. 경제가 발전할수록 사람들의 얼굴 표정은 더 어두워지고 자살자 수는 점점 증가한다. 사람들은 "한강의 기적"을 이루었지만 삶의 기쁨과 인간성을 잃어버렸다고 말한다. 그래서 "우리 세계에 미래가 있는가?"라는 질문에 대해, 많은 사람들은 "미래가 없다"고 대답한다. 한 마디로 현대사회는 미래가 없는 사회, 미래가 없기 때문에 좌절감에 빠진 사회라고 할 수 있다. 우리는 이와 같은 결과를 초래한 몇 가지 요인을 아래와 같이 지적할 수 있다.

1) 현대사회의 중요한 특징은 자본주의화·민주화·자유화·개체화에 있다고 말할 수 있다. 자본주의 경제질서를 통한 경제발전과 더불어 사회가 민주화되면서 개인이 자유를 얻게 되는 동시에 공동체성을 상실하고 모래알처럼 살아가는 것이 현대세계의 큰 흐름을 형성하고 있다. 현대사회의 이런 특징은 명암을 동시에 드러낸다. 그것은 개인의 존엄성과 자유를 실현하는 밝은 측면과 공동체 의식의 상실, 도덕적 타락을 초래하는 어두운 측면이다. 개인의 사적·정치적 자유가 실현되었지만 이 자유는 도덕성을 상실한 자의(恣意)로 변질된다. 이로 인해 부패와 타락, 비인간성과 무

질서, 도덕의 부재가 야기된다. 또한 개인의 자유, 과학기술의 발전에 비례하여 사회 양극화가 심화되고 사회적 혼란과 타락과 범죄가 증가한다.

특히 성의 자유화는 수많은 문제들을 초래한다. 생활능력이 전혀 없는 사춘기의 여학생들이 임신하여 뱃속의 아기를 유산시키고, 갓 태어난 아기를 내버리거나 죽이고, 미혼모가 되어 혼자 아기를 키우다가 아기를 죽이기도 한다. 아버지가 딸을 성폭행하여 임신시키고 딸의 인생을 망가뜨리기도 한다.

개인의 자유화는 올바른 가치관의 상실을 초래하기도 한다. 정직과 성실, 근면과 절약, 겸손과 절제 등의 고전적 가치관이 허물어지고 더 많은 돈과 소유, 더 많은 소비와 향락과 성적 쾌락 등이 인생 최고의 가치로 생각된다. 무절제와 음란이 청소년 학생들과 이들을 가르쳐야 할 교사들에게까지 퍼진다. 공동체의 미래에 눈을 감아버리고 기회만 주어지면 "한탕" 하려는 자들이 늘어난다. 정치인들은 나라를 염려하기보다 차기 선거에서 권력을 쥘 수 있기만을 바란다. 법을 엄정히 집행해야 할 판검사들이 도리어 범법행위를 하고, 불법 유흥업소를 단속해야 할 경찰이 불법 유흥업소와 유착하거나 직접 유흥업소를 운영하는 어이없는 일이 벌어진다. 한 마디로 현대사회는 도덕이 무너진 사회이다. 이와 같은 사회 현실을 보면서 많은 사람들이 절망하고 좌절한다.

2) 사회 지도층 내지 지배계층의 불의와 부패는 그 사회의 미래에 대한 좌절과 절망감을 조장하는 가장 기본적 요소로 작용한다. 부패하고 타락한 공직자들과 정치인들, 뇌물을 받고 수백, 수천억 원의 세금을 감면해주는 세무 공무원들, 천문학적 액수의 부채가 증가함에도 불구하고 돈 잔치를 벌리는 공기업들, 정당한 세금을 내지 않는 고소득 전문직 종사자들의 불의와 부패는 서민 대중에게 깊은 실망과 좌절감을 안겨준다. "유전무죄, 무전유죄"라는 말에 이어 "유전무세 무전유세"(有錢無稅 無錢有稅), 곧 돈 있는 자들은 세금을 내지 않고 돈 없는 자들은 세금을 내야 한다는 얘기가 들릴 정도이다.

우리는 일반적으로 조선왕조가 일본의 침략으로 멸망했다고 생각한다. 우리는 이 사실을 매우 부끄럽게 생각하지만 지나친 열등감에 빠질 필요는 없다. 일본에 의한 조선왕조의 멸망은 단지 우리나라만 당한 일이 아니라 근대 열강들의 산업화, 중상주의, 팽창주의, 식민주의로 인해 세계의 수많은 약소민족들이 피할 수 없었던 시대적 대세였기 때문이다. 그러나 우리는 조선왕조가 망할 수밖에 없었던 내적 원인을 간과해서는 안 되겠다. 나태와 타락에 빠져 국정을 게을리 한 왕들, 왕권보다 더 강한 사대부들의 부정축재와 당파싸움, 관리들의 부패와 착취, 비개혁적 정책, 사회정의의 부재, 가혹한 세금, 민초들을 겁박하는 미신들로 인해 나라는 쇠락의 길을 걷고 있었다. 사또 밥상에 올릴 꿩과 닭고기 값 명목의 치계미(雉鷄米), 참새나 쥐가 축낸다는 핑계로 세미(稅米)에 붙여 거둔 작서미(雀鼠米), 종이 곤장으로 태형을 치르게 해주는 대가로 받는 지장가(紙杖價), 포졸들의 짚신 값으로 바치는 초혜료(草鞋料), 청렴을 북돋는다는 양렴미(養廉米) 등 갖가지 미명의 뇌물과 착취는 조선왕조의 부패상을 증언한다. "한국을 사랑하는 대한제국의 지킴이"라 불리는 헐버트가 "관직을 상품처럼 사고 파는데 지방 수령 자리는 약 500달러였다"고 전할 만큼 매관매직이 만연했다.

　　조선왕조 시대의 부패는 지금도 계속되고 있다. "공무원들에게 뇌물을 상납하지 않으면 아무것도 못한다"는 애기가 들릴 정도이다. 2012년 한국의 국가부패지수는 OECD 34개국 중 27위로 밑바닥 수준인데 최근 3년간 순위가 계속 하락했다고 한다. 이와 같은 현상을 지켜보면서 국민들은 나라의 어두운 미래로 인해 절망에 빠진다. "될 대로 되라"며 자포자기하는 사람들이 사회의 법질서와 공중도덕을 무시한다. 교통경찰을 보고 돈 없는 서민들에게 벌금딱지 붙이기 전에 먼저 "위엣 놈들"이나 제대로 하라고 불평한다. 경찰 지구대에서 난동을 피우는 어처구니없는 일은 공권력을 비웃는 우리 사회의 현실을 반영한다.

　　3) 어느 사회를 막론하고 인구의 20%가 80%의 경제력을 소유하고 있

다. 세계적 차원에서 지구 북반부에 속한 20%의 국가들이 세계 경제력의 80%를 장악하고 있다. 남한과 북한도 예외가 아니다. 민중들은 자기가 낳은 아이의 인육을 먹는 반면, 당(黨) 지배층은 비만을 염려한다. 억대의 외제 스포츠카로 고속도로를 자기 집 앞마당 달리듯이 자기 멋대로 달리는 천민졸부의 자녀들이 있는가 하면, 수많은 사람들이 제1, 제2금융권 부채로 신음하며 경제파탄에 빠진다.

경제적 파탄은 가정파탄으로 이어지고 가정파탄으로 가출한 청소년들이 사회범죄와 미성년자 윤락행위에 내몰린다. 경제적 빈곤은 열등감과 자기모멸감을 가져다준다. 자기모멸감은 우울증과 자살, 부유층에 대한 분노와 적개심과 사회범죄로 분출된다. "묻지마" 살인과 방화가 늘어난다. 범죄를 막기 위한 무인 감시카메라의 수가 계속 증가한다. 자신의 존재와 이 세상 자체에 대한 분노와 좌절감 속에서 마포대교로 발길을 돌리는 사람들, 자동차 안에 연탄불 피워놓고 아이들과 함께 자살하는 부부들, 주거비와 자녀 교육비 때문에 결혼을 하지 않고 결혼을 해도 아기를 낳지 않는 사람들은 희망이 보이지 않는 우리 사회의 현실을 반영한다.

4) 강대국들의 군비경쟁과 팽창욕, 다음 세대의 삶에 대한 무관심과 무책임성은 세계의 미래에 대한 좌절과 불안을 부추기는 또 하나의 요인으로 작용한다. 현재 전 세계가 소유하고 있는 핵폭탄의 수는 5만개를 넘어선다. 이 폭탄들은 지구를 수십 번 파멸시키고도 남을만한 위력을 가지고 있다. 이로 인해 인류는 역사상 처음으로 하나의 "운명공동체"가 되었다. 핵전쟁이 일어날 경우, 너는 물론 나도 죽게 되고 온 인류가 함께 죽음을 당할 공동의 운명에 직면하고 있기 때문이다.

또한 오늘의 세계는 다음의 세대를 염려하지 않는 세대적 이기주의에 사로잡혀 있다. 정치인들의 포퓰리즘(Populism)으로 인해 증가되는 국가 부채는 다음 세대가 떠안게 된다. 세계의 대기업들은 자연자원들이 지금 우리의 세대만을 위해 주어진 것처럼 그것을 채굴한다. 지구 생태계와 다음 세대를 염려하지 않고 핵폐기물을 바다에 내버린다. 후쿠시마 핵발전소 사고 이후 독일 정부는 핵발전소를 차츰 폐쇄하고 자연에너지로 전환하는 에너지 전환정책을 세웠다. 그러나 에너지 재벌들은 이 결정을 지금도 반대하고 있다. 값싼 핵에너지를 소비자들에게 비싼 가격으로 공급하여 더 큰 이익과 돈 잔치를 벌리기 위함이다. 명목은 매우 그럴싸 하다. 에너지의 안전한 확보와 고용증대를 위하여!

5) 오늘 우리의 세계는 생태계 위기의 단계를 넘어 생태계 재난단계로 돌입한 상태에 있다. 재난의 과정을 돌이키기에는 이미 시간이 늦었다고 학자들은 판단한다. 인간에 의한 자연의 오염과 파괴는 자연의 자정능력과 자생능력의 한계를 넘어섰다고 보기 때문이다. 학자들은 이런 현실을 극복하기 위한 대안으로 "지속 가능한 발전"(sustainable development)을 제의한다. 곧 경제성과 자연 생태성의 조화와 평행을 이룸으로써 지속적 경제발전을 이루어야 한다는 것이다.

그러나 경제발전과 자연 생태성의 조화와 평행이 과연 가능할까? 자연자원의 소비와 자연에 대한 피해가 전혀 없는 "경제발전"은 현재로서는 불가능하다. 또 더 많은 이윤획득과 소유, 더 많은 소비와 향유를 최고의 가치로 생각하는 현대인의 가치관과 인간의 이기적 본성이 변화되지 않는 한, 자연 생태계는 경제성의 희생물이 될 수밖에 없을 것이다. 그러므로 강대국의 정부와 기업들은 지금도 새로운 자연자원의 확보에 혈안이 되어 있고 경제성장만 보장되면 자연자원의 채굴을 서슴치 않는다. 이들에게 "지속가능한 성장"이란 현실을 모르는 학자들의 미사여구로 들릴 뿐이다. 그리고 그 결과가 무엇인지 경제인 자신이 잘 알고 있다. 잘 알지만 멈출 수가 없다. 경제발전이란 호랑이 꼬리를 놓을 수 없기 때문이다.

그래서 사람들은 이렇게 생각한다. 현대세계는 "경제발전"이란 이름의 호랑이 꼬리를 붙들고 질주하다가 결국 파멸의 낭떠러지로 떨어질 수밖에 없지 않을까? 이것은 이 시대의 어쩔 수 없는 대세요 운명이다. 그러니 가는 데까지 가보는 수밖에 없다! 기독교의 극단적 종말론자들은 세계의 미래에 대한 현대인의 좌절과 포기를 대변한다.

그러나 좌절과 포기는 아무런 도움이 되지 않는다. 좌절과 포기는 파멸의 세력에 대한 항복이다. 항복함으로써 세계를 파멸의 세력에 내어주고 파멸의 세력이 이끄는 대로 끌려간다. 이 때문에 파멸의 세력은 좌절하고 포기하는 사람을 좋아한다.

또 좌절과 포기는 파멸을 앞당겨 일으키는 기능을 가진다. "미래가 없다"고 좌절하고 미래를 포기할 때 좌절하고 포기하는 사람 자신의 생명 속에서 파멸이 시작된다. 좌절하고 포기할 때 우리는 현실에 대해 무관심하게 된다. 무관심한 사람은 무감각하게 된다. 그에게는 새로운 미래가 없기 때문이다. 관심과 감각이 살아 있음, 곧 생명의 표징이라면, 무관심과 무감각은 죽음의 표징이다. 그것은 삶의 동기와 힘을 파괴하고 인간을 무기력하게 만든다. 무기력증은 우울증으로, 우울증은 자살로 발전한다. 따라서 현실에 대한 좌절과 포기는 파멸과 죽음의 전조(前兆)이다. 마귀는 우리가 좌절하고 미래를 포기하기를 바란다. 거라사의 귀신들린 사람처럼(막 5:1), 미래를 포기하고 무덤 가운데서 살기를 바란다. 독재자들도 이것을 바란다.

B. 정의가 있을 때 가능한 평화

성서는 "미래가 없다"고 말하는 세계 속에서 하나님의 구원받은 새로운 생명의 세계, 곧 "새 하늘과 새 땅"을 약속한다(사 65:17; 계 21:1). 성서의 이 약속은 오늘날 우리의 현실에 비추어볼 때 하나의 이상에 불과하지 않은가? 그러나 그리스도인들은 힘없는 히브리들을 출애굽시키고 죽은 예수를 다시 살리신, 출애굽과 부활의 하나님에 대한 신뢰 속에서 하나님의 약속의 성취를 기다린다. 그리고 언젠가 하나님의 구원받은 세계가 올 것이라고 믿는데, 바로 여기에 신뢰로서의 믿음이 있다.

그러면 하나님의 구원받은 세계가 이루어질 수 있는 길은 무엇인가?

그것은 먼저 죄와 죽음의 세력으로부터 인간이 구원받는 데 있다. 즉 죄를 지으면서도 죄라고 생각하지 않던 인간이 죄를 깨닫고 하나님의 자녀로 변화되는 데 있다. 이와 동시에 그것은 이 땅 위에 하나님의 사랑과 자유와 정의와 평화가 세워지는 데 있다. 다시 말해, 사랑과 자유, 정의와 평화가 있는 곳에 하나님의 구원이 있는 것이다.

오늘날 우리 세계의 모든 피조물들이 하나님의 구원받은 세계를 기다린다. 난민촌의 난민들, 빚 독촉에 고민하는 실직자들과 신용불량자들, 쪽방촌의 노인들과 노숙자들, 땅 속의 지렁이들도 평화롭게 살 수 있기를 바란다. 불의와 죄악, 억압과 착취, 갈등과 투쟁과 전쟁이 그치고 평화가 오기를 기다린다.

보수주의자들은 주어진 질서와 현실을 유지하는 것이 평화를 지키는 길이라고 생각한다. 주어진 질서와 현실이 흔들리는 것은 위험하다. 그것은 혼란과 무질서와 파괴를 가져올 수 있다. 현상유지가 평화의 길이다. 그러므로 보수주의자들은 현재가 미래로 연장되기를 원한다. 모든 것이 지금 있는 그대로 있는 것이 안전하다. 그래야 자기의 특권과 소유를 유지할 수 있다. 개혁과 변화를 이야기하는 자는 질서와 평화를 깨뜨리려는 사탄의 자식들이다. 하나님의 사랑을 이야기하는 것은 좋지만 정의에 대해 말하는 것은 위험하다. 그것은 주어진 현실을 동요시킬 수 있다고 생각하기 때문이다.

그러나 정의가 없는 사랑은 부분적이다. 그것은 거짓과 위선이다. 사랑과 정의는 반대개념이 아니라 사실은 하나이다. 이웃을 진정으로 사랑하는 사람은 이웃과 정의로운 관계를 가질 수밖에 없다. 또 그는 정의로운 사회를 바랄 수밖에 없다. 이웃과 정의로운 관계를 갖지 않으며 불의한 사회체제에 눈을 감아버리면서 이웃에게 사랑을 베푸는 것은 낯간지러운 일이라 볼 수 있다. 정의는 사랑에서 분리된 별개의 것이 아니라 사랑의 한 형태이다. 사랑은 정의의 근원이고 정의는 사랑을 완전케 하는 사랑의 필연적 열매이며, 사랑의 참됨에 대한 증명이다. 그러므로 "사랑의 하나님"은 "정의의 하나님"(사 30:18), 곧 "의로우신 하나님"이다(시 7:9; 요 17:25). "공의와 정의가 그의 보좌의 기초"이다(시 97:2).

참 평화는 현실의 모든 불의와 부조리를 덮어버리고 현재를 미래로 연장시키는 데 있지 않다. 그것은 "부정적인 것의 부정"을 통해 하나님의 정의를 세울 때 가능하다. 정의가 있는 곳에 참 평화가 있다. 불의와 부패와 폭력이 있는 곳에는 평화 대신 갈등이 있다. 불의와 폭력은 힘없는 자들의 생명을 파괴하는 대신에 강한 자들을 살찌게 만든다. 그것은 주어진 체제에 대한 불만과 분노를 일으키며, 공동체의 분열과 갈등과 멸망을 초래한다. 따라서 부패와 타락과 폭력은 죽음의 사자이다.

그동안 기독교는 주로 "영혼의 평화"에 대해 이야기해 왔다. 하나님의 구원은 희로애락이 가득한 허무한 세계를 떠나 하나님 안에서 마음의 내적 평화를 얻는 데 있다고 생각되었다. 이 생각을 우리는 아우구스티누스의 "고백록"에서 대표적으로 발견할 수 있다. "당신은 당신을 위해 우리를 지으셨습니다. 우리의 마음은 당신 안에서 평화를 얻기까지 늘 동요합니다."[10]

성서에서 "평화"는 "샬롬"(Schalom)에 해당한다. 그런데 "샬롬"은 매우 포괄적 의미를 지닌다. 그것은 "온전함, 공동체적 관계의 전체성, 곧 조화로운 균형상태, 두 파트너 사이에 모든 요구와 필요가 균등하게 만족함을 얻은 상태", "두 파트너 사이의 온전함, 질서와 정의로움의 상태"를 뜻한다 (Rad 1969, 144). 그것은 "하나님이 지으신 생명 전체가 그의 모든 관계에 있어 거룩하게 되는 것(Heiligung)", "생명을 주시는 하나님, 다른 사람들 그리고 모든 다른 피조물들과의 친교 속에 있는 축복된 삶"을 말한다(Moltmann 2010, 83). 또 샬롬은 하나님이 지으신 모든 생명의 조화로운 관계와 건강함을 뜻한다.

---

10) 라틴어 원문: "quia fecisti nos ad te et inquietum est cor nostrum, donec requiescat in te": Augustinus, *Confessiones* I,1.

이와 같은 의미의 샬롬, 곧 평화는 모든 피조물의 정의로운 관계에서만 가능하다. 정의가 있을 때 대립과 갈등과 투쟁이 사라지게 된다. 그러므로 구약성서는 이웃에 대한 자비를 명령하는 동시에 정의와 공의를 세울 것을 거듭 강조한다. "주님께서는 정의와 공의를 지키며 사는 것을 제사를 드리는 일보다 더 반기신다"(잠 21:3). 망해가는 나라를 구하고자 한다면 "공의가 물처럼 흐르게 하고, 정의가 마르지 않는 강처럼 흐르게" 해야 한다(암 5:24). 또한 연약한 생명들을 돌보아야 한다. 복음서의 예수는 구약의 전통을 따른다. "나는 자비를 원하고 제사를 원하지 않는다"(마 12:7).

C. 온 세계에 세워져야 할 정의와 평화

인간은 혼자 사는 개체가 아니라 관계적인 존재이다. 그는 삶의 다양한 차원 속에서 살고 있다. 또 하나님의 구원은 삶의 모든 차원을 포괄하는 총체적인 것이다. 따라서 하나님의 정의와 평화는 삶의 모든 영역에서 이루어져야 한다.

1) 하나님의 정의와 평화는 먼저 개인의 영역에서 이루어져야 한다. 부정되어야 할 "부정적인 것"은 먼저 인간 자신 안에 있다. 이 세계를 파멸로 이끌어가는 악의 세력은 먼저 인간 자신의 본성에 깊이 뿌리내리고 있다. 이 세계를 지옥과 같은 세계로 만드는 장본인은 인간이다. 그러므로 먼저 인간 자신이 하나님의 정의로운 피조물로 변화되어야 한다. 16세의 고등학교 1학년생과 성관계를 맺고 그 학생을 죽인 28세의 여교사, 뇌물과 향응에 눈이 어두워진 공직자들, 30억 원의 뇌물을 세무 공무원에게 바치고 수천억 원의 세금을 포탈한 어느 재벌, 호화로운 생활을 하면서 돈이 없다고 세금을 내지 않는 낮 두꺼운 자들, 미성년 여학생들에게 윤락행위를 시키고 돈을 뜯어먹는 기생충과 같은 자들, 이 모든 사람들이 자기의 죄를 깨닫고 믿음과 희망과 사랑 안에서 살아가는 정의로운 피조물로 다

시 태어나야 한다.

죄는 자기분열과 영혼의 갈등을 일으킨다. 죄를 지을 때 우리는 하나님의 피조물로서 해서는 안 될 일을 행하기 때문이다. 이웃에게 죄를 범할 때 우리는 사실상 우리 자신의 "영혼에게 죄를 범한다"(합 1:10). 그러므로 죄를 짓는 사람의 영혼은 평화가 없다. 그의 영혼은 의식적으로 혹은 무의식적으로 갈등에 시달린다. 이로 인해 죄 가운데서 살아가는 사람은 갈등에 시달리는 어두운 얼굴 표정을 보이게 된다. 마음의 갈등, 곧 영혼의 불안은 생명을 단축시킨다. 그의 삶은 무가치한 삶이 되어버린다.

영혼의 평화를 회복하는 길은 먼저 자기의 죄를 깨닫고 이를 고백하며, 예수 그리스도의 용서를 받는 데 있다. 나아가 하나님의 자녀로 새롭게 태어나 하나님의 계명 안에서 정의롭게 사는 데 있다. 하나님이 우리를 정의롭다고 인정하신 것(칭의)은 우리를 정의롭게 살도록 하기 위함이다. 하나님의 피조물로서 정의롭게 사는 바로 여기에 영혼의 평화가 있고 하나님의 구원이 있다.

2) 성화론에서 언급한 바와 같이 하나님의 정의와 평화는 정치, 경제, 문화, 교육 등 우리 사회의 모든 영역 속에 세워져야 한다. 국회의원과 지방 자치단체 의원들의 과도한 세비를 낮추어야 하며, 공직자들의 공금횡령과 뇌물수수, 거대한 경조사비 수수를 근절해야 한다. "뇌물은 지혜자의 눈을 어둡게 하고 의인의 말을 굽게" 하기 때문이다(신 16:19). 부패한 공무원은 연금지급을 취소하고 받은 뇌물의 회수와 함께 즉시 파면하는 강력한 조치가 있어야 할 것이다. 학연, 지연, 혈연 등 인맥을 형성하여 자기가 속한 단체를 지배하려는 구시대적 욕심이 사회 모든 영역에서 근절되어야 할 것이다. 여성과 남성의 관계에도 정의와 평화가 있어야 한다.

경제의 영역에서 하나님의 정의와 평화를 세우는 것도 시급한 문제이다. 중소기업의 납품단가 후려치기, 유효기간이 얼마 남지 않은 상품을 대리점 업주나 소상인들에게 떠넘기기, 중소기업 기술 빼가기, 6개월짜리나, 심지어 8개월짜리 어음 끊어주기, 가짜어음을 끊어주고 대금을 지불하지 않는 행위 등 중소기업과 영세 상인에 대한 대기업 직원들의 횡포와 뇌물 수수가 근절되어야 하며, 대기업은 문어발식 확장, 독점과 가격담합, 납품 비리 등 각종 비윤리적 행위를 중지하고 윤리성 있는 기업, 국민의 존경을 받는 기업으로 발전해야 할 것이다. 서민들의 투자금을 등쳐 먹은 CEO의 사유재산을 끝까지 추적하여 그 투자금을 반환하도록 해야 하며, 반환하지 못할 경우 반환 액수에 상당하는 금고형에 처해야 한다. 그래야 사회정의가 세워질 것이다. 물론 자기가 먼저 먹고 살기 위해 기업을 시작하지만 모든 기업 활동은 "떼돈"을 챙기기 위한 것이 아니라 결국 사회와 나라를 위한 것임을 유념하면서 윤리성 있는 기업인, 국민의 존경을 받는 정의로운 기업인이 되어야 할 것이다.

노동조합도 합리적으로 운영되어야 할 것이다. 공장신설과 회사 내의 노동자 재배치를 위해 사측이 노조의 동의를 얻어야만 하는 나라는 세계 어디에도 없을 것이다. 벤츠, BMW, 폭스바겐 등 독일의 세계적 자동차 회사들도 이런 일은 하지 않는다. 그 반면에 "궂은 일은 우리가 다하고 큰 열매는 당신들이 다 먹는다"는 노동자들의 분노를 일으키지 않도록 회사 임원들의 연봉을 조정해야 할 것이다.

이 세계의 재화는 본래 모든 사람을 위해 있는 것이다. 그러므로 재화는 가능한 공평하게 분배되어야 한다. 미국의 빌 게이츠처럼 거대한 부를 소유한 사람들, 일 년에 수억에서 수십억 원의 수입을 얻는 사람들은 수입의 상당 부분을 자발적으로 사회에 환원해야 한다. 부에 부를 쌓아 후손에게 넘겨주겠다는 천민 자본주의적 사고방식을 버리고 가진 자로서의 사회적 책임을 다해야 한다. 그래야 사회적 파국을 막을 수 있다. 성난 민중들이 파도처럼 밀려들 때 부잣집 담벼락도 안전하지 못할 것이다. 거대한 유산은 후손들에게 복이 아니라 독이 될 수 있다는 삶의 진리를 유념해야 할 것이다.

종교의 영역에도 하나님의 정의와 평화가 세워져야 한다. 예수의 복음은 진리지만 종교로서의 기독교는 인간이 만든 제도이다. 신적인 것과 인간적인 것, 참된 것과 거짓된 것이 그 속에 혼합되어 있다. 부정되어야 할

"부정적인 것"은 종교 안에도 있다. 모든 종교단체의 재정은 거울처럼 깨끗하게 투명해야 하며, "수입이 있는 곳에 세금이 있다"는 과세 원리는 종교계에도 적용되어야 한다. 세계 어느 나라에서도 볼 수 없는 장로종신제와 교단 총회장의 돈선거는 철폐되어야 한다.

일본은 지금도 우리나라에 대한 침략의 야욕을 버리지 않고 있을 것이다. 미군이 철수할 경우, 일본군을 한반도에 파견할 수 있는 명분을 아마 준비하고 있을 것이다. 우리나라를 접수했을 때 어떻게 통치해야 할 것인지, 그 시나리오를 준비해 두었을 것이다. 일본 자위대의 정보원들이 오래전부터 한국에서 암약(暗躍)하고 있다는 사실이 2013년에 보도되었다. 중국은 중국대로 대규모 군대를 북한에 투입시킬 수 있는 고속도로를 준비해 두었다. 이와 같은 침략의 야욕 앞에서 우리는 이 땅을 지키기 위해 먼저 정의로운 사회, 엄정한 법질서가 있는 사회를 이루어야 한다. 바로 여기에 하나님의 구원이 있다. 우리의 영혼이 구원을 받았다 할지라도 나라를 잃어버리면 하나님의 구원이 일단 사라진다.

3) 하나님의 정의와 평화는 국가와 국가, 민족과 민족의 관계에서도 세워져야 한다. 다른 민족을 정복하겠다는 태도를 버리고 땅 위의 모든 민족들이 공존하는 세계를 지향해야 할 것이다. 다른 나라의 시장을 "공략한다", 한류문화를 가지고 다른 민족의 문화를 "공략한다"는 공격적 사고방식을 버리고 "서로 윈윈한다", "함께 교류하고 나눈다", "공동의 문화를 창조한다"는 생산적 사고방식이 필요하다. 다른 나라에서 돈을 벌었으면 상당 부분 그 나라에 되돌려 주어야 한다. 돈만 챙기려는 것이 아니라 그 사회를 위해 봉사한다는 모습을 보여야 한다. 그래야 미움을 받지 않고 그 나라에서 계속 기업 활동을 할 수 있다.

일본은 명성황후의 시해, 시해당해 피를 흘리는 황후를 자객들이 보는 앞에서 차례로 윤간한 일, 고종황제의 암살, 일본군 강제위안부, 강제징용 등 과거의 역사에 대해 용서를 빌어야 하며 피해자들에게 충분히 보상해야 한다. 야스쿠니 신사는 2차 세계대전의 전사자와 전범자들을 숭배하고 차기 전쟁에서 죽음의 각오를 다지게 하는 일종의 군사시설이기 때문에 철폐되는 것이 마땅하다. 재무장하여 또다시 이웃나라를 "정복하겠다"는 태도는 자신을 국제적으로 고립시킬 뿐이다. "침략하지 않았다, 도리어 도와주었다"고 계속 거짓말하는 나라는 미래가 없을 것이다. 윤리와 정의가 없는 나라는 결국 쇠퇴한다는 것이 역사의 법칙이다.

남북 아메리카, 호주, 아프리카를 정복하여 수천만 명의 원주민을 죽이고 그 땅을 차지한 나라들(주로 스페인, 포르투갈, 프랑스, 영국)과 살아남은 원주민 후손들 사이에도 정의가 세워져야 한다. 이들에 대한 사과와 정의로운 보상이 있어야 하며, 오지로 쫓겨난 원주민들의 권리를 회복해야 한다. 약소국들은 단결하여 지구의 생명체계를 위협하는 핵폭탄과 생화학무기의 폐기처분, 강대국들의 군비와 무기산업의 축소를 요구해야 할 것이다.

4) 하나님의 정의와 평화는 지금의 세대와 그 이후의 세대들 사이에도 세워져야 한다. 인류는 세대들의 연결고리 속에서 살도록 창조되었다. 그들은 사회적·공동체적 존재인 동시에 세대와 세대의 연결고리 속에서 살아가는 세대적 존재다. 그들은 이전의 세대로부터 자신의 생명과 삶의 세계를 물려받고 다음의 세대로 그것을 넘겨준다. 인류의 모든 세대는 서로 연결되어 있는 하나의 유기체를 이루고 있다. 사람이 죽으면 그 "조상에게로 돌아간다"(삿 2:10)는 구약성서의 말씀은 모든 세대의 유기체적 관계 내지 공동체적 관계에 대한 고대 동방의 삶의 지혜를 반영한다. 이 유기체적 관계를 우리는 세대 간의 성문화되지 않은 계약관계라 말할 수 있다.

이 계약관계에 따르면, 각 세대는 그 이전의 세대와 그 이후의 세대를 돌보며 살아야 한다. 장성한 세대는 자신의 자녀들을 돌보는 동시에 나이 많은 부모의 세대를 돌보아야 할 책임이 있다. 각 세대는 그 이전의 세대가 남겨준 삶의 세계를 물려받는 동시에 그들이 남긴 짐을 짊어져야 하고 다음의 세대가 살 수 있는 삶의 공간을 물려주어야 한다.

이기주의에는 다양한 형태가 있다. 개인적 이기주의, 집단적 이기주의가 있는 동시에 세대적 이기주의가 있다. 더 큰 능력, 더 많은 소유를 가장 높은 가치로 생각하는 자본주의 사회는 자기 이전의 세대도 모르고 자기 이후의 세대도 모르는, 단지 자기의 세대만을 생각하는 세대적 이기주의를 조장한다. 이로 인해 오늘날 세대들 간의 유기체적·공동체적 관계가 단절될 위기에 처하였다. 이 관계는 지금의 세대가 지나간 세대를 돌보고 그가 남겨준 삶의 짐을 책임지는 동시에 장차 올 세대를 돌보고 삶의 공간과 재화를 정의롭게 나누는 데 있다. 그러나 오늘 우리의 세대는 자기의 풍요만을 생각한다. 지나간 세대와 장차 올 세대에 대한 책임을 망각한다. 도리어 과거는 지나갔고 미래는 아직 오직 않았다, 나에게는 현재가 있을 뿐이라 생각한다. "영혼아, 여러 해 동안 쓸 많은 물건을 쌓아두었으니, 너는 마음 놓고 먹고 마시고 즐겨라"는 어느 부자의 독백은 세대적 이기주의를 예시한다(눅 12:19).

세대들 사이에도 하나님의 정의와 평화가 세워져야 한다. 그것은 세대들 간의 유기체적 관계 내지 계약관계를 회복하는 데 있다. 곧 오늘 우리 세대의 이기주의를 깨뜨리고 우리 이전의 세대가 물려준 짐을 책임지는 동시에 다음 세대가 살 수 있는 삶의 공간을 넘겨주는 데 있다. 우리 세대의 행복을 위해 거대한 공공부채의 짐을 다음 세대에 물려주어서는 안 된다. 자연자원들이 마치 지금 우리의 세대만을 위해 주어진 것처럼 그것을 무제한 채굴하고 소비해서도 안 될 것이다. 그것은 불의한 일이다. 우리의 세대가 진정 다음 세대를 염려한다면 자연자원의 개발과 이용에 대한 국제협약을 맺어야 할 것이다. 핵발전소 건축을 억제하고 자연에너지 개발과 에너지 소비 감축에 박차를 가해야 할 것이다. 이것은 다음 세대의 생명은 물론 지금 우리 세대의 생명을 위한 일이기도 하다.

몰트만에 의하면 독일 헌법은 소유를 "사회적 의무를 가진" (sozialpflichtig) 것으로 규정한다. 소유를 가진 자는 소유와 함께 사회적 의무를 짊어진다. 따라서 소유는 소유자 마음대로 사용될 수 있는 것이 아니다. 소유는 이웃과 다음 세대의 삶에 대한 충분한 배려 속에서 정의롭게 사용되어야 한다. 오늘날 우리가 가진 것은 세대들 사이의 연속 고리 속에 있다. 따라서 그것은 다음 세대에게 "물려주어야 할 의무가 있다" (erbpflichtig). 우리는 현재 가지고 있는 땅과 공기와 물을 우리가 물려받은 원래의 상태로 다음 세대에 물려줌으로써 다음 세대의 생명을 가능하게 해야 한다. 성문화되지 않은 세대 간의 계약을 지키는 정의가 있을 때 땅 위의 평화가 가능하다(Moltmann 1989b, 22-24).

5) 개인적 정의, 사회적 정의, 나라와 나라 사이의 국제적 정의, 세대 간의 정의 외에 자연과 인간 사이에 세워져야 할 생태학적 정의도 오늘날 이 세계의 구원을 위해 긴급하게 해결되어야 할 문제이다. 우리의 영혼이 구원을 받는다 할지라도 지금 우리가 직면하고 있는 생태계의 재난이 계속될 경우, 인간의 생명과 문화는 물론 지구의 모든 생명체들이 멸망하고 말 것이다. 이와 같은 파국에 이르지 않기 위해 생태학적 정의와 평화가 세워져야 한다.

생태학적 정의는 자연의 권리와 존엄성을 회복하고 인간의 삶과 자연의 균형관계를 이루는 것을 말한다. 현대 산업사회는 자연을 "경제발전"이란 목적을 위한 하나의 수단으로 간주한다. "경제발전"이란 이름의 귀신 앞에서 자연의 존엄성은 여지없이 파괴되고 있다. 그러나 자신의 존엄성을 파괴당한 자연은 인간 생명의 존엄성을 위협한다. 인간이 자연을 경외하지 않을 때 자연도 인간의 생명을 경외하지 않는다. "심는 대로 거둘 것이다"라는 성서의 말씀은 자연과 인간의 관계에도 해당한다. 먼저 인간 자신이 살아남고자 한다면 파괴된 자연의 권리와 존엄성을 회복해야 한다. 자연의 존엄성과 인간의 존엄성, 자연의 생명의 권리와 인간의 생명의 권리가 균형과 조화를 이루어야 한다. 이때 자연과 인간 사이에 평화가 가능해진다.

이를 위해 혁명적 전환이 요청된다. 첫째, 삶의 참 가치는 더 많은 소유와 더 많은 소비와 향락과 쾌락에 있는 것이 아니라 검소하고 정직하게 살며, 이웃과 사랑을 나누며 사는 데 있다고 보는 가치관의 전환이 필요하다. 둘째, 삶의 방식의 전환이 요청된다. 더 많이 소비하고, 더 많은 향락을 누리고, 더 편하고 편리하게 살고자 하기 보다는 몸의 자연적 순리를 따르면서 단순하게 사는 것, 에너지를 가능한 적게 사용하는 삶의 방식이 필요하다. 셋째, 우리 인간은 자연을 사용할 수밖에 없고 또 자연을 변형할 수밖에 없는 경우도 있다. 그러나 자연의 사용과 변형은 자연의 생명체계를 파괴하지 않는 범위에서 이루어져야 한다. 경제성장, 문명과 문화의 발전도 자연의 생명체계가 유지되는 범위 내에서 이루어져야 한다.

자연의 권리와 존엄성을 회복하기 위한 과학기술적·경제적·정치적 해결책이 다양하게 논구될 수 있지만 근본적으로 필요한 것은 자연과 인간의 정의로운 관계에 대한 인식이다. 본래 자연은 인간의 것이 아니라 하나님의 것이다. 인간이 있기 전에 먼저 자연이 있었다. 인간은 자연 없이 살 수 없지만 자연은 인간이 없어도 얼마든지 살 수 있다. 인간이 새 역사를 창조하는 것 같지만 인간의 역사는 결국 자연의 역사라는 거대한 틀 안에서 형성되기 때문에 결코 이 틀을 벗어날 수 없다. 인간에게만 역사가 있는 것이 아니라 자연도 역사가 있다. 누구도 똑같은 강물 속에 두 번 발을 담글 수 없다. 인간이 자연을 지배하는 것 같지만 결국 자연에 속한 그 일부에 불과하다. 인간 안에 이미 자연이 들어와 있다. 자연의 분자들이 인간의 몸을 구성한다. 따라서 인간은 자연에 의존할 수밖에 없다. 자연은 인간의 삶의 기반이다. 이 기반이 무너지면 인간은 생존할 수 없게 된다. 물론 인간은 자연의 운명을 바꿀 수 있는 힘을 가지고 있다. 그러나 이 힘은 자연의 정복과 지배를 위한 것이 아니라 자연과 인간의 공존과 정의로운 관계를 형성하는 인간성 있는 힘으로 승화되어야 한다.

자연은 생명이 없는 하나의 물질 덩어리가 아니다. 영원한 법칙에 따라 반복운동을 계속하는 기계도 아니다. 자연은 자신의 질서와 법칙에 따라 움직이는 하나의 생명체, 곧 유기체이다. 따라서 자연은 그 나름대로 살고자 하는 의지, 곧 "생명에의 의지"를 가진다. 인간은 이 의지를 존중해야 한다. 바로 여기에 생태학적 정의와 평화가 있다. 곧 생태학적 정의와 평화가 세워지는 곳에 하나님의 구원이 있다.

9

구원받은 그리스도인의 삶과
구약의 율법

그리스도인들은 구약의 율법이 아니라 그리스도의 복음을 통하여 구원을 얻을 수 있다. 이제 그들의 삶을 다스리는 것은 율법이 아니라 "그리스도의 법", 곧 그리스도의 사랑이다. 그렇다면 율법은 그리스도인들의 삶에 대해 무의미한 것인가? 그러므로 폐기되어야 하는가? 아니면 구약의 율법은 그리스도인들의 삶에 대해 여전히 타당성을 가지는가?

A. 죄의 인식이 율법의 본래 목적인가?

바울 서신에 의하면 복음은 죄의 용서와 구원을 주는 반면, 율법은 죄를 인식하게 하는 도구로서 심지어 "죄의 권능"(고전 15:56)으로 우리에게 "저주"(갈 3:13)를 내리는 것으로 표현된다. 루터는 갈라디아서 강의(1516/17)에서 바울 서신의 진술에 따라 율법과 복음을 다음과 같이 대립시킨다. "율법은 무엇을 해야 하고 무엇을 하지 말아야 하는가를 설교한다.…그러므로 율법은 단지 죄의 인식을 제공한다. 그러나 복음은 죄가 용서받았고 모든 것이 그리스도를 통해 이미 성취되었고 이루어졌다는 것을 설교한다. 율법은 네가 빚진 것을 지불하라고 말한다(마 18:28). 그러나 복음은 너의 죄가 용서받았다고 설교한다(마 9:2)"(WA 57, 59).

율법과 복음의 관계에 대한 루터의 생각은 개신교 신학의 전통이 된다. 복음에 대한 대립구도 속에서 율법의 목적은 죄와 죄에 대한 하나님의 분노를 깨닫게 함으로써 그리스도의 구원으로 인도하는 데 있다고 간주된다. 정통주의 신학에 의하면, 복음은 죄의 용서와 구원을 주는 본래적 사역(*proprium opus*)인 반면, 율법은 죄를 인식하게 하고 죄에 대한 하나님의 분노를 계시하는 비본래적 사역(*alienum opus*)으로 간주된다. 율법의 목적이 죄인식에 있다고 보는 개신교 신학의 전통은 다음과 같은 오류를 범한다.

1) 바울은 율법과 복음을 대립시키는 것처럼 보이지만 인간을 성화시키고 하나님의 뜻이 다스리는 새로운 생명의 세계를 이루고자 하는 율법의 본래 목적을 간과하지 않는다(갈 3:21; 롬 10:5; 7:10). 사람이 율법을 본래 목적대로 쓰면 율법은 "선한 것"이다(딤전 1:8). 그러나 개신교회의 신학 전통은 율법의 본래 목적을 간과한다. 왜냐하면 그것은 새로운 생명의 세계를 회복하고자 하는 율법의 귀중한 계명들을 그늘 속에 묻어버리고 율법의 목적을 죄의 인식으로 축소시키기 때문이다.

물론 율법은 죄를 깨닫게 하고 그리스도에게로 인도하는 "몽학선생"의 역할을 하는 것이 사실이다(갈 3:24). 그러나 율법의 이 기능은 본래적 순기능이 아니라 비본래적 역기능에 속한다. 이 역기능은 "율법이 악하기 때문이 아니라 인간이 악하기 때문이다"(Weber 1972, 452). 인간이 악하여 율법을 지키지 못하기 때문에 율법은 죄와 죄에 대한 하나님의 분노를 깨닫게 하고 그리스도의 구원으로 인도하는 역기능을 갖게 된다. 개신교회의 신학 전통은 율법의 역기능을 순기능으로 오해하고 율법의 본래적 순기능을 간과했던 것이다.

2) 율법과 복음이 대립관계에 있는 것으로 생각됨으로써 율법의 하나

님과 복음의 하나님, 명령하고 분노하며 심판하고 저주하는 하나님과 용서하고 위로하는 하나님, 구약의 하나님과 신약의 하나님이 나누어진다. 한 마디로 "하나님 안에서의 이중성(Dualität)" 혹은 "이원론"이 생겨난다 (Weber 1972, 416).

3) "하나님 안에서의 이중성"은 "종말의 심판의 이중성"으로 확대된다. 곧 "최후의 심판"을 통해 영원한 저주와 지옥의 고통을 받는 자들과 하늘의 영원한 축복과 열락을 얻을 자들로 나누어진다. 만일 "이중의 심판"이 세계의 종말이라면, 그리스도의 구원은 총체적 구원이 아니라 "부분적 구원"이 될 수밖에 없을 것이다. 그리스도의 십자가의 고난은 지금까지 지구 위에 살았고, 또 앞으로 살게 될 모든 인류 중에 극히 작은 수의 사람들, 요한계시록이 말하는 14만 4천명에게만 유효하고 그 외의 인류에게는 무의미한 것이 되고 말 것이다.

4) 율법과 복음의 대립은 기독교와 유대교를 대립시키고 율법을 구원의 길로 믿는 유대인들을 차별하고 박해할 수 있는 근거가 된다. 곧 반유대인주의(Anti-semitismus)의 원인이 된다. 그 마지막 귀결이 폴란드의 아우슈비츠(Auschwitz)였다. 여기서 우리는 율법과 복음의 관계 문제가 사실은 단지 하나의 신학적 문제가 아니라 정치적 문제임을 발견한다. 히틀러의 통치기간 중에 많은 신학자들이 율법과 복음, 구약성서와 신약성서를 대립시킴으로써 사실상 히틀러의 반유대인주의를 정당화시키는 신학적 기초를 제공하였다. 안타깝게도 그것은 홀로코스트(Holokaust, 본래 그리스어로서 "불에 태워 죽인 제물"을 뜻함)로 이어졌다.

개신교회의 신학 전통이 율법의 목적을 죄의 인식으로 축소하는 문제점은 율법과 복음의 관계에 대한 새로운 이해를 요구한다. 이를 위해 우리는 먼저 율법에 대한 예수와 바울의 입장을 파악할 필요가 있다.

B. 율법에 대한 예수와 바울의 입장

1) 예수와 율법: 복음서에서 율법은 구약에 기록되어 있는 613가지 계명들 외에 예수 당시 유대교가 가지고 있던 율법에 관한 모든 해석과 가르침을 내포하는 포괄적 개념이다. 그것은 문자로 기록된 율법해석, 곧 할라카(*Halacha*, "관습"을 뜻함)와 입에서 입으로(곧 口傳으로) 전해지는 율법의 가르침, 곧 미슈나(*Mishna*, "반복"을 뜻함) 외에도 유대교의 모든 종교적 관습들을 포괄한다. 이를 가리켜 복음서는 "장로들의 전통" 혹은 "사람의 전통"이라 부른다(마 15:2; 막 7:8).

공관복음서에서 예수는 율법에 대해 이율배반적 태도를 취하는 것처럼 보인다. 한 편으로 그는 "천지가 없어지기 전에는 율법은 일점일획도 없어지지 않고 다 이루어질 것이다."라고 율법을 인정한다(마 5:18). 다른 한 편으로 예수는 율법에 대하여 자유로운 태도를 취하고 율법을 상대화시키며, 모세와 율법의 권위보다 자신의 권위를 더 높이 세운다. 이것은 이율배반이 아닌가?

a. 예수 당시 유대인들은 하나님의 구원의 길이 율법을 지키는 데 있다고 믿었다. 그래서 그들은 율법을 가지고 인간의 모든 행위를 규정하고자 하였다. 그러나 구약의 613가지 계명으로는 이것이 불가능했기 때문에 삶의 모든 경우(kasus)에 어떻게 행동해야 할 것인가를 세부적으로 규정하는 결의론(Kasuistik)이 크게 발전하게 되었다. 이것이 할라카와 미슈나가 생성된 계기였다.

삶의 상황은 끊임없이 변화하기 마련이다. 이에 따라 새로운 규정들이 요청된다. 이런 방식으로 할라카와 미슈나 외에 더 많은 규정들, 곧 "장로의 전통들", "사람의 전통들"이 계속 첨가되었다. 이것들도 역시 구약의 율법과 동일한 권위를 부여받았다. "따라서 구전된 계율을 거부하면 율법 전체의 권위를 거부하는 것과 같은 것이" 되어버렸다(안병무 1999, 240). 예를 들어 "안식일에 낳은 달걀을 먹어서는 안 된다", "밀 이삭을 따먹어서는 안

된다", "병자를 치료해서도 안 된다", "생선뼈에 접촉되어도 안 된다", "죄인들과 교통해서는 안 된다"는 등의 계명들이 여기에 속한다(오늘날 이스라엘의 유대인들은 안식일에 승강기의 단추를 눌러도 안 된다고 함). 그러나 인간의 모든 행동을 율법으로 규정하고자 하는 율법주의는 수많은 문제를 일으킨다. 그 가운데 몇 가지를 기술한다면,

① 인간의 삶의 상황은 시간과 장소에 따라 언제나 새롭게 변화한다. 그래서 특수한 상황에 주어진 율법의 계명들을 다른 상황에 적용하려면 신중할 필요가 있다. 당장 굶어 죽을 것 같은 사람들은 안식일에 낳은 달걀이라도 먹어야 되고, 안식일이라도 밀 이삭을 따먹을 수밖에 없다. 하지만 율법이 연약한 생명을 보호하고자 하는 본래의 목적을 상실하면 "땅의 백성"(עַם הָאָרֶץ, am baarez), 곧 죄인들을 양산하여 사회적으로 소외시키는 도구로 변한다. 연약한 생명들을 살리고자 하는 율법이 도리어 이들을 죽이는 기능을 갖게 된 것이다.

② 율법주의는 종교적 위선자들을 양산하는 역기능을 가진다. 마음속에 거짓과 위선과 탐욕이 가득함에도 불구하고 율법을 엄격하게 지킨다는 자칭 의롭고 경건한 위선자들이 나타나게 된다. 이들은 "박하와 회향과 근채의 십일조"는 지키되 "정의와 자비와 신의와 같은"(마 23:23) 율법의 본래적 의도는 지키지 않는다. 어느 바리새인의 기도가 이를 잘 보여준다(눅 18:11). 예수는 이들이 "겉으로는 아름답게 보이지만 그 안에는 죽은 사람의 뼈와 온갖 더러운 것이 가득하다", "사람에게 의롭게 보이지만 속에는 위선과 불법이 가득하다"라고 율법주의의 문제점을 지적한다(마 23:23 이하).

③ 율법주의는 용서를 알지 못하는 냉혹한 사회를 초래한다. 율법을 지키는 사람은 하나님의 구원을 받을 수 있는 의로운 사람으로, 율법을 지키지 않는 사람은 구원을 받을 수 없는 불의한 죄인으로 분류된다. 율법주의는 불의한 죄인에 대한 용서를 알지 못한다. 그것은 용서를 허용할 수 없다. 용서가 허용될 경우, 율법은 더 이상 구원의 길이 될 수 없기 때문이다. 율법을 지키지 않은 사람도 하나님의 용서를 받고 구원을 받을 수 있

다면 하나님의 용서가 구원의 길이 되어버리고 율법은 구원의 길로서의 존재 의미를 상실한다. 간음하다 붙들린 여자를 돌로 쳐 죽이려 했다는 요한복음서의 보도는 용서를 허용할 수 없는 율법주의적 사회의 냉혹성을 예시한다.

④ 율법주의는 이른바 의로운 사람들과 불의한 죄인들의 사회 양극화를 초래하며, 전자에 의한 후자의 차별과 소외를 야기한다. 예수 당시 질병이나 장애를 가진 사람들은 죄 때문에 그렇게 된 "죄인"으로 간주되어 이웃과의 교통에서 소외되었다. 이들과 교통하는 사람은 "부정한 사람"으로 간주되었다. "사제가 자기와 혈통이 다르거나 그 밖의 다른 이유로 결혼이 금지되어 있는 여인과 결혼해서 낳은 자녀들"은 "비합법적 혈통"을 가진 "비합법적 자녀들"로 규정되어 사제직에 오를 수 없었고 아버지의 성을 가질 수 없었다. 비합법적인 사제의 딸은 합법적인 사제와 결혼할 수도 없었다. 이들은 한 평생 불의한 죄인 취급을 당하였다. "저 사람은 세리들과 죄인들과 어울려서 음식을 먹느냐?"(막 2:16)는 예수에 대한 바리새파 사람들의 비난은 율법주의로 말미암은 사회가 양극화되고 인간에 의한 인간의 차별과 소외가 있었던 당시의 상황을 잘 보여준다.

⑤ 보다 더 심각한 문제는 율법의 이름으로 인간의 생명을 죽이는 데 있다. 예를 들어 간음하다 붙들린 남자는 놓아주고 여자는 돌로 때려죽인다. 이혼에 관하여 모세의 율법은 다음과 같이 말한다. 남자가 여자를 아내로 맞아들였는데 그 여자가 남편을 기쁘게 해주지 못하고, 또 남편이 여자에게서 "마음에 들지 않는 점"(Anstößiges, Rad 1968b, 106)을 발견했을 경우, 남자는 여자에게 이혼장을 써주고 여자를 자신의 집에서 내보낼 수 있다(신 24:1). "그 시대의 법체계에서는 여자가 남자를 기쁘게 해주지 못하는 이유들"에는 "예쁘지 않다거나, 요리법을 잘 모른다거나, 아이를 낳지 못하는 것 등"이 없었다(Boff 1993, 97). 잠자리에서 성적으로 남자를 흡족하게 만족시키지 못하는 것도 여기에 속했을 것이다.

이리하여 남편들은 아내를 싫어하기만 하면 율법의 이름으로 언제든지 아내를 내쫓을 수 있었다. 고대 시대에 결혼한 여자를 내쫓는 것은 여자를 죽음으로 내몬다는 것을 뜻하였다. 한 마디로 비인간적이고 잔인한 일들이 율법의 이름으로 정당화되었다. 하나님의 자비와 정의가 다스리는 사회를 이루기 위해 하나님이 주신 율법이 오히려 인간의 생명을 억압하고 죽이는 도구로 전락한 것이다.

주후 300년경의 랍비 헬보(Hälbo)에 따르면, "개종자들(유대교로 개종한 이방인들, 필자)은 나병환자만큼이나 나쁜 평을 받았다." 개종 이후에 자녀를 얻지 못하고 죽으면 그의 유산은 "임자 없는 것이 되었다!…먼저 '점유'한 사람이 우선권을 가지게 되었다"(Jeremias 1988, 399, 411). 이와 같이 비인간적이고 불의한 일들이 율법의 이름으로, 혹은 조상들의 "전통"의 이름으로 정당화되었다. "너희는 하나님의 계명을 버리고 사람의 전통을 지키고 있다.…너희는 너희가 물려받은 전통을 가지고 하나님의 말씀을 헛되게 하며, 또 이와 같은 일을 많이 한다"(막 7:8-13). 그러므로 "율법은 아무것도 완전하게 하지 못하였다"고 히브리서 기자는 말한다(히 7:19).

결론적으로 유대교의 율법주의는 율법을 하나님의 자리에 대신 세우고 하나님을 율법의 포로로 만든다. 곧 "율법의 신격화와 하나님의 율법화"(Vergottung Gesetzes und Vergesetzlichung Gottes)를 초래한다(Bonhoeffer 1967, 98). 그리하여 하나님의 선한 뜻은 사라지고 율법이 하나님처럼 된다.

b. 하나님에게 중요한 것은 연약한 생명들, 고통으로 신음하는 생명들을 보호하는 일이다. 율법은 이 목적을 이루기 위한 수단일 따름이다. 율법이 인간의 생명을 위해 있는 것이지 인간의 생명이 율법을 위해 있는 것이 아니다. 그런 까닭에 예수는 율법을 상대화한다. 모세와 율법은 이렇게 가르치지만 "그러나 나는 너희에게 말한다." 그는 "법을 위하여 사람에게 짐을 지우는 것이 아니라 그 법이 최초에 의도했던 대로 사람을 바로잡아주기 위하여 법을 적용하였다"(고세진 2013, 71). 이로써 예수는 인간을 율법의 억압에서 해방시켜 주는 동시에 율법의 본래 목적을 회복하고자 한다.

예수는 율법을 지키는 외적 행위보다 사람의 마음을 더 중요시한다. 그러므로 그는 사람의 마음을 요구한다. 먼저 마음이 깨끗하고 진실해야 한다(레 18:21; 신 18:10). 살인과 간음과 도둑질을 논하기 이전에 먼저 마음속에 있는 분노와 탐심을 버려야 한다(마 5:21-30). 잔과 접시의 겉을 깨끗이 하기 전에 "먼저 잔 안을 깨끗이 해야 한다"(23:26). 십일조가 중요한 것이 아니라 어떤 마음으로 하나님께 바치는지, 그 마음이 중요하다(막 12:41-44).

이와 같이 예수는 깨끗하고 진실한 마음을 요구하면서 율법을 더욱 철저하고 완벽하게 만든다. "너희는 원수를 사랑해야 한다"(마 5:44). "무엇이든지 남에게 대접을 받고자 하는 대로 너희도 남을 대접하여라"(7:12; 눅 6:31). 하나님이 우리에게 행하는 자비를 행해야 한다(6:36). "네게 달라는 사람에게는 주고, 네게 꾸려고 하는 사람을 물리치지 말아라"(마 5:42). 이와 같은 계명을 통해 예수는 율법의 본래 목적(telos)을 완성시키려 한다.

c. 예수는 율법의 참 완성이 무엇인가를 제시하는 동시에 그 자신이 이것을 실행한다. "네가 남에게 대접을 받고자 하는 대로 남을 대접하여라"는 황금률을 자신의 죽음을 통해 실천한다. 율법의 궁극적 목표, 곧 하나님 사랑과 이웃사랑이 그의 삶과 죽음 속에서 성취된다. 십자가에 달린 예수가 율법의 완전한 성취이다. 오직 그만이 "하나님과의 완전한 교통" 속에 있었기 때문에 율법을 성취할 수 있었다(Bonhoeffer 1967, 99). 하나님과 이웃에 대한 사랑 속에서 스스로 당한 십자가의 죽음 속에 율법의 완성이 있다. 이런 의미에서 예수는 다음과 같이 말한다. "내가 율법이나 예언자들의 말을 폐하러 온 줄로 생각하지 말아라. 폐하러 온 것이 아니라 완성하러 왔다.…천지가 없어지기 전에는 율법은 일점일획도 없어지지 않고 다 이루어질 것이다"(마 5:18). 이제 구원의 길은 율법이 아니라 율법의 완성이 그 안에 있는 예수에게 있다.

2) 율법에 대한 바울의 입장: 바울 역시 율법에 대해 모순된 것처럼 보이는 태도를 취한다. 한편으로 그는 율법이 더 이상 구원의 길이 될 수 없

다고 주장한다(갈 2:16; 롬 3:20). 율법은 죄를 깨닫게 하고 하나님의 "분노를 이루게"(4:15) 하며, 그리스도의 구원을 찾게 하는 역기능을 가진 것으로 평가된다. 다른 한편, 바울은 믿음이 율법을 폐기하지 않고 오히려 "굳게 세운다"고 말한다(3:31). 심지어 "율법도 거룩하며⋯의로우며 선하다"고 말한다(7:12). 그러면 어떤 의미에서 믿음은 율법을 굳게 세우는가?

a. 먼저 바울은 모든 인간의 양심에 주어진 양심의 법과 율법의 연속성을 인정한다. 하나님의 율법은 양심의 법의 형태로 모든 사람의 마음속에 새겨져 있다(롬 2:25). 그러므로 하나님을 알지 못하는 사람들도 "사람의 본성을 따라 율법이 명하는 바를" 행한다. 이들은 "자기가 자기에게 율법이 된다." "이들은 그 양심이 증거가 되어" 그 마음에 새겨져 있는 율법의 요구를 행한다(2:14-15).

그러나 모든 인간의 마음속에 새겨져 있는 양심의 법은 죄의 타락으로 인해 이지러진 상태에 있다. 그러므로 인간은 절대자를 의식하지만 그를 경외하지 않는다. 오히려 짐승의 상을 하나님으로 섬긴다(1:20-23). 또 양심의 법은 시대와 문화권에 따라 다르다. 시대와 문화권에 따라 선과 악의 판단기준이 다르다. 그러므로 양심의 법은 규범성을 요구할 수 없다.

인간의 양심의 법은 인간의 악한 욕정과 욕망을 제어하고 선한 마음을 선사하지만 너무도 힘이 약하다. 이로 인해 "인간은 누구나 '선을 알고도 행치 못하는'⋯도덕적·실존적 한계 상황에 놓여 있다"(허호익 2012b, 130). 욕정과 욕망의 유혹 앞에서 양심의 법은 쉽게 허물어지고 인간은 욕정과 욕망의 노예가 되어버린다. 그러므로 하나님은 모세를 통해 율법을 주신다. 율법은 "자연법 안에 희미하게 남아 있는 것을 보다 더 명료하게 우리에게 증언한다"(Calvin, *Inst.* II.8.1).

b. 본래 바울은 율법에 충실하고자 했다. 그러나 그는 율법을 통해 구원에 이를 수 없다는 사실을 당시 유대교의 현실 속에서 분명히 보았다. 율법을 가르치는 자들이 도리어 율법을 지키지 않는다. "도둑질 말라 반포하는 네가 도적질 하느냐?⋯율법을 자랑하는 네가 율법을 범함으로 하나

님을 욕되게 하느냐?"(2:21-24) 율법을 지킨다는 자들도 "자기 자신들의 의를 세우려고 힘을 씀으로써 하나님의 의에는 복종하지 않는다"(10:3). 율법의 형식은 지키지만 율법의 참 뜻을 행하지 않는다.

바울은 로마서 7장에서 이것을 존재론적으로 설명한다. 하나님을 알지 못하는 자들도 그 마음에 새겨진 하나님의 율법을 통해 선이 무엇인지 알고 있다. 또 선을 행해야 한다는 것도 알고 있다. 그러나 인간은 "육신에 속하여 죄 아래 팔려 있다." 곧 "죄의 법"에 포로가 되어 있다(7:14, 23). 그 결과 "원하는 바 선을 행하지 아니하고 도리어 원치 아니하는 바 악을 행한다"(7:19).

바로 여기에 율법의 한계가 있다. 율법은 인간에게 생명의 길을 가르쳐주지만 인간의 죄악된 본성을 변화시키지 못한다. 비록 율법의 계명들을 지킨다 해도 죄의 본성은 변하지 않는다. 그리하여 율법을 가르치는 자들조차 율법을 지키지 않는다. 또 율법을 잘 지킨다 하지만 율법의 참 목적을 따르지 않는다. 그러므로 바울은 율법이 더 이상 구원의 길이 될 수 없다고 선언한다. "율법의 행위로는 하나님 앞에서 의롭다고 인정받을 사람이 아무도 없다"(3:20).

c. 유대교 랍비였던 바울은 로마제국의 시민권을 가진 인물로서 국제적 안목을 가지고 있었다. 그래서 바울은 회심 이후 로마제국 내의 이방민족 선교에 주력한다. 이방민족을 향한 바울의 "개방적인 선교 신학", "특히 당시 도시 문화적 삶의 스타일을 향한 전향적 포용의 자세"는 유대교의 율법체계를 더 이상 인정할 수 없었다(차정식 2006, 51). 그것은 새로운 시대의 새로운 상황에 더 이상 적용될 수 없었다. 예를 들어 부모를 저주한 자, 근친상간한 자, 남의 아내와 간음한 자, 짐승과 교접한 자, 동성애자 등을 죽이라는 계명(레 20장)은 당시 로마제국의 법질서 속에서 시행될 수 없었다. 특히 성인 남성의 성기 표피를 칼로 잘라내는 할례를 강요하면서 복음을 전한다는 것은 불가능하였다. 의술이 발전하지 못한 고대시대에 성인 남자의 할례는 죽음을 초래할 수 있었다. 이는 이로, 눈은 눈으로, 살인은 살

인으로 갚아주라는 계명은 그리스도의 복음에 어긋나는 것이었다. 또 돼지고기 등 특정 음식물에 대한 금지명령과 유대인의 모든 율법 해석들(할라카, 미슈나 등)은 그리스도의 복음의 본질과는 아무 상관이 없는 것이었다.

그러므로 바울은 예수의 뒤를 따라 율법을 상대화한다. 특히 할례를 결사적으로 반대한다. "너희가 만일 할례를 받으면, 그리스도께서 너희에게 아무 유익이 없을 것이다"(갈 5:2). 참 할례는 남근의 표피를 잘라내는 몸의 할례에 있지 않고 마음의 할례에 있다(롬 2:29). 율법이 요구하는 행위가 아니라 오직 그리스도 안에 계시된 하나님의 구원의 은혜와 이에 대한 믿음으로 하나님의 의롭다 하심을 얻을 수 있다는 바울의 주장을 통해 율법은 상대화된다. 이를 통해 바울은 "기독교가 유대교라는 민족 종교적 색채를 극복하고 보다 넓은 세계, 즉 지중해권을 아우르는 보편종교로 발돋움 할 수 있는 결정적 계기를" 마련한다(박원빈 2010, 142).

바울은 믿음으로 말미암아 하나님의 의롭다 하심을 얻을 수 있다는 생각의 근거를 구약에서 발견한다. 행위에 있어 아브라함은 하나님에게 자랑할 것이 없었다. 그러나 아브라함이 하나님의 약속을 믿으니 "하나님께서 그를 의롭다고 여기셨다"(롬 4:3; 갈 3:6; 참조. 창 15:6). 아브라함은 아무 공로가 없었지만 하나님의 약속에 대한 "그의 믿음으로" 의롭다 하심을 얻었다(롬 4:5). "의인은 믿음으로 말미암아 살리라"는 바울의 진술 또한 이미 구약에서 발견된다(합 2:4).

이제 바울은 율법의 목적을 그리스도론적으로 해석한다. 율법의 목적은 우리의 죄와 죄에 대한 하나님의 분노를 깨닫게 함으로써 그리스도의 구원으로 인도하는 데 있다. 곧 우리에게 "자비를 베푸시고"(11:32), "우리로 하여금 믿음으로 의롭다고 하심을 받게 하시려는" 데 있다(갈 3:21-24). 한 마디로 율법은 죄와 죄에 대한 하나님의 분노를 인식하고 그리스도의 구원에 이르게 하는 "몽학선생"이다. 그러나 바울이 말하는 율법의 이러한 기능은 역기능에 불과하다. 인간이 악하여 율법을 지키지 않기 때문에 율법은 이와 같은 역기능을 갖게 된다. 바울은 율법의 순기능이 우리에게

"생명"을 주는 데 있음을 간과하지 않는다. "율법은 거룩하며, 계명도 거룩하고 의롭고 선한 것입니다(롬 7:12). "율법은 (하나님의) 약속과는 반대되는 것입니까? 그렇지 않습니다. 그 중개자가 준 율법이 생명을 줄 수 있는 것이었다면…"(갈 3:21; 참조. 고전 9:8-10; 딤전 1:8-9).

d. 그러므로 바울은 결코 율법의 폐기를 주장하지 않는다. 예수 안에서 율법은 폐기되는 것이 아니라 완성된다. 예수는, 인간이 "육신으로 말미암아 연약하여 할 수 없는 그것", 곧 하나님 사랑과 이웃사랑을 완전히 이루었다(롬 8:3). 이를 통해 죽음을 폐하고 "생명과 평화"를 주신다(8:6). 십자가에 달린 예수가 "율법의 목적" 내지 "율법의 완성"이다(telos nomou, 10:4). 따라서 예수에 대한 믿음은 율법에 대립하지 않고 도리어 예수의 뒤를 따라 율법을 완성하고자 한다.

바울이 말한 대로 본래 율법이 거룩하고 의롭고 선하고 영적이며(7:12, 14), "하나님의 약속들"에 대립하지 않으며 "생명을 줄 수 있는 것"이라면(갈 3:21), 그 율법은 폐기될 수 없다. 그리스도인들은 율법을 완성하신 예수를 바라보며, 율법을 완성하고자 노력해야 한다. "율법은, '네 이웃을 네 몸과 같이 사랑하여라' 하신 한 마디 말씀 속에 다 들어 있다"(5:14). 율법이 금지하는 살인, 간음, 도적질, 탐심 등에 관한 계명들은 "이웃을 네 자신과 같이 사랑하라"는 계명 안에 요약되어 있다(롬 13:9). 따라서 율법을 완성할 수 있는 길은 사랑에 있다. 이웃을 사랑하는 사람은 율법을 완성한다(롬 13:8). 그러므로 "사랑은 율법의 완성이다"(13:9-10).

율법을 폐기하지 않고 "완성한다"는 것은 구약의 율법과 율법에 대한 유대교의 모든 해석과 종교적 규례들을 축자적으로 지킨다는 것을 뜻하지 않는다. 기독교는 구약의 많은 계명들을 상대화했다. 희생제사와 할례, 음식물에 관한 모든 계명들을 폐기해버렸고, 안식일은 "주일"로 바꾸어버렸다. 율법을 "완성한다"는 것은 끊임없이 변화하는 삶의 새로운 상황 속에서 그리스도의 사랑을 행함으로써 율법의 본래 목적, 곧 하나님 사랑과 이웃사랑을 이루는 것을 말한다. 따라서 율법의 본래 목적은 그리스도에 대한 믿음 안에서도 타당성을 유지한다. 그리스도인들은 율법을 완성하신 그분의 뒤를 따라 하나님과 이웃을 사랑함으로써 율법의 본래 목적을 완성하고자 노력해야 한다. "그러면 믿음으로 말미암아 우리가 율법을 폐합니까? 그럴 수 없습니다. 도리어 율법을 굳게 세웁니다"(3:31).

C. 복음 안에 수용된 율법의 본래 목적

위에 기술한 예수와 바울의 입장에서 율법의 본래 목적과 복음은 대립하지 않는다. 복음은 율법을 폐기하지 않고 율법의 본래 목적을 수용하며, 율법은 그의 본래 목적에 있어 예수의 복음 안에서도 타당성을 유지한다. 그러므로 "율법과 복음"의 대립공식은 타당하지 않다. 이와 관련하여 우리는 율법을 보다 포괄적으로 이해하며, 복음도 율법적 차원, 곧 명령과 요구의 측면을 가진다는 사실을 파악하고자 한다.

"율법"이란 개념은 구약의 "토라"(torah)를 번역한 것이다. 그러나 이 번역은 매우 잘못된 번역이다. 영어의 law, 독일어의 Gesetz란 번역도 적절한 번역이 아니다. 토라는 명령하고 위협하며 죄를 깨닫게 하는 "율법"이 아니라 올바른 삶의 길을 제시하고 하나님의 자비와 정의가 있는 공동체를 이루기 위한, 이른바 하나님의 "가르침"을 말한다. 그러나 토라가 "율법"으로 번역됨으로 인해, 하나님의 토라가 그리스도의 "복음"에 대립하는 것 같은 인상을 주게 되었다. 그 결과 "율법과 복음"이란 대립명제가 등장하게 된 것이다.

구약성서에서 토라는 매우 포괄적인 개념이다. 그것은 구약 오경에 기록된 계명들은 물론 구약성서 전체에 기록된 "법", "증거", "법도", "율례", "계명", "명령", "규례", "교훈", "말씀" 등을 포함한다(시 119:1-8; 신 30:16; 대하 7:19). 잠언과 전도서에서 하나님의 토라는 지혜의 말씀과 권고의 형태로 나타난다. 히브리어 원문에서 십계명의 첫째 계명도 권고의 형태를 가진다. 곧 "나 외에 다른 신들을 가져서는 안 된다"는 명령형이 아니라 "너는 나 외에 다른 신들을 갖지 않을 것이다", "가져서는 안 될 것이다"라고 번역될 수 있는 서술형 내지 권고형으로 되어 있다(Schmidt 1970, 165).

하나님의 토라, 곧 "가르침"은 구약에만 있는 것이 아니라 세례자 요한과 예수와 사도들의 말씀 속에도 있다. 바울 서신은 하나님의 가르침으로 가득하다. 요한복음에서 예수는 자신의 가르침을 "계명" 혹은 "새 계명"이라 부른다(요 10:18; 13:34). 바울 서신도 초기 기독교 공동체에 전하는 가르침으로 가득하다. 바울은 이 가르침을 권고 혹은 교훈(*parakalein*, *paraklesis*)으로 이해한다(Weber 1973, 447).

율법과 마찬가지로 예수의 복음도 명령과 요구의 측면을 가진다. "하나님의 나라가 가까이 왔다. 회개하고 이 복음을 믿으라"(막 1:15). 복음은 인간에게 의로움을 인정하는 동시에 그것의 완성을 요구한다(Zuspruch-Anspruch). 하나님의 구원은 은혜의 선물인 동시에 받은 은혜를 완성해야 할 과제를 부여한다(Gabe-Aufgabe). "생명의 성령의 법" 혹은 "그리스도의 법"(롬 8:2; 갈 6:2)이라는 바울의 개념은 그리스도의 복음 속에 내포된 명령과 요구의 측면을 시사한다.

본회퍼는 복음 속에 내포된 명령과 행위의 측면을 다음과 같이 설명한다. 예수는 "율법이 참으로 원하는 것을 행한다." 이로써 그는 율법의 목적을 완성한다. 율법이 요구하는 의를 성취하신 예수가 곧 하나님의 의다. 이 의가 그의 제자들에게 값없이 선사된다. 그런 점에서 제자들의 의는 바리새인들의 의보다 "더 나은 의"다. 그러나 제자들이 "선사받은 의"는 "이제 제자들 자신이 하나님의 의지를 행하고 율법을 성취하는 점에서 참된 의이다. (율법과 마찬가지로, 필자) 그리스도의 의도 가르쳐질 뿐 아니라 행해져야 한다. 그렇지 않으면 그리스도의 의는 가르쳐지기만 하고 행해지지 않는 율법보다 나을 것이 없다."

그리스도의 의를 행한다는 것은 그리스도의 뒤를 따르는 것을 말한다. 제자들에게 선사된 그리스도의 의는 그리스도의 뒤를 따름에 있다.

그것은 그리스도의 "뒤를 따름에 있는 의"이다. 그리스도의 뒤를 따름 속에서 행하여지는 "그리스도의 의가 새로운 율법, 곧 그리스도의 법이다" (Bonhoeffer 1967, 101-103). 그리스도의 복음은 단지 하나님의 은혜에 불과한 것이 아니라 예수의 뒤를 따름으로써 율법을 성취해야 한다는 명령을 내포한다. 이와 같이 복음도 그 속에 인간의 행위에 대한 요구와 명령을 내포하기 때문에 "율법과 복음"의 대립관계는 적절하지 않다.

물론 율법과 복음은 구별된다. 율법은 인간에게 자신의 구원을 스스로 이룰 것을 요구한다. 곧 율법을 지키는 행위를 통해 자신의 의로움을 얻으라고 요구한다. 율법에 따르면, 먼저 인간이 하나님에게 돌아와 그의 법을 지킬 때 하나님이 인간에게 돌아와 구원을 베푸신다. "너희는 내게로 돌아오라…그리하면 내가 너희에게로 돌아가리라"(슥 1:3; 말 3:7). 이에 반해 복음은, 예수 안에서 먼저 하나님이 인간을 찾으시고 불의한 죄인에게 하나님의 값없는 구원을 선언한다. 율법에 있어 인간의 구원이 인간 자신의 업적이라면 복음에 있어 그것은 하나님의 값없는 선물, 곧 은혜이다. 이와 같은 차이점과 함께 율법과 복음은 공통점 내지 연속성을 가진다. 양자는 둘 다 동일한 하나님에게서 나오며, 인간과 세계를 구원하기 위해 하나님이 주신 것이다. 복음은 물론 율법도 하나님의 은혜이다. 복음도 인간에게 선사된 구원의 완성을 요구한다.

하나님 나라에 관한 예수의 복음은 결코 하늘에서 유성처럼 떨어지지 않았다. 그것은 구약의 메시아적 약속과 더불어 율법의 전통 속에서 율법과 연관하여 주어졌다. 따라서 복음은 율법을 역사적 배경으로 가지며 율법을 전제한다. 그것은 율법의 본래 목적, 곧 하나님 사랑과 이웃사랑을 수용한다. 율법의 본래 목적과 복음의 목적은 일치한다. 그러나 유대교의 율법은 완성에 이르지 못하고 죄와 죄에 대한 하나님의 분노를 깨닫게 하는 역기능에 빠지는 반면, 예수 그리스도의 구원의 복음을 통해 완성된다는 점에서 차이가 있다.

D. 십계명 해석과 율법의 본래 목적

우리는 십계명에 대해 오늘 우리 시대에는 더 이상 타당하지 않은, 수천 년 전에 주어진 하나님의 명령이라 생각하기 쉽다. 또 십계명은 인간의 자유와 자율성을 제한하고 억압하는 타율적 "계율"이라 생각하는 경향이 있다. 더구나 "율법과 복음"이란 대립공식으로 말미암아 십계명은 복음을 믿는 그리스도인들에게 반드시 필요하지 않은 것으로 종종 간주되기도 한다. 그러나 십계명에는 모든 시대에 걸쳐 온 인류가 지켜야 할 귀중한 하나님의 의지(뜻)가 담겨 있다.

십계명은 "나는 너희를 이집트 땅 종살이하던 집에서 이끌어낸 주 너희의 하나님이다"라는 하나님의 자기선언을 전제로 한다. 따라서 십계명은 "출애굽의 하나님의 법", "해방의 법", "자유의 법"이라 말할 수 있다. 그것은 이집트의 노예살이에서 해방된 이스라엘 백성이 죄악과 억압과 착취에서 자유로운 삶을 얻게 하기 위한 하나님의 토라, 곧 "자유를 향한 가르침"이다(Kraus 1983, 159). 따라서 십계명은 이스라엘 백성에게 "구원의 사건"(Heilsereignis)으로 간주되었다(Rad 1969, 207). 이 십계명에서 우리는 하나님의 의지가 무엇인가를 파악하고 이에 근거하여 율법의 본래 목적이 무엇인가를 보다 구체적으로 파악하고자 한다.[11]

1) 제1계명: 제1계명은 먼저 "출애굽의 하나님"만을 참 하나님으로 섬겨야 하며, 다른 신들을 섬겨서는 안 된다고 권고한다. 오늘날 많은 학자들은 이 권고가 전제하는 유일신론이 하나님과 세계를 나누는 이원론의 뿌리가 된다고 비판한다. 그러나 유일신론은 하나님이 아닌 이 세계의 모든 거짓된 신들을 탈신격화하고 이들로부터 인간을 자유롭게 하는 중요한 의미를 가진다. 우리는 다른 종교의 신들은 물론 인간을 예속시키는 정

---

11) 제한된 지면 관계로 십계명의 자세한 해석은 여기서 불가능하다. 몇 가지 중요한 내용만 기술할 수 있을 뿐이다.

치적 세력과 종교적 세력, 큰 산이나 바위 등의 자연물, 하늘의 달과 별들, 죽은 조상들의 혼령, 우주의 원리나 질서, 심지어 칼(일본인들의 경우)을 신격화하거나 이를 신으로 섬겨서는 안 된다. 유일신론은 이 세계를 지배하는 악한 영들(귀신들)의 지배에서 해방되어야 함을 말한다.

물론 기독교는 구약성서의 유일신론을 믿지 않는다. 기독교는 성부·성자·성령, 삼위일체 하나님을 믿는다. 동시에 삼위일체 하나님만이 참하나님이라 믿는다. 곧 삼위일체론적 유일신론을 믿는 것이다. 이런 점에서 기독교는 유대교의 유일신론의 전통을 계승한다.

오늘날 우리의 세계는 새로운 신들, 곧 더 많은 돈과 권력과 섹스의 신을 섬기고 있다. 이기심과 욕망에 사로잡힌 인간의 자아(Ego)도 거짓된 "다른 신들"에 속하며, 이 거짓 신들이 현대인의 생명과 세계를 파괴하고 있다. 제1계명은 이 거짓된 신들을 거부하고 성서가 증언하는 출애굽의 하나님, 곧 사랑과 정의와 진리의 하나님을 참 하나님으로 섬길 것을 요구한다.

2) 제2계명: 제2계명은 신상 만드는 것을 금지한다. 출애굽의 하나님에 대한 어떤 형상도 만들어서는 안 된다(형상금지명령). 인간이 만든 모든 신의 형상은 이 세상에 속한 그 무엇을 신격화한 것에 불과하며, 결국 인간의 손으로 만든 것이기 때문이다. 포이어바흐(Feuerbach)가 말한 것처럼 그것은 인간의 소원과 희망을 투사시킨 것이다.

출애굽한 이스라엘 백성이 광야에서 만든 금송아지가 이를 잘 나타낸다(출 32장). 금송아지는 더 많은 금(돈)과 소처럼 강한 힘, 곧 자기를 확장하고 이웃을 지배하며, 성적으로 강한 힘을 향한 인간의 욕구를 투사시킨 것이다. 이것은 출애굽의 하나님을 섬기지 않고 인간이 자기의 손으로 새겨 만든 것을 신으로 섬길 때 돈과 권력과 섹스가 인간을 지배하게 된다는 종교의 진리를 반영한다. 그러므로 하나님은 일체의 신상을 금지한다. 하나님에 대한 상은 하나님을 결국 세상에 속한 것으로 만들어버린다. 그것은 참 하나님을 폐기시킨다.

3) 제3계명: 제3계명은 하나님의 이름을 헛되게 부르는 것, 곧 "망령되게 일컫는 것"을 금지한다. 긍정적으로 말한다면 하나님의 백성은 하나님 백성답게, 곧 하나님의 계명에 따라 살아야 한다. 하나님의 백성답지 않게 죄와 탐욕 가운데 살면서 그분의 이름을 부르는 것은 헛된 일이다. 인간적 목적과 욕심을 위해 종교를 이용하고 하나님의 이름으로 그것을 정당화시키는 것도 이에 포함된다.

4) 제4계명: 제4계명, 곧 안식일 계명은 일반적으로 "하나님에 관한 계명"으로 분류된다. 그러나 사실상 안식일 계명은 연약한 생명들을 보호하기 위한 계명이다. "안식일을 거룩하게 지키는 것"은 주일성수는 물론 연약한 생명들의 보호와 그것들의 생명력을 회복하는 데 있다. 이 계명은 땅의 생명력 회복에 대한 안식년의 계명, 편중된 부의 사회적 환원을 명령하는 희년의 계명으로 확대된다.

오늘날 우리 사회는 경제발전을 최고의 목적으로 생각한다. 일반 기업체는 물론 공기업, 병원, 심지어 교육기관마저 더 큰 순이익에 초점을 맞춘다. 적자가 쌓이면 생존할 수 없기 때문이다. 따라서 대부분의 기관들이 최대한 인건비를 절약하고자 기름 짜듯이 직원들을 혹사시킨다. 이들은 해고당하지 않으려고 진통제, 신경안정제, 수면제 등을 복용하면서 일해야 하고, 아파도 아프다는 말을 하지 못한다. 안식일 계명은 인간에 의한 인간의 혹사와 착취, 생명력의 파괴를 금지하고 생명력의 회복을 요구한다. 이와 동시에 "엿새 동안 힘써 네 모든 일을 행할" 것을 명령한다.

5) 제5계명: "네 부모를 공경하라"는 제5계명은 자기에게 생명을 주고 양육해준 부모에 대한 사랑과 돌봄을 요구한다. 자녀를 위해 자신의 생명을 제한하고 희생한 부모의 삶의 권리를 존중하고 그들의 행복한 노년을 위해 노력해야 한다. 물질적 보살핌은 물론 정신적으로도 사랑해야 한다. 자기의 생명을 가능하게 한 부모를 사랑하지 않으면서 이웃을 진정으로 사랑하는 것은 불가능하다. 부모공경은 오늘의 나를 있게 해준 친척과 스승과 친지를 포괄한다.

현대 산업사회에서는 핵가족제도가 보편화되면서 자녀된 자들이 부모와 친척을 망각하고 자녀양육에만 전념하기 쉽다. 물론 자신의 자녀양육도 중요한 과제이다. 그러나 오늘의 나를 있게 한 부모를 망각하지 않고 그들의 노후를 염려할 때에야 비로소 인간적인 인간이라 할 수 있다. 이런 인간이 될 때 우리는 하나님이 주신 땅에서 오래 살 수 있다. 그것은 인간의 공동체적 본성에 상응하기 때문이다. 부모를 돌보지 않는 사람은 나중에 자신의 자녀들에게 버림받을 수 있음을 각오해야 할 것이다. "부모를 돌보는 효를 실천하는 일이야말로 자식에게 효를 가르치는 가장 효과적인 방법"이다(주간동아 2014 919호, 17).

6) 제6계명: "살인하지 말라"는 제6계명은 하나님이 주신 인간의 생명을 죽이지 말라는 뜻인 동시에 그 가치와 존엄성을 존중해야 함을 뜻한다. 생명의 가치와 존엄성을 존중하지 않고 그것을 침해하는 것도 넓은 의미에서 살인에 속하기 때문이다. 예수의 가르침에 따르면 형제에게 화를 내는 것도 살인에 속한다(마 5:21-22).

인간의 생명은 하나님이 "빌려주신 선물"이요(Barth III/4, 370), 그것의 원소유자는 하나님이기 때문이다. 모든 인간의 생명은 하나님의 사랑을 받는다. 폭력을 통한 살인만이 살인이 아니라 생명에 해가 되는 모든 일이 살인이다. 이웃을 미워하는 것(요일 3:15), 이웃에 대한 모함, 인간차별, 소외(왕따)도 살인에 속한다.

이웃의 생명은 물론 내 생명도 하나님의 사랑 안에 있다. 그러므로 자신의 생명을 증오하거나 해치지 않고, 하나님의 사랑의 대상으로서 그 가치와 존엄성을 존중해야 한다. 자신의 건강을 돌보는 일도 중요하다. 건강하지 못한 식생활과 생활습관, 알코올중독, 마약중독, 흡연 등은 땅 위에 있는 "하나님의 형상"을 해치는 일이다. 제6계명과 연관된 자살, 안락사, 임신중절의 문제는 지면상 다른 기회에 다루도록 하겠다.

7) 제7계명: "간음하지 말라"는 제7계명은 본래 "결혼관계를 깨뜨리지 말라"를 뜻한다. 한 남자와 한 여자의 결혼관계는 본래 서로의 선택과 결

단으로 이루어지는 계약관계로서 법적 구속력을 가진다. 그것은 인간과 인간 사이의 사랑과 신뢰, 자유와 평등, 상호의존과 공동체성이 가장 깊이 경험되는 관계이다. 또한 하나님과 이스라엘 사이의 언약관계를 비추어주는 거울과도 같다.

쾌락주의는 인간의 성욕을 아름다운 것으로 간주하고 자유로운 성적 만족에 인간의 행복이 있다고 주장한다. 그런데 인간의 성욕은 한계를 알지 못하는 특성이 있어 아무리 채우려 해도 결코 채워지지 않는다. 하나님 없는 인간은 성욕의 노예가 되어 여기저기서 쾌락을 탐하는 생물적 존재로 전락하기 쉽다. 성욕을 제어하지 못해 남편이 아내를, 아내가 남편을 속이기도 한다. 심지어 남학생이 동료 여학생을, 아버지가 딸을, 할아버지가 손녀를, 죽을 날이 머지않은 동네 노인들이 정신질환을 앓고 있는 십대 소녀를 윤간(輪姦)하는 인간 이하의 범죄를 저지르기까지 한다.

제7계명의 목적은 인간의 성적 욕구를 절제함으로써 인간 사회의 공동체성을 지키는 데 있다. 성적 욕구를 절제하지 못할 때 인간은 짐승보다 더 못한 존재가 되어, 가족과 이웃을 속이고 자기를 감추는 이중인격자로 전락해버린다. 그가 절제하지 못한 욕정은 가정, 직장, 종교기관, 교육기관 등 모든 공동체를 파괴하는 결과를 초래하고 만다.

현대인들은 너무 빨리 사랑하고 너무 쉽게 헤어진다. "너희는 너무 빨리 맺어지기 때문에 쉽게 헤어진다"(Nietzsche). 제7계명은 성급한 성적 결합을 경고하고 있다. 결혼공동체의 존엄성과 참 자유가 유지되어야 하며, 한계를 알지 못하는 인간의 성욕을 제어하고 절제하여 사람다운 사람이 되어야 함을 시사한다.

8) 제8계명: 제8계명이 금지하는 "도적질"은 먼저 타인의 짐승이나 물건을 도적질하는 행위를 말한다(출 22:1, 4; 잠 28:24). 또 그것은 "사람 도적질", 곧 사람을 납치하거나 강탈하여 자기의 종으로 삼든지 아니면 팔아버리는 것을 가리킨다. "사람을 훔친 자가 그 사람을 팔았든지 자기 수하에 두었든지, 그를 반드시 죽여야 한다"(출 21:16). 유대교의 탈무드(Talmud)도

도적질을 "사람 도적질"로 해석한다(Kraus 1983, 174).

제8계명의 "도적질"은 포괄적으로 이해되어야 한다. 이것은 타인의 물건을 훔치는 것은 물론 노예매매, 강제노동, 일본강점기의 종군위안부, 식민주의, 제국주의, 약소국에 대한 경제적 착취, 공금횡령, 뇌물수수, 과도한 경조사비 챙기기, 불법체류 외국인 노동자들의 임금 떼어먹기, 중소기업의 납품단가 후려치기, "을"에 대한 "갑"의 횡포 등 매우 다양한 "도적질"의 형태를 포함한다. 또한 어려운 이웃과 공동체의 미래를 배려하지 않고 자기의 사적 이익과 소유를 극대화하려는 욕망도 "도적질"에 속한다. 그것은 가난한 이웃에게 베풀어야 할 "하나님의 것"을 떼어먹기 때문이다. 따라서 "도적질하지 말라"는 제8계명은 "타인의 생명에 해가 되는 일체의 일을 하지 말라"는 것을 가리킨다.

제8계명을 긍정적으로 표현한다면 "타인의 자유와 존엄성을 존중하라", "타인의 생명에 유익이 되는 일을 행하라"고 할 수 있다. 에베소서 4:28은 이것을 다음과 같이 말한다. "도적질하는 자는 다시 도적질하지 말고, 돌이켜 빈궁한 자에게 구제할 것이 있기 위하여 제 손으로 수고하여 선한 일을 하라." 예수는 이 계명을 다음과 같이 철저하게 강화시킨다. "네 이웃이 너에게 바라는 대로, 네 이웃에게 행하라!"(마 7:12).

9) 제9계명: "네 이웃에 대하여 거짓 증언하지 말아야 한다."는 제9계명은 먼저 법정에서 정직하게 증언해야 함을 말한다. 또 그것은 정직하고 정의롭게 판결해야 함을 말한다. 법정에서의 거짓 증언과 정의롭지 못한 판결은 상대방에게 물질적 손해는 물론 그의 명예와 존엄성을 파괴하기 때문이다. 그것은 피해자의 가정을 파괴하고 그들의 생명을 죽음으로 내몰 수도 있다. 법정에서의 거짓 증언과 불의한 판결은 사회의 공의를 파괴하고, 사회를 불의한 사회로 만들 것이다.

"거짓 증언하지 말라"는 제9계명을 긍정적으로 표현한다면 "정직하게 증언해야 한다", "정의로운 판결을 내려야 한다"라고 말할 수 있다. 하나님은 정의로운 사회를 위해 정의로운 재판을 원하신다. 억울한 재판으로 인해 억울한 일을 당하는 사람이 없어야 한다. 죄인은 정당한 재판을 통해 그가 마땅히 치러야 할 대가를 받아야 한다. 판사나 검사에게 뇌물을 주고 부당한 재판을 내리게 하는 것은 하나님의 정의를 파괴하고 사회적 불의와 부패를 조장하려는 시도이다. 이것은 결국 인간의 생명에 해가 되고 공동체를 멸망의 길로 이끌어간다.

일상생활에서 "거짓 증언"은 거짓말을 뜻한다. 거짓말은 사태를 왜곡시키고 인간 상호간의 신뢰를 파괴한다. 우리는 거짓말 하는 사람을 더 이상 신뢰하지 않는다. 이런 거짓의 사람들로 이루어진 사회는 결코 신뢰할 수 없는 사회가 되고 말 것이다.

이와 관련하여, 제9계명을 긍정적으로 표현한다면 "정직하게 말해야 한다"고 말할 수 있다. 거짓말하는 사람이 자신을 믿을 수 없는 사람으로, 추하고 무가치한 사람으로 만드는 반면 정직하게 말하는 사람은 자신을 신뢰할 수 있는 사람으로, 영광스러운 사람으로 만든다. 나아가 정직한 말은 정직한 사회, 신뢰할 수 있는 사회, 진리가 있는 사회를 형성한다. 진리는 사랑으로부터 나오는 반면(고전 13:6; 엡 4:25), 거짓말은 이기심에서 나온다. 하나님은 우리의 사회가 정직하고, 신뢰할 수 있고, 진리가 있는 사회가 되기를 원하신다.

10) 제10계명: 제10계명은 "네 이웃의 소유를 탐내지 말라"로 요약될 수 있다. 본문에 의하면 이웃의 집, 이웃의 아내, 그의 남종과 여종, 그의 가축들이 여기에 해당한다. 소유는 우리의 생명을 가능하게 하는 현실적 기반이다. 소유가 있을 때에만 우리는 생명을 유지하고 생명의 존엄성과 자유를 향유할 수 있다. 따라서 이웃의 소유를 탐내고 그것을 빼앗아 자기의 소유로 삼는 행위는 이웃의 생명의 기반을 파괴할 뿐 아니라 그의 존엄성과 자유를 훼손하는 것과 같다.

제10계명을 긍정적으로 표현한다면 "이웃의 생명의 기반과 존엄성을 보호하라"고 말할 수 있다. 이것은 정의로운 소유관계와 페어플레이를 통해 모든 사람이 공존하는 사회를 이루어야 함을 시사한다. 이와 같은 율법의 정신은 고대 이스라엘의 토지법에 나타난다. 그 법에 의하면 각자에게 그의 유업(nachalah), 곧 조상에게서 물려받은 땅이 있다. 그것은 심지어 왕도 침해할 수 없는 존엄한 것으로 간주된다(왕상 21:4). 그것은 가족과 씨족의 존속을 가능하게 해주는 삶의 기반이기 때문이다. 어려운 경제 사정으로 빚을 짊어진 사람의 생명을 위해 매 7년마다 "면제년"이 시행된다. 면제년이 오면 채권자는 채무자의 빚을 면제해주어야 한다(신 15:1).

여기서 소유를 무한히 확대시키고자 하는 인간의 욕망에 제동이 걸린다. 돈을 사랑하여 계속 더 많이 소유하고자 하는 것(그리스어 pleonexia)은 "일만 악의 뿌리"이다(딤전 6:10). 그것은 결국 사회의 양극화를 낳고, 사회 양극화는 사회의 결속력을 해체하고 분열과 멸망을 초래한다. 따라서 "네 이웃의 소유를 탐내지 말라"는 제10계명은 단지 "탐심을 갖지 말라"는 소극적 계명에 그치지 않고 부의 공평한 분배가 이루어지는 인간적인 사회를 이루어야 한다는 적극적 의미를 내포한다.

11) 십계명의 빛에서 본 율법의 본래 목적: 위에 기술한 십계명의 내용을 고려할 때, 율법의 목적이 죄의 인식과 죄에 대한 하나님의 분노의 계시에 있다고 보는 것은 타당하지 않다. 예수는 율법의 본래 목적을 "하나님 사랑"과 "이웃사랑"으로 요약한다(마 22:34-40). 따라서 율법은 크게 나누어 하나님 사랑에 관한 계명들과 이웃사랑에 관한 계명들로 구성된다. 이 두 가지 계명들은 십계명의 "제1서판"과 "제2서판"으로 요약된다. 제1서판, 곧 제1계명에서부터 제3계명은 하나님 사랑에 관한 계명이요, 제2서판, 곧 제4계명에서부터 제10계명은 이웃사랑에 관한 계명이다.

하나님 사랑과 이웃사랑으로 요약되는 율법은 그 속에 보석처럼 귀중한 구체적 목적들을 담지하고 있다. 우리는 위에 기술한 십계명과 구약의 다른 계명들에 근거하여 율법의 본래 목적을 다음과 같이 보다 구체적으로 정리할 수 있다.

a. 율법은 본래 하나님과 이스라엘의 계약관계를 유지하는 조건으로 이스라엘 백성에게 주어진 것이다. 계약의 내용은 ① 하나님은 이스라엘

백성의 하나님이 되어 이스라엘을 지키시고 축복하시며, ② 이스라엘 백성은 하나님의 율법을 지키는 하나님의 거룩한 백성이 되는 데 있다. 따라서 율법의 본래 목적은 이스라엘 백성이 하나님의 율법을 지킴으로써 하나님의 "거룩한 백성"이 되는 데 있다.

"거룩한 백성"이 되기 위해 이스라엘은 출애굽의 하나님만을 참 신으로 경외하며 그를 사랑해야 한다. 다른 신들을 섬기지 말아야 한다. 하나님만을 참 신으로 섬기는 것은 다른 신들의 이름으로 행하는 모든 악습들을 버리는 것과 직결된다. 곧 다른 신들을 섬기는 타종교의 "소위를 본받지 말아야" 한다(출 23:24). 성전의 성창(聖娼) 제도와 집단혼음, 어린이를 불에 태워 제물로 바치는 관습 등을 따르지 말아야 하며(레 18:21; 신 18:10), 근친상간, 짐승과의 교접을 금지하는 계명들을 지켜야 한다(레 18:6-23; 신 27:20-23; 22:22-25). 이와 같은 일들은 하나님의 이름을 "욕되게" 하는 일이다(레 18:21).

또한 이스라엘은 하나님의 "거룩한 백성"이 되기 위해 이웃을 사랑해야 한다. "이웃 사랑하기를 네 몸과 같이 하라"(레 19:18). 구체적으로 이스라엘 백성은 과부와 고아와 나그네 등 그 땅의 힘없고 가난한 사람들에게 자비를 베풀어야 한다. 안식일에 연약한 생명들의 생명력을 보호하며, "과부와 고아", 곧 사회적 약자를 돌보아야 한다. 게다가 거짓되고 잔인하고 불의한 모든 행위를 버려야 한다. 살인과 간음과 도적질과 거짓 증언을 하지 않으며, 이웃의 소유를 탐내지 말아야 한다. 이와 같이 출애굽의 하나님만을 참 신으로 섬기며 이웃을 사랑할 때, 이스라엘 백성은 하나님의 "거룩한 백성"이 되고 하나님과의 계약관계가 유지될 수 있다. 바로 여기에 율법의 본래 목적이 있는 것이다.

b. 또한 율법의 목적은 하나님과의 계약관계 속에서 인간 생명의 권리와 존엄성을 회복하는 데 있다. 이를 위해 율법은 거짓된 신격화를 배격한다. 출애굽의 하나님만이 참 신이요, 세계의 다른 모든 것은 신이 아니다. 이를 통해 고대사회의 보편적 현상이었던 정치권력과 종교권력의 탈신격

화·탈신성화가 일어난다. 왕은 신적 존재가 아니라 "하나님의 아들"로 기름 부음을 받은 인간에 불과하다. 따라서 이스라엘 백성은 왕을 신격화한 고대의 왕정제도와 달리 12지파 동맹체제(Amphyktionie)를 가지고 있었다.

모세가 이스라엘 백성에게 전달해준 율법은 하나님이 주신 것이다. 그것은 "하나님의 법"으로서 왕이나 황제도 그 지배를 받는다. 하나님의 법 앞에서 모든 인간은 평등하다. 따라서 통치자들은 하나님의 법에 따라 통치해야 하며, 개인의 권리와 존엄성을 훼손해서는 안 된다. 조상이 물려준 땅을 왕에게 팔 것을 거부한 나봇의 이야기는 인간의 권리와 존엄성을 왕도 침해할 수 없다는 것을 보여준다. 율법의 목적은 인간의 권리와 존엄성을 지키는 데 있다.

c. 율법의 궁극적인 목적은 하나님의 자비와 정의가 다스리는 새로운 생명 세계를 이루는 데 있다. 그것은 인간의 모든 행위를 제약하는 데 있지 않고 하나님 앞에서 모든 인간은 물론 자연의 생명력을 보호하며, 정의롭고 평화로운 사회를 이루는 데 있다. 안식일, 안식년, 면제년, 희년에 관한 계명들이 율법의 이런 목적을 가장 잘 보여준다.

구약성서의 수많은 다른 계명들도 율법의 이 목적을 보여준다. "너는 굽게 판단하지 말며, 사람을 외모로 보지 말며, 또 뇌물을 받지 말라.…너는 공의만 좇으라"(16:19-20). 너희들이 사는 성읍에서 힘없고 가난한 자들의 탄식과 부르짖음이 들리게 해서는 안 된다. 과부와 고아는 물론 땅의 생명력과 자연 짐승들의 생명도 보호해야 한다. "새끼를 품은 어미를 잡지 말아라"(신 22:6). "곡식을 밟으면서 타작하는 소의 입에 망을 씌우지 말아라"(25:4). 이웃 사랑에 관한 구약성서의 계명들은 궁극적으로 하나님의 자비와 정의가 모든 것을 결정하는 하나님의 새로운 생명 세계를 목표로 삼는다.

그러므로 신명기는 율법을 "생명"과 결합한다. "네 하나님 야웨를 사랑하고…그 명령과 규례와 법도를 지키라.…그리하면 네가 생존하며 번성할" 것이다(30:16). 율법을 지키는 것은 생명과 축복의 길이요, 지키지 않는 것은 죽음과 저주의 길이다(30:19). 야웨는 그분의 백성에게 율법의 "계명들과 함께 생명을 제시한다. 이스라엘은 계명들을 들을 때 생명이냐, 아니면 죽음이냐의 결단에 직면하게 된다"(Rad 1969, 207). 율법은 거짓된 신의 숭배와 탐욕과 불의에서 참 생명의 세계로 인간을 해방시키는 "자유의 법"(약 1:25; 2:12)이요 하나님의 가르침, 곧 "토라"이다.

E. 율법의 목적을 성취하는 그리스도의 사랑

1) 그리스도인의 삶의 방향을 지시하는 율법의 기능: 정통주의 신학에 의하면 율법은 "세 가지 용도"(*triplex usus legis*) 내지 기능을 가진다. ① 정치적 용도(*usus politicus s. civilis*): 세속의 정치적 영역에서 죄를 억제하는 "빗장"의 기능, ② 교육적 용도(*usus paedagogicus s. elenchticus*): 영적·정신적 영역에서 죄를 깨닫게 하는 "거울"의 기능, ③ 지침적 용도(*usus didacticus*): 새롭게 태어난 그리스도인들에게 삶의 방향과 지침을 제시함으로써 그들을 지도하고 인도하는 "규칙" 내지 지침의 기능.

세 가지 용도 중에 제3용도는 많은 신학자들의 논쟁의 대상이 된다. 루터는 제3의 용도를 부인한다. 구원은 오직 믿음을 통하여 가능하다는 그의 기본입장을 양보할 수 없었기 때문이다. 이에 반해 칼뱅은 제3의 용도를 인정한다. 칼빈의 설명에 따르면 그리스도인들은 하나님의 의지와 지혜를 완전히 통찰하기 위해, 또 죄의 본성을 벗어나기 위해 율법의 "가르침"과 "교훈"을 필요로 한다(*Inst.* II.7.12-17).

그런데 판넨베르크는 구원받은 그리스도인들의 실제 생활에서 율법의 세 가지 용도의 필요성을 전적으로 부인한다. 그는 그리스도의 복음과 사도들의 가르침 그리고 세속의 법만으로 충분하다고 보기 때문이다. "신자로서의 그리스도인은 사실상 율법을 필요로 하지 않는다. 그가 그리스도 안에서 가지고 있는⋯자유를 사용하도록 인도하는 사도들의 가르침을 필요로 할 뿐이다"(Pannenberg 1993, 111). 헤를레(Härle)도 동일한 입장을 취한다. 우리는 복음을 통해 하나님의 의지를 충분히 인식할 수 있다. 율법은 "그의 요구하는 성격으로 말미암아…인간을 죄의 종살이에서 해방할 능력이 없다. 그것은…인간이 그의 행위를 통해 구원을 얻을 수 있을 것이라는 망상을 일으킨다"(Härle 2007, 529). 신자들은 하나님의 의지를 "복음으로부터" 충분히 알 수 있고 삶에 대한 지침을 충분히 얻을 수 있기 때문에 율법의 제3용도는 "불필요하고 또 위험하다"(530).

그러나 필자는 판넨베르크와 헤를레의 생각에 동의할 수 없다. 물론 그리스도인의 생활 규범이 되는 것은 율법 그 자체보다 예수의 말씀과 신약성서의 가르침이 더 적절하다. 그것은 궁극적으로 예수 그리스도 안에 계시되는 하나님의 사랑과 정의라 할 수 있다. 반면에 율법 속에는 오늘날 우리 세계에서 축자적으로 적용할 수 없는 수많은 계명들이 포함되어 있다. 이런 이유로 율법이 예수와 바울에 의해 상대화되었던 것이다. 종교개혁자 부처(M. Bucer)에 의하면, 특히 "율법 중에서 의식법(儀式法)은 그 중요성을 잃어버렸다"(최윤배 2008, 22).

그럼에도 불구하고 율법은 하나님의 형상 금지명령, 사회적 약자의 생명과 권리 보호, 사회정의, 통치자들의 청렴한 생활과 공의로운 통치, 자연의 피조물에 대한 자비와 정의, 땅의 생명력의 회복, 소유의 사회적 환원을 요구하는 희년의 계명 등 신약성서가 침묵하거나 명백히 말하지 않는 많은 귀중한 계명들을 담고 있다. 로마제국의 박해를 당하던 역사적 상황에서 신약성서가 통치자들의 통치권을 "하나님께서 세워주신 것"이라고 말한 반면(롬 13:1), 구약성서는 통치자들에게 정의로운 통치를 명령하고 이 명령을 따르지 않는 통치자들에게 심판을 선언한다. 연약한 생명들을 쉬게 하고 땅의 생명력을 회복시키라는 안식일과 안식년의 계명은 신약성서 어디에도 기록되어 있지 않다. 따라서 구약의 율법도 다시 태어난 그리스도인들의 삶에 있어 중요한 지침이 될 수 있다.

십계명은 모든 인류가 따라야 할 삶의 기본지침을 제시한다. 본회퍼에 의하면 "십계명은 하나님이 계시한, 그리스도의 통치 아래 있는 모든 삶의 생명의 법칙이다. 그것은 이질적 통치와 자기를 법으로 생각하는 자에게서의 해방이다. 십계명은 신자들에게 창조자와 화해자의 법으로 드러난다. 십계명은 세상적인 삶을 자유롭게 복종할 수 있게 하는 틀이다. 그것은 그리스도의 통치 아래 있는 자유로운 삶으로 해방시켜준다"(Bonhoeffer 1975, 349).

신약성서는 곳곳에서 율법의 제3용도를 인정한다. "자유의 율법에 따라 심판받을 자처럼 말도 하고 행해야" 한다(약 2:12). "완전한 율법, 곧 자유를 주는 율법"을 실행하는 사람은 "복을 받을 것이다"(1:25). "사람이 율법을 법 있게 쓰면 율법은 선한 것인 줄 우리가 안다"(딤전 1:8; 또한 1:9 이하; 롬 7:12-16; 고전 9:8-9; 14:21, 34). 본래 율법 속에는 "지식과 진리가 구체화된 모습으로 들어 있다"(롬 2:20). 우리가 그리스도 안에서 율법의 참 뜻을 지킬 때, 율법은 우리에게 복과 자유를 줄 수 있다(약 1:25; 2:12).

루터교회의 「신조일치서」도 율법의 제3용도를 인정한다. 이 세상의 삶 속에서 그리스도인들의 다시 태어남과 갱신(regeneratio, renovatio)은 언제나 불완전하다. 그러므로 복음을 통해 성령의 부어주심을 얻고 선한 열매를 맺는다 할지라도 율법의 가르침이 필요하다(Formula Concordiae VI.2). 칼뱅에 의하면 그리스도인들의 삶은 죄의 세력과 싸우는 "전투장 위에 있는 과정"이기 때문에, 율법은 "올바르고 정의로운 삶에 대한 지침"이 된다(Inst. II.7.13).

2) 율법의 본뜻을 성취하는 그리스도의 사랑: 율법이 그리스도인들의 삶에 지침이 될 수 있다 하더라도 결코 구원의 길은 될 수 없다. 율법은 우리에게 지침이 될 수 있지만 그 지침을 따를 수 있는 능력을 주지 못한다. 율법도 하나님의 선한 목적을 계시하며, 그 속에 하나님의 "지식과 진리"를 담지하고 있다(롬 2:20). 하지만 이 지식과 진리를 실천하고 하나님의 목적을 성취할 수 있는 길은 오직 그리스도에 대한 믿음과 희망과 사랑 안에 있다. 인간을 죄의 세력에서 해방하고 그의 성품을 변화시킬 수 있는

궁극적인 길은 율법이 아니라 그리스도의 사랑이다. 그리스도인들은 그리스도의 사랑에 감격하여 율법의 참 목적을 실행하게 된다.

구약의 율법은 이스라엘 백성이 출애굽하여 가나안 땅에 정착할 당시의 특수한 역사적·문화적 상황 속에서 주어졌다. 수천 년 전, 시내반도와 가나안 땅의 특수한 상황에 맞게 주어진 구약의 율법이 모든 시대와 지역에 대해 구속력을 가질 수 없다. 그런 까닭에 율법은 영원히 변할 수 없는 무시간적·절대적 타당성을 갖지 않는다. 그것은 절대적인 도덕법이 될 수 없다. 율법을 요약하는 십계명도 "이스라엘에 의해 결코 절대적인 도덕법(moralisches Sittengesetz)으로 이해되지 않았다." 오히려 "그의 역사의 특수한 시간에" 생명의 구원을 주고자 하는 "야웨의 의지의 계시"로 간주되었다(Rad 1969, 207). 이런 이유로 예수와 바울은 성전의 희생제의, 정결과 음식물과 할례, 사람을 돌로 쳐죽이는 사형방식 등 구약의 계명들을 상대화하였다.

중요한 것은 수천 년 전에 주어진 율법의 조문들을 지키는 것이 아니라 율법의 궁극적 목적을 이루는 데 있다. 곧 하나님 사랑과 이웃사랑 속에서 하나님의 거룩한 자녀로 변화되고 하나님의 정의로운 세계를 세우는 것이다. 이 목적은 율법 자체가 아니라 "생명의 성령의 법", 곧 그리스도의 사랑을 통해 성취될 수 있다. 그리스도의 사랑이 우리 안에 있을 때 우리는 "율법이 요구하는 바"를 행할 수 있다(롬 8:4). 그리스도의 사랑이 없을 때 율법을 지키는 인간의 행위는 결국 인간의 자기의(自己義)와 자기 교만으로 변질되고 율법주의가 하나님을 대신하고 만다.

사랑은 자유를 그 특성으로 가진다. 사랑은 상대방을 구속하지 않고 자유롭게 한다. 사랑은 절대적 규범이나 원리를 명령하지 않으며, 수천 년 전에 주어진 율법의 조문을 무조건 지키라고 강요하지 않는다. 사랑은 이웃의 생명에 유익한 것을 행하며, 새로운 삶의 상황에서 이웃의 생명과 공동체의 미래에 유익이 되는 가장 적절한 행동양식과 삶의 질서를 찾는다.

율법주의는 인간을 특정한 행동양식과 규례로 묶어버린다. 끊임없이 변화하는 인간의 삶의 현실을 고정된 법조항으로 규제하고자 한다. 한 예로, 안식일에 엘리베이터 단추를 눌러서는 안 되기 때문에 안식일 전용 엘리베이터를 따로 설치하는 어처구니없는 일이 현대 이스라엘 사회에서 발생한다. 이에 반해, 사랑은 새로운 상황 속에서 하나님이 원하시는 새로운 삶의 양식과 삶의 현실을 찾는다. 배고픈 사람에게 안식일에 밀 이삭 따먹는 것을 허락한다. 사랑은 "인간이 이룩한 모든 종류의 형식적 제도로부터 인간을 해방시키며, 모든 것들을 인간을 위한 것으로 현실화"시킨다(황돈형 2012a, 324). 그것은 정죄하지 않고 용서하며, 용서함으로써 새로운 생명의 가능성과 잠재성을 열어준다.

물론 구약의 율법도 하나님의 사랑에 근거한다. 그것은 출애굽의 특별한 상황 속에서 모세를 통해 주어진 하나님의 의지, 곧 하나님의 사랑의 표현이다. 하지만 글자로 고정되었거나 관습화된 율법은 삶의 모든 상황에 대해 강제력을 가지며, 율법에 복종하지 않는 사람을 정죄하는 역기능을 갖는다. 이에 반해 사랑은 율법 조문에 구애를 받지 않고 인간의 삶에 유익할 뿐더러 생명을 살릴 수 있는 것을 찾는다.

그러므로 예수는 우리가 어떻게 행동해야 할 것인지, 세부 규정이나 고정된 원리를 말하지 않는다. 예를 들어 안식일에 몇 킬로미터를 갈 수 있는지, 무슨 음식물을 먹어야 하고 먹지 말아야 하는지 규정하지 않는다. 대신에 예수는 이보다 훨씬 더 본질적인 것을 요구한다. "네 이웃을 네 몸처럼 사랑하라!" "네가 이웃에게서 기대하는 대로 이웃에게 행하여라!" "이웃을 위해 자기 목숨을 희생하는 것보다 더 큰 사랑은 없다!"

노예제도에 대해서도 신약성서는 보편적인 원칙을 말하지 않는다. 오히려 노예들은 주인을 존경하며(딤전 6:1), 그에게 순종하라고(엡 6:5; 골 3:22) 권유한다. 이것은 노예제도를 지지하는 것으로 들릴 수 있다. 그러나 신약성서는 노예해방보다 더 본질적인 것을 요구한다. 주인은 주님의 상을 받을 수 있도록 노예를 대해야 하며, 그를 위협하거나 차별하지 말아야 한다(엡 6:8-9). 노예나 주인이나 차별이 없다(골 3:11). 그리스도 안에서는 "노예도 없고 자유인도 없으며…모든 사람이 그리스도 예수 안에서 하나이다"
(갈 3:28), "모두 한 성령으로 세례를 받아서 한 몸이 되었다"(고전 12:13-14).
주인은 노예를 "사랑받는 형제로"(몬 1:16) 대해야 한다! 신약성서의 이와
같은 진술들은 노예제도의 폐기 그 이상의 것을 요구한다. 곧 주인도 없고
노예도 없는 사회, 모든 사람이 한 형제로 살아가는 사회를 세울 것을 요
구한다.

예수께서 행하셨던 것처럼 사랑은 신음하는 생명을 살리기 위해 그
사회의 기존 윤리규범과 이념들을 초월할 수 있다. 남자는 "여자의 머리"
이기 때문에 여자는 남자에게 복종해야 하며 교회 안에서 침묵해야 한다
는 신약성서의 계명도 상대화시킬 수 있다. 이 상대화는 이미 신약성서 자
체 안에서 일어나고 있다. 남자와 여자가 모두 "그리스도 예수 안에서 하
나이다"(갈 3:28). 모든 계명과 윤리규범과 이념들이 인간의 생명을 위해 있
는 것이지, 인간의 생명이 이것들을 위해 있는 것이 아니다. 그러므로 그
리스도인들은 수천 년 전에 주어진 율법이 명령하는 행동규칙에 묶이지
않고, 성령께서 부어주시는 그리스도의 사랑 안에서 창조적으로 행동한
다. 그들은 기존의 윤리규범이나 계명을 초월하여 하나님이 원하시는 것,
곧 생명에 유익한 것을 행한다.

개인과 개인, 부유층과 빈곤층, 인종과 인종, 자연과 인간이 분리된 오
늘날 우리 세계에서 사랑은 연합을 그 본성으로 가진다. 웨슬리의 주장에
따르면, "사랑의 본질은 우리 모두를 연합하게 하는 것이며 더 많이 사랑
할수록 더 연합하게 된다.…사랑의 결핍이 분리의 실제적인 원인이다"(이
찬석 2012a, 188). 그리스도의 사랑은 분리된 것들을 하나로 연합한다. "유대
사람도 그리스 사람도 없으며, 종도 자유인도 없으며"(갈 3:28). 그리스도의
사랑 안에서 "하늘과 땅에 있는 모든 것"이 하나로 통일될 것이다(엡 1:10).

F. 십일조와 소유에 관한 계명

한국 개신교회의 많은 공동체들은 "십일조가 신앙생활의 가장 중요하고 본질적인 부분인 것처럼 강조해왔다"(김근주 2013, 134). 십일조를 바친 교인의 이름과 액수를 주보에 밝히는 교회도 있다. "사람이 어찌 하나님의 것을 도적질하겠느냐?"라는 말라기 3:8의 말씀에 근거하여, 교회에 십일조를 바치지 않는 것은 "하나님의 것을 도둑질하는 것"이라 설교하는 목회자도 있다. 십일조를 내지 않는 것이 정말로 "하나님의 것을 도둑질하는" 것이라면, 십일조를 내지 않는 사람은 구원을 얻지 못할 것이다. 한국 개신교의 어느 교단은 십일조를 바치지 않는 신자들에게 직분과 투표권을 허용하지 않는다고 한다. 그러면 우리는 신학적으로 십일조 문제를 어떻게 판단해야 하는가?

1) 십일조에 대한 해석: 먼저 우리는 십일조의 긍정적 의미를 인정할 수 있다.

• 우리의 소유는 물론 우리의 생명까지도 하나님에게서 오는 것이기에 하나님의 소유라 할 수 있다. 우리는, 이 모든 것의 소유자가 아니라 그것을 당분간 사용하다가 언젠가 하나님께 돌려드리고 떠날 수밖에 없는 나그네와 같다. 십일조는 하나님에게서 받은 것을 하나님께 돌려드리는 상징적 행위요, 하나님의 은혜에 대한 감사의 표식이다.

• 돈이 없으면 우리는 생명을 유지할 수 없다. 돈은 우리의 생명과 같다. 생명과 같은 돈 가운데 십분의 일을 하나님께 바치는 것은 우리의 생명을 바치는 것과 같다. 따라서 십일조를 드릴 때 우리는 자신의 생명을 하나님께 바치며 맡기는 것이다. 이를 통해 하나님이 우리의 생명의 주인이 되시고, 우리는 하나님의 백성이 된다. 십일조는 이것을 나타내는 상징적 행위이다.

이와 같이 십일조가 귀중한 의미를 갖고 있지만, 십일조를 월수입의 1/10이란 숫자로 확정하는 것은 문제가 있어 보인다. 우리가 바치는 헌금은 우리의 소유와 생명에 대한 하나님의 소유권의 인정과 이에 대한 감사의 표시요, 우리의 삶의 길을 하나님께 맡기고 그의 인도하심과 도우심을 신뢰하는 상징적 행위이다. 이런 의미를 가진 헌금이 월수입의 1/10이란 특정한 액수로 확정되는 것은 무의미하다. 그것은 1/10보다 적을 수도 있고 더 많을 수도 있다. 경우에 따라 자기의 전 재산을 바칠 수도 있는 것이다. 간단히 말해 1/10이란 숫자는 상대화해야 한다.

앞서 기술한 대로 예수는 율법을 상대화하는데, 곧 정결, 음식물, 안식일 등에 관한 계명들이 여기에 해당한다. 그렇다면 구약성서가 말하는 십일조 계명 역시 상대화할 필요가 있다. 그래서 복음서의 예수는 "십일조를 반드시 내야 한다"고 강요하지 않는다. 중요한 것은 수입의 1/10이란 숫자가 아니라 가난한 과부처럼 진심으로 자기의 모든 것을 하나님께 맡기는 마음에 있기 때문이다(막 12:42). 또 예수는 십일조를 바칠지라도, "정의와 자비와 신의와 같은 율법의 더 중요한 요소들"을 행하지 않으면, 십일조는 무의미하다고 말한다(마 23:23).

바울에 따르면 하나님의 구원을 얻을 수 있는 길은 구약의 율법이 명령하는 바를 행하는 데 있지 않고 하나님의 값없는 의롭다 하심, 곧 칭의에 있다. 이로써 십일조를 포함한 율법의 모든 계명들이 상대화된다. 특히 바울은, 할례를 받아야 한다고 주장하는 사람은 "차라리 자기의 그 지체(남성의 성기를 말함)를 잘라버리는 것이 좋겠다"고 할 정도로 할례를 반대한다(갈 5:12). 그는 무엇이든지 그 자체로 부정한 음식물은 없으며(롬 14:14), "하나님이 지으신 것은 모두 다 좋은 것"이므로 모든 음식물을 먹어도 좋다고 말한다(딤전 4:4). 히브리서도 구약의 희생제물에 대한 계명을 폐기한다(히 7:27).

이와 같은 신약성서의 가르침에 따라, 기독교는 구약 율법의 모든 계명들을 상대화함으로써 할례, 희생제물, 안식년, 희년 등과 같은 대부분의 계명들을 지키지 않는다. 금요일 저녁에 시작되는 안식일도 주일(일요일)로 바꾸었다. 그럼에도 불구하고 구약의 십일조만은 철저히 지켜야 한다고 주장하는 것은 설득력이 없다. 구약의 십일조 계명이 반드시 지켜져야 한다면, 구약의 다른 모든 계명들도 지켜야 할 것이다. 구약의 모든 계명들을 상대화하면서 십일조 계명만은 지켜야 한다는 것은 논리적 모순이다. "십일조를 비롯한 구약 율법은 예수 안에서 완전히 폐지되었고, 예수 안에서 그 온전한 의미가 완전케 되어 살아나기 때문이다"(김근주 2013, 136).

한 마디로 "10분의 1"이란 숫자가 새로운 율법이 되어서는 안 된다. 십일조를 바치느냐 바치지 않느냐의 문제는 각자가 하나님 앞에서 자기 스스로 결정할 문제이다. 하나님은 부도를 맞아 가정이 파탄되고 채권자에게 쫓겨 다니는 사람, 빚 때문에 자살까지 생각하는 사람에게 십일조를 내라고 명령하지 않을 것이다. 단지 자기의 모든 것을 바치는 마음으로 헌금하라고 말씀하실 것이다.

경제적 여유가 많은 사람은 10의 1이 아니라 10의 5도 바칠 수 있어야 한다. 거대한 부를 가진 사람들은 미국의 빌 게이츠(Bill Gates, 1955~)처럼 거의 모든 소유를 하나님께 바칠 수도 있을 것이다. 이런 맥락에서 신명기기자는 "저마다…하나님으로부터 받은 복에 따라서 그 힘대로 예물을 가지고" 하나님께 나아가야 한다고 말한다(신 16:17). 예수는 마음이 인색한 부자 청년에게 1/10이 아니라 자기의 전 재산을 바치라고 요구한다.

그런데 우리의 수입 가운데 얼마를 하나님께 바쳐야 마음이 편할지, 그 기준을 정하기가 매우 어렵다. 우리 인간에게는 자기를 위해 가급적 더 많이 소유하고자 하는 경향이 있다. 그래서 하나님에게 얼마를 바쳐야 하는가의 문제를 각 사람의 양심에 맡기게 될 경우, 하나님께 바쳐야 할 부분을 가능한 하향조정할 가능성이 크다. 특히 경제적 여유가 별로 없는 신자들이 더욱 그럴 것이다. 따라서 십일조는 모든 신자들이 참고해야 할 지침이 된다고 말할 수 있다. 하지만 그렇다고 해서 그것이 새로운 율법이 되어서는 안 된다.

예수도 십일조를 부인하지 않는다. 그는 "정의와 하나님께 대한 사랑"

이 십일조보다 더 중요하지만, "십일조도 소홀히 하지 않아야 한다"고 말한다(눅 11:42). 그러나 "십일조도 소홀히 하지 않아야 한다"는 예수의 말씀은 "반드시 1/10을 바쳐야 한다", "1/10만 바치면 된다"는 것을 뜻하지 않는다. 우리는 이 말씀이 당시 유대 사회에서 경제적 여유가 있는 바리새파 사람들에 대한 말씀이었음을 유의해야 할 것이다.

헌금할 때 중요한 것은 "10분의 1"이란 숫자가 아니라 "각각 그 마음에 정한 대로 할 것이요, 인색함으로나 억지로 하지" 않고, 하나님이 나에게 주신 것을 하나님께 바치려는 마음에 있다(고후 9:7). 결정적인 문제는 "10분의 1"이란 숫자가 아니라 마음이 하나님에게 있는지 아니면 세상에 있는지, 어떤 마음으로 하나님께 바치는지에 있는 것이다. 그리고 "정의와 자비와 신의와 같은 율법의 더 중요한 요소들"을 행하는 데 있다(마 23:23). 하나님은 십일조에 앞서 우리의 마음을 원하시되, 계산적이고 인색한 마음으로 바치지 않고 받은 것에 대해 감사하며 바치는 마음을 원하신다. 우리가 하나님의 의롭다 하심을 얻을 수 있는 길은 우리의 신실한 믿음에 있는 것이지 결코 십일조에 있지 않다.

십일조를 내면서도 뇌물을 받고 공금을 횡령하는 것이야말로 "하나님의 것을 도둑질하는" 것이다. 죽을 때까지 써도 다 쓸 수 없는 재산을 축적했으면서, 그리스도의 "작은 형제들"에게 마땅히 돌려주어야 할 것을 돌려주지 않는 행위도 마찬가지다. 하나님께서 기뻐하는 가장 큰 사랑은 이웃을 위해 자기의 생명을 바치는 데 있다(요 15:13). 또 헌금할 때 중요한 것은, 깨끗한 돈을 바치는 일이다. 하나님은 불의한 돈이나 더러운 돈을 바치는 것을 원하지 않는다. "너희가 더러운 떡을 제단에 드리고도 말하기를, '우리가 언제 주님을 더럽게 하였나이까?' 하고 되묻는다"(말 1:7).

구약의 민수기와 신명기에서 언급되는 십일조는 두 가지 목적을 가진다. 첫째, 십일조는 가나안 땅에 입주하여 땅을 기업으로 얻은 11지파에 반해, 그것을 얻지 못한 채, 성소에서 봉사하는 레위 지파의 생활을 배려하는 데 그 목적이 있다(민 18장; 신 26:12). 둘째, 십일조는 함께 살고 있는 가난한 이웃들의 생활을 배려하는 데 목적이 있다(신 12:12, 18-19; 14:22-29). 3년마다 드리는 십일조는 "레위 사람과 외국 사람과 고아와 과부에게 나누어" 주기 위한 것이었다(신 26:12). 요컨대, 십일조는 "기업 없는 레위인들에 대한 배려, 그리고 함께 살아가는 가난한 이웃들을 위한 나눔"을 "기본 성격"으로 가진다(김근주 2013, 136). 따라서 하나님은 이와 같은 기본 목적을 생각하지 않고 십일조가 제사장들의 배를 채우기 위한 것으로 전용될 때, 제사장들의 얼굴에 "희생제물(십일조)의 똥을" 칠하겠다고 경고한다(말 2:3).

어떤 성직자는 "성전에 십일조 하면 하나님이 복을 주실 것이니, 하나님을 시험해보라"고 설교한다. 이와 같은 설교는 신자들의 "욕망을 더욱 자극하고 자신의 손아귀에 더더욱 많은 것을 틀어쥐는 방편을 알려주는 설교일 뿐이다." 본질적으로 중요하게 여겨야 할 것은 "하늘에 보물을 쌓는 삶, 이웃을 돌아보며 함께 나누며 살아가는 삶이 되어야 한다. 내 것을 내 것으로 여기지 않고, 이웃과 함께 나누도록 맡기신 것임을 기억하는 삶이다"(김근주 2013, 137).

한국의 많은 교회들은 신자들에게 십일조를 바치게 하고 그 명단을 주보에 발표한다. 십일조를 바치게 한 다음, 주일헌금, 감사헌금, 선교헌금, 건축헌금, 맥추절 헌금, 각종 절기헌금 등을 바치게 한다. 그래서 매달 수입의 십일조가 아니라 십의 이조가 교회에 들어간다는 얘기가 들릴 정도이다. 경제적 여유가 있는 사람들에게 이것은 별 문제가 아니지만, 경제적으로 어려운 사람들, 부채를 짊어지고 살아가는 사람들에게 이것은 글자 그대로 "하나님의 것을 도적질하는" 행위와 같다. 우리는 이런 일에 대해 예수님이 무엇이라 말씀하실지 물어볼 필요가 없을 것이다.

2) 소유에 대한 그리스도인의 태도: 그리스도인들의 실생활에서 소유의 문제는 매우 중요하다. 우리는 소유가 없으면 생존할 수가 없는데, 성서는 소유와 하나님을 함께 섬길 수 없다고 말한다. 우리는 소유의 문제와 관련하여 늘 마음의 갈등을 일으킨다. 그러면 우리는 소유에 대해 어떤 태

도를 취해야 하는가? 이에 대한 성서의 가르침을 고찰하고자 한다.

a. 예수는 먼저 소유에 집착하지 말고 소유를 버릴 것을 명령한다. 우리는 하나님과 소유를 함께 섬길 수 없다(눅16:13). 예수의 제자가 되려면 우리의 소유를 다 버려야 한다(14:33). 소유를 다 팔아 가난한 사람들에게 나누어 주어야 한다(18:22). "너희는 소유를 팔아서, 자선을 베풀어라"(12:33). 빌리고자 하는 사람이 있을 때 "아무것도 바라지 말고 꾸어주어라"(6:35). 이를 행하지 않을 때 하나님의 나라에 들어갈 수 없다. "부자가 하나님의 나라에 들어가는 것보다, 낙타가 바늘귀로 들어가는 것이 더 쉽다"(18:25). "영원한 생명"을 얻을 수 있는 길은 자기의 소유를 팔아 가난한 사람들에게 나누어 주는 데 있다. "가서 네 소유를 팔아서 가난한 사람에게 주어라"(마 19:21).

b. 많은 신학자들은 "재산과 소유를 팔아서 모든 사람에게 필요한 대로 나누어준" 사도행전의 기독교 공동체가 이상적 공동체라고 소개한다(행 2:43-47). 자기의 소유를 완전히 포기하는 사람이 예수의 참 제자라고 가르친다. 그러면 우리는 이 공동체의 모습을 따르지 않고 사유재산을 유지하는 모든 신자들을 구원받지 못한 죄인이라 보아야 하는가?

만일 위의 말씀을 축자적으로 따른다면 국가 경제는 무너지고 말 것이다. 기업가들은 자기자본을 보유하지 말아야 하고, 자기의 집과 자동차는 물론 공장도 팔아서 가난한 사람들에게 나누어주어야 하며, 주식투자도, 예적금도 하지 말아야 할 것이다. 하지만 이렇게 되면 소비도 현저히 줄고 화폐가 유통되지 않아 새로운 기술개발과 투자가 불가능하게 되고 모든 회사가 문을 닫을 것이며, 실업자가 무더기로 생기게 될 것이다.

이것은 결코 예수의 뜻이 아닐 것이다. 오히려 예수는 소유를 인정한다. 예수는 "내 소유의 절반을 가난한 사람들에게 주겠습니다"라고 말하는 삭개오에게 "나머지 절반도 다 팔아서 나누어 주어라"고 말하지 않는다. 그는 삭개오가 나머지 절반을 소유하는 것을 허락한다. "오늘 구원이 이 집에 이르렀다"(눅 19:8-9).

c. 여기서 우리는 사도행전의 공동체 상황과 오늘날의 상황 간의 차이를 인식해야 한다. 사도행전의 공동체는 오순절 성령강림 때 성령을 받은 불과 수십 명의 극히 작은 공동체로서, 당시 유대 사회에서 소외된 소규모 특수집단이었다. 이들은 어떤 어려움을 당할지 모르는 상황 속에 있었다. 이런 특수한 상황에서 "재산과 소유를 팔아서 모든 사람에게 필요한 대로 나누어주고" 모든 것을 함께 사용하는 것은 어려운 일이 아니었을 것이다.

물론 오늘날 한국 교회도 사도행전의 공동체의 모습을 닮아야 할 것이다. 참 예수의 제자들이 모인 공동체 안에 소유의 나눔이 있어야 할 것이다. 그러면 소유를 공유하고 필요한 물건을 함께 나누어 쓰는 소규모 형제자매의 공동체가 이루어질 수도 있을 것이다. 그러나 우리는 20세기 공산주의 국가의 역사를 통해 범국가적 차원에서 모든 소유를 공유하는 공산사회를 실현할 수 없다는 사실을 경험하였다.

구약의 율법은 노예해방, 토지반납, 채권포기 등 부의 사회적 환원을 명령하지만 모든 사람이 소유를 공유하고 함께 나누어 쓰는 사회주의 체제를 명령하지 않는다. 신약성서의 그 어느 문서도 이것을 명령하지 않는다. 구약은 물론 예수도 삭개오에게 개인의 소유를 허락한다. 구원받지 못한 인간의 세계에서 공산사회를 이룬다는 것은 불가능하기 때문이다. "재산과 소유를 팔아" 필요한 대로 나누어 쓸 경우, 땀 흘려 노동하지 않으며 공동의 재화를 남용하고 자기의 재화는 숨겨두면서 더 많은 부를 얻고자 하는 일이 곧 일어나게 될 것이다. 인간은 천사가 아니기 때문이다. 이리하여 사회 전체가 부패에 빠지게 된다. 구 공산주의 사회의 부패와 권력남용이 더 심각하다는 사실이 이것을 증명한다.

따라서 사도행전의 공동체의 모습을 보편적 사회제도의 규범으로 간주하며, 그것을 모든 그리스도인들에게 요구하는 것은 온당하지 않다. 자기 자신도 실천하지 못하면서 그것을 이상화시키고, 그것을 실천하지 못하는 사람들에게 양심의 가책만 안겨주는 일은 중단되어야 한다. 그것은 분명 모든 기독교 공동체가 지향해야 할 이상이지만 초기 그리스도인 공동체의 특수한 상황 속에서 이루어졌던 것이기 때문에 보편적 사회규범으로 강요되어서는 안 될 것이다.

d. 그렇다면 소유에 대해 우리는 어떤 태도를 취해야 하는가? 우리는 생존을 위해서라도 경제활동을 통해서 수입을 얻지 않을 수 없다. 개인의 경제활동은 공동체의 유지와 발전에 기여하기도 한다. 또 경제활동은 고용을 창출하기 위해 필요하다. 따라서 경제활동이 없는 인간의 삶이란 상상하기 힘들 정도이다. 성서에서 예수도 사람들의 경제활동을 용인하는 것을 찾아볼 수 있다. 하나님이 맡기신 것을 활용하여 수익을 얻은 종은 "착한 종"이라 칭찬을 받는 반면, 그것을 활용하지 않고 묻어두었던 종은 "악한 종"으로 규정된다(눅 19:11-27). 또 예수는 밀밭 주인과 포도원 주인의 경제활동을 금하지 않는다. 이웃에게 베풀기 위해서라도 소유가 있어야 하고 소유를 얻기 위해 경제활동이 필요하다.

그러나 경제활동을 통해 우리가 얻은 소유는 우리의 것이 아니라 하나님의 것이다. 하나님이 지으신 세계가 있음으로 인해 경제활동이 가능하고 소유를 얻게 되었기 때문이다. 위에서 우리는 하나님의 구원을 "주권의 교체"라고 정의하였다. 하나님의 주권, 곧 통치권은 우리의 영혼뿐 아니라 우리의 소유의 영역에까지 미친다. 우리가 가진 소유의 주인은 우리 자신이 아닌 하나님이다. 우리는 주인의 뜻에 따라 그것을 사용해야 할 청지기요, 언젠가 모든 것을 버려두고 빈손으로 떠날 수밖에 없는 나그네일 따름이다.

그러므로 우리는 하나님의 정의에 따라 경제활동을 해야 하며, 경제활동을 통해 얻은 우리의 소유를 하나님의 뜻에 따라 관리해야 한다. 우리는 소유자가 아니라 관리자인 것이다. 하나님은 우리의 영혼을 "오늘밤에" 도로 찾아갈 수 있는 분이다(눅 12:20). 따라서 우리는 수단과 방법을 가리지 않고 소유의 무한한 확장에 혈안이 되지 말아야 하며, 정당한 방법으로 경제활동을 해야 한다. 소유에 집착하지 않고 하나님이 원하시는 대로 우리의 소유를 사용할 수 있어야 한다. 예를 들어 유한양행의 설립자 유일한 선생처럼, 기업을 통해 얻은 소유를 기업과 사회에 환원하고 가난한 이웃을 위해서도 자기의 소유를 나누어야 할 것이다.

여기서 1/10이란 숫자는 무의미하다. 1/10만 하나님의 것이 아니라 우리의 소유 전체가 하나님의 것이기 때문이다. 우리는 우리의 소유 전체를 그 주인이신 하나님이 원하는 대로 사용해야 한다. 1/10을 바치느냐, 바치지 않느냐가 중요한 문제가 아니라 나의 소유는 물론 나의 생명까지 하나님께 맡기는 마음으로 바치는 마음이 중요한 것이다. 하나님은 우리가 소유를 섬기지 않고 하나님을 섬기기를 원하신다. "네가 아직도 한 가지 부족한 것이 있다. 네가 가진 것을 다 팔아서 가난한 사람들에게 나누어 주어라"(눅 18:22)는 말씀과 함께, 예수는 우리의 소유를 포함한 우리의 생명까지 하나님에게 맡기고 하나님의 뜻에 따라 살아가는 자세를 요구한다. "구차한 가운데서 가지고 있는 생활비 전부를 털어 넣은" 과부에 대한 예수의 말씀도 이를 시사한다(21:4).

3) 소유에 대한 성서의 가르침들: 성서에는 소유에 관한 많은 가르침들이 기록되어 있다. 우리는 이 가르침들을 아래와 같이 정리할 수 있다.

a. 소유, 곧 돈은 우리의 생활을 편리하게 만든다. 돈이 있어야 먹고 살 수 있고 현실의 문제들을 해결할 수 있다. "돈은 만사를 해결한다"(전 10:19). 우리는 기본적인 돈이 있어야 행복하게 살 수 있고 인간의 존엄성을 유지할 수 있다. 그러나 돈이 우리를 행복하게 하는 것은 아니다. 왜 돈이 우리를 행복하게 할 수 없는가? 돈에 대한 우리의 욕심이 끝이 없기 때문이다. 그래서 우리는 아무리 돈을 많이 소유해도 만족하지 못하고 더 많은 돈을 얻고자 한다. "돈 좋아하는 사람은 돈이 아무리 많아도 만족하지 못하고, 부를 좋아하는 사람은 아무리 많이 벌어도 만족하지 못한다"(5:10). "사람이 먹으려고 수고를 마다하지 않지만, 그 식욕을 채울 길은 없다"(6:7). 또 돈은 가치와 윤리를 알지 못하고 도덕성도 없다. 그런 돈이 우리를 결코 행복하게 해 줄 수 없다.

b. 그런데 소유 곧 돈이 많을수록 염려가 많아진다. "막일을 하는 사람

은 잠을 달게 자지만 배가 부른 부자는 잠을 편히 못 잔다"(전 5:12). 그 이유는 무엇인가? 첫째, 가진 돈을 사기당하거나 잃어버리지 않을까 하는 염려 때문이요, 둘째, 지금 가진 돈을 더 불리고 싶은 욕구 때문이다. 그러므로 "재산이 적어도 주님을 경외하며 사는 것이 재산이 많아서 다투며 사는 것보다 낫다. 서로 사랑하며 채소를 먹고 사는 것이 서로 미워하며 기름진 고기를 먹고 사는 것보다 낫다"(잠 15:16-17).

c. 죽을 때 우리는 아무것도 무덤 속으로 가져가지 못 한다. 어머니 태에서 맨몸으로 나와서 돌아갈 때에도 맨몸으로 간다. "수고해서 얻은 것은 하나도 가져가지 못 한다"(잠 5:12, 15). 그러므로 구원받은 그리스도인들은 "돈을 사랑하지 말고 지금 가지고 있는 것으로 만족해야" 한다(히 13:5). 재산이 아무리 많아도 "자기의 재산만을 믿는 사람"이 되지 말아야 한다(잠 11:28). 하나님은 오늘 밤에라도 우리의 목숨을 거두어 갈 수 있다(눅 12:20). 부유한 자나 가난한 자나 언젠가 모두 죽기 마련이다(전 9:3). 죽을 때는 모두 빈손으로 세상을 떠난다.

d. 재산이 많을지라도 가난한 사람들 앞에서 "자기의 재산을 자랑하지 말아야" 한다(렘 9:23). 가난한 사람들의 처지를 생각하여, 있어도 없는 것처럼 보일 수 있는 미덕을 갖추어야 한다. 사치와 허영을 피하고 검소한 생활을 해야 한다(사 3:16-23; 5:11-12).

e. 성서는 탐욕과 불의한 재물을 경고한다. 소유에 대한 "탐욕은 지혜로운 사람을 어리석게 만든다"(잠 7:7). "돈을 사랑하는 것이 모든 악의 뿌리이다"(딤전 6:10). 그러므로 "온갖 탐욕을 멀리하여라. 재산이 차고 넘치더라도 사람의 생명은 거기에 달려 있지 않다"(눅 12:15). 가난한 사람을 노략해서는 안 된다(잠 22:23). 불의하게 취한 돈, "부정하게 모은 재물은 쓸모가 없다"(10:2). 불의한 재물 곧 "악인의 소득은 고통을 가져온다"(15:6). 그것은 "너를 죽음으로 몰아넣고, 안개처럼 사라진다"(21:6).

"의로우신 하나님은 악인의 집을 주목하시고, 그를 재앙에 빠지게 하신다"(21:12). "악한 자는 꿀꺽 삼킨 재물을 다 토해낸다. 하나님은 이렇게 그 재물을 그 악한 자의 입에서 꺼내어서 빼앗긴 사람들에게 되돌려주신다. 악한 자가 삼킨 것은 독과도 같은 것, 독사에게 물려 죽듯이 그 독으로 죽는다.…그는 수고하여 얻은 것을 마음대로 먹지도 못하고 되돌려보내며, 장사해서 얻은 재물을 마음대로 누리지도 못할 것이다. 이것은 그가 가난한 이들을 억압하고 돌보지 않았기 때문이며, 자기가 세우지도 않은 남의 집을 강제로 빼앗았기 때문이다"(욥 20:15-19). "불의한 이득을 얻으려고 사람을 죽이고 생명을 파멸"시키며 "재산과 보화를 탈취한" 자는 하나님의 분노의 불길로 멸절될 것이다(겔 22:25-31).

    f. 특별히 성서는 뇌물을 엄격하게 금한다. "뇌물은 지혜 있는 사람의 눈을 어둡게 하고, 죄 없는 사람을 죄인으로 만든다"(신 16:19). "뇌물을 받고 악인을 의롭다고 하며, 의인의 정당한 권리를 빼앗은" 자들은 "그들의 뿌리가 썩고 꽃잎이 말라서 티끌처럼 없어질 것이다"(사 5:23-24). "불의한 이익을 탐내는 사람은 자기 집에 해를 끼치지만, 뇌물을 거절하는 사람은 오래 산다"(잠 15:27). 그러므로 구원받은 그리스도인들은 정당한 방법으로 돈을 벌어야 하며, 경조사비란 명목으로 을의 위치에 있는 사람들의 돈을 착복해서는 안 된다. 정당한 방법으로 돈을 벌고 또 이웃에게 베풀어야 그 소유가 하나님의 축복이 되고 "자손 대대로" 이어질 수 있다(13:22).

    g. 구원받은 그리스도인들은 "가난한 사람의 부르짖음에" 귀를 막아서는 안 된다. 귀를 막아버릴 경우, "자기가 부르짖을 때에 아무도 대답하지 않는다"(잠 21:13). 그들은 각자 "받은 복에 따라서 그 힘대로"(신 16:17) 어려운 이웃에게 선을 행해야 한다. "너의 손에 선을 행할 힘이 있거든, 도움을 청하는 사람에게 주저하지 말고 선을 행하여라"(3:27). 기꺼이 손님을 대접해야 하며, "갇힌 자를 생각하고…학대받는 자를 생각해야" 한다(히 13:2-3). 서로 따뜻하게 대접하고 하나님이 주신 은혜를 관리하는 "선한 청지기처럼 봉사해야" 한다(벧전 4:10). "낡아지지 않는 주머니를 만들고, 하늘에다가 없어지지 않는 재물을 쌓아두어라. 거기에는 도둑이나 좀의 피해가 없다. 너희의 재물이 있는 곳에 너희의 마음도 있다(눅 12:33-34). 자비를 베

풀 때 오른손이 하는 것을 왼손이 모르게 해야 하며(마 6:3), 꾸어줄 때는 "아무것도 바라지 말고 꾸어주어라"(6:35-36). 내 것이 아니라 하나님의 것을 전해줄 따름이기 때문이다.

h. 자비를 베푸는 자에게는 하나님의 축복이, 인색한 자에게는 저주가 임한다. "가난한 사람에게 은혜를 베푸는 사람은 복이 있는 사람이다"(잠 14:21). "궁핍한 사람에게 은혜를 베푸는 것은 그를 지으신 분을 공경하는 것이다"(14:31). 그것은 "주님께 꾸어드리는 것이니, 주님께서 그 선행을 넉넉하게 갚아주신다"(19:17). "남에게 베풀기를 좋아하는 사람이 부유해지고 남에게 마실 물을 주면 자신도 갈증을 면한다. 곡식을 저장하여 두기만 하는 사람은 백성에게 저주를 받고, 그것을 내어 파는 사람에게는 복이 돌아온다"(11:25-26). "가난한 사람을 도와주는 사람은 모자라는 것이 없지만, 그를 못 본 체하는 사람은 많은 저주를 받는다"(28:27). 선을 행할 줄 알고도 행치 아니하면서 재물을 쌓는 부한 자들의 재물은 썩을 것이며, 금과 은은 녹이 슬 것이다(약 5:2-3).

i. 인간이 사는 곳에는 소유의 차이가 있을 수밖에 없다. 무엇보다 생활습관이 다르기 때문이다. 그러나 그 원인이 어디에 있든지 오늘 우리가 경험하는 1% 대 99%의 양극화는 하나님의 정의에 어긋난다. 세계의 재화는 본래 모든 사람을 위해 주어진 것이기 때문이다. 그러므로 레위기 25장의 "희년" 계명은 소유의 극심한 양극화를 완화시키기 위해 다양한 법적·제도적 장치를 요구한다.

그러나 법적·제도적 장치는 인간을 강요할 수 있어도 인간의 본성을 변화시킬 수 없는 한계가 있다. 근본적으로 필요한 것은 인간의 이기적 본성이 변화되는 일이다. 러시아의 귀족이요 대문호인 톨스토이(Tolstoi 1828-1910)나 유일한 선생처럼 법적 강요에 의해서가 아니라 그리스도의 사랑 안에서 자기의 소유를 하나님의 뜻에 맡기며, 무덤으로 가져갈 수 없는 거대한 부를 자발적으로 사회에 환원해야 한다.

우리는 돈이 없으면 살 수 없다. 이것은 부인할 수 없는 삶의 진리다.

그러나 언젠가 죽음으로 끝날 우리의 삶을 보람있고 가치있게 만드는 것은 돈이 아니라 사랑이다. 마지막 죽음의 순간 우리가 죽음을 쉽게 받아들일 수 있게 하는 것도 이웃에게 베푼 사랑이다. 사랑을 베풀며 사는 것이 우리 인간 DNA의 본래적 성향이다. 그러므로 사랑과 선을 행하면 기분이 좋아지고 얼굴 표정이 밝아진다. 그 반면에 인색하고 악을 행하면 마음이 찜찜하고 얼굴 표정이 어두워진다. 그것은 DNA의 성향에 모순되기 때문이다.

사랑은 율법의 완성이다. 구원의 진실성도 사랑에 의해 증명될 수 있다. 구원받았다고 하면서 불의한 돈을 취하고 이웃의 부르짖음에 귀를 막아버리는 사람은 그 누구도 구원받았다고 인정하지 않을 것이다. 그러므로 성서는 이렇게 말한다. "누구든지 세상 재물을 가지고 있으면서 자기 형제자매의 궁핍함을 보고도 마음 문을 닫고 도와주지 않으면, 어떻게 하나님의 사랑이 그 사람 속에 머물겠습니까? 자녀 된 여러분, 우리는 말이나 혀로 사랑하지 말고 행동과 진실함으로 사랑합시다"(요일 3:17-18).

10

구원론의 실제적 문제들

– 신적 인격으로서의 성령 –

A. 개인구원, 사회구원, 자연구원의 통합성

한국 개신교회는 "개인영혼에만 관심을 기울이고 현실사회의 문제에 대해서는 무관심한 입장"을 취하는 보수계열과, "1970-80년대에 정치적 민주화 운동에 적극적으로 나서면서 뚜렷한 윤리적 입장"을 천명했던 진보계열의 대립으로 오늘도 진통을 겪고 있다(오성현 2010, 287). 이 대립은 WCC 제10차 부산총회에 대한 지지와 반대로 첨예화되었다.

보수계열이 강조하는 개인구원과 진보계열이 강조하는 사회구원을 우리는 "이것이냐 아니면 저것이냐", 곧 양자택일의 문제로 보아서는 안 될 것이다. 그 첫째 이유는 하나님의 구원이 개인과 사회를 포괄하는 총체적인 것이기 때문이다. 온 세계가 하나님의 것이라면(시 24:1), 하나님의 구원은 개인의 영혼은 물론 세계 전체를 아우를 수밖에 없기 때문이다.

둘째 이유는 개인으로서의 인간과 사회의 분리될 수 없는 관계성에 있다. 개인은 어디까지나 사회적 존재이다. "인간의 자아는 공동체 안에서 공동체를 통하여 확립될 수 있고 도덕적 삶을 실현할 수 있다"(박만규 2011,

196). 개인이 사회를 구성하는 동시에 사회가 개인의 삶과 운명을 결정한다. 어느 것이 먼저 있고 어느 것이 뒤에 있는가의 문제는 달걀이 먼저인가 아니면 닭이 먼저인가의 문제와 같다.

루만(N. Luhmann)에 의하면 "사회를 구성하는 것은 개인(심리시스템)들이 아니라 의사소통의 사건들"이다. 사회는 개인들의 집합체가 아니라 "정보소통시스템"이다(문영빈 2008, 43). 그러나 "정보소통시스템"은 결국 인간에 의해 만들어지고 또 조작된다. 이 정보시스템은 개인들의 생각과 행동 패턴과 가치관과 삶에 심각한 영향을 준다. 따라서 개인구원과 사회구원, 복음화와 하나님의 선교(missio Dei)는 함께 이루어져야 한다. 죄용서와 회심을 통한 개인의 영혼구원과 "사회의 구조적인 모순을 변혁하는 정치적인 실천을 통해 인간화를 이루는 사회구원"의 "통전적 이해가 요청된다"(허호익 2003, 345).

여기서 유의할 점은 개인의 영혼구원은 단지 영혼의 문제에 국한된 것이 아니라 "의식개혁운동과 같은 윤리적 기능"을 담고 있다는 사실이다(오성현 2010, 309). 한 인간의 "의식변화는 역사개혁의 동인"이 될 수 있다(이금만 2006, 228). 따라서 개인구원과 사회구원은 배타적 관계에 있는 것이 아니라 상호보완의 관계에 있다. 개인구원은 사회구원을 보완하고, 사회구원은 개인구원을 보완한다. "죄가 단지 개인적인 선택의 문제일 뿐 아니라 인간존재를 규정하는 사회적 관계 속에서 매개된 것"(김화영 2008, 146)이라면, 죄로부터의 구원은 양자를 포괄하는 "관계적인 것"일 수밖에 없다(155).

그런데 교회는 "성도들의 공동체"이다. 그것은 사람들의 모임이다. 따라서 교회 안에서 하나님의 구원은 먼저 사람들에게서 일어나야 한다. 그래야 교회는 "땅 위에 있는 하나님 나라의 현실" 혹은 "'하나님 나라를 예행연습'하는 곳"(김성원 2012a, 67)이 될 수 있고, 사회의 등불과 희망이 될 수 있다. 그러므로 교회는 인간구원, 곧 개인구원을 포기할 수 없다. 바로 여기에 보수계열 입장의 타당성이 있다.

종합적으로 말해, 개인구원 혹은 영혼구원과 사회구원은 양자택일의 문제가 아니라 함께 이루어져야 한다. "인간의 구원"과 "피조세계의 구원"은 "항상 동시적 사건"이어야 한다(나형석 2006, 247). 따라서 보수계열과 진보계열 간의 다툼과 비난, WCC 운동에 대한 보수계열의 상식을 넘어선 비난과 반대는 중단되어야 한다. 이와 동시에 개인 영혼의 구원을 가볍게 생각하는 진보계열의 태도 역시 수정되어야 한다. 서로 상대방의 타당성을 인정하는 관용과 소통의 정신이 필요하다. 먼저 자기절대화와 배타 그리고 독선으로부터 교회의 구원이 요청된다.

이와 관련하여 WCC를 거부하는 보수계열의 모체인 "세계 복음주의연맹"(WEA: World Evangelical Association)도 그 동기와 관심이 WCC의 그것과 거의 동일하다는 사실을 유의할 필요가 있다. 본래 WEA는 19세기 산업혁명 이후 발생한 도덕적 타락에 반하여 "주일성수, 주일노동(Sunday labor) 금지, 조직적인 도박에 대한 문제제기를 비롯해 특히 미국에서의 노예해방운동을 적극적으로 지지했다." 또한 "기독교 신앙에 도전하는 세속적 사상에 대한 변증과 사회문제에 대한 구체적인 해결 방법을 그리스도의 복음 전파와 실천을 통해 제시해왔다". 그런데도 "한국교회 안에서 WCC와 WEA를 마치 '진보와 보수'의 대립적 구도로" 설정하는 것은 "분열에 대한 교회정치적 이념과 정당화의 도구로" 선전하고 활용하기 때문이다(방연상 2013, 37-39).

오늘날 우리 사회는 다양한 인종들이 더불어 사는 다문화사회로 변모해 가고 있다. 이와 같은 상황 속에서 하나님의 구원은 종교적 배타주의와 배타적인 "문화적 민족주의"를 극복하고 인종적·문화적 혼종성(hybridity)을 수용하며, "외국인들에 대한 이해, 특히 그들의 문화와 역사에 대한 이해" 속에서 그들을 돌보고 그들의 "필요와 수요에 부응하는" 데 있다고 하겠다(이승갑 2008, 189).

오늘 우리의 세계에서 "자연의 구원" 내지 "생명체계의 구원"도 절실한 문제이다. "오늘날의 물질문명에서 자연이 우리 상황의 일부로 참여하고 있음에도 불구하고 무시되었고, 주체적 참여자로 간주되지 않고 대상으로만 간주되어 왔었다"(권진관 2012b, 203). 이로 인해 오늘날 자연은 끊임없이 인간에 의해 파괴되고 또 착취당하고 있다. 인간에 의해 파괴된 자연은 이제 인간 자신의 생명을 위협함으로써 인간에 대한 복수를 시작하고 있다.

인간에게 자연은 단지 하나의 대상이 아니라 인간 자신의 삶의 터전이요 인간 자신의 몸을 구성한다. 인간이 자연 안에, 자연이 인간 안에 있다. 따라서 자연 없이 인간은 생존할 수 없다. 건강한 자연이 있을 때 건강한 인간의 삶과 사회가 가능하다. 인간의 무한한 욕망으로 인해 자연이 계속 파괴될 경우, 인간의 세계 전체가 대 파멸을 당하게 될 것이다. 그러므로 개인구원, 사회구원, 자연구원은 함께 이루어져야 할 통합적 관계에 있다.

이 세 가지 구원 중에 어느 것이 먼저이고 어느 것이 나중인지 서열화할 수 없을 정도로 오늘날 자연 생태계의 상황이 심각하다. 개인과 사회는 물론 지구의 생태계 전체가 위기에 직면해 있다. 따라서 오늘의 세계 상황은 구원의 이 세 가지 차원이 동시적으로 이루어져야 할 것을 요청한다. 그럼에도 불구하고 보수계열의 신학은 개인구원에 치중하고 있는데, 곽혜원은 그 문제점을 다음과 같이 지적한다. "기독교가 영혼구원과 사회구원을 적대적인 양자택일로 간주하는 가운데 기독교의 정체성에만 관심을 집중하는 동안 이 세상에는 가난하고 소외된 불쌍한 사람들, 불의한 정치권력과 사회구조 속에서 억울하고 고난당하는 사람들이 그대로 방치돼 있으며, 인간의 무자비한 착취로 인해 자연의 피조물이 고통 속에서 신음하고 있는 실정이다"(곽혜원 2010, 134).

성서가 증언하는 하나님의 구원은 총체적 구원이다. 총체 혹은 전체를 뜻하는 그리스어 *holos*는 "하나님 자신과 피조세계 전반에 걸쳐서 시공과, 그 사이 모든 것과 그 사이에 일어나는 사건들 모두를 총체적으로 일컫는 표현이다"(전철민 2012b, 146). 세계의 모든 것은 서로 연결되어 하나의 유기체를 이룬다. "현실의 물리적 국면과 현실의 정신적 국면", "물질과 정신", "외적 세계와 내적 세계", 이 모든 것이 긴밀하게 연결되어 있다(전철

2010, 183). 따라서 "그리스도교적 구원론"은 "전 피조세계의 구원"을 목적으로 한다(나형석 2006, 247). "성경에는 영적 구원, 육체적 구원, 사회적 구원, 나아가 온 피조물의 구원 개념까지 다 들어 있다"(최태영 2013, 123). 그러므로 우리는 "인간과 하나님과의 바른 관계로서의 개인구원, 인간과 인간 사이의 바른 관계로서의 사회구원, 인간과 자연 사이의 바른 관계로서의 생태구원을 아우르는 천지인의 신학"(허호익 2003, 346)을 추구하지 않을 수 없다.

그런데 심각한 문제는 오늘날 많은 사람들이 하나님의 구원에 대한 교회의 말을 신뢰하지 않는다는 사실이다. 그 주된 이유는 하나님의 새로운 생명의 세계를 보여야 할 그리스도인들과 교회가 그것을 제대로 보여주지 않기 때문이다. 세상을 구원해야 할 교회가 오히려 세상에 의해 구원을 받아야 할 처지에 놓여 있다는 얘기가 들릴 정도이다.

그러나 오늘날 이 세계만큼 하나님의 구원을 절실히 요청하는 세계도 역사상 유례가 없을 것이다. 유럽의 "젖과 꿀이 흐르는 땅"을 향해 지중해를 건너다가 죽음을 당하는 아프리카의 난민들, 강제노동수용소에서 신음하는 북한의 형제들, 인간의 탐욕 때문에 코뿔과 상아를 뽑히고 죽음을 당하는 코뿔소와 코끼리들, 지구온난화, 원시림 파괴, 갯벌 매립 등으로 인해 말없이 죽임을 당하는 자연의 수많은 생물들, 연간 15,000명이 넘는 한국의 자살자들,[12] 이 모든 피조물들이 "죽음과 슬픔과 울부짖음과 고통"이 없는 하나님의 구원받은 세계를 바라고 있다.

비록 그리스도인들과 교회가 하나님 나라의 현실을 제대로 나타내지 못한다 할지라도, 하나님의 구원은 포기될 수 없다. 인간 세상에서 완전이란 기대할 수 없다. 목욕탕 물이 더럽다 하여 그 속에 숨어 있는 보물마저 버릴 수는 없다. 물론 더러운 물은 정화되어야 한다. 빠져야 할 거품들

---

12) 통계청 발표에 의하면 2009년 자살자 수는 15,413명인데, 실제 수치는 더 높을 것으로 추정됨: 곽혜원 2011, 28 참조.

은 빠져버리는 게 더 좋을 것이다. 교회는 거품성장을 통해 교세를 확장시키려는 세상적 욕심을 버리고 알곡들을 양육하여 하나님 나라의 현실이 그 안에 나타나도록 노력해야 할 것이다. 자신의 영혼구원에 머물지 않고 하나님의 총체적 구원에 참여하는 사람들이 모인 생명공동체로 발전해야 할 것이다.

B. "물질적 축복"이 하나님의 구원인가?

한국 개신교회에서는 물질적 축복을 하나님의 구원으로 이해하는 현세적·물질적 구원관이 매우 강하다. 이와 같은 구원관은 여의도순복음교회를 중심으로 한 오순절교회 계열에서 시작되어 이른바 "선교의 기적"을 일으키는 기폭제가 되었다. 그러나 이 구원관은 "샤마니즘적 기복신앙"이요, 심지어 "이단"이라 비판을 받기도 하였다. 우리는 이 문제를 어떻게 판단해야 하는가?

1) 오순절교회가 현세적 구원관을 통해 부흥하기 시작하던 1960년대 우리나라의 상황을 생각할 때, 우리는 이 구원관을 단순히 "이단"이라고 치부하기 어려울 것이다. 그 당시 우리나라는 1인당 국민소득이 100달러에 불과한 가장 가난한 국가에 속했다. 국민 거의 전부가 굶주림과 질병의 고통을 당하고 있었다.

이러한 사람들에게 있어 하나님의 구원은 먼저 굶주린 배를 채우고 그들의 생명을 유지할 수 있는 물질을 얻는 데 있다. 그들에게는 굶주린 배를 채우고 생명을 유지하는 것이 하나님의 가장 시급한 구원이다. 굶주린 배를 채우지 못하면 죽는다! 이것은 삶의 가장 명백한 진리이다. 하나님의 구원은 먼저 굶주린 배를 채우고 생명을 유지하는 데 있다. "굶주린 사람에게 먹을 것 이상 더 무엇이 복이겠는가?"(송기득 1997, 271)

현실적·물질적 구원관은 성서의 구원관에 속한다는 사실을, 우리는 앞에서 고찰하였다. 시편 기자에 의하면 극심한 가난과 질병, 적대자에 의한 억압과 모함과 고통에서 벗어나는 데 하나님의 구원이 있다(시 82:4). 아브라함의 첩 하갈은 아들을 데리고 브엘세바 광야에서 방황하다가 물이 떨어져 그 아들이 죽게 되었을 때 "'자식의 죽는 것을 참아 보지 못하겠다' 하고 살 한 바탕쯤 가서 마주 앉아 바라보며 방성대곡"한다. 이때 하나님이 그 울부짖음을 들으시고 마실 물을 마련해 준다(창 21:24 이하). 하갈과 그의 아들 이스마엘에게는 이 물이 바로 하나님의 구원이었다. 출애굽하여 광야에서 먹고 마실 것이 없는 이스라엘 백성에게는 메추라기와 물이 곧 그들의 구원이었다.

신약성서는 구약성서의 현실적·물질적 구원관을 계승한다. 예수의 병 치료, 떡 다섯 개와 생선 두 마리의 기적은 현실적·물질적 구원을 예시한다. 예수는 주기도문에서 "일용할 양식"을 간구하라고 가르친다. 요한 서신은 "범사에 잘 되고 강건하는 것"을 하나님의 구원으로 이해한다(요삼 1:2). 그러므로 물질적 축복을 간구하고 이를 하나님의 구원으로 보는 현실적·물질적 구원관 그 자체는 비성서적·비기독교적인 것이라 볼 수 없다. 그것은 종교 일반의 보편적 현상이다. 우리는 무거운 질병과 부도위기에 처한 사람이 하나님에게 구원을 간구하는 것을 가리켜 "기복신앙"이라 비난할 수 없다.

2) 그런데 우리는 성서에서 하나님의 물질적 구원이 생존에 필요한 기초적인 것에 제한되어 있다는 사실을 유의해야 한다. "주의 기도에서도 (그것은) '일용할 양식'으로 제한된다". "모두들 여유가 있고 형편이 괜찮은데도 계속 현세적 부와 성공만을 구하는" 것은 하나님의 구원과 무관하다 (이오갑 2012b, 338, 339). 그것은 개인의 욕심일 뿐이다.

또 현실적·물질적 차원의 구원은 하나님의 구원의 한 측면에 불과하다. 인간의 가능성이 모두 끊어졌을 때 예기치 않게 우리를 도우시는 하나님의 놀라운 가능성의 기적이 체험되는 동시에, 우리의 죄를 고백하고 회개하며 하나님의 새로운 피조물로 다시 태어나는 인격적 구원이 동반되어야 한다. 인격적 구원은 성화와 인격적 성숙으로 이어져야 한다.

또 성서가 진술하는 하나님의 궁극적 구원은 하나님의 나라가 세워지는 데 있다. "성서가 말하는 구원은…개별적인 사건으로 끝나는 것이 아니라 그 자체로 공동체적 사건"이다(최승태 2011, 71). 따라서 현실적·물질적 구원은 더 많은 소유를 갈구하는 인간적 욕망을 제어하고, 총체적·공동체적 구원으로 승화되어야 한다. 그렇지 않을 때 다음과 같은 문제들이 생겨나게 된다.

a. 더 많은 소유와 더 높은 출세와 명예를 얻고자 하는 인간의 욕망에는 한계가 없다. 따라서 물질적 축복과 세속적 출세를 하나님의 구원으로 보는 현실적·물질적 구원관은 개인의 이기적 욕망의 도구로 악용될 수 있다. 여기서 하나님은 개인의 이기적 욕망을 채워주는 "자동기계와 같은 하나님"(*deus ex machina*, 예를 들어 동전을 넣고 단추를 누르면 원하는 것이 나오는 음료수 자판기)처럼 생각된다.

b. 현실적·물질적 축복이 하나님의 구원으로 생각되기 때문에 사람들은 계속 더 많은 축복을 얻는 일에 집중하려고 한다. 그 결과 윤리성이 저하되고 그리스도인의 사회적 책임의식이 약화된다. 하나님의 구원은 개인주의, 이기주의, 성공주의, 출세지향주의로 변질된다. "기독교인으로서 의를 중히 여기며, 아가페적 사랑과 용서와 인내의 길을 애써서 가기보다는…세상의 목표와 가치를 받아들이며, 그것을 잘 따르고 수행함으로써 자신을 성취하려는 데 열성인 사람들"이 양산된다(이오갑 2011, 166).

c. 현실적·물질적 구원관은 그리스도인의 인격적 성숙을 저해하며, 올바른 사리판단의 능력을 떨어뜨리는 문제를 낳는다. 이 관점은 물질적 풍요와 사회적 영달을 하나님의 구원으로 생각하기 때문에 "자기 성찰이나 변혁의 노력을 보이지 않는다"(이오갑 2011, 165).

d. 현실적·물질적 구원관은 이 세상의 불의와 쉽게 타협하는 문제점을 일으킨다. 불의와 타협하여 세속적 부와 명예를 얻어놓고는 그것을 하나님의 축복이라 생각한다. 세상의 불의한 제도와 구조는 방치한 채, 그

속에서 하나님의 축복을 얻고자 한다. "현대 세계라는 거대한 도전 세력에 휩쓸려서 순응하고 타협함으로써 교회와 신앙의 순수성을" 잃게 된다(이오 갑 2011, 165).

3) 이와 같은 문제점을 극복하기 위해 현실적·물질적 구원은 인격적·정신적 구원으로 승화되어야 한다. 참된 구원과 축복은 더 많은 돈과 세속적 권세를 획득하는 데 있는 것이 아니라 하나님의 사랑 안에서 살아가는 "새로운 피조물"로 변화되는 데 있다. "부자가 되는 것이 하나님이 내려 주시는 복"이 아니라 예수처럼 자기를 비우고 자기의 소유를 어려운 이웃에게 나누어 주며, 정의롭게 살고 정의를 세우는 것을 최고의 축복으로 생각하는 가치관의 변화에 있는 것이다. 여기에 이웃에게 지켜야 할 기본 예의를 지키며, 청빈을 자랑스럽게 생각하는 인격과 정신의 변화가 동반되어야 한다.

앞에서 율법의 "제3의 용도"를 인정한 한 가지 이유가 여기에 있다. 구약의 율법은 하나님에 대한 경외와 연약한 생명의 보호와 사회정의를 목적으로 삼는다. 하나님에 대한 경외는 연약한 생명들의 보호와 사회정의로 표출되어야 한다. 그렇지 않으면 하나님에 대한 경외는 거짓이 된다. 거꾸로 연약한 생명들의 보호와 사회정의를 위한 노력은 하나님에 대한 경외에 근거해야 한다. 전자는 후자에 대한 근거가 되고 후자는 전자에 대한 증명이 된다.

그런데 연약한 생명들의 보호와 사회정의에 관한 계명이 신약성서에는 드물게 나온다. "사랑과 희락과 화평과 오래 참음과 자비와 양선과 충성과 온유와 절제"와 같은 개인윤리에 관한 계명들이 대부분이다(갈 5:22-23). 7년마다 땅을 쉬게 하여 땅의 생명력을 회복하라는 안식년의 계명, 부유층에 집중된 부의 사회 환원을 요구하는 희년의 계명은 신약성서에 기록되어 있지 않다. 사랑에 관한 계명들은 많지만 하나님의 정의와 공의에 관한 계명들은 매우 적은 편이다. 통치자가 공의로 나라를 다스려야 한다는 구약의 계명이 신약성서에는 분명히 보이지 않는다. 오히려 통치자의 통치권은 하나님에게서 나왔고, 따라서 통치자에 대한 복종은 곧 하나님에 대한 복종이라 강조할 뿐이다(롬 13:1-7; 골 1:16; 딛 3:1).

물론 사랑의 계명, 만유 안에 만유가 되신 하나님의 보편적 통치(고전 15:28), 하나님과 만물의 화해(골 1:20), 그리스도 안에서 만물의 통일(엡 1:10), 그리스도 안에서 종과 주인의 하나됨(갈 3:28), 새 하늘과 새 땅에 대한 약속(계 21:1-4) 등에 관한 신약성서의 말씀은 하나님의 정의를 내포한다. 그러나 여기에 사회정의에 대한 계명은 구약성서에 기록된 것만큼 명백히 나타나지 않는다. 그 까닭은 신약성서의 기자들이 구약의 계명들을 잘 알고 있었기 때문에 이를 반복하여 기록할 필요가 없었을 것이라 추정된다. 그러므로 구약의 율법은 그리스도인들의 삶에 대해서도 구속력을 가진다. 그것은 하나님 경외와 연약한 생명들의 보호와 하나님의 정의가 있는 거기에 하나님의 구원이 있음을 강력히 시사한다.

모든 생물들의 가장 기본적인 욕구는 생존에 필요한 물질을 얻어 자기의 생명을 유지하고자 하는 생물적 욕구이다. 우리는 이 욕구 자체를 죄악이라 말할 수 없다. 하나님은 모든 피조물이 굶어 죽거나 병들어 죽지 않고 자기의 수(壽)를 다할 수 있기를 원한다. "우는 소리와 부르짖는 소리가 그 가운데서 다시는 들리지" 않기를 원한다(사 65:19-20).

그러나 인간을 인간다운 인간이 되게 하는 것은 필요한 물질을 얻어 생명을 유지하고 자기의 DNA를 확장시키고자 하는 생물적 욕구가 아니라, 이웃과 나누며 더불어 살고자 하는 공동체적 욕구, 곧 사랑과 도덕성이다. 참된 축복과 행복의 길은 "만인에 대한 만인의 투쟁"이 아니라 도덕이 있는 세계를 이루고자 하는 사회적·공동체적 욕구를 따르는 데 있다. 이 욕구는 인간을 인간다운 인간으로 만드는 동시에 이 세상을 인간다운 세상, 아름다운 세상으로 만든다.

온 세계는 하나님의 것이다. 그래서 하나님의 구원은 온 세계를 포괄하는 총체적 구원이어야 한다. 그것은 온 세계가 "하나님 보시기에 좋은" 세계, 하나님의 사랑과 정의와 평화로 가득한 세계로 변화되는 것이다. 그것은 더 많은 물질을 확보하여 자기의 생명을 유지하고자 하는 생물적 존재에서 하나님의 형상으로 신성화하는 데 있다. 그것은 자기를 부인하고 하나님의 성품으로 변화되는 우리 인간 안에서, 인간을 통하여 시작된다.

C. 그리스도의 사랑 안에 있는 "하나님의 동역자"
– 단독행위설과 공동행위설의 문제

구원은 하나님의 단독적 행위인가, 아니면 하나님과 인간의 협동을 통해 이루어지는 공동의 작품인가? 이 질문에 대해 신약성서는 두 가지 대답을 제시한다. 바울에 의하면 구원은 오직 하나님의 은혜로 말미암아, 오직 믿음으로 말미암아 이루어지는 하나님의 단독적 행위다. 선한 행위를 통해 구원받을 수 있는 사람은 아무도 없다. 이에 반해 야고보서와 요한 문헌에 따르면, 선한 행위가 있을 때에만 구원을 얻을 수 있다. "행함이 없는 믿음은 죽은 것"과 같다(약 2:26). "그 형제를 사랑하지 않는 자는 하나님에게 속하지 않는다"(요일 4:10).

이 문제는 5세기에 벌어진 아우구스티누스와 펠라기우스의 논쟁에서 그 정점에 이른다. 아우구스티누스의 단독행위설(Monergismus)에 의하면, 죄의 타락으로 인해 인간은 의지의 자유와 함께 죄를 짓지 않을 수 있는 능력을 잃어버렸다. 그의 구원과 모든 선한 행위는 하나님의 은혜의 단독행위이다. 이에 반해 펠라기우스의 공동행위설(Synergismus)에 의하면, 구원은 하나님의 앞서 오는 은혜(*gratia praeveniens*)와 인간의 자유로운 의지와의 공동행위이다.

아우구스티누스와 펠라기우스 간의 논쟁은 그 이후 교회사에서 계속 반복된다(김균진 1987, 342 이하). 종교개혁자들과 로마 가톨릭교회, 또 개신교 정통주의 신학자들 사이에 그것은 "하나님의 칭의와 인간의 선행", "칭의와 성화", "율법과 복음"의 관계 문제로 뜨거운 논쟁의 대상이 된다.

단독행위설은 다음의 사실을 진지하게 고려한다. 인간은 철저한 죄인이다. 하나님의 구원을 위해 그가 할 수 있는 것은 아무것도 없다. 그의 자유의지는 "죄짓는 의지뿐이다"(Luther, 박영식 2012a, 157). 따라서 인간의 선한 행위마저 죄로 물들어 있다. 그러므로 하나님의 구원은 인간의 그 무엇에 의존하지 않는다. 그것은 오직 하나님의 자유로운 단독적 행위이다. 그것은 하나님의 은혜이다.

이와 같은 단독행위설은 인간의 잠재적 능력과 책임성을 마비시킬 위험성이 있다. 선을 행할 수 있는 능력이 인간에게 전혀 없고 구원을 비롯한 모든 선한 일들이 오직 하나님의 은혜로 일어난다면, 인간은 자신의 불신앙과 비도덕성에 대해 책임을 질 필요가 없을 것이다. 구원과 성화를 위해 아무것도 할 필요가 없을 것이다. 이리하여 인간의 나태와 무책임성이 정당화될 수 있다. "만약 인간의 자유의지를 부정해버리면, 죄에 대한 책임도 인간에게 물을 수 없게 된다.…인간의 범죄에 대한 책임을 인간 자신에게 물을 수 없다면, 인간의 행위에 대한 신의 상벌은 결코 정당화될 수 없게 된다"(박영식 2012a, 165). "하나님께서 모든 것을 해결해 주시리라는 생각에서" 야기되는 "정치적·사회적 침묵주의", "세계를 도피하는 은둔자적·방관자적 자세로 아무것도 시도하지 않는 경향"은 단독행위설의 문제점을 나타낸다(곽혜원 2010, 147).

본회퍼는 단독행위설의 위험성을 다음과 같이 경고한다. "오직 은혜가 모든 것을 할 수 있기 때문에, 모든 것은 과거 그대로일 수 있다. '우리의 행위는 결국 쓸데없는 것이다.' 세계는 옛날의 세계 그대로 존속하고, 우리는 '가장 선하게 산다고 해도' 여전히 죄인으로 존속한다. 그리스도인은 세계가 사는 것처럼 살며, 모든 일에 있어서 세계와 다를 바가 없으며…죄 가운데서 살지 않고 새로운 삶을 은혜 가운데서 살려고 노력할 필요가 없지 않은가!"(Bonhoeffer 1967, 13)

그러므로 공동행위설은 인간의 의지의 자유와 책임성을 진지하게 생각한다. 인간은 인형과 같은 존재가 아니라 의지의 자유를 가진 존재이다.

그는 자기의 행동에 대한 책임성을 의식하는 인격적·책임적 존재이다. 그는 "하나님의 형상"으로서 "응답적 존재" 혹은 "응답할 수 있는 존재"이다 (Brunner). 그는 하나님의 구원을 수용할 수도 있고 거부할 수도 있다. 그러므로 하나님의 구원은 인간의 뜻을 묻지 않고 일어나지 않는다. 인간이 하나님의 구원을 거부할 경우, 하나님의 구원은 그에게서 현실화될 수 없다. 그는 선행을 통해 자기를 성화시킬 수 있고 하나님의 구원을 완성할 수 있는 능력을 가진 존재다.

반면에, 공동행위설은 다음과 같은 위험성이 있다. 그리스도의 구원이 인간의 응답을 통해 현실화될 수 있다면 그것은 하나님의 값없는 은혜가 아니라 최소한 인간의 응답하는 행위에 의존하게 된다. 인간의 선한 행위, 믿음과 구원은 하나님과 인간의 공동작업이기 때문에 이 모든 것이 인간의 업적 내지 공적으로 간주될 수 있다. 이로 인해 인간은 하나님 앞에서 교만해질 수 있다. 인간의 모든 행위는 불완전하며, 죄에서 완전히 자유롭지 못하다. 자기의 목숨을 내어주는 행위 속에도 인간적 동기가 작용할 수 있다. 따라서 인간의 행위에 의존하는 구원이 과연 참된 구원일 수 있겠느냐의 문제가 제기된다.

우리는 이와같은 단독행위설과 공동행위설의 딜레마의 해결을 다음과 같이 시도할 수 있다. 하나님의 구원은 "객관적 측면"과 "주관적 측면"이 있다. 객관적 측면은 예수 그리스도에게서 일어난 역사적·객관적 사건으로서의 구원을 가리키며, 주관적 측면은 과거에 일어난, 그러나 장차 완성될 객관적 사건이 오늘 우리의 사건으로 현재화되고 완성케 되는 측면을 말한다. 그러므로 신약성서는 이미 얻은 구원을 완성하라고 명령한다(빌 3:12; 살전 3:10).

구원의 객관적 측면에서 인간의 행위와 협동은 배제된다. 2천 년 전에 예수 그리스도에게서 일어난 하나님의 구원은 오직 삼위일체 하나님의 은혜로 말미암아 일어난 하나님의 단독적 행위이다. 바로 여기에 단독행위설의 타당성이 있다.

그런데 오직 하나님의 은혜로 말미암은 객관적 구원의 사건은 오늘 우리의 것으로 현재화되어야 한다. 현재화되는 과정에서 인간의 응답과 수용이 불가피하다. 물론 성령께서 함께 작용하지만 인간 자신의 응답과 수용 없이 객관적 구원 사건이 오늘 나의 사건으로 현재화되는 것은 현실적으로 생각될 수 없다. 인간은 인형이나 로봇이 아니라 하나님의 제안을 수용할 수도 있고 거부할 수도 있는 자유를 가진 인격적 존재로 창조되었기 때문이다.

또 인간이 구원을 얻었다 하여 한 순간에 완전한 존재가 되는 것은 아니다. 그가 받은 구원은 성화를 통해 성숙되어야 한다. 그러므로 바울은 "너희 구원을 이루라"고 명령한다(빌 2:12). 여기서 "구원의 완성"은 2천 년 전에 일어난 그리스도의 객관적 구원이 불완전하다는 것을 뜻하지 않는다. 그리스도의 객관적 구원은 유일회적으로 일어난 하나님의 완전한 구원의 사건이다. 그러나 이 사건이 인간 안에서 현재화될 때 그것은 경건의 훈련과 성화의 과정 속에서 성숙의 시간을 경험한다. 마치 갓 태어난 완벽한 아기가 점차 성숙하게 되는 것과 같다.

그러므로 신약성서는 구원의 성숙 내지 완성을 위해 인간이 행해야 할 바에 대한 명령과 권면의 말씀으로 가득하다. 율법의 행위가 아니라 "오직 하나님의 은혜로", "오직 믿음으로" 구원을 받는다고 주장한 바울도 로마서 12장부터 인간의 결단과 선한 행위를 요구한다. "너희 몸을 하나님이 기뻐하시는 거룩한 산 제물로 드리라"(롬 12:1).

또 인간에게서 일어나는 하나님의 구원은 삶의 모든 영역으로 확대되어야 한다. 하나님의 구원은 총체적인 것이기 때문이다. 이 확대와 변화의 내적 주체는 하나님의 영, 곧 성령이다. 그러나 하나님은 인간의 참여와 동역을 요구한다. "너희는 온 천하에 다니며 모든 사람에게 복음을 전파하라"(막 16:15; 참조. 마 28:19). 바로 여기서 우리는 공동행위설의 타당성을 찾아볼 수 있다.

그리스도인들이 하나님의 구원을 받고 그의 자녀가 된 것은 단지 자신을 위함이 아니라 땅 위의 모든 피조물을 위한 하나님의 총체적 구원을 이루기 위함이다. 그러므로 신약성서는 곳곳에서 하나님의 구원의 역사에 대한 인간의 참여를 요구한다. 그들은 "하나님의 동역자들"(고전 3:9), "하나님의 일꾼", "그리스도의 일꾼", "복음의 일꾼"(고후 6:4; 고전 4:1; 골 1:23)이 되어야 한다. 땅 위의 모든 피조물이 "하나님의 아들들"이 나타나 "썩어짐의 종노릇"에서 "하나님의 자녀들의 영광의 자유"로 구원하여줄 것을 기다리고 있다(롬 8:19-22).

또 하나님은 그리스도 안에서 "세계를 자기와 화해하였다." 그리고 "우리에게 화해하게 하는 직책을 주셨다"(고후 5:18-19). 하나님과 화해된 그리스도인들은 그리스도 안에서 객관적으로 일어난 하나님과 세계의 화해를 현재화시키기 위해 "화해의 직책"을 받았다. 그들은 이 직책을 수행해야 하는 "하나님의 일꾼" 혹은 "그리스도의 일꾼"이다. 그들은 "하나님의 동역자들"이다. 여기서 바울은 분명히 아버지 하나님과 예수 그리스도의 "일꾼"으로서 인간의 참여와 동역을 이야기한다. 따라서 그리스도인들이 받은 하나님의 구원은 "세상을 악의 구조로 몰아가는 불필요한 폭력의 연관 구조를 끊으려는 인간의 책임있는 삶과 결코 분리되지" 않는다(김희헌 2008, 93).

그리스도 안에서 일어난 하나님의 구원은 분명히 하나님의 단독적 행위이다. 이 하나님의 구원은 이제 피조물의 세계로 확대되어야 한다. 이 하나님의 구원을 완성하기 위해 그리스도인들은 "하나님의 동역자"로서 하나님과 함께 일한다. 이런 점에서 하나님의 단독적 구원의 행위는 인간의 동역을 명령한다. 그러나 우리는 우리의 동역을 우리 자신의 행위나 업적으로 생각하지 않고 우리 안에 계신 성령께서 우리의 마음을 감화감동하여 이루신 일이라 생각한다. 그리하여 하나님께 감사한다.

그 까닭은 우리 인간의 동역이 하나님의 단독적 행위에 근거하며, 하나님의 사랑의 영 안에서 일어나기 때문이다. 사랑에는 계산이나 공적이 있을 수 없다. 감사와 자발적 헌신이 있을 뿐이다. 하나님의 사랑의 영으로 충만한 사람은 자기가 행한 모든 선한 일들을 자기의 업적으로 기억하지 않는다. 진정한 사랑 안에서는 나와 너가 하나로 결합되어 있고 너에게서 분리된 "나"(Ego)가 없기 때문이다.

사랑의 영 안에 있는 우리의 생명은 우리 자신의 것이 아니라 그리스도의 것이다. 우리가 살지만 그리스도께서 우리 안에 사신다(갈 2:20). 우리는 우리 자신을 위해 살지 않고 그리스도를 위해 산다(고후 5:15). 따라서 우리가 행하는 일들은 하나님의 "행위"를 보충하거나 그것에 견줄만한 "공동의 행위"가 아니다. 그것은 "의무"(debitum)도 아니고 "공적"(meritum)도 아니다(Weber 1972, 369). 그것은 우리의 "업적"이 아니라 그리스도의 사랑에 대한 자발적 감사의 응답이요, 하나님의 은혜와 사랑에 대한 감사 속에서 일어나는 사랑의 자발적 헌신일 뿐이다. 그러므로 바울은 "너희 구원을 이루어라"고 말한 다음에 "너희 안에서 행하시는 이는 하나님"이라고 말한다(빌 2:12-13).

또 "하나님의 동역자"로서 우리가 행하는 모든 일들은 완전하지 못하다. 우리는 "의인인 동시에 죄인"이기 때문이다. 또 우리의 능력은 한계가 있다. 따라서 우리는 우리의 행위와 의를 신뢰하지 않고 하나님의 은혜와 자비로우심을 신뢰한다. 우리의 구원은 결국 하나님에게서 온다. "나의 구원이 그에게서 나는도다"(시 62:1). 우리가 아무것도 할 수 없다고 생각되는 바로 그 순간에 하나님은 새로운 구원의 역사를 일으킬 수 있다. 그러므로 다니엘은 이렇게 기도한다. "나의 하나님이여…우리의 황폐된 상황과 주의 이름으로 일컫는 성을 보옵소서.…우리의 의를 의지하여 하는 것이 아니요, 주의 큰 자비하심을 의지하여 함이오니, 주여 들으소서. 주여 용서하소서. 주여 들으시고 행하소서.…주님 자신을 위하여 행하시옵소서"(단 9:18-19).

Althaus, P. (1972), *Die Christliche Wahrheit*, Nachdruck der 8. Aufl., Gütersloh.

Baker, H. (2012), *Ergriffen von der Liebe Gottes*, 2. Aufl. Steinhausen/ Schweiz.

Balthasar, H. U. von (1963), *Glaubhaft ist nur Liebe*, Einsiedeln.

Barth, K. (1964), *Kirchliche Dogmatik* I/1, 8. Aufl. Zürich.

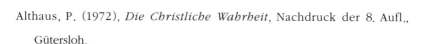 (1960/a), *Kirchliche Dogmatik* I/2, 5. Aufl. Zürich.

_____ (1959), *Kirchliche Dogmatik* II/2, 4. Aufl. Zürich.

_____ (1960/b), *Kirchliche Dogmatik* IV/1, Zürich.

_____ (1964), *Kirchliche Dogmatik* IV/2, 2. Aufl. Zürich.

Beinert, W. (Hrsg), (1995), *Glaubenszugänge. Lehrbuch der Katholischen Dogmatik* III, Zürich.

Beintker, M. (1986), *Creator Spiritus. Zu einem unerledigten Problem der Pneumatologie*, (in: Evang. Th., Bd. 46.)

Berger, K. (1984), "Geist/Heiliger Geist/Geistesgaben III", in: *Theol. Realenzyklopüdie*, Bd. XXII., Berlin, New York.

Berkhof, H. (1982), "Die Pneumatologie in der niederländischen Theologie", in: *Theologie des Geistes*, hrsg. von O. A. Hilberath, Gütersloh.

Bloch, E. (1970), *Das Prinzip Hoffnung*, Frankfurt am Main.

Boff, L. /Boff, C. (1989),『해방신학 입문』, 김수복 역, 5쇄, 서울: 한마당.

Boff, L. (1993),『해방자 예수 그리스도』, 황종렬 역, 왜관: 분도출판사.

Bonhoeffer, D. (1959), *Widerstand und Ergebung*, München.

_____ (1967), *Nachfolge*, 9. Aufl. München.

_____ (1975), *Ethik*, zusammengestellt u. hrsg. von E. Bethge, 8. Aufl. München.

Brunner, E. (1943), *The Divine-Human Encounter*, Philadelphia.

_____ (1951), *Ein Buch von der Kirche*, Göttingen.

_____ (1964), *Dogmatik Bd.* III. *Die christliche Lehre von der Kirche, vom Glauben und von der Vollendung*, 2. Aufl. Zürich, Stuttgart.

Büchner, G. (1888), *Biblische Real- und Verbal-Hand-Concordanz oder Exegetisch-homiletisches Lexikon*, 18. Aufl. Braunschweig.

Calvin, J. (1963), *Institutio Christianae Religionis*, übers. von O. Weber, 2. Aufl. Neukirchen-Vluyn.

Cardenal, E. (1976), *Das Buch der Liebe*, 4. Aufl. Hamburg.

Chevallier, M.-A. (1988), *Biblische Pneumatologie, Neue Summe Theologie* I, P. Eicher(hsrg), Freiburg, Basel, Wien.

Congar, Y. (1982), *Der Heilige Geist*, Freiburg, Basel, Wien.

Daley, B. (1986), *Eschatologie in der Schrift und Patristik*, Handbuch der Dogmengeschichte IV. 7a Freiburg: Herder.

Dostoevskii, F. M. (2001),『카라마조프가 형제』(상), 박호진 역, 서울: 혜원출판사.

Ebeling, G. (1979), *Dogmatik des christlichen Glaubens* III, Tübingen.

Eckhart, Meister (1977), *Deutsche Predigten und Schriften*, hrsg. von J. Quint, 4. Aufl. München.

Felmy, K. Ch. (1990), *Die Orthodoxe der Gegenwart. Eine Einführung*,

Darmstadt.

Goldberg, A. M. (1969), *Untersuchungen über die Vorstellung von der Schechina in der frühen rabbinischen Literatur*, Berlin.

Gray, M. (2009), 『살아야 한다, 나는 살아야 한다』, 김양희 역, 서울: 21세기북스.

Grudem, W. (2007), *Systematic Theology*, Grand Rapids, Michigan.

Gutierrez, G. (1994), 『생명이신 하느님』, 황종렬 역, 왜관: 분도출판사.

Hasenhüttl, G. (1969), *Charisma. Ordnungsprinzip der Kirche.* Freiburg u. a.

Heussi, K. (1971), *Kompendium der Kirchengeschichte*, 13. Aufl., Tübingen.

Hilberath, B. J. (1992), *Pneumatologie*, Handbuch der Dogmatik, Bd. I, Th. Schneider(Hrsg.) Düsseldorf.

Jaschke, H.-J. (1976), *Der Heilige Geist im Bekenntnis der Kirche. Eine Studie zur Pneumatologie des Irenäeus von Lyon im Ausgang vom altchristlichen Glaubensbekenntnis* (MBTh 40), München.

Jenni, E. (Hrsg.), (1971), *Theologisches Handwörterbuch zum Alten Testament*, unter Mitarbeit von C. Westermann, Bd. I, München, Zürich.

_____, (Hrsg.), (1976), *Theologisches Handwörterbuch zum Alten Testament*, unter Mitarbeit von C. Westermann, Bd. II, München, Zürich.

Jeremias, J. (1988), 『예수시대의 예루살렘』, 한국신학연구소-번역실 역, 서울: 한국신학연구소.

Kamlah, E. (1970), "Geist", in: *Theol. Begriffslexikon zum NT*, Wuppertal.

Kasper, W. (1983), *Der Gott Jesu Christi*, 2. Aufl. Freiburg i. Br.

Käsemann, E. (1960), *Exegetische Versuche und Besinnungen* I, Göttingen.

_____ (1972), *Paulinische Perspektiven*, 2. Aufl. Tübingen.

Kern, U. (1982), "Eckhart, Meister", in: *Theol. Realenzyklopädie*, Bd. IX, Berlin, New York.

Kraus, H.-J. (1983), *Systematische Theologie, im Kontext biblischer Geschichte und Eschatologie*, Neukirchen-Vluyn.

Kreck, W. (1977), *Grundfragen der Dogmatik*, 2. Aufl. München.

Kropotkin, P. A. (2005), 『만물은 서로 돕는다』, 김영범 역, 서울: 도서출판 르네상스.

Küng, H. (1976), *Christ Sein*, 8. Aufl. München.

_____ (1977), *Kirche*, München.

Mayer, H. u. Hahn, J. (1985), *Das Evangelische Stift in Tübingen. Geschichte und Gegenwart—Zwischen Weltgeist und Frömmigkeit*, Stuttgart.

McArthur, J. (2008), 『은사』, 편집부 역, 서울: 생명의샘.

Michel, O. (1970), Art. "Glaube," in: L. Coenen(Hrsg.), *Theol. Begriffslexikon zum Neuen Testament*, 2. Aufl. Wuppertal.

_____ (1975), *Der Brief an die Hebräer*, 13. Aufl. Göttingen.

Migliore, D. L. (2012), 『기독교 조직신학 개론—이해를 추구하는 신앙』(전면개정판), 신옥수 · 백충현 공역, 서울: 새물결플러스.

Moltmann, J. (1969), *Theologie der Hoffnung. Untersuchungen zur Begründung und zu den Konsequenzen einer christlichen Eschatologie*, 8. Aufl. München.

_____ (1980), *Trinität und Reich Gottes. Zur Gotteslehre*, München.

_____ (1985), *Gott in der Schöpfung*, München.

_____ (1989a), *Der Weg Jesu Christi. Christologie in messianischen Dimensionen*, München.

_____ (1989b), *Gerechtigkeit schafft Zukunft. Friedenspolitik und Schöpfungsethik in einer bedrohten Welt*, München, Mainz.

_____ (1991), *Der Geist des Lebens. Eine ganzheitliche Pneumatologie*, München.

_____ (2010), *Ethik der Hoffnung*, Gütersloh.

Mühlen, H. (1966), *Der Heilige Geist als Person. In der Trinität bei der Inkarnation und im Gnadenbund*, 3. Aufl., Münster.

_____ (1997), "Die Geisterfahrung als Erneuerung der Kirche", in: *Theologie des Geistes*, 5. Aufl. Göttingen.

Müller, G. L. (2005), *Katholische Dogmatik. Für Studium und Praxis der*

Theologie, 2. Aufl. Freiburg, Basel, Wien.

Nocke, F.-J. (1992), *Eschatologie*, Th. Schneider(Hrsg.), Handbuch der Dogmatik, Düsseldorf.

Pannenberg, W. (1969), *Grundzüge der Christologie*, 3. Aufl. Göttingen.

_____ (1975), *Glaube und Wirklichkeit. Kleinere Beiträge zum christlichen Denken*, München.

_____ (1991), *Systematische Theologie*, Bd. 2, Göttingen.

_____ (1993), *Systematische Theologie*, Bd. 3, Göttingen.

Platon (2003),『플라톤의 네 대화편·에우티프론/소크라테스 변론/크리톤/파이돈』, 박종현 역주, 파주: 도서출판 서광사.

Pohle, J./Gummersbach, J. (1952), *Lehrbuch der Dogmatik* I, Münster.

Pöhlmann, H. G. (1973), *Abriß der Dogmatik. Ein Repetitorium*, Gütersloh.

Rad, G. von (1968a), *Theologie des Alten Testaments*, Bd. II, 5. Aufl. München.

_____ (1968b), *Das fünfte Buch Mose*, Das Alte Testament Deutsch, Bd. 8, Göttingen.

_____ (1969), *Theologie des Alten Testaments*, Bd. I, 6. Aufl. München.

Raurell, F. (1989), *Der Mythos vom männlichen Gott*, Freiburg.

Saarinen, R. (2002), "*Theosis*", in: *Theol. Realenzyklopädie*, Bd. XXXIII, Berlin, New York.

Schäfer, P. (1972), *Die Vorstellung vom Heiligen Geist in der rabbinischen Literatur*, München.

Schenker, A. (1985), "Heil u. Erlösung II, AT", in: *Theol. Realenzyklopädie*, Bd. XIV, Berlin, New York.

Schmidt, W. H. (1970), *Das erste Gebot: seine Bedeutung für das alte Testment*, Theologie Existenz 165, München.

Schneider, J. (1970), "*rhyomai*/retten, beschirmen", in: *Theol. Begriffslexikon zum NT*, Bd. I, 4. Aufl. Wuppertal.

Scholem, G. (1963), *Zum Verständnis der messianischen Idee im Judentum*, Judaica I, Frankfurt.

Schweitzer, A. (1966), *Die Lehre von der Ehrfurcht vor dem Leben. Grundtexte aus fünf Jahrzehnten*, München.

Schweizer, E. (1959), "*pneuma, pneumatikos*", in: *ThWNT* 6, Göttingen.

_____ (1975), *Das Evangelium nach Markus*, NTD Bd. 1, Göttingen.

_____ (1978), *Heiliger Geist*, Stuttgart.

Seils, M. (1985), "Heil und Erlösung, IV. Dogmatisch", in: *Theol. Realenzyklopädie*, Bd. XIV, Berlin, New York.

Staniloae, D. (1985), *Orthodoxe Dogmatik*, Bd. I, Zürich.

Stanton, G. N. (1996), 『복음서와 예수』, 김동건 역, 서울: 대한기독교서회.

Tillich, P. (1956), *Systematische Theologie* I, 3. Aufl. Stuttgart.

_____ (1958), *Systematische Theologie* II, 3. Aufl. Stuttgart.

_____ (1966), *Systematische Theologie* III, Stuttgart.

_____ (1961), *Wesen und Wandel des Glaubens*, Stuttgart.

Vorländer, H. (1971), "Versöhnung", in: *Theol. Begriffslexikon zum NT*, Bd. II/2, 4. Aufl. Wuppertal.

Weber, O. (1972), *Grundlagen der Dogmatik* II, 2. Aufl. Neukirchen-Vluyn.

Weizsäcker, C. F. von (1992), *Die Geschichte der Natur*, 9. Aufl. Göttingen.

Whitehead, A. N. (1938), *Modes of Thought*, New York.

Wolff, H. W. (1974), *Anthropologie des Alten Testaments*, 2. Aufl., München.

Zizioulas, J. D. (1985), *Being as Communion. Studies in Personhood and the Church*, New York.

강병오 (2013), "존 웨슬리의 성화신학과 정치윤리", 『한국 조직신학논총』, 제36집, 한국조직신학회 편, 서울: 한들출판사.

강응섭 (2008), "라깡의 종교담론과 기독교 신학체계 간의 유비적 접근", 『한국 조직신학논총』, 제21집, 한국조직신학회 편, 서울: 한들출판사.

강원돈 (2013), "민중신학과 기독교신학—죽재의 '두 이야기 합류' 개념의 의미'에 대한 논평", 2013. 7. 23. 죽재 서남동 목사 29주기 미출판 추모강연집, 죽재 서남동 기념사업회 출간.

고세진 (2013), "예수와 회당(2)", 『기독교사상』, 2013년 1월호.

곽혜원 (2009), 『삼위일체론—전통과 실천적 삶』, 서울: 대한기독교서회.

_____ (2010), "삼위일체론과 기독교의 실천", 『한국 기독교신학논총』, 제68집, 한국조직신학회 편, 서울: 대한기독교서회.

_____ (2011), 『자살문제, 어떻게 할 것인가?』, 서울: 21세기 교회와 신학포럼.

권진관 (2002), "민중적 영성 시론(試論)", 『한국 조직신학논총』, 제7집, 한국조직신학회 편, 서울: 대한기독교서회.

_____ (2012b), "사회생태적 정의론을 위한 존재론적 모색: 알랭 바디우의 존재론을 활용하여", 『한국 조직신학논총』, 제33집, 한국조직신학회 편, 서울: 대한기독교서회.

김경재 (2013), "개신교회의 공교회적 가치와 공공성의 의미", 『기독교사상』, 2013년 1월호.

김광묵 (2013), "장 칼뱅의 경건과 현대신학적 과제", 『한국 조직신학논총』, 제36집, 한국조직신학회 편, 서울: 한들출판사.

김균진 (1985), 『헤겔과 바르트』, 서울: 대한기독교출판사.

_____ (1995), 『역사의 예수와 하나님의 나라』, 서울: 연세대학교 출판부. 2쇄.

_____ (2004), 『기독교 조직신학』 제3권, 서울: 연세대학교 출판부, 10쇄.

_____ (2005), 『기독교 조직신학』 제5권, 서울: 연세대학교 출판부, 3쇄.

_____ (2009/1), 『기독교신학』 제1권, 서울: 연세대학교 출판부.

_____ (2009/2), 『기독교신학』 제2권, 서울: 연세대학교 출판부.

_____ (2012), 『20세기 신학사상』 제2권, 서울: 연세대학교 출판부.

김기석 (2012b), 『한국 조직신학논총』, 제33집, 한국조직신학회 편, 서울: 한들출판사.

김기천 (2013), "'1%'의 탐욕이 부를 한국 경제의 위기", 「조선일보」 제28796호, 2013. 7. 31.

김명실 (2010), "하나님의 성서적 여성 이미지와 예배자의 자기 정체성", 『한국 기독교신학논총』, 제68집, 한국기독교학회 편, 서울: 대한기독교서회.

김명용 (1997),『현대의 도전과 오늘의 조직신학』. 서울: 장로회신학대학교 출판부.

김선영 (2010), "루터의 믿음과 사랑 개념 이해를 위한 해석의 틀",『한국 기독교신학논총』, 제68집, 한국기독교학회 편, 서울: 대한기독교서회.

김성원 (2006), "포스트모던 케리그마(Postmodern Kerygma)의 가능성에 관한 연구",『한국 기독교신학논총』, 제44집, 한국기독교학회 편, 서울: 대한기독교서회.

_____ (2010), "화이트헤드 철학에 비춰본 성령 하나님의 사역",『한국 조직신학논총』, 제26집, 한국조직신학회 편, 서울: 한들출판사.

_____ (2012a), "케빈 밴후저(Kevin Vanhoozer)의 포스트보수주의 교회론에 관한 연구",『한국 조직신학논총』, 제32집, 한국조직신학회 편, 서울: 한들출판사.

김애영 (2006), "로즈마리 류터의 생태여성신학",『한국 기독교신학논총』, 제44집, 한국기독교학회 편, 서울: 대한기독교서회.

김연태 (1994),『바울해석』, 서울: 대한기독교서회.

김영선 (2002), "웨슬리의 신학과 영성",『한국 조직신학논총』제7집, 한국조직신학회 편, 서울: 대한기독교서회.

_____ (2009), "은사에 대한 오해와 바람직한 은사의 사용",『한국 기독교신학논총』, 제64권, 한국기독교학회편, 서울: 대한기독교서회.

_____ (2010), "성령 은사의 본질과 속성에 관한 연구",『한국 조직신학논총』, 제26집, 한국조직신학회 편, 서울: 한들출판사.

김영한 (2007),『21세기 문화변혁과 개혁신앙』, 서울: 예영 커뮤니케이션.

김옥주 (2012b), "니케아신조(A.D.381)에 나타난 위격들의 관계에 대한 몰트만의 새로운 제안",『한국 조직신학논총』, 제33집, 한국조직신학회 편, 서울: 한들출판사.

_____ (2013), "성령, 교제를 가져오는 분 ― 대 바질의 성령론을 중심으로",『한국 조직신학논총』, 제36집, 한국조직신학회 편, 서울: 한들출판사.

김은혜 (2006), "하나님 나라의 상징: 문화 분석을 통한 여성주의 하나님 담론",『한국 기독교신학논총』, 제44집, 한국기독교학회 편, 서울: 대한기독교서회.

김이곤 (1980),『神의 約束은 破棄될 수 없다』, 서울: 대한기독교서회.

_____ (2005), "구약성서에서 본 '생명의 영성'에 관한 한 신학적 성찰", 『성서·여성·신학』, 장상교수 정년퇴임 기념논문집, 서울: 한국신학연구소.

김재진 (2002), "본회퍼의 신학과 영성", 『한국 조직신학논총』 제7집, 한국조직신학회 편, 서울: 대한기독교서회.

_____ (2012a), "본회퍼의 평화를 위한 저항", 『한국 조직신학논총』 제32집, 한국조직신학회 편, 서울: 한들출판사.

김정숙 (2014), "칸트의 도덕 신학에서의 윤리적 구원론: 근본악과 회심 그리고 은총", 『한국 조직신학논총』 제37집, 한국조직신학회 편, 서울: 한들출판사.

김주한 (2006), "마르틴 루터의 영성신학─그의 십자가 신학을 중심으로", 『한국 기독교신학논총』, 제43권, 한국기독교학회 편, 서울: 대한기독교서회.

김지연 (2007), 『하나님의 러브스토리』, 서울: 쿰란출판사.

김진희 (2002), "창조, 생명, 그리고 여성: 생태여성신학을 위한 우주 중심적 시각의 창조론", 『한국 기독교신학논총』, 제23권, 한국기독교학회 편, 서울: 대한기독교서회.

김창주 (2008), "유대교 성서일과와 신약성서", 『한국 기독교신학논총』, 제58권, 한국기독교학회 편, 서울: 대한기독교서회.

김화영 (2008), "언어 이론을 통해 재구성한 여신학적 구원론 ─ 전복과 부정성을 중심으로", 『한국조직신학논총』 제21집, 한국조직신학회 편, 서울: 한들출판사.

김희헌 (2008), "죄와 구원에 대한 과정신학적 고찰", 『한국조직신학논총』 제21집, 한국조직신학회 편, 서울: 한들출판사.

_____ (2013), "죽재의 '두 이야기 합류' 개념의 의미", 2013. 7. 23. 죽재 서남동 목사 29주기 미출판 추모강연집, 죽재 서남동 기념사업회 출간.

나형석 (2006), "성찬과 하나님 나라: 알렉산더 슈메만의 성찬 사상을 중심으로", 『한국 기독교신학논총』 제44집, 한국기독교학회 편, 서울: 대한기독교서회.

남성민 (2009), 『폴 틸리히의 구원론 연구』, 연세대학교 대학원 석사학위 논문.

문영빈 (2008), "정보매체로서의 신학: 대학에서의 신학을 위한 새 패러다임", 『한국 조직신학논총』 제21집, 한국조직신학회 편, 서울: 한들출판사.

박경미 (2005), "요한신학 이야기", 『성서·여성·신학』, 장상교수 정년퇴임 기념논문

    집, 서울: 한국신학연구소.

박만규 (2011), "알래스대이어 맥킨타이어의 공동체에 대한 윤리적 담론", 『한국조
    직신학논총』 제31집, 한국조직신학회 편, 서울: 한들출판사.

박영돈 (2005), "오늘날 교회의 구원과 성화 – 영적 성숙을 위한 한국교회의 과제",
    『구원 이후에서 성화의 은혜까지』, 김정우, 오덕교 편집, 서울: 도서출판 이레서원.

박영식 (2012a), "루터의 신정론", 『한국조직신학논총』 제32집, 한국조직신학회 편,
    서울: 한들출판사.

박원근 (2012), 『너 자신을 혁명하라』, 서울: 대한기독교서회.

박원빈 (2010), "반유대주의에 대한 역사적 고찰", 『한국조직신학논총』 제27집, 한국
    조직신학회 편, 서울: 한들출판사.

박종천 (1992), "더불어 살기 위한 계약", 『창조의 보전과 한국신학』, 한국기독교신
    학회 총서 제9집, 한국기독교학회 편, 서울: 대한기독교서회.

박창현 (2006), "선교의 목표로서의 하나님 나라 이해", 『한국 기독교신학논총』 제44
    집, 한국기독교학회 편, 서울: 대한기독교서회.

방연상 (2013), "세계교회협의회(WCC)와 세계복음주의연맹(WEA) 그리고 한국교
    회", 『기독교사상』, 2013. 11월호.

백소영 (2010), "19세기를 사는 21세기 그녀들", 『한국 기독교신학논총』 제68집, 한
    국기독교학회 편, 서울: 대한기독교서회.

_____ (2012), "몰트만과 최한기 '사이'에서 기독교 '성령론' 다시 읽기", 『한국조직
    신학논총』, 제32집, 한국조직신학회 편, 서울: 한들출판사.

배은숙 (2013), 『로마 검투사의 일생』, 서울: 글항아리.

서남동 (1983), 『民衆神學의 探究』, 서울: 한길사.

서중석 (1992), 『예수』, 서울: 동아출판사.

서창원 (2002), "남미 해방신학과 영성", 『한국조직신학논총』, 제32집, 한국조직신학
    회 편, 서울: 한들출판사.

성석환 (2010), "지역공동체 형성을 위한 도시교회의 문화선교", 『한국 기독교신학
    논총』, 제68집, 한국기독교학회 편, 서울: 대한기독교서회.

송기득 (1997), 『사람다움과 신학하기 – 신학의 몇 가지 주제에 대한 인간주의다운

풀이』, 서울: 대한기독교서회.

송성진 (2009), "생태학적 영성의 신학", 『한국조직신학논총』 제23집, 한국조직신학
　　회 편, 서울: 한들출판사.

신동혁 (1979), 『성령론』, 서울: 기독교문사.

신옥수 (2010), "몰트만의 창조 이해에 나타난 '하나님의 케노시스'", 『한국조직신학
　　논총』 제27집, 한국조직신학회 편, 서울: 한들출판사.

신준호 (2005), 『아픔의 신학 — 내면의 발견과 자기실현을 위한 조직신학의 재구
　　성』, 서울: 한들출판사.

안병무 (1987), 『민중신학 이야기』, 서울: 한국신학연구소.

＿＿＿ (1999), 『기독교의 개혁을 위한 신학』, 서울: 한국신학연구소.

양상훈 (2013), "인간 최수부가 남기고 떠난 호소", 「조선일보」 제28796호, 2013. 7.
　　31.

오만규 (2004), 『이 아들이 우리를 안위하리라. 안식일 신앙의 재발견』, 서울: 시조사.

오승성 (2012a), "후기 계몽주의 시대의 신학방법론", 『한국조직신학 논총』 제32집,
　　한국조직신학회 편, 서울: 한들출판사.

오승현 (2010), "현대 한국 복음주의와 윤리운동", 『한국 기독교 신학논총』 제68집,
　　한국기독교학회 편, 서울: 대한기독교서회.

오영석 (1999), 『신앙과 이해』, 서울: 대한기독교서회.

오주철 (2013), 『조직신학개론』, 서울: 한들출판사.

우택주 (2008), "레위인의 사회적 기원과 제사장 역할의 재평가", 『한국 기독교 신학
　　논총』 제58집, 한국기독교학회 편, 서울: 대한기독교서회.

유동식 (1997), 『풍류도와 한국의 종교사상』, 서울: 연세대학교 출판부.

유상현 (1996), 『사도행전 연구』, 서울: 대한기독교서회.

유장환 (2002), "틸리히의 신학과 영성", 『한국 조직신학논총』 제7집, 한국조직신학
　　회 편, 서울: 대한기독교서회.

＿＿＿ (2012a), "폴 틸리히의 존재론적인 그리스도론의 의의", 『한국 조직신학논총』
　　제32집, 한국조직신학회 편, 서울: 한들출판사.

유재경 (2010), "십자가의 성 요한의 영적 성장에 대한 이해", 『한국 기독교 신학논

총』제70집, 한국기독교학회 편, 서울: 대한기독교서회.

유해무 (1997), 『개혁교의학―송영으로서의 신학』, 서울: 크리스챤 다이제스트.

윤철호 (2006), "통전적인 종말론적 하나님 나라와 현실 변혁적 교회", 『한국 기독교 신학논총』제44집, 한국기독교학회 편, 서울: 대한기독교서회.

_____ (2012a), "통전적 구속교리: 형벌 대속(penal substitution) 이론을 중심으로", 『한국 조직신학논총』제32집, 한국조직신학회 편, 서울: 한들출판사.

이금만 (2006), "삶의 의미를 추구하는 신앙교육 모색", 『한국 기독교신학논총』제43 집, 한국기독교학회 편, 서울: 대한기독교서회.

이기영 (2012), "가이사의 제국과 예수의 하나님나라", 『世界와 宣敎』, 제212호, 서 울: 세계와선교사(한신대학교 신학대학원).

이문균 (2000), 『포스트모더니즘과 기독교 신학』, 서울: 대한기독교서회.

_____ (2012a), "동방정교회의 신화론(神化論)의 개신교회 수용 가능성 연구", 『한국 조직신학논총』제32집, 한국조직신학회 편, 서울: 한들출판사.

이범배 (2001), 『조직신학』, 서울: 새한기획출판부.

이세형 (2009), "'관계적 존재론'에 기초한 라쿠나의 삼위일체론", 『한국 조직신학논 총』제23집, 한국조직신학회 편, 서울: 한들출판사.

이승갑 (2008), "한국의 다문화화 사회 현실과 문화민족주의에 대한 한 신학적 성 찰", 『한국 조직신학논총』제21집, 한국조직신학회 편, 서울: 한들출판사.

이오갑 (2002), 『한국 기독교 개혁의 테마 20』, 서울: 한들출판사.

_____ (2006), "칼빈의 신 인식론", 『한국 기독교신학논총』제44집, 한국기독교신학 회 편, 서울: 대한기독교서회.

_____ (2009), "칼뱅의 신중심주의와 한국교회", 『한국 조직신학논총』제23집, 한국 조직신학회 편, 서울: 한들출판사.

_____ (2011), "종말론과 한국교회", 『한국 조직신학논총』제31집, 한국조직신학회 편, 서울: 한들출판사.

이용주 (2011), "Wolfhart Pannenberg의 삼위일체신학적 창조론", 『한국 조직신학 논총』제31집, 한국조직신학회 편, 서울: 한들출판사.

_____ (2013), "자유란 무엇인가?" 『한국 조직신학논총』제36집, 한국조직신학회 편,

서울: 한들출판사.

이은선 (2002), "한국 여성신학의 영성",『한국 조직신학논총』제7집, 한국조직신학회 편, 서울: 대한기독교서회.

이정배·이은선 (1993),『현대이후주의와 기독교』, 서울: 다산글방.

이정석 (2008),『현대사회의 도전과 교회의 대응』, 서울: 새물결플러스.

이정숙 (2005), "초기 기독교의 모성",『성서·여성·신학』, 장상교수 정년퇴임 기념논문집, 서울: 한국신학연구소.

이종성 (1984),『聖靈論』, 서울: 대한기독교서회.

이찬석 (2012a), "WCC와 존 웨슬리의 에큐메니즘 ─ 그리스도교 다원주의를 향하여",『한국 조직신학논총』제32집, 한국조직신학회 편, 서울: 한들출판사.

임걸 (2008),『한국 교회 신학사상 1』, 서울: 연세대학교 출판부.

임희국 (2006), "하나님 나라의 증인 블룸하르트",『한국 기독교신학논총』제44집, 한국기독교학회 편, 서울: 대한기독교서회.

장도곤 (2002),『예수 중심의 생태신학 생태신학 입문』, 서울: 대한기독교서회.

장윤재 (2005), "'끼어들기': 보다 통전적인 생태여성주의 이론과 실천을 향하여",『성서·여성·신학』, 장상교수 정년퇴임 기념논문집, 서울: 한국신학연구소.

장현승 (2008),『칼빈의 성화 개념에 대한 선교론적 이해』, 연세대학교 대학원 박사학위 논문.

_____ (2013),『칼뱅의 성화론의 새 지평』, 서울: 대한기독교서회.

전철 (2010), "칼 구스타프 융의 동시성 개념 연구",『한국 기독교신학논총』제68집, 한국기독교학회 편, 서울: 대한기독교서회.

전철민 (2012b), "학문연구에 있어서 한 통전적 방법론의 원리",『한국 조직신학논총』제7집, 한국조직신학회 편, 서울: 한들출판사.

전현식 (2002), "에코페미니즘 신학과 생태학적 영성",『한국 조직신학논총』제7집, 한국조직신학회 편, 서울: 대한기독교서회.

_____ (2003a),『인간 생태학과 자연철학』, 서울: 한들출판사.

_____ (2003b),『에코페미니즘과 신학』, 서울: 한들출판사.

_____ (2006), "인간 줄기세포 연구에 대한 에코페미니즘의 비판적 성찰",『한국 기

독교신학논총』 제44집, 한국기독교학회 편, 서울: 대한기독교서회.

_____ (2013), "에큐메니즘에 대한 비판적 해석학적 성찰",『한국 조직신학논총』 제 36집, 한국조직신학회 편, 서울: 한들출판사.

정경호 (2014), "죄인으로 불리던 세관장 삭개오의 회개의 밥상",『기독교사상』, 2014년 1월호.

정미현 (2007),『또 하나의 여성신학 이야기』, 서울: 한들출판사.

정재현 (2006),『망치로 신-학하기. '말씀'이 말이 되게 하기 위하여』, 파주: 한울아 카데미.

정지련 (2011), "성서해석학에 대한 신학적 반성",『한국 조직신학논총』 제31집, 한 국조직신학회 편, 서울: 한들출판사.

_____ (2012b), "예수의 동정녀 수태에 대한 신학적 반성",『한국 조직신학논총』 제 33집, 한국조직신학회 편, 서울: 한들출판사.

정홍열 (2002), "루터의 신학과 영성",『한국 조직신학논총』 제7집, 한국조직신학회 편, 서울: 대한기독교서회.

정희성 (2005), "교회 여성의 성폭력 경험과 진단: 외상 후 스트레스 장애를 중심으 로",『성서·여성·신학』, 장상교수 정년퇴임 기념논문집, 서울: 한국신학연구소.

조용석·손달익 (2010) 편역,『웨스트민스터 신앙고백 1647년』, 서울: 한들출판사.

조정래 (1996),『太白山脈』, 제9권, 제2판 12쇄, 서울: (株)해냄출판사.

_____ (2013),『정글만리』, 제2권, 서울: (株)해냄출판사.

차정식 (2006), "세 겹으로 된 '세상'관",『한국 기독교신학논총』 제43집, 한국기독교 학회 편, 서울: 대한기독교서회.

채수일 (1992), "창조의 보전과 한국신학: 선교신학적 시각에서",『창조의 보전과 한 국신학』, 한국기독교신학 논총 제9집, 한국기독교학회 편, 서울: 대한기독교서회.

최대열 (2013), "헨리 나우웬의 장애(인)신학",『한국 조직신학논총』 제35집, 한국조 직신학회 편, 서울: 한들출판사.

최성봉 (2004),『무조건 살아, 단 한 번의 삶이니까』, 서울: 문학동네.

최승태 (2011), "교회표지에 대한 몰트만의 재해석이 한국교회에 주는 의미",『한국 조직신학논총』 제32집, 한국조직신학회 편, 서울: 한들출판사.

최유진 (2012), "엔 조(Anne Joh)의 정(情)그리스도론과 삼위일체론적 고찰", 『한국 조직신학논총』 제31집, 한국조직신학회 편, 서울: 한들출판사.

_____ (2013), "캐트린 테너의 삼위일체론—창출과 회귀(extus-reditus)의 관점으로", 『한국 조직신학논총』 제36집, 한국조직신학회 편, 서울: 한들출판사.

_____ (2014), "칭의와 성화 교리에 대한 여성신학적 재해석", 『한국 조직신학논총』 제37집, 한국조직신학회 편, 서울: 한들출판사.

최윤배 (2008), "마르틴 부처의 '경건'(pietas)에 관한 연구", 『한국 조직신학논총』 제21집, 한국조직신학회 편, 서울: 한들출판사.

_____ (2010), "칼뱅의 과학 이해", 『한국 조직신학논총』 제26집, 한국조직신학회 편, 서울: 한들출판사.

최인식 (2011), "21세기 문화목회에 대한 비전", 『한국 조직신학논총』 제31집, 한국조직신학회 편, 서울: 한들출판사.

_____ (2012b), "성령세례의 신학적 의의에 대한 고찰", 『한국 조직신학논총』 제33집, 한국조직신학회 편, 서울: 한들출판사.

최종진 (1987), 『이스라엘의 宗教』, 서울: 도서출판 소망사.

최태영 (2002), "칼뱅의 신학과 영성", 『한국 조직신학논총』 제7집, 한국조직신학회 편, 서울: 대한기독교서회.

_____ (2013), 『성경의 신학』, 서울: 기독교문서선교회.

허호익 (1992), "죽재 서남동의 통전적 자연신학", 『창조의 보전과 한국신학』, 한국기독교신학 논총 제9집, 한국기독교학회 편, 서울: 대한기독교서회.

_____ (2003), 『현대 조직신학의 이해』, 서울: 대한기독교서회.

_____ (2012b), "슐라이어마허의 '경건'과 퇴계의 '지경(持敬)에 관한 연구", 『한국 조직신학논총』 제33집, 한국조직신학회 편, 서울: 대한기독교서회.

현요한 (2010), "거룩한 습성(babitus)의 형성", 『한국 기독교신학논총』 제68집, 한국기독교학회 편, 서울: 대한기독교서회.

황덕형 (2002), "바르트의 신학과 영성", 『한국 조직신학논총』 제7집, 한국조직신학회 편, 서울: 대한기독교서회.

_____ (2012b), "신학에서의 미학적 경험의 수용의 양태와 그 비판적 고찰", 『한국

조직신학논총』 제33집, 한국조직신학회 편, 서울: 한들출판사.

황돈형 (2012a), "대중문화와 복음의 연관성에 대한 신학적 이해", 『한국 조직신학논총』 제32집, 한국조직신학회 편, 서울: 한들출판사.

황재범 (2002), "슈바이처의 생명 경외 개념의 이해와 비판", 『한국 기독교신학논총』 제23집, 한국기독교학회 편, 서울: 대한기독교서회.

_____ (2013), 『개혁교회 3대 요리문답』, 서울: 한들출판사.

황현숙 (1992), "창조의 보전과 한국신학", 『한국 기독교신학논총』 제9집, 한국기독교학회 편, 서울: 대한기독교서회.

| 개념 색인 |

가르침 25, 127, 141, 182, 213, 247, 277, 281,
    288, 355, 407, 429, 432, 517, 518, 523,
    530, 531, 532, 537, 541, 544
간음 113, 320, 510, 512, 514, 516, 523, 528
거룩한 습성(*habitus*) 198, 260
거짓 증언 525, 526, 528
결혼 20, 213, 221, 222, 229, 311, 491, 510,
    511, 523, 524
경건주의 23, 24, 148, 249, 285, 288, 289,
    291, 346, 375, 421, 422, 426
계약 43, 44, 52, 53, 64, 91, 104, 182, 215,
    292, 293, 297, 354, 420, 453, 464, 469,
    500, 501, 502, 524, 527, 528
고엘 제도 302
공동행위설(*Synergismus*) 283, 284, 559,
    560, 561, 562
구원 45, 185, 192, 297, 298, 325, 385, 395,
    433, 461, 487, 505, 549
    개인구원 549-553
    사회구원 549-553
    자연구원 549, 552
    구원의 객관적 방면 385
    구원의 주관적 방면 385
구원의 순서(또는 구원의 서정, *ordo salutis*)
    32, 148, 194, 197, 325, 326
    소명(또는 부르심) 48, 70, 95, 102, 148,
        150, 155, (194), 208, 221, 222, 288,
        (293), 325, 350, 382, 413, 414, 468

회개 29, 45, 48, 72, 75, 82, 83, 84, 91,
    266, 289, 317, 347, 357, 362, 364,
    385-391, 395, 424, 450, 454, 467,
    484, 487, 518
믿음 21, 22, 30, 31, 76, 83, 88, 89, 91,
    95, 99, 102, 103, 125, 148, 154, 172,
    194, 195, 197, 205, 213, 216, 221,
    223, 227, 244, 253, 254, 263, 266,
    281, 283, 285, 287, 288, 291, 292,
    293, 296, 297, 308, 322, 323, 325,
    328, 330, 336, 337, 338, 344, 349,
    355, 366, 369, 385, 386, 395-432,
    433-441, 446, 448, 449, 450, 465,
    487, 493, 496, 513, 515, 516, 517,
    530, 532, 539, 559, 561, 562
칭의 45, 93, 94, 98, 101, 104, 148, 194,
    195, 196, 282, 283, 287, 288, 293,
    294, 296, 297, 307, 308, 312, 313,
    314, 316, 317, 323, 325, 327, 336,
    337, 338, 339, 340, 341, 345, 346,
    347, 349, 354, 356, 357, 359, 365,
    404, 449, 462, 463, 465, 467, 497,
    537, 559
중생(또는 다시 태어남) 125, 147, 148,
    196, 288, (289), 294, 297, 317, (325),
    345-349, 385, 386, 390, 391, 395,
    483, 487, 532
입양 148, 194, 196, 297, 325, 419
성화 23, 30, 32, 89, 98, 99, 101, 102,
    104, 131, 134, 145-149, 192, 193,
    194, 196, 197, 255, 265, 266, 280,
    281, 286, 289, 293, 294, 295, 314,
    316, 317, 322, 323, 325, 327, 345,
    354, 355, 356, 365, 386, 426, 428,
    461-485, 487, 497, 506, 529, 556,
    559-562

성도의 인내 197

영화 148, 194, 196, 197, 354

구원론/관 17, 32, 193, 201, 275, 277, 279, 280-292, 294, 295, 297, 298, 299, 303-308, 312, 314-318, 321, 322, 323, 329, 330, 336, 345, 346, 351, 353-356, 359, 368, 375, 381, 463, 484, 549, 553-556

만물의 회복(*apokatastasis panton*) 79, 282, 348, 373, 376, 377, 382, 383, 384

만족설 279, 284

묵시사상적 구원관 306

물질적 구원관 304, 554-557

메시아적 구원관 306, 316, 317, 322, 351, 368

법적 구원론 282, 283

보상설 279, 284

보편주의적 구원론 280

사회정치적 구원관 305

신비주의적 구원관 286

실존주의적 구원관 294, 295

영지주의적 구원론 281

예정론적 구원론 283, 287

이원론적 구원론 281, 315, 329

군주제(*monarchia*) 121, 122

기름부음 46, 60, 62, 69, 70, 71, 235, 359

그리스도의 몸 26, 97, 98, 200, 203, 214, 230, 233, 236, 366, 471

그리스도의 편지 98, 138, 442

내재성 56, 57, 153

내재적 초월성 57

단독행위설(Monergismus) 283, 284, 559, 560, 561

담보 100, 101, 201, 437

대우주(makrokosmos) 167, (227)

도덕법 533

도적질 513, 516, 524, 525, 528, 536, 540

동방정교회 17, 18, 24, 25, 26, 32, 120, 122, 146, 202, 259, 283, 353, 354, 356, 357, 468

루아흐(*ruach*) 33, 37-42, 45-48, 51-59, 62, 63, 64, 67, 69, 70, 78, 79, 106, 117, 133, 134, 143, 148, 150, 151, 155, 158, 164, 179, 266, 267

로고스(*logos*) 28, 105, 107, 110, 116, 125, 139, 150, 280, 281, 282, 316

만물의 근원자(*principium sine principio*) 286

만유회복설 374, 375, 376

만유재신론(또는 범재신론, Panentheismus) 32, 153, 154, (163)

만인구원설 375, 468

만족설(혹은 보상설) 279, 284

명령형 99, 338, 464, 518

몬타누스 운동 19, 20

몰몬교 18, 19

몸(*soma*) 100, 315, 316, 329

몽학선생 506, 515

묵시 306

묵시사상 60, 61, 64, 71, 107, 306, 307, 321, 322, 347, 348, 361, 362, 372

메시아 47, 60, 61, 62, 64, 67, 69, 70, 71, 74, 76, 82, 92, 107, 108, 258, 297, 304-307, 310, 311, 316, 322, 323, 332, 352, 359, 360, 402, 444

미덕(virtue) 198, 199, 260

미슈나(*Mishna*) 508, 515

민중의 아편 291

믿음의 내용(혹은 객관적 믿음) 428

믿음의 행위(혹은 주관적 믿음) 428

밈(혹은 문화적 유전자, meme) 160

바리새파 510, 538

바빌론 포로기 50, 52, 59, 60, 61, 306
보복적인 징벌 343
보혜사 105, 106, 108, 109, 110, 112, 115,
    116, 117, 119, 120, 125, 133, 179, 367,
    405
부모공경 522
부정의 신학(theologia negativa) 24, 425
부정적인 것의 부정 135, 177, 201, 202, 270,
    271, 290, 370, 383, 440, 495
부활 28, 69, 71, 78, 79, 84, 90, 92, 94, 96,
    107, 109, 112, 124, 135, 142, 149, 151,
    152, 177, 187, 194, 200, 205, 217, 218,
    297, 307, 310, 323, 346, 347, 349, 351,
    352, 359-362, 376, 382, 385, 387, 390,
    401, 402, 418, 420, 426, 436, 441, 444,
    448, 471, 472, 474, 493
    영의 부활 308
    육의 부활 316
살인 113, 270, 302, 320, 449, 491, 512, 514,
    516, 523, 528
삼위일체(론) 9, 18, 27, 67, 88, 104, 108, 109,
    110, 121, 122, 125, 128-132, 199, 290,
    404, 420, 455, 456
    삼위일체론적 유일신론 521
    삼위일체의 흔적(vestigium trinitatis)
    174
    삼위일체적 연합(친교) (104), (122),
    (187), (199), 203
    삼위일체 하나님 25, 26, 28, 29, 31, 35,
    98, 104, 119, 129, 131, 132, 150, 152,
    154, 170, 186, 189, 193, 200, 203,
    220, 254, 288, 330, 368, 382, 395,
    410, 411, 412, 414, 472, 521, 561
상호침투(페리코레시스) 27, 122, 123
샬롬(평화) 44, 62, 63, 306, 328, 351, 364,
    368, 495, 496

새 계약 52, 64, 104, 297, 354, 420
새로운 피조물 53, 92, 93, 95, 134, 192, 193,
    195, 198, 317, 342, 347, 348, 377, 386,
    387, 390, 391, 393, 404, 419, 440, 464,
    555, 557
새 창조 28, 32, 35, 36, 38, 41, 43, 50, 52, 53,
    54, 57, 60, 62-65, 70-78, 89, 92, 93, 94,
    98, 101, 102, 116, 117, 131, 132, 134-137,
    141, 142, 149, 151, 152, 167, 192, 193,
    194, 196-201, 203, 207, 208, 209, 211,
    212, 214, 215, 217, 223, 226, 234, 236,
    253, 254, 255, 271, 294, 297, 305, 332,
    342, 346, 347, 367, 376, 465, 484
새 하늘과 새 땅 63, 187, 204, 205, 215, 253,
    297, 304, 306, 314, 317, 332, 358, 361,
    364, 369, 371, 372, 373, 376, 418, 435,
    441, 493, 558
생명 55, 56, 100, 109, 112, 114, 115, 116,
    126, 130, 134, 138, 144, 153, 156, 161,
    163, 164, 165, 171, 232, 242, 246, 260,
    269, 320, 327, 330, 349, 367, 379, 388,
    452, 472, 480, 481, 495, 496, 522, 523,
    529, 544
    새로운 생명(vita nova) 29, 53, 78, 94,
    95, 258, 346-349, 351, 390, (419),
    464, 472
    생명의 경외 156, 165, 245, 256, 481,
    483
    생명의 떡 105, 109, 112, 114, 313, 320,
    349, 367
    생명의 원천(fons vitae) 25, 32, 33, 54,
    110, 128, 130, 139, 140, 141, 158, 367
    영원한 생명 30, 94, 95, 101, 105, 107,
    108, 109, 112, 113, 114, 116, 125,
    140, 141, 153, 171, 189, 217, 221,
    253, 282, 283, 287, 292, 297, 303,

308, 309, 313, 320, 330, 345, 347-
353, 365, 367, 375, 390, 405, 406,
407, 419, 420, 441, 445, 446, 449,
454, 541

예수의 생명 311, 349

하나님의 생명 94, 124, 130, 349

생명에의 의지 156, 165, 503

생성 337, 416, 421, 428, 429

그리스도의 생성(Christogenèse) 175,
294

땅의 생성(Géogenèse) 175, 294

생명의 생성(Biogenèse) 175, 294

정신의 생성(Noogenèse) 175, 294

서술형 99, 338, 362, 464, 518

선교 79, 81, 82, 84-88, 105, 263, 264, 266,
272, 289, 324, 514, 550, 554

선택 127, 194, 292, 293, 303, 388, 464, 471,
473, 479

선택론 292, 293

성도들의 공동체 550

성령

강한 바람 38, 40, 52, 67, 79, 119, 133,
134, 135

구원의 영 45, 202, 285

그리스도의 영 67, 95, 104, 123, 126,
175, 188, 203, 241

메시아적 영 50, 60, 62-65, 69, 70, 72,
202

사랑의 영 33, 43, 57, 77, 96, 108, 114,
117, 126, 129, 134, 141, 151, 152,
155, 159, 162, 163, 165, 167, 172,
187, 188, 189, 191, 199, 204, 207,
214, 218, 220, 223, 242, 268, 428,
450, 563, 564

생명의 영 55, 92, 115, 126, 129, 141,
148, 175, 202, 245, 268

선한 영 56, 126

성화하는 영 147

야웨의 영 58, 149

연민의 영(spiritus sympatheticus) 43,
57, 155, 244

예언의 영(또는 예언자적 영) 48

정의의 영 43, 45, 126, 151, 165, 205,
257

지혜의 영 39, 49, 58, 114, 126, 246, 252

진리의 영 25, 43, 106, 110, 115, 116,
117, 126, 133, 169, 174, 177, 179,
181, 192, 253, 268

창조의 영 33, 35, 36, 41, 50, 52, 60, 62,
89, 92, 268

출애굽의 영 41, 43, 57

파라클레토스 111

하나님의 영 28, 29, 31, 37, 38, 40-60,
62, 63, 64, 67-71, 73, 75, 78, 80, 86,
87, 88, 92, 93, 98, 104, 123, 124, 126,
127, 128, 130, 132, 137, 139, 140,
141, 142, 145, 146, 148, 151, 152,
153, 157, 159, 162, 164, 166, 167,
169, 174, 175, 176, 178, 179, 181,
182, 187, 189, 198, 216, 220, 226,
242-246, 248, 249, 250, 252, 253,
254, 261, 262, 265, 295, 297, 354,
363, 364, 411, 562

희망의 영 205, 247

성령론 5, 17-19, 24-27, 31, 32, 33, 35, 36,
37, 41, 43, 74, 91, 106, 108, 116, 147, 148,
150, 156, 176, 178, 179, 187, 193, 194,
211, 268, 295, 325

성령 반대론자들(Pneumatomachen) 121,
124

성령운동 18, 19, 20, 22, 24, 26, 35, 422

성령의 열매 95, 99, 193, 197, 202, 237, 247,

365, 468, 474

성령의 전(하나님의 성전) 26, 30, 76, 98, 100, 152, 153, 155 199, 200, 203, 366, 471, 480

성령의 충만함 69, 71, 143

성육신 105, 109, 110, 230, 281, 282, 323, 367, 405, 426

성화 104, 131, 134, 145-149, 192, 193, 194, 196, 197, 255, 265, 266, 280, 286, 289, 293, 294, 295, 314, 316, 317, 322, 323, 325, 327, 345, 354, 355, 356, 365, 386, 426, 428, 461-470, 472-485, 487, 497, 506, 556, 559-562

　몸의 성화 479, 480, 481, 487

　사회정치적 성화 481, 482

　생명의 성화 480, 481

　생태학적 성화 483

　성화의 길 467, 468, 469, 472, 473, 474, 476, 477

　성화의 열매 99, 468

　인격적 성화 482

　자연의 성화 482

　총체적 성화 478, 479, 484, 485

소우주(mikrokosmos) 167, 227

속죄금(pidyon) 299

쉐키나(shechina) 154, 155, 156

승인(assensus) 22, 421, 423-428, 432, 439

신격화 235, 258, 259, 353, 354, 357, 511, 521, 528, 529

신령주의(spiritualismus) 203

신뢰(fiducia) 300, 315, 322, 365, 388, 397-403, 406, 408-414, 416, 421-428, 430, 433, 434, 436-440, 444, 448, 473, 485, 493, 524, 526, 537, 553, 564

신성화(theosis, deification) 25, 26, 125, 146, 259, 260, 281-283, 294, 323, 245,

353-358, 442, 468, 476, 529, 559

신정의 역사 174, 178, 179, 181

십계명 451, 453, 517, 520, 527, 531, 532, 533

　제1계명 520, 521, 527

　제2계명 521

　제3계명 522, 527

　제4계명 522, 527, 453

　제5계명 522

　제6계명 523

　제7계명 523, 524

　제8계명 524, 525

　제9계명 525, 526

　제10계명 526, 527

십일조 361, 509, 512, 536-540

아우슈비츠(Auschwitz) 169

안식일 305, 306, 310, 332, 334, 363, 379, 380, 381, 453, 455, 471, 479, 481, 508, 509, 516, 528, 529, 531, 534, 537

안식년 44, 300, 305, 332, 363, 379, 455, 522, 529, 531, 537, 557

은혜 17, 28, 30, 32, 56, 62, 72, 73, 76, 89, 93, 94, 95, 104, 116, 125, 126, 130, 140, 147, 167, 173, 182, 186, 190, 191, 197, 211, 223, 226, 227, 228, 232, 237, 247, 248, 258, 267, 283, 284, 285, 287, 288, 292, 293, 294, 296, 322, 335-338, 340, 349, 355, 362, 364, 365, 371, 388, 390, 407, 408, 414, 419, 422, 450, 456, 462, 465-468, 515, 518, 519, 536, 546, 547, 559, 560, 561, 562, 564

　앞서오는 은혜(gratia praeveniens) 284, 337, 338

　은혜의 주입(gratiae infusio) 286

얀세니즘 289

양극화 160, 168, 203, 270, 277, 319, 326, 383, 489, 510, 527, 547

영성 22, 25, 26, 30, 31, 33, 144, 152, 156, 157, 159, 172, 216, 239-248, 250-262
  겸손의 영성 247, 476
  그리스도의 뒤를 따름의 영성 258, 259
  나눔의 영성 242
  사랑의 영성 242, 244, 258
  새 창조의 영성 253, 254, 255
  생명의 영성 159, 242
  생명경외의 영성 256
  생태학적 영성 256
  연민의 영성 256
  자유와 평화의 영성 253
  정의와 진리의 영성 252, 253
영성훈련 240
영생(영원한 생명) 30, 94, 95, 101, 105, 107, 108, 109, 112, 113, 114, 116, 125, 140, 141, 153, 171, 189, 217, 221, 253, 282, 283, 287, 292, 297, 303, 309, 321, 313, 320, 330, 345, 348-353, 365, 367, 375, 390, 405, 406, 407, 419, 420, 441, 445, 446, 449, 454, 541
영으로서의 하나님(Gott als Geist) 177, 181, 290, 291
영과 육
  성령에 속한 생각 29, 95, 315
  약속의 자녀 205, 253, 315, 371
  영적인 사람 315
  육신에 속한 생각 94, 98, 315
  육신의 자녀 315
오직 믿음으로(sola fide) 287, 288, 292, 337, 338, 404, 408, 432, 448, 449, 530, 562
오직 은혜로(sola gratia) 287, 292, 337, 338, 560
예수
  예수의 신성 18, 199
  예수의 인성 28

예수의 뒤를 따름 110, 113, 260, 401, 413, 478, 515, 516, 519
왈도파 20
유명론 285-287
유일신론 520, 521
율법 43, 44, 53, 63, 64, 76, 77, 80, 83, 86, 89, 90, 94, 96, 99, 215, 265, 299, 300, 301, 305, 306, 310, 311, 320-323, 328, 334, 336, 337, 339, 361, 362, 365, 367, 376, 388, 398, 402, 403, 404, 408, 448, 451, 452, 476, 505, 506, 508-520, 527-535, 537, 538, 539, 542, 548, 557, 558, 559, 562
  율법과 복음 505, 506, 507, 517, 519, 520, 559
  율법의 세 가지 용도 530
  - 교육적 용도 530
  - 정치적 용도 530
  - 지침적 용도(제3의 용도) 530
  율법의 완성/성취 99, 323, 365, 403, 512, 516, 548
  율법주의 30, 33, 83, 84, 91, 251, 402, 407, 431, 463, 509, 510, 511, 535
  율법화 511
은사(charisma, donum) 17, 30, 32, 46, 86, 87, 95, 96, 98, 104, 124, 127, 130, 132, 133, 147, 201, 211-214, 218-237, 248, 354
  귀신추방 73, 87, 212, 213, 218-221, 236, 264, 315, 358, 365, 400
  방언 34, 143, 212, 213, 216, 217, 223, 224, 237
  병치료 217, 218, 220, 264, 315, 358
  사랑 147, 224, 237
  성령의 은사 17, 98, 211, 212-241, 218, 221-229, 232-237

예언 40, 47-49, 58, 64, 69, 80, 84, 86,
　　97, 107, 142, 212-216, 221, 224, 311,
　　335, 445
의
　　그리스도의 의 288, 337, 518, 519
　　낯선 의 337
　　부여된 의 337
　　수동적 의 337
　　우리 바깥에 있는 의 337
　　의의 전가 288
의식법 531
이기주의 251, 446, 500, 556
　　개인적 이기주의 500
　　세대적 이기주의 491, 500
　　집단적 이기주의 255, 500
이방인 41, 68, 79, 80, 82-86, 89, 90, 221,
　　265, 324, 511
이웃 23, 31, 44, 62, 75, 81, 92, 113, 137, 163,
　　168, 170, 192, 195, 223, 224, 237, 239,
　　243-247, 249, 250, 253, 255, 256, 301,
　　333, 335, 340, 342-344, 350, 361, 364,
　　367, 379, 380, 388, 393, 415, 427, 431,
　　430, 450-460, 472, 476, 477, 481, 485,
　　494, 496, 497, 500, 501, 502, 510, 512,
　　516, 517, 519, 521-529, 533, 534, 539,
　　540, 543-546, 548, 557, 558
이원론 38, 100, 107, 108, 114, 116, 281, 308,
　　312-315, 317, 320, 327, 329, 437, 438,
　　507, 520
이중예정(praedestinatio gemina) 287,
　　292, 375
인과율 264, 321, 393
인식(notitia, cognitio) 21, 24, 25, 33, 39,
　　41, 51, 115, 139, 156, 165, 170, 186, 189-
　　192, 195, 205, 226, 231, 240, 255, 256,
　　258, 281, 283, 290, 294, 316, 347, 357,

385, 386, 395, 408, 421-432, 439, 473,
　　487, 503, 505, 506, 507, 515, 527, 531,
　　542
자기 부정 271, 370, 387
자기비움 155, 242, 243, 456, 478
자동기계(deus ex machina) 265, 556
자유의지(자유선택, liberum arbitrium)
　　283, 284, 285, 560
재세례파 22, 24, 375
절대의존의 감정 289, 290, 422, 439
정의
　　개인적 정의 502
　　국제적 정의 502
　　사회적 정의 502
　　생태학적 정의 502, 503
　　세대간의 정의 502
정적주의(Quietismus) 23
정통주의 신학 22, 23, 32, 147, 148, 193, 194,
　　287, 288, 289, 325, 345, 346, 385, 421,
　　426, 428
젤롯 당원 360, 361
존재 자체(esse ipsum) 227, 286, 404, 481
종속론(Subordinationismus) 121
주일성수 522, 551
지중해 58, 85, 515, 553
지혜 30, 39, 48, 49, 50, 54-59, 92, 93, 104,
　　114, 126, 139, 143, 166, 167, 169, 173,
　　213, 225, 228, 229, 230, 237, 246, 251,
　　252, 315, 330, 331, 378, 398, 402, 424,
　　425, 497, 500, 517
지혜서 58, 59, 114, 152, 167
카탈라게(교환/자리바꿈, katallage) 292,
　　293, 341
참여(participatio) 26, 29, 58, 72, 102, 121,
　　125, 131, 140, 150, 151, 197, 208, 209,
　　216, 231, 257, 259, 260, 271, 281, 294-

296, 318, 349, 353-357, 370, 375, 420,
442, 465, 467, 472, 478, 479, 483, 551,
554, 562, 563
청교도 운동(Puritanism) 23, 289
초월성 56, 57
초월적 내재성 57
총괄개념 296, 312, 443
최고선(*Summum Bonum*) 193, 375
축자영감설 23, 32
칭의 89, 93, 98, 101, 104, 148, 194, 195, 196,
282, 283, 287, 288, 293-297, 307, 308,
313-317, 323-327, 336-349, 354-359,
404, 463, 465, 467, 497, 537, 559
　　객관적 칭의 338
　　법적 선언으로서의 칭의 338, 346
　　작용적 칭의 338
　　주관적 칭의 338
　　칭의 개념 345, 346, 356, 357
　　칭의론 282, 287, 288, 312, 313, 316,
317, 336-340, 462
카리스마 31, 56, 98, 101, 132, 209, 211, 222,
234
카리스마적 공동체 31, 234
쾌락(주의) 114, 161, 171, 350, 392, 475, 489,
502, 524
토라 305, 334, 517, 518, 520, 530
팔레스타인 58, 82
포퓰리즘(populism) 491
P 문서 51, 52, 148, 167
필리오케 18, 27, 28, 109, 119, 122, 123
하나님
　　사랑의 하나님 173, 340
　　약속의 하나님 204, 253, 434, 441
　　자동기계와 같은 하나님(*deus ex machina*) 265, 328, 556
　　정의의 하나님 179, 189, 252, 340, 459,
495
　　진리의 하나님 109, 174, 253, 424, 521
　　하나님의 가족 97
　　하나님의 거룩 30, 49, 58, 62, 101, 133,
134, 388, 407, 464, 465, 469-478,
487, 528, 533
　　하나님의 동역자(들) 102, 192, 196,
208, 267, 366, 370, 371, 401, 559,
563, 564
　　하나님의 발 96, 366
　　하나님의 백성 45, 46, 53, 64, 293, 298,
323, 363, 366, 387, 398, 419, 469,
473, 522, 536
　　하나님의 선교(*missio Dei*) 550
　　하나님의 선물 25, 286, 371
　　하나님의 성품 26, 259, 260, 353, 354,
356, 358, 383, 442, 465, 476, 483, 559
　　하나님의 안식 368, 373, 378, 381, 380,
382, 383, 384, 442, 447
　　하나님의 일꾼 563
　　하나님의 자녀들 97, 190, 191, 414, 417,
456, 473, 563
　　하나님의 주권 70, 287, 297, 391, 419,
543
　　하나님의 집 96, 98, 168, 200, 357, 366,
367, 372, 373, 435, 479
　　하나님의 통치 222, 312, 336, 349, 368,
391, 393, 395, 415, 446
　　하나님의 평화 63, 379, 381
　　희망의 하나님 205, 434, 435
하나님 의식(Gottesbewußtsein) 289, 290
하나님의 나라 31, 71-88, 106, 110, 127, 129,
135-142, 151, 168, 172, 177, 196, 200,
202, 204, 214, 220-228, 236, 253, 254,
269, 271, 290, 291, 295, 297, 307, 312,
316, 317, 332, 336, 339, 341, 350, 358-

379, 386, 389, 391, 399, 400, 411, 413,
415, 418-421, 430, 440, 442, 473, 484,
487, 541, 556
하나님 나라 운동 23, 335, 369
하나님 나라의 현실 30, 82, 98, 153,
200, 201, 212, 404, 415, 421, 429,
432, 442, 445, 477, 478, 550, 553, 554
하나님 나라 자체(autobasileia) 72, 98,
116, 187, 442, 477
하나님의 형상 99, 156, 169, 171, 181, 190,
191, 219, 246, 260, 282, 355, 357, 393,
419, 477, 478, 483, 523, 531, 559, 561
하나님과의 일치 259, 477
하늘의 본향 438, 440
할라카(Halacha) 508
할례 83, 89, 91, 304, 306, 323, 402, 407, 514,
515, 516, 533, 537
마음의 할례 315, 515
몸의 할례 315, 515
참 할례 515
홀로코스트(Holokaust) 244, 264, 507
헬레니즘 58, 89, 100, 105, 107, 108, 114,
167, 308, 312, 313, 317, 327, 329
화해 317, 332, 337, 341, 347, 349, 359, 364
만물의 화해 317, 373, 376, 558
세계의 화해 341, 342, 344, 376, 563
이웃과의 화해 342, 343
자신과의 화해 342, 343, 344
자연과의 화해 343
정의없는 화해 343, 344
하나님과의 화해 336, 341-344, 347,
366, 563
화해의 직분/직책 102, 345, 563
화해의 완성 344, 345
화해론 279, 282, 292, 293, 343, 344, 358
객관주의적 화해론 279, 286, 343, 358

주관주의적 화해론 279
황홀경(또는 탈아의 경지) 39, 40, 47, 48, 236
희망의 원리 442, 443, 444
희년 44, 72, 73, 300, 301, 304, 305, 335, 363,
365, 471, 479, 522, 529, 531, 537, 547,
557
희생제의 76, 334, 335, 533
희생제물 91, 283, 284, 287, 305, 306, 309,
311, 320, 321, 322, 334, 335, 336, 343,
537, 540

| 인명 색인 |

445

A

Abelardus, P.(아벨라르두스) 279

Althaus, P.(알트하우스) 131

Anselmus(안셀무스) 279, 424

Aquinas, Thomas(아퀴나스, 토마스) 17, 285, 355, 375

Arius(아리우스) 77, 124

Arndt, J.(아른트) 23

Athanasius(아타나시우스) 124, 125, 283, 355

Athenagoras(아테나고라스) 280

Augustinus(아우구스티누스) 133, 147, 153, 264, 283, 284, 287, 333, 355, 375, 393, 415, 495, 559

Augustus(아우구스투스) 68, 82

Aulén, Gutavo(아울렌) 279, 343, 358

B

Baker, Heidi(베이커, 하이디) 230, 231

Balthasar, H. U. von 224

Barth, Karl(바르트, 칼) 29, 129, 165, 186, 208, 291, 292, 293, 341, 354, 362, 417, 427, 467, 523

Basilius von Casarea(바실리우스) 24, 137

Beinert, W. 25, 55, 117, 280

Beintker, M. 32

Berger, K. 106, 126

Bloch, Ernst(블로흐, 에른스트) 369, 441–

Blumhardt, Chr.(블룸하르트) 23, 291, 292

Blumhardt, J. Ch.(블룸하르트) 23, 291, 292

Boethius(보에티우스) 173

Boff, C.(보프) 33

Boff, Leonard(보프) 33, 122, 309, 510

Böhme, Jacob(뵈메, 야콥) 231, 243

Bonhoeffer, D.(본회퍼) 77n.1, 251, 258, 259, 265, 295, 414, 518, 531, 560

Brecht, B. 269

Brunner, Emil(브루너) 186, 266, 354

Bucer, M.(부처) 531

Büchner, G. 159

Bultmann, Rudolf(불트만) 291, 294, 405

C

Calvin, John(칼뱅) 32, 147, 158, 166, 171, 181, 189, 196, 225–227, 243, 282, 287, 288, 355, 375, 391, 413, 416, 423, 468, 530

Cardenal, E. 153

Chardin, P. T. de(샤르댕) 149, 175, 294

Chevallier, M.-A. 38, 48

Clemens(클레멘스) 280, 281, 282, 354, 355, 374

Congar, Y. 235

Cox, H.(콕스) 294

D

Daley, B. 374

Darwin, C.(다윈) 160, 176

Dawkins, Richard(도킨스) 160, 162

Descartes, R. 268

Dionysius Areopagita(위 디오니시우스) 354

Dostoevskii, F. M.(도스토예프스키) 26,

147, 156

E

Ebeling, G. 224

Eckhart, Meister(에크하르트, 마이스터) 21, 153, 286, 289

Edwards, J.(에드워즈) 198

F

Felmy, K. Ch. 25, 26

Feuerbach, L.(포이어바흐) 446, 521

Fox, George(폭스) 23

Francke, A. H.(프랑케) 289

Franzis von Assisi(아시시의 성 프란체스코) 20, 285, 412

G

Gates, Bill(게이츠, 빌) 498, 538

Gloege, G.(글뢰게) 294

Gray, Martin(그레이, 마르틴) 169

Gregor von Nazianz(나지안주스의 그레고리우스) 24, 354

Gregor von Nyssa 24

Grudem, Wayne(그루뎀, 웨인) 212

Gummersbach, J. 121

Gutierrez, G. 302

H

Härle, W.(헤를레) 39, 75, 173, 251, 411, 417, 531

Harnack, A. von 129

Hasenhüttl, G. 211

Hatshepsut(하트셉수트) 41, 265, 416, 438

Hegel, G. W. F.(헤겔) 117, 177, 291, 290

Heinrich II(하인리히 2세) 21

Heussi, K. 280, 282, 283

Herrnhut(헤른후트) 289

Hilberath, B. J. 24, 58, 92, 96, 152, 255

Hildegard von Bingen(힐데가르트 폰 빙엔) 21

Hinn, Benny(힌, 베니) 235

Huxley, Th. H.(헉슬리) 160

I

Irenaeus(이레나이우스) 146, 282, 347

J

Jaschke, H.-J. 146

Jenni, E. 298, 300, 301, 303

Jeremias, J. 511

Joachim von Fiore(피오레의 요하힘) 20, 21

Johannes von Damaskus(다마스쿠스의 요한) 27

Justinus(순교자 유스티누스) 280

Justinianus(유스티니아누스 황제) 374

K

Kamlah, E. 87

Kant, I.(칸트) 390, 393, 429

Käsemann, E. 72, 222, 224

Kasper, W. 132, 152

Katharina von Siena(카타리나 폰 지에나) 21

Kern, U. 286

Kierkegaard, S. A.(키에르케고르) 290, 291

Klara von Assisi(아시시의 클라라) 286

Kraus, H. J. 42, 46, 56, 73, 76, 174, 201, 419, 454, 520, 525

Kropotkin, P. A.(크로포트킨) 161, 162

Küng, H.(큉, 한스) 39, 221, 246

Kutter, H.(쿠터) 292

L

LaCugna, C. M.(라쿠나) 152

Lessing, G. E.(레싱) 429

Levinas, E. 242

Lucius III(교황 루키우스 3세) 20

Luhmann, N.(루만) 550

Luther, M.(루터) 21, 32, 147, 196, 198, 260, 284, 288, 337, 338, 354, 437, 505, 506, 560

M

Mannermaa, T.(만네르마) 356

Marx, K.(마르크스, 칼) 291

Mayer, H. 291

McArthur, J.(맥아더) 235

McFague, S. 268

Mechthild von Magdeburg(메히틸트 폰 막데부르크) 21

Metz, J. B.(메츠) 296

Michel, O. 400, 440

Migliore, D. L.(밀리오리) 33, 92, 102

Moltmann, J.(몰트만) 57, 70, 122, 123, 150, 155, 218, 234, 273, 296, 348, 417, 435, 436, 465, 483, 495, 501, 502

Montanus(몬타누스) 19

Moronai(모로나이) 19

Mühlen, H. 121, 125, 216, 226

Müller, G. 28, 124, 125, 130, 186, 282, 283, 312

Müntzer, Thomas(뮌처, 토마스) 21, 22

N

Nietzsche, F. 524

Nocke, F.-J. 370, 374, 375

O

Oetinger, F. Chr.(외팅어) 375

Origenes(오리게네스) 72, 98, 187, 281, 282, 355, 374, 375

P

Palamas, Grigorios 25

Pannenberg, W.(판넨베르크) 17, 56, 79, 133, 150, 158, 171, 175, 296, 344, 434, 446, 447, 530, 531

Paulus, Sergius(파울루스, 세르기우스) 85

Pilatus, Pontus(빌라도, 본디오) 69

Platon(플라톤) 69, 165

Pohle, J. 121

Pöhlmann, H. G. 284, 288

Q

Quenstedt, J. A.(크벤슈테트) 288

R

Rad, G. von 298, 300, 303, 397, 411, 413, 417, 495, 520, 530, 533

Ragaz, L.(라가츠) 292

Rahner, K.(라너, 칼) 205

Raurell, F. 52, 143

Rauschenbusch, W.(라우셴부시) 292

Ritschl, A.(리츨) 279, 291, 354

S

Saarinen, R. 354, 355, 356

Schaull, R.(샤울) 294

Schenker, A. 300

Schiller, J. Chr. F. von 181

Schleiermacher, F. E. D.(슐라이어마허) 17, 279, 290, 375, 416, 422, 432

Schmidt, W. H. 518

Schwarz, H. 303

Schweitzer, A.(슈바이처) 72, 103, 156, 165, 245, 481, 483

Scotus, Duns(스코투스, 둔스) 285

Sittler, J.(지틀러) 294

Smith, Joseph II(스미스, 죠셉 2세) 18

Sölle, D.(횔레) 296

Spartacus(스파르타쿠스) 81

Spencer, H.(스펜서) 160

Spener, Ph. J.(슈페너) 23, 289

Staniloae, D. 202

Stanton, G. N. 106

T

Tatianus(타티아누스) 280

Tertulianus(테르툴리아누스) 20, 283, 355, 425

Theophilus(테오필루스) 280

Thutmose I(투트모세 1세) 41

Tiberius(티베리우스 황제) 68

Tillich, P.(틸리히) 34, 134, 149, 173, 292, 294, 295, 358, 419, 430

Tolstoi, L.(톨스토이) 156, 547

V

Vorländer, H. 342

W

Weber, O. 201, 345, 387, 408, 415, 423, 506, 507, 518, 564

Weizsäcker, C. F. von 156, 176

Whitehead, A. N.(화이트헤드) 164

Wolff, H. W. 56

Z

Zinzendorf, N. L. Graf von(친첸도르프)

23, 289

Zizioulas, J. D.(지지울라스) 26, 187

ㄱ

강병오 482

강응섭 18, 39

강원돈 163

고세진 334, 511, 552

곽혜원 123, 125, 552, 553n.12, 560

권진관 136, 149, 177, 552

김경재 239, 423

김광묵 196

김균진 21, 175, 339, 420, 559

김기석 175

김기천 458

김명실 144

김명용 54, 80, 101, 115, 168, 175, 293, 343

김선영 450

김성원 98, 119, 155, 167, 423, 550

김애영 158

김연태 89, 95, 207

김영선 212, 216, 224, 225, 226, 235, 236, 246

김영한 48, 54, 55, 137, 315

김옥주 26, 121, 122, 128, 137, 152

김은혜 368, 369, 370

김이곤 55, 144 215, 245, 269, 304

김재준 182

김재진 251, 259

김정숙 390, 393

김주한 190, 260

김지연 159, 198, 223

김진희 38, 143, 164

김창주 334

김화영 550

김희헌 268, 336, 350, 414, 563

ㄴ

나형석 551, 553
남성민 295, 358

ㅁ

문영빈 550

ㅂ

박경미 37, 108, 111, 163, 319
박만규 549
박영돈 462
박영식 177, 179, 560
박원근 461
박원빈 515
박종천 244, 245
방연상 150, 551
백소영 148, 149, 164, 166, 183
배은숙 189, 318, 319, 320

ㅅ

서남동 21, 268, 336, 366, 367
서중석 105
서창원 255, 258
손달익 465
송기득 158, 170, 215, 228, 255, 554
송성진 149, 150, 164, 256
신동혁 213
신옥수 153
신준호 148, 178

ㅇ

안병무 67, 177, 291, 305, 309, 327, 329, 336,
    360, 371, 508
양상훈 410
오만규 381
오승성 132

오영석 49, 50, 72, 93, 112, 188, 304, 309, 343
오주철 18, 119, 126, 148, 193
우택주 334
유동식 182, 368, 487
유상현 82, 86
유장환 134, 149, 173, 294
유재경 259, 477
유해무 27, 29, 38, 42, 47, 112, 117, 186, 193,
    194, 338
윤철호 279, 337, 343, 362
이금만 359, 420
이기영 318
이문균 26, 259, 353-357, 369
이범배 17, 133, 145, 148, 194
이세형 122, 152
이승갑 551
이오갑 34, 147, 181, 190, 195, 241, 251, 321,
    555, 556
이용주 175, 335
이은선 144, 156, 164
이정배 156, 164
이정석 241, 258
이정숙 143, 172
이종성 215
이찬석 289
임걸 34, 198
임희국 292

ㅈ

장도곤 146
장윤재 257
장현승 289, 354, 356, 358, 462
전철 552
전철민 149, 552
전현식 163, 164, 256, 257, 425
정경호 77n.1, 84

정미현 22, 137, 289
정재현 23
정지련 70, 448
정홍열 241
정희성 171
조용석 465
조정래 144, 437

ㅊ

차정식 514
채수일 269
최대열 231, 232, 233
최성봉 168, 206
최승태 239, 556
최유진 78, 122, 153, 333, 467
최윤배 226, 450, 531
최인식 68, 240
최종진 438
최태영 28, 119, 127, 146, 170, 236, 237, 243,
    336, 466, 553

ㅎ

허호익 19, 134, 281, 285, 293, 375, 431, 513,
    550, 553
현요한 199, 260, 465
황덕형 151, 169, 255
황돈형 316, 332, 534
황재범 146, 165
황현숙 343

김균진 저작 전집
03

기독교 신학 3
하나님 나라의 메시아적 신학을 향해

Copyright ⓒ 김균진 2014

1쇄발행_ 2014년 9월 26일
3쇄발행_ 2017년 12월 15일

지은이_ 김균진
펴낸이_ 김요한
펴낸곳_ 새물결플러스
편 집_ 왕희광·정인철·최율리·박규준·노재현·한바울·신준호·정혜인·김태윤
디자인_ 김민영·이재희·박슬기
마케팅_ 임성배·박성민
총 무_ 김명화·이성순
영 상_ 최정호·조용석·곽상원

아카데미_ 유영성·최경환·이윤범

홈페이지 www.holywaveplus.com
이메일 hwpbooks@hwpbooks.com
출판등록 2008년 8월 21일 제2008-24호
주소 (우) 07214 서울특별시 영등포구 양평로 11, 4층(당산동5가)
전화 02) 2652-3161
팩스 02) 2652-3191

ISBN 978-89-94752-85-3 93230

책값은 뒤표지에 있습니다.

이 책은 저작권법에 따라 보호받는 저작물이므로 저작권자와 출판사의 동의 없이
이 책의 전부 또는 일부 내용을 복제하거나 다른 용도로 사용할 수 없습니다.

이 도서의 국립중앙도서관 출판시도서목록(CIP)은 서지정보유통지원시스템 홈페이지
(http://seoji.nl.go.kr)와 국가자료공동목록시스템(http://www.nl.go.kr/kolisnet)에서
이용하실 수 있습니다(CIP제어번호: CIP2014026476).